Brasilien

Helmuth Taubald

DUMONT RICHTIG REISEN

Inhalt

Brasilien – Land der Extreme und Widersprüche

Reisen in Brasilien

Rio de Janeiro und Umgebung

Die Küste von Bahia

Der Nordosten zwischen Bahia und Belém

Durch das Landesinnere

Der Süden zwischen Porto Alegre und São Paulo

Tips & Adressen

Verzeichnis der Pläne und Karten

Brasilien – Land der Extreme und Widersprüche

Annäherung an Brasilien

Zu kaum einem anderen Land der Welt gibt es so unterschiedliche Vorstellungen und Ansichten wie zu Brasilien. In den Reisejournalen erscheint es als verheißungsvolles exotisches Urlaubsparadies, in den Medien als gesetzloses Ghetto der Gewalt. Wie kritisch wir dem Land auch gegenüberstehen mögen, Brasilien bleibt – besonders für uns Europäer – ein ewiger Mythos.

Woher stammt diese legendäre Anziehungskraft, die gerade Brasilien und nicht irgendein anderes südamerikanisches Land auf uns ausübt? Vielleicht hat Brasilien etwas, was uns fehlt! Viele kommen in dieses Land nicht nur wegen der tropischen Natur und des Klimas, sondern wegen der Menschen und ihrer so anderen Mentalität. Im Falle Brasiliens kann man durchaus von einem ›Mentalitätstourismus‹ sprechen. Die Leichtigkeit der Brasilianer, zu kommunizieren, zu flirten und Gefühle zu zeigen, ist bewundernswert. Ihre spontane Ausgelassenheit und Lebensfreude steckt an und wirkt auf uns häufig wie ein Jungbrunnen. Es ist, als würde man Energie tanken für ein Überwintern in den heimischen Gefilden. Besonders im stärker afrikanisch geprägten Bahia ist der Mentalitätsunterschied deutlich spürbar, in Salvador, der ›heißesten‹ Stadt Brasiliens, werden so viele Feste gefeiert wie sonst nirgendwo auf der Welt.

Nicht immer wird man gleich mitfeiern, sondern beschränkt sich zunächst auf die Rolle des Voyeurs. Das gemischteste Volk der Erde berauscht unsere Sinne, am Anfang kommt man aus dem Staunen und Schauen nicht mehr heraus. Besonders in den großen Städten wie Rio de Janeiro und São Paulo fühlen wir uns wie in einem multikulturellen Freilichttheater, nirgendwo auf der Welt sehen wir so viele unterschiedliche Hautfarben und Typen. In anderen Städten fallen ethnisch-regionale Besonderheiten ins Auge, so die vielen Blonden und Blauäugigen in Pomerode und Blumenau, die überwiegend dunkelhäutige Bevölkerung in Salvador, Menschen indianischer Abstammung in Belém und Manaus sowie französische Gesichtszüge in São Luís.

Obwohl wir in Brasilien eher das Andere, Entgegengesetzte suchen, können wir uns hier zugleich ein wenig wiederfinden. Es ist trotz aller Unterschiede, trotz der indianischen Ureinwohner und trotz der Sklaven aus Afrika eine überwiegend europäisch geprägte Kultur. Aus der Zeit der Kolonisierung stammt der portugiesische, holländische und französische Einfluß, aus der Zeit der Immigration der italienische, deutsche und österreichische. Im 19. Jh. siedelten sich etwa 250 000 deutsche Einwanderer im Süden des Landes an und drückten dieser Region bis heute den Stempel ihrer Kultur auf. Es gibt Kleinstädte wie Pomerode, in denen fast nur Deutsch gesprochen wird, oder Feste wie das Oktoberfest in Blumenau, bei denen folkloristische Traditionen Deutschlands lebendiger sind als bei uns in der Heimat.

Die meisten Brasilienbesucher kommen jedoch nicht, um sich hier wie zu Hause zu fühlen. Neben dem Interesse an den Menschen und ihrer anderen, spontaneren Lebensart sind es die Superlative der Natur, die uns anziehen. Die längste Küste der Welt, der größte Regenwald der Welt, die größten Was-

Praia de Meireles in Fortaleza

serfälle der Welt, das größte Sumpfgebiet der Welt, die reichste Flora und Fauna der Welt – was wollte man noch mehr? Vielleicht den größten innerstädtischen Urwald der Welt mitten in Rio de Janeiro?

Die Städte Brasiliens sind ebenso wie die Naturreiseziele starke Anziehungspunkte für Touristen. Im Falle von Rio de Janeiro, der vielleicht schönsten Stadt der Welt, erlebt man die Sensation einer Megastadt mitten in der Natur, die Wohnbezirke sind von grünen Hügeln durchbrochen, überall sind kleine Parks und Plätze, und die Stadtstrände von Copacabana und Ipanema liegen gleich vor der Haustür. Liebt man Kontraste, so findet man im Landesinnern in Brasília eine ›Kunststadt‹, die als die modernistischste Hauptstadt der Welt gilt. Völlig entgegengesetzter Art sind die kulturellen Reichtürmer der anderen, historisch ersten Hauptstadt Salvador da Bahia. Hier findet man Hunderte von bedeutenden Kulturdenkmälern aus der Kolonialzeit, vergleichbar nur mit Ouro Preto und Olinda, sowie eine Altstadt, die man als die lebendigste der Welt bezeichnen könnte. Allgemein wird man sich in den größeren Küstenorten des Nordostens um abendliche Vergnügungsmöglichkeiten keine Sorgen machen müssen, sei es in den Altstädten oder an den vielen Strandbars, in denen häufig auch Live-Musik geboten wird. Im Nordosten findet man auch leichter Kontakt, die Menschen sind freundlich, aufgeschlossen, überall gibt es populäre Treffpunkte. Das fast konstant tropische Klima dieser Region führt dazu, daß man sich viel unter freiem Himmel, auf der Straße oder am Strand aufhält. Getrunken wird fast überall Bier, es schmeckt gut, ist sehr kühl und erfrischend. Im Norden und Nordosten wird man dazu Meeresfrüchte und Fisch bestellen, im Südosten und Süden ist auch das Fleisch sehr gut, das man am besten in einer der vielen Churrascarias genießt. Boa Viagem!

Richtig Reisen *Tip*

Die interessantesten Reiseziele

- Rio de Janeiro – Cidade maravilhosa mit Zuckerhut und Corcovado (s. S. 82ff.)
- Das Barockstädtchen Ouro Preto in Minas Gerais – historische Gassen, idyllische Plätze und eine vorzügliche regionale Küche (s. S. 116ff.)
- Ilha Grande – Insel mit einsamen Palmenstränden und Wanderwegen durch den Regenwald (s. S. 119ff.)
- Parati – museales Kolonialstädtchen aus dem 17. Jh. mit kleinem Bootshafen für Inseltouren (s. S. 123ff.)
- Búzios – kleiner Badeort bei Rio mit internationalem Flair, regem Nachtleben und 23 Stränden (s. S. 126ff.)
- Porto Seguro, Arraial d'Ajuda und Trancoso – die beliebtesten Ferienorte Bahias (s. S. 139ff.)
- Salvador – Bahias Hauptstadt mit restaurierter Altstadt, lebendiger afrobrasilianischer Kultur, tropischen Stränden und dem heißesten Karneval des Landes (s. S. 150ff.)
- Olinda – historische Denkmalstadt aus dem 16. Jh. mit Kirchen, Museen und populären Festen (s. S. 187ff.)
- Fortaleza – die Hauptstadt Cearás, touristischer Newcomer mit romantischen Strandpromanden, interessantem Nachtleben und weiten Stränden (s. S. 201ff.)
- Die Dünen von Jericoacoara (s. S. 205) und Genipabu (s. S. 194)
- Das Amazonasgebiet – Naturereignis mit Touren für Öko-, Abenteuer- und Normal-Touristen (s. S. 223ff.)
- Das Pantanal – weites Feuchtgebiet mit einzigartiger Tierwelt (s. S. 239ff.)
- Foz do Iguaçú– die größten Wasserfälle der Welt (s. S. 245ff.)
- Florianópolis – Küstenstadt im Süden Brasiliens in landschaftlich reizvoller Insellage (s. S. 266ff.)

Landeskunde im Schnelldurchgang

Größe: Mit einer Fläche von ca. 8,5 Mio. km^2 ist Brasilien das fünftgrößte Land der Erde. Es ist 24mal so groß wie Deutschland, nimmt fast das Doppelte der Fläche Europas ein (ohne die ehemalige Sowjetunion) bzw. 47 % der Fläche Lateinamerikas. Bis auf Chile und Ecuador hat es mit sämtlichen Staaten Südamerikas eine gemeinsame Grenze.

Geographie: Das Territorium Brasiliens besteht zu 51 % aus Hochplateaus *(planaltos)* und zu 49 % aus den Ebenen Amazoniens, des Pantanal, der Pampa und des 7400 km langen Küstenstreifens. Eine genauere Aufteilung differenziert zwischen fünf großen Georäumen: Norden, Nordosten, Südosten, Süden und Mittelwesten.

Bevölkerung: Die ca. 170 Mio. Einwohner Brasiliens leben überwiegend in Küstennähe, ca. 80 % davon in Städten, davon wiederum gut die Hälfte in großstädtischen Ballungsgebieten wie z. B. São Paulo (18 Mio.) oder Rio de Janeiro (10 Mio.). Die Population ist extrem jung, ca. 30 % sind unter 15, ca. 9 % über 60. Die ethnische Gliederung umfaßt ca. 55 % Weiße meist europäischer Abstammung, ca. 39 % Mischlinge von Weißen und Indianern *(caboclos)* bzw. von Weißen und Schwarzen *(mulatos)* und ca. 5 % Schwarze. Daneben gibt es noch ca. 850 000 Menschen japanischer Abstammung und mehr als 700 000 Indianer.

Amtssprache: Portugiesisch

Religion: Mit 75 % Katholiken ist Brasilien das größte katholische Land der Welt, der Rest verteilt sich auf protestantische, orthodoxe, jüdische und buddhistische Reli-

gionsgruppen. Häufig, besonders in Bahia, werden neben dem Katholizismus noch afrobrasilianische Kulte *(candomblé)* gepflegt. In den Städten ist der Einfluß der Kirche auf das soziale Leben stark zurückgegangen, u. a. bedingt durch einen rapiden Zerfall der traditionellen Familienstrukturen.

Staat und Verwaltung: Brasilien (offiziell República Federativa do Brasil) ist seit 1889 eine föderative Präsidialrepublik, aufgeteilt in 26 Bundesstaaten (*Estados*) und einen Bundesdistrikt mit der Hauptstadt Brasília (seit 1960). Die demokratische Verfassung von 1988 regelt u. a. die direkte Wahl des Staatspräsidenten (ab 2003 Luiz Inácio Lula da Silva) sowie die Wahl der Mitglieder des Abgeordnetenhauses und des Senats. Die Farben der 1889 entworfenen und 1968 offiziell angenommenen Staatsflagge entsprechen dem Grün der Tabak- und Kaffeeblätter und dem Blau des Himmels, das Gelb erinnert an den einstigen Goldreichtum. In der Mitte steht der Wahlspruch *Ordem e Progresso* (Ordnung und Fortschritt). Die 27 Sterne entsprechen sowohl dem Sternenhimmel über Rio de Janeiro am 15. 11. 1889 (8.30 Uhr), dem Tag der Verkündung der Republik, als auch den brasilianischen Bundesstaaten mit Brasília.

Industrie und Wirtschaft: Brasilien zählt wegen des für die ›Dritte Welt‹ relativ hohen – aber extrem ungleich verteilten – jährlichen Pro-Kopf-Einkommens von etwa 3500 US-$, einem Industrieanteil von 33 % am Bruttoinlandsprodukt (BIP) und einem Fertigwarenanteil von 41 % am Export zu den ›Schwellenländern‹. Während der Dienstleistungssektor mit 59 % und der Industriesektor (Fahrzeug- und Maschinenbau, Elektrotechnik, Metallverarbeitung und Chemie) die Hauptwirtschaftsbereiche ausmachen, ist der Anteil von Landwirtschaft (Zucker, Mais, Soja, Reis, Bohnen und Kaffee) und Viehzucht mit insgesamt 8 % sehr gering. 33 % der Gesamtausfuhr sind Rohstoffe und Agrarprodukte (Soja, Eisenerz, Fleisch, Kaffee, Orangen, Tabak, Zucker, Kakao), 67 % sind Industrieprodukte (Erzeugnisse des metallverarbeitenden Gewerbes, Transportfahrzeuge, chemische Produkte, Maschinen, Schuhe und Lederwaren, Papier und Zellulose, Textilien, elektrische und elektronische Erzeugnisse).

Arbeit und Soziales: Das regionale Gefälle zwischen dem unterentwickelten Nordosten, dem ›Armenhaus‹ Brasiliens, und dem entwickelteren Südosten mit 70 % der nationalen Wertschöpfung und Beschäftigung ist beträchtlich und mitverantwortlich für enorme Migrationsbewegungen und das rapide Wachstum der Elendsviertel an den Peripherien von São Paulo und Rio de Janeiro. Brasilien ist eines der Länder mit dem krassesten Ungleichgewicht zwischen Arm und Reich. Während knapp die Hälfte des Gesamteinkommens an die oberen 10 % der Einkommensempfänger geht, erhalten die ärmsten 10 % der Bevölkerung lediglich 0,7 %. Auf dem Land und in Kleinstädten der ärmeren Regionen überschreitet der Lohn selten die gesetzliche Mindestmarke von 260 Reais monatlich, falls überhaupt Arbeit gefunden wird. Die offizielle Arbeitslosenquote liegt zwar unter 8 %, übersieht jedoch den breiten informellen Wirtschaftssektor (über 60 %).

Bildung und Gesundheit: Die krassesten Mißstände liegen im medizinischen wie im Bildungsbereich. 16 % der Erwachsenen sind Analphabeten, ein Drittel der berufstätigen Bevölkerung hat höchstens vier Jahre lang eine Schule besucht. Auf 1000 Einwohner kommen lediglich 3,5 Krankenhausbetten bzw. 1,5 Ärzte.

Tourismus: Dieser Sektor beschäftigt ca. 5 Mio. Menschen und macht 7 % des BIP aus. Die touristische Infrastruktur schneidet bei einem Angebot von über 300 000 Unterkünften im internationalen Vergleich recht gut ab. Jährlich kommen fast 5 Mio. Besucher aus dem Ausland, die stärkste Gruppe sind die Argentinier, gefolgt von Europäern und Nordamerikanern. Die Tendenz ist zunehmend, vor allem wegen des günstigeren Wechselkurses seit der Real-Abwertung im Jahr 1999 sowie wegen verstärkter Investitionen in den Tourismussektor und erfolgreicher Bemühungen zur Erhöhung der Sicherheit.

Regionen und Bundesstaaten

Natur und Umwelt

Geographie und Klima

Auch in geographischer und klimatischer Hinsicht ist Brasilien ein Land der Gegensätze, bedingt durch seine riesige Ausdehnung und Lage zwischen dem Äquator und dem südlichen Wendekreis des Steinbocks. Die beiden wichtigsten Großlandschaften sind die Ebenen des Amazonasbeckens im Norden und die Hochplateaus im Zentrum und im Süden. Eine genauere Aufteilung unterscheidet zwischen fünf großen Georäumen.

Der **Norden,** mit einer Ausdehnung von 3,9 Mio. km^2, nimmt 45,26 % der Fläche Brasiliens ein und besitzt relativ einheitliche geographische Merkmale. Den größten Teil beansprucht das Amazonastiefland, das sich aus abgelagerten Sedimentschichten herausgebildet hat. Der Amazonasstrom ist, zählt man seinen wichtigsten Quellfluß, den aus Peru kommenden Rio Apurimac-Ucayali, hinzu, mit knapp 7000 km der längste Fluß der Welt. Er besitzt ca. 1000 Nebenflüsse mit einer schiffbaren Strecke von 50 000 km. Der Rio Amazonas ist zu-

Klimatabelle (mit durchschnittlichen Höchst- und Tiefsttemperaturen in °C)

	Jan	Febr	März	April	Mai	Juni	Juli	Aug	Sept	Okt	Nov	Dez
Belém	31	30	30	31	31	32	32	32	32	32	32	32
	23	23	23	23	23	23	22	22	22	22	22	22
Brasília	27	28	28	28	27	26	26	28	30	29	27	27
	18	18	18	17	15	13	13	14	16	18	18	18
Manaus	30	30	30	30	31	31	32	33	33	33	32	31
	23	23	23	23	24	23	23	24	24	24	24	24
P. Alegre	31	30	29	25	22	20	20	21	22	24	27	29
	20	20	19	16	13	11	10	11	13	15	17	18
Recife	30	30	30	30	29	28	27	27	28	29	30	30
	24	25	24	23	23	22	21	21	22	23	24	24
Rio	30	30	29	27	26	25	25	25	25	26	26	28
	23	23	23	21	20	18	18	18	19	20	20	22
Salvador	29	29	29	28	27	26	26	26	27	28	28	29
	23	23	24	23	22	21	21	21	21	22	23	23

Landschaft im Sertão, der Halbwüstenzone im Nordosten

gleich der wasserreichste Fluß der Erde. Seine Breite beträgt durchschnittlich 4–5 km, im Mündungsgebiet bei Belém gar 250 km. Dort entläßt er 85 mal soviel Süßwasser ins Meer wie der hochwasserführende Rhein. Von den Ufern des Amazonas aus lassen sich drei verschiedene Geländestufen ausmachen: Die niedrigste ist der sumpfige *igapó*, darüber erhebt sich die *várzea*, die nur in Hochwasserzeiten überflutet wird, und noch höher schließlich die *terra firme*, das vor Überschwemmungen sichere Festland.

Im Norden herrscht feucht-warmes Äquatorialklima mit mittleren Jahrestemperaturen um 25 °C ohne große Differenzen zwischen dem wärmsten und kältesten Monat. Es ist die regenreichste Region des Landes, besonders von Januar bis April, mit starker Nebelbildung und hoher Luftfeuchtigkeit um 80 %.

Der **Nordosten**, mit einer Fläche von 1,5 Mio. km² 18,27 % der Fläche Brasiliens einnehmend, läßt sich geographisch in drei verschiedene Zonen einteilen. Die erste ist der höchstens 60 km ins Hinterland reichende Küstenstreifen *(litoral oriental)*, eine junge Sedimentebene mit vielen Buchten, Inseln, Dünen, Lagunen und Riffen. Daran angrenzend erstreckt sich der *agreste*, ein Hochplateau mit Erhebungen bis zu 700 m, steil abfallenden Hängen, steinigem Boden und spärlicher Vegetation. Weiter westlich schließlich liegt die Halbwüstenzone des *sertão*, die 60 % des Nordostens ausmacht. Sie besteht hauptsächlich aus kristallinem, steinigem Gelände, das von anhaltenden Dürreperioden gekennzeichnet und bis auf die strauchartige *caatinga* sehr karg ist.

Im Nordosten ist zu unterscheiden zwischen dem Küstengebiet und dem Sertão. In dem 60 % des Gebietes ausmachenden Sertão im Landesinnern herrschen mittlere Jahrestemperaturen zwischen 23 und 26 °C und extrem lange Trockenperioden von sieben bis neun Monaten. An der Küste ist das Klima tro-

Landschaft im Pantanal, dem größten Sumpfgebiet der Erde

pisch warm mit häufigen, meist kürzeren Gewitterschauern. Die Temperaturschwankungen im Jahresverlauf sind wegen der Äquatornähe gering, lediglich in Bahia sind deutliche jahreszeitliche Unterschiede vorhanden.

Der **Südosten** mit lediglich 0,9 Mio. km^2 bzw. 10,85 % des nationalen Territoriums ist die am dichtesten besiedelte Region Brasiliens. In geographischer Hinsicht ist sie wie der Nordosten ebenfalls nicht einheitlich. Die am tiefsten gelegenen Küstenstriche zwischen Bahia und Santa Catarina werden *restinga* genannt. Charakteristisch sind jedoch die *serras,* Hügellandschaften mit einer Höhe von durchschnittlich 800–1000 m. Von Süden nach Norden erstreckt sich zunächst die in Küstennähe befindliche Serra do Mar, in nördlicher Richtung landeinwärts schließt sich die Serra da Mantiqueira an und noch weiter nördlich die Serra do Espinhaço. In Rio de Janeiro erreichen die Ausläufer dieser Berge gar die Küste, am bekanntesten sind der Pão de Açúcar und der Corcovado-Gipfel. Die verschiedenen Serras sind oft durch Flüsse getrennt, der größte im Südosten Brasiliens beginnende Fluß ist der Rio São Francisco. Er ist 2900 km lang und führt von Minas Gerais bis in den Nordosten. Ein anderer wichtiger Fluß der Südostregion ist der 1061 km lange Rio Paraíba, der ein großes Stück parallel zur Küstenlinie verläuft.

Im Südosten, einer klimatischen Übergangszone, besteht zum Teil tropisches und ab São Paulo bereits subtropisches Klima. Im überwiegenden Teil dieser Region einschließlich des Küstenstreifens liegen die jährlichen Durchschnittstemperaturen zwischen 18 ° und 24 °C, die jahreszeitlichen Schwankungen sind jedoch beträchtlich. In den höher gelegenen Gebieten im Landesinnern bestehen Durchschnittstemperaturen von unter 18 °C, im Winter kann das Thermometer unter 10 °C anzeigen.

Der **Süden** umfaßt knapp 0,6 Mio. km^2 und macht 6,76 % der Landesfläche aus. Er besteht überwiegend aus einem Hochplateau, durchbrochen von vielen Flußläufen und Tälern. Westlich der küstennahen Serra do Mar erstreckt sich eine durchschnittlich 500 m erreichende Hochebene. Weiter südlich wird das Küstengebirge immer flacher und weicht der Campanha Gaúcha, auch *pampa* genannt – eine Region, in der bevorzugt Viehzucht betrieben wird. Wichtigster Fluß des Südens ist der Rio Paraná, der seinen Ausgangspunkt in Minas Gerais hat und bis zum Rio de la Plata bei Bue-

nos Aires erreicht (3700 km, davon 800 auf brasilianischem Gebiet). Sein starkes Gefälle bewog zur Errichtung zahlreicher hydroelektrischer Anlagen. Im südlichen Teil der Region dominiert der in Brasilien 800 km lange Rio Uruguay.

Im Süden, der kältesten Region Brasiliens, ist das Klima subtropisch mild mit jährlichen Durchschnittstemperaturen um 20 °C. Im Winter kann jedoch Schnee fallen, besonders in den einen Großteil des Gebietes ausmachenden Hochebenen.

Der **Mittelwesten** schließlich hat eine Ausdehnung von 1,6 Mio. km^2 und bedeckt 18,86 % der Landesfläche. Die hier dominierenden wellenförmigen Hochplateaus haben insgesamt eine geringere Höhe, abgesehen von der bis auf über 1500 m ansteigenden Hochebene der Chapada dos Veadeiros im Bundesstaat Goías. Die Hochebene von Mato Grosso ist zugleich Wasserscheide zwischen dem Amazonasbecken und dem Becken des Rio Paraná-Paraguay, die Flüsse der Region führen stets in die eine oder andere Richtung. Nur drei Gebiete des Mittelwestens sind Tiefebenen, das Pantanal, die Araguaia-Niederung und die Xingu-Niederung. Insgesamt ist die Region wegen der küstenfernen Lage schwach besiedelt, die Vegetation wird beherrscht von *campos cerrados* (Savannengebiete).

Im Mittelwesten herrscht tropisches Klima mit geringen Temperaturschwankungen. Dennoch gibt es zwei ›Jahreszeiten‹, eine warme und trockene im Winter und eine feuchtheiße und sehr regnerische im Sommer.

Nationalparks

Brasilien besitzt 42 Nationalparks, davon sind 21 zum Besuch freigegeben. Sie werden von der staatlichen Naturschutzbehörde Ibama unterhalten, die in jeder Bundesland-Hauptstadt ein Büro besitzt. Dort kann man auch nähere Informationen einholen über Zugänglichkeit, Unterkunftsmöglichkeiten und Wanderrouten. Zu empfehlen ist stets die Hilfe eines Führers. Die hier genannten Nationalparks sind die touristisch am besten erschlossenen und im Reiserouten-Teil an entsprechender Stelle beschrieben:

Parque Nacional da Tijúca, Rio de Janeiro; Parque Nacional Serra dos Orgãos, Rio de Janeiro; Parque Nacional Marinho dos Abrolhos, Bahia; Parque Nacional da Chapada Diamantina, Bahia; Parque Nacional Marinho de Fernando de Noronha, Pernambuco; Parque Nacional de Sete Cidades und Parque Nacional de Ubajara; Parque Nacional dos Lençóis Maranhenses, Maranhão; Parque Nacional de Brasília, Distríto Federal; Parque Nacional do Pantanal Matogrossense, Mato Grosso; Parque Nacional do Iguaçú, Paraná; Parque Nacional de Aparados da Serra, Rio Grande do Sul.

Kartenmaterial und Auskünfte zu spezielleren Wander-Expeditionen geben folgende Exkursionsvereine in Rio de Janeiro:

Centro Excursionista Brasileira, Av. Almirante Barroso 2 (Centro); Centro Excursionista Rio de Janeiro, Av. Rio Branco 277 (Centro), Sala 805; Centro Excursionista Carioca, Rua Hilário de Gouvea 71 (Copacabana), Sala 206.

Parque Nacional Serra dos Orgãos

Vitória régia (Vitória amazônica) im Amazonasgebiet

Flora und Fauna

Brasilien, Kolumbien, Ecuador, Mexico und Indonesien sind die Länder der Erde mit dem höchsten Artenreichtum an Tieren und Pflanzen. Insgesamt nimmt Brasilien den Spitzenrang ein, in keinem anderen Land gibt es so viele Wirbeltierarten (3000), Süßwasserfischarten (3000), Blütenpflanzenarten (55 000), Säugetierarten (524) und Primatenarten (51). Auch die meisten der bekannten Insektenarten trifft man in Brasilien an. Den zweiten Platz belegt Brasilien hinsichtlich der Amphibienarten (517), den dritten Platz hinsichtlich der Vogel- (1622) und Palmenarten (387) und den vierten hinsichtlich der Reptilienarten (468). Mahnend ist jedoch anzumerken, daß allein in Brasilien über 200 Tierarten vom Aussterben bedroht sind. Auch die großen Waldgebiete gehen immer mehr zurück. War zu Beginn der Kolonisation etwa 60 % des Landes bewaldet, so ist es heute nur noch ein Drittel. Natürliche Waldvegetation besteht fast nur noch im Amazonasgebiet.

Die meisten Tier- und Pflanzenarten finden sich im Norden des Landes, der großenteils von einem immergrünen tropischen Regenwald bedeckt ist. Über 2500 Baumarten, viele bis zu 60 m hoch, sind nachgewiesen worden. Fast alle befinden sich in dem überschwemmungsfreien *Eté*-Wald der höher gelegenen Terra firme, die 98 % der Fläche Amazoniens ausmacht. Auch wachsen hier zahlreiche Palmenarten, der Gummibaum *(caucho),* Farb- und Edelhölzer wie Palisander, Fruchtbäume wie der Paránußbaum, Heilpflanzen u. v. m. Besonders beeindruckend sind die ca. 1000 verschiedenen Farn- und Orchideensorten. In der nur bei Hochwasser überwemmten Várzea gehören zu den häufigsten Gewächsen die *Jupati*-Palme und die besonders hohe *Miriti*-Palme. Im ständig überschwemmten Igapó-Ge-

Brasilianische Rekorde

Bis zu 12 m Länge erreicht die *sucuri (Eunectes murinus)*, die größte Schlange der Welt. Sie lebt an den Ufern großer Flüsse im Landesinnern, ist nicht giftig, sondern tötet ihre Opfer (meist Fische und Vögel) durch Erwürgen.

Der kleinste Affe der Welt, mit 13,6 cm Körper- und 20,2 cm Schwanzlänge, ist der *mico-leãozinho (Callithrix pygmae)*. Er lebt im Amazonasgebiet und ist vom Aussterben bedroht.

49 km lang ist die Toca da Boa Vista, die größte Höhle Südamerikas in Lages dos Negros (Bahia). 1143 Höhlen gibt es in Brasilien, die meisten (437) befinden sich in Minas Gerais.

Blühender Blattkaktus

Das größte Wohngebäude Brasiliens, der *Copan*-Komplex in São Paulo, hat 38 Stockwerke, 115 000 m^2 Wohnfläche und 5000 Bewohner.

Fast 14 km lang ist die größte Brücke Brasiliens zwischen Rio de Janeiro und Niteroi.

Die Ilha do Bananal in Araguaia gilt als die größte Flußinsel der Erde. Die Umrisse dieses 2 Mio. ha umfassenden Eilandes lassen sich selbst vom Flugzeug aus nur schwer ausmachen.

Ca. 55 000 Blumen- und Blütenarten soll es in Brasilien geben – ebenfalls ein Weltrekord.

Der kleinste Frosch der Welt *(Bufo pygmaeus)* erreicht kaum die Größe eines Streichholzes.

1,8 m bis 2,4 m pro Minute bewegt sich das langsamste Tier Brasiliens voran, es ist natürlich ein Faultier *(Bradypus tridactylus)*.

Der mit ca. 4500 Jahren älteste Baum des Landes *(Cariniana legalis)* befindet sich in Vassununga im Bundesstaat São Paulo. Mit 55,3 m Höhe überragt er die meisten anderen Wipfel in der obersten Vegetationszone des Regenwaldes.

Kolibri

8400 m^2 groß ist die Krone des größten *Caju*-Baumes der Erde. Er ist etwa 130 Jahre alt und befindet sich an der Praia de Pirangi in der Nähe von Natal.

Ca. 3000 Fledermäuse zehn verschiedener Arten, die stärkste Konzentration dieser Tiere in Brasilien, trifft man in der Grotte Upu Muren in Pará (Amazonien).

1 148 800 US-$ ist der Schätzwert des größten Edelsteins der Welt. Er wurde 1974 in Carnaíba (Pernambuco) gefunden.

Das größte Sumpfgebiet der Erde, das Pantanal im Mittelwesten Brasiliens, erstreckt sich über ein Gebiet von 230 000 km^2. Dort leben über 1000 verschiedene Tierarten.

Brasiliens größter Vogel, der *ema (Rhea americana),* erreicht die stattliche Höhe von 1,70 m.

Der kleinste Vogel Brasiliens, der Kolibri *(beija-flor),* ist nur 6,5 cm lang. Der buntschillernde Flugkünstler wiegt zwischen 1,5 und 2,8 Gramm.

Der größte Süßwasserfisch des Landes, der *pirarucu (Arapaima glanis),* wiegt 68 kg und erreicht eine Körperlänge bis zu 2 m.

Der größte Strand Brasiliens, die Praia do Cassino, ist 240 km lang und liegt in Rio Grande do Sul.

Die längste Straße Brasiliens ist die Transamazônica. Sie erstreckt sich über 4962 km.

Kaiserschnurrbartaffe

Lanzenotter

biet ist die *Açaí*-Palme am charakteristischsten. Fährt man im Boot auf den Seitenarmen des Amazonas entlang, fällt besonders das Seerosengewächs *vitória régia (vitória amazônica)* auf, dessen Blüten eine Größe von 30 – 40 cm erreichen.

In Amazonien leben 1500 Vogelarten, von ihren Farben her besonders auffällig sind Papageien, Tukane und Kolibris *(beija-flor)*. Es gibt ca. 15 000 Insektenarten und farbenprächtige Schmetterlinge bis zu einer Spannweite von 25 cm. Die größten Waldtiere Brasiliens sind der Tapir, das Wildschwein *(pekari)*, der Jaguar *(onça)* und der Puma. Ferner gibt es zahlreiche Wildkatzen und Affenarten sowie Faultiere, Gürteltiere und Ameisenbären. Außerordentlich groß ist der Fischreichtum Amazoniens, über 1500 Arten sind dort vertreten. Besonders spektakuläre Beispiele sind der *pirarucú*, mit 2 m Länge und einem Gewicht von 100 kg der größte bekannte Süßwasserfisch der Welt, dann ein Zitteraal, der elektrische Schläge bis zu 800 V austeilen kann, sowie die gefährlichen, bis zu 30 cm langen *piranhas* mit ihren messerscharfen Zähnen.

Die Vegetation des Nordostens steht in deutlichem Kontrast zur üppig-grünen Amazonaslandschaft. Der frühere atlantische Regenwald *(Mata Atlântica)* mußte weitgehend dem Vordringen von Zuckerrohrplantagen weichen, lediglich einige Mangrovenwälder und Palmenhaine sind noch übriggeblieben. Im halbwüstenähnlichen Landesinneren, dem Sertão, finden sich jedoch nur karge Savannenwälder und trockenes Dornstrauchwerk *(caatingas)*. Auch die Fauna ist spärlich, nur genügsamere Tiere wie Ameisenbären und Gürteltiere fühlen sich in diesem Lebensraum zu Hause.

Im Südosten ist der frühere Küstenwald ebenfalls weitgehend zerstört, bedingt durch das Vordringen von Kaffeeplantagen, Rinderweidewirtschaft und die starke Besiedlung. Teilweise hat sich wieder Sekundärwald und Grasland gebildet. Am ehesten blieb die natürliche Waldvegetation noch in einigen Nationalparks erhalten, auch die einzigen Orte, wo man gelegentlich noch freilebende Tiere erblickt.

Im Süden ist die Vegetation subtropisch, die am weitesten südlich gelegenen Mangrovenvorkommen reichen nur bis zur Küste von Santa Catarina. Statt dessen sind subtropische Feuchtwälder und Graslandschaften verbreitet. Auf dem Hochland existierten früher ausgedehnte Araukarienwälder, immergrüne Nadelwälder, die jedoch großenteils für den Holzexport gerodet wurden. Die bis zu 40 m hohen Bäume dienen als ideale Lebensräume für Affen und Eichhörnchen. Häufiger als Araukarien finden sich heute jedoch subtropische Niedergrassteppen *(campos limpos).*

Im Mittelwesten überwiegen Savannengebiete *(campos cerrados),* die sich über den größten Teil des zentralbrasilianischen Hochlandes erstrecken; weiter südlich folgt eine Art Steppenvegetation *(campinas).* Im tiefer, nur 90 –100 m über dem Meeresspiegel gelegenen Pantanal, der größten Überschwemmungssavanne der Erde, zeigt sich ein ganz anderes Bild. Hier gedeihen zahlreiche Büschelgräser, Schwimmpflanzen und offene Gehölze. Das Besondere ist jedoch der einmalige Tierreichtum, der das Pantanal zum interessantesten Naturreservat Lateinamerikas werden läßt (s. S. 240f.).

Umweltsünden

Das von der Natur am meisten gesegnete Land der Welt gehört zugleich zu den größten Umweltsündern. Die exzessive Wachstumspolitik seit der zweiten Hälfte der 60er Jahre, nur zum geringen Teil durch äußere Faktoren wie die hohe Auslandsverschuldung zu rechtfertigen, hat zu einem ökologisch extrem destruktiven Entwicklungsstil geführt.

In ganz Brasilien stoßen Petroleumwerke jährlich 108 t Gift ungefiltert in die Umwelt, Chemiewerke 105 t und pharmazeutische Industrien 103 t. Am gefährlichsten sind die Chlorfluorkarbonate, die für die Zerstörung der Ozonschicht mitverantwortlich sind. Vor allem Industrieableitungen und die unsachgemäße Verwendung von Quecksilber zur Gewinnung von Gold haben schon große Teile des Rio Amazonas sowie viele seiner Nebenflüsse verseucht und Fischsterben wie Gesundheitsschäden bei Menschen hervorgerufen. Am Rio Paraná, dem zweiten großen Fluß des Landes, wurden zahlreiche hydroelektrische Anlagen errichtet, u. a. das größte Wasserkraftwerk der Welt in Foz do Iguaçú – der ökologische Preis war u. a. die Vernichtung der Sete Quedas (Sieben Fälle).

Die Landwirtschaft ist ebenfalls nicht unerheblich an der Umweltzerstörung beteiligt, vor allem durch die Entwicklung landwirtschaftlicher Monokulturen. Wald- und Weidegebiete mit extensiver Rinderhaltung und Subsistenzwirtschaft wichen dem Dauerfeldbau in Monokultur auf großflächigen Plantagen, mit unkontrollierterer Anwendung von Kunstdünger, Insektiziden und Pestiziden, vor allem im Bereich der Soja-Produktion.

Die früheren Tropenwaldgebiete im Südosten und Süden des Landes sind heute weitgehend der landwirtschaftlichen Erschließung durch Kaffeeanbau und Viehwirtschaft sowie einer exzessiven Urbanisierung zum Opfer gefallen. Von der ehemals 90 % der Fläche einnèhmenden Waldvegetation in São Paulo sind nur noch 6 % übriggeblieben. Die

Erosion in Bahia

Zerstörung des Amazonas-Regenwaldes ist allgemein bekannt (s. S. 232f.).

Hinzu kommen die Belastungen der Umwelt durch den Individualverkehr. Die teilweise Umstellung der Benzinmotoren auf Zucker-Alkohol wirkte sich zwar positiv aus, wurde jedoch durch die Zunahme der Fahrzeuge wieder aufgehoben. In São Paulo, wo 25 % der brasilianischen Autos zirkulieren, überschreitet die Schadstoffbelastung der Luft häufig die akzeptierten Grenzwerte. Im Wechsel nach Kennzeichen-Endnummern versucht man, das Problem mit Fahrverboten zu lösen. Hochbauten und fehlende Grünanlagen behindern die Zirkulation und Erneuerung der Luft und bewirken Temperaturanstiege und Smog-Effekte. Daß es auch anders ginge, zeigt das weltweit beachtete Stadtentwicklungsmodell Curitibas mit seinem vorbildlichen kollektiven Nahverkehrssystem, seinem Abfall-Recycling und seinen zahlreichen Parkanlagen (s. S. 281).

Obwohl die Umweltgesetzgebung Brasiliens hinter der nordamerikanischen noch um 20 Jahre hinterherhinkt, liegt das Hauptproblem nicht im legislativen oder institutionellen Bereich. Seit 1934 gibt es eine Forstgesetzgebung *(Código Florestal)*, seit 1973 bzw. 1989 die staatlichen Umweltbehörden *Sema* bzw. *Ibama* und seit 1993 das ›Ministerium für Umwelt und Amazônia Legal‹. Umweltschutz genießt seit 1988 sogar Verfassungsrang.

Das Problem liegt eher bei der Durchsetzung der legislativen Bestimmungen. Das Versagen der Justiz- und Exekutivorgane, Korruption, Ausnahmeverordnungen und gelinde Strafmaße eröffnen zahlreiche Schlupflöcher für den Mißbrauch der Gesetze. Hier wird die Tätigkeit lokaler Bürgerinitiativen zunehmend wichtiger, zusammen mit noch verstärktem internationalen Druck und Engagement.

Frühe Pioniere, Abenteurer und Forscher

Pedro Álvares Cabral, der offizielle Entdecker des Landes, machte im Jahre 1500 den Weg frei für zahlreiche große Expeditionen durch die unendlichen Weiten Brasiliens. Die endlose Reihe großer Abenteurer und Forscher, Ausbeuter und Piraten, Künstler und Wissenschaftler kam fast ausschließlich aus unseren Breiten. Man könnte fast sagen, daß sie es waren, die Brasilien für die Brasilianer entdeckt haben.

Die ersten fremden Pioniere des **16. Jh.** wurden hauptsächlich angezogen von den zahlreichen und widersprüchlichen Berichten über die indianischen Ureinwohner des Küstenstreifens. Einer von ihnen war der deutsche Abenteurer Hans Staden. Er verbrachte im Jahre 1550 neuneinhalb Monate bei den Tupinambá-Indios zwischen Rio und Santos und verfaßte dort – unter ständiger Angst, jeden Moment verspeist zu werden – seine »Warhaftig historia und beschreybung eyner Landtschafft der Wilden Nacketen Grimmigen Menschenfresser-Leuthen in der Newenwelt America gelegen«. Darin heißt es u. a.: »... und sofort nehmen die Frauen den Toten, ziehen ihn über das Feuer, kratzen ihm die ganze Haut ab, machen ihn ganz weiß und stopfen ihm den Hintern mit einem Holze zu, damit nichts von ihm abgeht.« Stadens Kannibalismus-Bericht folgten endlose weitere.

Völlig unbeeindruckt von derlei Greuelgeschichten folgte sechs Jahre später der Franzose Jean de Léry, ebenfalls um die Lebensgewohnheiten und Sprache der Tupinambá-Indianer kennenzulernen. Sein Bericht fiel gänzlich anders aus: »Nach meiner Erfahrung zu urteilen, würde ich mich diesem Volk, das wir als die ›Wilden‹ bezeichnen, mehr anvertrauen und mich bei ihm sicherer fühlen als unter den unverläßlichen und entarteten Bewohnern mancher Gegenden Frankreichs.«

Im **17. Jh.** galt das Interesse der europäischen Besucher neben den Indianern auch der Erkundung und Darstellung der tropischen Flora und Fauna. Die wichtigste Expedition zwischen 1637 und 1644 bestand aus einer Gruppe von

Pflanzendarstellung von José Joaquim Freire für die »Viagem Philosofica« von Alexandre Rodrigues Ferreira

Brasilienkarte aus dem »Atlas Miller«, um 1519

holländischen Wissenschaftlern und Malern, angeführt von Maurício de Nassau. Die Landschaftsgemälde von Frans Post, u. a. die Bilder vom Rio São Francisco, den Stränden Paraíbas und den Wasserfällen von Paulo Afonso, gelten als die ersten künstlerischen Darstellungen des neuen ›Tropenparadieses‹. Der zweite große holländische Maler Albert Eckhout hingegen konzentrierte sich auf die Darstellung von Menschen, insbesondere der Ureinwohner des Tupinambá und Tapuia-Stammes.

Im **18. Jh.** kam es zu einem wahren Boom von Expeditionsreisen, doch die »Viagem Philosofica« des Portugiesen Alexandre Rodrigues Ferreira in den Jahren 1783 bis 1792 markierte den Anfang einer Reihe von Reisen in noch unbekannte Gefilde des neuen Riesenkontinents. Seine Gruppe war die erste, die tief in die Amazonasregion vorstieß und zahlreiche Spezies für das Museu Real da Ajuda in Lissabon zusammentrug. Gegen Ende des Jahrhunderts erweiterte sich das wissenschaftliche Interesse um neue Dimensionen. So unternahm der 1768 von der Londoner *Royal Society* entsandte Forscher James Cook mehrere Reisen, u. a. entlang der brasilianischen Küste, um mittels der Venusbewegungen die Entfernung zwischen Erde und Sonne zu messen. Mehr noch als die Bahnen des großen Planeten hat ihn jedoch die Bucht von Guanabara in Rio de Janeiro beeindruckt.

Als im Jahre 1808 der portugiesische Hof nach Rio übersiedelte, nahm das Interesse der europäischen ›Gelehrten-Abenteurer‹, dieses hoheitliche Land zu erkunden, stark zu. Der auf die Wissenschaften Ethnologie und Botanik spezialisierte deutsche Prinz Maximilian zu Wied, ein Freund Alexanders von Humboldt, durchquerte von 1815 bis 1817 den Küstenwald zwischen Rio und Bahia, trat in Kontakt mit den Puni-, Botucado- und Camacã-Indios, malte Hunderte von Aquarellen und schrieb ein zweibändiges Buch mit dem Titel »Reise in Brasilien«.

Die kühnste Mission des **19. Jh.** wurde 1817 bis 1821 ebenfalls von Deutschen durchgeführt. Carl Friedrich Philipp Martius und Johann Baptist Spix, eingeladen zur Hochzeit der österreichischen Prinzessin Carolina Leopoldina mit Kaiser Dom Pedro I., nutzten die Gelegenheit zu einer großen Reise durch São Paulo, Minas Gerais, Bahia, Pernambuco, Piauí, Maranhão, Belém und Amazonien und konnten schließlich dem Wiener Museum den bis dahin einzigartigen Schatz von über 6000 neuen Pflanzenarten übergeben.

Die ambitionierteste und bedeutendste Expedition des 19. Jh. stand wiederum unter deutscher Federführung, geleitet von Georg Heinrich Freiherr von Langsdorff, einem gebürtigen Deutschen in der Funktion des Generalkonsuls von Rußland in Rio de Janeiro. Mit dem Anliegen, in bislang von Weißen noch gänzlich unberührte Gebiete im Innern des Landes vorzustoßen, versammelte er eine Equipe erster Klasse, u. a. den Botaniker Ludwig Riedel, den Astronomen und Kartographen Nester Rubstov, den Zoologen Christian Hasse und die Maler Moritz Rugendas, Hercule Florençe und Adrien Taunay. Mit der finanzkräftigen Unterstützung von Zar Alexander I. durchquerte die Gruppe von 1821 bis 1829 das Gebiet zwischen Rio de Janeiro und Amazonien und legte eine Strecke von 17 000 km zurück. Die nach Petersburg überführten Schätze überstiegen alles bisher Dagewesene: 100 000 Pflanzenarten, ausgestopfte Tiere, Edelsteine, ethnographisches Material, 369 Zeichnungen und Aquarelle sowie 1000 Seiten Tagebuchnotizen. Leider wurde die Sammlung jahrelang in Petersburg unter Verschluß gehalten und somit die wissenschaftliche Aufbereitung verhindert. Der Maler Taunay mußte überdies sein Leben lassen beim Überqueren des Guaporé-Flusses in Mato Grosso.

Der vielleicht berühmteste Wissenschaftler, der von 1831 bis 1836 an Bord des Schiffes *Beagle* den Kontinent bereiste, war der Engländer Charles Darwin. Überaus beeindruckt von der Schönheit der brasilianischen Städte, insbesondere von Salvador, sowie von dem Reichtum der tropischen Fauna und Flora, schrieb er später seine revolutionäre »Theorie der Herkunft der Arten«.

Im **20. Jh.** sammelten die Expeditionen nicht nur Material und wissenschaftliche Entdeckungen, sondern konstruierten Straßen, Dörfer, Telegraphenposten, Eisenbahnlinien und gingen neuen Flußlinien und Bergzügen im unerschlossenen Innern des Landes nach. Am spektakulärsten war die Entdeckungsreise des alternden amerikanischen Ex-Präsidenten Theodor Roosevelt, der hier seine letzte Chance sah, »noch einmal Junge sein zu können«. Seine Gruppe, angeführt von dem Brasilianer Cândido Mariano Rondon, entdeckte im Jahr 1914 einen bis dahin noch unbekannten Fluß, zunächst Rio da Dúvida (Fluß des Zweifels) genannt, zeichnete eine Karte von seinem 712 km langen Verlauf und nannte ihn schließlich Rio Roosevelt. Der große Namensvetter ebenso wie manch andere Teilnehmer der Expedition hätten bei diesem Unternehmen beinahe ihr Leben gelassen – sie litten unter Malária und waren Indianerangriffen ausgesetzt –, doch nur ein Expeditionsteilnehmer mußte zurückbleiben in den Fluten des neuentdeckten Flusses.

Den Reigen der großen Entdeckungen des 20. Jh. beendete schließlich der große französische Anthropologe Claude Lévi-Strauss. Im Jahre 1935 wurde er nach São Paulo berufen, um bei der Gründung der neuen Universität mitzuwirken sowie dort eine Lehrtätigkeit aufzunehmen. Bei seinen diversen Reisen durch das Landesinnere studierte er die Lebensweise der Bororo-, Caduveu- und Nhambiquara-Indianer. Seine Expeditionen durch São Paulo, Pantanal, Paraná, Mato Grosso und Amazonien trugen bei zu dem größten Klassiker der anthropologischen Literatur, »Traurige Tropen«, sowie zu seinem autobiographischen Fotoalbum »Sehnsucht nach Brasilien«.

Indios und Europeus

Unzählige indigene Völker bewohnten schon seit Jahrtausenden vor allem die Küstenregionen Brasiliens, bis sich ein besonders kriegerischer Stamm, nach seiner Sprache Tupi genannt, hervorhob und allmählich sowohl die Küste als auch Gebiete entlang der großen Flüssen einschließlich des Amazonas beherrschte. Als die portugiesischen Kolonisatoren um 1500 zum ersten Mal ›Land sahen‹, gab es etwa soviele Tupi-Indianer wie Einwohner Portugals, ca. 1 Mio.

Die Tupi-Kultur war hochentwickelt und befand sich bereits im Übergang von der bloßen Jäger- und Fischerexistenz zur einfachen Agrarwirtschaft mit Landrodungen, Feldbestellungen und vor allem der Nutzbarmachung der giftigen Maniok-Pflanze. Wenn auch kriegerische Auseinandersetzungen um bevorzugte Anbau- und Jagdgebiete zum Alltag gehörten, war das soziale Leben innerhalb der 300 bis 2000 Einwohner zählenden Dörfer eher von altruistischem Solidargefühl gekennzeichnet und stand im Einklang mit ihrer pantheistischen Deutung der Natur als großzügigem Spender und Geber.

Der eigentliche, wirklich ›große‹ Krieg indes ging aus von den bärtigen, ungetümen Fremdhäutigen, die in eigentümlichen Segelkanus über dem großen Wasser auftauchten und Krankheiten, Landraub, Vergewaltigung und Versklavung über die Eingeborenenstämme brachten. Es begann mit Spiegeln und Perlen, Geschenken, die die Indios glauben machten, hier seien ihnen ähnliche, großzügige und freundliche Brüder angekommen. Der erste Krieg bedurfte indes auch keiner Waffen, es war ein bakteriologischer. Die Indios wurden stämmeweise durch Windpocken-, Röteln-, Keuchhusten- und Tuberkulose-Epidemien hinweggerafft, von insgesamt 5 Mio. in ganz Brasilien blieben nach einem Jahrhundert Fremdherrschaft nur noch 4 Mio. übrig.

Im 17. Jh. starben weitere 2 Mio. außer durch Krankheiten nun auch infolge ungewohnter Sklavenarbeit und blutiger Verteidigungskriege. Die mutigen Tupis führten einen heldenhaften Kampf, doch jedes Volk unkoordiniert für sich. Ihre zahlenmäßige Überlegenheit nützte wenig angesichts der besseren Organisation und vor allem besseren Waffen der erbarmungslosen Eroberer. Die Versuche des Jesuiten-Ordens, die Indios zwecks christlicher Umerziehung in Missionsstationen zu versammeln und gegen äußere Feinde abzuschirmen, waren nur von begrenztem Erfolg. Sowohl gegnerische Indianerstämme als auch die erbarmungslosen Sklavenjäger aus São Paulo (Bandeirantes) überfielen mit Vorliebe diese leicht zu nehmenden Bastionen. Zudem konnten sich hier Epidemien schneller ausbreiten als in den versteckten Dörfern der Eingeborenen. Als später die Missionare von der portugiesischen Krone nicht mehr toleriert und sogar des Landes verwiesen wurden, waren die in den ghettoartigen Stationen verbliebenen Indios der Versklavung noch schutzloser ausgeliefert als zuvor.

Die Indio-Frauen dienten den weißen Herren aus Lusitanien vor allem als Gebärerinnen, die Männer fungierten als Führer, Ruderer, Holzfäller, Jäger, Fischer und Hausdiener, in der Produktion für den Exportmarkt setzte man ab dem 17. Jh. jedoch die kräftigeren Schwarzen aus Afrika ein. Der Indio wurde zum Sklaven der ›Armen‹, kostet er doch nur ein Fünftel des importierten ›Negers‹. Im 18. Jh. setzte sich der Exodus der stolzen Ureinwohner fort, ihre Zahl reduzierte sich um eine weitere Hälfte von 2 auf 1 Mio. Statt 5 Mio. Indios im Jahre 1500 sind es heute nur noch 700 000, die weiter um ihre Rechte kämpfen müssen und keinen Frieden mehr finden.

Tupi-Indianerin, Darstellung von Albert Eckhout, 17. Jh.

Indianer heute

Kriegstanz als Protest gegen ein Staudamm-Projekt

Lediglich 0,4 % der brasilianischen Bevölkerung bzw. 700 000 Mitglieder gelten heute noch als Indianer, im gesamtamerikanischen Vergleich der zweitniedrigste Anteil. Sie verteilen sich auf etwa 220 Stämme, ca. 75 % davon leben in Amazonien. Die mit ca. 25 000 Angehörigen größte Gruppe stellen die Ticunas-Indianer im Amazonas-Grenzgebiet zu Kolumbien.

Bemerkenswert ist jedoch, daß die Zahl der Indianer wieder ansteigt und sich in den letzten 40 Jahren gar verdoppelt hat. Obwohl Krankheiten wie Röteln und Malaria immer noch ganze Stämme bedrohen, hat sich nach staatlichen Impfaktionen die medizinische Lage insgesamt verbessert. Modernere Ackerbaumethoden sowie die Demarkation bzw. ›Befriedung‹ der Indianergebiete tragen ebenfalls zum Bevölkerungszuwachs bei. Der Demarkationsprozeß verläuft jedoch äußerst konfliktreich und schleppend. Von insgesamt 558 Reservaten (= ca. 11 % des brasilianischen Territoriums) haben noch nicht alle einen rechtsgültigen Status, einige sind vorerst demarkiert, einige identifiziert, aber noch nicht demarkiert, und einige befinden sich im Prozeß der Identifizierung, von noch unbekannten Indianergebieten einmal ganz abgesehen – 1995 wurden in Rondônia z. B. wieder zwei neue Stämme entdeckt, einer aus vier, der andere aus sieben Personen bestehend. Die Ungeduld der Indios gegenüber der offiziellen Verzögerungspolitik ist nur zu verständlich und führte bereits zu demonstrativen Besetzungen ihrer eigenen Gebiete.

Großgrundbesitzer und *garimpeiros* (Goldsucher) tun alles, um die Besiegelung der Indianerrechte zu behindern und schrecken selbst vor Mordanschlägen nicht zurück, wie der Tod des engagierten Umweltschützers Chico Mendes beweist. Von Regierungsseite wurde zudem Anfang 1996 das Demarkierungs-Dekret 22/91 dahingehend revidiert, daß fortan auch Einzelpersonen und private Unternehmen bei der juristischen Festlegung von Gebietsgrenzen der indigenen Territorien mitbestimmen können. Auch die Arbeit der staatlichen Indianerbehörde *Funai* ist nicht frei von Skandalen und Korruptionsfällen, in den 80er Jahren gab es ganze acht Präsidentenwechsel. Agrar- und Rohstoffindustrien wurde z. B. die Tätigkeit in Indianergebieten zugesagt. Oder Reservate wurden so abgesteckt, daß möglichst wenig fruchtbares Land ›verlorengeht‹. Für die Indianer verringerten sich dadurch die Jagdgebiete mit dem Effekt, verstärkt Ackerbau betreiben und wegen der höheren Arbeitsbelastung kulturelle und soziale Stammestraditionen vernachlässigen zu müssen. Die Unfruchtbarkeit der Böden zwang zudem bald zum Übergang zur Vieh- und Schweinezucht mit dem Ergebnis, sowohl an ernährungsbedingten Mangelerscheinungen zu leiden als auch an neuen, vor allem durch Schweine übertragenen Krankheiten.

Der erste Atlas zur Lage der Indios aus dem Jahre 1994 indiziert, daß 28 % der indigenen Bevölkerung Brasiliens Schwierigkeiten haben, eine angemessene Ernährung und Gesundheitsversorgung zu gewährleisten. Unter den Betroffenen kursiert der Spruch, daß jede einzelne Kuh der umliegenden Rinderfarmen besser versorgt ist als ein ganzer Indianerstamm. Der Fall einiger reicher Caiapós – z. B. des von der UNO mit einem Ökologie-Preis geehrten und später in einen Vergewaltigungsskandal verwickelten Paulinho Payakan –, die Firmen besitzen und Privatflugzeuge steuern, ist bestimmt die große Aus-

nahme. Die große Mehrheit steigt erst in ein Flugzeug, wenn eine lebensbedrohliche Krankheit behandelt werden muß.

Immer mehr Indios sehen im Suizid den einzigen Ausweg aus dem Elend, unter den Kaiwá-Indios sind es zur Zeit über 50 Fälle jährlich, die Mehrheit der Opfer ist unter 20 Jahre alt. Andere verlassen ihr Dorf, um sich in sklavenähnliche Arbeitsverhältnisse zu ergeben oder in die Ghettos der großen Städte zu ziehen. Die Verfolgung durch den ›Weißen Mann‹ hält an, sechs weitere Stämme stehen vor der Ausrottung oder führen – wie die Yanomanis – einen verzweifelten Überlebenskampf. In den Schulen können die Kinder der Weißen jedoch seit kurzem statt Englisch die Indianersprache Tupi lernen!

Kolonie, Kaiserreich, Republik, Militärdiktatur

Schon 1494, also noch vor der Entdekkung Brasiliens, war durch einen Schiedsspruch Papst Alexanders VI. im Vertrag von Tordesillas eine Einigung zwischen Portugal und Spanien über die Aufteilung der Kolonialgebiete erzielt worden. Die Trennungslinie entsprach etwa dem 48. Grad westlicher Länge. Alles, was östlich davon lag, ging an Portugal, was westlich davon lag, an Spanien. Und so wurde Brasilien, von einem Teil im Süden zunächst abgesehen, portugiesische Kolonie.

Doch erst am 22. April des Jahres 1500 erreichte die erste portugiesische Karavellenflotte unter dem Kommando von Pedro Álvares Cabral, eigentlich auf dem Weg nach Indien, ›brasilianisches‹ Territorium. Es war der offizielle Beginn der Entdeckung; nicht unwahrscheinlich ist, daß zwei Jahre vorher bereits ein anderer portugiesischer Seefahrer, Duarte Pacheco Pereira, hier angekommen war. Die eigentliche Kolonisierung begann jedoch erst 1530 mit der Entsendung von Martim Afonso de Souza, der die Franzosen vertreiben, den Einflußbereich der portugiesischen Krone erweitern und ein neues Verwaltungssystem einführen sollte. 1532 teilte König João III. die brasilianische Küste in 15 Zonen, *capitanias* genannt, und vergab diese als Erblehen an Adlige und Personen aus dem Mittelstand, um die eigenen Kolonisierungskosten gering zu halten. Als dies jedoch bis auf zwei Ausnahmen nicht die gewünschten Resultate erbrachte, wurde 1549 in Salvador da Bahia eine portugiesische Zentralgewalt etabliert, angeführt von dem ersten Generalgouverneur Tomé de Souza.

Die folgenden Jahrzehnte waren gekennzeichnet von einer verstärkten Einwanderung aus Portugal, einer Zunahme des Sklavenimports aus Afrika und einer immensen Ausweitung der Zuckerrohrwirtschaft, die Brasilien um das Jahr 1600 zum größten Zuckerproduzenten der Welt werden ließ (s. S. 45). Die Ausbeutung der Kolonie verlief jedoch keineswegs reibungslos. Andere europäische Nationen, im Vertrag von Tordesillas nicht berücksichtigt, versuchten, ihre Einflußsphären auf den neuen Kontinent auszudehnen. 1555–67 errichteten die Franzosen in der Baía da Guanabara von Rio de Janeiro ihre kleine Kolonie ›França Antártica‹, konnten sich danach bis 1596 in Paraíba etablieren und zwischen 1612 und 1615 in Maranhão. 1624 attackierten die Holländer Salvador und besetzten zwischen 1630 und 1654 einen Teil der Nordostküste. Viele Zuckerrohrpflanzungen dieser Region wurden von den verängstigten portugiesischen Besitzern aufgegeben, zahlreiche Sklaven nutzten die Gelegenheit zur Flucht und organisierten sich in autonomen Wehrdörfern *(quilombos),* von denen Palmares legendäre Bedeutung gewann.

Doch weder diese Herrschaftskrisen noch die international zunehmende Schwäche des portugiesischen Mutterlandes bewirkten den Verfall der brasilianischen Kolonie. Es waren die *bandeirantes* (Abenteurer) aus São Paulo, die auf der Suche nach Gold und Sklaven um 1650 damit begannen, das brasilianische Hinterland zu erschließen. Rekordhalter wurde der Bandeirante Antônio Raposo Tavares, der 12 000 km zurücklegte und bis Mato Grosso do Sul, Mato Grosso, Rondônia und Pará vorstieß. Das Hauptinteresse galt jedoch dem Gold in Minas Gerais, das ab 1695 einen regelrechten Massenzustrom von Goldsuchern bewirkte (s. S. 45). Rechtzeitig – der Zuckerhandel war bereits in eine Krise geraten – gab es wieder ein Exportprodukt, nach dem in Europa große Nachfrage bestand. Diese wirtschaftliche Umorientierung war mit ein Grund, daß Rio de Janeiro 1763 Salvador als Hauptstadt ablöste – Rio lag näher bei den Goldvorkommen von Minas Gerais.

Brasilien, wirtschaftlich gegenüber Portugal erstarkend, begann bald, eine eigene nationale Identität auszubilden. Konkreten Ausdruck fand diese Tendenz in der mineirischen Unabhängigkeitsbewegung *(Inconfidência mineira)*, angeführt von Joachim José da Silva Xavier, auch Tiradentes genannt. Am 7. September 1822 schließlich erklärt Pedro I., Sohn des portugiesischen Königs João VI., die Unabhängigkeit Brasiliens und ließ sich am 1. 12. zum Kaiser krönen. Es war eine monarchistische, aristokratische Erfüllung des Unabhängigkeitswunsches, die republikanischen Ideen der Französischen Revolution konnten sich noch nicht durchsetzen. Lediglich das spätere Verbot der Einfuhr von Sklaven (1850) sowie die Abschaffung der Sklaverei (1888) erinnerten an die bürgerlichen Ideale von Freiheit, Gleichheit und Brüderlichkeit. Unter den Kaisern Pedro I. (1822–40) und Pedro II. (1840–89) lebten nationalistische Hymnen- und Heldenkulte wieder auf, von 1865 bis 1870 wurde gar ein Krieg gegen Paraguay geführt.

Erst nach dem Sturz Kaiser Pedros II. war der Weg frei für die Verkündung der Föderativen Republik Brasilien am 15. November 1889, zugleich Startschuß für den Eintritt in das Zeitalter des modernen Kapitalismus. Wirtschaftlich dominierte inzwischen die Kaffeeproduktion (s. S. 45), doch die ›Kaffeebarone‹ von São Paulo wandelten sich bald, besonders seit dem Verfall der Kaffeepreise auf dem Weltmarkt (1929/30), zur ›Kaffeebourgeoisie‹ und nutzten die technischen Möglichkeiten der industriellen Revolution sowie das Vorhandensein zahlreicher qualifizierter Arbeitskräfte aus Europa, um in den industriellen Textilsektor zu investieren (s. S. 46 und 293).

Während die meisten der 13 Präsidenten der sogenannten Alten Republik *(República Velha)* von 1889 bis 1930 politisch noch die Agraroligarchien vertraten *(política do café-com-leite)*, repräsentierte der *Estado Novo* unter Getúlio Vargas von 1930 bis 1945 eindeutiger die agroindustriellen und industriellen Eliten. Das Herrschaftssystem war jedoch zentralistisch und autoritär, politische Repression und Zensur waren an der Tagesordnung. Nach einer Redemokratisierungsphase unter dem vom Volk gewählten Präsidenten Eurico Caspar Dutra (1946–51) konnte Getúlio Vargas 1951 noch einmal durch Wahlen an die Macht gelangen, bis er im Jahre 1954 Selbstmord verübte.

Die eigentliche Phase ungehemmter industrieller Entwicklungspolitik begann jedoch erst unter dem populistischen Präsidenten Juscelino Kubitschek (1956–61). ›Modernisierung‹ war das neue Schlagwort der Zeit, Ausdruck findend auch in der Errichtung der Retorten-Hauptstadt Brasília (1960). Moderne Kunst und Architektur wurden gefördert, eine allgemeine Aufbruchsstimmung machte sich breit. Der Fortschritt wurde jedoch erkauft durch verstärkte Abhängigkeit vom ausländischen Kapitalmarkt, die Inflation nahm zu, soziale Probleme verschärften sich. Der nächste Präsident, Jânio Quadros, regierte nur ein Jahr und übergab das Amt 1961 an seinen bisherigen Vizepräsidenten João Goulart. Dieser unterstützte Massendemonstrationen für wirtschaftliche und soziale Reformen. Dadurch geriet er in

Das gemischteste Volk der Erde

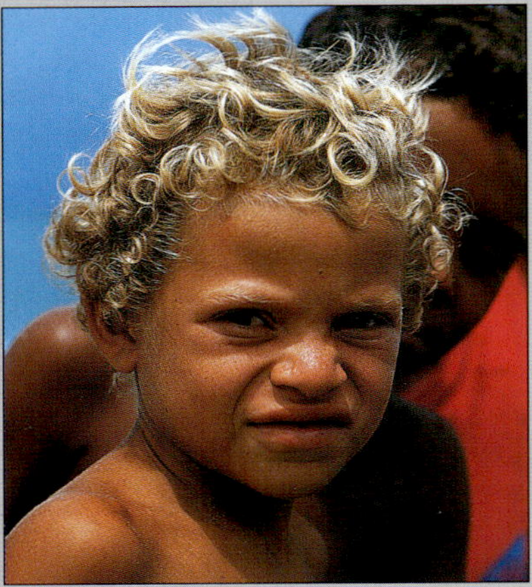

Wer zum ersten Mal nach Brasilien kommt, wird vielleicht enttäuscht sein, was die Farben der Natur betrifft, ein eintöniges Grün beherrscht die blumen- und blütenarme Landschaft. Ganz anders ist das Bild, wenn es um die ›Farben der Menschen‹ geht. Besonders in den Metropolen von Rio und São Paulo werden die Sinne schier erschlagen von der Vielfalt der Hautfarben und Kulturen. Einfach nur das ›bunte‹ Treiben auf der Straße zu beobachten, ist oft interessanter als manche organisierte Sightseeing-Tour. Brasilien realisiert sich auf der Straße, was man hier sieht, ist lebendige Geschichte, lebendiger Beweis der gewaltigsten Nationalitätenvermischung aller Zeiten und aller Länder.

Als die Portugiesen im Jahre 1500 hier landeten, trafen sie auf insgesamt ca. 5 Mio. Indios. Die meisten Mischlinge, *mamelucos* oder *caboclos* genannt, stammten aus dieser Verbindung zwischen Weißen und Indios. Die andere Mischlingsgruppe weißer und schwarz-afrikanischer Abstammung, *mulatos* genannt, ist bis heute anteilmäßig kleiner und eher regional im Bundesstaat Bahia konzentriert. Dort ist auch der Anteil der Schwarzen am höchsten. Nach offiziellen Angaben leben in Brasilien 5 % Schwarze *(negros)*, 39 % Mischlinge *(pardos)* und 55 % Weiße *(brancos)*. Berücksichtigen muß man jedoch, daß sich die meisten Dunkelhäutigen wegen der Rassendiskriminierung möglichst ›weißer‹ einstufen, als sie wirklich sind.

Die indianische Herkunft vieler Brasilianer ist mehr in der nördlichen Landeshälfte spürbar – vor allem im Amazonasgebiet und in Belém –, während der europäische Anteil im Süden bzw. Südosten dominiert, mit 83 % bzw. 66 % Weißen. Von insgesamt knapp 5 Mio. europäischen Einwanderern bildeten die Portugiesen mit 1,7 Mio. das Hauptkontingent, gefolgt von den Italienern mit 1,6 Mio., den Spaniern mit 700 000, den Deutschen mit 250 000 (s. S. 276f.) und den Japanern mit 229 000. Der japanische Einfluß ist verantwortlich für den charakteristischen, leicht asiatischen Einschlag in manchen Gesichtern, besonders bei den Bewohnern in São Paulos Stadtteil Liberdade.

Das vielbeschworene brasilianische ›Temperament‹ indes rührt hauptsächlich von der afrikanischen Kulturtradition her. Wer ins schwarze Bahia kommt bzw. nach Salvador mit seinen unzähligen afro-brasilianischen Percussion- und Tanzgruppen, seinen nie abbrechenden Festen und seinen dynamischen Menschen, wird bald glauben, daß es nirgendwo auf der Welt ähnlich lebendig und temperamentvoll zugeht wie hier.

Diese extrovertierte, ausgelassene Mentalität, diese sprichwörtliche Lebensfreude der Brasilianer besitzt jedoch auch die fatale Kehrseite einer grenzenlosen Geduld und Leidensfähigkeit, die von der jahrhundertelangen Gewöhnung an koloniale und sklavische Unterdrückung herrühren mag. Rebellion, Aufstände, kollektiver Widerstand ist den Brasilianern trotz der schreienden Misere in vielen gesellschaftlichen Bereichen eher fremd.

Selbst Rassendiskriminierung, die allenthalben existiert, wird von der breiten Masse der Unterprivilegierten schon aus Gewohnheit resignativ hingenommen, vom *movimento negro* in Bahia einmal abgesehen (s. S. 152f.). Je dunkler die Hautfarbe, desto niedriger sind soziales Prestige und sozialer Status. Weiße Männer verdienen bei gleicher Arbeit z. B. viermal soviel wie schwarze Frauen. In Stellenanzeigen

wird ein »gutes Erscheinungsbild« *(boa aparência)* verlangt, Synonym für Hellhäutigkeit. Bislang konnte nur eine einzige Mulata in Brasilien Schönheitskönigin werden, die Fernsehwerbung zeigt grundsätzlich nur Weiße. Schwarze Arbeiter bilden nach wie vor das Subproletariat, sie »erledigen mit Leichtigkeit schwere körperliche Arbeit«, wie es der Direktor des Industrieverbandes von São Paulo, Carlos Uchoa Fagundes, auszudrücken beliebte. Die vielbeschworene *democracia racial*, Schlagwort der offiziellen Regierungspropaganda und Verfassungsgrundsatz seit 1946, ist in der Praxis keineswegs realisiert. Und wenn ein Schwarzer einmal den Aufstieg schafft, wie z. B. der frühere Fußballstar und ehemalige »außerordentliche Minister für Sport«, Pelé, dann ist es »ein Neger mit einer weißen Seele«.

Überwiegend ist Rassendiskriminierung in Brasilien jedoch eher Klassendiskriminierung, Dunkelhäutige werden weniger ihrer Hautfarbe wegen benachteiligt als wegen ihrer Armut, ihrer geringeren Bildungschancen und ihrer höheren Beteiligung an kriminellen Delikten. De facto ist das Hauptproblem Brasiliens eher die extreme Kluft zwischen Arm und Reich, die Diskriminierung der dunklen Hautfarbe gesellt sich dem noch hinzu.

Kubitschek-Denkmal in Brasília

offenen Widerspruch zu den Generälen. Am 31. 3. 1964 wurde er von der militärischen Oppositionsfront gestürzt und mußte sich ins Exil nach Uruguay zurückziehen.

Der Staatsstreich, von den Militärs ›Revolution‹ genannt, bildete den Anfang bzw. die Generalprobe weiterer, von den USA unterstützter Putsche in Lateinamerika, die mit dem Gespenst des Kommunismus und dem drohenden Gewerkschaftsstaat aufräumen wollten. Schon bald wurden die Voraussetzungen für eine totalitäre Diktatur geschaffen, die Verfassung aufgelöst, Parteien verboten und das Parlament entmachtet, bis im Jahre 1968 alle Regierungsvollmachten bei der Junta lagen. Obwohl die Repressionsorgane längst nicht so wüteten wie in Chile und Argentinien – und wegen der schwächeren Opposition auch nicht brauchten –, sind dennoch schätzungsweise 458 Personen aus politischen Gründen ermordet oder zu Tode gefoltert und etwa 12 000 inhaftiert worden, zumeist Studenten und Gewerkschafter.

Das Perfide an der Situation war, daß der staatliche Terrorismus sich selbst zu rechtfertigen schien durch die verblüffenden Erfolge auf dem Wirtschaftssektor, dem brasilianischen ›Wirtschaftswunder‹ der Jahre 1968 bis 1973 mit bis zu 11%igen jährlichen Wachstumsraten. Die forcierte Entwicklung von Industrie und Infrastruktur mit zahlreichen Großprojekten war jedoch weitgehend mit ausländischen Investitionen finanziert worden und führte zu einer bis heute andauernden internationalen Verschuldungskrise. Die ärmeren Schichten blieben von diesem Wirtschaftswunder gänzlich ausgeschlossen, Gewerkschaftsverbot und Lohnknebel bewirkten statt dessen eine noch extremere Einkommensverteilung als vorher. 1972 verfügten die oberen 10 % der Lohnempfänger über 50,6 % des Gesamteinkommens und die unteren 40 % über lediglich 7 %. Am Ende der ›schwarzen Jahre der brasilianischen Geschichte‹ lautete der letzte Wunsch des 1985 aus dem Amt scheidenden Generals João Figueiredo: »Man soll mich vergessen.«

Doch zehn Jahre später wurden die Opfer der Militärdiktatur plötzlich wieder Thema der öffentlichen Diskussion. Anlaß war ein grauenhafter Knochenfund in einem Acker bei São Paulo, der zur Vermutung Anlaß gab, daß hier die Überreste der meisten bis heute als vermißt geltenden 136 Menschen vergraben sind, die damals unter der Folter gestorben sind. Die Aktivisten der Gruppe ›Tortura Nunca Mais‹ (Nie wieder Folter!) bemühten sich um eine restlose Aufklärung der Verbrechen. Namen von Ärzten wurden veröffentlicht, die damals falsche Todesurkunden ausgestellt hatten, und die Angehörigen der Opfer bzw. der Verschwundenen forderten die Verurteilung der Verantwortlichen. Doch in diesem Zusammenhang wurden zugleich die Grenzen der jungen brasilianischen Demokratie deutlich, am geltenden Amnestiegesetz und am Burgfrieden mit den Militärs wurde trotz aller humanistischen Wertepropaganda der sozialliberalen Regierung unter Cardoso (1995–2002) nie gerüttelt.

Zeittafel zur Geschichte und Gesellschaft

ca. 46 000 bis 12 000 v. Chr.	Feuerspuren in Höhlen von Piauí als früheste Zeichen menschlichen Lebens in Brasilien (Paläo-Indianer)
9000 v. Chr.	Erste Skelettfunde von Menschen belegen Besiedlung durch Stammesgemeinschaften längs des Küstenstreifens und in den Waldgebieten des Landesinneren: der bislang älteste Schädel (Luzia) wurde erst kürzlich in Minas Gerais entdeckt und weist erstaunlicherweise statt indianischer australische Gesichtszüge auf
1494 n. Chr.	Vertrag von Tordesillas – Einigung zwischen Spanien und Portugal über die künftige Aufteilung der Kolonien
1500	Entdeckung Brasiliens durch den portugiesischen Seefahrer Pedro Álvares Cabral (22.4.), Handel mit dem Holz Pau do brasil, das der Kolonie später ihren Namen gab
1520	Beginn des Zuckerrohranbaus
1534–1821	**Kolonisationszeit**
1532	König João III. teilt die brasilianische Küste in 15 Zonen,

Von Sklaven betriebene Zuckermühle, Darstellung von Jean Baptiste Debret, 1822

	capitanías genannt, ein und vergibt diese an Adlige und Personen aus dem Mittelstand
ab 1538	Einfuhr von Sklaven aus Afrika, die auf den Zuckerrohrplantagen eingesetzt werden
1549	Salvador da Bahia wird erste Hauptstadt der portugiesischen Kolonialregierung, Generalgouverneur wird Tomé de Souza
1600	Brasilien wird zum größten Zuckerproduzenten der Welt
ab 1650	Die *bandeirantes* von São Paulo drängen auf der Suche nach Gold und Sklaven ins Hinterland vor
1695	Beginn des Goldrausches in Minas Gerais – erste Schiffsladungen gehen nach Lissabon
1763	Rio de Janeiro wird neue Hauptstadt
1792	Hinrichtung von Tiradentes (Joachim José da Silva Xavier), dem Anführer der mineirischen Unabhängigkeitsbewegung gegen Portugal
1805	Einführung des Kaffeeanbaus in Brasilien
1808	Der portugiesische Hof flüchtet vor Napoleon nach Brasilien und erklärt die Kolonie zum Regierungssitz für Portugal
1822–1888	**Kaiserreich**
1822	Pedro I., Sohn des portugiesischen Königs João VI., erklärt die Unabhängigkeit Brasiliens (7.9.) und wird am 1.12. zum Kaiser gekrönt

1824	Beginn der Einwanderung aus Deutschland
1840–89	Regierungszeit Kaiser Pedros II., Sohn Pedros I.
1850	Verbot der Einfuhr von Sklaven
1865–70	Zusammen mit Argentinien und Uruguay führt Brasilien Krieg gegen Paraguay
1888	Aufhebung der Sklaverei (13.5.)
1889–1963	**Republik**
1889	Sturz Kaiser Pedros II. und Verkündung der Föderativen Republik Brasilien (15.11.)
1920	Erste Bundesuniversität in Rio de Janeiro
1929/30	Weltwirtschaftskrise und Verfall der Kaffeepreise
1930–45	Diktatur unter Getúlio Vargas, 1945 wird er von den Militärs zum Rücktritt gezwungen
1942	Nach Torpedierung eines brasilianischen Schiffes durch die deutsche Seeflotte Kriegseintritt gegen Deutschland und Italien (18.8.)
1946	Unter dem vom Volk gewählten Präsidenten Enrico Caspar Dutra tritt eine neue demokratische Verfassung (16.9.) in Kraft
1950	Einweihung des größten Fußballstadions der Welt am 10.6. in Rio de Janeiro (Maracanã)
1951–54	Erneute Präsidentschaft von Getúlio Vargas bis zu seinem Selbstmord am 24.8.
1953	Gründung der Mercedes Benz do Brasil S.A. in São Paulo
1956	Eröffnung der ersten Goethe-Institute in Porto Alegre und Curitiba
1956–61	Regierung Juscelino Kubitschek, Programm zur forcierten Industrialisierung Brasiliens
1958	Brasilien wird in Schweden erstmals Fußball-Weltmeister
1960	Brasília wird neue Hauptstadt
1961–64	Regierung João Goulart. 1964 Massendemonstrationen für wirtschaftliche und soziale Reformen, die von Goulart unterstützt wurden und ihn in Widerspruch zu den Generälen brachte
1964	Militärputsch, Flucht des Präsidenten Goulart nach Uruguay
ab 1964	**Militärdiktatur**
1964–85	Militärregime unter General Humberto de Alencar Castelo Branco (64–69), Emilio G. Médici (69–74), Ernesto Geisel (74–79) und João Figueiredo (79–85)
1967	Gründung der Indianerschutzbehörde Funai
1968–73	Brasilianisches ›Wirtschaftswunder‹
ab 1969	Ausweitung und Verschärfung der staatlichen Kontrolle und Verfolgung der Oppositionellen unter Präsident Médici
1975	Nuklearabkommen zwischen Deutschland und Brasilien
1975	Álcool-Programm zur Ersetzung von Benzin und teuren Erdölimporten (Ölpreis-Schock)

1977	Erste ›Nationale Versammlung‹ der brasilianischen Indianer
1978	Metallarbeiterstreiks in São Paulo, Gründung der ersten unabhängigen Gewerkschaften
1979–85	Langsame Demokratisierung unter General João Figueiredo
1982	Verschärfte Auslandsschuldenkrise
1983	Gründung des Gewerkschaftsdachverbandes CUT
1983/84	Landesweite Kampagne für direkte Präsidentenwahl – *diretas já*!
	Brasilien heute
1985	Tancredo Neves wird von Wahlmännern zum Präsidenten gewählt, stirbt jedoch kurz vor Amtsantritt (21.4.); Präsident der ›Neuen Republik‹ wird nunmehr José Sarney
1988	Inkrafttreten der neuen demokratischen Verfassung mit umfassenden Freiheits- und Bürgerrechten, erstmals auch unter Einschluß der Indianer (5.10.)
1989	Bei der ersten direkten Wahl des Staatspräsidenten siegt Fernando Collor de Mello (17.12.)
1990–92	Ära Collor: Nach vorübergehenden Erfolgen in der Wirtschaftspolitik mittels umstrittener Inflationsbekämpfungs-Maßnahmen Absetzung durch das Parlament wegen Korruption und Volksbetrug
1992–94	Vize-Präsident Itamar Franco wird Collors Nachfolger. Fortsetzung neoliberaler Wirtschaftspolitik, Schwerpunkt: Inflationsbekämpfung (1.7.94: Einführung der neuen Währung Real)
1994	Brasiliens Nationalheld, Ayrton Senna (dreimaliger Formel-1-Weltmeister), verunglückt tödlich (1.5.); Tod des Landschaftsarchitekten Roberto Burle Marx (4.6.); Tod des Komponisten und Musikers Tom Jobim (8.12.); Brasilien wird als bisher einziges Land zum vierten Male Fußball-Weltmeister (17.7.)
	Bei den Präsidentschaftswahlen vom 3.10. gewinnt der neoliberale Kandidat Fernando Henrique Cardoso
1995	Amtsantritt von Cardoso (1.1.). Der Plano Real bewährt sich, die Inflation geht von ca. 50 % auf 1–2 % zurück. Verstärkte Öffnung zum Weltmarkt und Privatisierungsmaßnahmen
1998	Privatisierung der staatlichen Telefongesellschaft Telebras. Wiederwahl des bereits seit 1994 amtierenden Präsidenten Fernando Henrique Cardoso (FHC)
1999	Drastische Abwertung des Real und Zunahme des Tourismus
2000	Brasilien feiert am 22. April den 500. Jahrestag der Entdeckung
2001	Tod des großen Dichters Jorge Amado (6.8.)
2003	Amtsantritt des neuen Staatspräsidenten Luiz Ináçio Lula da Silva, genannt »Lula« (1.1.). Der Kandidat der linken Arbeiterpartei (PT) wurde am 27.10.02 mit großer Mehrheit gewählt
2004	Erste Regierungserfolge: neues Sozialhilfeprogramm, Verbot von Bingo-Glücksspielen und Waffen, hohes Wirtschaftswachstum, Rückgang der Arbeitslosigkeit

Wirtschaft – die schwere Geburt eines Riesen

Zucker, Gold, Kaffee

Nach der politisch-militärischen Okkupation folgte bald die wirtschaftliche Erschließung und Ausbeutung der neuen Ländereien, um sich gegen die Konkurrenz Hollands, Englands und Spaniens abzusichern.

Die Portugiesen hatten bereits Erfahrungen mit dem Anbau von **Zuckerrohr** auf Madeira und den Azoren. Es bedurfte nur noch billiger Sklavenarbeit, fruchtbarer tropischer Erde und dem Bau von Zuckermühlen (ab 1520), um Brasilien schon um 1600 zum Hauptzuckerproduzenten der damaligen Welt zu machen. Die gigantischen Einnahmen fanden schnell ihren sichtbaren Niederschlag in der kulturellen Blüte von Hafenstädten wie Olinda-Recife im Nordosten und der ersten Hauptstadt Salvador da Bahia (1549), nach Mexico die damals reichsten Orte Amerikas.

Die Pracht der Kirchen und Herrschaftspaläste der neuen Latifundienbesitzer basierte jedoch im wesentlichen auf der Ausbeutung afrikanischer Sklaven: 30 000 gab es im Jahre 1600, 150 000 im Jahre 1700 und 1,5 Mio. im Jahre 1800. Die ersten Schiffe mit den bis dahin freien Bürgern kamen um 1538. Schon beim Transport wurde streng darauf geachtet, die verschiedenen (Sprach-)Stämme zu vermischen, um jeden kollektiven Widerstand auszuschalten. 18 Stunden Arbeit pro Tag sowie ein ausgeklügeltes System von Bewachungen und Präventivstrafen ließen jeden Gedanken an Flucht sinnlos erscheinen. Bis heute haben nicht nur verschiedene Ausdrucksformen afrikanischer kultureller Identität überlebt (s. S. 134f.), sondern ebenso die für Brasilien so typische fatalistische Mentalität. Jahrhundertelange Knechtschaft hinterläßt ihre Spuren in der kollektiven Psyche eines Landes.

Ab 1650 geriet die Zuckerwirtschaft in eine chronische Absatzkrise, als die Holländer Brasilien auf den Antillen Konkurrenz machten. Doch ein neuer Boom kündigte sich an, nachdem die kriegerischen Bandeirantes von São Paulo aus ins Landesinnere zogen, um Indianer zu versklaven und vor allem Edelmetalle zu suchen. 50 Jahre später begann schon der nächste große Wirtschaftszyklus der brasilianischen Geschichte mit den **Gold**- und Diamantenfunden in Minas Gerais (1680–95 bzw. 1740–1828). Ein wahrer Goldrausch setzte ein: Hunderttausende strömten in noch unerschlossene Gebiete im Innern Brasiliens, auch nach Goiás und Mato Grosso; viele Plantagenbesitzer sattelten um und ließen ihre Sklaven Gold schürfen. Über die Hälfte aller amerikanischen Edelsteinexporte kam zu dieser Zeit aus Brasilien, der plötzliche Goldregen veränderte schnell das Gesicht des Landes: Städte wie Ouro Preto in Minas Gerais erblühten in der Pracht barocker Kultur, und Rio de Janeiro mit seinem Exporthafen wurde 1763 neue Hauptstadt. Doch schließlich versiegte das Gold und die Suizidrate in Brasilien bzw. Minas Gerais stieg stark an. Tristesse, so sagt man, blieb bis heute vorherrschendes Kennzeichen der *mineiridade*.

Die nächste Jahrhundertwende war wiederum der Beginn einer neuen Ära, des **Kaffee**-Zyklus. Erneut schien jedoch eine ökonomische Blütephase zugleich die Abhängigkeit vom Weltmarkt

Bevor das Zuckerrohr geschlagen wird, wird das Feld abgeflämmt

zu vertiefen, nach der Zuckerwirtschaft entstand wieder eine Monokultur, die das Agrarland Brasilien von der fortschreitenden Industrialisierung der Ersten Welt abzukoppeln drohte. Paradoxerweise wurde jedoch der Kaffee zum Vehikel einer ganz entgegengesetzten Entwicklung, die Brasilien schließlich zu einem sogenannten Schwellenland aufsteigen ließ. Das erste Kaffeepflänzchen wurde versuchsweise im Jahre 1805 gesetzt, 1850 wurden bereits 2,25 Mio. kg exportiert, 1870 34 Mio. und 1893 167,4 Mio. Doch die ›Kaffeebarone‹ von São Paulo mauserten sich zur Kaffeebourgeoisie und gingen dazu über, ihre Riesengewinne in Manufakturen zu investieren, vor allem in die Textilindustrie. An zwei Grundvoraussetzungen fehlte es nicht: Als Rohstoff war Baumwolle zur Genüge vorhanden, und als qualifiziertere Arbeitskräfte bot sich das Millionenheer der Immigranten an, das ab 1850 aus Europa, vor allem aus Italien, hier einströmte. Bis zur Weltwirtschaftskrise von 1929/30 und dem damit verbundenen Verfall der Kaffeepreise war der Kaffee-Boom der entscheidende Faktor des beginnenden Industrialisierungsprozesses in São Paulo (s. S. 293).

Die Agrarwirtschaft macht heute nur noch ca. 8 % des Bruttoinlandsprodukts aus. Weiter führend ist der Zuckerrohranbau mit 334 Mio. t jährlich, gefolgt von Mais mit 32 Mio. t, Soja mit 31 Mio. t, Maniok mit 21 Mio. t, Apfelsinen mit 19 Mio. t, Reis mit 12 Mio. t und Bananen mit 7 Mio t jährlich. Die einst so wichtige Kaffeeproduktion ist mit etwa 3 Mio. t fast unbedeutend geworden. Gold wird kaum noch gefördert, dafür jedoch verschiedene Eisenerze und Mangan. Die Rohstoff- und Agrarexporte machen nur noch 33 % der Gesamtexportmenge Brasiliens aus, gegenüber 67 % an Industrieprodukten, ein weiterer Indikator für die Klassifizierung als Schwellenland.

Landflucht und Verstädterung

Brasilien ist schon längst kein Agrarland mehr, etwa 80 % der Bevölkerung leben in Städten, davon mehr als die Hälfte in Ballungsgebieten mit über 500 000 Einwohnern. Ein Großteil der Probleme wie z. B. das Anwachsen der Elendsviertel (Favelas) hängt eng mit der Situation auf dem Lande und der anhaltenden Landflucht zusammen.

Vor allem die großen, auf Monokultur basierenden Plantagenwirtschaften bewirkten die massenhafte Vernichtung kleinerer Bauernexistenzen und den Abwanderungsprozeß in die Städte. Lebten dort im Jahre 1940 nur 12,8 Mio. Menschen, so sind es heute mit bald 140 Mio. mehr als zehnmal soviel. Das explosionsartige Anwachsen der Städte, die darauf nicht im geringsten vorbereitet waren, ist ein historisch recht junges Phänomen aus der zweiten Hälfte des 20. Jh.

Vordem gab es nur wenige große Städte, die sich allesamt an der Küste durch den Handel mit dem kolonialen Mutterland entwickelten. Den Anfang machte Salvador da Bahia, gefolgt von Rio de Janeiro, João Pessoa, São Luís, Recife, Belém und viel später erst São Paulo. Diese Megastadt mit 18 Mio. Einwohnern, nach Tokio und Mexico-City der drittgrößte städtische Ballungsraum der Erde mit dem größten Industriepark Lateinamerikas, hat etwa die flächenmäßige Ausdehnung der Rhein-Ruhr-Region, übertrifft jedoch deren Bevölkerungszahl um über 60 %. Etwa ein Drittel davon lebt heute in Elendsvierteln, in Rio de Janeiro schätzungsweise ein Fünftel, wobei die etwa 2 Mio. Peripheriebewohner der Baixada Fluminense noch gar nicht berücksichtigt sind. Seit einiger Zeit fordert die Regierung von allen Städten mit über 20 000 Einwohnern einen Stadtentwicklungsplan *(Plano Diretor)*, musterhaft vorgeführt lediglich von der ökologischen Modellstadt Curitiba. In den Megastädten, vor allem in Rio de Janeiro, versucht man ebenso verzweifelt wie halbherzig, die staatliche Kontrolle über die von Drogenbossen beherrschten Favelas zurückzugewinnen. Jahrzehntelange Versäumnisse, korrupte Exekutivorgane und fehlende Sozialprogramme lassen jedoch kaum durchgreifende Veränderungen erwarten. Die wohlhabende Ober- und Mittelschicht zieht sich zunehmend in abgeschottete Konsum- und Wohnghettos zurück, privat finanzierte ›Todesschwadronen‹ üben Selbstjustiz an Kriminellen oder vertreiben und ermorden Straßenkinder, die von kleinen Diebstählen leben und das öffentliche und kommerzielle Leben stören.

Die Eskalation der sozialen Probleme in den Metropolen hängt aufs engste mit einer verfehlten Agrarpolitik zusammen, insbesondere dem Ausbleiben einer Landreform. Die Agrarproduktion Brasiliens ist vorwiegend am Weltmarkt orientiert und wird seit Beginn der Kolonialzeit bis heute in Monokulturen, z. B. Sojabohnen, Kaffee, Zuckerrohr, auf großen *fazendas* durchgeführt. Nur 2 % der Betriebe bewirtschaften fast 60 % der Anbaufläche. Der Konzentrationsprozeß beschleunigte sich in den 70er Jahren noch mittels Vergabe staatlicher Modernisierungskredite an die eh schon kapitalstarken Mittel- und Großbetriebe (›Grüne Revolution‹) und führte zur Wegrationalisierung zahlreicher Arbeitsplätze sowie zur Ruinierung vieler Kleinbetriebe.

Einer immer kleineren Zahl von auf Exportproduktion und Viehwirtschaft spezialisierten Großgrundbesitzern stand

Landlose Bauern demonstrieren vor dem Finanzministerium in Salvador

eine immer größere Masse landloser Bauern gegenüber. Deren Organisation *Movimento dos Sem Terra* (Bewegung der Landlosen) steht im gewaltsamen Dauerkonflikt mit den einflußreichen *fazendeiros* und der Militärpolizei, die für zahlreiche blutige Massaker an der Landbevölkerung verantwortlich sind. Staatliche Versuche, landlose Bauern im weiten Amazonasgebiet anzusiedeln, führten lediglich zu ökologischer Verwüstung und neuem sozialen Elend, da sich die kargen Urwaldböden als unfruchtbar erwiesen. Als letzter Ausweg bot sich der verzweifelten Landbevölkerung nur noch die Flucht in die großen Städte. Nach anfänglichen Erfolgen war der Arbeitsmarkt jedoch bald übersättigt, heute bekommt man bestenfalls noch einen Job als Kellner oder Dienstmädchen, die Mehrheit muß sich mit Gelegenheits- und Saisonarbeiten sowie einer Behausung in einem der Elendsviertel zufriedengeben.

Dabei wäre es im ressourcenreichen Brasilien durchaus möglich, die gesamte Bevölkerung ausreichend mit Nahrungsmitteln zu versorgen. Trotz der Ausrichtung der Agrarwirtschaft auf Exportprodukte hat sich die Anbaufläche für Grundnahrungsmittel seit 1970 um 30 % vergrößert. Gleichzeitig ist jedoch die Bevölkerung überproportional um 55 % angewachsen. Selbst diese Diskrepanz ließe sich noch ausgleichen, gäbe es eine gerechtere Verteilung und vor allem eine größere Kaufkraft der ärmeren Schichten. Die brasilianischen Mindestlöhne sind jedoch wahrhaftige Hungerlöhne, kaum ausreichend, um auch nur die bescheidendste Grundversorgung mit Bohnen und Reis zu gewährleisten. So halten sich die Agrarunternehmer bei der Grundnahrungsmittelproduktion für die eigene, zahlungsschwache Bevölkerung eher zurück, ist sie doch gegenüber der staatlich geförderten Exportwirtschaft wenig lukrativ. Die beachtlichen Einnahmen auf dem Weltmarkt wiederum fließen kaum in die Taschen der 21 Mio. Landarbeiter bzw. in die Staatssäckel zurück, schon gar nicht in die Bereiche, wo sie seit jeher am dringendsten benötigt würden: Bildung, Gesundheit, Wohnen und Soziales.

Brasilien als ewiges Schwellenland

Lange schon steht Brasilien an der ›Schwelle‹ zum Industriezeitalter und schafft doch nicht den Sprung hinüber. Im Volksmund heißt es spöttelnd: »Brasilien ist das Land der Zukunft ... und wird es immer bleiben.« Schärfer noch geht die zeitgenössische Satire zu Gericht: »Nach einem globalen Atomkrieg, wenn fast alle Länder der Erde zerstört sein werden, rückt Brasilien vielleicht ein paar Plätze in der Weltrangliste nach oben.«

Derlei Respektlosigkeit nährt sich jedoch mehr aus der allgegenwärtigen Erfahrung der chronischen sozialen Misere als aus Wirtschaftsdaten zur Lage der Nation. Denn aller Unkenrufe zum Trotz gehört die stärkste Wirtschaftsmacht Lateinamerikas zugleich zu den größten Volkswirtschaften der Welt. Brasilien ist heute kein Agrarland mehr, Vieh- und Agrarwirtschaft machen nur noch 8 % des Bruttoinlandsprodukts aus. Gegenüber dem weiterhin starken Dienstleistungssektor (59 % des BIP) wächst der Industriebereich (z. Z. 33 % des BIP) ständig. Führend sind die Sektoren Metallverarbeitung, Maschinen- und Transportfahrzeugbau, Chemie, Schuh- und Lederwarenproduktion, Papier und Zellulose, Textilien sowie elektronische Erzeugnisse.

Etwa 70 % der Exportprodukte sind Industrieerzeugnisse. Trotz der Vorteile eines Billiglohnlandes können die Exportwaren qualitätsmäßig nur schwer auf dem Weltmarkt konkurrieren, hinzu kommen Handelsbarrieren und das in letzter Zeit zunehmende Bedürfnis der brasilianischen Mittelschicht nach importierten Artikeln des gehobenen Konsums.

Insgesamt ist die Entwicklung der brasilianischen Wirtschaft jedoch positiv. Verteilte man das Bruttoinlandsprodukt dieses Wirtschaftsriesen gleichmäßig auf die Einwohnerzahl, erhielte jeder Bürger immerhin fast 3500 US-$. Berücksichtigt man jedoch die Ungleichheit der sozialen Lebensverhältnisse, fällt das Land weiter in der Weltrangliste ab. Die kollektive Lebensqualität im Industriegiganten Brasilien liegt noch unter der des ressourcenarmen mittelamerikanischen Agrarlandes Costa Rica. Wissenschaftler nennen dieses Phänomen »Wachstum ohne Entwicklung«, der Volksmund spricht schlicht vom »kranken Menschen in der gesunden Wirtschaft«.

Der Eintritt ins Industriezeitalter datiert schon aus dem 19. Jahrhundert, als die ›Kaffeebarone‹ von São Paulo ihre Exportgewinne in die Textilindustrie investierten.

Die nächste Phase der importsubstituierenden Industrialisierung begann mit der Weltwirtschaftskrise von 1929 und dauerte bis 1990. Es war ein verzweifelter Versuch, sich vom Weltmarkt unabhängig zu machen mittels Binnenmarktabschließung und Aufbau einer autarken nationalen Industrie, die jedoch international nie wettbewerbsfähig wurde. Die

Militärs verfolgten diese Strategie in den 70er Jahren verschärft weiter und gingen das Risiko einer gigantischen Auslandsverschuldung ein. Dem Defizit der öffentlichen Hand rückte man mit der Notenpresse zu Leibe und dem Protest mit Polizeiknüppeln und Elektroschocks.

Eine Umorientierung in der Wirtschaftspolitik setzte erst 1990 mit dem Amtsantritt von Präsident Fernando Collor de Mello ein. Die Macht der alten, konkurrenzlosen Kartelle mit ihren überteuerten, minderwertigen Waren sollte endlich durch ein neoliberales, weltmarktorientiertes Marktmodell aufgebrochen werden. Ein als Volksbetrug gewerteter Korruptionsskandal bereitete jedoch dem nationalen Hoffnungsträger Collor ein vorzeitiges, unrühmliches Ende. Seine Nachfolger Itamar Franco und Fernando Henrique Cardoso verfolgten ein ähnliches Wirtschaftsprogramm weiter. Staatsbetriebe wurden privatisiert, Schutzzölle z. T. reduziert, der Handel liberalisiert, vor allem jedoch wurde erstmals dauerhaft die Inflation gebremst – sie beträgt derzeit ca. 5 %. Andererseits hat sich das Arbeitslosenproblem verschärft, und die Sozialpolitik läßt zu wünschen übrig. Diese beiden Probleme sind Schwerpunkte der Regierungsarbeit des im Oktober 2002 zum neuen Präsidenten gewählten Führers der linksgerichteten Arbeiterpartei (PT), Luiz Ináçio Lula da Silva. Teilerfolge waren 2004 bereits sichtbar: ein seit zehn Jahren nicht erreichtes Wirtschaftswachstum von 5 %, ein leichter Rückgang der Arbeitslosigkeit und ein Sozialhilfeprojekt *(Bolsa Familia)* für 5 Mio. bedürftige Familien.

Politik und Gesellschaft heute

Stolperschritte auf dem Weg zur Demokratie

Bereits dem vorletzten Präsidenten der Militärdiktatur, General Geisel, blieb 1974 angesichts der schweren Probleme des Landes keine andere Wahl, als die Öffnung zur Demokratie einzuleiten. Von seiten der Bevölkerung gab es breite Zustimmung, die Eliten taten sich mit dem Wandel allerdings recht schwer. Mißtrauisch beäugte man die geläuterten Militärs, und eine Regierungskrise folgte der nächsten. 1982 gab es endlich die ersten direkten Gouverneurswahlen, 1985 die erste zivile Zentralregierung unter José Sarney und 1989 die erste direkte Präsidentschaftswahl der Geschichte Brasiliens, aus der Fernando Collor de Mello als Sieger hervorging.

Die größte Errungenschaft dieser Phase war die neue Verfassung von 1988, auf den ersten Blick fortschrittlich, sozial und ökologisch. Die einzigen dunklen Flecken auf diesem Papier sind lediglich die verschiedenen Sonderrechte, die sich die Militärs noch einzuräumen wußten. Ihre früheren Verbrechen bleiben weitgehend durch Amnestie ungesühnt. Im Kabinett stellen sie mehrere Minister, die Verantwortung für die drei Teilstreitkräfte bleibt in ihren Händen, die Marine behält die Kontrolle über die Seehäfen, und die Luftwaffe überwacht die Flughäfen und den gesamten Flugverkehr. Trotz dieser undemokratischen Sonderbefugnisse spricht heute in Brasilien jedoch niemand mehr von der Möglichkeit oder Wahrscheinlichkeit eines neuerlichen Militärputsches. Andererseits verhindert das ebenfalls von den Militärs durchgesetzte präsidiale Regierungssystem die allzu große Einflußnahme von Parteien und damit der unteren Bevölkerungsschichten auf die konkrete Politik.

Ansonsten ist die seit 1988 geltende Verfassung ein demokratisches Meisterwerk. Verankert sind Gewaltenteilung, direkte, allgemeine, freie und geheime Volkswahlen, sämtliche demokratischen Grundrechte einschließlich des Streikrechts, Verbot von Folter, Rassismus, Drogenhandel und Terrorismus, Verbot der Todesstrafe, Gewährung zahlreicher sozialstaatlicher Regelungen wie Mutter- und Vaterschaftsurlaub, Verbot der Kinderarbeit (unter 14 Jahren), unentgeltlicher Zugang zum staatlichen Schul- und Gesundheitswesen, Schutz und Fürsorge für verlassene und verwaiste Kinder, Schutz der Indios und ihrer Lebensräume, jedermanns Recht auf eine ökologisch ausgewogene Umwelt sowie Staatskontrolle über Risikotechnologie und Nutzung des nationalen Naturerbes. Im Zweifelsfalle kommen jedoch wieder die übergeordneten ›nationalen Interessen‹ ins Spiel und machen den Weg frei zur Aushöhlung der hehren Verfassungsregeln, den Rest erledigen Korruption, ›fehlende‹ Finanzmittel und die chronische Schwäche von Justiz, Oppositionsparteien und Bürgerverbänden. Wieder einmal erweist sich Brasilien als das Land der Extreme und Gegensätze, diesmal dargestellt durch den weltweit eklatantesten Widerspruch zwischen Verfassungstext und Verfassungswirklichkeit.

Wie erbärmlich die korrupte Wirklichkeit dieses Landes aussehen kann, machte beispielhaft die Geschichte des ersten direkt und demokratisch gewählten Präsidenten Brasiliens, Fernando Collor de Mello (reg. 1989–92), deutlich. Ausgerechnet er, der mit einer wortradikalen Antikorruptions-Kampagne als ›Jäger der Maharadschas‹ und als scharfer Kritiker seines noch mit den Militärs verstrickten Amtsvorgängers Sarney die Wahlen gewonnen hatte, wurde bald selbst als *ladrão* (Dieb) entlarvt, nachdem er von der Industrie Bestechungsgelder in Millionenhöhe erhalten hatte. Sein engster Vertrauter und an dem Coup beteiligter Schatzmeister Paulo César Farias wurde schließlich in Bangkok verhaftet, ins Gefängnis gesteckt und später ermordet, während Präsident Collor lediglich zum Rücktritt gezwungen wurde. Die gestohlenen Millionen durfte er ›mangels Beweisen‹ behalten und sich damit ein luxuriöses Leben in Miami einrichten.

Sein Stellvertreter und provisorischer Nachfolger im Präsidentenamt, Itamar Franco, überraschte dann die beschämten und resignierten Ex-Collor-Wähler durch Unbestechlichkeit und moralische Integrität. Wirtschaftlich bereitete er den Weg für die Beseitigung der Inflation *(Plano Real)* und wurde alsbald mit einer Akzeptanzquote von 80 % der beliebteste brasilianische Präsident aller Zeiten (1992–94).

Seit Januar 1995 hat das Land wiederum einen ›Präsidenten ohne Fehl und Tadel‹, den Soziologen und ehemaligen Universitätsprofessor Fernando Henrique Cardoso. Unter der Militärdiktatur verfolgt und in seiner Exilzeit als linker Dependenz-Theoretiker international geachtet, steht er heute für ein eher gemäßigtes Programm sozialliberaler Reformen. Ab Januar 2003 ist jedoch mit Amtsantritt des linksgerichteten Präsidenten Luiz Inácio Lula da Silva eine neue Ära eingeleitet worden, die Brasilien mit berechtigten Hoffnungen ein großes Stück aus der sozialen Misere herausführen könnte.

Krasse soziale Gegensätze: eine armselige Behausung im Landesinneren und ...

Reichtum und Armut

Wer als Tourist Brasilien bereist und sich in den entsprechenden Luxusvierteln von Rio, Recife oder Fortaleza aufhält, wird nicht glauben, was er vielleicht vorher überall in den Medien über die schreckliche Armut gelesen hat. Selbst wer jahrelang in Brasilien wohnt, wird das so viel beschworene Elend geradezu suchen müssen, es ist ein Elend, das sich eher versteckt, in den *favelas*, den *morros*, der Peripherie, dem *interior* und dem *campo*.

So ist Brasilien eines der Länder mit der ungleichsten Einkommensverteilung der Welt. Während die 4 % der Bevölkerung ausmachende Oberschicht monatlich über das Fünfzigfache des ›Mindestlohns‹ *(salário mínimo)* verfügt, mindestens zwei Autos besitzt, eine Luxus-Wohnung mit mindestens drei Badezimmern hat und mindestens eine Hausangestellte beschäftigt, lebt andererseits rund ein Drittel der Bevölkerung des Landes unterhalb der Armutsgrenze. Es soll hier nicht weiter der umstrittene Armutsbegriff diskutiert werden, sondern nur einmal ein Blick auf die Lohnsituation und einige andere Indikatoren geworfen werden. Ein Viertel der Bevölkerung lebt mit höchstens dem Mindestlohn von 260 Reais. Ob oder wie man damit existieren kann, zeigt ein Erklärungsversuch auf der nächsten Seite. 52 % der Bevölkerung erhalten bis zu zwei Mindestlöhne und lediglich 2,6 % kommen auf über 4000 Reais.

Obwohl es inzwischen bei der Stromversorgung deutliche Fortschritte gab und auch immer mehr Haushalte über den so geliebten Fernseher verfügen,

... moderne Hochhäuser in Rio de Janeiro

haben sich andere Indikatoren wie Schulbildung, Gesundheitsversorgung, soziale Sicherung und Ernährungsqualität seit den 80er Jahren bis heute kaum verbessert.

Das Gleiche gilt für die Löhne. Der Salário mínimo wurde im Jahre 1940 unter der autoritären Regierung Getúlio Vargas festgelegt und 1946 gar in der Verfassung verankert. Verglichen mit seiner damaligen Kaufkraft müßte er heute jedoch fast doppelt so hoch sein, als er z. Z. mit 260 Reais tatsächlich ist. Mit diesem Geld kann man in vielen Städten Brasiliens gerade einmal den sogenannten Grundnahrungsmittelkorb erwerben. Das Problem ist jedoch, daß viele – von den Arbeitslosen und dem breiten informellen Wirtschaftssektor einmal ganz abgesehen – ein Einkommen noch unter dem Mindestlohn haben.

Durch die Presse gegangen ist das Beispiel des über 60jährigen Landarbeiters Eugênio Antônio Flor aus Itabaiana im Nordosten Brasiliens, der von der Stadtverwaltung ganze 5 Centavos pro Monat bekam, gerade genug, um ein Ei zu kaufen. Und dieses ist kein Einzelfall, der Traktorführer Azael Gomes dos Santos aus São João do Piauí erhielt lediglich 1 Centavo, in den Kleinstädten von Paraíba verdienten Lehrer weniger als 10 Reais pro Monat, und in Piauí zahlte die Regierung an ihre Polizisten lediglich 11 Reais. Natürlich stellt sich die Frage, wie man mit so einem ›Gehalt‹ überhaupt leben kann. Im Falle der Polizei ist bekannt, daß Bußgelder grundsätzlich in die eigene Tasche wandern, Lehrer haben alle noch einen Zweit- oder Drittjob, und unser 60jähriger Landarbeiter zitiert Gott und die Hilfe von Verwandten und Freunden. Dennoch bleibt es trotz zahlreicher Erklärungsversuche (s. S. 54f.) eines der größten Geheimnisse Brasiliens, wie die Betroffenen damit fertigwerden.

Für viele fängt das Leben jedoch noch nicht einmal richtig an, ca. 35 von 1000 Kindern sterben vor Erreichen des ersten Lebensjahres, die allgemeine Lebenserwartung beträgt 68 Jahre, der Gesundheitszustand der meisten Brasilianer ist eher schlecht, die Ernährung der armen Mehrheit ist unzureichend und unausgewogen, die Wohnsituation ist räumlich und hygienisch mangelhaft, und die Arbeitsbedingungen erinnern noch häufig an die Epoche der Sklaverei. So hat die Hälfte aller Arbeitnehmer keine gültige Arbeitsbescheinigung, in Fortaleza z. B. arbeiten 92 % der im Dienstleistungssektor beschäftigten Frauen ohne legale Papiere und sind schutzlos den häufigen Übergriffen ihres *patrão* ausgeliefert. Auch Kinderarbeit ist trotz Verbot in den ärmeren Regionen Brasiliens eher die Regel.

Leben mit 260 Reais

Der Titel könnte ebenso lauten ›Leben mit 100 Reais‹ oder noch weniger. Die skurrilsten Fälle berichten gar von 1-Centavo-Gehältern im Monat. Die Marke 260 ergibt sich indes aus dem Stand des gegenwärtigen gesetzlichen Salário mínimo, mit dem – unter Einschluß des informellen Sektors – ein Großteil der Bevölkerung zurechtkommen muß. Bei Preisen, die zumindest in den großen Städten schon europäisches Niveau erreicht haben, fragt man sich zu recht, ob mit einem solchen Lohn ein Leben überhaupt möglich ist.

Die Antwort ist »nein«, das Resultat ein ›Leben‹ mit einem Warenkorb, der sich auf Reis, Bohnen und Brot ohne Butter beschränkt. Und so sucht man verzweifelt nach kleinen Nebenerwerbsquellen oder baut schließlich einen kleinen Straßenverkaufsstand auf, an dem Billigwaren aus Paraguay feilgeboten werden. Sogar die ›Arbeit‹ als Straßenkind kann lukrativer sein als die Tätigkeit als Verkäuferin in einem kleinen Laden. So liest man in der Presse von der 17jährigen Glauciene da Silva de Santana, die an einer Ampelkreuzung in Recife von den Autofahrern

Die vermögende Oberschicht sowie die nach europäischen Maßstäben lebende Mittelschicht wurden bislang wenig zur Kasse gebeten, die Steuerklassen-Progression greift erst bei den Allerreichsten, moralisches und humanitäres Verantwortungsbewußtsein gegenüber den sozial Benachteiligten ist kaum vorhanden. Die Betroffenen wehren sich indes auch unzureichend. Von gelegentlichem ›Protestvandalismus‹ *(quebra-quebras)*, Hungerrevolten und gewaltsam ausgetragenen Landkonflikten abgesehen, ist gewerkschaftliches Bewußtsein bei der armen, aus unserer Sicht unbegreiflich leidensfähigen und geduldigen Bevölkerung kaum entwickelt.

Mit Amtsantritt (1.1.2003) des im Oktober 2002 zum neuen Staatspräsidenten gewählten linksgerichteten Kandidaten Luiz Inácio Lula da Silva, kurz »Lula« genannt, deutet sich jedoch eine radikale Wende in der brasilianischen Sozialpolitik an. Schwerpunkte sind die Bekämpfung der Arbeitslosigkeit, die in São Paulo ihren historischen Höchststand erreicht hat, sowie höhere Ausgaben für Erziehung und Gesundheit. Lula, Gründer sowohl der Gewerkschaften als auch der mächtigen Arbeiterpartei (PT), repräsentiert nun alle Hoffnungen der sozial Ausgeschlossenen und Diskriminierten. Trotz enormer Staatsverschuldung schreit das Land nach einem Erlöser aus dem Elend, kein anderer als Lula lässt die Herzen der Armen so hoch schlagen. Er ist der beliebteste Politiker in der Geschichte Brasiliens, freundlich, integer, nicht korrupt, transparent und ehrlich. »Erwartet von mir keine Wun-

10 Reais pro Tag erbettelt, oder von dem 8jährigen Vilmar Carneiro, der auf gleiche Art 8 Reais pro Tag erwirtschaftet, mehr, als mancher Lehrer im armen Bundesstaate Maranhão in einem Monat verdient.

Nur wer auf die Solidarität einer größeren Familie zählen kann, mag auf der Basis eines einzigen Mindestlohnes noch zurechtkommen können. In diesem Falle wohnt man jedoch weit außerhalb, an der Peripherie oder in einem Vorort der Stadt. Die häuslichen Spesen werden reihum bzw. je nach aktueller Liquidität geteilt, und wenn es nicht reicht, wird die öffentliche Stromleitung einfach illegal angezapft. Zur Arbeit geht es oft stundenlang per Bus mit Tickets vom Arbeitgeber, die man im Falle übriggebliebener Karten auch verkaufen oder gar zum Bezahlen des Mittagessens verwenden kann. Dadurch spart man wieder das Essens-Ticket, das ebenfalls als Zweitwährung fungiert. Da die Essensportionen in den populären *lanchonetes* stets reichlich bemessen sind, kann eine Mahlzeit gut durch zwei geteilt werden. Für das so eingesparte Ticket reicht der kleine Angestellte des Lokals schon mal ein paar Schachteln Zigaretten herüber, wenn der Chef gerade mal nicht hinschaut.

Für Frauen, die im Durchschnitt nur halb soviel wie Männer verdienen, kommt hinzu, daß die Ausgaben für Essen, Trinken und Freizeitvergnügen oft von dem jeweiligen Partner übernommen werden. Und die Kleidung, die im Laden kaum zu bezahlen ist, fertigt nicht selten eine Nachbarin oder Familienangehörige in Heimarbeit an, preiswerter und zudem auf Raten. Die allgegenwärtigste Lösung sind schlichtweg Schulden und die Vertröstung auf morgen ...

der!«, bremst er so auch gleich die hohen Erwartungen seiner Wähler.

Kirche und Religionen

Immer wieder liest man, Brasilien sei mit 75 % Katholiken das katholischste Land der Welt. Daß diese Religiösität jedoch wenig in Erscheinung tritt, wird jeder schnell merken, wenn er ein paar Tage in irgendeiner Küstenstadt verbringt und nicht ein einziges Mal mit Glockenläuten oder sonstigen religiösen Signalen konfrontiert wird. Wo sind sie bloß, die vielen Katholiken, wird man sich fragen und feststellen müssen, daß es in jeder süddeutschen Kleinstadt religiöser zugeht als in dem angeblich so katholischen Brasilien. Sicher würde man stets Befremden hervorrufen, wenn man ein atheistisches Bekenntnis ablegt, denn an Gott *(deus)* glaubt hier fast jeder. Dabei bleibt es jedoch auch, die Messe wird höchstens noch auf dem Lande bzw. von der älteren Generation besucht.

Die Gründe für diesen Wandel liegen hauptsächlich in dem rasanten Verstädterungsprozeß der letzten Jahrzehnte, der zunehmenden Auflösung der traditionellen Familienstrukturen sowie in dem hohen Anteil von Jugendlichen an der Bevölkerung – fast ein Drittel ist unter 14 Jahre. Zudem hat die traditionelle katholische Kirche nach dem Ende der ›Theologie der Befreiung‹ deutlich an Anziehungskraft verloren.

Die zumindest statistische Vorherrschaft des Katholizismus ist jedoch un-

Umbanda-Altar für die ›exús‹, die bösen Geister

umstritten. Sie erklärt sich historisch aus der Zeit der portugiesischen Kolonisation. 1454 erteilte Papst Nikolaus V. den Conquistadoren das Recht, weitere Länder »zur Verteidigung und zur Ausbreitung des Glaubens« zu erobern. Millionen von Indios und Schwarzen wurden mit dem Segen der Kirche versklavt, vergewaltigt und umgebracht.

Obwohl der Katholizismus bis zur Ausrufung der Republik im Jahre 1889 offizielle brasilianische Staatsreligion blieb, entwickelte sich bereits im Kaiserreich eine zweite Religion, der ab 1824 von den Deutschstämmigen eingeführte Protestantismus. Da man die Deutschen eher der ›Religion der Arbeit‹ zuordnete, wurde deren lutherisches Mitbringsel kaum als wirkliche Konkurrenz angesehen. Wenn sie nur an ihren Kultgebäuden auf Turm, Glocke und Kreuz verzichteten, durften sie unbehelligt ihren Glauben ausüben und sich ebenso unbehelligt an der Ausrottung der indianischen Urbevölkerung beteiligen. »Die indianerfeindliche Haltung der protestantischen Siedler unterscheidet sich nicht wesentlich von derjenigen der katholischen Portugiesen seit dem 16. Jahrhundert.« (Prien 1989) Außerdem entwickelte sich ab 1855 ein bis heute vorhandener Einfluß des Freimaurertums sowie ab 1873 des Spiritismus.

Das 20. Jh. ist geprägt von bedeutenden Veränderungen innerhalb der katholischen Kirche Brasiliens, verbunden mit dem Namen des 1909 in Fortaleza geborenen Priesters Dom Hélder Cámara Pessoa, bis heute der bekannteste Vertreter der ›Theologie der Befreiung‹. Alle Formen gesellschaftlicher Ungerechtigkeit wurden von nun an als ›strukturelle Sünde‹ betrachtet, aus einer Kirche *für* die Armen sollte eine Kirche *mit* den Armen oder gar *der* Armen werden. Die Basisgemeinden im armen Milieu gewannen vom Ende der 50er Jahre an sprunghaft an Bedeutung und machten von sich reden nicht nur durch den Kampf gegen Analphabetismus, sondern auch durch das Engagement gegen soziale Mißstände. Die Protestgeneration der 60er Jahre war der Befreiungstheologie gegenüber ebenfalls aufgeschlossen, bis die Militärs zusammen mit dem Vatikan deren ›sozialistischen Machenschaften‹ den Garaus machten. Die wortgewandten einstigen Leitfiguren sind inzwischen tot – Leonidas Proanho, Oscar Romero, Dom Hélder Cámara – bzw. mundtot – Leonardo Boff, Ernesto Cardenal, Paolo Evaristo Arns. Dom Hélder Cámara wurde seinerzeit auf seinem Posten als Erzbischof von Olinda und Recife von der römischen Kirche durch den ultrakonservativen José Cardoso Sobrinho ersetzt. So verwundert es nicht, wenn später Papst Johannes Paul II. dem chilenischen General Pinochet zur Goldenen Hochzeit ein repräsentatives, goldgefaßtes Geschenk überreichen läßt.

Der offizielle Katholizismus ist heute wieder zu seiner alten, konservativen Ausrichtung zurückgekehrt. Ab 1985 wurden die progressiven religiösen Schulen vom Vatikan geschlossen und ein Prozeß der charismatischen Erneuerung in Gang gesetzt. Der Preis ist jedoch ein weiterer Vertrauensschwund, unerfüllte Bedürfnisse der Gläubigen nach Nähe und Sinnlichkeit, Zuwendung und Heilungserfahrung lassen sie zu den verschiedensten Sekten und vor allem zur Pfingstpredigerbewegung (Igreja Universal do Reino de Deus) abwandern, 4 % folgen dem Protestantismus und 5 % sind religionslos.

Relativ unbehelligt von diesen Entwicklungen sind lediglich die Religionen afrobrasilianischen Ursprungs, denen sich etwa 1 % der Bevölkerung zuordnet. Während der Christianisierungsphase der Kolonialepoche hüllten die schwarzen Sklaven aus Afrika ihre Gott-

Katholische Straßenpredigerin

heiten in das Gewand von Heiligen des iberischen Volkskatholizismus, um so an ihren Traditionen festhalten zu können. Es entstanden zahlreiche Formen synkretistischer Religionen, in Bahia *candomblé* genannt, in Pernambuco *xangô* und in Rio de Janeiro *umbanda*. Vor allem in Bahia ist bis heute ein gewichtiger Teil der Bevölkerung sowohl dem katholischen Glauben als auch dem afrobrasilianischen Candomblé-Kult zugewandt. Die Anbiederung der um ihre Abtrünnigen besorgten katholischen Kirche geht neuerdings gar soweit, daß man die Ausübung der heidnischen Rituale innerhalb der eigenen Gotteshäuser zu erlauben gedenkt.

Die Mischung der Religionen ist indes schon ein Grundzug der brasilianischen Wirklichkeit. Es heißt gar, daß die Menschen sich hier ihre eigene Glaubenswelt gemäß den individuellen Bedürfnissen erschaffen. Die Vielfalt der Religionen und die breite Toleranz korrespondiert mit der Vielfalt der ethnologischen Bevölkerungsgruppen sowie dem allgemeinen gesellschaftlichen Chaos. Da – wie es heißt – Gott Brasilianer ist, wird er wohl diesem ›Religionsbabel‹ gegenüber ein Nachsehen haben.

Frauen – das unterdrückte Geschlecht?

Entgegen verbreiteten Vorurteilen von einem traditionalen, rein männlich beherrschten Land, entwickelt sich in Brasilien immer mehr ein Frauentyp, der seine Identität unabhängig vom Mann zu definieren versucht. Die Heiratszahlen gehen immer mehr zurück, die Scheidungszahlen steigen. Während noch bis Anfang der 70er Jahre die große Mehrheit der Frauen der Meinung war, vollständig in der Rolle als Gattin, Mutter und Hausfrau aufgehen zu können, verschwindet diese Haltung heute immer mehr. Am meisten abgelehnt wird die Rolle als Hausfrau, viele halten einen Beruf außerhalb des Hauses für notwendig, auch wenn keine finanzielle Zwangslage besteht.

So studieren heute bereits mehr Frauen als Männer, ca. 40 % der Berufstätigen sind Frauen, und ein Großteil der arbeitenden Frauen lebt alleine bzw. nicht mit einem Mann zusammen. Etwa 20 % der Familien werden allein von einem weiblichen Haushaltsvorstand ausgehalten. In den Städten existieren seit wenigen Jahren staatliche Anlaufstellen *(Delegacias de mulheres)*, um Gewaltakte von Männern anzeigen zu können. Die Zahl der Vergewaltigungen ist hoch, schätzungsweise jedoch nicht höher als in den entwickelten Industrienationen. Leider bewirken aber die Ängste und Schamgefühle der Frauen, daß Delikte nur recht selten zur Anzeige kommen.

Das starke ›schwache Geschlecht‹ hat sich in kürzester Zeit weitgehend emanzipiert, auch wenn es in Brasilien keine mit den USA oder Deutschland zu vergleichende Emanzipationsbewegung gab. Die Gründe waren weniger idealistischer als ökonomischer Art, das Einkommen der Männer reichte immer weniger zur Familiengründung, viele ließen die Frauen nach der Schwangerschaft im Stich und übertrugen der Frau die Versorgungslast für die Kinder. Der rasante Verstädterungsprozeß tat ein übriges, den Trend zur Autonomisierung und Individualisierung des Lebens zu fördern. Insgesamt kann man heute kaum noch davon sprechen, daß die traditionelle patriarchalische Familienstruktur ungebrochen fortlebt, von ländlichen und kleinstädtischen Regionen einmal abgesehen.

Auch wenn sich in wenigen Jahren erstaunlich viel verändert hat, ist der

Gleichheitsgrundsatz der Verfassung von 1988 längst noch nicht realisiert. So erhalten Frauen trotz höherer Schulqualifikation nur ca. 60 % des Gehaltes von Männern. Außer in der unterschiedlichen Bezahlung wird die anhaltende Diskriminierung am deutlichsten bei den Frauen dunklerer Hautfarbe. Traditionell wird ihnen seit der Sklavenzeit statt der Rolle als Gattin nur die Rolle der bevorzugten Liebhaberin zugebilligt, beruflich sind 80 % von ihnen vor allem als Dienstmädchen in niedrig bezahlten Stellungen tätig oder müssen sich gar als Prostituierte verdingen.

Obwohl Frauen mit einem Anteil von 51 % die Mehrheit der Bevölkerung ausmachen, sind sie im Parlament nur mit 5 % vertreten. Und immer noch gelten anachronistische Gesetze, die trotz des demokratischen Verfassungsauftrags bis heute nicht geändert wurden.

Ebenso umstritten ist das regierungsoffizielle Verbot der Abtreibung (erlaubt nur bei Vergewaltigung und Risikoschwangerschaft). Obwohl die Mehrheit der Frauen für eine Legalisierung des *aborto* ist, verweigern sich Regierung wie katholische Kirche beharrlich der Diskussion dieses Problems. Die Folge ist, daß viele Frauen mit den unerwünschten Kindern allein bleiben – trotz entsprechender Gesetze werden Unterhaltsansprüche kaum gestellt bzw. von den Vätern ignoriert – oder gezwungen sind, zu Kurpfuscherinnen zu gehen und ihre Gesundheit oder gar ihr Leben aufs Spiel zu setzen. Wieder einmal ist Brasilien ein trauriger Rekordhalter, in keinem anderen Land der Welt gibt es so viele illegale Abtreibungen wie hier: schätzungsweise 2 Mio. jährlich mit mehreren Tausend Todesopfern.

Kultur und Alltag

Kunstgeschichte

Als die ersten Europäer im heutigen Brasilien eintrafen, fanden sie wenig, was an alte präkolumbische Kulturen erinnern könnte. Die **indianische Kunst** schien nicht sonderlich weit entwickelt gewesen zu sein. Forscher entdeckten lediglich einige Felsmalereien und Steinwerkzeuge, seltener schon Steinskulpturen. Am meisten beeindruckten noch Keramiken, die im Amazonasgebiet gefunden wurden. Die am höchsten entwickelte Keramik, kunstvoll verziert, ist die der Insel Marajó (s. S. 219), sie stammt schätzungsweise aus dem Zeitraum 900 v. Chr. bis 1350 n. Chr. Vergleichbar ist lediglich noch die jüngere Keramik aus Santarém.

Die **frühe Kolonialzeit**, genauer der Zeitraum von 1500 bis 1650, ist kunstgeschichtlich ebenfalls von geringer Bedeutung. Landnahme und Missionsarbeit standen im Vordergrund, die Kirchenbauten waren äußerst schlicht. Nur wenige dieser ersten kleinen Gotteshäuser sind noch heute erhalten, zwei der ältesten kann man in Porto Seguro (Bahia) besichtigen, dem Ankunftsort von Pedro Álvares Cabral.

Ab Mitte des 17. Jh. jedoch, etwa seit Errichtung der monumentalen Jesuitenkirche von Salvador (1657), der späteren Catedral Basílica, beginnt die Blütezeit der brasilianischen Architektur und Kunst. Sie steht unter dem Begriff **Kolonialbarock** und ist überwiegend geprägt vom damaligen europäischen Barockstil. Die meisten Bauten entstanden im Auftrag der Jesuiten-, Franziskaner- und Benediktinerorden, die prunkvolle Ausstattung der Kirchen nahm mit den großen Goldfunden ab 1695 zu, besonders in Minas Gerais. Die Kirchen von Ouro Preto sind neben den Kirchen der damaligen Hauptstadt Salvador das architektonisch Wertvollste, was Brasilien bis heute zu bieten hat, viele verbunden mit dem Namen des Bildhauers Antônio Francisco Lisboa, liebevoll auch *Aleijadinho,* kleiner Krüppel genannt (s. S. 117ff.). Auf dem Gebiet der Malerei war Minas Gerais ebenfalls führend, besonders wertvoll sind die Kirchengemälde von Manuel da Costa Ataíde. Lediglich in Rio de Janeiro entstanden durch Frei Ricardo do Pilar, dem bedeutendsten Maler der zweiten Hälfte des 17. Jh., ähnliche Kunstwerke, zu besichtigen u. a. im Kloster von São Bento.

Insgesamt stand die Kunst des Kolonialbarock fast gänzlich im Zusammenhang mit dem religiösen Leben, dies änderte sich erst im 19. Jh. Im Jahre 1816 kam eine Gruppe französischer Künstler unter Führung von Joachim Le Breton *(Missão Artística Francesa)* auf der Suche nach neuen Arbeitsmöglichkeiten nach Rio de Janeiro und trug wesentlich zu einer Bereicherung und Akademisierung des Kunstbetriebes bei. 1820 entstand die erste Kunstakademie *(Escola Real das Artes)*, 1826 die Akademie der Schönen Künste *(Academia Imperial das Belas-Artes)*, 1830 fanden die ersten Ausstellungen plastischer Kunst statt. Stilistisch setzte sich zunehmend der Klassizismus durch, später auch der Jugendstil. Besonders nach Ausrufung der Republik im Jahre 1889 entstanden zahlreiche neue Bauten, die häufig vom

Kolonialbarock in Salvador de Bahia: Igreja do Rosário dos Pretos

SENAC
PELOURINHO
RESTAURANTE
ESCOLA

Moderne Bronzeskulpturen (Os Candangos) vor dem Panteão da Pátria, Brasília

Jugendstil geprägt waren, z. B. in Manaus das Teatro Amazônico, der Mercado Municipal und die Alfândega (Zollamt), oder in Belém das Teatro da Paz.

Das 20. Jh. war zunächst geprägt vom **Modernismus**. Im Februar 1922 fand in São Paulo im Teatro Municipal eine viel beachtete Woche der modernen Kunst statt, die wesentlich zum Bruch mit den Traditionen des akademischen Konventionalismus beitrug. Die Ausstellung zeigte bedeutende Werke der ›Futuristen‹ genannten Gruppe von modernen Malern und Bildhauern wie Anita Malfatti, Emiliano Di Cavalcanti, Vítor Brecheret, Vicente do Rego Monteiro und John Graz. Der Maler, der ab 1930 sowohl in Brasilien als auch im Ausland die stärkste Anerkennung fand, war Candido Portinari (1903–62). Bevorzugte Themen seiner Bilder sind ärmere, meist dunkelhäutige Menschen in ihrem harten sozialen Alltag. In der Architektur wird die Moderne vor allem durch den Namen Oscar Niemeyer geprägt. Stilmerkmale seiner futuristischen Entwürfe sind stark geschwungene Formen und parabolisch gewölbte Dächer, deutlich erkennbar an den Konturen der neuen, von ihm mitentworfenen Hauptstadt Brasília (s. S. 234). Im Bereich der Landschaftsarchitektur taucht immer wieder der Name Roberto Burle Marx auf, ebenfalls beteiligt an der Gestaltung Brasílias.

Die **Gegenwartskunst** läßt sich immer weniger einheitlich bestimmen. Nach Phasen der ›Neuen Objektivität‹ in den 60er Jahren, den nachfolgenden Moden des *happenings* und der *performance* sowie der Post-Moderne in den 80er Jahren läßt sich heute kein entsprechendes Schlagwort mehr finden. Man kann jedoch sagen, daß in der Architektur z. B. die ehemals vom Modernismus verfolgten Strategien der großangelegten funktionalen, rationalen Lösungen heute kleineren Projekten gewichen sind, die basisdemokratischer sind und mehr auf die Erhaltung und Restaurierung historischer Substanz achten, z. B. im Pelourinho von Salvador, in Recife antigo oder im Stadtteil Iracema von Fortaleza.

Música Popular Brasileira

Brasilien ist vielleicht das musikbesessenste Land der Welt. Fast überall und ständig ist man mit Klängen und Rhythmen der verschiedensten Stilrichtungen konfrontiert. Die Texte der Música Popular Brasileira – kurz *MPB* – sind im Unterschied zum deutschen Schlager recht anspruchsvoll und decken ein weites Themenspektrum ab, angeführt von Liebe und Leid, doch greifen sie auch Probleme und Nöte des Alltags und sozialen Lebens auf.

Wie beim Karneval ist die Ventil- und Verdrängungsfunktion stark ausgeprägt, doch verarbeiten viele Texte auch konkrete Erfahrungen und Probleme der breiten Masse und bieten praktische Lebenshilfe an. Nicht nur die Jugend, sondern die gesamte Bevölkerung wird angesprochen. Nur so läßt sich die einzigartige Identifikation der Brasilianer mit ihrer Volksmusik und ihren Idolen erklären. Wer einmal eines der vielen Live-Konzerte besucht – ein Muß für jeden Europäer –, wird schnell die engagierte, mitgehende Haltung des Publikums bemerken. Kaum jemand verharrt bewegungslos an seinem Platz, getanzt wird spontan und einfach dort, wo man gerade steht. Fast ständig wird mitgesungen, nirgendwo auf der Welt kennt man so viele ›Schlager‹-Texte auswendig. Besonders identitätsstiftend sind die traditionsreichen Funk-Bälle *(baile funk)* auf den Morros und in den Favelas der Armen, sie stellen eine Art Gegenkultur dar zum bürgerlich-kommerziellen Musikbetrieb.

Eine Beschreibung der zahlreichen Stilrichtungen der MPB ist natürlich schwierig, dennoch ragen einige Strömungen und Interpreten deutlich heraus. Im Ausland dürften der *samba* und die *bossa nova* am bekanntesten geworden sein, obwohl diese Richtungen kaum 1 % der brasilianischen Musik ausmachen. Der im Jahr 1917 in den Vorstädten von Rio de Janeiro geborene Samba lebt alljährlich nur noch zum Karneval wieder auf. Historisch und begrifflich geht er auf einen angolanischen Tanz namens *semba* (Bauchnabel) zurück. 1928 wurde die erste Karnevals-Sambaschule Rios gegründet, gefolgt von einer reichen Differenzierung in verschiedene Richtungen, wie z. B. den schnellen *samba carnevalesco* oder den langsamen, liedartigen *samba canção.*

Die international ähnlich bekannte Bossa Nova, ebenfalls in Rio geboren, ist eine Musikform und nicht wie häufig angenommen, eine Tanzform. Letztere war eine Erfindung des Amerikaners Lennie Dale, die in Brasilien wenig Resonanz fand. Obwohl die aus dem langsamen Samba abgeleitete Bossa Nova ursprünglich durch einen Rhythmusfehler des Gitarristen João Gilberto entstanden sein soll, gilt sie doch als die musikalisch anspruchsvollere Variante. Sie wurde besonders geprägt von dem 1994 verstorbenen Antônio Carlos Tom Jobim, mit über 300 Kompositionen der bedeutendste Musiker Brasiliens. Das von ihm gespielte, von seinem Freund Vinícius de Moraes geschriebene und von João Gilberto gesungene »Chega de Saudade« avancierte Ende 1958 zum ersten großen Bossa-Nova-Hit in Brasilien. International bekannt wurde die Bossa Nova dann durch die Musik zu dem Film-Klassiker »Orfeu Negro«. Um die ganze Welt schließlich ging Tom Jobims Song »A Garota de Ipanema« (1962/63) bzw. die erfolgreichere Version »The Girl from Ipanema« von Astrud Gilberto, Stan Getz und João Gilberto aus dem Jahre 1964.

Als es im selben Jahr schon wieder abwärts ging mit der Bossa Nova in Brasilien, wurde sie in den USA gerade erst zur Modeströmung. 23 Jahre später noch ›beklagte‹ sich Jobim, in jedem Aufzug New Yorks ständig sein Lied hören zu müssen. 180 Versionen mit Frank Sinatra, Nat King Cole, Ella Fitzgerald u. a. wurden bereits produziert und allein in den USA über 1,2 Mio. Platten aufgelegt, übertroffen nur noch von den großen Erfolgen der Beatles.

Die weniger originelle Bar gleichen Namens im Stadtteil Ipanema, wo der inzwischen verstorbene große Poet Vinicius de Moraes den Text zu diesem Lied geschrieben haben soll – eine Hymne auf ein junges, blondes Mädchen, das täglich dort vorbeikam –, ist heute zum noblen Wallfahrtsort nostalgischer Bossa-Nova-Freunde geworden. Auch das Girl, Helô Pinheiro, die große platonische Liebe Tom Jobims, soll noch ab und an hier vorbeiflanieren, nunmehr jedoch in Begleitung ihrer Tochter. Die Bossa Nova ist schon lange verblaßt, auch wenn der Tod des großen Meisters in Brasilien tiefe Trauer verursacht hat, vergleichbar nur dem Schock nach dem tödlichen Unfall des Formel-1-Idols Ayrton Senna im gleichen Jahr.

Rio de Janeiro ist heute nicht mehr Bossa Nova, auch nicht mehr Samba. Seit einigen Jahren schwappt die *Pagode*-Welle, populäre Tanz- bzw. Schwoof-Musik, die trotz einfacher, repetitiver Melodien, romantischer Herz-Schmerz-Texte und viel elektronischer Instrumentalbegleitung ihren Siegeszug von Rio über São Paulo bis nach Salvador angetreten hat. Die bekannteste Gruppe mit den meistverkauften Platten im Jahre 1995, Raça Negra, versucht dem Kritiker-Image der Trivialität durch neue Mischrhythmen wie *sambalanço* oder *sambamor* entgegenzuwirken.

Ins Zentrum von Salvador, dem musikalischen Herzen Brasiliens, ist die Pagode-Welle bislang jedoch kaum vorgestoßen. Zu lebendig sind hier die afrobrasilianischen Traditionen wie der *samba-reggae*, zu stark die kulturellen Institutionen wie Olodum (s. S. 152f.), zu verbreitet rhythmische Phantasie und Kreativität, um modischen musikalischen Verflachungstendenzen anheimzufallen. Aus der Vielzahl musikalischer Einflüsse entstehen ständig neue, anspruchsvollere Stilrichtungen, die sich gegenseitig bereichern und ständig erneuern. Das schwarze, afrikanisch geprägte Salvador da Bahia de Todos os Santos ist nach wie vor der kraftvollste Nährboden und Impulsgeber der gesamten brasilianischen Kulturszene, auch wenn die Kommerzialisierung der Musik weiterhin in Rio und São Paulo stattfindet.

Die bahianische Form des *lambada*, der allerdings ursprünglich aus Belém bzw. dem Bundesstaat Pará stammt (Joaquim de Lima Viera, 1978), wurde sogar weltberühmt. Nach dem Ende des Lambada kam mit dem Karneval von 1992 die *Axé*-Musik auf, interpretiert vor allem durch die unermüdliche Daniela Mercury. Man könnte ihren Stil als hochvoltigen Samba-Reggae charakterisieren, geprägt von einer markanten, schneidigen Gesangsstimme und begleitet von einer Misch-Percussion aus elektronischen Pop-Rock-Instrumenten und traditionellen afrikanischen Elementen wie *tambor, cuíca, berimbau* und *timbau*. Bei Live-Konzerten bebt der Boden, und die Verbindung von perfekter Tanz- und Musikshow macht die Interpretin zum bahianischen Gesamtkunstwerk.

Die *música baiana* ist auf dem besten Wege, den gesamten Nordosten Brasiliens zu erobern. Nur der *forró*, eine ursprünglich aus dem Nordosten stammende Regionalmusik, kann sich wei-

Samba an der Praia de Forte, Salvador

terhin fest behaupten. Sie begann in den 40er Jahren mit Luiz Gonzaga und hat sich seitdem bis in die Metropolen von Rio und São Paulo ausgebreitet. Ähnlich verhält es sich mit einer anderen Regionalmusik, der *música sertaneja* bzw. *música caipira*, eine eher hinterwäldlerisch-triviale, im Duo vorgetragene Gitarrenmusik mit alltäglichen bis humoristisch-satirischen Texten, bekannt geworden vor allem durch die Interpreten Leandro und Leonardo. Über allen steht jedoch der legendäre Roberto Carlos, in Brasilien allgemein als *rei* (König) tituliert, wenn auch die Qualität seiner Schnulzen mit Herz immer mehr auf Heino-Niveau heruntergekommen ist.

Seit Jahrzehnten unumstritten ist indes die allgemeine nationale Akzeptanz der großen Alt-Stars der MPB wie Gilberto Gil, Djavan, Milton Nascimento, George Ben Jor, Caetano Veloso, Chico Buarque, Raimundo Fagner, Gal Costa u. a. Die Lieder von Gal Costa, Gilberto Gil, Caetano Veloso zeichnen auch für eine *tropicalismo* genannte Musikform, die 1967 in Salvador da Bahia entstand und gemäß einem eigenen Manifest die brasilianische Musik »mit den neuesten Errungenschaften auf internationaler Ebene« zu vereinigen versucht. Die meisten sind auch einem breiteren internationalen Publikum bekannt, ebenso wie zahlreiche bedeutende Interpreten der *Vanguarda*- bzw. Jazz-Musik, z. B. Egberto Gismonti oder Leo Gandelmann, sowie die klassische Musik von Hector Villa-Lobos (1887–1959).

Umgekehrt sind seit einiger Zeit verstärkt ausländische Einflüsse zu verzeichnen, z. B. bei neueren brasilianischen Pop-Rock-Gruppen wie Paralamas do Sucesso, Barão Vermelho oder bei einzelnen Interpreten wie Marisa Monte und Marina oder bei den funk- und soulbeeinflußten Sängern Ed Motta und Tim Maia. Dennoch wird auch in Zukunft die Originalität der brasilianischen Musik allen Internationalisierungstendenzen zum Trotz erhalten bleiben und weiter ihren Widerhall in aller Welt finden.

Der Karneval

Fleisch heißt auf portugiesisch *carne*, und aus diesem Wortstamm leitet sich auch der Begriff *carneval* (›Abschied vom Fleisch‹) ab. Historisch, während des europäischen Karnevals des 16. und 17. Jh., stand das ganz ordinäre ›Fressen‹ im Vordergrund. Fleisch zu essen war zu dieser Zeit noch etwas Besonderes und nur zu bestimmten festlichen Anlässen geboten, zudem wollte man die letzten Tage vor Beginn der Fastenzeit am Aschermittwoch noch voll auskosten. Geht man noch weiter in die Geschichte zurück bis zu den alten Griechen und Römern, trifft man auf die orgiastischen Feste des *Bacchanal, Saturnal* und *Lupercal*, die ebenso zu den Vorläufern des späteren Karnevals gehören wie die Narrenfeste und Maskentänze des Mittelalters.

Nach Brasilien eingeführt wurde der Karneval von den Portugiesen wahrscheinlich schon im 17. Jh., mit Sicherheit jedoch im Jahre 1723, unter der alten Bezeichnung *entrudo*. Er war ursprünglich ein ausgelassenes und mitunter ausartendes Treiben, bei dem man sich mit Wasser, Puder, Kalk und allem, was gerade zur Verfügung stand, gegenseitig bespritzte und beschmutzte. Später wurden weniger aggressive Spielformen eingeführt wie das Bewerfen mit Konfetti und Papierschlangen. Ab 1840 setzte allmählich eine Verbürgerlichungstendenz ein, mit Festveranstaltungen in noblen Ballhäusern und der Entstehung von finanzkräftigen Karnevalsgesellschaften. 1928 entstand in Rio de Janeiro die erste Sambaschule Mangueira. Bis heute ist der Karneval von dieser historischen Ambivalenz zwischen spontanem Volksfest und organisierter Bürgerveranstaltung geprägt, bis heute stehen diese Formen nebeneinander, vermischen sich bisweilen und grenzen sich anschließend wieder aus. Seit Mitte des 20. Jahrhunderts jedoch präsentiert sich der Karneval in Brasilien, besonders in Bahia und im Nordosten des Landes, verstärkt afrobrasilianisch und führte zu einer Wiederbelebung des populären Straßenkarnevals, lediglich in **Rio de Janeiro** blieben der traditionelle Salon- und Clubkarneval sowie die organisierten Umzüge der Sambaschulen weiter dominierend.

Die etwa 50 aus den verschiedenen Stadtteilen erwachsenen Sambaschulen von Rio *(escolas de samba)* bilden das eigentliche Rückgrat des Karnevals der *Cariocas* (Einwohner Rios). Es sind vom Staat unabhängige Vereine mit eigener Satzung und einem Dachverband. Das ganze Jahr über bereiten sich die 18 Spitzengruppen der 1. Liga auf ihren großen Auftritt im Sambódromo vor, ein eigens von dem Architekten Oscar Niemeyer entworfenes und 1984 eingeweihtes Karnevalsstadion mit Tribünen und abgeschirmten Logen, Sicherheitseinrichtungen und recht hohen Eintrittspreisen. An zwei Tagen ziehen hier etwa 90 000 Teilnehmer hindurch, immerhin 3000–6000 pro Sambaschule. Auch Nichtmitglieder sowie Touristen sind zugelassen, wenn sie sich rechtzeitig anmelden, je nach Kostüm eine Gebühr von ca. 200 US-$ bezahlen, ein paar Tanzbewegungen einüben und das Themenlied erlernen.

Einmal sollte man vielleicht an diesem Umzug teilnehmen oder sich zumindest die farbenprächtige Kostümshow aus der Nähe ansehen. Die überwiegend aus dem einfachen Volke stammenden Teilnehmer sind trotz der spürbaren Vermarktung und einer kritischen Jury mit Leib und Seele dabei. Das Fernsehen überträgt den Umzug live auf mehreren Kanälen, die Zeitungen zeigen tagelang die spektakulärsten Bilder, und das Radio spielt wochenlang die verschiedenen Sambamotive der jeweiligen Siegerclubs. Alles ist wie beim Fußball, es gibt drei verschiedene Ligen, mit Auf- und Abstieg, und Punktrichter, die nach einem akribischen Kriterienkatalog Originalität, Rhythmus, Choreographie, Tänzer, Kostüme, die Allegoriewagen und das Sambathema bewerten.

Doch selten verläuft alles reibungslos, denn es geht um viel Geld, um die Verteilung von etlichen Millionen US-$ Eintrittsgelder, um die Millionenzuschüsse der Glücksspielunternehmer, die nur ihre Sambaschule unterstützen, um die be-

trächtlichen Siegerprämien der Veranstalter und um die sich überbietenden Honorare der Fernseh-, Platten- und Werbeindustrie. Schließlich gibt jede der großen Schulen der 1. Liga jährlich einige Hunderttausend US-$ für die in Eigenregie durchgeführte Gestaltung der Umzugswagen und die Herstellung der Kostüme aus, ein durchaus wichtiger Beitrag zur Lösung des Arbeitslosenproblems.

Starke Vermarktungstendenzen weist auch der Karneval in Rios Ballhäusern auf, vor allem bei den traditionellen Großveranstaltungen im Clube Monte Libano oder in der Scala. Populärer zu geht es lediglich am Praça 11 neben dem Sambódromo, ferner bei den Umzügen der 3. Liga in der zentralen Avenida Rio Branco oder bei den seit kurzem wiedererstehenden einfachen Straßenfesten, hat man doch in Rio schon bemerkt, wie neidvoll von vielen der lebendigere Volkskarneval Bahias oder des Nordostens betrachtet wird.

Die vielleicht größte Karnevalsbühne der Welt sind die Straßen und Plätze von **Salvador da Bahia**. Von Mittwoch bis Aschermittwoch wird durchgetanzt nach dem Rhythmus der zahlreichen, auf ungetümen Lautsprecherwagen spielenden *trio elétricos* – besonderes Kennzeichen des bahianischen Karnevals. Früher dominierte auch hier der Salon- und Clubkarneval, bis im Jahre 1950 zwei Musiker namens Dodô und Osmar zusammen mit dem Fahrer Aragão auf einem alten Ford 29 zwei Lautsprecher montierten und dem Straßenkarneval neue (dröhnende) Impulse gaben. Das alte Vehikel ist heute Museumsstück in der Casa da Música am Lagoa do Abaeté, doch der Siegeszug der Trio Elétricos war fortan nicht mehr aufzuhalten. Ihre Zahl geht bereits in die Hunderte, jedes Jahr sind sie größer, wattstärker und aufwendiger ausgestattet. Und die Schar der hüpfenden Gefolgschaft nimmt ebenfalls beständig zu.

Traditioneller Karneval in Rio de Janeiro

Der zentrale offizielle Umzug findet im Zentrum ab Campo Grande statt. Der lokale Hauptzug am Freitagabend nimmt seinen Ausgang im historischen Pelourinho-Viertel, angeführt von den 150 Trommlern der afro-brasilianischen Percussion-Gruppe Olodum und gefolgt von über 3000 Anhängern. Am Samstagabend konzentriert sich alles im schwarzen Stadtteil Liberdade um die Gruppe Ilê Aiyê, den ältesten *bloco afro* der Stadt. Hier ist die Vermischung des Karnevals mit den aus Afrika stammenden religiösen Candomblé-Ritualen am deutlichsten.

Auf dem Praça Castro Alves jedoch tobt der Karneval die ganze Woche hindurch, vor einem Millionen-Publikum spielen sämtliche berühmten *Afoxé*-Gruppen der Stadt sowie zahlreiche Größen der bahianischen Popularmusik: Daniela Mercury, Chiclete com Banana, Timbalada, Olodum, Ilê Aiyê, Filhos de Gandi u. a. Hier wird auch der Karneval am Aschermittwoch offiziell wieder beendet und der Schlüssel für König Momo an die Bürgermeisterin zurückgegeben. Doch in Bahia nimmt man es mit dem offiziellen Ende der tollen Tage nicht allzu genau.

Wirkliche Konkurrenz zum bahianischen Karneval gibt es lediglich in **Recife** und Olinda, den traditionellen Karnevalshochburgen des Nordostens. Nachdem im Jahre 1995 der Bloco Galo da Madrugada wegen einer Gefolgschaft von über 1 Mio. Menschen ins Guiness-Buch der Rekorde aufgenommen wurde, feiert man nun im Bundesstaate Pernambuco den längsten Karneval südlich des Äquators, nämlich bis

zum Ende des Monats. In Recife beginnt das fröhliche Treiben offiziell im historischen Bohème-Viertel Pátio de São Pedro und verlagert dann seinen Schwerpunkt in die Avenida Guararapes, auch die Narrenstation *(Estação da Folia)* genannt. Dort ziehen alljährlich bis zu 100 Gruppen hindurch, einschließlich der traditionellen *frevo-blocos* mit ihrer eigenartigen Vermischung von Polka, Quadrille, *maxixe* und afrikanischem *lundu*. Ein weiteres karnevalistisches Zentrum ist der Touristenstrand von Boa Viagem.

Ganz anders stellt sich der Karneval im benachbarten **Olinda** dar. Durch die engen und steilen Gassen dieses Kolonialstädtchens, die *ladeiras*, bewegen sich noch Umzüge ohne die üblichen Lautsprecherwagen und ohne die obligatorischen Sambaklänge. Neben dem *frevo* bestimmen Blasorchester mit Tumbas und Posaunen das Bild sowie rurale afrobrasilianische und indianische Tanz- und Spielgruppen wie die Maracatús, Bumba-meu-bois und Caboclinhos. Das närrische Treiben ist voller Magie, Folklore und Phantasie und repräsentiert mit Sicherheit den eigenartigsten Straßenkarneval Brasiliens. Wo anders auch als im historischen Olinda sollte sich die dramatische Geschichte des Landes in einem ebenso dramatischen Karneval widerspiegeln?!

Ein ganz nüchterner Hinweis zum Schluß: Im Karneval Brasiliens, vor allem Bahias, tummeln sich nicht nur Narren und lustige Gesellen, sondern nicht selten auch versierte Taschendiebe, die ein geübtes Auge für Touristen und noch geübtere lange Finger besitzen!

Literatur der Gegenwart

»Ich verstehe immer noch nicht, warum die Deutschen 1994 ›Brasilien‹ zum Thema der Frankfurter Buchmesse gemacht haben. Unsere Literatur ist so bedeutend nicht. Wieviele annehmbare Schriftsteller haben wir denn? Vier? Fünf? Im Grunde gab es keinen Anlaß, einen ganzen Pavillon dafür bereitzustellen. Unsere Bücher hätten wirklich

Platz gehabt in der Toilette des 1. Stocks.« So schreibt ein Literaturkritiker in der renommierten brasilianischen Wochenzeitung VEJA. Bescheidenheit in Ehren, aber so ärmlich ist die Literatur dieses Landes nun doch nicht. Sowohl hinsichtlich der Zahl der jährlichen Neuerscheinungen als auch der Auflagenhöhe kann sich Brasilien im lateinamerikanischen Vergleich durchaus sehen lassen, in Deutschland stammen jedoch nur 0,7 % aller Belletristik-Übersetzungen aus dem Portugiesischen.

Trotz Buchmesse sucht man vergebens nach einer Neuauflage der Werke von Machado de Assis, des bedeutendsten brasilianischen Dichters des 19. Jh. Mit seinen psychologisch-realistischen Romanen und Erzählungen begann eigentlich die moderne Literaturgeschichte Brasiliens. Bis heute spannende Romanklassiker sind »Der Irrenarzt«, »Dom Casmurro«, »Quincas Borba« und vor allem »Die nachträglichen Memoiren des Brás Cubas«.

Besser steht es um die Übersetzungen von Werken der jüngeren Gegenwartsliteratur, die sich trotz aller Vielfalt in drei große Themenbereiche einteilen läßt: Auseinandersetzung mit der Militärdiktatur, Porträts der Großstadt und Geschichten aus Bahia.

Das erste Buch, das sich kritisch mit dem **Militärregime** befaßte, erschien 1967 unter dem Titel »Quarup« (dt. 1988). Der Autor Antônio Callado gilt als einer der anerkanntesten Schriftsteller seines Landes. In dem Roman schildert er »das große Krankenhaus Brasilien«, den Protest der Studenten, den Beginn der Militärherrschaft, Folter und Widerstand. Der Protagonist Nando, ein katholischer Priester, entwickelt sich vom naiv Gläubigen, der in Amazonien die Xingu-Indios bekehren will, zu einem politischen Untergrundkämpfer.

1973 erschien der Roman »As meninas« von Lygia Fagundes Telles (dt. »Mädchen am blauen Fenster«, 1983). Die Autorin porträtiert drei ganz unterschiedliche, aber miteinander befreundete junge Frauen in einem Mädchenpensionat in Rio de Janeiro. Während die eine aus behüteten Verhältnissen stammt und von einer romantischen Liebe träumt, die andere sich in Alkohol und Drogen flüchtet, ist die dritte in der politischen Linken tätig und setzt sich anhand eines Folterdokuments mit der Leiterin des Pensionats auseinander.

In Deutschland am bekanntesten wurde der Roman »Zero« von Ignácio de Loyola Brandão (dt. »Null«, 1982). Erst 1975 von der Zensur freigegeben, präsentiert er in einer grandiosen Collagetechnik den Weg eines unpolitischen jungen Mannes zum radikalen Oppositionellen im Vorstadtgetümmel von São Paulo.

Auch nach der Militärdiktatur blieb die **Großstadt** ein häufiges Thema der moderneren Literatur, wohnen doch inzwischen schon über drei Viertel der Bevölkerung in Städten. Die brasilianische Literatur ist Asphaltliteratur durch und durch und keineswegs, wie häufig angenommen, Urwald- und Indianerliteratur. Bereits heute ein Klassiker ist das vor über 30 Jahren erschienene »Tagebuch der Armut« von Carolina Maria de Jesus, in dem sie eindrucksvoll ihren Alltag in der Favela schildert (dt. 1989).

Von dem gescheiterten Versuch eines jungen Zuwanderers aus dem armen Nordosten, sich in São Paulo eine Existenz zu schaffen, berichtet der Roman »Essa terra« von Antônio Torres (dt. »Diese Erde«, 1986). Einen ähnlichen Fluchtversuch in die Stadt, jedoch aus der Frauenperspektive geschrieben, stellt der beeindruckende Roman »A hora da estrela« von Clarice Lispector

Jorge Amado

dar (dt. »Die Sternstunde«, 1985). Ein apokalyptisches Zukunftsbild von São Paulo nach dem Jahr 2000 zeichnet Loyola Brandão in seinem Roman »Não verás país nenhum« (dt. »Kein Land wie dieses«, 1986). Die Stadt platzt mit 60 Mio. Einwohnern aus allen Nähten, das öffentliche Leben ist extrem reglementiert, die Psyche der Menschen deformiert und die Natur zerstört.

Während die Großstadtliteratur ebenso wie die literarische Auseinandersetzung mit der Militärzeit ein eher beklemmendes Brasilienbild vermitteln, kommen die **Bahia-Geschichten** des ehemaligen Kommunisten Jorge Amado (1912 geb.) trotz der Schilderung sozialer Konflikte eher zärtlich und ironisch daher und strotzen vor sinnlich-erotischer Szenen (s. S. 144f.). Der Autor gilt als der erfolgreichste und international bekannteste Romancier seines Landes. Mehr als 20 seiner Romane wurden in 47 Sprachen übersetzt – mit einer Rekordauflage von ca. 30 Mio. Soviel Ruhm erntet auch Kritik, nicht selten sind die Stimmen, die sein Werk als ›Sozialkitsch‹, die Darstellung der Frau als ›sexistisch‹ und die Sprache als ›schlampig‹ verurteilten. Er selbst hält seinen Stil für ›barbarisch‹, vielleicht die treffendste Bezeichnung für sein ganzes Werk, das von deftigen Szenen, beißendem Humor und fabulierenden Geschichten nur so überquillt und dennoch die nackte, oft brutale Realität nie aus den Augen verliert.

Ebenfalls in Bahia, auf der Insel Itaparica, spielt der große Epochenroman »Viva o povo brasileiro« von João Ubaldo Ribeiro (dt. »Brasilien, Brasilien«, 1988). 300 Jahre brasilianischer Geschichte werden hier ausgebreitet, dem Autor überliefert durch die Erzählungen seines Großvaters. Hauptthema ist das Leben und der Kampf der Sklavenbevölkerung sowie die schmutzigen Intrigen der herrschenden weißen Oberschicht. »Die Helden des Alltags« – wie der Autor es ausdrückt – sollen wieder ins Rampenlicht der Geschichte zurückgeholt werden, besonders gelungen in der Zeichnung der Frauengestalten.

Die junge Autorin Ana Miranda veröffentlichte 1989 ebenfalls einen historischen Bahia-Roman, »Boca do Inferno«, als literarische Entdeckung des Jahres gefeiert und in zahlreiche Sprachen übersetzt (dt. »Höllenmaul«, 1992). Detailgenau recherchiert ersteht hier das 17. Jh. wieder auf, ausgehend von einem politisch motivierten Mord im Jahre 1683. Der damals in Salvador lebende Satiriker Gregório de Matos, bekannt als das ›Höllenmaul‹, verhöhnte die kirchliche und weltliche Obrigkeit mit beißendem Spott. Die Autorin vermittelt ein authentisches Bild vom Alltag der Stadt und den Machenschaften der Herrschenden.

Eine Nation vor dem Bildschirm

Nichts hat den brasilianischen Alltag so verändert wie das Fernsehen. Der Flimmerkasten, wichtiger noch als Kühlschrank oder Herd, hat dem Leben in den vier Wänden gegenüber der Straße wieder den Vorrang eingeräumt. Der ununterbrochen laufende Apparat ist geradezu zum Markenzeichen intakten Familienlebens geworden. Ist man als Gast geladen, darf man nie erwarten, daß sich die Hauptaufmerksamkeit auf einen selbst richtet, es bleibt einem keine andere Wahl, als das störende Nebengeräusch nebst unscharfem Flimmerbild auf stoische Weise zu ertragen.

Und die Qualität des Programmes – selbst wenn man alles verstehen würde – bietet leider auch keinen Ersatz für das erwartete Gespräch mit den brasilianischen Freunden. Die große Mehrheit der Bevölkerung sieht nur *TV Globo*, das zu 90 % aus Unterhaltung und Werbung bestehende Programm des viertgrößten Medienkonzerns der Welt (nach CBS, NBC und ABC). Die hohen Einschaltquoten lassen 70 % aller Fernseh-Werbeeinnahmen an diesen einen Sender fließen.

Der Kanal 4, anfangs staatlich, wurde unter der Regierung Kubitschek *Rádio Globo* unterstellt, ein privates Zeitungs- und Rundfunkunternehmen im Besitz von Roberto Marinho, dem bald sowohl zweitreichsten als auch – nach dem Präsidenten – zweitmächtigsten Mann des Landes, was die meinungsbildende Potenz des Senders betrifft. Sowohl Collor de Mello als auch Fernando Henrique Cardoso wären ohne die Unterstützung des sogenannten ›Präsidenten-Fabrikanten‹ schwerlich an die Macht gekommen. Im Volksmund hieß es denn auch: »Die Präsidenten gehen, aber Roberto bleibt«. Doch 2004 segnete auch er das Zeitliche.

Der Aufstieg des Medienmultis mit über 100 Gesellschaften (mehrere Zeitungen, 7 Fernseh- und 35 Radiosender, Immobilien etc.) begann 1962 mit staatlicher Finanzierung der Infrastruktur, amerikanischem Kapital und Know-how des damaligen Partners Time-Life sowie Subventionen des Militärs, die 1964 mit Unterstützung von Globo an die Macht kamen. Viele talentierte Künstler und Techniker gingen vom Theater, Film oder Rundfunk zum Fernsehen über. 1961 gab es noch die Regel 2:1, d. h. auf zwei ausländische Filme mußte ein brasilianischer Film gesendet werden, 15 Künstlergruppen produzierten noch relativ niveauvolle brasilianische Filme. Später gab es nur noch einen brasilianischen Beitrag auf 56 amerikanische Produktionen.

Doch es waren bald nicht mehr die bekannten soap operas aus Hollywood, die das Publikum in den Bann von Kanal 4 zogen. Die neuen Erfolgsrenner nannten sich *telenovelas*, brasilianische Fortsetzungsserien, die von Montag bis Samstag immer zur gleichen Zeit ausgestrahlt werden und die Nation über Monate in Bann halten können. Rekordhalter ist bis heute die novela »Redenção«, die zwei Jahre lang ausgestrahlt wurde.

Zwischen 18 und 22 Uhr, wenn die Fortsetzungskapitel dreier verschiedener *novelas* laufen, kann man sich mit Brasilianern nur schwer verabreden. Ob Indianer am Amazonas, Slumbewohner in Rio, Mittelschicht-Hausfrau in Ipanema oder Universitätsprofessor an der Medienfakultät, niemand stellt sich außerhalb der großen TV-Gemeinde. Die Novelas, in der Tendenz eher dem Leben der Mittelschicht nachempfunden, versuchen alle sozialen Gruppen anzusprechen und sind ›offen‹ konzipiert, d. h. die einzelnen Folgen werden nach und nach produziert und richten sich dabei nach

Fußball-Weltmeisterschaft
Ein Land im Ausnahmezustand

Die Erde unterm Zuckerhut bebt. Trommeln schlagen, Posaunen tönen, Jubelschreie erfüllen den frühen Morgen. Zum fünften Male ist Brasilien *campeão*, nicht eine Partie ging verloren, 18 Tore bahnten den Weg zur ersehnten Sieges-Trophäe. Das Volk feiert wie nur zum Karneval, jede Gasse ist mit Girlanden in den Farben des Landes geschmückt, grün-gelb bemalte Gesichter und im Ronaldo-Stil rasierte Häupter bestimmen das Straßenbild.

Irgendetwas muß in der Seele dieses Volkes liegen, das derartige Erfolge erklärt. Viele Soziologen wie Gilberto Freyre, Sérgio Buarque de Holanda u.a. haben schon die feurige Mentalität der Brasilianer unter die Lupe genommen, doch nun treten auch die Psychologen auf den Plan. »Der Fußball sagt viel darüber aus, was wir sind. Er ist die perfekteste Übersetzung unserer Mentalität«, heißt es in einer rechtzeitig zur WM 2002 erschienenen Studie des Psychoanalytikers Claudio Bastidas.

Die ganze Welt kennt nun die vier mit »R« beginnenden Namen Ronaldo, Ronaldinho Gaucho, Rivaldo und Roberto Carlos. Besonders die beiden ersten stehen für Dynamik, Schnelligkeit und verwirrende Dribbel-Attacken. Mit trickreichen und häufig individualistischen Spielzügen wird die starre Ordnung der Gegner aufgelöst und durchdrungen.

»Der Fußball zeigt einen ganz wichtigen Aspekt des brasilianischen Subjekts, nämlich die Kreativität«, schreibt der Analytiker. Diese Kreativität gehört zu einem Lebensprinzip, das mit dem Begriff *jeitinho brasileiro* umrissen wird. Er bedeutet so etwas wie ein kleiner Trick oder gerissener Kniff, mit dem man sich durch's Leben boxt. Sei es im Fußball oder im normalen Alltag, der Jeitinho soll helfen, die vielen kleinen und großen Bedrohungen des Daseins auf kreative Weise zu umdribbeln.

Der oft gesetzliche oder bürokratische Grenzen überschreitende Jeitinho gehört zum Überlebensinstinkt in einem unterentwickelten Land wie Brasilien. Als hier z. B. die Anschnallpflicht eingeführt wurde und sich nicht jeder die Umrüstung leisten konnte, kauften viele die neuen T-Shirts mit aufgedrucktem Gurt. Ein Beispiel aus dem Fußball ist die Geschichte von Sandro Hiroshi aus Sao Paulo, der als Kind seine Geburtsurkunde manipulieren ließ und nur so der Armut entfliehen und seine frühe Karriere starten konnte.

Auf dem grünen Rasen bedeutet Jeitinho, den Gegner zu täuschen, zu verwirren, zu umdribbeln und schließlich überraschend zu besiegen. Und alles fein gewürzt mit einem Hauch *malandragem* (Schlitzohrigkeit), Verspieltheit und guter Laune. Jeitinho ist der Diminutiv von Jeito, die verkleinerte, weniger aggressive Form. Alles Gewaltsame ist ihm fremd, auch im Fußball. Es geht darum, den Widersacher auf elegante und trickreiche Weise zu schlagen, möglichst mit einem freundlichen Lächeln. Doch heute, am 30. Juni 2002, weicht das Lächeln Freudentränen. Ein von sozialen Nöten und Gewaltexzessen geplagtes Volk verbrüdert sich in einem Rausch des Glücks. Gott, der bekanntlich Brasilianer ist, hat seine Kinder nicht verlassen.

den jeweiligen Publikumsreaktionen. Zudem wird alles extrem theatralisiert, die Banalität des Inhalts wird durch dramatische und technische Effekte auszugleichen versucht. Das Konzept ist jedoch aufgegangen. *Novelas made in Brazil* sind bereits Exportprodukte in über 70 Länder der Welt geworden. In Deutschland am bekanntesten wurde die »Sklavin Isaura« mit der Schauspielerin Lucélia Santos.

Küche und Kulinarisches

Wie wollte man einem Brasilianer die deutsche Küche vorstellen? Ist es wirklich die Bratwurst mit Sauerkraut, wie man allenthalben in Brasilien annimmt? Und wie will man umgekehrt die Küche eines Landes bestimmen, das wohl zu den multikulturellsten der Welt gehört? Doch zum Trost – es gibt Vertrautes, sei es die unvermeidliche Pizza, sei es der *fast food* von McDonalds oder die pseudo-deutsche Küche von ›Hansl‹ oder ›Alfred‹.

Stärker ausgebreitet hat sich der deutsche Einfluß im Süden des Landes und dort kurioserweise die vielleicht typischste brasilianische Spezialität hervorgebracht: das *churrasco* – Fleischsorten aller Art, die man am besten in einer *churrascaria* genießt. Man zahlt einen Festpreis, bedient sich am Salat- und Gemüsebüffet und läßt sich die zarten, mageren Fleischköstlichkeiten von langen Spießen direkt auf den Teller schneiden, vorzugsweise *picanha* oder *filet mignon*.

Nationalgericht schlechthin ist jedoch die populäre *feijoada*, ein Eintopf aus recht fetten Fleisch- und Wurstsorten sowie Speck und Bohnen – ein wahrer Cholesterinstoß. Eine letzte Fleischart bleibt noch zu erwähnen, das *carne seca*, ein sonnengetrocknetes Dörr-

Churrascaria in Porto Alegre

fleisch, das man eher im Nordosten Brasiliens angeboten bekommt.

Nördlich von Rio sind insgesamt Fischgerichte verbreiteter und passen auch eher zu Strand und Palmen als deftige Fleischbrocken. Die *moqueca* z. B., eine wirkliche bahianische Spezialität, besteht hauptsächlich aus diversen Meeresfrüchten und Fischen. Bahias afrikanisch geprägte Küche mit dem von Sklaven eingeführten Dendê-Öl gilt als die reichhaltigste und zugleich würzigste Brasiliens. Wird man gefragt, ob man sein Essen eher warm oder kalt *(quente ou frio)* möchte, heißt dies, ob man es eher mit viel oder wenig Pfeffer bevorzugt.

In den nördlicheren Küstenregionen von Pernambuco, Ceará u. a. beginnt dann das Paradies der Meeresfrüchte-Gourmets. An jeder Strand-*Barraca* bekommt man günstig *ostras* (Austern), *lagostas* (Langusten), *camarão* (Krabben) oder *carangueijos* (Krebse), die man nicht ohne gewisse Mühe mit einem Holzknüppelchen aufzuschlagen versucht. Je weiter man schließlich ins Landesinnere in die Amazonas-Region kommt, desto ursprünglicher bzw. indianischer wird die Küche, weniger durch die europäischen oder afrikanischen Einflüsse geprägt. Die hiesigen Leckerbissen sind vor allem Süßwasserfische: *tucunaré, pirarucu, surubim, tambaqui* und *filhote*, stets zusammen mit dem obligatorischen *Maniok*-Mehl.

Auf Salat- und Gemüsebeilagen oder sonstige dekorative Zutaten muß man jedoch – außer in den vielen *Comida á kilo* (Selbstbedienungs-Restaurants) fast überall verzichten, sie sind in Brasilien nicht üblich. Ernährungsbewußtsein ist hier nicht gerade ausgeprägt, ein dickes Steak mit Pommes frites gilt immer noch als Inbegriff guten und gesunden Essens.

An Vitaminmangel muß man in Brasilien dennoch nicht leiden. Dafür sorgen die unzähligen *lanchonetes*, kleine Stehbars an fast jeder Ecke, die bis zu 30 verschiedene frischgepreßte Fruchtsäfte *(sucos)* anbieten. Man sollte außer Orangen- oder Ananassaft auch weniger Bekanntes ausprobieren, z. B. die Vitamin-C-reiche *Acerola*-Frucht, das Milch-Mix-Getränk *banana com aveia* oder *Açaí*-Beerensaft aus Nordbrasilien.

Anders als im übrigen Südamerika ist Bier in Brasilien das Nationalgetränk Nr. 1, im Glas nach unserem Schoppen *chope* und in der Flasche *cerveja* genannt – ein tropisches, kühl serviertes und erfrischendes Leichtbier, das sich geschmacklich mit allen deutschen Bieren messen kann. Das andere typische Nationalgetränk, die *caipirinha* aus Zukkerrohrschnaps *(cachaça)*, Limonenstücken, Zucker und Eis, trinken allerdings mehr die Touristen – ja, man erkennt sie fast daran. Ärmere Brasilianer, vor allem im Nordosten, genehmigen sich den billigen Cachaça eher pur.

Von den großen Hotels abgesehen, ist Frühstücken in Brasilien eine wahre Not, deutsche Gewohnheiten sollte man besser zu Hause lassen. Dafür wird am Abend um so mehr gespeist. Die Restaurants sind trotz Krise und Armut stets voll und ersetzen die deutsche Kneipe. Die besten Restaurants, viele von Weltspitzenniveau, befinden sich in São Paulo, einige in Rio. Besonders empfehlenswert sind die japanischen *Sushi*-Bars, der millionenstarken japanischen Kolonie in Brasilien zu verdanken, abzuraten ist von chinesischen Lokalen. Die Speisekarte der typischen brasilianischen Restaurants ist im allgemeinen

Afrobrasilanische Gerichte in Bahia

eher quantitäts- als qualitätsorientiert, das heißt auch, daß ein Essen immer für zwei Personen reicht. Man bestellt einfach *um para dois*, ein Gericht für zwei. Und wenn man die Rechnung erhält, ist die penible Prüfung der einzelnen Posten keineswegs ein Zeichen von Geiz oder Kleinlichkeit, sondern in Brasilien ganz übliche Demonstration von Selbstbewußtsein und gesundem Mißtrauen. Das Trinkgeld ist stets mit 10 % im Preis enthalten, mehr zu geben ist nicht üblich.

Wollte man schließlich nach dem Urlaub ein paar deutsche Freunde versammeln, um ihnen die brasilianische Küche vorzustellen, kann man sich der Kochrezepte aus einem Buch von Moema Parente Augel bedienen: »Brasilianisch kochen, Gerichte und ihre Geschichte« (Verlag Die Werkstatt). Mehr als ein Kochbuch, ist es ein gelungener Versuch, die verschiedenen Gerichte zugleich in ihren kulturhistorischen Kontext zu stellen. *Bom apetite!*

Kolonialbauten in Lençois, Bahia ▷

LEN
ÇÓIS

Reisen in Brasilien

Rio de Janeiro und Umgebung

Rio de Janeiro – Verheißung unter'm Zuckerhut

Fasten seat belt – der erste Tag

■ (S. 344ff.) Tief unter uns erstreckt sich das endlose Lichtermeer der erwachenden Stadt, erheben sich die idyllisch wirkenden Hügel der Armen, die Christusstatue und der Zuckerhut.

Wer zum ersten Mal diese außergewöhnliche Stadt besucht, wird ihr mit reichlich gemischten Gefühlen begegnen. Zu vieles hat man schon gehört oder gelesen, als daß man ihr noch gelassen gegenüberstehen könnte. Im Flugzeug nach New York, so heißt es, werde man zuerst durch die Freiheitsstatue, in Paris durch den Eiffelturm, in Rio aber durch den Verlust der Armbanduhr auf die baldige Ankunft vorbereitet. Es nützt nichts zu sagen, daß es hier so gefährlich nicht ist. Wenn etwas passiert, dann zumeist am ersten Tag.

Und so verlegen wir noch vor der Landung unsere Kostbarkeiten in den Halsbeutel oder die Gürteltasche, am Ausgang steigen wir eiligst in das nächste Taxi und hoffen nur noch, die letzte Hürde der Ankunft ebenfalls heil zu überstehen. Doch alles verläuft ganz reibungslos, kein Überfall, kein Unfall, kein Verkehrschaos und noch nicht einmal die üblichen Ärgernisse beim Bezahlen. Der trinkgeldbeflissene Fahrer redet nur ein wenig zuviel, von *Show de mulatas, Pão de Açucar, Corcovado usw.*, während wir uns immer noch den letzten Schlaf aus den Augen reiben.

Endlich im Hotel angekommen, fühlen wir uns wieder frei und sicher, abgeschirmt von dem vermeintlichen ›Feindgebiet‹, das uns umzingelt. Aus dem Zimmer fällt der Blick auf einige Armensiedlungen an den Hügelhängen, beängstigend nahe bei unserer Zufluchtsstätte und den benachbarten Luxuswohnungen der Reichen. Zur anderen Seite hin eröffnet sich der Blick auf das Meer und den Strand, häufig der einzige Ort, an den wir uns weniger verschüchtert am ersten Tage hingetrauen.

Doch unsere vornehme Blässe und oft seltsame Strandgarderobe weist uns schnell als frisch eingetroffene Touristen aus. So streift mancher Neuankömmling seine Jeans und Wollsocken erst dicht am Wasser ab, auch der geschlossene Badeanzug wirkt im Land der Zahnseidenbikinis recht befremdlich.

Die Strandrituale der *Cariocas,* der Einwohner Rios, haben etwas sehr Exhibitonistisches. Frauen und Männer demonstrieren unverhohlen ihre wohlgeformten Körper oder versuchen, durch sportliches Engagement zu beeindrukken. Man macht Gymnastik oder Bodybuilding an den Geräten am Strand, man surft, joggt oder spielt Volleyball. Mancher Neuling vergißt bei diesem Schauspiel gar das Ozonloch oder die Kraft der tropischen Sonne und trägt die Brandzeichen des ersten Tages den ganzen Urlaub mit sich herum.

Am Nachmittag stellt sich erfahrungsgemäß Ermüdung ein, das Zuckerhut- und Corcovado-Programm wird nach guter brasilianischer Sitte auf morgen verschoben. Statt dessen wagt man sich vielleicht ein paar Schritte auf die Straße, neugierig und ängstlich-verhalten zugleich. Doch das multikulturelle Freilichttheater zieht uns schnell in den Bann, ein buntes Treiben von Menschen

Lektüre: Stefan Zweigs ›schönste Stadt der Welt‹

Vor fast vierhundert Jahren, 1552, schreibt Tomé de Souza, da er in Rio landet: *Tudo é graça que dela se pode dizer* (Alles, was man hierzu sagen kann, ist Anmut). Man kann es eigentlich nicht besser ausdrücken als dieser rauhe Kriegsmann. Die Schönheit dieser Stadt, dieser Landschaft läßt sich wirklich kaum wiedergeben. Sie versagt sich dem Wort, sie versagt sich der Fotografie, weil sie zu vielfältig, zu unübersichtlich, zu unerschöpflich ist; selbst ein Maler, der Rio in seiner Gänze darstellen wollte mit all seinen tausend Farben und Szenen, käme in einem einzigen Leben nicht zu Ende. Denn hier hat die Natur in einer einmaligen Laune von Verschwendung von den Elementen der landschaftlichen Schönheit alles in einen engen Raum zusammengerückt, was sie sonst sparsam auf ganze Länder verteilt und vereinzelt. Hier ist das Meer, aber Meer in allen seinen Formen und Farben, grün anschäumend am Strand von Copacabana von der unendlichen Ferne des Atlantischen Ozeans, bei Gávea wieder grimmig aufspringend an einzelnen Felsen und dann wieder in Niterói glatt und blau an den flachen Sandstrand sich schmiegend oder die Inseln zärtlich umschließend. Da sind Gebirge, aber jeder Gipfel und Hang anders geformt, schroff, grau und felsig der eine, umgrünt und weich der andere, spitz gesteilt der Pão de Açúcar und wie von einem gigantischen Hammer flach geschlagen die Höhe von Gávea, hier zerrissen und zerzackt die Bergkette des Dedo de Deus, des Fingers Gottes. Jeder seine eigene Form eigenwillig bewahrend und doch alle in brüderlichem Kreise sich verbindend. Da sind Seen wie die Lagoa Rodrigo de Freitas und der von Tijúca, die die Berge, die Landschaft und gleichzeitig die elektrischen Linien der Stadt spiegeln, da sind Wasserfälle, kühl und schäumend aus den Felsen fallend, da sind Bäche und Flüsse, Wasser in allen seinen unfaßbaren Formen. Da ist Grün in allen Farben, Urwald bis knapp heran an die Stadt mit wuchernden Lianen und undurchdringlichem Dickicht, da sind Parks und gepflegte Gärten, die jeden Baum, jede Frucht, jeden Strauch der Tropen in scheinbarem Durcheinander und doch weiser Ordnung vereinen. Überall ist die Natur eine überschwengliche und doch harmonische, und inmitten der Natur die Stadt selbst, ein steinerner Wald, mit ihren Wolkenkratzern und kleinen Palästen, mit ihren Avenuen und Plätzen und farbig orientalischen Gäßchen, mit ihren Negerhütten und gigantischen Ministerien, mit ihren Badestränden und Kasinos – ein Alles-Zugleich, eine Luxusstadt, eine Hafenstadt, eine Geschäftsstadt, eine Fremdenstadt, eine Industriestadt, eine Beamtenstadt. Und über dem allen ein seliger Himmel, tiefblau des Tags wie ein riesiges Zelt und nachts besät mit südlichen Sternen ; wo immer der Blick in Rio hinwandert, ist er von neuem beglückt.

Es gibt – wer sie einmal gesehen, wird mir nicht widersprechen – keine schönere Stadt auf Erden.

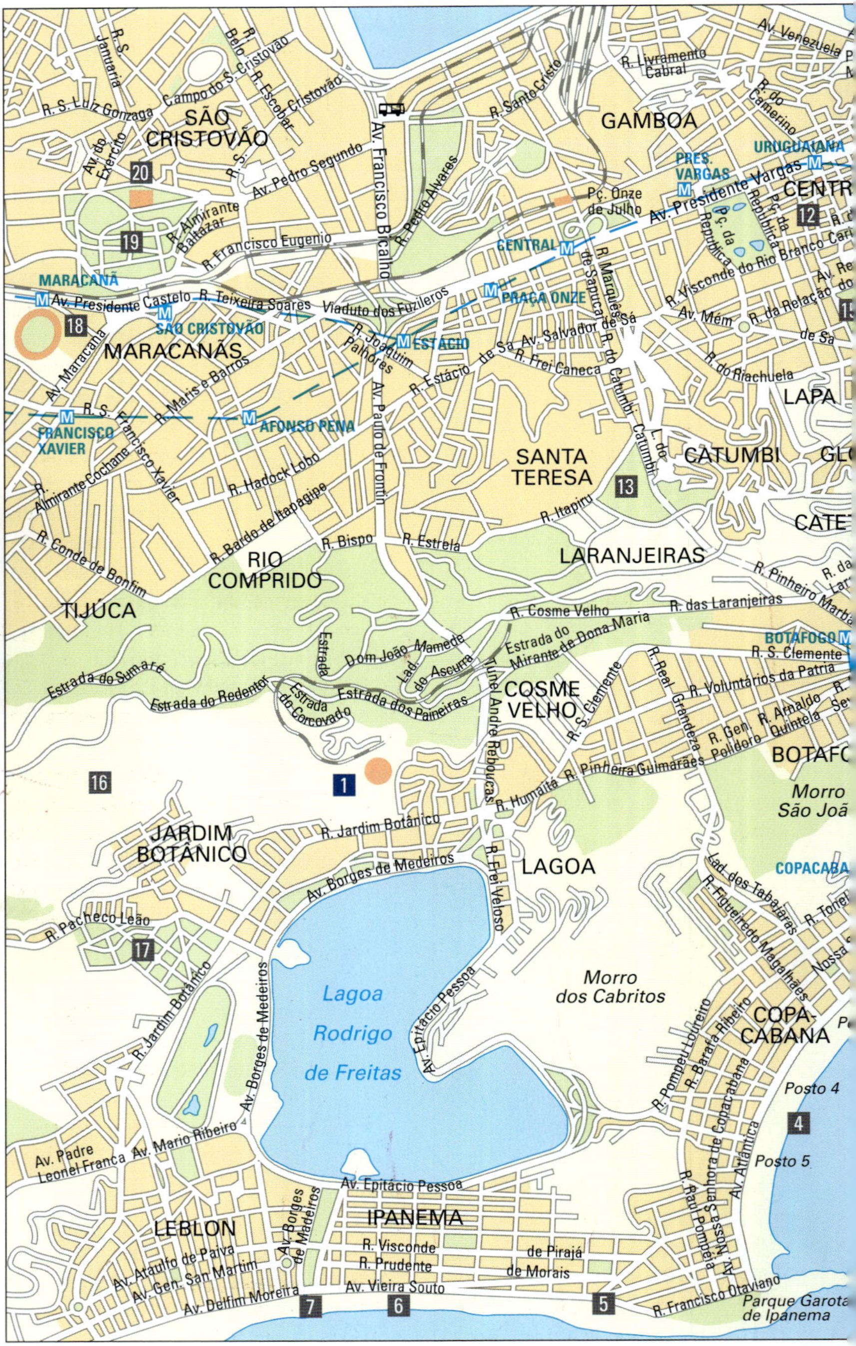
SÃO CRISTOVÃO
GAMBOA
MARACANÃS
SANTA TERESA
CATUMBI
LAPA
RIO COMPRIDO
TIJÚCA
LARANJEIRAS
COSME VELHO
BOTAFOGO
JARDIM BOTÂNICO
LAGOA
Morro São João
Morro dos Cabritos
COPA-CABANA
IPANEMA
LEBLON
Lagoa Rodrigo de Freitas
Posto 4
Posto 5
Parque Garota de Ipanema
MARACANÃ
SÃO CRISTOVÃO
FRANCISCO XAVIER
AFONSO PENA
ESTÁCIO
PRAÇA ONZE
CENTRAL
PRES. VARGAS
URUGUAIANA
BOTAFOGO
R. S. Januária
Campo do S. Cristovão
R. S. Luiz Gonzaga
Av. do Exército
R. Almirante Baltazar
R. Francisco Eugenio
Av. Pedro Segundo
Av. Francisco Bicalho
R. Pedro Alvares
R. Santo Cristo
R. Livramento
Cabral
R. do Camerino
Av. Venezuela
Pç. Onze de Julho
Av. Presidente Vargas
Pç. da República
R. Visconde do Rio Branco
Av. Mem de Sá
R. da Relação
R. do Riachuela
Av. Presidente Castelo
R. Teixeira Soares
Viaduto dos Fuzileros
R. Joaquim Palhóres
R. Estácio de Sá
Av. Salvador de Sá
R. Frei Caneca
R. Marquês de Sapucaí
R. do Catumbi
L. do Catumbi
Av. Maracanã
R. S. Francisco Xavier
R. Maris e Barros
R. Almirante Cochane
R. Hadock Lobo
R. Barão de Itapagipe
Av. Paulo de Frontin
R. Conde de Bonfim
R. Bispo
R. Estrela
R. Itapiru
R. Pinheiro Marbas
R. das Laranjeiras
R. Cosme Velho
Estrada do Mirante de Dona Maria
Estrada Dom João
Lad. Mamede do Ascurra
Estrada do Sumaré
Estrada do Redentor
Estrada do Corcovado
Estrada dos Paineiras
Túnel André Rebouças
R. S. Clemente
R. Real Grandeza
R. Voluntários da Patria
R. Gen. Polidoro
R. Arnaldo Quintela
R. Pinheira Guimarães
R. Humaitá
R. Jardim Botânico
Av. Borges de Medeiros
R. Frei Veloso
Lad. dos Tabajaras
R. Figueiredo Magalhães
R. Pacheco Leão
Av. Epitácio Pessoa
R. Pompeu Loureiro
R. Barata Ribeiro
Av. Nossa Senhora de Copacabana
Av. Atlântica
R. Raul Pompéia
Av. Padre Leonel Franca
Av. Mario Ribeiro
Av. Ataulfo de Paiva
Av. Gen. San Martin
Av. Delfim Moreira
R. Visconde de Pirajá
R. Prudente de Morais
Av. Vieira Souto
R. Francisco Otaviano
1
4
5
6
7
12
13
16
17
18
19
20

aller Herkunft und Hautfarbe läßt uns aus dem Staunen nicht mehr herauskommen. Sambatanzende Paare auf den Straßen wird man zwar nicht sehen, doch der ganz normale Alltag ist für den Neuling bereits aufregend genug.

Leider werden auch schockierende Szenen unsere berauschte Freude trüben. Der ungewohnte Anblick schlafender Straßenkinder mitten auf dem Bürgersteig, bettelnde Obdachlose vor Luxusgeschäften und Banken und immer wieder Gestalten, deren Ungefährlichkeit man noch nicht einzuschätzen weiß, machen die ersten Streifzüge oft zu einem beklemmenden Erlebnis.

Als Fremder sieht man das Elend noch deutlicher, soziales Mitgefühl mischt sich jedoch mit dem Gefühl eigener Verunsicherung und Bedrohung. Mitunter fühlt man sich gar schon belästigt und weiß nicht mehr, ob man den vielen *amigos,* die einem die Schuhe putzen wollen, ein Polaroid-Foto anbieten oder einfach nur die Hand aufhalten, noch weiter helfen mag.

Wenn man dann endlich abends in einer der großen *churrascarias* sitzt und sich von langen Spießen eine edle Fleischsorte nach der anderen auf den Teller schneiden läßt, wird man vielleicht von all dem Elend erst einmal nichts mehr wissen wollen.

Rio de Janeiro *1 Corcovado (Cristo Redentor) 2 Pão de Açúcar 3 Praia do Leme 4 Praia de Copacabana 5 Praia de Arpoador 6 Praia de Ipanema 7 Praia do Leblon 8 Parque do Flamengo 9 Igreja de Nossa Senhora da Glória do Outeiro 10 Ponte Rio-Niterói 11 Fähre zur Ilha de Paquetá 12 Zentrum 13 Arcos da Lapa 14 Catedral Metropolitana 15 Santa Teresa 16 Floresta da Tijúca 17 Jardim Botânico 18 Maracanã Stadion 19 Jardim Zoológico 20 Museu Nacional*

Die Christusstatue auf dem Corcovado

Corcovado und Zuckerhut

Rio de Janeiro ist seit 1960 zwar nicht mehr Hauptstadt Brasiliens, Hauptstadt des Tourismus wird die *Cidade Maravilhosa* (Wunderbare Stadt) jedoch immer bleiben. Die meisten kommen wegen ihrer unübertroffenen landschaftlichen Schönheit, die treffender als in der großen Liebeshymne von Stefan Zweig nicht beschrieben werden kann (s. S. 83). Die Stadt entblößt sich dem Besucher bereitwillig auf den ersten Blick, schnell wird man sich in ihr auskennen und doch, wie Stefan Zweig bemerkte, nie mit ihr fertigwerden. Trotz der unzähligen Hügel und Täler, Wälder und Wohnviertel, Parks und Seen hat sie ein markantes Gesicht mit besonderen Kennzeichen. Fast überall sieht man die alles überragende Figur des **Cristo Redentor** auf dem 704 m hohen **Corcovado** 1, die wie ein Leuchtturm Orientierung und Halt verspricht. Von seiner Höhe aus erschließt sich die gesamte Physiognomie der Megastadt in einem einzigartigen Rundblick.

Die gigantische Christusstatue ist neben dem Zuckerhut das bekannteste Symbol Rio de Janeiros. Bei ihrer Einweihung durch den damaligen Präsidenten Getúlio Vargas am 12. Oktober 1931 wurden markige Worte gesprochen. Von Kardinal Sebastião Leme stammte der fromme und bis heute ungehört gebliebene Bittspruch an die gewaltige Betonfigur, das Land zu leiten und von allen Übeln zu befreien. Doch selbst der nicht-religiöse Besucher wird ergriffen sein von der schlichten Erhabenheit dieses Monuments. 38 m hoch erhebt sich die Figur, die ausgebreiteten Arme erstrecken sich über 29 m, das Gesamtgewicht beträgt 1145 t. Sie ist das Werk des brasilianischen Architekten Silva Costa, des französischen Bildhauers Paul Landowski und des italienischen Physikers Guglielmo Marconi, der als Erfinder der drahtlosen Telegraphie gilt und für die Beleuchtung der Statue zu Rate gezogen wurde. Im Jahre 1990 mußte sie jedoch restauriert werden, nachdem der Medienkonzern Globo und die Ölgesellschaft Shell eine Rettungskampagne unter dem Motto ›Salve o Cristo‹ initiiert hatten.

Der Zugang zur Spitze des Corcovado führt entweder über eine moderne Asphaltstraße, die sich spiralförmig durch den Bergwald schlängelt mit herrlichen

Drahtseilbahn zum Zuckerhut

Ausblicken auf die Stadt, oder steiler hinauf mit einer pittoresken kleinen Eisenbahn aus dem Jahre 1882. Oben angekommen, muß man sich zuerst an einer Reihe von Andenkenläden und Bars vorbeikämpfen, um schließlich den erhabensten Panoramablick über ganz Rio de Janeiro zu genießen.

Man sieht den Zuckerhut, die Bucht von Guanabara mit der 14 km langen Brücke nach Niteroi, links daneben die Hochbauten des Zentrums, angrenzend den alten Stadtteil Santa Teresa, dahinter Teile der ärmeren Nordzone sowie die Schatten der Vorstädte der Baixada Fluminense. Am deutlichsten zeichnen sich die Viertel der reicheren Südzone am Fuße des Corcovado ab, die Wohnbezirke und Strände von Leblon, Ipanema und Copacabana sowie der große Binnensee Rodrigo de Freitas mit der Pferderennbahn und dem besuchenswerten Jardim Botânico in der Nähe. In entgegengesetzter Blickrichtung, vom Rücken des Christus aus, erstreckt sich der größte Stadtwald der Welt, der Parque Nacional da Tijúca.

Einen besseren ›Reiseführer‹ als die Christusstatue kann sich der Rio-Besucher gar nicht wünschen, sei es als Orientierungspunkt von unten oder als Initiator für weitere touristische Ausflugsprogramme von oben. Selbst der bequeme Reisende, der nur am Strand von Copacabana oder Ipanema verweilen möchte, wird zumindest noch den berühmten **Zuckerhut (Pão de Açúcar)** 2 erklimmen wollen. Der Aufstieg zu Fuß ist jedoch schon ein kleines alpinistisches Abenteuer, gewöhnlich geht es in zwei Etappen hinauf mit einer kleinen Drahtseilbahn *(o bondinho)*, die bereits eine Attraktion für sich darstellt.

Der erste Streckenabschnitt bis zum Morro da Urca wurde 1912, der zweite bis zum Pão de Açúcar 1913 fertiggestellt. Es war ein für damalige Zeiten gewagtes Projekt – nur in Spanien und der

Richtig Reisen *Tip*

Insider-Sightseeing

Vielleicht möchten Sie ja Rio und Umgebung zusammen mit dem Autor dieses Buches entdecken. Er lebt seit 15 Jahren hier und kennt die Stadt wie seine Westentasche. Neben den üblichen touristischen Highlights geht es im Privatwagen oder bei Bedarf im Kleinbus zu allen gewünschten Orten und Ecken. Geboten werden zwei verschiedene Tagestouren durch Rio (›basic‹, ›more‹), ein kleiner Ausflug nach Niterói und Petrópolis sowie ›Rio by night‹. Die meisten Points werden von den großen Sightseeing-Bussen gar nicht angesteuert, einige sind noch echte Geheimtips; die Auswahl kann nach Wunsch variiert werden. Während der Fahrt besteht zudem Gelegenheit, über Land und Leute zu plaudern. Kontakt: Helmuth Taubald, Handy 92 41 37 82, heltau@ig.com.br; Details und Fotos unter: www.rio-insider.com.

Schweiz gab es ähnliche Bahnen –, was dem für rückständig angesehenen Brasilien beachtliche internationale Anerkennung einbrachte. Als die Konzession 1969 auslief, wurde drei Jahre später eine ganz neue Verbindung konstruiert, statt bisher 124 Fahrgäste konnten nun 1360 pro Stunde hinaufbefördert werden. Die Kabine war nun rundherum transparent und ermöglichte damit schon bei der Auffahrt einen unbehinderten Blick.

Auch die Sicherheitsvorkehrungen wurden erweitert. Ein elektronisches Kontrollsystem erlaubt die Abfahrt erst nach Überprüfung von 30 Funktionen bzw. Kriterien, u. a. des Gewichts, der Windgeschwindigkeit und der Türautomatik. Die steilen Drahtseile erlangten jedoch erst Weltruhm durch zwei große artistische Abenteuer. 1967 fuhr ein Deutscher mit einem Motorrad darüber, und 1977 balancierte der nordamerikanische Drahtseiltänzer Steven McPeak vom Morro da Urca bis zur Spitze des Pão de Açúcar hinauf. Weltweit 200 Mio. Menschen verfolgten das spektakuläre Geschehen über die Medien. Zwei Jahre später erlangte die Seilbahn erneut Weltberühmtheit durch den James-Bond-Film »007 und die Todesrakete«.

Oben angelangt, eröffnet sich von 394 m Höhe ein wahrhaft bezaubernder Ausblick, und viele werden sich fragen, wo es denn schöner sei, hier oder auf dem Gipfel des Corcovado. Zur Linken sieht man die Strände von Copacabana, Ipanema und Leblon bis hin zum Felsen von Gávea, zur Rechten die Bucht von Guanabara mit den anliegenden Stadtvierteln Botafogo, Flamengo, dem Zentrum, der Ilha do Governador bis hin zum Dedo-de-Deus-Hügel (Finger Gottes) bei Teresópolis. Und in der Mitte erblicken wir wie immer die Figur des Cristo Redentor. Soviel Erhabenheit mag die vielfältigsten Wirkungen auf unser Gemüt haben. In einem alten Gä-

stebuch findet sich, in zittriger Schrift verfaßt, der Eintrag: »Ich kam hierher mit dem Gedanken, meinem Leben ein Ende zu setzen. Oben angelangt, war ich so ergriffen, daß ich mein Vorhaben wieder aufgab.«

Die Strände der Südzone

Eine Besonderheit von Rio besteht darin, daß die meisten Strände nicht außerhalb, sondern gleich vor der Haustür liegen. Man muß nur vom Hotel aus die Straße überqueren und kann trotz der urbanen Lage an vielen Stellen auch ohne größere Bedenken baden. Unbedingt abzuraten ist jedoch von den verschmutzten Stränden innerhalb der Bucht von Guanabara (Botafogo, Flamengo, Ramos, Ilha de Paquetá).

Unsere Strandtour beginnt am Ende der **Praia do Leme** 3, bzw. in Leme, dem kleinen Nachbarviertel der Copacabana. Besonders schön ist ein Spaziergang am Sonntag, wenn von Leme bis Leblon eine Seite der Strand-Avenida für den Autoverkehr gesperrt ist. Zunächst sollte man beim Morro do Leme ein Stück um den Felsen herumgehen, den Anglern zusehen und den weiten Blick auf die Bucht genießen, eine der schönsten Aussichten der ganzen Stadt. Nach 1 km, auf der Höhe der Avenida Princesa Isabel bzw. beim Hotel ›Meridien‹, gelangen wir schon zur legendären **Praia de Copacabana** 4, die in einem eigenen Kapitel vorgestellt wird (s. S. 92ff.). Am Ende dieses Strandes, nach etwa 3 km, sieht man einige altertümliche Fischerboote und ein Gewirr von Netzen, auf der anderen Straßenseite sitzen die Rentner in einem stets vollen Vereinslokal und spielen Karten.

Danach müssen wir nur ein kleines Stück auf Meeresblick verzichten, bis wir nach Durchqerung des Parque Garota de Ipanema die bezaubernde kleine

Badespaß an der Praia de Ipanema

Praia de Arpoador 5 erreichen. Von der Anhöhe einiger Felsen aus sieht man die ganze Meeresbucht, die von Arpoador über Ipanema bis nach Leblon reicht. Im Sommer bietet sich hier das faszinierendste Sonnenuntergangsszenarium der ganzen Stadt, am Wochenende häufig untermalt von Konzerten am Strand oder in dem angrenzenden kleinen Park. Sonntags kommen viele dunkelhäutige Badegäste. Arpoador ist durch mehrere Buslinien direkt mit der ärmeren Nordzone verbunden.

Die folgenden Strände bis Leblon können wir noch zu Fuß erreichen, für die weiteren nimmt man besser den Bus oder ein Taxi. Der Promenadenweg führt nun entlang der noblen Avenida Vieira Souto der **Praia de Ipanema** 6 mit den teuersten Grundstücken Brasiliens. Irgendwann werden uns auch die durchnumerierten Strandposten aus Beton auffallen, sie dienen nicht nur der Lebensrettung oder der Hygiene, sondern auch als Referenzpunkte für Verabredungen. Am Strandabschnitt des Posto 8 versammeln sich die in Ipanema und Copacabana sehr zahlreichen Gays

und Transvestiten, am Posto 9 die Studenten der Mittelschicht (bekannter Marihuana-Point) und am Posto 10 die Jet-Set-Schickeria.

Weiter geht es an der kürzeren, zum Baden weniger geeigneten **Praia do Leblon** 7 vorbei – der gleichnamige Stadtteil ist ebenfalls ein nobleres Viertel der Mittel- und Oberschicht. Vor uns erhebt sich weithin sichtbar der Morro ›Dois Irmãos‹ (Zwei Brüder), das inoffizielle Wahrzeichen der Region.

Nach einigen Kilometern über die Avenida Niemeyer, vorbei an der Favela do Vidigal und an einigen Motels, gelan-

gen wir schließlich an die **Praia de São Conrado.** Der Strand ist landschaftlich reizvoll, an seinem Ende, der **Praia do Pepino,** landen die Drachen- bzw. Asa-Delta-Flieger, die von dem nahegelegenen Felsen ›Pedra Bonita‹ abspringen. Stadteinwärts, an den Hängen eines immensen Hügels, erstreckt sich die Favela Rocinha, mit offiziell ca. 100 000 Bewohnern die angeblich größte Armensiedlung Südamerikas. Sie zählt jedoch nicht zu den gefährlichsten, es gibt sogar organisierte ›Sight-Seeing-Touren‹.

Mehrere Kilometer weiter westlich erreicht man die **Praia da Barra.** Barra ist ein weitläufiges Neureichen-Viertel, geprägt von kürzlich erbauten, hochgeschossigen Appartementhäusern, die mit allen nur erdenklichen Sicherheitsvorkehrungen ausgestattet sind. Dieses eher künstlich wirkende Wohnviertel erfreut sich bei brasilianischen Familien mit Kindern zunehmender Beliebtheit. Immer mehr aus den gefährlicheren Südzonenvierteln Zugezogene nehmen die damit verbundene stundenlange Anfahrt im alltäglichen Verkehrsstau zwischen Wohnort und zentrumsnahem Arbeitsplatz geduldig in Kauf. Der 18 km lange, recht saubere Strand ist inzwi-

Praia de Copacabana, der vielleicht schönste Stadtstrand der Welt

schen, zumindest am Wochenende, der beliebteste Badeort der *Cariocas.*

Ruhiger zu geht es erst nach einer weiteren halben Fahrstunde an der **Prainha.** Dieser Strand in einer lieblichen, naturgeschützten Bucht ist nur wenige 100 m lang, das Wasser ist glasklar, im Hintergrund liegt ein von Urwald überzogener Berghang, und eine dicht am Meer gelegene *barraca* bietet kühles Bier und köstlichen Fisch.

Die Copacabana – Rios legendärstes Viertel

4 Nirgends soll die Sonne so groß aufgehen wie am Strand von Copacabana, doch der alte Glanz des immer noch berühmtesten Viertels von Rio de Janeiro ist schon leicht verblaßt. In den 50er und 60er Jahren galt es noch als Treffpunkt der bedeutendsten Musiker Brasiliens, die bei den Bällen der Reichen oder im heutigen Rotlichtbezirk zur Bossa Nova aufspielten. Doch dann kam die Invasion der unteren Mittelschicht, die schönen Einzelhäuser wurden abgerissen und durch architektonisch einfallslose Hochbauten mit Hunderten von Kleinstwohnungen, sogenannten ›Wohnwaben‹, ersetzt.

An dem 4 km langen, halbrunden und vielleicht schönsten Stadtstrand der Welt leben heute dichtgedrängt 170 000 Menschen, von ihrer sozialen und kulturellen Herkunft wohl nirgendwo in Brasilien so gemischt wie hier, laut Journal Globo eine »Mischung aus Nizza und Bangladesch«. Auf den ersten Blick möchte man wirklich an die vielbeschworene These von der klassenlosen Copacabana-Gesellschaft glauben, zumindest was das relativ unbekümmerte Nebeneinander von Arm und Reich,

Schwarz und Weiß, Jung und Alt betrifft. Die am Strand entlang führende Avenida Atlântica, eine der nobelsten Adressen Rios, ›teilen‹ sich Millionäre und Prominente in ihren Luxusappartements mit Bettlern, Straßenkindern und Prostituierten.

Doch gleich hinter der berühmt-berüchtigten Strand-Avenida ist die Copacabana ein ganz normales Wohn- und Geschäftsviertel, nur ein wenig erotischer, chaotischer, aufregender als die benachbarten Stadtteile. In letzter Zeit hat die Stadtverwaltung vieles unternommen, um das sowohl im Ausland wie bei den Cariocas recht angegriffene Image der legendären Copacabana wiederherzustellen. Der Tiefpunkt war erreicht, als das Viertel 1992 seinen 100. Geburtstag feierte und Überfälle, Einbrüche, Lynchjustiz und Drogenkriege das Straßenbild beherrschten. Die Mittelschicht hatte schon länger die Flucht ins benachbarte Ipanema oder in die Satellitenstadt Barra da Tijúca angetreten und das Viertel den Armen und Kriminellen überlassen. Als die Besucherzahlen aus dem Ausland drastisch zurückgingen, war die Zeit reif für eine radikale Wende. Das Comeback der Copacabana wurde von dem damaligen Bürgermeister César Maia, auch ›Architekt der Reichen‹ genannt, mit den Worten eingeleitet: »Wir müssen den öffentlichen Raum für die Bürger zurückerobern«.

Inzwischen ist das Viertel kaum mehr wiederzuerkennen und zudem bedeutend sicherer geworden. Der Strand hell beleuchtet, finstere Plätze wurden restauriert und der gesamte Promenadenabschnitt wurde erneuert. Zahlreiche Parkplätze mußten einem durchgehenden Fahrradweg weichen, der nunmehr jedoch auch von zahlreichen Joggern und Rollschuhfahrern gerne benutzt wird.

Die Copacabana gleicht mitunter einem einzigen Sportplatz, ob draußen

Auf dem Strich
Braune Haut und grüne Dollar

Brasilien ist nach Thailand eines der Hauptreiseziele des weltweiten Sextourismus. An der Copacabana von Rio de Janeiro, am Strand von Boa Viagem in Recife, am Strand von Meirelles in Fortaleza oder im Pelourinho von Salvador wird dies schnell augenfällig. Im Prinzip sind alle städtischen Reiseziele ausländischer Touristen zugleich Orte der Prostitution. Am Tage findet die Begegnung an den Strandabschnitten vor den großen Hotels statt, am Abend in Nachtclubs *(boates)* oder speziellen Diskotheken.

Seit der Einführung einer neuen stabilen Währung, des *Real,* sind jedoch ausländische Touristen bei den Prostituierten Brasiliens nicht mehr so begehrt wie früher. Die Prostitution ist in den letzten Jahren zwar konstant geblieben, hat sich jedoch anteilmäßig zugunsten der Prostitution mit Brasilianern verschoben. Der Dollar ist kaum noch gefragt, immer mehr Frauen inserieren in Zeitungen oder stellen sich an die Straße und warten auf brasilianische Kundschaft. Zugenommen haben auch die vornehmlich von Brasilianern aufgesuchten *termas,* bereits ab mittags geöffnete Thermen mit einem festen Stamm von Frauen und eigenen *Séparées* für ein 40-minütiges Liebesprogramm.

Die Frauen nennen sich selbst *garotas de programa* (›Programm-Mädchen‹), als neutral gilt die Bezeichnung *prostitutas,* als diskriminierend der Begriff *putas* (Nutten). Das soziale Prestige der Prostituierten ist jedoch so niedrig nicht, führen sie doch ein relativ unabhängiges Leben – es gibt kaum Zuhälter –, verdienen ein Mehrfaches des normalen Durchschnittsgehaltes, können sich bessere Kleider leisten, werden mitunter in teure Restaurants eingeladen oder gelegentlich sogar zu einer Flugreise ins Ausland, spätere Heirat nicht ausgeschlossen ...

Dennoch kommt niemand aus freien Stücken zu diesem Beruf. Soziale Armut, fehlende Schulbildung, zerrüttete Familienverhältnisse, Arbeitslosigkeit und fast immer die Verantwortung für ein frühes uneheliches Kind lassen vielen jungen Frauen kaum eine andere Wahl.

Das Berufsrisiko ist hoch, besonders die Gefahr einer HIV-Infizierung. Lediglich in den Thermen ist der Gebrauch von Präservativen Vorschrift, in den Nachtclubs ist es Vereinbarungssache, beim Straßenstrich überwiegt der ungeschützte Sexualverkehr. Brasilien liegt hinsichtlich der absoluten Zahl der HIV-Erkrankungen an dritter Stelle in der Welt. Während früher drei Viertel der Betroffenen – überwiegend homosexuelle – Männer waren, zeigen die neueren Jahresstatistiken, daß Frauen leider stark »aufgeholt« haben und fast 50 % aller HIV-Positiven ausmachen. Ein unerwartet großer Teil davon sind Hausangestellte und Ehefrauen, die von ihren Männern angesteckt wurden. Die Häufigkeit von Prostituiertenbesuchen ist bei brasilianischen Ehemännern bedeutend höher als in Europa.

Die Verbindung von Prostitution und Drogen spielt in Brasilien im Vergleich zu Europa eine geringere Rolle. Heroin ist so gut wie nicht in Umlauf, häufig jedoch Kokain. Äußerst besorgniserregend ist die zunehmende Verbreitung der Droge *Crack*. Die Abhängigkeit von diesem Rauschmittel geht mit dem totalen Verlust an sozialem Verantwortungsgefühl einher und kann zu unkontrollierten Aggressionshandlungen führen.

In den von Touristen bevorzugten Nachtclubs der gehobeneren Klasse sind nur wenige Prostituierte drogenabhängig, sehr selten sind auch Diebstahldelikte. Wer solche Örtlichkeiten besucht, sollte jedoch nie – z. B. durch überhöhten Alkoholkonsum – die Selbstkontrolle verlieren und später im Appartement oder Hotel größere Geldmengen offen herumliegen lassen. Sollte allerdings etwas passieren, nützt es nichts, die Polizei zu rufen, in der Regel kommt man dabei vom Regen in die Traufe. Unangenehme Situationen kann es auch geben, wenn sich die ›Dame‹ später wider Erwarten als Mann bzw. Transvestit entpuppt. Es gibt große Bereiche des Straßenstrichs, in Rio de Janeiro z. B. in Lapa oder an einem bestimmten Abschnitt der Copacabana, die überwiegend von Transvestiten bestimmt sind. Geht man dort spazieren, kann es auch passieren, daß man angehalten, durch obszöne Berührungen abgelenkt und dabei gleichzeitig um sein Portemonnaie erleichtert wird. Besonders bei Neuankömmlingen gelingt dieser Trick immer wieder.

Die homosexuelle Männerprostitution ist vor allem in São Paulo und Rio de Janeiro verbreitet. Die Begegnung findet in Nachtclubs, Diskotheken und Thermen statt. Die meisten der dort verkehrenden Männer sind jedoch keine Prostituierten, sondern gewöhnliche Homosexuelle auf der Suche nach Kontakten. Einige dieser Bars werden auch von homosexuellen Frauen aufgesucht.

Discoteca Help, ein beliebter Treffpunkt in Rio der Janeiro

am Strand oder drinnen in den unzähligen *academías,* nichts anderes als Gymnastik- und Bodybuilding-Center nach amerikanisch-kalifornischem Vorbild. Die Motivation zu all diesen streng ritualisierten Körperprozeduren entspringt jedoch weniger einem neuen, aufgeklärten Gesundheitsbewußtsein; Ziel ist eher der ästhetisch perfekt geformte Körper sowie dessen öffentliche Präsentation am heißesten und exhibitionistischsten Strand der Welt. Die traditionellen Normen des Geschlechterspiels funktionieren nirgendwo so ungebrochen wie hier.

Doch ungeachtet aller Ressentiments der Cariocas gegen dieses Viertel und seinen berühmt-berüchtigten Strand, einmal im Jahr lösen sich alle Berührungsängste auf, und der Traum von der klassenlosen Gesellschaft wird zumindest für eine Nacht doch noch Wirklichkeit. Nein, es ist nicht der Karneval – dieser verliert in Rio immer mehr an Faszination –, es ist *réveillon* (Silvester). Bis zu 2 Mio. Menschen versammeln sich in dieser Nacht am hochsommerlichen Strand der Copacabana, um im sportlichen bis feierlichen weißen Dress ein grandioses Feuerwerksspektakel zu verfolgen, der eitlen Meeresgöttin Iemanja Opfergaben wie Spiegel, Parfüm und Rosen zu überbringen und danach bis zum Morgengrauen ein karnevalähnliches Fest zu feiern.

Die Bucht von Guanabara

Da der portugiesische Seefahrer Gaspar de Lemos am 1. Januar 1502 die kleine Buchteinfahrt neben dem Zuckerhut irrtümlich für eine strategisch interessante Flußmündung hielt, gewann der neuentdeckte Flecken Brasiliens den Namen ›Rio de Janeiro‹, auf deutsch ›Fluß des Januars‹. Doch zunächst nutzten die Franzosen die Region für ihren Handel mit dem begehrten Pau do brasil. Endgültig etablierten sich die Portugiesen hier erst 1565 mit der siegreichen Eroberung der französischen Kolonie França Antártica durch die Truppen von Estácio de Sá.

Gegen Ende des 16. Jh. ging die Hälfte des gesamten Holzexports nach Portugal über Rio. Im 18. Jh. kam die Verschiffung des Goldes von Minas Gerais hinzu und machte Rio zum ökonomischen Zentrum Brasiliens sowie im Jahr 1763 zu dessen Hauptstadt. Der Hafen in der Bucht von Guanabara ist bis heute bedeutend, besonders im Schiffbau und im Handel mit Industriegütern (Chemikalien, Textilien und Nahrungsmittel). Um die Bucht herum entwickelten sich das historische Zentrum der Stadt und die wichtigsten Stadtteile, lange bevor die Copacabana und andere Viertel der Südzone Gestalt annahmen.

Fährt man an der Baía de Guanabara entlang, streift man Botafogo, Flamengo, Catete, Gloria, das Zentrum, dann den Hafen und gelangt schließlich über eine große Brücke zur Nachbarstadt Niterói auf der anderen Seite der Bucht. Den besten Blick auf dieses Szenarium hat man vom Zuckerhut oder von der Brücke aus sowie bei einer Bootsfahrt zur Ilha de Paquetá.

Die Strände dieser Insel sind jedoch ebenso wie die Strände von Botafogo und Flamengo zum Baden ungeeignet. Die Bucht von Guanabara stellt die größte Müllhalde Rios dar. Ein seit 1995 mit hohem Finanzaufwand laufendes Entgiftungsprojekt inklusive dem Bau von Kläranlagen trägt jedoch langsam Früchte, und die einheimischen Wasserratten tummeln sich bereits ohne Bedenken in den noch etwas trüben Fluten.

Auch dann werden es wohl nicht die Strände sein, die hier touristisch von Bedeutung sind, auch nicht die verschiedenen Stadtteile selbst – vom Zentrum abgesehen –, sondern eher das Gesamtpanorama der Bucht und einige landschaftlich-kulturelle Details.

An erster Stelle wäre hier zu nennen der **Parque do Flamengo** 8, ein am Strand von Flamengo vor dem Zentrum gelegener Park, der zu den berühmtesten Leistungen des großen Landschaftsarchitekten Burle Marx (1909–94) gehört. Seine ästhetischen Markenzeichen – kurvenreiche, sinnliche Formen –, sind besonders gut an dem Steinmuster im Bürgersteig der Avenida Atlântica nachzuvollziehen. Nach der langen Vorherrschaft französischer Stileinflüsse versucht Marx in seinen Gärten wieder die Schönheit und Üppigkeit der brasilianischen Flora hervorzuheben. Der Boden des 120 ha großen Parque do Flamengo wurde zuerst dem Wasser abgerungen und ist heute eine Mischung aus Park, Allee und Freizeitgebiet, leider jedoch auch etwas gefährlich.

Zwischen Flamengo und dem Zentrum erhebt sich auf einer Anhöhe links von der Straße die **Igreja de Nossa Senhora da Glória do Outeiro** 9 aus dem Jahre 1739, eines der bedeutendsten historischen Monumente der Stadt in brasilianisch-lusitanischem Barockstil. Die von José Cardoso Ramalho entworfene Prozessionskirche hatte schon gleich nach Ankunft der portugiesischen Krone im Jahre 1808 die ganze Königsfamilie in Entzückung versetzt und diente seitdem als Prestigekirche der herrschenden Eliten. Bis heute ist sie beliebter Schauplatz von Prominentenhochzeiten. Am Abend ist sie weithin sichtbar dank einer 1993 angebrachten, schmuckvollen Außenbeleuchtung.

Auf dem weiteren Weg dicht an der Bucht entlang sehen wir schon die futuristische Silhouette des Zentrums mit der Avenida Rio Branco in der Mitte. Rechts von unserem Weg befindet sich das Denkmal zu Ehren der Toten des Zweiten Weltkrieges sowie der Neubau des Museu de Arte Moderna. Bald darauf folgt der Hafen, davor taucht die kleine **Ilha Fiscal** auf mit einem Schlößchen wie aus ›Tausend und einer Nacht‹ – hier wurde am 9. 11. 1889 der letzte

Ball des Kaiserreiches ausgetragen –, dahinter die mächtige **Ponte Rio-Niterói** 10 (Ponte Presidente Costa e Silva), mit 14 km eine der längsten der Welt. Die Brücke entstand während der Militärdiktatur als »Symbol der Entscheidung des brasilianischen Volkes, alle Hindernisse auf dem Weg zur vollen ökonomischen und sozialen Entwicklung zu beseitigen«. Schon bald nach der Einweihung 1974 gab es Stauprobleme, heute ist das Verkehrsaufkommen in Stoßzeiten fünfmal höher als vorgesehen. Nachdem die Mängel und Sicherheitsprobleme immer eklatanter wurden, wurde die Brücke 1997 privatisiert. Außer der Erhebung von Maut-Gebühren hat sich jedoch nicht allzu viel verändert. Dennoch sollte man die Fahrt riskieren oder aber von der Praça 15 de Novembro (Zentrum) aus die Fähre nach **Niterói** nehmen. Der Besuch dieser 500 000-Einwohner-Stadt fehlt im touristischen Standardprogramm, obwohl der Stadtteil Charitas wegen seines regen Strand- und Nachtlebens am Wochenende einen Besuch lohnt. Schön sind auch die hinter dem Stadtzentrum beginnenden Küstenstraßen bzw. Strände der Bucht – abends ist der Blick auf Rio überwältigend – bis hin zum äußersten Punkt, dem Fort de Santa Cruz von 1555. Von dort kann man den Zuckerhut einmal ganz nah von seiner anderen, stilleren Seite zu betrachten. Auf dem Weg zur Festung kommt man auch an einem großen, in Form eines Ufos konstruierten Museum vorbei, ein weiteres, erst 1996 eingeweihtes Projekt des Architekten Oscar Niemeyer. Das **Museu de Arte Contemporânea** enthält ca. 120 Werke der plastischen Kunst Brasiliens von 1950 bis heute.

Vom Praça 15 de Novembro im Zentrum aus fährt auch ein Boot zur **Ilha de Paquetá** 11. Dieser Tagesausflug (hin und zurück) zur Pérola (Perle) da Guanabara lohnt sich sowohl wegen der Sicht auf Rio als auch wegen der Insel selbst. Schon der portugiesische König Dom João VI. residierte hier während seiner Brasilienaufenthalte, und der

Ponte Rio-Niterói

Roman »A Moreninha« von Joaquim Manuel de Macedo brachte ihr den Beinamen ›Ilha dos Amores‹ ein. Und sie hat bis heute noch viel von ihrem früheren Charme behalten, diese kleine Liebesinsel, trotz der vielen Touristen, die hier per Pferdekutsche oder Fahrrad unterwegs sind.

Sehenswert sind neben dem Königspalast Del Rey die Kapelle São Roque von 1698 und einige frühere Wohnhäuser berühmter Persönlichkeiten. Auch die Strände sind reizvoll, besonders Comprida/Moreninha und José Bonifácio, von einem Bad sollte man jedoch absehen.

Ein Rundgang durch das Zentrum

12 Wir beginnen unseren Rundgang im Herzen der Stadt, der **Praça Floriano,** wegen der vielen Kinos, die sich hier befinden, auch Cinelândia genannt. Ins Auge fällt sogleich die Fassade des berühmten **Teatro Municipal,** des 1909 eröffneten Städtischen Theaters im Stil der Pariser Oper. Es ist der prachtvollste Bau Rios, im Innern reich ausgestattet mit Kristallglas, Carrara-Marmor und kunstvollen Deckengemälden. Achten Sie auch auf das aktuelle Theaterprogramm, häufig gibt es Konzerte mit klassischer Musik und Ballettvorführungen.

Vom Teatro Municipal aus gesehen befindet sich am selben Platz schräg rechts noch der **Palácio Pedro Ernesto** aus dem Jahre 1923, heute Sitz des Stadtrats (Câmara Municipal) und Zielort zahlreicher öffentlicher Demonstrationen. Links daneben sehen wir eine der traditionsreichsten Bars der Stadt, das durch seine gelben Farben auffallende **›Amarelinho‹,** ein idealer Ort, um ein wenig das Treiben auf dem Platze zu beobachten.

Ebenfalls am Platz, jedoch auf der anderen Seite der großen Avenida Rio Branco, steht das eindrucksvolle klassizistische Gebäude der **Bibliotéca Nacional** von 1910. Es wurde im Jahr 1995 vollständig restauriert und besitzt die größte Bibliothek Lateinamerikas bzw. die achtgrößte der Welt. Links daneben sehen wir das **Museu Nacional de Belas Artes,** das Nationalmuseum der Schönen Künste aus dem Jahre 1908 mit einer Sammlung europäischer Malerei des 17. und 18. Jh., darunter Werke von Franz Post, und einer umfangreichen Sammlung interessanter Werke brasilianischer Künstler des 19. und 20. Jh.

Wir verlassen nun den Praça Floriano, gehen durch die links am Teatro Municipal vorbeiführende Avenida Treze de Maio und kommen bald auf den großen **Largo da Carioca,** mit seinen angrenzenden Bürohochhäusern und dem rie-

THEATRO MUNICIPAL

Teatro Municipal an der Praça Floriano

sigen würfelförmigen Bau der staatlichen Ölgesellschaft Petrobrás das absolute Geschäftszentrum der Stadt. Als kontrastreiches historisches Relikt erhebt sich auf einer Anhöhe der schöne **Convento de Santo Antônio**, dessen besichtigenswerte Kirche (1608–20) die älteste der Stadt darstellt. Ins Auge fallen der prunkvolle goldene Altar und die links und rechts im Kirchenschiff angebrachten Orgelanlagen.

Wir gehen nun weiter bis ans Ende des Platzes und von dort nach links in die **Rua da Carioca,** eine der ältesten Straßen Rios, die beinahe von den Militärs abgerissen worden wäre. Hier wimmelt es nur so von Leuten unterschiedlichster Couleur und von skurrilen Läden, Bars und Restaurants. Eine Besonderheit stellt das Cine Iris (Nr. 49) dar, das älteste Kino der Stadt aus dem Jahre 1909 mit schönen, gußeisernen Aufgängen. Leider laufen hier heute nur noch billigste Pornoprogramme.

Am Ende der Rua da Carioca gelangen wir zur **Praça Tiradentes,** ebenfalls ein Stück Altstadt voller Atmosphäre mit Theatern und einem traditionsreichen Tanzlokal namens ›Estudantina‹. Der schon im 17. Jh. angelegte Platz, ehemals eines der wichtigsten kulturellen und politischen Zentren des Landes, wurde erst 1996 nach fast 100jährigem Verfall restauriert. In seiner Mitte erhebt sich in neuem Glanz die Reiterstatue Kaiser Pedros I., das früheste öffentliche Monument Rio de Janeiros. Die Hauptattraktion jedoch, etwas versteckt in der Rua Luis de Camões rechts neben dem **Teatro João**

N
0
200 m
Ilha das Cobra
Pier Mauá
Mosteiro e Igreja de São Bento
Morro de São Bento
Praça Mauá
Av. Rodrigues Alves
R. Dom Gerardo
R. São Bento
de Inhaúma
R. Visc. de
Itaboraí
R. 1 de M
R. da
Praça Pio
Igreja da Candelária
Candelária
Av. Venezuela
R. Sacadura Cabral
Morro da Conceição
R. Visc.
R. Miguel
Av. Presidente Vargas
R. da
Quitanda
SAÚDE
Couto
R. da Alfândega
R. Buenos Aires
R. do Rosário
Av. Rio Bra
R. Pompeu
URUGUAIANA
R. Uruguaiana
R. Gonçalves Dias
Confeitaria Colombo
R. Camerino
R. dos Andradas
R. Alexandre Mackenzie
R. da Conceição
Largo de São Francisco de Paula
Av. Passos
R. Senador
Av. Marechal Floriano
PRES. VARGAS
Real Gabinete Português de Leitura
de Camões
R. 7 de Setembro
R. da Carioca
Conven Santo An
GAMBOA
R. Regente
R. Buenos Aires
CENTRO
Av. Repúbli
Feijó
R. Luís
Praça Tiradentes
Av. Tomé de Souza
Av. Presidente Vargas
Campo de Santana
Repú
R. do
Av.
R. Visconde do Rio Branco
Av. Gomes Freire
CENTRAL
Praça da República
R. Azeredo Coutinho
R. Moncorvo Filho
R. dos Senado
R. dos Inválidos
R. Henrique Valadares
Lavradio
R. do

Baía
de Guanabara
Niteroi, Ilha de Paquetá
Presidente
Praça 15
de Novembro
Kubitschek
Mercado
Av. Alfredo Agache
Aeroporto Santos Dumont
R. Dom Manuel
Lg. da Misericórdia
Av. Gen. Justo
R. da Assembléia
Av. Erasmo Braga
Praça do
Expedicíonario
Av.
Presidente Antônio Carlos
R. Santa Luzia
Av. Mal. Câmara
Av. Churchill
Av. Franklin Roosevelt
Abfertigungsgebäude
Av. Nilo Peçanha
Av. Alm. Barroso
Graça
Aranha
R. Araújo de Porto Alegre
R. México
CARIOCA
Teatro Municipal
Museu Nacional de Belas Artes
Praça Floriano
CINELÂNDIA
Palácio Pedro Ernesto
Biblioteca Nacional
Amarelinho
R. Santa Luzia
Av. Presidente Wilson
Av. Beira Mar
Av. Infante Dom Henrique
Av. Rio Branco
R. Sen. Dantas
Chile
Paraguai
R. Evaristo de Veiga
LAPA
Passeio Público
Parque do Flamengo
R. Teixeira de Freitas
Av. Augusto Severo
Av. Mem de Sá
Largo da Lapa
Santa Teresa
i

Igreja Nossa Senhora da Candelária

Caetano, ist die Bibliothek **Real Gabinete Português de Leitura.** Man fühlt sich wie in einem erdrückenden Kafka-Szenarium, angesichts der etwa 350 000 hochgetürmten alten Bibliotheksbände portugiesischer Herkunft. Dieses einzige im manuelischen Stil Portugals errichtete Gebäude aus dem Jahre 1888 sollte ehemals die Sprachengleichheit der beiden Länder unterstreichen.

Vom Praça Tiradentes aus geht es zurück über die Apothekenstraße **Rua Sete de Setembro,** sehenswert vor allem wegen der historischen Fassaden ihrer *Sobrado*-Häuser. Nach Überquerung der Rua Uruguaiana treten wir nach links in die kleine Rua Gonçalves Dias und gelangen sogleich bei der Nr. 32 zu einer Attraktion ganz anderer Art. Es ist die traditonsreiche **Confeitaria ›Colombo‹,** Rio de Janeiros schönstes und zugleich fast einziges Café-Restaurant. 1894 von zwei Portugiesen gegründet, wurde es ganz im europäischen Jugendstil errichtet. Am beeindruckendsten sind die acht gewaltigen Spiegel aus Belgien. Kaum ein bedeutender Dichter – u. a. Machado de Assis

– und kaum ein wichtiger Staatsmann ist hier nicht eingekehrt. Es ist eher ein repräsentativer als populärer Ort, bei allgemeinem Geschäftsschluß, wenn die Innenstadt schlagartig ausstirbt, macht auch das Café gleich mit zu.

Wir gehen nun wieder ein kleines Stück zurück und dann nach rechts in die **Rua Uruguaiana.** Es ist die belebteste Fußgänger- und Einkaufsstraße der Stadt, schön sind die hier noch zahlreich erhaltenen alten Häuserfassaden. Am Ende gelangen wir zu der großen Avenida Presidente Vargas, nach rechts gehend sehen wir gleich die Kuppel der **Igreja Nossa Senhora da Candelária** (1775–1877), der größten Kirche Rios. Sie ist stilistisch nicht einheitlich, die Fassade trägt Barockzüge mit Renaissance-Elementen, das Innere ist klassizistisch und reich geschmückt mit Malereien, Skulpturen und Altären aus Carrara-Marmor. Wegen ihrer prunkvollen Ausstattung ist die Kirche ein bevorzugter Rahmen für Prominentenhochzeiten, mit einer Voranmeldungszeit von über einem Jahr. Der Platz vor dem Gotteshaus, der Largo da Candelária, erlangte im Jahre 1993 traurige Weltberühmtheit durch die erschütternden Lynchmorde an acht Straßenkindern.

Von der Kirche aus gehen wir nur wenige Meter zurück und dann nach rechts durch das letzte Stück der **Avenida Rio Branco,** Rios traditionsreichste Straße und Hauptverkehrsschlagader im Zentrum. Am Ende gelangen wir zur **Praça Mauá,** einem turbulenten Verkehrsknotenpunkt in der Nähe des Hafens. Dort befindet sich auch das Hauptgebäude der Polícia Federal (wichtig bei Visumverlängerungen), schräg gegenüber dann ein paar Nachtclubs der einfachsten Sorte und zwischen alten, baufälligen Häusern ein postmodernes Bankgebäude. Wir gehen nun von der Avenida Rio Branco aus ein paar Meter in die Rua Dom Gerardo und erreichen gleich hinter dem Bankgebäude den Zugang zu einem der schönsten Benediktinerkomplexe ganz Brasiliens, die Kirche und das Kloster **São Bento**, errichtet im 17. Jh. nach Plänen von Francisco Frias. Die Hauptattraktion in der Chorkapelle

Avenida Rio Branco

sind 14 Gemälde von Frei Ricardo do Pilar, einem der bedeutendsten Kirchenmaler im kolonialen Brasilien, der für die Benediktiner arbeitete.

Das alte Santa Teresa – ein Hauch von Bohème

Was andere Städte wie z. B. Salvador besitzen, eine intakte Altstadt, sucht man in Rio vergebens. Im Zentrum sind historische Sehenswürdigkeiten verstreut und vermischt mit Modernem, zu groß war die Sanierungswut während der Zeit der Militärherrschaft. Lediglich ein Stadtteil, das etwas abseits auf Hügeln gelegene Santa Teresa, konnte seine Ursprünglichkeit weitgehend bewahren und ist bis heute Fluchtpunkt für Liebhaber des Pittoresken und Archaischen. Hier wohnen viele Künstler und Intellektuelle sowie die meisten der von Europa nach Rio umgezogenen Aussteiger. Auch der englische ›Posträuber‹ Ronald Biggs hat lange hier gelebt. An Kuriositäten mangelt es nicht, das Hotel ›Santa Teresa‹ z. B., im Volksmund ›Hotel der Geschiedenen‹ genannt, ist stadtbekannt als Refugium für kontaktsuchende Neuanfänger.

Vorzugsweise benutzt man für die Fahrt nach Santa Teresa die uralte Straßenbahn aus dem Jahre 1896, gewissermaßen das Wahrzeichen dieses über 200 Jahre alten Stadtteils. Es ist die letzte Bahn der Stadt, die noch in den 60er Jahren mit einem Schienennetz von über 400 km aufwarten konnte. Früher war eine Fahrt wegen der vielen Favelas in der Umgebung etwas gefährlich, inzwischen ist jedoch stets ein Polizist präsent.

Wir steigen kurz vor dem Largo do Carioca im Zentrum von Rio (Rua Prof. Lélio Gama) in die Bahn *(bonde)* mit der Aufschrift ›Paulo Matos‹ und fahren

mehrere Stationen bis zum Wendepunkt am schönen Largo das Neves. Die Strecke führt zunächst über ein Aquädukt, unten sehen wir einen Teil des früheren Bohème-Viertels Lapa am Largo da Lapa, ehemals so etwas wie der Place Pigalle in Paris, danach der Dekadenz anheimgefallen, seit kurzem jedoch wieder ein Zentrum des Nachtlebens von Rio. Der 270 m lange und 64 m hohe Aquädukt **Arcos da Lapa** 13 aus dem Jahre 1750 war das erste große zivile Bauprojekt Rios während der Kolonialzeit, geschaffen zur Überleitung des Wassers vom Rio Carioca zum Largo do Carioca. Dort fällt unvermeidlich die modernistische Konstruktion der **Catedral Metropolitana** 14 (1964–76) ins Auge mit einem Fassungsvermögen für mehrere Tausend Menschen. Doch wenige mögen diesen häßlichen Klotz, der eher an einen Kühlturm erinnert und in Rio

Aquädukt Arcos da Lapa

spöttisch auch ›Bienenarsch‹ genannt wird.

In **Santa Teresa** 15 bzw. am Largo das Neves angelangt, werden wir bald gewahr, was den Reiz dieses Viertels ausmacht: die Hügellage mit phantastischen Ausblicken auf die Stadt und die Bucht von Guanabara, steil ansteigende, kurvige Gassen mit altem Kopfsteinpflaster, hundertjährige leicht morbide Häuschen und Villen, ein paar einfache Bars und Restaurants sowie allenthalben ein Klima der Muße und Zeitvergessenheit. Und so ist man gut beraten, hier ebenfalls nur zu schlendern, ohne Eile und ohne Ziel. Am besten geht man vom Largo das Neves zu Fuß zurück, einfach immer den Schienen nach, schaut hier und da zwischen den Häusern hindurch in die Tiefe und läßt sich treiben und überraschen. Hinter dem Largo dos Guimarães wird man dann vielleicht einkehren in die portugiesische Bar ›do Arnaudo‹ oder das deutsche Restaurant ›Adega do Pimenta‹.

Danach könnte man noch weiter bis zur nächsten Haltestelle ›Curvelo‹ gehen, um von dort aus das oben auf dem Morro do Curvelo gelegene **Museu Chácara do Céu** zu besuchen (gut ausgeschildert). In dem modernen Gebäude, umgeben von einem großen Park, wohnte einst der Kunstsammler Raymundo Ottoni de Castro Maya (1894–1968). Zu sehen sind neben kostbaren, u. a. aus Frankreich und China importierten Einrichtungsgegenständen aus dem 18. und 19. Jh. noch einige Gemälde bedeutender moderner Künstler aus verschiedenen Ländern. Sehr beeindruckend sind die Bilder vom alten Rio im oberen Teil der Ausstellung. Hinter dem Museum liegt der Parque das Ruinas mit einem restaurierten Ruinenhaus, von dessen Dachterrasse man einen herrlichen Blick auf das Zentrum Rios, die Bucht von Guanabara und den Zuckerhut genießt. Die Villa gehörte früher der Aristokratin Laurinda Santos Lobo und war in den 20er bis 40er Jahren Treffpunkt der gehobenen Gesellschaft und bedeutender Künstler.

Etwa 2 bis 3 km vom Museum entfernt, in der Ladeira de Santa Teresa, befindet sich der **Convento de Santa Teresa** aus dem Jahre 1751, eines der ältesten Karmeliterklöster Brasiliens. Der wuchtige, äußerlich schlichte Bau gleicht mit seinen vergitterten Fenstern einem Gefängnis. Eine Besichtigung ist nicht möglich; die Nonnen leben dort in der strengen Glaubenstradition der spanischen Heiligen Teresa Sanchez de Ahumada aus Àvila, kurz Santa Teresa D'Avila genannt. Von ihr stammt schließlich auch der Name dieses Stadtteils.

Ins Grüne – Parque Nacional Floresta da Tijúca und Jardim Botânico

Nach einer Studie der UNO soll Paris die grünste und João Pessoa in Brasilien die zweitgrünste Stadt der Welt sein. Doch Rio de Janeiro kann aufwarten mit 1105 Parks und Plätzen, vor allem jedoch mit dem größten städtischen Regenwald der Welt, dem **Floresta da Tijúca** 16 (120 km^2), seit 1992 geschützter Nationalpark.

Als Charles Darwin 1832 dieses Gebiet besuchte, kam er aus dem Staunen nicht mehr heraus: »Jede Form, jede Schattierung übertrifft an Pracht so vollkommen alles, was ein Europäer jemals in seinem heimischen Erdteil gesehen hat, daß er nicht weiß, wie er seinen Gefühlen Ausdruck geben soll.« Was er sah, war indes noch der ursprüngliche Atlantische Regenwald (Mata Atlântica), der schon bald danach den sich ausbreitenden Kaffeeplantagen weichen mußte, bis nichts mehr von ihm übrigblieb als eine kahle, zerfressene Felsenlandschaft.

Bananenblüte

Doch der Kahlschlag hatte der Stadt zugleich das Wasser entzogen, so daß schließlich der Minister Almeida Torres im Auftrag von Kaiser Pedro II. das Land von den Kaffeebaronen zurückkaufte und ab 1861 die Wiederaufforstung anordnete. Man wollte den ursprünglichen Zustand weitgehend wiederherstellen, und so pflanzten sechs Sklaven innerhalb von 13 Jahren etwa 80 000 Bäume neu an, u. a. Mahagoni, Palisander, Paranuß, Eukalyptus und Araukarien. Das Resultat war überwältigend und überstieg alle Erwartungen, der Wald wurde dichter und üppiger als der Regenwald des Amazonas, doch wenige wußten diesen Naturreichtum am Rande der großen Stadt wirklich zu schätzen.

Der Park besteht aus drei Teilen. Im Südosten liegen der bei Kletterern und Asa-Delta-Fliegern beliebte Pedra Bonita und der Pedra da Gávea. Im Osten befindet sich die bewaldete und zum Wandern einladende Serra da Carioca mit dem Corcovado und vielen Aussichtspunkten, u. a. der Vista Chinesa. Am besten wandert man jedoch im Nordwestteil, der mit einem ausgedehnten und ausgeschilderten Wegenetz versehenen Serra da Tijúca (Parkeingang bei Alto da Boa Vista). Dort kann man auch in gut zwei Stunden den 1021 m hohen Pico da Tijúca ersteigen, den höchsten Punkt des Nationalparks. Der Ausblick auf die Guanabara-Bucht bis hin zum ›Finger Gottes‹ bei Petrópolis ist überwältigend.

Möchte man sich mit einem bescheideneren Programm begnügen, besuche man den **Jardim Botânico** 17 aus dem Jahre 1808 im gleichnamigen Stadtteil unweit der Lagoa Rodrigo de Freitas. Er

Palmenallee im Jardim Botânico

Parque Nacional Floresta da Tijúca

ist mit 140 ha einer der größten Botanischen Gärten Südamerikas und kann mit über 6000 tropischen Pflanzen- und über 140 Vogelarten aufwarten. Besonders markant ist die berühmte Baumallee mit 30 m hohen Königspalmen.

Sehenswertes in der unbekannten Nordzone

Beim Anflug auf Rio sieht man ein grenzenloses Lichtermeer, ewig scheint der Flieger über Vorstadtzonen hinwegzugleiten, die man – einmal in der Südzone angelangt – nie wieder zu sehen bekommt. Kaum ein Tourist wagt sich weiter vom Zuckerhut weg, höchstens noch ins Zentrum oder nach Santa Teresa. Die nördlicheren Stadtteile liegen auch weiter vom Meer entfernt, haben keine touristische Infrastruktur und gelten als häßlich, arm und gefährlich. All dies stimmt jedoch nur zum Teil, richtig ist in jedem Fall, daß das normale, authentische Brasilien nicht in Ipanema oder Copacabana zu finden ist, sondern abseits von den eingetretenen Pfaden des Massentourismus.

Genauer gesagt besitzt der Großraum Rio *(Região Metropolitana)* nicht nur eine Süd- und Nordzone, sondern auch noch eine West- und Ostzone sowie die weiter nördlich gelegenen Vorortstädte der Baixada Fluminense. Insgesamt leben hier 9,6 Mio. Menschen, verteilt auf 30 Verwaltungsregionen und 153 Stadtteile. Wir beschränken uns bei unserem Abstecher ins Ungewisse jedoch auf die Nordzone, ist sie doch hinsichtlich Bevölkerungszahl und Wirtschaftskraft die bedeutendste der Stadt. Zum Eingewöhnen geht es noch nicht so tief hinein, lediglich zu zwei benachbarten Stadtteilen gleich hinter dem Zentrum, wo uns zugleich die wichtigsten touristischen Attraktionen der Nordzone erwarten.

Das erste Ziel ist weltbekannt, unzählige Busse mit der Aufschrift **›Maracanã‹** 18 fahren direkt dorthin. Es ist das größte Fußballstadion der Welt, der beim Bau 1948-50 verwendete Zement entspricht der Masse zweier Felsen von den Ausmaßen des Zuckerhuts. Die Rekordpublikumszahl wurde am 31. 8. 1969 beim Spiel Brasilien – Paraguay erreicht: 183 341 Besucher. Wer die hiesige Fußballbegeisterung kennt, gepaart mit dem sprichwörtlichen Temperament der Brasilianer, wird sich vorstellen können, in welch einen Hexenkessel sich dieser Ort verwandeln kann. Leider haben gewaltsame Ausschreitungen zwischen den Fanklubs in den letzten Jahren erschreckend zugenommen. Hinzu kommen Gefahren im Zusammenhang mit der baufälligen Substanz des Stadions, dem man allerdings durch umfangreiche Sanierungsmaßnahmen zu begegnen sucht. Trotz aller Risiken kann ein Spielbesuch ein besonderes Erlebnis sein, allein schon wegen des überaus enthusiastischen Publikums. An spielfreien Tagen läßt sich das Stadion jedoch ebenfalls besichtigen.

Unsere beiden anderen Ziele liegen ganz in der Nähe im Park Quinta da Boa Vista im Stadtteil São Cristovão. Es ist eine der schönsten und mit 155 000 m^2 zudem größten Parkanlagen Rios mit Gärten, Grotten, Seen und einer Kleinbahn, die Besucher durch die Anlage führt. Vom Stadion nehmen wir am besten ein Taxi direkt bis zum **Jardim Zoológico** 19 (Zoologischer Garten), wo uns ca. 2000 Tiere erwarten, 200 Reptilien, 300 Säugetiere und fast 1500 Vögel aus aller Welt.

Nur wenige Schritte entfernt, ebenfalls im Park, befindet sich das **Museu Nacional** 20. Von 1808 bis 1889 residierten hier die Königsfamilien von Pedro I. und Pedro II., daher auch ›Palast der zwei Pedros‹ genannt. 1891 wurde hier die erste republikanische Verfassung Brasiliens verkündet, ein Jahr später machte die neue provisorische Regierung, die nichts von Imperialbauten wissen wollte, ein Museum daraus. Es ist heute mit 50 Sälen und über 10 000 Ausstellungsstücken in seiner Art das größte Brasiliens. Die Sammlung im zoologisch-botanischen Teil gilt als äußerst wertvoll, der archäologisch-ethnologische Teil enthält u. a. ägyptische Mumien sowie Objekte von zahlreichen Indianerstämmen. Weltweit geachtet ist auch eine Raritäten-Bibliothek mit über 1800 Bänden. Insgesamt ist das Museum jedoch schlecht geordnet, man läuft recht orientierungslos herum, überall mangelt es an Erläuterungen, und relevante Teile des Gebäudes sind baufällig oder gar geschlossen.

Im selben Stadtteil befindet sich in einem aufwendig restaurierten Stadion die **Feira de São Cristóvão,** ein Tanzmarkt mit durchgehendem Programm von Freitag- bis Sonntagabend. Hier, in São Cristovão, wohnen viele ärmere Einwanderer aus dem Nordosten Brasiliens, die jedes Wochenende auf einem großen Markt ihre Waren anbieten bzw. die Gelegenheit nutzen, günstiger einzukaufen. Doch ist dies nicht nur ein gewöhnlicher Markt, sondern auch ein Volks- und Begegnungsfest der *Nordestinos,* die hier ihre kulturellen und musikalischen Traditionen pflegen. Am Abend wird viel getanzt, mitunter die ganze Nacht hindurch bis zum Nachmittag des nächsten

Tages. Die Musik ertönt aus allen Richtungen, und der beißende Rauch von zahllosen Fleisch-Grillständen ist gewöhnungsbedürftig.

Man könnte es dabei bewenden lassen und die Stippvisite in die Nordzone hier abbrechen. Zumindest hat man einen flüchtigen Eindruck gewonnen vom normalen Rio und dem einfachen Leben fernab von den Stränden der Reichen. Wer jedoch tiefer eintauchen möchte, fährt entweder schon vom Zentrum aus (Praça 15 do Novembro) oder ab Maracanã mit dem Bus 254 bis **Madureira.** Man sieht schon während der Fahrt, wie die Hautfarbe der Bewohner immer dunkler wird, ein Synonym für zunehmende Armut. Endstation ist Madureira-Shopping, ein Kaufhaus für die auch hier existierende Mittelschicht, umgeben von belebten Geschäftsstraßen, wo die ärmeren Bevölkerungsgruppen kaufen und alles recht turbulent zugeht.

Ziele in der Umgebung

Reiseübersicht

Von Rio de Janeiro aus gibt es mehrere sehr reizvolle Ausflugsziele. Da ist einmal ganz in der Nähe **Petrópolis** 1, die frühere Kaiserresidenz. Der Ort liegt in einer Berglandschaft und besitzt eine ausgebaute touristische Infrastruktur

Ziele in der Umgebung von Rio de Janeiro

mit zahlreichen Pousadas, Hotel-Fazendas und vielen Wander-, Radfahr- und Reitsportmöglichkeiten.

Bedeutend weiter, aber lohnend ist ein Besuch des Barockstädtchens **Ouro Preto** 2 in Minas Gerais. Es steht unter Denkmalschutz und besitzt die reichhaltigste Sammlung barocker Kunst und Architektur Brasiliens, verbunden mit dem Schaffen des großen Bildhauers und Holzschnitzers Antônio Francisco Lisboa, auch ›o Aleijadinho‹ (der kleine Krüppel) genannt.

Die nächsten vier Ziele liegen alle am Meer. Eine der schönsten Inseln Brasiliens, die **Ilha Grande** 3, erreicht man von Rio aus in wenigen Stunden. Ihre Besonderheit liegt darin, daß sie trotz eines gewissen Tourismus ihren unberührten, ursprünglichen Charakter noch nicht eingebüßt hat – dank strengster Naturschutzbestimmungen und Fahrzeugverbot. Es ist ein idealer Ort für Fuß- und Radwanderungen, Bootstouren und faszinierende Abenteuer unter Wasser, von zahlreichen Traumstränden ganz abgesehen.

Ein paar Reisestunden weiter in südlicher Richtung liegt **Parati** 4, ein museales Kolonialstädtchen aus dem 17. Jh. Neben Ouro Preto und Olinda in Pernambuco gehört es zu den wenigen gut erhaltenen historischen Kleinstädten Brasiliens. Es besticht durch seine Architektur, seine romantischen Gassen und Plätze sowie ein reges, jedoch recht touristisches Nachtleben. Ortsnahe Strände gibt es kaum, dafür aber ein großes Angebot an Bootstouren zu den vorgelagerten Inseln.

Wer wirkliche Traumstrände sucht, muß von Rio aus 179 km in nördlicher Richtung bis **Búzios** 5 fahren. Es ist ein mondänes Badeörtchen mit 23 Stränden, die zu den schönsten Brasiliens zählen. Der Ort kann auch mit einem lebendigen Nachtleben aufwarten, zumindest in der Saison und an den Wochenenden. Leider sind auch die Preise in Búzios recht stolz.

Einiges entfernter, ebenfalls in nördlicher Richtung, liegt **Vitória** 6, die Hauptstadt von Espírito Santo. Der Ort ähnelt in manchem Rio de Janeiro, ist nur kleiner, ruhiger und friedlicher. Er ist jedoch kein Touristenziel per se, sondern eher eine Zwischenstation für Reisende in Richtung Bahia.

Bergeinsamkeit und Waldesruh' – das kaiserliche Petrópolis

1 (S. 338) Eine gute Autostunde bzw. 68 km von Rio entfernt liegt eine völlig andere Welt, die Serra de Petrópolis, eine der beliebtesten Sommerfrischen der großstadtmüden Cariocas. Schon König Dom Pedro I. wußte die Reize dieser üppig-grünen, kühlen Berglandschaft zu schätzen, als er hier, auf der Hälfte der damaligen Goldroute nach Minas Gerais, 1830 eine Fazenda kaufte,

Petrópolis

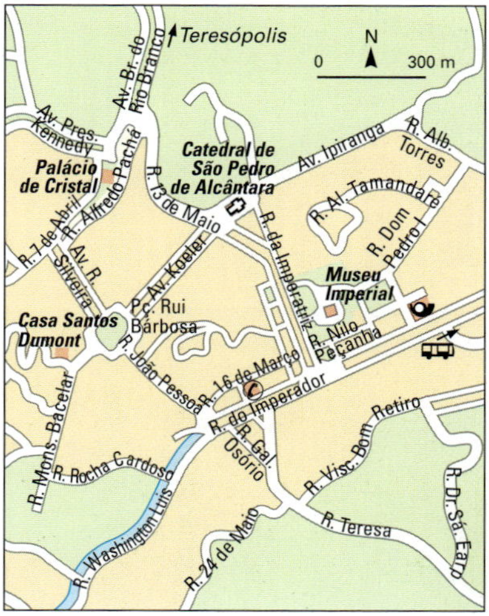

die später unter seinem Nachfolger Dom Pedro II. zur Sommerresidenz der portugiesischen Krone wurde.

Bereits hier ansässige deutsche Siedler wie z. B. der Baumeister Friedrich Köler verpachteten ihre Ländereien an den Königshof und machten den Weg frei für die Entstehung einer neuen Stadt, nach ihrem Ahnherrn Dom Pedro ›Petrópolis‹ benannt. Von Anfang an eine europäische Stadt, folgten bald Italiener, Franzosen, Engländer, Schweizer und schließlich die Touristen aus aller Welt. Wer nicht mit spezielleren Absichten hier anreist, z. B. zur Besichtigung der **Casa Santos Dumont,** dem Sommerhäuschen des brasilianischen Flugpioniers Santos Dumont aus dem Jahre 1918, oder zu einem Besuch am Grab des österreichischen Schriftstellers Stefan Zweig und seiner Frau, der wird schnurstracks auf die eigentliche Attraktion von Petrópolis zueilen, den kaiserlichen Palácio Imperial (1845).

Äußerlich wirkt das Bauwerk in neoklassizistischem Stil eher bescheiden, in seinem Innern jedoch, dem heutigen **Museu Imperial,** verbergen sich große Schätze: Gemälde vom alten Rio und der königlichen Familie, festliche Gewänder, Schmuck, vor allem jedoch die goldene, mit 639 Brillanten und 77 Perlen bestickte Kaiserkrone aus dem Jahre 1841. Ein Rundgang durch die prachtvollen Säle vermittelt ein anschauliches Bild vom königlichen Lebensstil der Epoche. Das Mobiliar ist fast vollständig erhalten, am meisten beeindruckt der großzügige Speisesaal mit seinen kostbaren Kristalleuchtern. Nach der Besichtigung stehen bereits die Kutschen vor dem Portal bereit, um den Besucher zu den anderen Sehenswürdigkeiten der Stadt zu fahren.

Dabei sind es nur wenige Schritte bis zur gewaltigen **Catedral de São Pedro de Alcântara.** Die in Formen der Gotik erbaute, 1884 fertiggestellte Kirche mit

Palácio und Museu Imperial in Petrópolis

›Dedo de Deus‹, der ›Finger Gottes‹, im Parque Nacional da Serra dos Orgãos

ihrem hohen und schlanken Spitzturm sowie den großen, farbenprächtigen Fenstergemälden ist ein architektonisches Meisterwerk. Im Innern sind die sterblichen Überreste von Dom Pedro II. und seiner Gattin Teresa Cristina Maria sowie von Prinzessin Isabel und ihrem Gatten Graf D'Eu aufbewahrt.

Die dritte Attraktion schließlich, wieder nur ein paar Schritte entfernt in der Rua Alfredo Pachá, ist der **Palácio de Cristal** (1884), eine Konstruktion aus Glas und Metall mit aus Frankreich importierten Bauelementen. Ursprünglich für Orchideenausstellungen und besondere höfische Festakte vorgesehen, feiern dort nun die deutschstämmigen Serra-Bewohner ihr alljährliches ›Bauernfest‹. Außerdem findet in diesem Palast jeweils am letzten Freitag des Monats am Abend ein romantisches Serenaten-Konzert statt.

Die meisten Besucher der Serra de Petrópolis kommen jedoch nicht zum Vergnügen, sondern zum Entspannen. Geschätzt wird diese Region von der weißen Mittel- und Oberschicht Rios wegen ihrer familienfreundlichen Infrastruktur, bestehend aus zahlreichen Pousadas und Hotel-Fazendas mit komfortablen *chalés,* Sauna, Schwimmbad, Forellenzucht, wegen ihrer vielen Wander-, Radfahr- und Reitsportmöglichkeiten inmitten einer bezaubernden Berglandschaft mit grünen Tälern, Flüssen, Wasserfällen und frischer, klarer Luft und nicht zuletzt wegen ihrer Sicherheit.

Landschaftlich noch reizvoller, jedoch von geringerer historischer Bedeutung als Petrópolis, ist der Nachbarort **Teresópolis** mit dem **Parque Nacional da Serra dos Orgãos**. Hier werden zahlreiche Wandertouren angeboten, Höhepunkt ist der Besuch des 1692 m hohen ›Dedo de Deus‹ (Finger Gottes), weithin bis nach Rio sichtbares Wahrzeichen der Region.

Wer nach Brasilien fliegt, um Tropenstrände kennenzulernen und Amazonas-

Abenteuer zu erleben, den wird es nicht unbedingt in diese eher europäisch geprägte Region ziehen, doch ein Kurzaufenthalt z. B. in Araras in der leider nicht billigen und schwer zugänglichen ›Pousada das Araras‹, mit die schönste dem Autor bekannte Unterkunft dieser Art in Brasilien, verbunden mit einem Besuch der historischen Sehenswürdigkeiten von Petrópolis, wird bestimmt unvergeßlich bleiben. Im Winter jedoch, zwischen Juni und August, kann es in der ca. 1000 m hohen Serra ungemütlich kalt werden.

Die Barockstädtchen von Minas Gerais – Ouro Preto u. a.

Gold, Silber, Diamanten und Smaragde – das war der Stoff, aus dem die Träume der *bandeirantes* des 17. und 18. Jh. waren, das war auch der Stoff, aus dem ganz neue Reichtümer entstanden, die in Brasilien noch immer ihresgleichen suchen. Die Barockstädtchen Ouro Preto (Schwarzes Gold), Mariana, São João del Rei (Rey) und Diamantina im Bundesstaat Minas Gerais (Allgemeine Minen) gehören zu den kunsthistorisch interessantesten Reisezielen des Landes, reicher noch als Parati und Olinda. Hier findet sich das homogenste und kompletteste Arsenal barocker Kunst Brasiliens.

Ouro Preto

2 (S. 335) Man braucht etwa acht Stunden per Omnibus ab Rio durch eine abwechslungsreiche Hügel- und Weidelandschaft, an zahlreichen Erzminen vorbei, bis man schließlich die schnabelförmige Spitze des Pico de Itacolomi (1732 m) erblickt und davor das 1179 m hoch gelegene Ouro Preto (40 000 Ew.). Seit 1933 unter Denkmalschutz stehend, 1980 von der Unesco zum ›Weltkulturerbe‹ erklärt, stellt die Stadt wahrhaftig ein einziges historisches Freilichtmuseum dar.

Ihre steile kulturelle Karriere begann mit dem ersten Goldfund von 1699, ein Jahr nach der Gründung der damaligen Vila Rica durch den Bandeiranten Antônio Dias, und endete kaum 100 Jahre später mit der Erschöpfung der Goldvorkommen sowie den fehlenden räumlichen Ausdehnungsmöglichkeiten. In diesem einzigen Jahrhundert entstand jedoch eine gewaltige Fülle barokker Kultur, Architektur und Kunst. Auf einen kleinen Raum zusammengedrängt finden sich zahlreiche historische Gassen mit dem typischen abgerundeten Kopfsteinpflaster, reihenweise gut erhaltene Herrenhäuser mit den berühmten schmiedeeisernen Balkongeländern, weißen Fassaden mit bunten Fensterrahmen und eine Vielzahl prächtiger Kirchen und Museen. Am Abend fasziniert Ouro Preto vor allem durch die romantische Laternenbeleuchtung seiner Gassen und Plätze, das rege, studentisch-alternativ geprägte Nachtleben in der Rua Conde de Bobadella sowie durch die anheimelnden, rustikalen Restaurants mit der guten Küche von Minas.

Fast jede Stadtbesichtigung nimmt ihren Ausgangspunkt an der majestätischen **Praça Tiradentes,** in dessen Mitte ein **Denkmal** an den Namensursprung dieses Platzes erinnern soll. Im Jahre 1792 wurde in Rio de Janeiro auf grausige Weise einer der größten Nationalhelden Brasiliens hingerichtet, der für die Unabhängigkeit von Portugal kämpfende Tiradentes (Zahnzieher), eigentlich Joaquim José da Silva Xavier. Sein abgeschlagenes Haupt wurde öffentlich auf dem Hauptplatz von Ouro Preto zur Schau gestellt. Spärliche Zeugnisse von diesem großen Unabhängigkeitskampf gibt das **Museu da Inconfidência,** ebenfalls an der Praça Tiradentes im ehemaligen Rathaus, dem Palácio Municipal, untergebracht. Es ist das größte Museum des Ortes, das jedoch trotz seines revolutionären Namens hauptsächlich mit kirchlichen Ausstellungsobjekten bestückt ist. Ungeachtet der Fülle des Materials ist man wegen fehlender Erläuterungen und einer eklektizistischen Gesamtgestaltung hinterher nur wenig klüger als zuvor.

Auf der anderen Seite des Platzes, im früheren Gouverneurspalast, befindet sich das interessante **Museu de Mineralogia,** in dem Edelsteine aus aller Welt ausgestellt sind. Leider mangelt es auch hier an Erklärungen, und die Erwartung, etwas über den Förderungsprozeß zu erfahren, wird ebenfalls enttäuscht. Dafür müßte man sich direkt in eine der verschiedenen Minen begeben.

Die Hauptattraktion von Ouro Preto sind jedoch seine Kirchen, die fast alle mit dem Namen eines einzigen Künstlers verbunden sind, Antônio Francisco Lisbôa, zärtlich ›o Aleijadinho‹ (der kleine Krüppel) genannt. Brasiliens bedeutendster Bildhauer und Holzschnitzer des Barockzeitalters wurde am 29. August 1730 als Kind eines portugiesischen Architekten namens Manuel Francisco Lisbôa und einer afrikanischen Sklavin namens Isabel geboren und verbrachte sein ganzes Leben bis zu seinem Tode 1814 in einem unermüdlichen Schaffensprozeß. Trotz seiner wegen einer lepraähnlichen Erkrankung verkrüppelten Hände, an die er sich später die Arbeitswerkzeuge anbinden lassen mußte, entstanden unzählige, zumeist in Holz oder Sandstein gehauene Meisterwerke.

Die ungewöhnliche Vielzahl dieser Werke veranlaßte jedoch im Jahre 1996 einen Geschichtsforscher aus São Paulo, die Urheberschaft mehreren Künstlern zuzuschreiben, die alle den damals verbreiteten Namen Antônio Francisco Lisbôa trugen. Die Zuordnung zu einem einzigen Bildhauer wäre demnach eine Erfindung unter der Diktatur von Getúlio Vargas (1930–45) mit dem Zweck, die kulturelle Identität Brasiliens

Ouro Preto

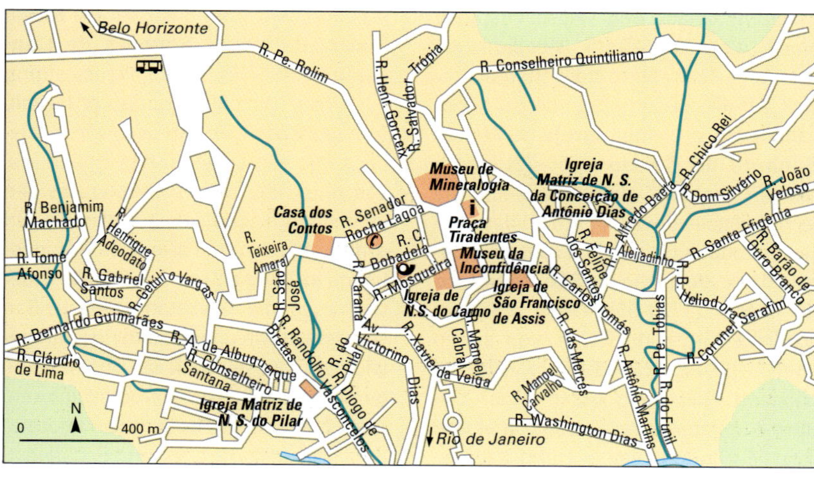

Ouro Preto

aufzuwerten. Der wissenschaftliche Disput ist noch im Gange, eine eindeutige Klärung jedoch kaum zu erwarten.

Nimmt man den Ausgangspunkt einer ›Aleijadinho-Tour‹ wiederum an der Praça Tiradentes, stößt man als erstes auf die Fassade der ebenso imposanten wie schlichten **Igreja de Nossa Senhora do Carmo** (1766–72), gleich rechts neben dem Museu da Inconfidência. Etwas unterhalb des Platzes befindet sich indes Lisbôas wichtigstes Werk, die **Igreja de São Francisco de Assis** (1775–95). Diese vielleicht schönste Kirche der Stadt, von außen ebenso beeindruckend wie von innen, entstand vollständig unter seiner Leitung und Beteiligung. Das in blauer und roter Farbe gehaltene Holzdeckengemälde (»Glorificação da Virgem«) gilt als Meisterwerk des Malers Manuel da Costa Ataíde. Ein paar Schritte weiter ins Tal hinein stoßen wir auf die **Igreja Matriz de Nossa Senhora da Conceição** (1727–46). Die Innenausstattung der Kirche ist nicht besonders prunkvoll. Atmosphärisch beeindruckend sind jedoch die Licht- und Farbverhältnisse, das durch die blauen Fensterscheiben im Eingangsportal einströmende Licht trifft auf die rote Farbe der Wandbehänge im Kircheninneren. Dort befindet sich auch die Grabstätte des großen Meisters sowie angrenzend das ihm gewidmete Museu do Aleijadinho mit einigen seiner religiösen Barockskulpturen. Auch hier mangelt es leider an Informationen zu seinem Leben und Schaffen.

Die dritte, unbedingt zu besichtigende Kirche liegt weiter unten auf der entgegengesetzten Seite der Praça Tiradentes. Die **Igreja Matriz de Nossa Senhora do Pilar** (1730–41) mit einem zehneckigen Grundriß gilt als eine der am reichsten bestückten Kirchen Brasiliens, mit 434 kg reinem Gold, 400 kg Silber und 472 Engelskulpturen versehen. In der Kirche befindet sich auch das Museu de Arte Sacra da Cidade mit ca. 400 religiösen Ausstellungsstücken. In der nahen Rua São José 12 steht der schöne Profanbau **Casa dos Contos** von 1783, in dem ehemals die Goldfunde gewogen und versteuert wurden. Heute sind hier ein Studienzentrum für die Geschichte der Goldgräberzeit und ein Museum untergebracht.

Umgebung von Ouro Preto

In der Umgebung von Ouro Preto befinden sich noch eine ganze Reihe weiterer kleiner Barockstädtchen, die ebenfalls kulturgeschichtlich interessant sind, zugleich aber Fluchtpunkte für Ruhe- und Erholungsbedürftige darstellen, wie Mariana, Santa Bárbara, Sabará, Congonhas, Caeté, Prados, São João del Rei, Tiradentes und Diamantina. Kaum jemand wird sie alle bereisen, wer allerdings noch weiter auf den Spuren unseres Aleijadinho verbleiben will, kann dessen absolutes Meisterwerk, die Statuen der zwölf Propheten (1800–05), sowie 66 weitere von ihm geschaffene Skulpturen im Santuário Bom Jesus do Matosinhos in **Congonhas** bewundern. Die Kirche ist ferner ausgestattet mit Malereien von Ataíde, dem bedeutendsten Barockmaler Brasiliens. Lohnend ist auch eine Fahrt nach **São João del Rei** zu einem Besuch des berühmten Eisenbahnmuseums mit mehreren noch funktionstüchtigen alten Dampflokomotiven. Eine davon, die kleine ›Maria Fumaça‹ (Dampf-Maria), bringt uns am Wochende in den Nachbarort **Tiradentes.** Ein Ausflug ganz besonderer Art führt uns nach **Amarantina** zum Museu das Reduções, 30 km von Ouro Preto entfernt. Vier Rentner haben es sich hier zur Lebensaufgabe gemacht, kunsthistorisch wichtige Bauwerke Ouro Pretos und ganz Brasiliens im Maßstab von 1:25 als Miniaturwerke zu reproduzieren – ein phantastisches Projekt!

Ebenfalls in der Umgebung befindet sich **Belo Horizonte,** seit 1897 Hauptstadt von Minas Gerais und heute mit über 2 Mio. Einwohnern die viertgrößte Stadt Brasiliens. Trotz einiger Sehenswürdigkeiten wie z. B. dem Praça da Liberdade mit Bauwerken aus der Gründerzeit, dem Pampulha-Viertel mit Werken von Oscar Niemeyer, Burle Marx u. a., einigen kulturellen Angeboten sowie einem regen Nachtleben im Stadtteil Savassi und in Santo Antônio bietet die moderne, nach amerikanischem Städteplanungsmuster quadratisch angelegte Stadt doch zu wenig, um länger dort verweilen zu wollen.

Ilha Grande – die Ökoinsel vor Angra dos Reis

3 (S. 325) Wenn man die Cariocas, die Einwohner von Rio, entzückt von **Angra dos Reis** schwärmen hört (nur Búzios wird ähnlich verehrt), so muß man wissen, daß damit mehr die Costa Verde, die ›Grüne Küste‹, sowie die 365 (!) vorgelagerten Inseln gemeint sind als der Ort Angra selbst, der wirklich wenig Reizvolles zu bieten hat. Früher eine wohlhabende Stadt mit Bananen-, Zuckerrohr- und Kaffeeplantagen sowie Cachaça-Brennereien, ist es heute eine Stadt der Wohlhabenden mit Prachtvillen, Yachthäfen und luxuriösen 5-Sterne-Hotels. In der Nähe befindet sich

aber auch das erste Atomkraftwerk Brasiliens. Ein zweites von Siemens ging im Jahr 2000 ans Netz. Obwohl sich bereits über 200 t Atommüll angesammelt haben, wird noch ein drittes Werk gebaut. Wer hier unvorbereitet auf dem Weg zu einer der paradiesischen Inseln vorbeikommt, wird diese technologischen Ungetüme mitten im Naturschutzgebiet gewiß befremdlich finden.

Wer die Ilha Grande von Rio aus ansteuert, kann schon von Mangaratiba aus mit der Fähre übersetzen. Die weitere Strecke bis Angra (insg. 151 km) ist jedoch wegen der Costa Verde, auch *caribe brasileiro* genannt, von besonderem landschaftlichen Reiz. Von den vielen Inseln in der Bucht von Angra dos Reis wird die **Ilha Grande** (Große Insel) am meisten aufgesucht. Sie ist mit ca. 150 km Küstenlinie und über 100 Stränden die größte Insel der Region und zugleich die touristisch erschlossenste. Dennoch hat sie in mehrfacher Hinsicht ihren ursprünglichen Charakter bewahren können, sowohl Ergebnis strenger Naturschutzbestimmungen als auch einer ungewöhnlichen Geschichte.

Jahrhundertelang lebten hier die Tupinambá-Indianer, deren Pfade heute noch bei Wanderungen benutzt werden. Obwohl die Portugiesen die Insel schon 1502 entdeckten, begann die eigentliche Kolonisierung erst zwischen 1725 und 1764. Bis dahin kamen nur Piratenschiffe aus Frankreich, England, Holland, Spanien, Portugal und Argentinien. Von 1903 bis 1994 diente die Insel fast ausschließlich als Gefängnissitz. Das berüchtigte Cândido-Mendes-Zuchthaus gelangte vor allem unter der Militärdiktatur zu schrecklicher Berühmtheit.

Infolge ihrer Abgeschiedenheit blieb die Insel bis heute relativ dünn besiedelt (8000 Ew.) und wurde auch in ihrem Naturreichtum kaum beeinträchtigt. Die üppige Vegetation erklärt sich aus speziellen klimatischen Bedingungen, vor allem den sintflutartigen Regenfällen, welche die Entstehung eines Atlantischen Regenwaldes begünstigten. Nähert man sich per Fähre dem Hauptort Vila do Abraão, sieht man schon von weitem einen einzigen grünen Teppich, ein Stück ›Amazonien‹ mitten im Ozean.

Ilha Grande

Blick auf die Ilha Grande

Vila do Abraão ist der einzige Ort der Insel mit einer gewissen touristischen Infrastruktur (etwa 40 Pousadas und einige Restaurants). Doch ist alles recht einfach, besonderen Luxus darf der Reisende hier nicht erwarten. Vom Hauptort aus empfehlen sich zunächst zwei kurze Wanderungen mit einem Badeaufenthalt.

Einmal geht es an den kleinen Stränden von Júlia, Bica, Comprida und Crena vorbei sowie ein Stück durch den Regenwald bis hin zum malerischen Strand von Abraãozinho (6 km hin und zurück). Dort bietet sich auch die Möglichkeit an, die Wanderung bis Palmas und Lopes Mendes fortzusetzen.

Die andere Ortstour führt in entgegengesetzter Richtung bis zur Praia Preta mit dem charakteristischen schwarzen Sand (4 km hin und zurück). Auf dem Weg lohnt es sich, noch ein paar Schritte hinaufzugehen, um einen Wasserfall (cachoeira) und einen alten Aquädukt zu sehen.

Die meisten anderen Attraktionen erschließen sich nur per Boot, zahlreiche Touren stehen zur Auswahl. Am beliebtesten sind eintägige Ausflüge, die mehrere Buchten ansteuern und dort jeweils Gelegenheit zum Baden oder Schnorchel-Tauchen geben. Besonders reizvolle Ziele an der Nordseite der Insel sind Enseada das Estrelas (viele Seesterne), Saco do Céu und Freguesia de Santana (mit einer kleinen Kirche aus dem Jahre 1796). An der Südseite werden am meisten besucht die Praia de Lopes Mendes (größter Strand der Insel) sowie die Praia Dois Rios mit zwei Süßwasserflußmündungen und den Trümmerruinen des ehemaligen Zuchthauses. Es ist der einsamste und unheimlichste Strand der Insel. Dort befindet

sich auch noch eine geisterhaft anmutende Siedlung; nach der Schließung des Gefängnisses war den früheren Bewohnern ihre Lebensgrundlage entzogen. Ein japanisches Hotelansiedlungsprojekt scheiterte am Widerstand ökologischer Gruppen.

Zwischen dem Gefängnis und dem Hauptort existiert noch die einzige (Sand-)Straße der Insel, mitunter für Fußwanderungen benutzt (6 Std. hin und zurück!). Besonders europäische Gäste nutzen die vielfältigen Wandermöglichkeiten der Insel oder erklimmen den 990 m hohen Pico do Papageio oder gar den 1031 m hohen Pico da Pedra d'Água.

Außer Bootsfahrten und Wanderungen bietet die Ilha Grande noch ausgezeichnete Optionen für Unterwassersportler. Das klare Wasser der Region sowie der außergewöhnliche Reichtum an Fischarten (*badejo, peixe agulha, carapau, parati, robalo* u.v.m.), Korallen, Schwämmen, Seesternen, Seeigeln, Quallen und Tintenfischen machen das

Praia Aventureiro, Ilha Grande

Tauchen zu einem faszinierenden Erlebnis. Die bevorzugten Tauchgebiete sind Enseada das Palmas, Lagoa Azul sowie die Inseln Pau a Pino, dos Meros, do Abraão und de Jorge. Ein besonderer Anziehungspunkt ist die berühmte Grotte von Acaiá, die man nach Durchqueren eines 15 m langen Korridors auch unter Wasser verlassen kann. Eine Herausforderung für Taucher sind auch die vielen Schiffswracks auf dem Meeresgrund, 16 sind bereits entdeckt. Vor allem die Reste des 1959 gesunkenen >Pingüino< vor der Bucht von Sítio Forte ziehen viele Besucher an, das Wrack liegt 12 m tief und kann von geübten Tauchern auch ohne Sauerstoffflasche erreicht werden.

Parati – museales Kolonialstädtchen aus dem 17. Jh.

4 (S. 337) Parati (27 000 Ew.) liegt am äußersten südlichen Ende des Bundesstaates Rio de Janeiro. Das unter Denkmalschutz stehende Kulturstädtchen aus der Kolonialzeit ist neben Ouro Preto in Minas Gerais und Olinda in Pernambuco einer der wenigen gut erhaltenen Schauplätze historischer Architektur. Daß dieser Flecken Erde im Zusammenhang mit der Gold- und Kaffee-Ära einmal eine bedeutende Rolle in der Geschichte einnehmen sollte, fand zumindest in seiner Namenslegende keinen Niederschlag. So heißt es, daß bei der Aufteilung der Erde zwischen Gott und dem Teufel ersterer seinem Widersacher schließlich ein kleines, verloren am Rande einer großen Bucht gelegenes Plätzchen zuwies, mit dem einsilbigen Kommentar: »É lá. Aquilo é *para ti.*« (»Das da ist *für dich*«.)

Zunächst lebten hier bescheiden vom Fischfang die Guaianá-Indios – Parati war in ihrer Sprache der Name eines Fisches. Bald verbreitete sich die Nachricht vom gesunden Heilklima der Region, ein kranker Indio brauchte sich nur dorthin zu begeben, um schnell zu genesen. Bereits vor 1600 kamen wohl auch deswegen einige *Paulistas* auf der Suche nach einem geeigneten Küstenort hier an und bauten ihre Behausungen in friedlicher Nachbarschaft mit den Guaianás.

Die eigentliche Kolonialgeschichte des Ortes begann erst im Jahre 1640 mit der Ausrottung der Indios durch die Portugiesen, dem Ausbau des strategisch günstig gelegenen Hafens und der Verschiffung des Goldes aus Minas Gerais nach Rio de Janeiro und Portugal. Der spätere Bau einer direkten Verbindungsstraße zwischen den beiden brasilianischen Bundesstaaten im Jahre 1725 ließ den ›Goldhafen‹ von Parati praktisch nutzlos werden und bewirkte eine vorübergehende Periode der Dekadenz, bis im 19. Jh. eine erneute Blüteperiode einsetzte. Es war die Ära des Kaffees aus Vale do Paraíba und des Zuckerrohrs bzw. des aus ihm destillierten Cachaça mit bereits 150 Schnapsbrennereien im Jahre 1863. Heute sind es nur noch drei, in einer von ihnen, der 8 km entfernten **Engenho da Boa Vista,** wohnten damals die Großeltern von Heinrich und Thomas Mann (die Casa Mann soll nun ein Kulturzentrum werden).

Das Parati des 19. Jh. wurde zu einem belebten Umschlagplatz. Im Jahr der Unabhängigkeit Brasiliens (1822) passierten hier nach einer alten Chronik »160 914 cabeças de homens e animais«, wörtlich übersetzt »160 914 Menschen- und Tierköpfe«. Heute sind es nur noch Touristen, 250 000 im Jahr. 1820 konnte man sich – eine Rarität zu dieser Zeit – bereits Straßenpflasterung leisten, und der Ort besaß schon 400 meist einstöckige Kolonialhäuser mit Ornamenten und Ziergittern sowie den charakteristischen bunten Fenstern und Fassaden. 1844 wurde Parati zur Stadt erklärt, die Zahl der Häuser und Kirchen nahm weiter zu, bis um die Wende vom 19. zum 20. Jh. eine neuerliche Phase des Niedergangs einsetzte, wieder bedingt durch den Verlust der strategischen Bedeutung des Hafens. Bis auf gerade 600 Seelen, meist ältere Leute, verließen die Menschen den ehemals so prosperierenden Ort.

Parati

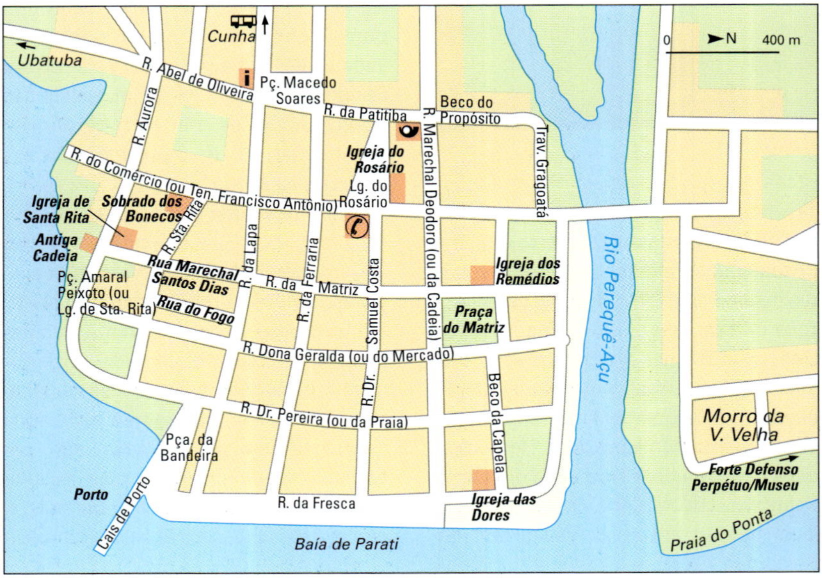

Hausfassade in Parati

Parati drohte eine versunkene Stadt zu werden, bis man in den 50er Jahren endlich ihren historischen und touristischen Wert entdeckte. Ihre früheren wirtschaftlichen Aktivitäten hat die Stadt leider vollständig eingebüßt, was ihr einen recht künstlich-musealen Charakter verleiht. Wer hier lebt, lebt vom Tourismus, der Hafen ist voll mit Ausflugsbooten, und die verkehrsberuhigten Gassen des Ortskerns sind voll mit Pousadas, Bars, Restaurants, Folklore- und Andenkenläden. Ein Besuch von zumindest 2 Tagen lohnt sich jedoch stets, inclusive einer organisierten Bootsfahrt zu einigen der 65 Inseln in der Bucht von Parati. Ebenfalls angeboten werden Öko-Touren durch den Atlantischen Regenwald mit der Option eines erfrischenden Duschbades unter rauschenden Wasserfällen. Abends bietet Parati eine gute Küche in gepflegtem Ambiente, moderne, stilvolle Bars mit Live-Musik (auch Jazz) und allgemein ein animiertes Straßenleben.

Hauptsächlich kommt man jedoch nach Parati wegen seiner Architektur, seiner Gassen und Plätze, seiner Kirchen und der verträumt-romantischen Altstadtatmosphäre. Die meistgemalte bzw. -fotografierte Gasse ist die kleine, wahrlich pittoresk anmutende **Rua do Fogo,** als architektonisch schönster Platz gilt die **Praça do Matriz,** und den reizvollsten Blick auf Parati mit der **Igreja de Santa Rita** genießt man vom Hafen aus. Die 1722 von ›freien‹ Sklaven bzw. Mulatten errichtete Jesuitenkirche mit Barock- und Rokoko-Stilelementen im Inneren ist die älteste und prunkvollste des Ortes. Neben der Kirche befindet sich das Museu de Arte Sacra. Parati besitzt noch drei weitere Kirchen, die **Igreja das Dores** aus dem Jahre 1800 für die damalige Aristokratie, die neoklassizistische **Igreja dos Remédios** in der dritten Neukonstruktion von 1873 für das weiße Bürgertum (heute mit Pinakothek) und die 1725 gebaute kleine **Igreja do Rosário** für die den afrobrasi-

Parati, Blick vom Hafen auf die Igreja de Santa Rita

lianischen Misch-Kulten zugewandten Sklaven. Bei einem Gang durch das Zentrum wird man immer wieder einzelne Häuser sehen, die durch ihre besonders stilvollen Fassaden herausragen. Das älteste noch erhaltene Haus des Ortes befindet sich nahe bei der Igreja de Santa Rita am Anfang der **Rua Marechal Santos Dias (ou da Matriz),** wo eine Inschrift auf dem Original-Holzbalken auf die Entstehung im ›goldenen‹ Jahr 1699 verweist.

Etwa 1 km vom Zentrum entfernt liegt das alte **Fort** der Stadt, in dem sich heute das Museu de Artes e Tradições Populares befindet.

Búzios – das mondäne Badeörtchen der Brigitte Bardot

5 (S. 311) Búzios (Armacão dos Búzios), ein kleiner Ort auf einer nur 8 × 2 km großen Halbinsel mit 23 Stränden, liegt 179 km nördlich von Rio und ist *der* internationale Badeort Brasiliens. In der Saison kommen auf jeden der 18 000 Einheimischen zwei Besucher aus ca. 50 verschiedenen Ländern, vor allem aus Europa und den USA, nur etwa die Hälfte sind Brasilianer.

Ebenso international geprägt ist auch die Infrastruktur. In und um die **Rua das Pedras,** der zentralen Promeniermeile mit den großen Kopfsteinquadern, findet man zahlreiche gute Restaurants, darunter auch die Crêperie ›Chez Michou‹ – immer noch der beliebteste Treffpunkt –, viele selbst sonntags geöffnete Boutiquen, über 80 Pousadas sowie jede Menge bis in den frühen Morgen hinein geöffnete Bars und Boates. Jeden Monat entsteht etwas neues, in keinem anderen Ort Brasiliens wechselt die Szene dermaßen schnell.

Trotz dieses vielfältigen touristischen Angebots wirkt Búzios jedoch ganz und gar nicht wie eine brasilianische Ausgabe von St. Tropez. Dank umweltschützerischer Initiativen konnte die Entwicklung zu einer Hotel- und Bettenburg rechtzeitig verhindert werden, z. B. darf kein Haus mehr als zwei Stockwerke haben, und auf jedem Grundstück darf nur eine begrenzte Fläche bebaut sein.

So konnte das ehemalige weltabgeschiedene Fischerdorf viel von seinem ursprünglichen Charme bewahren, der auch nach der grandiosen touristischen Vermarktung des größten Sexidols der 60er Jahre nicht ganz verloren ging. Brigitte Bardot, das inoffizielle Wahrzeichen von Búzios, posiert einem auf fast jedem Prospekt entgegen, schließlich war sie es, mit der 1964 der ganze ›Rummel und Reibach‹ begonnen hat – oder genauer gesagt: mit einer Marketing-Idee des damals in Paris lebenden und mit einer Französin verheirateten Finanziers Luis Reis. Nachdem er halb Búzios aufgekauft hatte, brauchte er nur noch die Bardot dorthin in den bezahlten Urlaub zu schicken, um das internationale Tourismusgeschäft kräftig auf Touren zu bringen und auch die Hippies endlich von der Halbinsel zu vertreiben, zumal der Filmstar dank einer Liebesaffäre mit dem in Búzios lebenden Marokkaner Bob Zagury gleich mehrere Monate blieb.

Heute lebt das damalige Fischerdorf zu 80 % vom Tourismus, der über 2000 Menschen beschäftigt. Man könnte viel aussetzen an Búzios, zu teuer, zu snobistisch, zu unbrasilianisch, zu voll usw. Was jedoch bis heute über alle Kritik erhaben ist und trotz Massentourismus nicht zerstört wurde, sind die **Strände** von Búzios, als Gruppe betrachtet vielleicht die schönsten Brasiliens. Jeder Strand hat seine Eigenheiten, selbst FKK ist möglich (Praia Olho de Boi).

Vom Ort aus bequem zu Fuß zu erreichen sind Azeda und Azedinha, beide mehr von Einheimischen besucht. Ebenfalls ortsnah ist der schöne Tartaruga-Strand mit seiner Hügelvegetation, seinen Korallenriffs und vielen Barracas, auch einer Bar mit Live-Musik direkt am Meer mit Tischen und Stühlen halb im Wasser. Sehr zu empfehlen, nur etwas abgelegener, sind João Fernandinho, Forno und Ferradura. Alle drei eignen sich wegen des ruhigen Wassers ideal zum Schwimmen. Der von der Rua das Pedras aus abgelegendste und dennoch frequentierteste Strand ist Geribá, reizvoll durch die Weitläufigkeit der Bucht

Die Strände von Búzios

und den breiten Sandstrand mit belebter Infrastruktur. Hier trifft sich vor allem die flirtbereite Jugend, am hinteren Ende geht es oft hektisch und lärmend zu, vor allem wenn an den Wochenenden ganze Bühnen mit Lautsprechern in den Sand gesetzt werden. Aber ganz in der Nähe, nur von Geribá aus über einen kleinen Trampelpfad zu erreichen, liegt das Kleinod der ganzen Halbinsel, der etwas abgeschiedene Mini-Strand von Ferradurinha. Nicht jeder kennt ihn, nicht jeder sucht ihn – es ist immer noch fast ein Geheimtip, ein Hauch von Südsee mit allem, was dazugehört.

Zudem garantieren ca. 210 Sonnentage im Jahr bzw. eine jährliche Durchschnittstemperatur von 26° C einen wahren Bilderbuchurlaub. Selbst wenn es in Rio regnet, ist der Himmel drei Autostunden weiter im Nordosten häufig ganz klar – der konstante Wind dieser Region vertreibt die Wolken schnell ins Landesinnere.

Die Region um Búzios, Região dos Lagos genannt, ist das beliebteste Ausflugsgebiet der Cariocas. Die Brasilianer bevorzugen, auch wegen der Preise, eher andere Orte als Búzios, an erster Stelle **Cabo Frio** (ca. 85 000 Einw.). Vom

Praia João Fernandes, Búzios

Stadtstrand bis zum Nacktstrand hat man auch hier mehrere Optionen. Die Jugend trifft sich an der Praia do Forte, landschaftlich reizvoll ist der Dünenstrand Praia das Dunas, und zum Baden eignet sich am besten die Praia Brava. Natürlich kann man auch tauchen, fischen oder spazierengehen, z. B. über eine der zahlreichen Salzgewinnungsflächen; nach dem Tourismus ist der Salzhandel Hauptwirtschaftszweig der Region. An historischen Bauwerken bietet der Ort – im Unterschied zu Búzios – durchaus Sehenswertes, wie das Fort São Matheus (1650), die Quelle Fonte de Itajuru (19. Jh.), die Capela de Nossa Senhora da Guia (1740) sowie die Kirchen Nossa Senhora da Assunção (1615) und São Benedito (1701).

Ein weiterer, eher bei Brasilianern beliebter Badeort ist **Arraial do Cabo.** Landschaftlich am schönsten präsentiert sich die Praia do Forno mit ihren Felsformationen, Korallenriffs und dem grünlich schimmernden Wasser, beeindruckend durch die Größe und den weißen Dünensand ist die Praia Grande, klein und reizvoll die Prainha und am ruhigsten die Praia do Pontal. Eine besondere Naturattraktion sind zwei Grotten, die Gruta do Oratório und die größere, 15 m hohe Gruta azul (blaue Grotte). Bei Sonneneinstrahlung leuchten die goldenen und silbernen Wände der Höhle bläulich, ein wirklich faszinierendes Naturschauspiel, dem man jedoch nur bei Niedrigwasser von einem Boot aus beiwohnen kann. Die Boote, auch zu anderen Sehenswürdigkeiten, laufen aus von der Praia dos Anjos. Hier steht auch die Igreja de Nossa Senhora dos Remédios aus dem 16. Jh., an deren Wänden man die Historie des Ortes studieren kann.

Vitória – sympathisches Klein-Rio

6 (S. 357) Auf dem Weg nach Vitória sind zwei kleine Küstenorte einen Zwischenstopp wert, allerdings mehr wegen ihrer Strände: **Marataízes** (161 km vor Vitória) und Guarapari (54 km vor Vitória). Marataízes bietet neben seinen verschiedenen Stränden zudem ein animierendes Nachtleben, konzentriert in der Avenida Atlântica. **Guarapari** ist berühmt für seine Strände aus brauner oder schwarzer Heilerde, die sich besonders in der Rheuma-Therapie bewährt

hat. Ortsnächster Strand ist die Praia Areia Preta. Wer sich jedoch nur den normalen Badefreuden hingeben möchte, besucht die Blaue Bucht mit den Stränden Guaribura, Piracanga, Bacutiá und ruhigem, sauberen Wasser. Abends bietet das Städtchen Unterhaltung in Restaurants und Bars sowie Live-Musik. Wer in der zweiten Januarhälfte kommt, kann an einem großen Freundschaftsfest zwischen Einheimischen und Touristen teilnehmen.

Vitória, die Hauptstadt des Bundesstaates Espírito Santo, ähnelt in manchem dem 521 km südlich gelegenen Rio de Janeiro. Die Miniaturausgabe der großen Schwesterstadt mit ihren 295 000 Einwohnern, *Capixabas* genannt, liegt ebenfalls eingebettet zwischen Küste und Bergen (ist jedoch – kaum merklich – eine Insel), hat ebenfalls eine große Brücke sowie mehrere kleine, und die Strand-Avenida mit ihren Joggern und Radfahrern erinnert an die Copacabana. Nur ist das Leben in Vitória ruhiger, geregelter, niemand fährt bei Rot über die Ampel, und Kriminalität gibt es hier kaum. Vitória ist eine wohlhabende Stadt.

Die Besiedlung der Insel durch die Portugiesen begann im Jahre 1551, blieb jedoch fast 100 Jahre lang gefährdet durch zahlreiche Attacken sowohl der indianischen Ureinwohner als auch der Engländer, Franzosen und Holländer. 1823 zur Stadt erklärt, hatte Vitória immer noch nicht mehr als 5000 Einwohner. Die ökonomische Wende kam erst mit der Expansion des Kaffeeanbaus, der sich ab 1830 von Rio aus in den Nachbarstaat ausbreitete, später 95 % der regionalen Wirtschaft ausmachte und schließlich Vitórias Hafen während des Ersten Weltkrieges zum zweitwichtigsten Kaffee-Exporthafen Brasiliens werden ließ. Aus dieser Zeit stammt ein Großteil der Urbanisierungsprojekte wie Straßenpflasterung und -beleuchtung, Viadukte und vor allem die große Brücke zum Festland, deren Bau ganze elf Jahre in Anspruch nahm. Ab 1942, mit dem Ausbau der alten Eisenhandelsstraße nach Minas, wird Vitória dann auch noch Hauptexporthafen von Eisenerz. Von der neuerlichen Blüte zeugt einer der modernsten Häfen der Welt, im Norden der Stadt bei der Tubarão-Brücke neu errichtet. Somit ist Vitória bzw. der ganze Bundesstaat Espírito Santo, der nur 0,5 % der Fläche Brasiliens ausmacht, doch ein bedeutender Wirtschaftsfaktor.

Das allgemeine Image dieser Region entspricht dem jedoch kaum. Spötter sagen, die einzige Funktion von Espírito Santo bestehe darin, die Distanz zwischen Rio und Bahia zu vergrößern. Touristen streben meist direkt nach Porto Seguro oder Salvador – verständlich, wenn die Ferienzeit knapp bemessen ist und man das *ambiente trópical* doch mehr im Norden sucht. Wer jedoch vieles schon kennt, Zeit hat, vielleicht auf dem Landweg reist und die Küstentour wählt, der sollte Vitória nicht links liegen lassen. Es ist wirklich eine reizvolle, sympathische Stadt.

Den schönsten Panorama-Blick und einen ersten Eindruck von der etwas unübersichtlichen Struktur der Inselgruppe gewinnt man von der durch Luxusvillen geprägten Ilha do Boi aus, die man über eine Brücke erreichen kann. Weniger aufwendig ist es, zur ›Pousada da Praia‹ hinaufzusteigen (falls man sich nicht gleich dort einquartiert), um vom dortigen Restaurant aus einen majestätischen Blick auf die Bucht zu genießen. Die berühmte Pousada liegt ganz in der Nähe des quirligen Vergnügungsviertel Praia do Canto, wo sich die meisten Restaurants und Bars befinden. Hier sollte man auch ein paar Gerichte der einheimischen Küche probieren, vor allem die *moqueca capixaba.* Sonntags versammeln sich die Capixabas am schönen, 5 km langen Stadtstrand Praia do Camburi, wo sich ebenfalls viele Restaurants und auch die meisten Hotels befinden. Die Wasserqualität ist wegen der Nähe zum Hafen jedoch extrem schlecht, den angeblich saubersten Strand, die Praia da Costa, findet man in Vila Velha (s. u.).

Um einen Eindruck vom historischen Teil der Stadt zu gewinnen, empfiehlt sich ein Spaziergang durch die Oberstadt *(Cidade alta).* Der Ortskern erschließt sich leicht zu Fuß, alle touristischen Sehenswürdigkeiten sind – für brasilianische Verhältnisse recht ungewöhnlich – durch Hinweisschilder angezeigt. Ausgangspunkt sollte die schöne Praça Costa Pereira sein, ein in den 20er Jahren geschaffener Platz, umsäumt von acht gewaltigen, ca. hundertjährigen Palmen. Von dort erreicht man in wenigen Schritten die vier wichtigsten historischen Bauwerke Vitórias. Gleich am Platz befindet sich das älteste Schauspielhaus von Espírito Santo, das Teatro Carlos Gomes von 1927, eine Replik der Mailänder Scala. Kulturell interessant ist vor allem die Kapelle Santa Luzia aus dem Gründungsjahr der Stadt 1551, die älteste Kirche des Ortes, heute auch Kunstgalerie, ferner die Catedral Metropolitana von 1918, eine große Kirche in gotisch-byzantinischem Stil mit sehr schönen und wertvollen Fenstergläsern. Schließlich sei erwähnt der Palácio Anchieta, früher Jesuitenkolleg und Kirche, heute Regierungspalast.

13 km südlich von Vitória, zu erreichen über die 3,3 km lange Terceira Ponte (Dritte Brücke), liegt das 1535 gegründete und heute 280 000 Einwohner zählende Städtchen **Vila Velha**. Bei den Einheimischen ist es vor allem beliebt wegen seiner 32 km langen Strände, am frequentiertesten ist die Praia da Costa, einer der schönsten Strände von Espírito Santo. Historische Sehenswürdigkeit jedoch und bedeutsamstes religiöses Monument der Capixabas ist das Eremitenkloster Convento da Penha (1558). Zwischen 1639 und 1643 wurde die alte Kapelle erneuert und vergrößert, im 18. Jh. kamen weitere Gebäude hinzu, und 1945 wurde der ganze Komplex restauriert. Im Innern befinden sich viele portugiesische Heiligenfiguren und Gemälde. Das Kloster liegt idyllisch auf einem 154 m hohen Felsen mit einem grandiosen Blick auf Vila Velha sowie auf die ganze Bucht von Vitória.

Fährt man 46 km ins Landesinnere, trifft man auf das angeblich deutsche Städtchen **Domingos Martins** (26 000 Ew.). Am 21. 12. 1846 kamen die ersten 21 Siedler aus Pommern hier an, heute merkt man trotz aller touristischen Vermarktungsversuche von alledem jedoch nichts. Das Markanteste ist noch die Toreinfahrt, danach sieht man weder Fachwerkhäuser noch sonstige Zeichen germanischer Vergangenheit, bloß viele Blondschöpfe und ein einziges deutsches ›Gasthaus‹ mit Eisbein, Sauerkraut und bayerischer Blasmusik. Die Enttäuschung über das so gelobte Ausflugsziel wird jedoch mehr als kompensiert durch die Fahrt über die B 262, die durch die vielleicht schönste Berglandschaft Brasiliens führt, vorbei an dem berühmten **Pedra Azul** (Blauen Felsen), dem 2000 m hohen Wahrzeichen der Region.

Noch weiter landeinwärts, etwa 80 km nordwestlich von Vitória, finden wir in ebenfalls reizvoller Berglandschaft das nette, von italienischen Einwanderern geprägte Städtchen **Santa Teresa.**

Capoeira, eine Mischung aus Selbstverteidigung und Tanz, hat in Bahia Tradition ▷

Die Küste von Bahia

Der ›afrikanische‹ Bundesstaat Bahia

Bahia (561 000 km², 12 Mio. Ew.) ist vielleicht der touristisch interessanteste Bundesstaat Brasiliens. Es locken unzählige tropische Strände, das belebte Porto Seguro, das sympathische Ilhéus, das alternative Morro de São Paulo, das musikalische Salvador und vor allem ein Menschentyp, der noch am ehesten dem entspricht, was der europäische Mentalitätstourist auf der Suche nach dem anderen von Brasilien erwartet.

Das sprichwörtliche Temperament der Brasilianer ist hier noch am stärksten ausgeprägt, historisch wahrscheinlich bedingt durch den jahrhundertelangen Einfluß der Sklaven aus Afrika. Bahia hat die meisten Mischlinge Brasiliens mit einer relativ dunklen Hautfarbe. Importiert wurden auch die reichen kulturellen und religiösen Traditionen der afrikanischen Herkunftsländer, in vielfältigen afrobrasilianischen Mischformen bis heute gegenwärtig. Dazu gehören z. B. der Kampftanz *capoeira,* die verschiedenen Candomblé-Kulte und zahllose Tanz- und Musikstile mit ausgeprägtem Percussion-Anteil. Der Karneval Bahias bzw. Salvadors ist zweifellos der lebendigste und musikalisch anspruchsvollste des ganzen Landes.

Im Gegensatz dazu gewinnt man jedoch gleichzeitig überall den Eindruck, daß die ›Entdeckung der Langsamkeit‹ in Bahia kein Problem zu sein scheint. Es ist schlichtweg gelöst, Gemächlichkeit ist oberstes Lebensprinzip, sei es im Restaurant, im Straßenverkehr oder bei der Arbeit. Wer hier rennt, so witzelt der Volksmund, der ist entweder Taschendieb, oder ihm ist gerade etwas abhanden gekommen. Ähnlich spötteln die bekannten Satiriker von ›Casseta e Planeta‹: Es gäbe nur eine Möglichkeit, einen Bahianer zum Schwitzen zu bringen, nämlich indem man ihn hinter ein Trio-Elétrico stellt. Tatsächlich kommt das bahianische bzw. afrobrasilianische Temperament am ehesten in der Freizeit und vor allem bei Musikveranstaltungen zum Ausdruck. Im Bereich des Notwendigen, der Arbeit usw., hält sich das Engagement – von Ausnahmen abgesehen – in engen Grenzen. Es kann nicht nur am tropischen Klima liegen, vielleicht spielt die Tradition der auf-

Bahiana bei der Zubereitung traditioneller Gerichte

erzwungenen Sklavenarbeit eine Rolle, mit Sicherheit jedoch die bahianische Geschichte. Notwendige Reformen wurden über Jahrhunderte verschlafen bzw. von den alten, konservativen Oligarchien verhindert.

Dabei hatte das zu den armen und zurückgebliebenen Ländern des Nordostens gehörende Bahia die privilegiertesten Startbedingungen. Es wurde als erstes entdeckt, war schon 1549 mit der Hauptstadt Salvador Herrschaftszentrum der portugiesischen Kolonialmacht in Brasilien und hatte schon bald eine florierende Zucker- und Viehwirtschaft. Die ermordeten oder vertriebenen Indios, die sich harter Zwangsarbeit nicht unterordnen ließen, wurden durch Millionen von Sklaven aus Afrika ersetzt.

Die Wirtschaft verharrte jedoch im monokulturellen Latifundiensystem, fast ausschließlich kontrolliert von zwei großen Familien (D'Avila und Guedes de Brito), die mehr an der Ausbeutung der Sklaven als an der Modernisierung ihrer Betriebe interessiert waren. Im 19. Jh. entwickelte sich noch eine bescheidene Tabak- und Wollwirtschaft, der erhoffte Goldsegen blieb jedoch aus bzw. beschränkte sich auf die Chapada Diamantina und die Region um Cachoeira. Auch der KakaoBoom des 20. Jh. verhalf nur der Region um Itabuna und Ilhéus zu einigem Wohlstand.

Erst seit den 70er Jahren macht sich Bahia erfolgreich daran, die verschlafenen Jahrhunderte stagnierender Feudalwirtschaft wieder wettzumachen. 40 % des Bruttosozialprodukts werden heute von der Industrie erwirtschaftet, vor allem durch das Petrochemie-Werk im Reconcâvo, der größten Industrieanlage des Nordostens. Der ›plötzliche Reichtum der kleinen Leute‹ hat sich jedoch noch nicht eingestellt, ein Drittel kann weder lesen noch schreiben, und die meisten verdienen immer noch nicht mehr als den Mindestlohn (s. S. 16). Wer wollte dafür schon schwitzen?

Reiseübersicht

Die im folgenden beschriebene Tour führt in nordöstlicher Richtung an der Küste entlang. Das erste Reiseziel ist **Marinho dos Abrolhos** 1, eine naturgeschützte Inselgruppe 70 km von der Küste entfernt, die hauptsächlich für Taucher interessant ist.

Porto Seguro 2 gehört zusammen mit dem angrenzenden Arraial d'Ajuda und Trancoso zu den beliebtesten Badeörtchen Bahias. In der Saison kommen unzählige Touristen aus São Paulo, Belo Horizonte und dem 1120 km entfernten Rio de Janeiro. Trotz Massentourismus und entsprechenden Vergnügungseinrichtungen ist die Gegend sehr reizvoll, dank der ungewöhnlich schönen Strände in der Umgebung und dem archaischen Flair der ruhigeren Nachbarorte Arraial d'Ajuda und Trancoso.

Fast ein Geheimtip ist die kleine bahianische Küstenstadt **Ilhéus** 3, in Brasilien berühmt geworden durch die Romane Jorge Amados und den Kakaoanbau. Im Vergleich zu dem 454 km entfernten Porto Seguro ist der Ort ruhiger, natürlicher, authentischer, mit einem eigenen Charakter und einem eigenen Leben – brasilianischer einfach. Außer per Bus kann man sogar per Flugzeug anreisen.

Das nächste Ziel, Valença und die ›Aussteigerinsel‹ Tinharé mit dem Fischerdorf **Morro de São Paulo** 4, läßt sich sowohl von Ilhéus/Itabuna aus per Bus (240 km) bzw. ab Valença per Boot als auch im Sommer direkt von Salvador aus per Schiff ansteuern (4 Std.). Es ist eine dünn besiedelte (2000 Ew.), noch recht ursprüngliche Insel ohne Autos und ein bevorzugtes Reiseziel von Alternativ-Touristen auf der Suche nach unberührter Natur und einsamen Stränden. In der Saison kann es dennoch recht eng werden.

Salvador da Bahia 5 (1649 km ab Rio) braucht wohl kaum ausführlicher vorgestellt werden. Nach Rio ist es inzwischen, nach der Restauration der historischen Altstadt (Pelourinho), das interessanteste städtische Reiseziel Brasiliens. Die frühere Hauptstadt bietet zudem eine überaus reiche Kultur, eine besonders pikante Küche, eine äußerst kreative, afrikanisch beeinflußte Musik-Szene und festa rund um die Uhr, selbst an den zahlreichen tropischen Stränden.

Im Hinterland Salvadors, ca. 121 km nordwestlich, liegt das historische Städtchen **Cachoeira** 6, das durchaus einen Besuch lohnt. Ein zweiter Ausflug führt in den 425 km von Salvardor entfernten **Parque Nacional da Chapada Diamantina** 7 und das einstige Diamantenstädtchen **Lençois** 8.

Kleinstädte und Inseln

Parque Nacional Marinho dos Abrolhos – Paradies für Taucher

1 (S. 332) Die Inselgruppe des 910 km^2 großen Parque Nacional Marinho dos Abrolhos liegt etwa 70 km bzw. 38 Seemeilen vor dem bahianischen Küstenort Caravelas. Dieser und die drei anderen Küstenorte Nova Viçosa, Prado und Alcobaça besitzen schöne Strände und eine gewisse touristische Infrastruktur, sind jedoch meistens nur Durchgangsstation für den seit 1983 geschützten Nationalpark von Abrolhos.

Insgesamt besteht der Archipel aus fünf Inseln: Redonda, Siriba, Sueste, Guarita und Santa Bárbara. Die letzte ist die größte und einzig bewohnte. Sie gehört nicht zum Nationalpark und steht unter Kontrolle der Marine. Die einzige von Menschen geschaffene Attraktion ist der in Frankreich hergestellt Leuchtturm *(farol)* von 1861. Die angrenzende Bucht ist ein beliebtes Taucherziel.

Alle Besuche des Archipels müssen über Reisebüros oder Reiseleiter mit einer Lizenz der Umweltschutzbehörde Ibama abgewickelt werden, Individualtouren ohne Anwesenheit von staatlich anerkannten Führern sind untersagt. Von Caravelas und z. T. vom Nachbarort Alcobaça aus starten täglich Boote zu den Inseln (max. 15 pro Tag). Nicht immer werden jedoch die strengen Umweltschutzauflagen befolgt, z. B. wird die maximale Passagierzahl pro Boot (je nach Größe 10-15) häufig überschritten.

Man kann wählen zwischen Tagesausflügen in den schnelleren *lanchas* und Touren mit Übernachtung an Bord in den langsameren *saveiros*. Geankert wird zwischen den Inseln Redonda und Siriba, letztere ist als einzige zum Betreten freigegeben (ca. 1600 m langen Inselpfad).

Die Entstehung der Inselgruppe geht zurück auf Vulkanausbrüche vor etwa 50 Mio. Jahren, von denen bizarre Felsformationen, Steilküsten und Grotten bis heute Zeugnis ablegen. Die portugiesischen Entdecker fürchteten die gefährlichen Riffs und warnten vor den Gefahren des Schiffbruchs mit dem Ausspruch *»abra os olhos«* (halte die Augen auf!), woraus sich später der Name Abrolhos ableitete. Die Vegetation ist recht spärlich und besteht hauptsächlich aus niedrigwachsenden Gräsern *(gramíneas)* und einigen Palmen. Die Hauptattraktion oberhalb des Wassers sind neben einigen wildlebenden Bergziegen *(cabras)* die zahlreichen Meeresvögel, vor allem Fregattvögel *(fregatas)*, und Rotschnabel-Tropikvögel *(rabos de palha,* auch *grazina* genannt).

Das Interesse der meisten Besucher gilt jedoch dem Abenteuer unter Wasser. Man muß nicht einmal Tauch-Profi sein, die in Inselnähe nur 6 m tiefen Gewässer lassen sich leicht mit Taucherbrille, Schnorchel und Schwimmflossen erkunden. Etwas schwieriger gestaltet sich schon ein Besuch der ›Rosalina‹, ein im Jahre 1939 2 km vor den Inseln gesunkenes und noch gut erhaltenes Frachtschiff.

Eine andere Attraktion sind die gewaltigen Korallenriffe *(mussismilia brasilensis)*, die weltweit nur hier, genauer im Parcel dos Abrolhos, existieren. Sie erheben sich pilzförmig – daher auch *chapeirões* genannt – und können bei einem Wachstum von 6 cm pro Jahrhundert (!) eine Höhe von 25 m erreichen. Einfachere Unterwasser-Korallen findet man in Recifes das Timbebas, ein ideales Gebiet für Taucher, nur 11 km vor Alcobaça gelegen. Insgesamt 18 verschiedene farbige Korallenarten wurden gezählt, was einen brasilianischen Rekord ausmacht. Am häufigsten findet man den kugelkförmigen *cérebro*-Typ, von den Farben her am faszinierendsten ist die Feuerkoralle *(coral-de-fogos)*. Man muß jedoch nicht unbedingt tauchen, um diese Tierchen bewundern zu können, vielfach sieht man sie auch so.

Am beeindruckendsten ist jedoch der ungeheure Fischreichtum der Region mit 95 registrierten Arten. Man begegnet Sardinenschwärmen *(sardinhas)*, Silberbarschen *(meros)*, Dorschen *(badejos-quadrados)*, Papageienfischen *(peixes-papageio)*, Engelsfischen *(peixes-anjo)*, Muränen *(moréias)* sowie gelegentlich grünen Meeresschildkröten. Die strengen Naturschutzbestimmungen wie Fisch- und Fangverbot bewirken, daß viele Fische so nah herankommen, daß sie den Besuchern gar aus der Hand fressen. Eine Besonderheit der Region sind die Hundertschaften von seltenen *Jubarte*-Walen *(baleias, cetáceos)*, die zwischen Juli und November aus der Antarktis in die wärmeren Gewässer Bahias kommen, um sich dort zu paaren. Jedes Jahr sind es mehr als im Vorjahr. Die Tiere sind sehr zutraulich, dennoch wird man eine gewisse Nervosität nicht verleugnen können, wenn man seine Hand auf den Rücken dieser 16 m langen und bis zu 30 t schweren Kolosse legt. Sie lassen sich jedoch häufig auch vom Boot aus beobachten.

Die beste Reisezeit ist wegen der größeren Sichtweite unter Wasser (8–15 m) der Sommer. Will man jedoch auch die Wale noch antreffen, empfiehlt sich als bester Besuchsmonat der November.

Porto Seguro, Arraial d'Ajuda und Trancoso – die beliebtesten Badeörtchen Bahias

Das kleine **Porto Seguro** 2 (S. 341) hat sich in den letzten Jahren zu einem der bevorzugten Reiseziele des brasilianischen Tourismus entwickelt. Nur gut zwei Flugstunden von São Paulo entfernt, fallen hier im Sommer scharenweise per Charter die überwiegend jugendlichen Paulistas ein sowie zahlreiche Besucher aus dem gesamten Süden Brasiliens. Entsprechend ausgebildet ist auch die Infrastruktur, der florierende Ort besteht eigentlich nur aus Pousadas, die ständig neu am Meer entlang aus dem Boden sprießen.

Wie oft in Brasilien, kommt jedoch kaum jemand wegen der historischen Bedeutung des Ortes hierher. Nur wenige wußten früher, daß hier der offizielle Entdecker Brasiliens, Pedro Álvares Cabral, im Jahre 1500 zum ersten Mal brasilianischen Boden betreten haben soll. Dies mag sich jedoch geändert haben nach den großen Feierlichkeiten am 22. April 2000, dem 500. Jahrestag der Entdeckung Brasiliens. Manche mögen sich nun erinnern, daß sich über der neueren touristischen Unterstadt *(Cidade baixa)* auch eine Oberstadt *(Cidade alta)* erhebt, das Centro Histórico mit mancherlei Zeugnissen der Vergangenheit.

Als erstes entdecken wir neben den Ruinen der ersten Jesuitenschule der portugiesischen Ex-Kolonie die kleine, gut erhaltene **Igreja de São Benedito** (1549–63), auch Igreja do Colégio dos Jesuitas genannt. Ein Stück weiter, an einem großen Platz, erhebt sich die **Igreja Matriz de Nossa Senhora da Pena** (1535). Im Hauptaltar unterhalb der Christusfigur sieht man die älteste in

Brasilien existierende Heiligenstatue des Franz von Assisi, im Jahre 1503 von Gonçalo Coelho aus Portugal mitgebracht. Gleich neben der Kirche steht der 1772 rekonstruierte **Paço Municipal,** der vor seiner Umwandlung in ein Museum als öffentliches Gefängnis diente. In der Mitte des Platzes befindet sich das bedeutendste historische Denkmal der Stadt, der **Marco do Descobrimento** (Markstein der Entdeckung). Er wurde entweder im Jahre 1503 von Gonçalo Coelho oder 1526 von Cristóvão Jacques nach Brasilien gebracht. Auf der einen Seite der Marmorsäule ist der gekreuzigte Christus eingraviert, auf der anderen die Waffen der portugiesischen Krone. Geht man weiter, trifft man auf die älteste noch erhaltene Kirche Brasiliens, die **Igreja da Misericórdia** aus dem Jahre 1526. Ein Stück davor, von dem erhobenen Standpunkt des Centro Histórico aus, gewinnt man einen weiten Blick über das Meer und die Küste und wird sich vielleicht fragen, wo genau der Entdecker Cabral zuerst ›brasilianischen‹ Boden betreten haben mag.

1995 wurde ihm nun in der Unterstadt ein Denkmal gesetzt, vielleicht um den unbekümmerten Badegästen die Geschichtsträchtigkeit dieser Region deutlicher vor Augen zu führen. Die meisten Touristen interessieren sich nämlich weniger für den historischen Part in der Oberstadt und mehr für das reiche Vergnügungsangebot in der Unterstadt. Es gibt ganze Straßenzüge, wie die Passarela do Àlcool, die nur aus Bars, Restaurants und Verkaufsständen bestehen, die den obligatorischen *capeta* anbieten, einen ebenso kräftigen wie schmackhaften Cocktail aus Früchten, Wodka und anderen Zutaten.

Am Tage ist es hier jedoch wie ausgestorben, wenn alles zu den riesigen *cabanas* am Strand zieht und der neuesten Mode folgend in Reihen *lambaeróbica* tanzt, angefeuert von professionellen Vortänzern auf speziellen Bühnenpodesten. Am belebtesten geht es zu an der 7 km entfernten Praia de Taperapuã, wo es einige *cabanas* gibt, die viel Publikum anlocken.

Ruhiger ist es dagegen an den Stränden von Itacimirim und Ponta Grande. Als schönster und archaischster Strand etwas weiter in nördlicher Richtung gilt Santo André. Insgesamt reizvoller jedoch sind die südlichen Strände der Nachbarorte Arraial d'Ajuda und Trancoso. Sie sind von Porto Seguro aus sowohl über eine Asphaltstraße (Verlängerung der Linha Verde) als auch per Fähre und z. T. über Sand- und Lehmwege zu erreichen.

Wer heute Porto Seguro besucht, besucht fast immer auch **Arraial d'Ajuda** (S. 306), wenige Kilometer südlich von Porto Seguro. Der Name geht zurück auf die Schutzpatronin des Ortes, Nossa Senhora d'Ajuda, nach der auch die kleine Jesuitenkirche (1549–51) benannt ist. Das beim Bau benötigte Wasser schoß plötzlich aus einer nahegelegenen Quelle an einem Abhang unterhalb der Kirche hervor, seitdem ist das ›Água Santa‹ (geweihtes Wasser) Ziel einer jedes Jahr im August veranstalteten großen Wallfahrt. Wer von dieser Quelle trinkt, so heißt es, komme immer wieder nach Arraial zurück.

Der noch vor nicht langer Zeit recht verschlafen wirkende Ort hat schnell aufgeholt und macht dem älteren Nachbarn Porto Seguro auf jedem Sektor schärfste Konkurrenz. Nur 6000 Einwohner hat Arraial, doch kommt jedes Jahr schon ein Mehrfaches dieser Zahl an Touristen hierher. In diesem vielleicht eklektizistischsten Badeort Brasiliens

Igreja de Nossa Senhora d'Ajuda in Arrail d'Ajuda

überleben noch Hippiekulturen aus den 70er Jahren, drängen sich Rucksacktouristen in Reggae-Bars, tummeln sich Nudisten und ›Ökos‹. Aber auch berühmte Musikgrößen wie Gal Costa, Caetano Veloso, Gilberto Gil oder weltbekannte Schauspieler wie Sophia Loren, Richard Gere und Robert de Niro gaben sich ihr Stelldichein in den schicken Pousadas mit Sauna und Pool oder den französischen und japanischen Gourmetrestaurants.

Arraial d'Ajuda besteht fast nur aus Fremden, die aus anderen Teilen Brasiliens oder aus Europa hierher kommen und Pousadas, Kunsthandwerksläden, Bars und Restaurants eröffnen oder sogar Schulen gründen. Das touristische Angebot verzweigt sich immer mehr, immer neue Treffpunkte schießen aus dem Boden, der beliebteste ist jedoch nach wie vor der ›Broadway‹ *(bródwei).* Über diese 200 m lange Promenade bewegt sich jeder jeden Abend mehrere Male, unschlüssig, ob er seinen *caipirinha* stehend oder sitzend und vor einem Lautsprecher mit Blues-, Jazz- oder Reggae-Musik einnehmen soll. Da man jedoch eh' überall alles gleichzeitig hört, macht es keinen Unterschied, wo man sich schließlich niederläßt. Hier ist die einzige Devise: sehen und gesehen werden.

Wer sich noch an den Lambada erinnert – der schließlich in dieser Region geboren wurde –, wird jedoch enttäuscht sein. Er ist out, man hört und tanzt ihn gelegentlich noch am Strand von Mucugê, dem belebtesten Ortsstrand mit zahlreichen Barracas, Musik und Tanz. Man hört den ganzen Tag Reggae oder *música bahiana*.

In der Nähe (von Porto Seguro aus am besten per Fähre zu erreichen) befindet sich seit 1997 auch der Paradise Water Park, die größte Spaßbadanlage Lateinamerikas mit einer Kapazität für 5000 Gäste.

Will man nach all dem Trubel jedoch endlich die einsamen Traumstrände mit Kokospalmen und rosa-violettfarbenen Felswänden sehen, muß man sich aufraffen zu einer ca. zwei- bis dreistündigen Wattwanderung (nur bei Ebbe) von Arraial d'Ajuda über Pitinga und den schönen Strand von Rio da Barra bis hin nach **Trancoso** (S. 357). Man kann natürlich auch den Bus nehmen, von Porto Seguro aus über die Asphaltstraße oder von Arraial d'Ajuda aus über einen Lehmweg. Hier geht es bereits viel ruhiger zu, der Ort besteht eigentlich nur aus zwei Fußballfeldern, gesäumt von zwei Reihen bunt bemalter Häuschen aus dem 17. Jh. mit einigen Bars, Kunsthandwerksläden, Restaurants und Pousadas, davor die kleine Jesuitenkirche São João Batista aus dem Jahre 1656. Dennoch ist dieser Platz, ›Quadrado‹ genannt, ein ganz besonderer Touristenmagnet.

Bei den Urlaubern ist der hohe Anteil von Szenegruppen auffällig, seien es homosexuelle Männer und Frauen, Punk- und Piercing-Freunde, Haschisch- und Kokain-Konsumenten, Nudisten u. a. Das Touristenprofil bestimmt sich auch durch die große Anzahl ausländischer Besucher, von denen nicht wenige den Ort so attraktiv fanden, daß sie gleich da geblieben sind und eine Pousada, ein Restaurant oder eine Bar aufgemacht haben.

Auf internationales Flair und einen gewissen Luxus auf der mit *jaqueiras* bewaldeten Anhöhe von Trancoso braucht man also nicht zu verzichten, wenn auch der ursprüngliche Charakter des früheren Fischerdörfchens bzw. der späteren Hippie-Kolonie noch bis in die Gegenwart spürbar erhalten geblieben ist. Vielleicht liegt in dieser Verbindung von weltabgewandtem Mythos der 70er Jahre mit dem kosmopolitischem Geist der 90er Jahre das Geheimnis der erstaunlichen Anziehungskraft dieses magischen Plätzchens, auf dem sich jeden Abend in den Bars und *lambaterías* Gäste, Einheimische und Zugezogene unterschiedlichster Couleur und unterschiedlichsten Geldbeutels dicht und vertraut zusammendrängen, jede Anonymität schnell über Bord werfend. Schließlich hat man sich schon so oft gesehen, vielleicht sogar bar jeglicher Garderobe an der Praia de Nudismo.

Spätestens hier muß man eingestehen, daß ohne die außergewöhnlich schönen Strände dieser Region wohl kaum jemand hierherkommen würde. Der Ortstrand vor dem alten Pier, die Praia dos Nativos, ist recht belebt und voll mit Barracas, inzwischen auch schon der etwas südlich gelegene Strand dos Coqueiros. In der Nähe befindet sich das Sítio do Rio da Barra, ein Landgut unter Palmen mit Pousada, Bar und Restaurant.

Von Trancoso aus 42 km weiter in südlicher Richtung liegt auf einer Halbinsel **Caraíva,** entweder per Bus oder Buggy über eine prekäre Lehmstraße zu erreichen. Kurz vor dem Ziel muß man aussteigen, mit einem Boot oder Kanu noch den Rio Caraíva überqueren, um dann an einen Ort zu gelangen, in dem die Zeit so stehengeblieben ist wie in kaum einem anderen Küstenort Brasiliens. Caraíva ist ein äußerst archaisches 329-Seelen-Nest, in dem es weder Straßen oder Autos noch elektrisches Licht gibt, aber schon ein paar Pousadas mit Generator, einige einfache Restaurants und abends in einer Bar auch Forró, die Tanzmusik des Nordostens.

Der Hauptplatz des Dorfes gleicht dem Quadrado von Trancoso, umgeben von Lehmhütten mit einer kleinen weißen Kirche, in der einmal jährlich am Geburtstag des Ortes alle Hochzeiten und Taufen gleichzeitig abgewickelt werden. Reizvoll ist auch die üppige Vegetation sowie ein schöner, einsamer Strand.

Südlich angrenzend befindet sich der Parque Nacional de Monte Pascoal mit dem 536 m hohen gleichnamigen Berg, und noch etwas weiter südlich **Prado** an der Mündung des Rio Caí. Dort haben die offiziellen Entdecker Brasiliens vermutlich zum ersten Mal ›Land in Sicht‹ gerufen. Der erste Kontakt mit den Pataxós-Indianern, deren Nachfahren noch heute dort leben, wurde von Pero Vaz de Caminha detailgetreu zu Protokoll gegeben: »Am 22. April 1500, Donnerstag vormittag, näherte sich das Geschwader der Küste. Es war etwa 10 Uhr. Am Strand sah man sieben oder acht Indios. Pedro Álvares Cabral beauftragte den Kapitän Nicolau Coelho, sich dorthin zu begeben. Als dieser an der Flußmündung eintraf, warteten schon achtzehn oder zwanzig Indios auf ihn. Nicolau Coelho bat, daß sie die Bogen senkten. Sie gehorchten. Nicolau warf eine rote Pudelmütze aus Leinen, die er auf dem Kopf getragen hatte. Einer der Indios erwiderte die Geste, indem er einen roten Federbusch und eine weiße Perlenkette hinwarf.« So begann das Abenteuer Brasilien. Danach segelten die Entdecker noch 130 km weiter in nordöstlicher Richtung bis Porto Seguro und Coroa Vermelha, dem Veranstaltungsort der ersten Jesuiten-Messe auf brasilianischem Boden. Der ganze Küstenstreifen wurde am 22. April 1996 zum **Museu Aberto do Descobrimento,** einem ›offenen Museum‹ erklärt. Mehrere Ausstellungen und Denkmäler sollen die besondere Bedeutung dieser Region hervorheben.

Pataxós-Indianer mit traditionellem Kopfschmuck

Ilhéus – Kakao, Palmen und Romane

3 (S. 326) 316 km nördlich von Porto Seguro bzw. 462 km südlich von Salvador liegt das sympathische Städtchen Ilhéus (250 000 Einw.), berühmt geworden durch den international bekannten Schriftsteller Jorge Amado, die Geschichte des Kakaos und die schönen Strände.

1535 gründeten die Portugiesen unter Jorge de Figueiredo Corrêa das Dorf São Jorge dos Ilhéus, das 1556 schon Gemeinde wurde. Zuerst handelte man vor allem mit Zuckerrohr, bis im Jahre 1746 die ersten Kakaopflanzen aus dem Amazonasgebiet kamen und hier prächtig gediehen. Bis heute ist fast die gesamte Kakaoproduktion Brasiliens in dieser Region konzentriert, eine schwere Krise droht jedoch den Export, der seinen Höhepunkt in den 20er Jahren

Lektüre: Jorge Amados Ilhéus-Roman »Gabriela wie Zimt und Nelken«

Der international bekannte Dichter Jorge Amado wurde am 10. August 1912 auf einer Kakaoplantage in der Nähe von Ilhéus geboren. In »Gabriela wie Zimt und Nelken« setzt er seiner Heimatstadt ein großes Denkmal. Es ist ein Roman um den Kakao-Boom der Zwanziger Jahre und zugleich eine Liebesgeschichte zwischen Köchin und Chef der heute noch populären Vesúvio-Bar. Zugleich machen die folgenden Auszüge deutlich, warum Jorge Amado der ›Boccaccio Brasiliens‹ genannt wurde. Seine bisweilen überzogen wollüstigen, ins Triviale abgleitenden Liebesromanzen und die eher untypische, sexistische Darstellung der willigen Mulattin machten ihn bei den Frauen Bahias nicht immer beliebt.

In jenem Jahre 1925, als die idyllische Liebe der Mulattin Gabriela und des Arabers Nacib aufblühte, dauerte die Regenzeit bereits weit länger als üblich und notwendig war; die Farmer liefen wie aufgescheuchte Vögel durch die Straßen und fragten einander mit ängstlichem Blick und bebender Stimme: »Will es denn gar nicht aufhören?«

Seit Menschengedenken hatte man nicht so viel Wasser vom Himmel fallen sehen. Es regnete Tag und Nacht, ununterbrochen.

»Eine Woche noch, und alles ist hin.«

»Die ganze Ernte...«

»Mein Gott!«

Dabei versprach die Ernte besonders gut zu werden, besser als alle früheren. Bei den ständig ansteigenden Kakaopreisen bedeutete das noch mehr Reichtum, Wohlleben, Überfluß, kurzum, Geld in Hülle und Fülle. Die Söhne der Großgrundbesitzer, der Obersten, würden die vornehmsten höheren Schulen in den großen Städten besuchen, prachtvolle Villen würden in neu angelegten Straßen gebaut werden, luxuriöse Möbel würden aus Rio eintreffen, in vielen Sälen würden Konzertflügel Platz finden, zahlreiche neue Geschäfte mit einem riesigen Warenangebot würden eröffnet werden, der Handel würde blühen, in den Nachtlokalen würde der Alkohol in Strömen fließen, mit den Schiffen würden Frauen eintreffen, in Bars und Hotels würde man eifriger pokern denn je – kurz, es bedeutete den Fortschritt, die vielgepriesene Zivilisation! [...]

Die ›Vesuvbar‹ war die älteste in der Stadt. Das Eckhaus, in dem sie untergebracht war, stand dicht am Meer, an einem kleinen Platz, auf dem sich die São-Sebastião-Kirche erhob. Auf der anderen Seite des Platzes war kurz zuvor das Filmtheater ›Ilhéus‹ eröffnet worden. Die ›Vesuvbar‹ lag abseits der Geschäftsstraßen, in denen die drei größten Konkurrenten Nacibs ihr blühendes Gewerbe betrieben: das Café ›Ideal‹, die Bar ›Chic‹ und die Bar ›Zum goldenen Tropfen‹ des Plínio Araça. Wenn die ›Vesuvbar‹ heruntergekommen war, so war das die Schuld des früheren italienischen Eigentümers, der nur seine Kakaopflanzungen im Kopf hatte und nichts tat, um Gäste anzulokken. Er kümmerte sich nicht um die Bar und erweiterte das Getränkesortiment nicht. Das alte Grammophon, auf dem sonst Platten mit Opernarien gespielt wurden, funktionierte nicht mehr und war voller Spinnweben; Stühle und Tische waren krumm und schief, das Tuch des Billards hatte Risse. Sogar das Firmenschild mit den glutroten Buchstaben über einem feuerspeienden Vulkan war kaum noch zu entziffern. Diesen Laden hatte Nacib also für wenig Geld erworben. Der Italiener hatte lediglich das Grammophon und die Schallplatten mitgenommen.

Nacib ließ alles renovieren, kaufte neue Tische, Stühle, Puff- und Damespiele, verkaufte das Billard an eine Bar in Macuco und ließ eine besondere Ecke für die Pokerspieler herrichten. Er vergrößerte die Getränkeauswahl, führte Eis für die Familien, die nachmittags auf der neuen Avenida spazierengingen oder vom Strand und aus dem Kino kamen; ferner hielt er Salzgebäck und Süßigkeiten bereit für die Stunden, in denen der Aperitif genommen wurde. [...]

Alles ging gut bis zu dem Tag, an dem die verrückte Filomena ihre Drohung wahr machte. Wer sollte nun für die Bar kochen – und für ihn, der eine Schwäche für gutes Essen, für würzige und pikante Gerichte hatte? Den Gedanken, die Schwestern Dos Reis für dauernd zu engagieren, mußte er gleich wieder fallenlassen, da er absurd war. Denn erstens würden sie gar nicht einwilligen, und zweitens hätte eine solche Regelung den ganzen Gewinn geschluckt. Er mußte unbedingt noch an diesem Tag eine perfekte Köchin ausfindig machen, sonst... [...]

Nacib hatte Durst. Er ging in die Küche und trank Wasser aus dem Krug. Da bemerkte er das Paket mit dem Kleid und den Hausschuhen, die er im Laden seines Onkels für die neue Köchin besorgt hatte. Er nahm es auf und zögerte einen Augenblick. [...]

Das beste war, das Paket vor das Bett zu legen. Er nahm sich vor, ihr Vertrauen in den nächsten Tagen schrittweise, ganz allmählich zu gewinnen, bis er am Ziel war und sie sich erobern ließ.

Zitternd legte er das Paket vor das Bett. Da schreckte Gabriela hoch und öffnete die Augen. Sie erblickte Nacib, der sie anstarrte, und griff instinktiv nach der Decke, stieß sie jedoch – versehentlich oder aus Berechnung? – von dem Bett herunter. Gabriela setzte sich auf und lächelte schüchtern. Sie tat nichts, ihre Brust zu verhüllen, auf die jetzt das Licht des Mondes fiel. [...]

Da verlor Nacib die Beherrschung. Er griff nach ihrer Brust. Sie zog ihn an sich. »Schöner junger Mann...«

Nelkenduft füllte das Zimmer. Gabrielas Körper strahlte eine solche Wärme aus, daß Nacibs Haut wie Feuer brannte. Der letzte Schimmer des Mondes verblich auf dem Bett. Zwischen Küssen hauchte Gabriela: »Schöner junger Mann...«

Catedral de São Sebastião in Ilhéus

hatte, endgültig zu beenden. Grund ist ein sehr resistenter, aus Amazonien stammender Pilz (*Vassoura de bruxa*), der seit 1989 die Kakaopflanzen befällt und bis heute fast die ganze Ernte zerstört. Hinzu kommen vollständig veraltete Produktionstechniken. Anders als bei den drei Hauptkonkurrenten auf dem Weltmarkt, der Elfenbeinküste, Ghana und Indonesien, haben in Ilhéus die Fazendeiros das ganze Jahrhundert hindurch wenig getan, um ihre Wirtschaft zu modernisieren. Die Krise ist eklatant, seit 1990 wurden über 30 000 Familien arbeitslos, die sozialen Probleme der ehemals so wohlhabenden Stadt nehmen gravierende Formen an. Andererseits hat die Kakaokrise dazu geführt, daß sich nun die Stadtväter verstärkt des touristischen Potentials ihrer Stadt bewußt geworden sind.

Bei einem Besuch der **Fazenda Primavera** oder des wunderschönen Geländes der **Fazenda Lagoa Pequena,** die seit einer Novela-Produktion ›Renascer‹ heißt, kann man sich selbst einen Eindruck von dem verblichenen Glanz alter Zeiten verschaffen. Ferner informiert das **Museu Regional do Cacau** im Zentrum über die Geschichte des Kakaos, und 24 km entfernt in Richtung Itabuna befindet sich ein Forschungsinstitut, das **Centro de Pesquisa do Cacau.**

Um den Kakao wie um Leid und Leidenschaft auf den Kakaoplantagen rankt sich auch die Handlung des berühmten Romans von Jorge Amado, »Gabriela wie Zimt und Nelken«, in deutscher Übersetzung erhältlich und bei einem Ilhéus-Besuch als Lektüre unbedingt zu empfehlen. Doch erst die nachfolgende Novela und der weltberühmte Filmklassiker, obwohl in Paratí gedreht, machte Ilhéus dem nicht gerade lesefreundlichen brasilianischen Publikum bekannt und gab den Startschuß für den Pilgertourismus der großen Jorge-Amado-Gemeinde. Der Schriftsteller verbrachte einen Teil seiner Kindheit und Jugend in Ilhéus und schrieb dort mit 19 Jahren sein erstes Buch, »O País do Carnaval« (»Das Land des Karnevals«). Sein damaliges Wohnhaus aus den 20er Jahren, die **Casa de Cultura Jorge Amado,** ist heute ein besichtigenswertes Museum. Viel besucht wird auch sein damaliges Stammlokal, die legendäre Bar **›Vesúvio‹** an der zentralen Praça Dom Eduardo. Hier bestellt heute fast jeder Ilhéus-Neuankömmling seinen ersten Caipirinha. Die frühere Konditorei von 1856 wurde später zu einem traditionsreichen Treffpunkt der Kakaobarone und fungierte als Schauplatz des großen Gabriela-Romans von Jorge Amado. Heute feilscht man hier weniger um Kakaopreise als um die Preise für Liebesdienste, die arbeitslose Mädchen den Sex-Touristen aus Europa anbieten.

Von der Bar blickt man auf die neuere, mächtige **Catedral de São Sebastião,** wo jedes Jahr im Januar die *Lavagem da Igreja* stattfindet, ein afrobrasilianisches religiöses Ritual, bei dem Feuerwehrmänner sowohl die Kirche als auch die sambatanzende Menge bespritzen. Danach wird auf einer Straße im Zentrum drei Tage und Nächte durchgefeiert, eine für uns befremdliche, in ganz Bahia jedoch typische Vermischung von Religion und Karneval.

Die älteste und besichtigungswertere Kirche des Ortes ist die 1556 fertiggestellte **Igreja de São Jorge** an der Praça Rui Barbosa. Sie beherbergt das Museu de Arte Sacra mit Exponaten und Reliquien aus dem 16.–19. Jh.; sehenswert ist auch ein Gemälde zur Geschichte der Stadt. Der Bürgersteig vor der Kirche besteht noch aus Kopfsteinpflaster, das während des Kakaobooms aus Europa importiert worden ist.

Die dritte bedeutende Kirche ist die **Nossa Senhora da Piedade** von 1916 in neogotischem Stil, die nachts rosa angeleuchtet wird. Von der Anhöhe (Alto do Ceará) hat man einen schönen Ausblick auf die Stadt, den Hafen und die Küste.

Die stadtnahen **Strände** von Ilhéus, Praia da Avenida und Praia do Cristo sind alle recht verschmutzt. Die nördliche Küste hat zwar einen wunderschönen, 44 km langen Strand, die Praia do Norte, ist jedoch leider schwer zugänglich und noch wenig erschlossen. Gen Süden führt dagegen eine moderne Asphaltstraße dicht am Meer entlang, dort finden sich kilometerlange saubere Strände mit Kokospalmen und Barracas, nicht selten gibt es am Wochenende Live-Musik und Tanz. Die ersten drei Strände unterscheiden sich kaum (Praia do Sul, 5 km; Praia dos Milionários, 7 km; Praia Cururupe, 10 km), unbedingt zu empfehlen sind jedoch Praia Batuba und Praia Cai n'Agua beim 19 km entfernten Olivença. Hier finden sich auch – außer an der Praia dos Milionáros mit der Barraca do Farol – die besten Optionen für den Abend, z. B. eine idyllisch gelegene, offene Diskothek direkt am Meer. Eine besondere Attraktion ist das nur in der Saison geöffnete **Balneário de Tororomba** in Olivença, ein durch eine Naturquelle gespeistes Frei- oder Spaßbad mit mineralhaltigem Wasser, dem heilsame Eigenschaften nachgesagt werden.

Ein lohnender Ausflug 34 km in entgegengesetzter, nördlicher Richtung führt zur **Lagoa Encantada,** eine sagenumwobene, unter Naturschutz stehende Lagune (15 km^2), umgeben von 437 ha Atlantischem Urwald mit zahlreichen Wasserfällen und seltener Fauna und Flora. Allein der Zugang ist schon ein kleines Abenteuer, sei es über die Lehmstraße 44 km landeinwärts oder per Boot zwei Stunden den Rio Almada hinauf, wo es der Legende nach schwimmende Inseln, Werwölfe und Maultiere ohne Kopf geben soll.

Bevor man jedoch überstürzt die Flucht ergreift und Ilhéus auf Nimmerwiedersehen den Rücken zudreht, sollte man noch schnell ein ganz spezielles Andenken aus Schokolade mitnehmen. Die ›Kakao-Stadt‹ wirbt mit kleinen, allerdings recht obszönen Mitbringseln, die in ganz Brasilien bekannt und beliebt sind – man lasse sich überraschen!

Valença und die ›Aussteigerinsel‹ Morro de São Paulo

Im Sommer kann man die Insel direkt per Schiff von Salvador aus ansteuern (4 Std.), sonst nimmt man ab **Valença** (S. 357) das Boot (1,5 Std.) und verbindet dies mit einer Besichtigung der kleinen Hafenstadt (70 000 Ew.). Historische Architektur, Kirchen, die Hafenpromenade und der populäre Strand von Guaibim (17 km nördl.) mit vielen Pousadas und Restaurants bieten ein Kontrastprogramm zu den einsameren Gefilden des archaischen Morro de São Paulo.

Valença wurde 1799 gegründet und erlebte im 19. Jh. als Zentrum der Textilerzeugung eine wirtschaftliche Blütezeit, die auch in der Architektur ihren Ausdruck fand. Auf keinen Fall sollte man einen Besuch des schönen Casario Colonial – fünf Kolonialbauten aus dem 19.

Kakaoernte auf einer Fazenda, Ilhéus

Jh. – an der Praça da República versäumen. Kirchen gibt es mehrere, von der Igreja Nossa Senhora do Amparo aus hat man zugleich den besten Blick auf die Stadt. Unten sieht man den Rio Una mit vielen Werften (Holzschiffbau) und die anheimelnde Hafenbucht mit der Promenade, dem großen Markt und den vor Anker liegenden kleinen Booten.

Dort wartet auch das Boot, daß uns auf die Insel Tinharé bzw. nach **Morro de São Paulo** 4 (S. 332) bringen wird. Bei dem kleinen Hauptort der Insel handelt es sich um eines der ältesten Fischerdörfer Bahias. Seine Geschichte begann mit der Entdeckung durch den Portugiesen Martim Afonso de Souza im Jahre 1531, später kamen holländische und französische Piraten und im 16. Jh. die Jesuiten. Heute leben die ca. 2000 Einwohner hauptsächlich vom Tourismus. Es gibt viele Pousadas und Restaurants, im brasilianischen Sommer kann es recht voll werden. Dennoch bietet die unberührte Natur der autofreien Insel sowie die Vielzahl abgeschiedener Strände selbst in der Hochsaison genügend Ausgleich für Einsamkeitsbedürftige. Früher war Morro de São Paulo ein Geheimtip für Hippies und Aussteiger aus aller Welt. Heute ist das Touristenprofil nicht mehr so einheitlich, sondern ähnelt in seiner Mischung aus Jet Set und Woodstock anderen internationalen Küstenorten Bahias wie Arraial d'Ajuda und Trancoso.

Gegen Abend sieht man sich auch hier stets wieder, sei es bei der Beobachtung des Sonnenuntergangs von den Ruinen des Fortaleza de São Paulo aus, sei es an der zentralen Praça Aureliano Lima oder am Caminho da Praia. Und nach 22 Uhr trifft sich dann alles bei den nächtlichen *Luau*-Festen am sogenannten Zweiten Strand. Die Strände sind durchnumeriert, beginnen am Hauptort und werden dann zum Atlantik hin immer einsamer. Nr. 1 am Leuchtturm Farol do Morro (Aussichtspunkt) hat 500 m weißen Sand und ruhiges Wasser, ist jedoch recht zugebaut. 1 km weiter folgt Strand Nr. 2, sehr beliebt wegen seiner *Barracas,* den *luaus* und den durch Korallenriffe geschützten Naturschwimmbecken, die sich bei Ebbe in ein einziges Aquarium verwandeln. Strand Nr. 3, noch 1 km weiter, ähnelt den anderen, ist nur abgeschiedener und ruhiger – dennoch gibt es ein paar Pousadas. Nr. 4 liegt 4 km vom Ort entfernt und erstreckt sich über 20 km. Hier ist es schon fast menschenleer, ein Abschnitt wird von FKK- und Topless-Freunden besucht. Strand Nr. 5 ist dann die absolute Idylle, ein weltabgeschiedener Palmenstrand.

Ähnliches findet man nur noch auf der benachbarten **Ilha de Boipeba.** Man kann von Morro de São Paulo aus einen Tagesausflug per Boot unternehmen, die Fahrt dauert 2 Std., manche Pensionen bieten einen Direkttransfer. Wer es besonders einsam liebt, der quartiere sich in der idyllisch am Meer gelegenen Pousada ›Tassimirim‹ ein.

Lohnend ist auch ein Ausflug auf die Insel **Cairu,** der dritten bewohnten von insgesamt 26 Inseln vor der Mündung des Rio Una. Neben einem historischen Zentrum und der Igreja de Santo Antônio aus dem 17. Jh. kann der Ort noch mit einer Kuriosität aufwarten, der aus Ausgrabungsfunden zusammengestellten Pfeifensammlung von Gilson Meireles. Besondere Aufmerksamkeit erwecken Modelle der Tupi-Indianer und anderer Stämme, vor allem jedoch seltene Stücke ägyptischer und phönizischer Herkunft, für den Sammler Beweis genug, daß es nicht die Portugiesen waren, die zuerst brasilianischen Boden betreten bzw. auf brasilianischem Boden geraucht haben.

Bahias Hauptstadt Salvador

Kultureller Reichtum – soziale Armut

5 (S. 350) Die Hauptstadt von Bahia mit 2,4 Mio. Einwohnern ist wohl Brasiliens reichste Stadt, was das kulturhistorische Erbe betrifft. Sowohl in der Architektur als auch in der Malerei und Goldschmiedekunst nimmt es noch vor den Barockstädtchen von Minas Gerais den ersten Platz ein.

São Salvador da Bahia de Todos os Santos (›die Stadt des Erlösers an der Allerheiligenbucht‹) wurde am 1. November 1503 von Amerigo Vespucci entdeckt und 1549 von Tomé de Souza, dem ersten portugiesischen Generalgouverneur, zur Hauptstadt Brasiliens erklärt. Begleitet von ca. 1000 Personen landete seine Flotte am 29. März 1549 im heutigen Hafen von Barra. Wider Erwarten gab es kaum Widerstand, die Franzosen waren schon wieder abgezogen, und die Indios von Stamme der Tupinambás halfen gar bei der Errichtung des ersten Forts. Vier Jahre später, als Tomé de Souza nach Portugal zurückkehrte, war Salvador schon eine kleine Stadt, mit einen Platz, zwei Regierungsgebäuden und sechs Straßen.

Wirtschaftlich war das erste Jahrhundert vom Zuckerrohranbau geprägt, der sich entlang der Flüsse entwickelte, die in die Bucht von Todos os Santos mündeten mit dem günstig gelegenen Exporthafen. Der Hafen vergrößerte sich, und die wirtschaftliche Blüte der Region fand Ende des 17. Jh. ihren Niederschlag im Bau von Palästen, Kirchen und Klöstern. Nachdem im Jahre 1763 Rio de Janeiro neue Hauptstadt wurde, verringerte sich zwar das wirtschaftliche Wachstum Bahias bzw. Salvadors, aber noch im 18. Jh. wurden im Hinterland Chapada Diamantina Gold- und Diamantenschätze entdeckt und auch über Salvador exportiert. Neben den traditionellen Produkten Zucker, Tabak und Leder war der Hafen Anfang des 19. Jh. nun auch Umschlagplatz für Edelsteine.

Eine stärkere Industrialisierung fand jedoch erst ab 1960 statt und zog schon bald mehr Arbeitsuchende an als die Stadt verkraften konnte. Unter den zehn größten Städten Brasiliens ist nur Fortaleza noch schneller gewachsen. Ein

Salvador da Bahia, Blick auf den Hafen und die Stadt

neuer Trend in der Binnenwanderung verschärfte das Problem noch. Früher, bis zum Ende der 70er Jahre, bewegte sich der Migrantenstrom aus dem armen Nordosten hauptsächlich in die beiden großen Metropolen São Paulo und Rio de Janeiro. Seit die dortigen Elendsviertel jedoch ›überfüllt‹ sind, sucht man Arbeit in der Hauptstadt des jeweiligen Bundeslandes. In Salvador gibt es heute 540 Favelas, fünfmal soviel wie vor gut 15 Jahren. Die sozialen Probleme sind enorm: die Löhne liegen 40 % unter denen von São Paulo, ca. 16 % der Erwachsenen sind Analphabeten, fast 20 % der Behausungen haben weder Wasser noch Kanalisation, und die Zahl der Kinder ist extrem hoch – ein Drittel der Einwohner ist unter 15 Jahre. Hinzu kommt eine skandalöse politische Administration, gezeichnet von unfähigen, unpopulären und korrupten Bürgermeistern, wie z. B. Mário Kértesz mit seinem S-Bahn-Projekt, das ohne Erfolg geblieben ist und ein Viertel der Steuereinnahmen verschlang.

Eines der wenigen staatlichen Projekte, das wirklich Lob verdient, war die Restauration des historischen Pelourinho-Viertels, wenn auch die Gelder aus dem Ausland kamen und das eigentliche Motiv die Wiederbelebung des Tourismusgeschäfts war. Ein anderes, unabhängiges Kulturprojekt, *o Projeto Axé*, hat sich die Arbeit mit Straßenkindern zur Aufgabe gemacht. Mit Hilfe von 1,5 Mio. US-$, zur Verfügung gestellt von der Europäischen Gemeinschaft zur Förderung jugendlicher Nachwuchskräfte im Hotel- und Tourismussektor, wurde u. a. eine Hotelpension mit Restaurant gegründet, in der ehemalige Straßenkin-

Olodum – Rhythmus und Rebellion der Schwarzen

Ursprünglich nur eine Karnevalsgruppe im historischen Pelourinho-Viertel von Salvador, wurde Olodum bald zu einer gewichtigen Kulturinstitution, die wesentlich zur Verbreitung und Kommerzialisierung schwarzer kultureller Identität und Tradition beiträgt. Niemand der anfänglich 800 Mitglieder aus dem damals noch ghettoähnlichen schwarzen Elendsviertel Pelourinho, nicht einmal der charismatische Anführer João Jorge Rodrigues, hätte am 25. April 1979, dem Gründungstag des Bloco Afro, an eine solche Zukunft geglaubt. Die organisatorischen Anfangsschwierigkeiten waren dermaßen groß, daß schon 4 Jahre später der Bloco wieder aus dem Karneval verschwand und die Auflösung der ganzen Gruppe bevorstand.

Doch die große Krise wurde zur großen Wende. Militante Vertreter der Bewegung der Schwarzen machten 1983 aus der Karnevalsgruppe eine Kulturinstitution mit dem Ziel der Wiedereroberung, Anerkennung und Verbreitung afrikanischer Traditionen in Brasilien. Die neue Ideologie basierte auf drei Prinzipien: Kampf gegen Rassismus, Kampf gegen Gewalt und Kampf für die soziale Re-Integrierung des Pelourinho. Jedes Jahr wählte der Bloco ein Leitthema aus der Geschichte der Schwarzen aus. 1987 kam der Durchbruch mit dem Thema Ägypten bzw. dem schnell stadtbekannten Faraó-Lied von Luciano Santos. Die weiße Mittelschicht und die Medien horchten auf, als die Pharaonen und selbst die Pyramiden der schwarzen Kulturgeschichte einverleibt wur-

der beschäftigt wurden (Pousada-escola Axé). Der Italiener Cezare La Rocca, der 1990 das Axé-Projekt gegründet hat, wollte den Jugendlichen vor der Konfrontation mit dem freien Arbeitsmarkt noch eine Chance zur besseren beruflichen Qualifizierung geben.

Hauptstadt der Schwarzen

Zwei Drittel der Bevölkerung hier sind schwarz, das ist ca. 15 Mal mehr als in ganz Brasilien. Ihre Vorfahren kamen zwischen dem 16. und 19. Jh. aus Afrika und arbeiteten als Sklaven auf den Plantagen. Es war Schwerstarbeit, für welche die Indios als untauglich galten und die die afrikanischen Sklaven im Durchschnitt auch nur neun Arbeitsjahre durchhielten.

Die unterprivilegierte Position der Schwarzen hat sich trotz der Sklavenbefreiung von 1888 bis heute nicht grundsätzlich verändert. Dunkle Hautfarbe korrespondiert selbst in Salvador mit niedrigem sozialen Status. In jedem Hotel kann man selbst die Probe machen und feststellen, daß Schwarze in den. Sogar der Sprung in die Weltöffentlichkeit gelang, als Olodum begann, an internationalen Kongressen der Regierungsunabhängigen Organisationen teilzunehmen.

Der für politische Kontakte und soziale Projekte zuständige Teil der Gruppe mit 26 Direktoren nennt sich ›Fundação Olodum‹ und machte von sich reden durch den Einsatz für die Menschenrechte der Schwarzen und der Frauen (SOS Racismo, Mulher Negra) sowie durch die Arbeit mit Straßenkindern (Escola Criativa Olodum, Projeto Axé, Banda Mirim, Bando de Teatro Olodum, u. a. Gruppen).

Der andere, kommerziell ausgerichtete Teil der Gruppe mit ebenfalls 26 Direktoren, schafft die ökonomische Basis für die politisch-sozialen Aktivitäten der ersten Gruppe. Die 2000 Mitglieder des Bloco zahlen jährlich jeweils 100 US-$ für die Beteiligung am Umzug und die Bereitstellung der Kostüme. Die 150 Mitglieder starke Banda Olodum produziert eine Langspielplatte pro Jahr und ist häufig auf Tournee im Ausland. Ziel ist die Verbreitung des Samba-Reggae zusammen mit der Bewußtmachung der afrikanischen Tradition dieser Musikstile. Der Weltruhm der Banda Olodum beruht weitgehend auf einem genialen Deal mit dem nordamerikanischen Popstar Paul Simon. Olodum verzichtete auf das Honorar für die Percussion-Begleitung auf einer seiner Platten und erbat sich im Tausch einen Auftritt von Paul Simon in Bahia mit der Überlassung der Einnahmen an Olodum. Der Sänger kam und gab daraufhin mehrere Konzerte in den USA gemeinsam mit Olodum, einmal gar vor über 100 000 Besuchern im Central Park von New York. Ein besseres Marketing konnte sich die Gruppe gar nicht wünschen, für die nächsten Tourneen durch Kanada, Europa, Afrika und Südamerika brauchte man den großen Bruder schon nicht mehr.

Die ›Grupo Cultural Olodum‹ ist somit nicht nur wichtigste brasilianische Institution zur Bewahrung schwarz-afrikanischer Identität, sondern zugleich ein eindrucksvolles Beispiel für soziales und politisches Engagement auf der Basis einer unabhängigen, autonomen Finanzgrundlage. Jetzt will man sogar noch eine eigene Zeitung, einen Radiokanal und einen Fernsehsender...

der Küche und nie im Direktoriat anzutreffen sind.

Die kulturelle und religiöse Identität der Schwarzen ist jedoch ungebrochen. In den weit über 1000 Kultstätten, den *terreiros,* werden afrobrasilianische Rituale wie der *candomblé* gepflegt, Höhepunkte sind die Feste zu Ehren der Meeresgöttin Iemanjá oder zu Ehren des Hauptgottes Oxalá. Charakteristisch ist die aus der Zwangschristianisierung herrührende gleichzeitige Verbindung mit der katholischen Religion. Aktive Candomblé-Anhänger besuchen auch katholische Messen. Ihre Sklavenvorfahren hatten einerseits die Religion ihrer Herren übernommen, gleichzeitig jedoch ihre eigenen Kulte gepflegt und zur Tarnung jedem ihrer eigenen Götter, den 15 *orixás,* den Namen eines katholischen Heiligen gegeben.

Auch der Kampftanz *capoeira* stammt aus der Tradition der Sklavenzeit. Sein Ursprung geht zurück auf ein Pubertätsritual des Macupe-Stammes im Süden Angolas, bei dem die männlichen Jugendlichen den *N'golo*-Tanz aufführten. Das damalige Begleitinstrument *m'bo-*

Bedeutendster afrobrasilianischer Kult ist der Candomblé

lumbumba weist Ähnlichkeiten auf mit dem später in Brasilien verwendeten *berimbau,* einem Zupfinstrument aus einem hölzernen Bogen mit Drahtsaite.

Die afrikanischen Musiktradtionen haben sich ebenfalls bis heute lebendig erhalten können. Die damaligen Sklaventänze wie *caxambú, congada, cambaquerê, alujá, jongo, samba, lundú* u. a. haben mit der Zeit jedoch manche Modifizierungen erfahren. In den letzten Jahren sind im Sinne der Internationalisierung schwarzer Kulturidentität verstärkt Einflüsse aus Afrika und der Karibik integriert worden. So entstanden viele Mischrhythmen wie *samba-reggae, afoxé, fricote, deboche, levada* u. v. m. Jedes Jahr entstehen in Salvador neue Rhythmen und neue Tänze. Auch politische Ausdrucksformen schwarzer Identität haben sich verstärkt bemerkbar gemacht, angeführt von der Gruppe Olodum, Salvadors populärstem *bloco afro.*

Das Pelourinho-Viertel – Salvadors lebendige Altstadt

Es ist noch nicht lange her, daß Salvadors kulturgeschichtlich bedeutendstes Viertel zugleich das gefährlichste und verkommenste war. Selbst eine Schnell-Sightseeing-Tour per Taxi am hellichten Nachmittag bereitete dem Fahrer sichtlich Angstschweiß. Aber seit Bahia, einer der ärmsten Bundesstaaten Brasiliens, bzw. der autokratisch regierende konservative Gouverneur Antônio Carlos Magalhães sich wieder verstärkt um den Tourismus bemüht, hat sich auch das Gesicht des Pelourinho spürbar verändert.

Seit August 1992 wurden Hunderte von Gebäuden aus dem 17.–19. Jh. farbenfreudig restauriert, dunkle Gassen und Plätze beleuchtet und ständige Polizeiposten aufgestellt. Erst jetzt kann man ohne größere Sicherheitsrisiken – von kleinen Taschendieben bei Massenveranstaltungen abgesehen – den historischen Reichtum dieses ehemaligen Aristokratenviertels, 1985 von der Unesco zum ›Kulturerbe der Menschheit‹ erklärt, angemessen würdigen. Nicht wenige meinen, diese Altstadt sei nun das schönste Barockviertel der Welt, was zumindest an den Scharen hier durchziehender Touristengruppen gemessen unbedingt zutreffen könnte.

Leider wurde die 30 Mio. US-$ verschlingende Restaurierung, die von der Unesco, der Weltbank und auch von Deutschland mitfinanziert wurde, auf recht dilettantische Weise ausgeführt. Was häßlich war, wurde einfach übergestrichen, und manche Kritiker sehen in dem neuen Pelourinho kaum mehr als eine Hollywood-Attrappenstadt. Die Farben halten jedoch gerade ein Jahr, und bis zum nächsten Anstrich ›restauriert‹ sich wieder das alte, dekadente Erscheinungsbild dieses Viertels, so als wollte es sich nicht der touristischen Vermarktung ergeben.

Der Pelourinho, auf dessen gleichnamigen Hauptplatz noch bis 1834 Sklaven am Pranger *(pelourinho)* standen, ist jedoch trotz aller Infiltrationen weißer Mittelschicht-Politik bis heute das Zentrum der schwarzen Kultur Brasiliens geblieben. Hier tobt der lebendigste Karneval des Landes, hier spielen regelmäßig die berühmtesten schwarzen Musikgruppen, wie Filhos de Ghandi, Ilê-Aiyê oder Olodum, zu deren Konzerten Tausende von Menschen aus den ärmeren schwarzen Vororten zusammenkommen.

Ganz ohne rhythmische Klänge vergeht in diesem musikbesessensten Viertel der ganzen Welt jedoch keine Sekunde. Außer an dem Hauptplatz werden täglich ohne Eintritt bis zu zehn Musik- oder Tanzveranstaltungen an vier weiteren Plätzen angeboten, dem Largo Teresa Batista, dem Largo Pedro Arcanjo, dem Largo Jubiabá und dem Largo Quincas Berro D'Água.

Der letztgenannte Platz ist vielleicht der schönste im ganzen Viertel, ein Innenhof mitten im Pelourinho mit mehreren Restaurants und Bars sowie einer ständigen Live-Bühne. Der Platz besticht durch seine sorgfältige Restaurierung, anheimelnde Beleuchtung und architektonische Struktur. Hier trifft sich jedoch eher die weiße Mittelschicht, der Eindruck eines Gegenprojekts zum eher dunkelhäutigen Olodum-Pelourinho läßt sich nicht verleugnen.

Rundgang durch das historische Zentrum

Wir beginnen unseren Rundgang im Herzen des Pelourinho, dem berühmten **Largo do Pelourinho** 1. Trotz der neuerlichen Restauration ist hier die Zeit ganz stehengeblieben, wir sind wieder im 18. Jh. – nur der ehemalige Strafpranger gleichen Namens wurde nicht wieder aufgestellt. Es ist ein ganz ungewöhnlicher Platz, schon von seiner Struktur her, dreieckig und abschüssig.

Die Hauptattraktion neben dem weniger interessanten Museu da Cidade ist die **Casa de Jorge Amado,** der Literatur und dem Leben des international bekanntesten brasilianischen Schriftstellers gewidmet. Interessant ist vor allem die große Fotosammlung, die den Dichter mit Persönlichkeiten aus aller Welt zeigt, u. a. mit Jean Paul Sartre, Simone de Beauvoir, Gabriel Garcia Marquez, Anna Seghers, Harry Belafonte, Yves Montand, Marcelo Mastroiani, Sophia Loren und Lina Wertmüller. Jorge Amado, der seit dem 11. Lebensjahr überwiegend in Salvador lebte – teils im Pelourinho im heutigen Hotel Pelourinho, teils in Rio Vermelho – war stets ein glühender und engagierter Verehrer seiner Heimat. »Ich bin ihr dankbar. Alles, was ich weiß – oder fast alles – habe ich gelernt von dem Volke dieser Stadt.«

Schräg gegenüber, am Anfang der Rua Alfredo de Brito, befindet sich das heutige **Hotel ›Pelourinho‹.** Es beherbergte einst die Wohnung des Dichters und war Schauplatz für seinen Roman »Suor«. Geht man vom Innerhof eine Treppe hinauf, hat man eine schöne Aussicht auf das Meer, den Hafen, das Forte de Monte Serrat und die Igreja do Bonfim.

Am auffälligsten, vom Largo do Pelourinho aus gesehen, ist die blau bemalte und abends stimmungsvoll beleuchtete **Igreja do Rosário dos Pretos** 2. Es ist die vielleicht schönste der insgesamt 165 (!) Kirchen Salvadors, was die harmonische, in braunen und weißen Tönen gehaltene Farbkomposition betrifft. Ungewöhnlich ist auch ihre Entstehungsgeschichte. Sie wurde zwischen 1704 und 1781 von Sklaven und Freigelassenen bzw. der ›Bruderschaft der Schwarzen vom Kongo und Angola‹ in zusätzlicher Nachtarbeit erbaut und ermöglichte ihnen die Pflege ihrer heimischen religiösen Traditionen (Candomblé). Heiligenstatuen schwarzer Hautfarbe in den Seitenaltären dokumentieren diesen Hintergrund. Um 1780 beauftragte man den Maurermeister Caetano José da Costa u. a. mit dem Bau einer neuen Fassade. Und da man ihn – anders als bei den christlichen Welt- und Ordensgeistlichen – völlig frei walten ließ, entstand hier eine der schönsten Fassaden Bahias. Die Perspektivmalerei an der Decke, ebenfalls aus dem Jahre 1780, stammt von dem Maler José Joaquim da Rocha, der gerne für die Unterdrückten arbeitete und seinen Standpunkt in manchen Motiven durchschimmern ließ. An den Seitenwänden links und rechts befinden sich je fünf große Azulejos.

Treten wir aus der Kirche heraus, begeben wir uns nach rechts bis ans untere Ende des Platzes, besichtigen vielleicht die **Casa do Benin** (Kulturhaus) und gehen anschließend die steil ansteigende Ladeira do Carmo hinauf zur **Igreja da Ordem Terceira do Carmo** 3, 1636 errichtet und nach einem Brand 1789-1806 wiederaufgebaut. Am interessantesten sind hier, außer einem großen Deckengemälde im Stile Michelangelos und einigen arabischen Einflüssen in der Architektur, die Werke des dunkelhäutigen Bildhauers Francisco das Chagas, eines ehemaligen Sklaven. Sein Lepra-Leiden findet künstlerischen Ausdruck in den Gesichtern der Statuen dreier Heiligenaltäre. Auch die Patronin der Kirche in einer Nische auf dem

Igreja de Rosário dos Pretos in Salvador

Hochaltar wurde von ihm geschnitzt. Während der Jesusknabe nach einem lebendigen Modell gearbeitet wurde, mußte er die Muttergottes nach einem Bilde erstellen – kein weißes Mädchen hätte damals einem Schwarzen Modell gestanden. Sein Hauptwerk ist jedoch die Christusfigur in einem Raum neben der Sakristei. Bei dieser Schnitzarbeit (1758) legte er größten Wert auf Realitätsnähe. Die Figur ist lebensgroß, die Wunden wirken erstaunlich echt und die Blutstropfen bestehen aus Hunderten von Rubinsplittern.

Wir gehen nun in einem leichten Bogen die Parallelstraße zur Ladeira do Carmo, die Rua do Passo, wieder zurück. Wir genießen den Ausblick vom Largo Jubiabá, passieren wieder den Largo do Pelourinho diesmal aufwärts – und kommen in den ältesten Teil des Viertels, Maciel bzw. im Volksmund *Pelô* genannt. Auf halber Höhe der Rua Alfredo de Brito biegen wir zweimal links ab bis zum schönen Largo Quincas Berro d'Àgua. Anschließend setzen wir unseren Weg auf der Rua Alfredo de Brito fort bis zum **Terreiro de Jesus** 4, erkennbar an einem alten französischen Brunnen in der Platzmitte, dessen Figuren die vier großen Flüsse Brasiliens symbolisieren.

Hier befindet sich auch eine ›Kulturinstitution‹ ganz eigener Art, ein einstöckiges einfaches Kolonialhaus mit der traditionsreichsten Bar des Pelourinho, die **›Cantina da Lua‹** (Mondscheinbar). Ihr Besitzer, Clarindo da Silva, setzt sich seit Jahrzehnten für die sozialen Belange und die Sanierung des Altstadtviertels ein, seine Bar wurde gar so etwas wie ein Intellektuellentreff. Heute ist davon nicht mehr viel übriggeblieben, das Publikum wird immer mehr dominiert von (männlichen) Touristen und Prostituierten, und nirgendwo in Salvador gibt es so viele bettelnde Straßenkinder wie hier. Dennoch ist die Bar von der schönen Lage her eine der reizvollsten Lokalitäten der Stadt; als Getränk probiere man einen Gabriela-Cocktail aus Cachaça, Honig, Zimt und Nelken.

Gleich neben der Bar befindet sich das besichtigenswerte **Museu Afro-Brasileiro** 5. Die Erwartung, mehr über die sozialgeschichtlichen Aspekte der Sklaverei zu erfahren, wird leider enttäuscht, lediglich einige Fotos vom Kampftanz Capoeira sind zu sehen. Um so reicher vertreten sind religionsgeschichtliche Ausstellungsstücke zum Candomblé und zur Götterwelt. Besondere Beachtung verdienen die 27 großen Zedernholztafeln des bahianischen Künstlers Carybé mit der Darstellung der afrobrasilianischen Gottheiten (Orixás).

Gleich rechts neben dem Museum befindet sich die **Catedral Basílica** 6, auch Catedral de Sé genannt. Eine erste Jesuitenkirche wurde bereits 1549 eingeweiht. Als die Jesuiten 1657 mit dem jetzigen vierten Bau begannen, mangelte es vor allem an einem großen Architekten. Schon am Mißverhältnis der Proportionen zwischen der ominösen Vorderfront und den winzigen Türmen läßt sich dies erkennen. Was man jedoch hatte, war Geld. So konnte man sich den bis dahin undenkbaren Luxus erlauben, im Jahre 1701 die ganze Front mit weißem italienischem Marmor zu verkleiden – ebenso die Kanzel und die Innenwände des Schiffes. 1746 setzte man über die drei Außenportale die Statuen der drei Ordensheiligen Francisco Borja, Ignatius von Loyola und Francisco Xavier. Insgesamt wirkt die Kirche jedoch vergleichsweise streng. Im Inneren bestechen der goldene Hauptaltar, die kunstvollen Seitenaltäre und die ungewöhnlichen Malereien des französischen Jesuitenbruders Carlos Belleville. Man merkt, daß er einige Jahre in China verbrachte. Die himmelblaue Farbe mußte er von dort bezogen haben, denn sie war zu dieser Zeit in Europa noch nicht bekannt. Auch die Kunstmotive unterscheiden sich deutlich von dem Althergebrachten. – Nach der Vertreibung der Jesuiten aus Brasilien im Jahre 1759 wurde die Kirche zum Sitz (Sé) des Erzbischofs und damit zum zentralen Vatikanssitz in Brasilien.

Nach Verlassen der Kirche überqueren wir nun den Terreiro de Jesus und gehen über die Praça Anchieta direkt auf die wuchtige Fassade der Franziskanerkirche **Igreja e Convento de São Francisco** 7 zu, errichtet 1708–1713. Durch den rechten Seiteneingang betreten wir die Portaría (Pförtnerei), an deren Decke eine Perspektivmalerei von José Joaquim da Rocha zu sehen ist. Hinter der Portaría erstreckt sich der Kreuzgang des Klosters, dessen Wände ganz mit Azulejos des Lissaboner Meisters Bartolomeu Antunes de Jesus aus dem Jahre 1737 bedeckt sind. Die auf den Kachelbildern dargestellten religiös-philosophischen Themen entstammen der natürlichen Ethik, die im Unterschied zur christlichen Moral statt Verzicht Mäßigung predigt. Die Kirche selbst trägt auch den Beinamen ›Goldene Kirche‹, wie keine andere in Brasilien ist sie beladen – oder besser überladen – mit vergoldetem Schnitzwerk, Putten und Heiligenfiguren. Und an der Kanzel hängen volbrüstige nackte Engelsgestalten. Schwer vorzustellen, wie die Franziskanermönche – zum großen Teil bis heute Deutsche – hier in Frieden beten konnten.

Salvador *1 Largo do Pelourinho 2 Igreja do Rosário dos Pretos 3 Igreja da Ordem Terceia do Carmo 4 Terreiro de Jesus 5 Museu Afro-Brasileiro 6 Catedral Basílica 7 Igreja e Convento de São Francisco 8 Elevador Lacerda 9 Mercado Modelo 10 Igreja Nossa Senhora da Conceição da Praia 11 Museu de Arte Moderna 12 Solar do Unhão 13 Museu de Arte Sacra 14 Museu de Arte da Bahia*

Sehenswertes außerhalb des historischen Zentrums

Salvador besitzt die für viele Städte Brasiliens charakteristische Aufteilung in Ober- und Unterstadt, verbunden durch den berühmten **Elevador Lacerda** 8 (1872, 1930 erneuert), eines der Wahrzeichen und Postkartenmotive der Stadt. Die kleinere Unterstadt (Cidade Baixa), früher und partiell heute noch kommerzielles Zentrum Salvadors, wurde allmählich dem Meer abgerungen und zieht sich ein Stück entlang der Küste.

Im ehemaligen Zollamt von 1861 befindet sich der **Mercado Modelo** 9 mit Bahias größtem Angebot an Kunsthandwerksprodukten. Davor auf einer kleinen Bühne finden häufig Capoeira-Darbietungen statt, und die Restaurants im 1. Stock empfehlen sich wegen des schönen Blicks auf das Meer und den alten Hafen. (Tip: Gehen Sie auch einmal in den Keller!)

Ganz in der Nähe, etwa 200 m rechts vom Aufzug Lacerda befindet sich die **Igreja Nossa Senhora da Conceição da Praia** 10. Sie wurde zwischen 1739 und 1870 errichtet und nach der Schutzheiligen der Stadt ›Kirche der Unbefleckten Empfängnis‹ genannt. Deren Statue, geschaffen 1855 von Domingos Pereira Baião, gehört ebenso zu den Sehenswürdigkeiten der Kirche wie die Deckengemälde (1773) des portugiesischen Malers José Joaquim da Rocha, vielleicht die beste brasilianische Perspektivmalerei überhaupt. Die Architektur und sparsame Dekoration des riesigen Innenraums weisen eine Mischung aus chinesischen Stilelementen, Spätbarock und Rokoko auf. Die Außenfassade hingegen fiel wegen des für Statuen wenig geeigneten portugiesischen Marmors dürftiger aus. Der Baumeister Manoel Cardozo Saldanha, Schüler des deutschen Architekten Johann Friedrich Ludwig aus Schwäbisch-Hall, half sich darüber hinweg, indem er in Anlehnung an deutsche Barockarchitektur die Kirchtürme etwas verdreht zueinander ausrichtete.

Nur etwa 1 km weiter, an der Küstenstraße in Richtung Barra, kommen wir zum **Museu de Arte Moderna** 11 mit wechselnden Ausstellungen, untergebracht in dem sehenswerten **Solar do Unhão** 12, das aus einem Casa Grande (Herrenhaus) und vier Galpões (Schuppen) bzw. Senzalas (Sklavenhütten) besteht. Es ist historisch eine der ersten Anlagen dieser Art in Brasilien, seit der ersten Hälfte des 16. Jh. von dem portugiesischen Kaufmann Gabriel Soares de Souza als Zuckersiederei genutzt. Später diente sie als Umschlagplatz für den Handel mit Portugal, 1816 entstand hier die erste Schnupftabakmanufaktur Amerikas, ab 1926 war es nur ein Lagerschuppen, seit dem Ende der 40er Jahre eine Kakaofabrik und schließlich seit Ende der 60er Jahre ein vielbesuchtes Kulturzentrum.

Zusätzlich kann man den erst 1996 eingeweihten **Parque das Esculturas** besichtigen, eine Skulpturenausstellung unter freiem Himmel. Auch Musik- und Tanzveranstaltungen werden geboten. Am Samstagabend finden vor der kleinen Capela de N. S. da Conceição (Jazz-) Konzerte statt, und in dem atmosphärevollen Restaurant im Erdgeschoßgewölbe des Casa Grande gibt es allabendlich Folklore für Touristen.

In der Nähe (jedoch schon nicht mehr zur Unterstadt gehörig) befinden sich drei weitere wichtige Museen. Vom Solar do Unhão aus kommt man leicht zu Fuß zur Rua do Sodré mit dem **Museu de Arte Sacra** 13. Hier befindet sich die größte bzw. bedeutendste Sammlung kirchlicher Kunst Brasiliens. Das Museum ist untergebracht in der Kirche und dem Kloster Santa Teresa aus dem 17. Jh.

Von dort aus nimmt man am besten den Bus oder ein Taxi zur Avenida Sete de Setembro Nr. 2340 im Stadtteil Vitória, um zum **Museu de Arte da Bahia** 14 zu gelangen, das Mobiliar, Porzellan, Keramik und Gemälde aus dem 17.–20. Jh. zeigt. Viele kommen jedoch nur hierher, um das berühmte, aus Spanien oder Mexiko stammende Sandsteinportal von 1674 zu bewundern, eines der bedeutendsten der Stadt. 1925

Viele Bahianer tragen die Fitinhas dreimal verknotet am Handgelenk. Die Knoten entsprechen drei Wünschen - sie erfüllen sich nur, wenn man das Bändchen solange trägt, bis es von selbst abfällt

wurde es von dem niedergerissenen Hause des João de Matos Aguiar im Zentrum Salvadors hierher transferiert, ein Monument von 4 m Höhe und 2 m Breite. Künstlerisch beeindruckten das Schlangenmotiv am Portal, in der panamerikanischen Version als umfassendes Fruchtbarkeitsmotiv zu deuten, und die mexikanisch beeinflußte Maskenschnitzerei an der Holztür.

In derselben Straße Nr. 2490 befindet sich das **Museu Carlos Costa Pinto**. Der Kollektionist sammelte 25 Jahre lang über 3000 Gegenstände aus Porzellan, Silber, Bronze, Gold, Kristall, Elfenbein sowie Gemälde, Juwelen, Mobiliar u. a., um damit den Lebensstil der wohlhabenden bahianischen Oberschicht über die Jahrhunderte hinweg zu dokumentieren.

Die folgenden Sehenswürdigkeiten liegen in entgegengesetzter Richtung, mit den Bussen unten vor dem Lacerda-Aufzug geht es in die Stadtteile Boa Viagem und Bonfim. Unser erstes Ziel, das **Forte de Monte Serrat,** liegt etwas erhöht an der Praia de Boa Viagem. Es ist die schönste Festung Salvadors, errichtet zwischen 1583 und 1587. Ihr militärischer Ruhm ist jedoch bescheiden, zweimal, 1624 und 1638, fiel sie in die Hände der holländischen Invasoren.

Nicht weit entfernt, etwa eine knappe halbe Stunde zu Fuß, erreichen wir die

berühmteste Wallfahrtskirche von Salvador, die **Igreja do Bonfim** (1745 – 1754). Von außen hat sie außer der prachtvollen Abendbeleuchtung wenig zu bieten. Im Innern sind bemerkenswert die Malereien von José Teófilo de Jesus in der Sakristei und in den Seitengängen sowie das Deckengemälde von Antônio Joaquim Franco Velasco. Ihre eigentliche Bedeutung liegt in ihrem afrobrasilianischen Religions-Synkretismus, hier – so heißt es – ›vermählte sich Brasilien mit Afrika‹. Das herausragende Ereignis ist die jährlich am zweiten Januar-Sonntag nach dem Dreikönigsfest stattfindende *Lavagem do Bonfim* bzw. die am Donnerstag davor durchgeführte Prozession von der Igreja da Conceição da Praia bis zur Igreja do Bonfim (12 km), bei der zunächst in weiß gekleidete Candomblé-Anhängerinnen das Bild beherrschen, später jedoch nach der Musik von Trio Elétricos bis zum Freitagmorgen durchgetanzt wird. Überall bekommt man die verschiedenfarbigen Bändchen *(fitinhas)* des Senhor do Bonfim angeboten. Während sie mit drei Knoten verschlossen werden, darf man sich drei Dinge wünschen, die jedoch nur dann in Erfüllung gehen, wenn man die Bänder solange trägt, bis sie von selbst abfallen.

Strände und Strandbars in Salvador und Umgebung

Salvador ist auch berühmt für seine Strände, die schönsten erstrecken sich an der Nordostküste etwas außerhalb der Stadt. Innerhalb der Bucht von Todos os Santos selbst gibt es zwar auch Strände (38 Inseln sowie die Stadtstrände), sie sind aber zum Baden durch ihre Verschmutzung eher ungeeignet. Zu empfehlen ist lediglich der populäre Strand von **Ribeira** nahe der Bonfim-Kirche in der Cidade Baixa. Der Strand **Boa Viagem** beim Forte Monte Serrat bietet statt ungetrübter Badefreuden einen weiten Blick auf die Stadtsilhouette.

Die Strände im Norden erreicht man über die Avenida Oceânica (Buslinie via orla). Fährt man am Strand von **Barra** entlang, Salvadors touristisches Nobelviertel, sieht man eines der Wahrzeichen der Stadt, den berühmten Leuchtturm *(farol),* der den Eingang zur Bucht von Todos os Santos markiert und früher den Schiffen aus Portugal zur Orientierung diente. Am Platz befindet sich zudem die Festung Santo Antônio da Barra, heute mit dem Museum für Hydrographie und Navigation. Ein Stück weiter geht es an dem Centro Espanhol vorbei, wo häufig große Konzerte stattfinden.

Der nächste interessantere Strand, 12 km hinter Barra, heißt **Pituba.** Nicht gerade sauber und ohne jegliche Vegetation, ist er dennoch bei der Jugend bzw. am Abend bei den einheimischen Nachtschwärmern von Salvador am beliebtesten, auch wegen der sozialen Preise.

Der nächste Strand hinter Pituba ist eher historisch interessant. Hier, am **Chega-Nego,** kamen früher die Sklaven aus Afrika an. Der erste landschaftlich reizvolle Strand ist der 14 km von der Stadt entfernte **Jardim de Alá.** 4 km weiter folgt, an der Flußmündung des Rio das Pedras gelegen, **Boca do Rio,** mehr für sein reges Nachtleben bekannt als wegen der Qualität des Strandes selbst.

Die darauffolgenden Strände **Piatã, Itapoã, Stella Maris** und **Flamengo** kann man jedoch, abgesehen von gefährlichen Strömungen, alle empfehlen. Das Wasser wird sauberer, die Palmen-

Prozession zu Ehren des Senhor do Bonfim

vegetation reicher, und manche haben sogar Dünen. Hier gibt es auch die größten Barracas, am Wochenende mit Live-Musik und Tanz. Am beliebtesten sind das ›Casquinha de Siri‹ am Strand von Piatã, ganz in der Nähe das ›Lagoa-Mar‹ in Patamares sowie einige Tanzbars in Itapoã. Die brasilianische Angewohnheit, in Badehose oder Bikini zu feiern, zu singen und zu tanzen, ist für die meisten europäischen Betrachter immer wieder ebenso befremdlich wie faszinierend.

Etwas ruhiger zu geht es am **Lagoa do Abaeté** in der Nähe von Itapoã, eine von Dünen umgebene sagenumwobene Lagune, auf die die Einheimischen besonders stolz sind. Am Sonntagnachmittag wird das Seeufer zum populärsten Treffpunkt der Städter, es gibt Live-Musik und viele Möglichkeiten zum Essen, Trinken und Flirten.

Will man noch entferntere Strände besuchen, muß man an der Rodoviária den alle zwei bis drei Stunden verkehrenden Bus nach Praia do Forte bzw. Sauípe nehmen. Der Weg führt über die neuere Straße der Kokospalmen (Estrada de Coco) parallel zur Küste entlang. Etwa 40 km von Salvador entfernt, weisen Straßenschilder auf das weltberühmt gewordene **Aldeia Hippie** von Arembepe hin. Zu Zeiten pflegten hier noch Janis Joplin, Mick Jagger und Roman Polanski vorbeizukommen, heute stehen an diesem einsamen Dünenstrand gerade noch 30 verfallene oder von der Polizei in Brand gesteckte

Die Strände von Salvador

Meeresschildkröte

Hütten mit ca. 50 Bewohnern, jedoch keinem einzigen authentischen Hippie mehr. Man sagt, sie seien ebenso von der Ausrottung bedroht wie die Schildkröten von Praia do Forte. Und so ist der nostalgische Ort heute nur noch eine Art Museum einer vergangenen Gegenkultur, offiziell jedoch mit dem pompösen Titel ›Patrimônio Cultural da Região‹ belegt. Etwas weiter entfernt befinden sich die **Praia de Guarajuba,** einer der schönsten und saubersten Strände der Nordküste Bahias, kurz danach **Praia do Forte,** berühmt geworden durch eine gelungene Verbindung von Ökologie und Tourismus. Der kleine ehemalige Fischerort, etwa 60 km nördlich von Salvador, zählt nur 7000 Einwohner, entwickelt sich jedoch im Sommer zum Haupttouristenzentrum Nordbahias. Luxusunterkünfte für betuchtere europäische Gäste, z. B. das unter deutscher Leitung stehende und 1993 zum besten Ferienhotel Brasiliens gekürte ›Resort‹, finden sich ebenso wie einfachste Unterkünfte für den Alternativtourismus. Die kilometerlangen, von Kokospalmen gesäumten Sandstrände, Dünen, Lagunen und Wasserfälle gehören zu einer geschützten Landschaft, dank der 1981 gegründeten privaten Stiftung Garcia D'Ávila, die mit zahlreichen Auflagen den Strand vor häßlichen Anlagen und Bauspekulation bewahrt hat. So müssen Hotels und Pensionen der örtlichen Architektur und Landschaft angepaßt sein, und im Falle von notwendigen Abforstungsmaßnahmen sollen für jede gefällten Baum vier neue Palmen gepflanzt werden. Die Touristenorganisationen werben für die Praia do Forte mit Begriffen wie zauberhafte Landschaft, geschützte Natur und sogar mit einem Schloß aus dem 16. Jh., dem Castelo da Torre de Garcia D'Ávila. Die restaurierten Ruinen der ehemals mächtigen Anlage liegen auf einer Anhöhe über dem Meer.

Praia do Forte ist auch berühmt wegen seines Schildkrötenprojekts. Die Küste Bahias wird von vier der sieben auf der Welt bekannten Schildkrötenarten aufgesucht, häufig jedoch nur zur Zeit der Fortpflanzung (September bis März). Tamar, die staatliche Organisation zur Rettung der Meeresschildkröten mit Hauptsitz in Praia do Forte, kümmert sich um den Schutz der Brut sowie um die Aufzucht der Jungen. Man hat die Möglichkeit, gegen ein Entgelt eine Schildkröte zu adoptieren und symbolisch zu taufen. Biologen erteilen Interessierten gerne fachkundige Auskünfte vor Ort.

Auf der Höhe von Praia do Forte trifft die Estrada de Coco auf die Linha Verde (Grüne Linie), eine 142 km lange, neuere Straße, die bis nach Aracaju im Bundesstaat Sergipe führt. Zur Zeit werden die in der Nähe dieser Straße gelegenen, noch relativ unberührten Strände für den Tourismus erschlossen. An der Costa dos Coqueiros zieht es die Urlauber in den riesigen **Ökopark Sauípe** mit seinen Hotelanlagen (s. S. 350).

Die Inseln Itaparica und de Maré

Einer der traditionellsten Tagesausflüge von Salvador führt nach **Itaparica,** der mit 240 km^2 zweitgrößten Meeresinsel Brasiliens. Sie ist trotz der Nähe zur Stadt noch ein wahres ökologisches Reservat mit reicher Flora und Fauna, schönen Stränden und ruhigem Wasser. Berühmt wurde sie als bevorzugtes Szenarium für die Romane des Schriftstellers João Ubaldo Ribeiro (»Brasilien, Brasilien«). Itaparica wurde im 16. Jh. besiedelt, von der frühen Geschichte zeugen noch einige Kolonialgebäude im gleichnamigen Hauptort sowie die Festung von São Lourenço (Besichtigung untersagt) und eine Kirche gleichen Namens aus dem Jahre 1610.

Die Insel hat 17 Strände, am beliebtesten ist Mar Grande, auch per Boot direkt von Salvador aus ansteuerbar (Abfahrt hinter Mercado Modelo). Die andere Verbindung per Fähre oder mit dem schnelleren Luxus-Katamaran führt vom Hafen bis Bom Despacho, von dort

Ilha de Itaparica

geht es mit Kombi, Omnibus oder Taxi in den Hauptort bzw. in anderer Richtung zu den reizvolleren Stränden. Dieser Ausflug ist zwar aufwendiger, aber bestimmt lohnender als ein Besuch von Mar Grande. Am schönsten und ruhigsten sind Conceição (19 km ab Itaparica), Tairu (23 km) und vor allem Cacha-Pregos (40 km).

In der Bucht von Todos os Santos befinden sich insgesamt 38 größere Inseln, die zweitgrößte nach Itaparica ist die **Ilha de Maré** (14 km^2). Seit 1584 bevölkert, hat sie heute 12 kleine Dörfer, in denen überwiegend Fischer leben. Die Vegetation besteht z. T. aus Atlantischem Regenwald, als schönster Strand gilt die 3 km lange Praia das Neves, beliebt auch wegen des ruhigen Wassers. Hier steht die kleine Igreja Nossa Senhora das Neves (16. Jh.), von der die Legende berichtet, daß sie nie erbaut wurde, sondern eines Tages einfach da war.

Cachoeira und Parque Nacional da Chapada Diamantina

Ein erster Ausflug führt ins Recôncavo, ins Hinterland Salvadors bis nach **Cachoeira** 6 (121 km), vom architektonischen Reichtum her eine der bedeutendsten Kleinstädte Lateinamerikas mit 30 000 Einwohnern. In diesem musealen Ort aus dem 17. Jh. ist alles Geschichte, Zeugnis einer blühenden Vergangenheit, als die Zucker- und Tabak-, vor allem aber Gold- und Diamantenstadt jahrhundertelang eine der reichsten Städte Brasiliens war, zugleich Ausgangspunkt der brasilianischen Unabhängigkeitskämpfe gegen die portugiesische Kolonialmacht (1822/23).

Heute sind die Barockfassaden jedoch längst abgebröckelt und harren der dringend notwendigen Restauration, die seit 1994 langsam in Angriff genommen wird. Nur die Mönchszellen des ersten Karmeliterklosters Brasiliens (Convento do Carmo, 17. Jh.) wurden schon früher renoviert und dienen nun als komfortable Hotelzimmer (Pousada do Convento). Die im Rokokostil mit vergoldeten Altären ausgestattete Konventskirche des Klosters (Igreja da Ordem Terceira do Carmo, 18. Jh.) war wohl einmal das prunkvollste, was Cachoeira zu bieten hatte, ist aber heute ebenfalls dem Verfall anheimgegeben. Der allerorten spürbare Stillstand der Zeit in diesem Örtchen am Ufer des Rio Paraguaçu, umgeben von lieblicher Hügellandschaft, hat natürlich auch seine archaisch-idyllische Seite.

Auf der anderen Uferseite sehen wir die Schwesterstadt **São Felix,** mit Cachoeira verbunden durch die älteste Eisenbahnbrücke Brasiliens, die gegen Ende des 19. Jh. im Auftrag von Pedro II. gebaut wurde.

Der erste Bürgermeister der Stadt war Gerhard Dannemann, ein Zigarrenunternehmer aus Bremen. Heute ist die Firma in vielen Teilen der Welt vertreten, mit Hauptsitz in Deutschland. Das 1873 in São Felix erbaute erste Handelshaus wurde 1989 nach historischen Plänen wiederhergestellt und dient seitdem als Kulturzentrum. Das international bekannte Centro Cultural Dannemann (CCD) ist wohl die einzige Attraktion, die São Felix zu bieten hat, sieht man einmal ab von den Werken des in Hamburg gebürtigen Holzschneiders Hansen-Bahia (Museum in Cachoeira). Das CCD hat sich verdient gemacht durch Basisarbeit im Erziehungs- und Bildungswesen, durch Alphabetisierungskampagnen, Fremdsprachenkurse, Vortragsreihen, Kunsthandwerksseminare u. v. m. Und alle zwei Jahre findet hier die Biennale des Recôncavo statt, eine der bedeutendsten Ausstellungen Bahias mit dem Ziel der Nachwuchsförderung im Bereich der bildenden Kunst. »Brasiliens schwarzes Herz hat deutsche Schrittmacher«, so kommentierte selbstgefällig die Neue Ruhr Zeitung, doch die Zukunft des Centro Cultural Dannemann ist ungewiß, der Rotstift aus Deutschland wird schon gespitzt.

Ein zweiter Ausflug führt uns in den 425 km von Salvador entfernten **Parque Nacional da Chapada Diamantina** 7 bei Lençóis. Der seit 1985 bestehende Nationalpark ist Teil einer ausgedehnten cañonartigen Gebirgslandschaft. Vor mehr als 600 Mio. Jahren war hier noch das Meer. Sand und Ablagerungen bildeten Sandsteine, aus denen später durch Klimaerosion große zerklüftete Felsformationen entstanden.

Schon im 17. Jh. entdeckten die Bandeirantes aus São Paulo hier Gold, und ab 1820, forciert durch die Berichte des deutschen Expeditionsteams Spix und Martius, begann die Zeit der Diamantensuche, die ihren Höhepunkt zwischen 1844 und 1870 erreichte. Die wirtschaftliche und kulturelle Blütezeit des Diamantensegens ist zwar längst vorbei, die Landschaft berauscht jedoch weiterhin durch ihre eigenartigen natürlichen Reichtümer. Kahle Hochebenen, bräunlich gefärbte Cañons, felsige Steilhänge und finstere Höhlen wechseln sich ab mit dem trockenen Grün der Täler und den vielen Flußläufen und Wasserfällen. Die meisten kommen hierher, um zu wandern, zu reiten und sich ein wenig wie im ›Wilden Westen‹ zu fühlen. Man kann schon von Salvador aus an einer mehrtägigen organisierten Tour teilnehmen, ansonsten gibt es noch zahlreiche Exkursionsangebote ab Lençóis.

Unser Ausgangsort **Lençóis** 8, ein altes, seit 1973 unter Denkmalschutz stehendes Diamantensucherstädtchen mit 10 000 Einwohnern, hat immer noch viel von seinem früheren Flair bewahrt. Es liegt idyllisch mitten im Grünen und bietet noch manche Zeugnisse der Vergangenheit, so die Ponte dos Arcos Romanos (1860), die Igreja de Nosso Senhor dos Passos (19. Jh.), den Mercado Municipal (Ende 19. Jh.) und das Regierungsgebäude (Prefeitura) am Praça Otaviano Alves (Ende 19. Jh.). In der Avenida Ruy Barbosa befindet sich die Casa de Cultura Afrânio Peixoto aus dem 19. Jh., früherer Wohnsitz des gleichnamigen

hiesigen Schriftstellers und heute Museum.

Von Lençóis aus wird wohl kaum jemand versäumen, die problemlos ohne Führer zu bewältigende 30-km-Tour zum 1120 m hohen **Morro do Pai Inácio** zu unternehmen, dem Wahrzeichen der Chapada Diamantina. Von dort genießt man einen phantastischen Rundblick über die Umgebung.

Dann folgt, am besten unter sachkundiger Führung, ein Besuch der verschiedenen **Grotten,** so die Gruta do Lapão gleich bei Lençóis, eine der größten Quartzsteingrotten Brasiliens, die sehenswerten Tropfsteinhöhlen Gruta Lapa Doce (76 km entfernt) und Gruta da Pratinha (70 km entfernt) sowie der Poço Encantado mit seinem 42 m tiefen blauen See (120 km entfernt).

Ebenso berühmt wie die Grotten sind die zahlreichen **Wasserfälle.** Die Cachoeira da Fumaça ist mit einer Fallhöhe von 340 m der höchste Wasserfall Brasiliens (interessant nur während der Regenzeit von Nov. bis Febr.). Die in einen kleinen Cañon eingeschnittene Cachoeira do Sossego liegt am Ende eines früheren Garimpeiro-Pfades, der zuerst an einer blütenreichen Buschvegetation und anschließend an verschiedenen Felsformationen vorbeiführt. Beliebt ist auch die nur 3,5 km lange Wandertour ganz in der Nähe von Lençóis, die an kleineren Wasserfällen, Brunnen und Felsen vorbeiführt (Cachoeirinha, Cachoeira da Primavera, Poço Halley bzw. Paraíso, Salão das Areias Coloridas und Rio Serrano).

Die vielleicht faszinierendste, aber auch anstrengende Tour führt durch das Tal von **Pati** (Infos zu Führungen und Übernachtung in den Reisebüros). Der 50 km lange Pfad (Trilha do Vale do Pati) verbindet das Tal von Capão mit dem kleinen Ort Andaraí und gibt den umfassendsten Eindruck von den landschaftlichen Reizen der Chapada Diamantina. 13 km von Andaraí entfernt befindet sich außerdem die geheimnisvolle, halbverfallene frühere Goldsucherkolonie **Xique-Xique do Igatu.** Bis heute erinnern sich noch viele der 400 verbliebenen Einwohner dieser Geisterstadt an zahlreiche abenteuerliche Geschichten aus der guten alten Zeit.

Der Nordosten zwischen Bahia und Belém

Reiseübersicht

Neben Rio de Janeiro und Salvador stehen die Küstenreiseziele des Nordostens schon seit langem hoch im Kurs. Die tropischen Strände, das beständige Klima und die moderateren Preise ziehen immer mehr Touristen an, die oft per Direktflug gleich nach Recife oder Fortaleza kommen. Unsere Tour folgt der Küstenlinie vom Südosten zum Nordosten und schließt auch die von Brasilianern bevorzugten Urlaubsgebiete mit ein.

Sehr beliebt ist **Maceió** 1, eine Art Miami gleich vor der Haustür. Hier ist alles recht aufgeräumt und modern, so wie es die brasilianische Mittelschicht gerne mag: moderne Küstenstraßen, asphaltierte Strandpromenaden, Shopping-Center und sogar ein Babysitter-Service. Die meisten Touristen aus Europa stellen sich jedoch Brasilien etwas anders vor, improvisierter, ursprünglicher und auch abenteuerlicher. Wer per Bus die Küste entlangfährt, kann natürlich hier einmal haltmachen – immerhin hat man ab Salvador eine Strecke von 632 km hinter sich.

285 km nördlich liegt **Recife** 2, die Hauptstadt von Pernambuco. Sie wird den meisten Deutschen schon ein Begriff sein. Es war die erste Stadt des Nordostens, die direkt angeflogen werden konnte. Viele Skandalgeschichten von Kinderprostitution gingen durch die Presse, und überzogene Vergleiche mit Bangkok machten die Runde. Boa Viagem, fast der einzige bedeutende Strand in Recife, gilt bis heute als die Copacabana des Nordostens. Die besorgten Stadtväter haben sich jedoch bald bemüht, das zwielichtige Image von Recife als Hochburg des Sextourismus zu korrigieren und mit der Restauration der Altstadt Besuchsanreize auch für Normalreisende zu schaffen.

70 km von Recife entfernt erstreckt sich der paradiesische Strand **Porto de Galinhas** 3 mit seinen unzähligen Kokospalmen und glasklarem Wasser.

Unabdingbar ist ein Besuch der nur 6 km von Recife entfernt liegenden historischen Denkmalsstadt **Olinda** 4 (Die Schöne) aus dem 16. Jh. mit vielen Kirchen und historischen Gassen, vergleichbar mit Ouro Preto und Parati. Der Karneval von Olinda gilt als einer der populärsten und phantasievollsten des ganzen Landes.

◁ *Praia Canoa Quebrada bei Fortaleza*

Der Nordosten zwischen Bahia und Belém

120 km weiter nordöstlich erreichen wir **João Pessoa** 5, die Hauptstadt von Paraíba. Sie ähnelt zwar in manchem dem oben beschriebenen Maceió, unterscheidet sich jedoch in zweierlei Hinsicht recht positiv. 1585 gegründet, ist sie die drittälteste Stadt Brasiliens und kann in der insgesamt wenig schönen Altstadt mit einigen Beispielen kolonialer Architektur aufwarten. Zudem kann sie sich rühmen – laut einer Studie der Vereinten Nationen –, die zweitgrünste Stadt der Welt zu sein. An diversen Traumstränden mangelt es dort ebenfalls nicht.

Empfehlenswerter noch ist unser nächstes Ziel, die ›Dünenhauptstadt‹ **Natal** 6, 185 km von João Pessoa entfernt. Die Stadt wirbt mit Sonne, blauem Himmel, dem grünem Meereswasser und sauberer Luft. Die eigentliche Attraktion von Natal sind allerdings die landesweit berühmten immensen Dünenstrände sowie die überall angebotenen Buggy-Touren.

Von hier aus ist es nur eine Flugstunde (von Recife aus 1 1/2) bis zu dem ökologisch interessantesten Naturschutzarchipel Brasiliens, **Fernando de Noronha** 7. Die Hauptinsel besitzt 21 Strände, eignet sich hervorragend zum Wandern und besticht durch ihre einmalige Unterwasserwelt. Vor allem die zahlreichen Delphine und Riesenmee-

Richtig Reisen
Thema

Armenhaus und Urlaubsparadies

Man mag es mit dem ehemaligen brasilianischen Minister Sérgio Motta ›soziologische Masturbation‹ nennen, das immer neue Feststellen immer neuer Daten der Armut, die doch zugleich immer die alten bleiben. Die zu 60 % auf Agrarwirtschaft basierende Nordostregion des Landes ist und bleibt das Armenhaus bzw. das Somalia Brasiliens. Die Arbeitslosigkeit ist enorm, und von der berufstätigen Bevölkerung verdient die Mehrheit kaum den kargen Mindestlohn (s. S. 16). Die 20 ärmsten Gemeinden der Nation befinden sich allesamt im Nordosten (Bahia eingeschlossen), vor allem in den Bun-

resschildkröten ziehen das Interesse der meisten Besucher auf sich, Taucher treffen in dem glasklaren Wasser auf endlose Fischschwärme.

Fortaleza 8 gilt als tanzwütige Metropole Cearás und ist vielleicht die besuchenswerteste Stadt des ganzen Nordostens, bietet doch die hübsche und belebte Promenade des historischen Stadtteils Iracema noch einen Hauch von Bohème-Kultur. Hier ist immer ›etwas los‹, sogar am Montagabend. Hauptattraktion und beliebter Treffpunkt ist ein restaurierter Bootsanleger, die Ponte Metálica. Ein schöner ortsnaher Strand ist die Praia de Meireles, in der Saison jedoch sehr touristisch. Etwas außerhalb liegt die 8 km lange Praia do Futuro, bevorzugter Tummelplatz der Einheimischen mit zahlreichen großen Strandkiosken und – natürlich – viel Tanz und Musik.

Ein weiterer beliebter Ausflug führt 162 km in südlicher Richtung nach **Canoa Quebrada** 9. Der kleine Küstenort wurde weltberühmt durch die große Invasion von Hippies, Freaks und Rucksacktouristen in den 60er und 70er Jahren. Bis heute noch ist das alternative Flair der Flower-Power-Zeit ein wenig erhalten geblieben, vergleichbar nur mit Arraial d'Ajuda und Morro de São Paulo. Die Hauptattraktion am Tage ist ein 13 km langer Dünenstrand.

Unvergeßlich sein wird auch der Ausflug von Fortaleza – 312 km in nördlicher desstaaten Piauí und Ceará mit einem Armenanteil von 65,5 bis 73,5 % der Bevölkerung.

Am dramatischsten ist die Situation im Sertão. Das Hochplateau im Landesinneren nimmt 60 % der Nordostregion ein und ist gekennzeichnet durch langanhaltende Dürreperioden. Hinzu kommt ein anachronistisches Agrarsystem auf der Basis vorkapitalistischer, fast feudaler Strukturen und Abhängigkeiten. Die anhaltende Landflucht in die entwickelteren Küstenstädte, vor allem nach Salvador, Recife und Fortaleza, erschwert dort jedoch die Lösung der ebenfalls gravierenden sozialen Probleme.

Im Großraum Fortaleza haben viele Haushalte noch keine öffentliche Wasserversorgung und Kanalisation. Es gibt häufig Cholera-Fälle, die Säuglingssterblichkeit liegt weit über dem nationalen Durchschnitt. In Recife ist die Situation nicht besser, der Dauerzustrom aus dem *interior* hat die Zahl der Arbeitslosen stetig ansteigen lassen. Die meisten überleben mittels Almosen, Gelegenheitsjobs, Straßenhandel und mitunter auch Prostitution. Die Kriminalitätsrate ist, im Vergleich zu Rio und São Paulo, zwar niedriger, der betäubende Konsum von Cachaça – neben Reis und Bohnen oft die einzige ›Nahrung‹ – dagegen viel höher.

Der normale Urlaubsreisende merkt von alledem jedoch wenig, an luxuriösen 5-Sterne-Hotels mangelt es kaum. Lediglich einige bettelnde Straßenkinder und einfach gekleidete Menschen erinnern an das Elend der Bevölkerung. In letzter Zeit ist die ärmste Region Brasiliens touristisch zunehmend im Kommen. Hier ist es am billigsten, am ungefährlichsten und zugleich, was die tropischen Strände angeht, am schönsten. Das Klima ist beständiger, die kulturellen Traditionen sind reichhaltiger, und die Menschen sind trotz der Armut freundlicher und liebenswürdiger.

Richtung – zu den weltberühmten Dünen von **Jericoacoara** 10, laut ›Washington Post‹ einer der zehn schönsten Strände der Welt. Er besitzt Dünen bis zu einer Höhe von 30 m. Am Abend trifft man sich in den Gäßchen des noch recht archaischen Dorfes.

Im Hinterland erstrecken sich der **Parque Nacional de Ubajara** 11 mit einer der größten Höhlen des Landes und der **Parque Nacional de Sete Cidades** 12, die mystischste Gegend Brasiliens.

Auf der Weiterfahrt in Richtung São Luís kann man von Barreirinhas aus einen Abstecher in den größten Nationalpark des Nordostens, den **Parque Nacional dos Lençóis Maranhenses** 13 machen. Es ist eine endlose Wüsten- bzw. Dünenlandschaft mit einigen grünen und blauen Oasen, auch die ›Sahara Brasiliens‹ genannt. Die Tour ist jedoch etwas beschwerlich, und Reisekomfort darf man nicht erwarten.

370 km weiter kommen wir in das sympathische **São Luís** 14, Hauptstadt von Maranhão. Trotz des weniger entwickelten Tourismus hat die ehemalige französische Kolonie kulturell einiges zu bieten, besonders in der sehr anheimelnden restaurierten Altstadt. Die folkloristischen Ereignisse sind hier besonders ausgeprägt, vor allem die Festas juninas. Zudem besitzt São Luís zahlreiche schöne Strände, die zwar etwas außerhalb liegen, dafür aber sauberer sind.

Unser letztes Ziel, 806 km nördlich von São Luís gelegen, ist **Belém** 15. Die Hauptstadt des Bundesstaates Paraná ist an sich weniger interessant. Ihr Mythos rührt von ihrer strategischen Lage her als Eintrittstor zum riesigen Amazonasgebiet. Von hier aus geht es auch per Boot nach Santarém und Manaus. Lohnend ist auf jeden Fall ein Besuch der Urwaldinsel **Marajó** 16.

Maceió – das Miami des Nordostens

1 (S. 329) Vor nicht langer Zeit noch flossen die Touristenströme an dieser Stadt eher vorüber, bis die ganze Infrastruktur der Küste dermaßen umgemodelt und modernisiert wurde, daß die Angehörigen der brasilianischen Mittelschicht sich in der Heimat von Fernando Collor und P. C. Farias bald wie im geliebten Miami fühlen konnten. Bis auf Disneyland hat man nun alles gleich vor der Haustür: moderne Küstenstraßen, schattige Baumalleen am Strand, asphaltierte Promenaden, Nobelhotels und Luxusrestaurants, große *jangadas* mit Segeln voller Produktwerbung, Shopping-Center und am Abend gar einen Babysitter-Service.

Die Hauptstadt von Alagoas (ca. 797 000 Ew.) entwickelte sich seit Errichtung der ersten Zuckersiederei im Jahre 1815 unter dem Namen Maceió. Die Existenz eines Hafens für den Export von Zucker förderte den 1868 einsetzenden Urbanisierungsprozeß. Bis heute ist es der Zucker, der Maceió für Nordostverhältnisse relativ wohlhabend werden ließ. Über 50 % des Bruttoinlandsprodukts von Alagoas stammt aus der Zuckerrohrwirtschaft, die noch immer von weniger als 30 Familien kontrolliert wird. Der Bundesstaat liegt heute in der Zuckerproduktion Brasiliens an zweiter Stelle.

Hier in Alagoas befand sich auch die República dos Palmares, eine unabhängige Siedlung mit über 30 000 entflohenen Sklaven, die sich ab 1635 dort niederließen und deren mächtiges Heer unter dem legendären Zumbí den Kolonialtruppen insgesamt 40 Niederlagen beibrachte. Erst 1694 wurde Palmares zerstört und der Anführer Zumbí ein Jahr später heimtückisch ermordet. Bis heute jedoch ist sein Todestag, der 20. November 1695, ein wichtiger Gedenktag.

Die wirtschaftliche Blüte des Landes schlug sich jedoch kaum in kulturellen oder architektonischen Leistungen nieder. Die älteste Kirche im **Stadtzentrum** 1, die Igreja de Nossa Senhora do Rosário, stammt aus dem Jahre 1829, die größte Kirche, die Catedral Metropolitana, aus dem Jahr 1859. Die einzige Kirche, die wegen ihrer Fassade aus portugiesischen Azulejos künstlerisch hervorsticht, ist die Igreja Bom Jesus dos Martírios (1881) am gleichnamigen Platz im Zentrum. Interessant ist der Mercado Municipal im Parque Rio Branco, eine Markthalle mit allen erdenklichen Lebensmitteln, Kräutern, Ölen und einer sehr volkstümlich geprägten Atmosphäre. Insgesamt ist das Zentrum jedoch recht reizlos, trotz der durchgeführten überfälligen Restaurierungsarbeiten..

Und so reduziert sich das tropische Maceió mit seinen durchschnittlichen Jahrestemperaturen zwischen 18 ° und 32 °C mehr noch als andere ›Paradiese

Fischer bringen Touristen mit ihren Jangadas zu den Sandbänken von Maceió

des Nordostens‹ auf palmengesäumte Strände und Seen. Der zentrumsnächste Strand ist die zum Baden ungeeignete **Praia da Avenida** 2, in den 50er Jahren noch ein Modestrand, bis die zunehmende Verschmutzung durch den Hafen und die Einleitung von Abwässern dem ein Ende bereitete. Die heute bevorzugt besuchten Stadtstrände liegen nördlich davon in der nobleren Nordzone. Der erste ist die **Praia de Pajuçara** 3, von der aus man bei Ebbe mit einem Jangada zu der 2 km vorgelagerten Korallen- und Sandbank fahren und in den flachen Naturschwimmbecken baden kann. Am Ende der Pajuçara-Bucht schließt sich die kleinere **Praia de Sete Coqueiros** an, dort befindet sich auch ein ständiger Kunsthandwerksmarkt. Die nächsten Strände, **Praia de Ponta Verde** 4 und **Praia de Jatiúca** 5 mit den vielen großen Barracas sind zur Zeit die beliebtesten und vor allem an Sonntagen stark frequentiert. In den 50er Jahren befand sich hier noch ein großer Palmenwald (Ponta Verde), heute reiht sich auf dem früheren Landgut ein Luxushotel an das andere.

Für ein ruhigeres Kontrastprogramm muß man weiter in die Umgebung ausweichen. Eine der vielen angebotenen Bustouren in nördlicher Richtung führt zunächst nach **Garça Torta**, einem kleinen Fischerdorf 9 km von Maceió entfernt. 4 km weiter folgt die **Praia de Pratagy**, wegen einer Sirenenstatue auf einem Riff auch ›Mirante da Sereia‹ genannt. Sie ist neben der 20 km nordöstlich liegenden Sonho Verde und Garça Torta einer der landschaftlich reizvollsten Strände von Alagoas, mit üppiger Palmenvegetation und riffgeschützten Naturschwimmbecken. Wegen seiner kinderfreundlichen Bademöglichkeiten rücken hier am Sonntag scharenweise die Familien aus der ganzen Stadt an.

Vom Zentrum aus in südlicher Richtung werden ebenfalls Touren angebo-

Maceió *1 Centro 2 Praia da Avenida 3 Praia de Pajuçara 4 Praia de Ponta Verde 5 Praia de Jatiúca 6 Lagoa Mundaú*

ten. Nach 4 km erreicht man **Pontal da Barra**, Ausgangspunkt einer der traditionellen Schoner-Fahrten durch den 23 km^2 großen **Lagoa Mundaú** 6 mit dem charakteristischen dunkel gefärbten Wasser, vorbei an neun Inseln der Lagune mit einem Badeaufenthalt in Prainha oder Praia Verde. Die Lagunen von Maceió haben die Eigenschaft, wie große Wasserfilter zu wirken. Alle Flüsse von Alagoas laufen hier vor ihrem Eintritt ins Meer hindurch, woraus sich auch die augenscheinliche Transparenz des Meereswassers dieser Region erklärt. Dennoch sind die südlichen Stadtstrände recht verseucht, vor allem wegen der Giftableitungen der größten Chemiefabrik Südamerikas, ›PCA & Salgema‹. Diese Industrieansiedlung aus dem Jahre 1977 ist bis heute Gegenstand polemischer Diskussionen, wegen ihr verlagerte sich das touristische Zentrum der Stadt von der Süd- in die nunmehr wohlhabende Nordzone.

Lediglich die schöne **Praia do Francés**, 24 km südlich vom Zentrum, erfreut sich anhaltender Beliebtheit. Die von Palmenwäldern gesäumte Strecke dorthin über die Ilha de Santa Rita ist landschaftlich reizvoll, voller Lagunen und Flüsse. Man sieht am Straßenrand einige kleine Siedlungen mit den für diese Region typischen Lehmhütten im Baustil früherer Sklavenunterkünfte. Der Strand besteht aus einem belebteren Teil mit vielen Pousadas und Bars und einem ruhigeren, einsamen Abschnitt. Früher wurde hier von Franzosen ein Schmuggelhandel mit Pau do brasil abgewickelt, daher auch der Name Praia do Francés. Ein paar Kilometer weiter, in **Barra de São Miguel**, befindet sich ein weiterer Strand mit sehr einfachen, populären Barracas und einem riffgeschützten Naturschwimmbecken. Durch das Dorf führt ein kleiner Fluß mit dunkelbraun gefärbtem Wasser, ein beliebter Badeplatz der Einheimischen.

Egal an welchem Strand oder in welcher Bar man sich befindet, der ganztägigen Dauerberieselung mit Forró- oder Pagode-Musik, zumindest in der Saison und an den Wochenenden, wird man sich kaum entziehen können

Recife – Pernambucos Touristen-Hauptstadt

2 (S. 342) Recife (1,4 Mio. Ew.) gilt seit langem als Haupteintrittstor in den Nordosten Brasiliens, erst in letzter Zeit machen Fortaleza und Salvador erfolgreich Konkurrenz. Die meisten der jährlich 500 000 Besucher verbringen jedoch ihre Tage an dem einzigen großen Stadtstrand von Boa Viagem, der Copacabana des Nordostens, und unternehmen höchstens noch den obligatorischen, jedoch wirklich lohnenden Tagesausflug zur benachbarten historischen Denkmalsstadt Olinda. In letzter Zeit ist indes einiges getan worden, um Teile der ehedem recht heruntergekommenen Altstadt von Recife zu restaurieren und kulturell wie touristisch wieder interessant zu machen. Sie liegt über drei Inseln verteilt inmitten der Flüsse Beberibe und Capibaribe. Die Stadt der 39 Brücken und 50 Kanäle möchte gerne mit Venedig verglichen werden, allenthalben wird geworben mit dem eher schmeichelhaften Beinamen ›Veneza Brasileira‹.

Die früheste Notiz von der Existenz eines Fischerdorfes namens Ribeira do Mar dos Arrecifes (später Recife, auf dt. Riff) stammt vom 12. März 1537. Die Kolonisierung begann jedoch erst im Jahre

Recife, Zentrum *1 Forte das Cinco Pontas 2 Mercado São José 3 Pátio de São Pedro 4 Casa da Cultura 5 Justizpalast, gegenüber Capela Dourada 6 Recife antigo*

1630 mit dem Bau eines Forts durch die Holländer, die hier ähnliche geographische Bedingungen wie in der Heimat vorfanden und an den günstigen Voraussetzungen für einen Hafen an der europanächsten Stelle Südamerikas Gefallen fanden. Der neue Hauptstützpunkt der Holländer in Brasilien nannte sich nun nach ihrem Gründer Prinz Maurício (Moritz) de Nassau ›Maurcéia‹ und entwickelte sich in den 24 Jahren holländischer Herrschaft schnell von einem kleinen Dorf zu einer Kleinstadt mit 2000 Häusern und 8000 Einwohnern. Zahlreiche Brücken, Kanäle, Forts, öffentliche Gebäude und Regierungspaläste zeugen noch heute von dieser Epoche. Mit dem Verfall der Zuckerpreise auf dem Weltmarkt versuchten die holländischen Kolonialherren, ihre Verluste durch höhere Steuertribute auszugleichen und bezahlten diese Herausforderung schließlich mit der vollständigen Vertreibung aus Brasilien im Jahre 1654.

Fortan waren die Portugiesen auch hier wieder die Herren im Hause. Die Expansion der Hafenstadt setzte sich fort, bis Recife 1823 offiziell zur Stadt erklärt wurde. Vor allem während der Regierungszeit von Francisco de Rego Barros (1837–40) entstanden zahlreiche neue Brücken, Straßen, Hafenanlagen, der Palácio do Governo und später das neoklassizistische Teatro Santa Isabel (1850). Im 19. und 20. Jh. schließlich war das alte Zentrum von Recife, besonders das Viertel São José, wichtige Bühne intellektueller und politischer Bewegungen.

Rundgang in der Altstadt

Zum Ausgangspunkt unserer Besichtigung wählen wir das **Forte das Cinco Pontas** 1 – ursprünglich von den Holländern Forte Frederik genannt –, schließlich begann hier im Jahre 1630 die Kolonialgeschichte der Stadt. Bemerkenswert ist seine sternförmige Konstruktion und seine Größe, die bis zu 1000 Soldaten Platz bot. Im ersten Stock befindet sich heute das Museu da Cidade do Recife mit zahlreichen Fotos und Karten zur Geschichte der Stadt.

Nach Verlassen der Festung überqueren wir zunächst die Hauptstraße, gehen ca. 50 m nach rechts, biegen dann nach links in die quirlige Geschäftsstraße Rua das Calçadas ein und erreichen einen ca. 1000 m^2 großen Platz, unter dessen schattenspendenden Bäumen reges Leben herrscht. Und gleich daneben erhebt sich der marode Prachtbau des **Mercado São José** 2, eine der ersten und perfektesten Metallkonstruktionen Brasiliens aus dem Jahre 1875. Inspiriert von der Markthalle von Grenelle und den Zentralhallen von Paris, wurden seine einzelnen Konstruktionselemente fast vollständig aus Europa importiert. Trotz der Zerstörung durch einen Brand sind seine dreiteilige Metallstruktur und das aus Marseille stammende Dach noch im Original erhalten. Im Innern befinden sich ein Fisch- und ein Fleischmarkt sowie zahlreiche Verkaufsstände für Kunsthandwerksprodukte.

Auf der anderen Seite des Platzes geht es dann in die kleine Travessa do Mercado, darauf rechts in die Rua Direita und gleich wieder links in die Rua São Pedro bis zum **Pátio des São Pedro** 3, ein sehr populärer und schöner, von Kolonialbauten gesäumter Platz an einer Kirche gleichen Namens.

Vom Platz aus sieht man auch die mächtige Basílica, wir gehen jedoch durch eine kleine Gasse nur bis zur Hauptstraße Av. Dantas Barreto, bewegen uns ein Stück nach links und biegen an der ersten Ampel rechts in die Rua Tobias Barreto ein. An ihrem Ende gelangen wir zur **Casa da Cultura** 4 am

Casa da Cultura in Recife

Rio Capibaribe. Es ist ein imposantes Gebäude in Form eines Kreuzes, das zwischen 1855 und 1867 gebaut wurde und fast ein Jahrhundert lang als Gefängnis diente. Seit 1975, nach einer Totalrestauration, befinden sich hier in den ehemaligen Zellen über drei Ebenen verteilt zahlreiche Läden, in denen Kunsthandwerksprodukte aus Holz, Ton, Stroh, Spitzenseide sowie Halbedelsteine angeboten werden. Besonders beliebte Mitbringsel sind die bunten Tonfiguren des Keramikers Baé sowie der *jenipapo*, ein Likör aus Früchten. Zudem besitzt das Haus im ersten Stock ein einfaches, aber oft gelobtes Restaurant, das einen Besuch lohnt.

Wir treten auf der anderen Seite des Gebäudes wieder heraus, gehen dann weiter nach rechts immer am Flußufer entlang, danach auf der Höhe der schönen blauen Brücke da Boa Vista nach rechts durch die Rua Nova, überqueren die große Avenida Dantas Barreto, gehen weiter geradeaus über die Praça da Independência bis zur Rua Imperador Pedro II und dort nach links etwa 200 m weiter bis zur **Capela Dourada** **5** auf der linken Straßenseite. Die ›Vergoldete Kapelle‹ wurde von 1696 bis 1724 errichtet und gehört zum Orden Terceira de São Francisco do Recife. Die Holzvertäfelung in ihrem Innern ist fast vollständig mit Gold verziert, nur in Salvador und Ouro Preto gibt es ähnlich Prachtvolles. Angrenzend befindet sich das Museu Franciscano de Arte Sacra.

Nach der Besichtigung gehen wir die Rua Imperador wieder 200 m zurück, biegen dann links in die Rua 1° de Março ein, gehen über die älteste Brücke der Stadt, die Ponte Maurício de Nassau aus dem Jahre 1643, und gelangen in ihrer Verlängerung direkt in den ehemals dem Meer abgerungenen Teil der Altstadt, **Recife antigo** 6, der kürzlich restauriert wurde. Da ist zunächst die Avenida Marquês de Olinda. Fast am Ende dieser Straße, etwas schräg nach links, geht es in die noch traditionsreichere Rua do Bom Jesus. Ihre Entstehungsgeschichte geht zurück bis ins 16. Jh. Im 17. Jh., während der Zeit der holländischen Okkupation (1630–34), hieß sie Rua dos Judeus, von der Iberischen Halbinsel vertriebene Juden hatten hier die erste jüdische Gemeinde Brasiliens gegründet. Betrachtet man heute die knallig bunt bemalten Häuser dieser Straße, weiß man auch, warum das Restaurationsprojekt ›Cores da Cidade‹ (Farben der Stadt) genannt wird. Dahinter befindet sich schließlich das Hafenviertel bzw. der Kai. Dieser Teil der Altstadt hat sich seit der Restauration auch zum Zentrum des Nachtlebens von Recife entwickelt. Faszinierende Nachtansichten von Recife bietet auch eine Bootstour auf dem Rio Capibaribe. Der Katamaran ›Lago Azul‹ startet abends an den Wochenenden am Hafen von Recife antigo und führt an vielen Sehenswürdigkeiten der Stadt vorbei. Auf einer Strecke von 12 km bzw. während einer Fahrzeit von zwei Stunden streift er außer Recife antigo noch die traditionsreichen Stadtviertel von São José und Santo Antônio.

Sehenswertes außerhalb der Altstadt

Das **Museu do Homem do Nordeste** (Museum der Menschen des Nordostens), etwa 10 km nordwestlich der Altstadt, gehört mit zum Interessantesten, was Recife zu bieten hat. 4000 der insgesamt 12 000 Objekte gehören zu einer Dauerausstellung, die in drei verschiedenen Bereichen die Geschichte des Zuckerrohranbaus, der Wohnkultur und der Folklore der Nordostregion Brasiliens behandelt. Die Zuckerindustrie macht noch heute mit 1,7 Mio. Beschäftigten einen wichtigen Wirtschaftszweig der Region aus. Bei der Darstellung der Geschichte des Zuckers wurde Wert darauf gelegt, neben dem Produktionsprozeß auch die Seite der Produzenten hervorzuheben, war doch über lange Zeit die Handarbeit von Sklaven Grundlage der Produktion. Nicht nur deren Arbeitswerkzeuge werden gezeigt, sondern auch die Strafwerkzeuge, unter denen sie zu leiden hatten.

Im zweiten Ausstellungsblock zur Wohnkultur wird der luxuriöse Lebensstil der ›Zuckerbarone‹ nachvollziehbar gemacht. Die dritte Abteilung des Museums ist der Folklore gewidmet. Die zentralen Symbole der *cultura nordestina* sind hier zugänglich gemacht, so die farbenprächtigen Festwagen, die Statuen und Kostüme afrikanischer Gottheiten (Orixás), populäre Spielzeuge, Keramikfiguren u. v. m. Neben begeisterten Schulklassen ziehen hier Touristen aus aller Welt hindurch.

Richtig Reisen *Tip*

Die erotischen Skulpturen des Francisco Brennand

1993 standen sie in der Kunsthalle von Berlin und machten den Künstler, der ein Jahr später den ›Internationalen Gabriela-Mistral-Preis‹ gewann, schließlich auch in Deutschland bekannt. Wer diese Ausstellung verpaßt hat, kann dies nun in Recife im Stadtteil Várcea nachholen. Dort hat Francisco Brennand, einer der bedeutendsten Bildhauer Brasiliens, sein Atelier und seine Heimstatt. Die erste Aufmerksamkeit gilt einem großen exotischen Garten, vollgestopft mit Hunderten von Keramikarbeiten zwischen Brunnen und tropischen Pflanzen. Daneben steht eine ehemalige Ziegelfabrik mit zahllosen weiteren Skulpturen und Keramikwerken an den Wänden. Die Motive lassen schnell Vergleiche mit Picasso oder Gaudí aufkommen – Thema ist fast immer die Erotik des weiblichen wie männlichen Körpers mit obsessiver Betonung der Geschlechtsteile. Man wird ähnliches auf der ganzen Welt nicht mehr sehen, das Lebenswerk eines vom Eros besessenen Künstlers, der seine starken Phantasien in mehr als 2000 Tonfiguren hineingemeißelt und hineingebrannt hat. Seine Philosophie hat er selbst in einem Satz zusammengefaßt: »Ton ist ein ursprüngliches Material. Wer es bearbeitet, ist sofort in der Welt der Archetypen, mit allen ihren Mythen und Symbolen.«

Boa Viagem, die Neustadt von Recife, mit dem gleichnamigen Strand

Strandviertel und Strände

Der Stadtteil **Boa Viagem** ist so etwas wie die Neustadt Recifes. Hier konzentriert sich zugleich die gesamte touristische Infrastruktur, so daß es kaum verwunderlich ist, daß die meisten Besucher ihren gesamten Urlaub in diesem Viertel bzw. an dem gleichnamigen, 8 km langen Strand verbringen. Häufig werden Vergleiche mit der Copacabana angestellt, zu recht, was die Häuserfront, die bogenförmig geführte Avenida und den breiten Sandstrand angeht, zu unrecht, was das Flair und die Vergnügungsmöglichkeiten betrifft. Bietet schon Rio weit weniger, als der Neuankömmling glaubt, so wird man sich abends in Boa Viagem eher langweilen. Der Grund ist, daß sich hier an der Strand-Avenida fast nur Hotels und Wohnblocks aneinanderreihen und kaum eine Bar oder sonst ein einladender Ort zum Verweilen lockt. Die wenigen Ausnahmen, wie das Balthasar oder das mexikanische Iguana, verdienen somit eine besondere Erwähnung.

Von Boa Viagem aus gut 50 km in nördlicher Richtung liegt die Insel **Itamaracá**, von den Einheimischen als der Ort beschrieben, an dem Adam und Eva die verbotene Frucht gegessen haben. Die Insel war das erste bewohnte portugiesische Erblehen in Brasilien. In

dem 1520 gegründeten Hauptort Vila Velha lohnt sich ein Besuch des holländischen Forts Orange (1631/37) mit dem dort untergebrachten, international bekannten Kunstatelier von Amaro sowie die Einkehr im Restaurant ›Porto Brasílis‹. Die Insel hat 15 Strände, von Orange aus gelangt man zu der großen Sandbank Coroa do Avião.

Von Recife aus 40 km südlich befindet sich der 3 km lange Sandstrand von **Gaibu** mit vielen kleinen Bars und Restaurants. Das ruhige Meer eignet sich gut zum Baden. Der angrenzende Strand von **Calhetas** ist ruhiger und wird häufig zu den zehn schönsten Stränden Brasiliens gerechnet. Er liegt an einer einsamen, kleinen Bucht von nur 200 m Breite mit einem Fischerdorf, ein paar einfachen barracas und einer reizvollen Vegetation. Das saubere Meer ist tiefblau und wird bevorzugt von Tauchern und Surfern aufgesucht. Auch wildes Campen ist hier möglich. Noch 30 km weiter erreichen wir Porto de Galinhas.

Porto de Galinhas – Sklavenhafen und Palmenstrand

3 (S. 340) Porto de Galinhas ist eigentlich nur ein Strand und dennoch im Sommer der belebteste Ort der Südküste Pernambucos, ca. 70 km vor Recife. Im allgemeinen sind die Ziele des brasilianischen Massentourismus nicht gerade identisch mit denen ausländischer

Besucher, im Falle von Porto de Galinhas mag es jedoch Überschneidungen geben. Obwohl in der Saison hoffnungslos überfüllt, besticht die Region durch eine Landschaft, wie man sie höchstens in farbigen Südsee-Prospekten zu sehen bekommt.

Der 4 km lange **Hauptstrand** aus feinstem weißem Sand liegt an einem Meeresabschnitt, dessen von Riffs gebremste Wasser ruhig, sauber und warm sind, ideal zum Baden, Tauchen und Fischen. Etwas abseits vom Strand säumen Tausende von Palmen das Ufer, ein Bild, das schon zum Erkennungszeichen des Ortes geworden ist. Dazwischen verbirgt sich, wegen architektonischer Zurückhaltung kaum merklich, eine komplette Infrastruktur mit niedriggeschossigen Hotels und Restaurants gehobenen Stils. Alles hier ist jedoch weitläufig, und nicht wenige mieten gleich bei Ankunft einen Buggy (vorzugsweise mit Chauffeur), um einmal den Strand zu wechseln oder zu den historischen Sehenswürdigkeiten in der Umgebung zu gelangen.

So findet sich z. B. im Nachbarort **Nossa Senhora do Ó** das markanteste Symbol einer vergangenen Epoche, ein von Sklaven gepflanzter immenser *Boabá*-Baum mit einem Umfang von 18 m. Porto de Galinhas war früher offizielles und ab 1850 illegales Eintrittstor für den Import afrikanischer Sklaven in den Nordosten Brasiliens. Die Ankunft einer neuen Ladung wurde mit der Chiffre *galinhas d'angola* signalisiert, was lediglich Perlhühner heißt, verdeckt jedoch auf die verbotene schwarze Fracht aus Angola verweist. Und so könnte man Porto de Galinhas sowohl mit Hühner- wie mit Sklavenhafen übersetzen. Viel mehr jedoch als diesen Baum hat die Gegend an historischem Erbe nicht zu bieten, es sei denn die barocke Igreja sowie der Convento de Santo Cristo aus dem Jahre 1606 oder die kleine, auf einem Hügel gelegene Igreja do Outeiro aus dem 17. Jh. mit dem angeblich schönsten Sonnenuntergangsszenarium weit und breit und einem Panoramablick auf die Küste.

In südlicher Richtung an Porto de Galinhas anschließend findet sich der Haupt-Surferstrand von Pernambuco, **Maracaípe**. Der Pontal de Maracaípe, bedeutendster Verladehafen für das Pau do Brasil während der Kolonialzeit, gilt als eine der schönsten Stellen der Region. In nördlicher Richtung gelangt man zu den Stränden von **Cupe** und **Gamboa**. Will man jedoch einen wirklich einsamen Strand kennenlernen, muß man eine Buggy-Fahrt zur **Praia de Muro Alto** unternehmen. Ein anderer beliebter Ausflug, diesmal per Boot, führt zur **Ilha de Santo Aleixo**. Unverzichtbar ist jedoch die traditionelle Fahrt mit einem Jangada von nur einer Stunde Dauer zu den Sandbänken vor Porto de Galinhas (nur bei Ebbe bzw. Neumond).

Am Abend wird man sich hier – zumindest in der Saison – kaum langweilen. Ähnlich wie in Fortaleza trifft sich alles immer wieder, lediglich an einem anderen, fest vereinbarten Ort: sei es in der ›Boate Studio Village‹, im ›Itaoca‹ oder einem anderen Treff, der gerade ›in‹ ist.

Olinda *1 Convento de São Francisco und Igreja Nossa Senhora das Neves 2 Igreja Nossa Senhora da Graça 3 Igreja da Sé 4 Museu de Arte Sacra 5 Igreja da Misericórdia 6 Museu do Mamulengo 7 Museu de Arte Contemporânea 8 Igreja de São Sebastião 9 Mosteiro de São Bento 10 Igreja de Santo Antônio do Carmo*

Die historische Denkmalsstadt Olinda

4 (S. 334) Olinda (Die Schöne), nur 6 km von Recife entfernt, besitzt 22 gut erhaltene Kirchen, 11 Kapellen und zahlreiche alte, meist zweigeschossige Wohnbauten (Sobrados) mit maurischen Balkonen und portugiesischen Kacheln – ein einziges Museum unter freiem Himmel, das 1982 von der Unesco zum ›Weltkulturerbe‹ erklärt wurde. Nur in Ouro Preto (Minas Gerais)

und teilweise noch in Parati (Rio de Janeiro) gibt es Vergleichbares.

Darüber hinaus bietet das bereits mit dem Pariser Bohème-Viertel verglichene ›Montmartre Brasiliens‹ noch eine Reihe von Kunstateliers, Galerien und Märkten sowie eine Vielzahl folkloristischer Ereignisse, besonders während des Frevo-Karnevals, der als der farbigste und kreativste Straßenkarneval Brasiliens gilt (s. S. 70).

Die erste Hauptstadt Pernambucos wurde 1537 von dem Portugiesen Duarte de Coelho gegründet, 1551 kamen die Jesuiten, 1577 die Franziskaner und 1580 die Karmeliter. Während der Zeit der holländischen Okkupation (1630–54) wurden viele Bauwerke niedergebrannt, später jedoch in teils erweiterter Form wiederhergestellt. 1710 kam es zu einem bewaffneten Konflikt (Guerra dos Mascates) mit der benachbarten Hafenstadt Recife, bei dem die Zuckerbarone von Olinda den politischen Aufstieg der bürgerlichen Handelskaufleute (Mascates) vereiteln wollten. Doch Olinda, ohne einen eigenen Zugang zum Meer wirtschaftlich benachteiligt, mußte bald auch seine Hauptstadtrolle an Recife abtreten und war fortan nur noch ein einziges Denkmal vergangenen Glanzes.

Kleiner Rundgang durch den Ort

Am besten begeben wir uns per Taxi zu einem höher gelegenen Punkt der Stadt, um später nur noch bergab gehen zu müssen. Es geht also statt nur bis zum Praça do Carmo gleich die Rua de São Francisco hinauf bis zum **Convento de São Francisco** und der **Igreja Nossa Senhora das Neves** 1. Die Anlage aus dem Jahre 1585 ist die älteste und mit die bedeutendste des Franziskanerordens in Brasilien. Herausragend sind die Azulejos an den Kirchenwänden und im Innenhof des Konvents sowie zahlreiche Deckengemälde im Kirchenschiff.

Wir setzen nun unseren Aufstieg noch ein kurzes Stück fort bis zur Rua Bispo Coutinho und sehen bald die schön auf einer Anhöhe gelegene Jesuitenkirche **Nossa Senhora da Graça** 2 aus dem Jahre 1552 und kurz darauf die **Igreja da Sé** 3. Die aus dem Jahre 1537 stammende, sehr schlichte Hauptkirche der Stadt ist Sitz des Erzbischofs von Recife und Olinda. Von hier oben, dem Alto da Sé, genießt man zugleich den privilegiertesten Blick auf die Nachbarstadt Recife, kaum jemand wird hier nicht einhalten, um das obligatorische Foto zu schießen. Es ist der zentralste Platz der Cidade Alta, Austragungsort für zahlreiche Feste und Feierlichkeiten. Ein paar Schritte weiter die Straße entlang sehen wir an der rechten Seite den ehemaligen Bischofspalast, in dem heute das **Museu de Arte Sacra** 4 untergebracht ist.

Weiter geradeaus folgt nach einer Linkskurve die **Igreja da Misericórdia** 5 aus dem Jahre 1540 (1631 zerstört, 1654 restauriert) mit einer schönen Kanzel, vergoldeten Holzschnitzereien, Azulejos und Deckengemälden. Von hier oben genießt man ebenfalls einen sehr schönen Blick auf Olinda und Recife. Wir gehen nun die Straße hinunter, dann nach rechts in die Rua Prudente de Morais und gleich wieder nach rechts in die Rua do Amparo. Im Haus Nr. 59 befindet sich das **Museu do Mamulengo** 6, eine höchst interessante Ausstellung zahlreicher populärer Figuren des Puppentheaters, die ältesten aus dem 19. Jh. Danach geht es die Straße wieder zurück und geradeaus weiter durch die Rua 13 de Maio bis zum alten Gefängnis der ›Heiligen Inquisition‹, dem heutigen **Museu de Arte Contemporânea** 7 (Museum für zeitgenössische Kunst).

Mosteiro de São Bento in Olinda

Danach biegen wir die erste Straße rechts ein, bis man am Ende links den Turm der **Igreja de São Sebastião** 8 sieht. Sie ist meistens geschlossen und von außen wenig interessant. Um so schöner sind jedoch die bunten Häuschen der Rua 15 de Novembro, die wir ein Stück hinaufgehen, bevor wir rechts in die Rua São Bento abbiegen und das **Mosteiro de São Bento** 9 erreichen. Das außergewöhnlich schöne Benediktinerkloster aus dem Jahre 1582 wurde nach der Inbrandsetzung durch die Holländer (1631) in der zweiten Hälfte des 17. Jh. neu aufgebaut, die jetzige Innenausstattung datiert aus der Zeit ab 1750. Die Chorkapelle gilt als eine der schönsten Brasiliens. Vom Eingang aus sehen wir beiderseits an den Wänden mehrere Heiligenbilder, die erst im Jahre 1908 aus München hierherkamen. Die Klosterkirche von 1761 zählt wegen ihrer Gemälde und Verzierungen im Inneren zu den wichtigsten Beispielen des Spätbarock im Nordosten.

Unser Rundgang nähert sich dem Ende, nach einem Stück die Rua 27 de Janeiro hinunter bis zum Praça João Alfredo gehen wir nach rechts weiter durch die Avenida da Liberdade und sehen rechts auf einer Anhöhe die älteste Karmeliterkirche Brasiliens, die **Igreja de Santo Antônio do Carmo** 10. Sie stammt aus dem Jahre 1580, fiel ebenfalls dem von den Holländern verursachten großen Brand zum Opfer und wurde 1720 restauriert. Lediglich der Altar aus dem 16. Jh. und das Renaissanceportal der Fassade zeugen noch von der ursprünglichen Konzeption. Danach stoßen wir auf den Praça do Carmo und beenden hier unseren Rundgang.

João Pessoa – die drittälteste und grünste Stadt Brasiliens

5 (S. 327) Die Gründung von João Pessoa im Jahre 1585 demonstrierte den endgültigen Sieg der Portugiesen über die Franzosen an diesem Küstenabschnitt. Von da an datiert auch die Erschließung des Hinterlandes mit dem Zuckerrohranbau in den Niederungen des Rio Paraíba, welcher der Region bzw. dem späteren Bundesstaat seinen Namen gab. Bis heute ist Paraíba überwiegend ein Agrarland geblieben, im unterentwickelten Nordosten neben Ceará eines der Schlußlichter und vom übrigen Brasilien ähnlich dem deut-

João Pessoa, Zentrum *1 Parque Solon de Lucena 2 Parque Arruda Câmara 3 Igreja de São Francisco und Convento de Santo Antônio*

schen Ostfriesland eher verspottet und belächelt.

Die Hauptstadt João Pessoa (595 000 Ew.) setzt verstärkt auf den Tourismus und hat hier auch einiges zu bieten. Nicht, daß sie schön wäre (dies kann man von kaum einer Stadt im Nordosten behaupten), doch sie kann außer auf die üblichen Traumstrände und auf ihr Alter noch auf einen ganz ungewöhnlichen Reichtum an Grünflächen verweisen. Die Einheimischen nennen sie ›Cidade Jardim‹ (Gartenstadt), und eine Studie der UNO nennt sie zweitgrünste Stadt der Erde, nur noch übertroffen von Paris. Auf jeden Einwohner kommen ca. 30 m^2 Grünfläche.

Eine der vielen grünen Postkartenansichten der Stadt ist der von Burle Marx entworfene **Parque Solon de Lucena** 1 genau im Zentrum, mit einem See, künstlichen Gärten und hochaufragenden Palmen versehen. Reizvoller bzw. wildwüchsiger ist der nur 2 km entfernte **Parque Arruda Câmara** 2, im Volksmund ›Bica‹ genannt. Hier befindet sich auch ein kleiner Zoo mit ca. 300 Tieren bzw. 60 verschiedenen Arten, darunter Tropenvögel, Affen und Krokodile. Eine besondere Attraktion ist die Fonte de Tambiá, eine Naturquelle mit einem unter Denkmalschutz stehenden Brunnen aus dem 18. Jh.

João Pessoa ist die drittälteste Stadt Brasiliens, was jedoch lediglich dem Umstand zu verdanken ist, daß der Ort im Jahre 1585 statt als Dorf gleich als Stadt gegründet wurde. Man darf also an historischen Denkmälern nicht allzuviel erwarten, abgesehen von einem großzügig geförderten Altstadtrestaurierungsprojekt. Das einzige wirkliche Prunkstück der Stadt ist die barocke **Igreja de São Francisco** mit dem **Convento de Santo Antônio** 3, beides am Praça São Francisco. Vom Parque Arruda Câmara aus ist man zu Fuß schnell dort, am Parkausgang überqueren wir die Hauptstraße, gehen weiter geradeaus, vor der Rechtsbiegung einige Meter nach links, dann nach rechts die Hauptstraße entlang bis zum Praça São Francisco auf der rechten Seite.

Die Baugeschichte dieses Centro Cultural de São Francisco begann im Jahre 1589, zog sich jedoch über 200 Jahre hin, der Konvent wurde zum Teil wieder zerstört, um als Wohnsitz für den ersten Bischof von Paraíba zu dienen. Dort ist heute das Museu Sacro e de Arte Popular untergebracht. Die Kirche beeindruckt äußerlich durch die Fassadenarchitektur der Vorderfront und im Innern durch die Deckengemälde – aus Naturfarben, gewonnen aus Pflanzen und Früchten –, durch die Azulejos an den Wänden und durch die Capela Dourada (Goldene Kapelle).

Neben barocken Kirchen und grünen Parks zählen schließlich die recht sauberen Strände der Stadt zu den besonderen touristischen Attraktionen. Es heißt, João Pessoa sei die einzige Küstenhauptstadt Brasiliens, die keine Abwässer ins Meer leitet. Auch sieht man keine häßlichen Hochbauten, im Bereich der drei strandnächsten Straßen ist die Errichtung von Gebäuden mit mehr als drei Stockwerken verboten. Selbst die **Praia Tambaú**, zentrumsnächster und belebtester Strand der Stadt mit vielen Hotels, Bars und Restaurants wirkt trotz der Urbanisierung noch ein wenig wild- und urwüchsig.

Von Tambaú aus in nördlicher Richtung folgt die ebenfalls recht belebte **Praia Manaíra** und 3 km weiter die **Praia do Bessa**, wegen ihrer Korallenriffe vor allem bei Tauchern beliebt. Zum **Picãozinho**-Riff mit seinen Naturschwimmbecken und Fischschwärmen sowie zu der 2 km^2 großen Sandbank von **Areia Vermelha** gelangt man per Boot, ebenfalls zur **Praia do Jacaré**.

Südlich von Tambaú befindet sich die schöne, ruhige **Praia do Seixas**. Die Spitze, Ponta do Seixas genannt, ist der am nächsten zu Afrika gelegene Punkt des brasilianischen Festlandes. Die Entfernung per Luftlinie beträgt 2250 km und entspricht genau der Entfernung zwischen João Pessoa und São Paulo. Etwa 4 km weiter folgt die **Praia da Penha**, einer der reizvollsten Strände João Pessoas mit ruhigem Meer, einfachen Barracas unter Kokospalmen sowie einem kleinen Fischerdorf mit der malerischen Igreja da Penha aus dem Jahre 1854.

Am beliebtesten bei ausländischen Touristen ist jedoch die **Praia Tambaba**, ca. 50 km entfernt im Distrikt von Conde (Zugang per Buggy über die BR-230, dann bis Conde über die BR-101 und anschließend über einen Sandweg). Abgesehen von seiner Vegetation, seiner Felsenriffe und Naturschwimmbecken wurde er berühmt und berüchtigt als erster FKK-Strand (1989) im Nordosten Brasiliens.

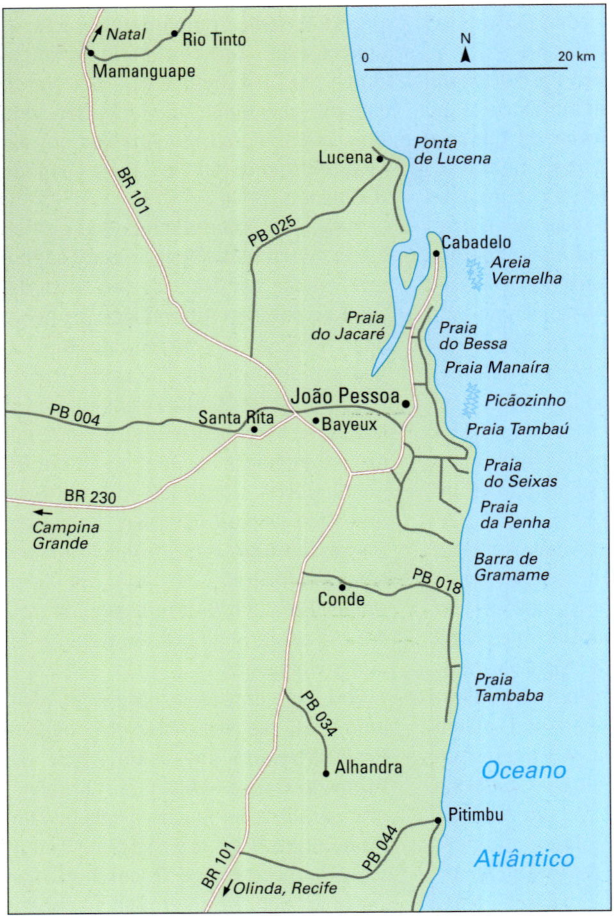

Die Strände von João Pessoa

Natal – die Dünenhauptstadt

6 (S. 333) Natal (ca. 709 400 Ew.), die touristisch belebte Hauptstadt von Rio Grande do Norte, macht zunächst einen recht gepflegten Eindruck, ist jedoch weniger spießig als Maceió und weniger snobistisch als Fortaleza. Die Stadt wirbt vor allem mit der Sonne: 300 Tage im Jahr soll sie scheinen, 10 Stunden pro Tag, mit einer Durchschnittstemperatur von 26,2 °C. Der Himmel soll der blaueste sein, das Wasser das wärmste, das Meer das grünste und die ständige leichte Brise die erfrischendste. Zudem sei die Luft – laut NASA – die sauberste Amerikas. Wie dem auch sei, auf jeden Fall bietet diese nicht gerade schöne Stadt eine entwickelte touristische Infrastruktur, reizvolle Dünenstrände, abendliche Vergnügungsmöglichkeiten, Folklore und einige Sehenswürdigkeiten.

Aufstieg zum Morro do Careca

Richtig Reisen
Tip

Buggy-Tour mit Emotion

Die Frage des Fahrers, ob man »com ou sem emoção« (mit oder ohne Emotion) kutschiert werden möchte, bezieht sich ganz und gar nicht auf romantische Gefühle, sondern einzig und allein auf die persönliche Risiko- und Abenteuerbereitschaft bzw. die gewünschte Umdrehungszahl des Motors. Nach Überquerung eines Flusses geht es zunächst noch recht behäbig an der Praia da Redinha vorbei, bis man vor **Genipabu** die ersten großen Dünen auftauchen sieht. Da man sich nicht anschnallen kann, kralle man sich nur gut fest und vertraue auf die Fahrkünste des Einheimischen, der einen wie in der Achterbahn mal 30 m hinauf und mal 30 m hinunterreißt. Nach Überquerung des Rio Ceará Mirim wird es bei Pitangui wieder etwas ruhiger, es sei denn, man setzt sich oberhalb des Jacumã-Sees auf ein schmales Holzbrett und stürzt sich 30 m tief die Düne hinab *(skibunda)*. Danach geht es zum Mittagessen an den Strand von Muriú, Endstation und letzter Halt vor der Rückfahrt.

Herausragend ist das weithin sichtbare, an der Praia do Forte gelegene **Forte dos Reis Magos** 1 aus dem Jahre 1598. In seiner Kapelle wurde durch den Jesuitenmönch Gaspar de Saint Perez am ersten Weihnachtstag 1599 die erste Messe gelesen, und die Stadt erhielt ihren Namen – Weihnachten heißt auf portugiesisch Natal. Ungewöhnlich an dem Fort sind der sternförmige Grundriß und die fünf Bastionen, die es ermöglichten, den Feind von mindestens zwei Seiten aus zu beschießen. Das von dem bekannten portugiesischen Militärarchitekten Francisco Frias 1614 neu aufgebaute Fort gilt als das architektonisch schönste Brasiliens.

Im Innern des Forts befindet sich an Interessantem eigentlich nur die älteste Kolonialsäule Brasiliens, 1501 an der

Natal
1 Forte dos Reis Magos
2 Igreja Santo Antônio
3 Museu Camâra Cascudo
4 Centro de Turismo (Artesanato)

Praia de Touros von einer portugiesischen Expedition unter Amérigo Vespucci hinterlassen. Eine Legende besagt, daß die ungewöhnliche Erscheinung dieser 1,62 m hohen Marmorsäule die Indios damals dazu veranlaßte, sie für wundertätig zu halten und von ihr abgekratzte Splitter medizinischen Tees beizumischen. Zudem spielte sie eine Rolle bei Hochzeits- und Scheidungszeremonien: Um einen Ehemann zu finden, stießen die Frauen dreimal mit dem Kopf gegen die Frontseite und vollzogen anschließend drei Umdrehungen; bei einer Scheidung schlugen sie dreimal mit dem Kopf an die Rückseite und machten drei Runden in entgegengesetzter Richtung. Man achte darauf, an welcher Seite die Abnutzungserscheinungen stärker sind!

Die anderen Sehenswürdigkeiten Natals befinden sich in der Oberstadt (Cidade Alta), u. a. die barocke **Igreja Santo Antônio** 2 aus dem Jahre 1766 mit einem geschnitzten Holzaltar und einem Museu de Arte Sacra sowie das **Museu Camâra Cascudo** 3, in dem eine große Sammlung von Fossilien, Skeletten, Kultgegenständen und Handarbeiten sowie Exponaten der Amazonasindianer zu sehen ist. Häufig besucht wird das **Centro de Turismo (Artesanato)** 4, ein ehemaliges Gefängnisgebäude im neoklassizistischen Stil, das heute als Zentrum für Kultur und Kunsthandwerk dient. In jeder der 35 ehemaligen Zellen befindet sich jetzt ein Verkaufsladen, und eine Kunstgalerie zeigt Bilder von Malern der Region. In der Saison finden hier unter freiem Himmel häufig Folkloreveranstaltungen statt. Das ganze Jahr über jedoch trifft sich an jedem Donnerstagabend die halbe Stadt zum ›Forró com Turista‹, Tanz- bzw. Begegnungsabend zwischen Einheimischen und Touristen.

Eine kulturelle Besonderheit Natals ist der *carnatal*, ein vorgezogener Karneval im Dezember mit bis zu einer halben Million Besuchern. Das närrische Treiben findet sowohl auf der Straße als auch auf mehreren Bällen statt. Selbst auf bunt geschmückten Booten wird gefeiert.

Wie häufig im Nordosten, sind auch in Natal die **Strände** die eigentliche Attraktion. Man besucht jedoch weniger die stadtnahen Strände do Forte, do Meio und dos Artistas, sondern hauptsächlich die 8 km südlich gelegene Praia Ponta Negra. Das Meer ist dort sauberer und ruhiger, und im Hintergrund erhebt sich der 120 m hohe ›Morro do Careca‹ (Glatzberg), ein Dünenhügel, dessen Besteigung aber aus ökologischen Gründen nun verboten ist.

Nicht weniger obligatorisch für Natal ist eine Tour per Buggy (mit Fahrer!). Wählt man den eintägigen Südausflug, gelangt man bis zur Praia da Pipa und besucht neben der Raketenabschußbasis ›Barreira do Inferno‹ noch Pirangi do Norte mit dem größten Kajubaum *(cajueiro)* der Welt. Seine 8400 m^2 einnehmende Krone bedeckt eine Fläche, auf der normalerweise 70 dieser Bäume Platz fänden. Interessanter und abenteuerlicher jedoch sind die Buggy-Touren in nördlicher Richtung zu den weltbekannten Dünen von Genipabu.

Fernando de Noronha – der Smaragd des Atlantiks

7 (S. 317) Nur eine Flugstunde von Natal oder eineinhalb von Recife entfernt erreicht man die ökologisch interessanteste Naturschutzinsel Brasiliens, die Spitze eines über 10 Mio. Jahre alten Vulkanfelsens, der unter Wasser noch 4000 m in die Tiefe reicht. Das vor allem wegen seiner Delphine bekanntgewordene Taucherparadies ist ein Archipel von 21 Inseln, dessen größte mit 17 km^2 jedoch die einzig bewohnte ist.

Vor 10 Jahren lebten die hier ansässigen Insulaner noch fast ausschließlich vom Fischfang und von der Landwirtschaft. Heute beschäftigt dieser Bereich nur noch ca. 40 Personen gegenüber 500, die im neueren Tourismussektor tätig sind. Der Zustrom ist so groß, daß die Insel fast vor dem ökologischen Kollaps steht, in der Saison ist zudem die Wasser- und Energieversorgung ungesichert. Als gerade noch umweltverträglich gilt eine maximale Okkupation von 2000 Personen. Diese Zahl wird aber schon fast von den ständigen Bewohnern erreicht, von denen drei Viertel Neuansiedler sind, ehemalige Touristen, die sich hier erst in den letzten Jahren niedergelassen haben. Trotz steigender Besucherzahlen ist das Leben immer noch recht einsam auf Noronha, was auch in dem Spitznamen *neuronha* (Kombination aus Neurose und Noronha) zum Ausdruck kommt. Wegen der Euphorie mancher Neuankömmlinge hat sich jedoch ebenfalls der Begriff *euforonha* eingebürgert.

Die Erlaubnis zum Tourismus gab es paradoxerweise erst, als die Insel 1988 geschützter Nationalpark wurde (Parque Nacional Marinho). Vorher diente sie ganz unökologischen Zwecken, die eher mit ihrer strategischen Lage 345 km vor der Küste zusammenhingen. Entdeckt wurde sie am 10. August 1503 von einer Expedition des portugiesischen Kaufmanns Fernando de Noronha, der jedoch wenig Interesse an ihr zeigte. Ab 1534 kamen englische, holländische und französische Invasoren, ab 1736 dominierten schließlich die Portugiesen und errichteten das Forte dos Remédios, bei

Fernando de Noronha

dem sich heute der Hauptort der Insel, Vila dos Remédios, befindet. Seit dem 18. Jh. war die Insel Strafkolonie, in den 30er/40er Jahren des 20. Jh. Sitz eines politischen Gefängnisses. Im Zweiten Weltkrieg wurde der Archipel dem Kriegsministerium unterstellt und diente als alliierter Luftwaffenstützpunkt, von den 60er Jahren an als Satelliten-Beobachtungsposten der NASA. 1988 wurde die Insel zum Naturschutzgebiet und – wegen der hohen Ökogebühr – ein kostspieliges Touristenparadies.

Um die Insel kennenzulernen, ist es am einfachsten, eines der vielen durchorganisierten Wochenprogramme zu buchen, was wegen der zahlreichen Umweltauflagen fast zu empfehlen ist. Wer jedoch individuelles Reisen bevorzugt, kann auch vor Ort noch spezielle Ausflugsangebote wahrnehmen. Am beliebtesten sind Buggy-Touren um die Insel sowie Spaziergänge. Die Umweltbehörde Ibama organisiert z. B. ökologische Wanderungen.

Zwei ›Pflichtprogramme‹ zumindest lassen sich ganz auf eigene Faust durchführen. Ausgangspunkt ist jeweils unser Dorf **Vila dos Remédios**. Hier sollte man sich die gleichnamige, gut erhaltene Igreja im kolonialen Barockstil (1772) ansehen, dann den imposanten Regierungspalast São Miguel sowie die Ruinen des Forte dos Remédios (1737) mit den alten Kanonen. Von dort sieht man im Zentrum der Insel deren berühmtes Wahrzeichen und häufigstes Postkartenmotiv, den **Morro do Pico**. Die an ein Phallussymbol erinnernde Form dieses Felsens brachte der Insel den Ruf ein, die erotischste der Welt zu sein. Nach der Legende ist es der Penis eines sündigen Liebhabers, den die Götter zur Strafe hier versteinert haben. Die mit 321 m höchste Erhebung des Archipels bietet einen phantastischen Panoramablick auf die ganze Inselgruppe.

Ein zweiter Ausflug, ebenfalls von Vila dos Remédios aus, führt zu Fuß über einige der insgesamt 16 **Inselstrände**. Die ortsnahe Praia da Conceição ist zugleich die frequentierteste. Danach geht es zur Praia do Americano, dem kleinsten Strand der Insel, und anschließend, vorbei an dunklem Felsgestein vulkanischen Ursprungs, zur Praia do Bode und da Cacimba do Padre, zwei der beliebtesten Surferstrände. Als nächstes erreichen wir die vielleicht schönste Bucht der ganzen Insel, die Baía dos Porcos (Schweinebucht). Geschützt durch einen großen und zahlreiche kleinere Vulkanfelsen sowie durch vorgelagerte Korallenriffe, tummeln sich in dem klaren Wasser dieser Bucht Hunderte von buntgescheckten Fischschwärmen. Ein Stück weiter überqueren wir auf einer Eisentreppe einen knapp 100 m hohen Felsen und gelangen an einen ähnlich schönen Strand, die Baía do Sancho. Bei Sonnenuntergang versammeln sich dort auf den Bäumen Tausende von Vögeln.

1 km weiter erreicht man schließlich die größte Strandattraktion des ganzen Archipels, die Enseada do Carreiro de Pedra, im Volksmund wegen der Delphine **Baía dos Golfinhos** genannt. Hier bietet sich fast jeden Tag von Sonnenaufgang bis zum Nachmittag ein Schauspiel, das keine andere Bucht des Atlantiks bietet. Der erste Bericht darüber datiert aus dem Jahre 1506, als die dritte portugiesische Expedition vor Ort das haufenweise Erscheinen von *porcos do mar* (Meeresschweine) im Protokoll vermerkte. 1736, unter französischer Vorherrschaft, erhielt die Insel den Beinamen ›Isle Delphine‹. Hunderte von Delphinen, so viele wie sonst nirgendwo auf der Welt, kommen hier tagtäglich

Das Archipel Fernando de Noronha ist ein Paradies für Taucher

an, um sich auszuruhen, sich zu vermehren oder den Nachwuchs zu betreuen. Am Nachmittag, pünktlich um 15.30 Uhr, geht es dann zur Nahrungssuche zurück auf die andere Seite der Insel bzw. in das offene Meer.

Die Tourismusagenturen werben eifrigst mit der Aussicht, die bis zu 2 m hohen Saltosprünge der 1,8 m langen und 90 kg schweren Delphine direkt vom Ufer oder ganz nah vom Boot aus beobachten zu können. Es heißt, die Tiere seien neugierig und suchten geradezu den engen Kontakt zu den menschlichen Besuchern, um ihre verspielten Darbietungen präsentieren zu können. Doch eine großangelegte Studie von 1990 bis 1995, durchgeführt von dem Ozeanografen José Martins da Silva Júnior und dem Biologen Flávio José de Lima Silva, belegt geradezu das Gegenteil und warnt vor der baldigen Vertreibung der Delphine durch den organisierten Massentourismus. Die Besucherboote würden von den Tieren als Bedrohung empfunden. Während die Weibchen mit den Jungen flüchteten, ›attackierten‹ die Männchen die Boote mit kraftvollen Sprung- und Drohgebärden. Die Zahl der in die Bucht kommenden Delphine ist bereits drastisch zurückgegangen, 1990 waren es noch 240 pro Tag, 1995 nur noch 189. Vielleicht sollte man daher wirklich auf die Bootstour verzichten und sich mit dem Blick vom Aussichtspunkt *(mirante)* auf der Anhöhe der Bucht begnügen.

Die zweite spezielle Attraktion der Insel sind die **Riesenmeeresschildkröten**, die *tartarugas*. Vom Projeto Tamar werden große Anstrengungen unternommen, um diese Spezies, die schon seit 150 Mio. Jahren existiert, vor dem Aussterben zu retten. Von 1000 Neugeborenen, die den Weg ins Wasser finden, erreichen nur ein bis zwei das Erwachsenenalter. Dann legen sie jedoch bis zu 4000 km zurück, um zum Brüten an ihren Geburtsstrand zurückzukommen, vor allem an die Praia do Leão (Zugang von Jan. bis Juni zwischen 18 und 6 Uhr untersagt). Eine Besichtigung der Tartarugas ist schwierig bzw. mit vielen Auflagen verbunden, man kann jedoch zusammen mit einer Spende eine der Schildkröten symbolisch adoptieren und taufen.

Waren wir bisher eher über Wasser, geht es nun hinein in die einmalige **Unterwasserwelt**, wegen des glasklaren Wassers und einer Sichtweite bis zu 40 m Brasiliens Taucherparadies Nr. 1. Wenn man Glück oder Pech hat, trifft man auch Haie, die jedoch wegen der überaus reichen Fisch-Speisekarte bisher keine Menschen angegriffen haben. Normalerweise beschränkt sich das Abenteuer unter Wasser auf die Begegnung mit 230 Fisch-, über 100 verschiedenen Algen- und bis zu 15 der 18 in Brasilien existierenden Korallenarten. Am besten taucht man an der Praia da Atalaia (beschränkte Besucherzahl und Aufenthaltsdauer).

Fortaleza – die tanzwütige Metropole Cearás

8 (S. 319) Wer nach Fortaleza kommt, kommt hauptsächlich wegen des regen Nachtlebens sowie der Strände und des beständigen tropischen Klimas mit mittleren Jahrestemperaturen zwischen 25 ° und 28 °C, ideales Urlaubsziel auch im brasilianischen Winter. Zudem finden im Juni/Juli die Festas juninas statt (S. 212f.) sowie Ende Juli der Fortal, einer der lebendigsten Karnevale des Nordostens. Im Sommer hingegen (Dez.–Feb.) lassen regelmäßige Winde, ein Kennzeichen der Region, selbst den heißesten Tag noch erträglich werden. Wer zwischen Februar und Mai kommt, muß sich jedoch auf viel Regen einstellen.

Einquartieren wird man sich in der Regel an der Praia de Meireles, hier befinden sich die meisten Hotels und Restaurants. Dieser Teil der 2,1-Mio.-Stadt besteht überwiegend aus modernen Hochhäusern, die in den letzten Jahren wie Pilze aus dem Boden geschossen sind. Die Ansicht wirkt jedoch nicht häßlich, dank architektonischer Phantasie und harmonischer Farbgestaltung.

Ein erster kurzer Strandspaziergang führt von Meireles aus die lebendige Avenida Beira Mar entlang bis zum Hafen von Mucuripe. Kurz davor, bei der **Praia do Iate** 1, wird man auch die berühmten Jangadas sehen, mit Segeln versehene urtümliche Fischerboote, welche die nahen Restaurants mit frischer Ware beliefern. Im **Farol de Mucuripe** 2 (Leuchtturm) befindet sich ein kleines Museum zur Geschichte der Stadt mit historischen Dokumenten und Fotos. In entgegengesetzter Richtung geht man ebenfalls am Strand entlang bis zu dem gänzlich anderen Nachbarstadtteil Iracema.

Das Bohème-Viertel Iracema

Iracema ist einer der ältesten und atmosphäregeladensten Stadtteile Fortalezas. Im Zusammenhang mit einer großangelegten Restauration steht nunmehr das ganze Viertel unter Denkmalschutz. Die romantisch beleuchtete Fußgängerpromenade der **Praia de Iracema** 3 mit ihren vielen Bars und Restaurants sowie die parallel dazu verlaufende Straße sind inzwischen von Freitag bis Montag zu einem Haupttreffpunkt der einheimischen Mittelschicht geworden. Es ist typisch für die tanzbegeisterten Bewohner von Fortaleza, sich jeden Abend der Woche an einem festgelegten Ort zu treffen. So geht man z. B. am Montagabend in das Forró-Lokal Pirata an der Praia de Iracema.

Die Hauptattraktion des Viertels bzw. der ganzen Stadt ist jedoch die **Ponte Metálica** 4 (Metall-Brücke), die mit einem Aufwand von 600 000 US-$ ein völlig neues Gesicht bekam. Über den alten rostigen Eisenträgern wurde 130 m ins Meer hinein ein Holzsteg gebaut. Darauf befinden sich mehrere Kioske sowie Plakate und Fotos zur Geschichte der Brücke, die 1925 von einer englischen Firma als Anleger konstruiert wurde und von daher den offiziellen Namen ›Ponte dos Ingleses‹ erhielt. Bemerkenswert ist neben der etwas asiatisch anmutenden Architektur der Kioske die dreistufige Beleuchtung – von stark am Anfang bis gedämpft am Ende –, um dort das Erlebnis des Sonnenauf- bzw. untergangs nicht zu stören. Zu diesen Stunden ist die Brücke auch ein bevorzugter Treffpunkt von Liebespaaren. Am Tage hingegen hat man hier einen weiten Panorama-Blick auf die Bucht von Fortaleza und die Praia de Iracema.

Vor etwa 100 Jahren wohnten in Iracema nur einfache Fischer, bis die Reichen der Stadt in den 20er Jahren hier ihre Villen für die Sommerfrische bauten. Vieles aus der Zeit ist noch erhalten bzw. wurde auf Initiative des Centro Cultural restauriert. Auch die legendäre Restaurant-Bar ›Estoril‹, in den 50er Jahren

Fortaleza *1 Praia do Iate 2 Farol do Mucuripe 3 Praia de Iracema 4 Ponte Metálica 5 Catedral Metropolitana 6 Mercado Central 7 Teatro José de Alencar 8 Praia de Meireles 9 Praia do Futuro*

der Treffpunkt von Künstlern und Bohémiens, wurde wiederhergestellt und steht heute unter Denkmalschutz – es ist das schönste Gebäude der Stadt.

Auf dem Rückweg gehe man einfach durch einige der engen Straßen und lasse sich treiben. Die Namensschilder erinnern an die Stämme der indianischen Ureinwohner, z. B. die Guanacés, die Tabajaras oder die Pacajus. Auch Iracema ist ein indianischer Name, die romantische Liebesgeschichte zwischen der Indianerin Iracema und dem portugiesischen Kolonisator Martins Soares Moreno wurde jedoch erst 1865 berühmt durch den bedeutenden Roman von José de Alencar. Die Statue der Heldin befindet sich am Strand von Mucuripe in der Nähe des Hafens.

Ein Rundgang im Zentrum

Wir fahren mit dem Taxi oder dem Bus mit der Aufschrift ›Circular‹ zunächst bis zum **Fortaleza de Nossa Senhora de Assunção.** Vorläufer war das holländische Fort ›Schoonenborch‹ (1649), das die Portugiesen im Jahre 1654 einnahmen und mit dem heutigen Namen versahen. Um das Fort herum entwickelte sich später die Besiedlung der Stadt. Bis heute ist es eine Militäranlage und daher nicht zu besichtigen.

Schräg gegenüber, am Praça da Sé, erhebt sich die mächtige **Catedral Metropolitana** 5. Sie entstand ab 1930 in neugotischem Stil nach Plänen des Architekten Francis George Maunier, wurde jedoch erst 1978 eingeweiht. Die Türme erreichen eine Höhe von 75 m, in ihrem Innern ist Platz für 5000 Menschen.

Wir gehen nun wieder zurück zum Fort und von dort bis zum **Centro de Turismo** 6. Es ist eine Markthallenkonstruktion mit zahlreichen kleinen Kunsthandwerksläden. Hier findet man vor allem Produkte aus Ton, Keramik, Leder und Leinen. Dort ist auch die Touristeninformation untergebracht, und im offenen Innenhof befindet sich ein einfaches Restaurant.

Von dort aus geht es weiter die belebte Geschäftsstraße Rua Alencar entlang bis zum Praça José de Alencar mit dem gleichnamigen **Teatro** 7. Es ist die bedeutendste kulturelle Sehenswürdigkeit der Stadt. 1910 eingeweiht und 1991 nach einer Restauration neu eröffnet, besteht es aus einer prächtigen Eisenkonstruktion im Jugendstil mit farbigen Glasfenstern. An einen offenen, zwischen Foyer und Theatersaal angelegten Innenhof schließt sich eine von Burle Marx gestaltete Gartenanlage an. Zugang hat man jedoch nur von einem Seiteneingang in einer Nebenstraße.

Das **Geschäftszentrum** von Fortaleza ist trotz zahlreicher städteplanerischer Neuerungen nicht gerade schön. Am zentralen Praça da Ferreira, auf den die Einheimischen besonders stolz sind, kann man selbst die Probe darauf machen. Der Reiz eines Besuches besteht eher darin, in den quadratisch angelegten engen Straßen einmal auf und ab zu gehen und das rege, fast asiatisch anmutende Handelstreiben zu beobachten. Hauptwirtschaftszweig sind Textil- und Lederwaren.

Die Strände

Der kleine Bundesstaat Ceará ist berühmt für seine außergewöhnlichen Strände. In Fortaleza wird man bald die **Praia de Meireles** 8 an der Avenida Beira Mar kennenlernen, hier befinden sich die meisten Hotels und Restaurants. Es ist der touristisch erschlossenste Teil der Stadt, an dessen Strand es nicht gerade ruhig zugeht. Dennoch sitzt

Fischer vor einer Bar in Fortaleza

man hier angenehm in komfortablen Holzstühlen unter großen, schattenspendenden Bäumen.

Will man jedoch baden, fährt man besser zur etwas außerhalb der Stadt gelegenen **Praia do Futuro** 9. Der 8 km lange Strand wird vor allem am Wochenende von den Einheimischen bevorzugt, auch wenn es hier in letzter Zeit häufiger zu Überfällen kam. Die meisten kommen jedoch weniger wegen des sauberen Wassers, sondern eher wegen der vielen riesigen Strandbars. Bevorzugter Treffpunkt ist die Barraca ›Subindo ao Ceu‹, mit Live-Musik und Tanz; beliebtester Abend ist der Dienstagabend. Für die andere große Barraca, ›Chico do Carangueijo‹, ist der Donnerstagabend reserviert.

Wer etwas mehr Zeit mitbringt, sollte sich einmal einen Buggy mieten, um einen Ausflug zu einigen der entfernteren Dünenstrände zu machen, z. B. Porto das Dunas (22 km vom Zentrum), Prainha (32 km) und Praia do Iguape (44 km).

Bei Porto das Dunas befindet sich auch der berühmte **Beach Park,** ein 1988 nach amerikanischem Vorbild kon-

Richtig Reisen *Tip*

Die Dünen von Jericoacoara

10 312 km nördlich von Fortaleza, etwa auf halber Strecke nach São Luís, treffen wir auf einen der – laut ›Washington-Post‹ – zehn schönsten Strände der Welt mit dem indianischen Namen Jericoacoara (›wo die Krokodile schlafen‹). Er ist jedoch so abgelegen und schwer zugänglich, daß man sich am besten einer der organisierten 2-Tages-Touren ab Fortaleza anschließt. Nach einer 6stündigen Busfahrt folgen noch 1 ½ recht beschwerliche Stunden auf einem geländegängigen Lastwagen, der sich mühsam durch die nächtliche Dünenlandschaft quält. Bei Vollmond fühlt man sich fast wie in einem endlosen Schneegebirge.

Nach der Übernachtung in dem einzigen, noch sehr ursprünglichen Fischerdorf geht es zunächst wieder durch die Dünen zum Lagoa do Paraíso, einem schönen Süßwassersee. Die restliche Zeit hat man dann endlich Gelegenheit, sich die beiden Hauptattraktionen der Region anzusehen, einmal die 30 m hohe Düne gleich neben dem Ortsstrand, die Duna do pôr-do-sol, sowie nach einem 1stündigen Fußmarsch den Pedra Furada, ein bizarrer Felsen im Meer mit einer Öffnung, hinter der reizvoll die untergehende Sonne erscheint.

Den Abend verbringen wir dann wieder im Ort, vorzugsweise in einem guten Fischrestaurant am Strand, bis es gegen Mitternacht die Rua do Forró hinaufgeht – der beliebte ›Broadway‹ der Einheimischen mit einfachen, populären Bars und einem Forró-Schuppen. Am frühen Nachmittag des nächsten Tages treten wir schließlich die Rückreise an.

struierter High-tech-Vergnügungspark, der zu den vier größten und modernsten der Welt gehört. Auf einem Strandgelände von 48 000 m^2 gibt es Schwimmbäder (z. T. als Wellenbäder), einen 300 m langen künstlichen Fluß, Rutschbahnen (unter ihnen mit 24 m Höhe die größte Lateinamerikas) u. v. m. Einen Besuch am Sonntag sollte man jedoch möglichst vermeiden, wenn wieder einmal ganz Fortaleza anrückt und über 10 000 vorwiegend kleinere Wassertummler aus dem Beach Park eher einen ›Quietsch Park‹ werden lassen.

Canoa Quebrada – Fischer, Felsen, Freaks

9 (S. 314) Im Jahre 1620 soll der aus Portugal kommende Aires da Cunha hier an den Korallenriffs vor der Küste Schiffbruch erlitten haben, woher sich auch der Name Canoa Quebrada (Zerbrochenes Kanu) herleitet. Die eigentliche ›Besetzung‹ dieses Ortes begann erst in den 70er Jahren des 20. Jahrhunderts mit der Invasion der Hippies, Freaks und Rucksacktouristen aus aller Welt, die hier noch eines der letzten Pa-

radiese ausgemacht hatten, wo man zudem unbehelligt Haschisch rauchen konnte. Es gab nämlich noch keine Zufahrtsstraße und somit auch keine Polizei. Heute ist der kleine, auf einer 40 m hohen, rötlich schimmernden Felsformation gelegene Küstenort ein weltbekanntes Touristenziel, von dem Profil seiner Gäste her vergleichbar mit Arraial d'Ajuda oder Morro de São Paulo, nur preiswerter und landschaftlich reizvoller. Für einen Besuch sind jedoch wenige Tage völlig ausreichend.

Die Hauptattraktion von Canoa Quebrada ist nach wie vor sein 13 km langer **Dünenstrand** mit dem feinen, weißen Sand und dem grünlich schimmernden Meer. Am belebtesten geht es zu bei den Barracas unter dem großen Halbmond mit Stern, dem von Künstlern in den Felsen gehauenen Symbol der Flower-Power-Zeit. Ab 1982 wurde das Dorf dann wegen einer neuen Zufahrtsstraße auch zum Anziehungspunkt für andere Touristen. Trotz der daraus entstandenen Infrastruktur mit vielen Pousadas, Bars und Restaurants und der beginnenden Immobilienspekulation hat Canoa Quebrada noch viel von seiner Ursprünglichkeit bewahren können. Alles Leben konzentriert sich fast in einer einzigen Dorfstraße, dem sogenannten **Broadway,** mit Verkaufsläden, Telefon- und Postamt sowie der Bushaltestelle. Abends öffnet ein *Forró*-Schuppen, in den Bars hört man jedoch weiter Jimmy Hendrix wie in alten Zeiten.

Am Tage dagegen geht es im Ort sehr ruhig zu und man sollte die Gelegenheit nutzen, sich am Ortseingang einen Buggy mit Fahrer zu mieten und einen Ausflug in die Umgebung machen. Entweder geht es in nördlicher Richtung 10 km durch die Dünen mit Zwischenstation an einem winzigen See mit Bar, oder man fährt bei Ebbe bis zum 30 km entfernten Küstenvorsprung von **Ponta Grossa.** Selten finden sich an einem einzigen Ort soviele verschiedenfarbige Sand- und Gesteinsschichten von gelb bis violett wie an diesem nur 700 m langen Strandabschnitt. Zwölf Farbtöne sollen es genauer sein, doch je nach Tageszeit, Licht- und Reflexionsverhältnissen wechselt das Szenarium ständig und hat schon manche unheimliche Legende hervorgebracht. Der weltvergessene Strand mit seinen Felsen, Kratern, Höhlen und dem wilden Meer lädt nicht gerade zum Verweilen ein, es sei denn, die Flut zwingt einen zum Übernachten in dem nahegelegenen kleinen Fischerdorf. Das 600-Seelen-Nest kann indes mit einer großen geschichtlichen Vergangenheit aufwarten. Hier soll schon fast drei Monate vor der offiziellen Entdeckung Brasiliens durch Cabral der Spanier Vicente Yañez Pinzón gelandet sein. Er gehörte ursprünglich dem Geschwader von Christoph Columbus an, machte sich aber im Jahre 1499 daran, den amerikanischen Kontinent auf eigene Faust zu erkunden. Am 2. Februar 1500 ist er angeblich genau hier, in Ponta Grossa, erstmalig an Land gegangen, angelockt von den gespenstischen Felsen des sonst so ebenen Ceará.

Parque Nacional de Ubajara und Parque Nacional de Sete Cidades

Der kleinste Nationalpark Brasiliens, der **Parque Nacional de Ubajara** 11 (348 km ab Fortaleza), bietet als Hauptattraktion eine der größten Höhlen des Landes bzw. die schönste im ganzen Nordosten. Die Gruta de Ubajara erstreckt sich über 9 Kammern 1120 m tief in die Berge der Chapada de Ibiapaba hinein und ist reich an gewaltigen Stalaktiten und Stalagmiten.

Verzichtet man auf die bequemere Fahrt mit der Seilbahn bis zum Höhleneingang (nur Sa/So) und wählt den 1 $^1/_2$-stündigen Fußmarsch ab Eingangstor zum Nationalpark (auf dem Hinweg bergab), hat man Gelegenheit, die spezifische Flora und Fauna der Region kennenzulernen. Zunächst geht es durch feuchten Saisonregenwald mit vielen Babassúpalmen, aus deren Früchten Öl gewonnen wird, und weiter unten durch die für den trockenen Sertão typische Caatinga-Vegetation. An Tieren kann man den u. a. Weißbüscheläffchen begegnen und im Bereich der Höhle zahlreichen Fledermäusen. Verlassen Sie jedoch nicht, wenn Sie durch dichtes Gras gehen, die vorgegebenen Wege – Sie könnten der sehr giftigen Tropischen Klapperschlange begegnen.

Etwa 130 km weiter ins Landesinnere gelangen wir zu dem 22 km vor Piripiri im Staate Piauí gelegenen **Parque Nacional de Sete Cidades** 12. Es ist der mystischste Ort Brasiliens, vergleichbar nur noch mit Machu Picchu in Peru oder Teotihuacan in Mexico. Bis heute kennt man nämlich nicht den Ursprung der überaus rätselhaften, uralten Inschriften auf Felsen und an Höhlenwänden dieses Parks. Man nimmt an, daß sie mit dem Finger oder mit Kaktusstacheln und mittels Farben tierischer Herkunft gemalt wurden.

Fest wie die Felsen hält sich Erik von Dänikens Theorie über die Außerirdischen, die hier vor 5000 Jahren mit ihren Raumschiffen gelandet sein sollen und die indianischen Ureinwohner dazu bewogen haben, ihre Eindrücke von den fremden Gästen künstlerisch festzuhalten. Eine andere, kaum weniger abenteuerliche Theorie des französischen Archäologen J. Mathieu geht davon aus, daß es die norwegischen Wikinger waren, die die Indios zu diesen Zeichnungen motiviert haben. Andere glauben, daß hier einst eine gesamtamerikanische Versammlung aller Tupi-Stämme stattgefunden hat.

Bleibt die Herkunft der seltsamen Malereien also bis heute ein Rätsel, so ist die Entstehungsgeschichte der an Burgen erinnernden geologischen Formationen schon gesicherter. Sie sind zwischen 190 und 370 Mio. Jahre alt und bestehen aus Sandstein, der durch Regen- und Winderosion geformt wurde und zahlreiche Zerklüftungen aufweist. Die sieben Felsformationen erinnern auch an Städte und werden daher Sete Cidades (Sieben Städte) genannt.

Für den 7 km langen, leider nicht beschilderten Rundweg sollte man sich am besten über die Pousada einen Führer besorgen. In jedem Falle verlasse man wegen der Gefahr von Schlangenbissen nie die vorgegebenen Wege. Wer

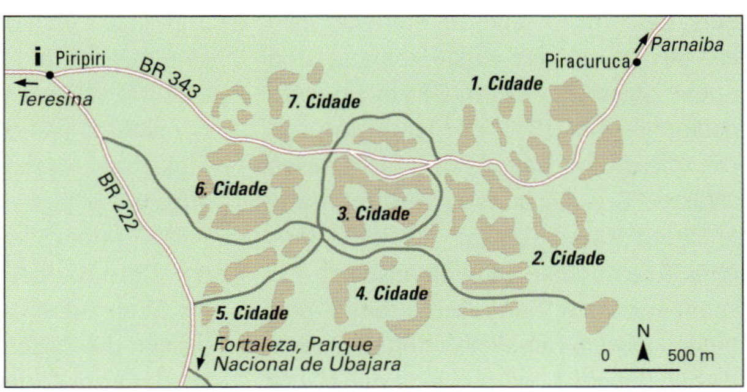

Parque Nacional de Sete Cidades

von Fortaleza aus über Piripiri anreist, wird die Städte in folgender Reihenfolge kennenlernen: Sechste Stadt; 700 m weiter Fünfte Stadt; 500 m weiter Vierte Stadt; 700 m weiter Dritte Stadt; 2 km weiter Erste Stadt; 2,2 km weiter Zweite Stadt; 900 m weiter Siebte Stadt.

Die Erste Stadt besitzt u. a. das sogenannte Wunderbecken (Piscina dos Milagres), das selbst in Zeiten schrecklichster Dürre (typisch für den Sertão) nicht austrocknet. In der Zweiten Stadt mit dem Felsentor (Arco do Triunfo) befinden sich die meisten der rätselhaften Inschriften. In der Dritten Stadt trifft man die Felsformation der Heiligen Drei Könige (Reis Magos) und die Landkarte Brasiliens (Mapa do Brasil). Die Attraktion der Vierten Stadt ist die Gruta do Catirina, die Grotte des Hexers. In der Fünften Stadt finden sich weitere vier Gruppen von Felsmalereien. Die Sechste Stadt gehört wegen eines Felsens in Schildkrötenform (Pedra da Tartaruga) zu den berühmtesten. Die Siebte Stadt schließlich ist mit ihren Flugzeug- und Satelliten-Zeichnungen bestimmt die ›außerirdischste‹.

Parque Nacional dos Lençóis Maranhenses – die Sahara am Meer

13 (S. 329) Etwa 370 km vor São Luís befindet sich der ausgedehnteste Nationalpark des Nordostens, er erstreckt sich ca. 80 km an der Küste entlang und reicht zwischen 10 und 30 km ins Landesinnere. Mit 1500 km^2 ist er so groß wie die Stadt São Paulo. Die einzige ›Wüste‹ Brasiliens mit heißem, halbfeuchten Klima (bis 50 °C) ist jedoch eher eine endlose Dünenlandschaft aus schneeweißem Sand mit grünen und blauen Oasen. Das Weiß erinnert an Bettücher *(lençóis)*, woraus sich der Name der Region begründet. Die Dünen sind wegen der Meereswinde und Strömungen in ständiger Bewegung und erreichen eine Höhe von bis zu 50 m. In der Regenzeit von Februar bis Mai entstehen jährlich neu zwischen den Dünen gewaltige Seen und Flüsse, gesäumt von einer entsprechend reichen Vegetation mit Nistplätzen für Wasseramseln und andere Vogelarten.

Ausgangspunkt unserer Dünenreise ist der kleine Fischerort Barreirinhas. Es ist ein einfaches, sympathisches Städtchen, in dem wir uns zunächst ein Quartier suchen und unseren Ausflug in den Park organisieren. Die erste Reiseetappe bewältigen wir in einer ca. dreistündigen Bootsfahrt den Rio das Preguiças (Fluß der Faultiere) hinunter. Der Weg führt vorbei an der immensen Düne von Alazão, an Mangrovenwäldern und Kakteensteppen, den Wasserbecken von Vassouras, den Stränden und Dünen von Espadarte und Morro do Boi (Viehzucht), dem Leuchtturm von Preguiças bei Mandacaru bis hin zum Fischerdorf Atins. Danach müssen wir noch etwa 40 Minuten zu Fuß gehen, um bis ins Zentrum des Nationalparks zu kommen.

Am Ziel angelangt, eröffnet sich endlich das ganze Panorama der brasilianischen Sahara: kilometerlange Dünen in ständiger Bewegung, ein Ökosystem aus Lagunen und Flußläufen in blaugrünen und gelb-braunen Farbtönen und gleichzeitig der Ausblick auf die einsamen, nur in der Regenzeit von Fischern besuchten Atlantikstrände. Es ist ein wahres ökologisches Refugium, wo Riesenmeeresschildkröten unbehelligt ihre Brut pflegen und Zugvögel auf ihrer Reise in den Süden Station machen. In der Dürreperiode ab Oktober trocknen die Seen jedoch aus, die ›Bettücher‹ bedecken die Oasen, und alles Leben wird wieder vom Winde verweht.

São Luís – französisch-portugiesisches Kulturerbe im Nordosten

14 (S. 353) São Luís, die auf einer Insel gelegene Hauptstadt des Bundesstaates Maranhão mit ca. 870 000 Einwohnern, ist außer Fortaleza vielleicht die interessanteste Stadt des oberen Nordostens und angenehmerweise touristisch noch nicht so überlaufen. Dabei hat sie von kulturellen bis landschaftlichen Attraktionen einiges zu bieten. Herausragend ist die historische Altstadt, an der Küste höchstens noch mit Salvadors Pelourinho zu vergleichen, wobei das kulturelle und architektonische Erbe von São Luís vielfältiger geprägt ist, nicht nur portugiesisch und afrikanisch, sondern auch holländisch und französisch.

Im Jahre 1612 entstand hier im Auftrag von König Louis XIII. – daher auch

São Luis *1 Praça de João Lisboa 2 Teatro Artur Azevedo 3 Fonte do Ribeirão 4 Catedral da Sé 5 Palácio dos Leões 6 Centro histórico 7 Centro de Cultura Popular Domingos Vieira Filho 8 Convento das Mercês 9 Igreja do Desterro*

der Name São Luís – die einzige französische Provinzhauptstadt Brasiliens. Doch schon 1615 übernahmen die Portugiesen das Fort und blieben fortan, von einem holländischen Intermezzo zwischen 1641 und 1644 abgesehen, die eigentlichen Machthaber. Eine kulturelle und wirtschaftliche Blütezeit erlebte die Stadt im 18. und 19. Jh.: Zuckerexport und Wollhandel florierten und ließen um 1850 das sogenannte ›Athen Brasiliens‹ nach Rio, Salvador und Recife zur viertreichsten Stadt des Landes werden. Mit dem Verbot der Sklaverei im Jahre 1888 begann jedoch eine Phase wirtschaftlichen Niedergangs, von der sich der heute fast ärmste Bundesstaat Brasiliens nie wieder erholt hat.

Das architektonische Erbe vergangener Zeiten blieb jedoch weitgehend erhalten bzw. wurde seit 1989 restauriert, Hunderte von Gebäuden stehen unter Denkmalschutz. Schlendert man durch die autofreie Altstadt (Centro histórico) mit ihrem Kopfsteinpflaster, ihren im Schachbrettmuster angeordneten kleinen Gäßchen, ihren Straßenbars, ihren romantisch von gelben Laternen beleuchteten Plätzen, so glaubt man sich eher in einer weltabgeschiedenen südeuropäischen Kleinstadt als im turbulenten Brasilien. Am beeindruckendsten sind die portugiesischen Kolonialhäuser mit ihren Balkonen mit den schmiedeeisernen Geländern, den geschnitzten Holztüren und vor allem den kunstvoll gemusterten, blauen *Azulejos*.

Kleiner Stadtrundgang

Wir beginnen nicht gerade am schönsten, dafür aber am zentralsten und belebtesten Platz der Stadt, dem **Praça de João Lisboa** 1 mit der schlichten Igreja do Carmo (1627). Linker Hand, bzw. nördlich verläuft die einzige Einkaufsstraße der Stadt, die Rua Grande. Wir gehen jedoch, aus der Kirche heraustretend, nicht nach links, sondern in die zweite Straße rechts von der Kirche und sehen gleich am Anfang der Rua do Sol rechts das **Teatro Artur Azevedo** 2, das angeblich älteste (1817) und nach einer Restauration zugleich modernste Theater sämtlicher brasilianischer Landeshauptstädte. Die Karmelitermönche erwirkten damals, daß die Hauptfassade des Theaters zur Straße hin und nicht zur Igreja do Carmo ausgerichtet wurde, ein profanes Gebäude vor einer Kirche wäre einer Gotteslästerung gleichgekommen.

50 m weiter gehen wir nach links in die Rua do Ribeirão und sehen gleich nach 100 m einen kleinen Platz mit der **Fonte do Ribeirão** 3, erkennbar an dem blau-weißen Anstrich. Der Brunnen wurde 1796 errichtet, um die Stadt mit Wasser zu versorgen. Die mit Eisengittern versehenen drei Fenster markieren den Anfang unterirdischer Gänge, die zum historischen Zentrum hinführen.

Vom Platz bzw. von der Rua dos Afogados aus sehen wir schon einen der Türme der mächtigen **Catedral da Sé** 4, unser nächstes Ziel. Neben der 1726 errichteten Jesuitenkirche befindet sich die parkähnliche Praça Benedito Leite und vor dem Hauptportal die Praça Dom Pedro II.

Wir gehen nun die Avenida Pedro II ein Stück hinunter und sehen links den **Palácio da Justiça**, gegenüber das Gebäude der **Prefeitura Municipal** und dahinter angrenzend den großen **Palácio dos Leões** 5, Sitz der Regierung des Bundesstaates Maranhão. Die neoklassizistische Fassade stammt aus dem Jahre 1926. An der Stelle des Palastes befand sich früher das Fort Saint Louis, das erste und einzige von Franzosen errichtete Fort Brasiliens.

In der Altstadt von São Luís

Wir genießen noch kurz den Blick aufs Meer und gehen dann, gegenüber dem Palast, die Rua Eng. Couto Fernandes hinunter, steigen nach einem kleinen Stück rechts die Treppen des Beco de Catarina-Mina hinab und befinden uns nun mitten in der historischen **Altstadt (Centro historico)** 6, von Praia Grande, dem früheren portugiesischen Handelszentrum nahe beim Hafen. Nach dem Treppenabstieg biegen wir gleich links in die Rua Portugal, auch Rua do Trapiche genannt, und sehen dort die größten und besterhaltenen Kolonialhäuser der Stadt mit den typischen *Azulejos*.

In der Rua Portugal befindet sich auf der linken Seite noch die **Casa do Maranhão** 7, ein Folklore-Museum. Die Folklore ist nach der Architektur die zweite große Attraktion von São Luis. Nirgends werden die Festas juninas (s. S. 212f.) so variantenreich gefeiert wie hier. Vor allem der ›Ochsentanz‹ *bumba-meu-boi* wird von den 100 Tanzgruppen der Stadt in zahlreichen Abwandlungen vorgeführt, z. B. *boi-de-matraca, boi-de-orquestra* oder *boi-de-zabumba.* Auch der afrikanische Einfluß ist hier noch sehr ausgeprägt, so ein Trommelrhythmus aus Benin und Ghana oder Tänze wie der erotische *tambor de crioula.*

Zu rechten Hand befindet sich ein größerer Komplex aus ca. 30 restaurierten ehemaligen Lagerhäusern aus der Kolonialzeit. Geht man an der ersten Ecke nach rechts, gelangt man nach ein paar Metern an den Eingang zum Innenhof dieses Häuserkomplexes mit einem exotischen Markt. Dann gehen wir wieder durch dieselbe Gasse hinaus und sehen an der nächsten Ecke die Bar ›Antigamente‹. Sie ist vor allem Mittwochabend ein populärer Treffpunkt der halben Stadt mit Live-Musik (Reggae) und Tanz.

Gegenüber der Bar befindet sich ein kleiner, stimmungsvoller Platz, an dem

Richtig Reisen
Thema

Festas juninas – Bumba-meu-boi

Wer zwischen dem 12. und 29. Juni den Nordosten bereist, wird allerorten auf ein Volksfest treffen, das nach dem Karneval das zweitgrößte Fest Brasiliens darstellt. Die aus der portugiesischen Tradition herrührenden *Festas juninas* ranken sich um die populären Feierlichkeiten zu Ehren des Santo Antônio (12./13. Juni), São João (23./24.) und São Pedro (29.), gehen jedoch inhaltlich und musikalisch weit über rein religiöse Zeremonien hinaus. Dominierend ist der *forró,* die typische Tanzmusik des Nordostens. Besonders Campina Grande im Bundesstaat Paraíba und Caruaru in Pernambuco konkurrieren seit langem um den Titel der ›Hauptstadt des Forró‹, doch wird sich kein noch so kleiner Ort während dieses Monats von den Feierlichkeiten ausschließen. Das Besondere an den Festas juninas sind jedoch weder die üblichen Forró-Veranstaltungen noch die verschiedenen religiösen Zeremonien und Prozessionen zu Ehren der drei Heiligen.

wir links vorbeigehen bis zur Rua do Giz. Am Ende der Rua do Giz gehen wir noch 50 m nach rechts, bis wir ein kleines blaues Gebäude sehen, die **Cafua das Mercês** aus dem 19. Jh. Hier harrten ehemals die aus Afrika kommenden Sklaven ihrer Versteigerung, es ist wahrscheinlich das einzige noch erhaltene Gebäude dieser Art in Brasilien. Gegenüber befindet sich der **Convento das Mercês** 8, ein Kloster aus dem Jahre 1645, in dem heute das Museum Fundação da Memória Republicana untergebracht ist.

Treten wir aus dem Haupteingang des Klosters wieder heraus und gehen nach rechts bis zum Ende der Rua da Palma, können wir noch die **Igreja do Desterro** 9 aus dem 17. Jh. besichtigen, das erste Gotteshaus von Maranhão.

Strände und Ausflüge

Die Strände von São Luís liegen etwas außerhalb der Stadt. Man erreicht sie über eine Brücke, die die Altstadt mit den Neubauvierteln von São Francisco, Renascença und der Avenida Litorânea

Die eigentliche Attraktion ist ein Volksspiel ganz besonderer Art mit dem seltsamen Namen Bumba-meu-boi, was man am ehesten noch als ›Ochsenspiel‹ übersetzen kann. Die ersten belegten Aufführungen fanden im Jahre 1840 in Recife statt, 1873 wurde das Tanzspiel zur führenden Folklore-Richtung in Maranhão. Es ist eine spezifisch brasilianische, mestizische Kreation, wenn auch einige Bezüge zum portugiesischen *Monólogo do Vaqueiro* von Gil Vicentes (1502) oder zum angolanischen *Boi-de-gero-a*-Kult herstellbar sind. Das Tanzspiel – vorgeführt in den Rollen von armen Landarbeitern und Sklaven – reflektiert das Verhältnis von Herr und Knecht aus der Zeit der Zukkerrohr- und Viehwirtschaft, häufig vermischt mit religiös-mystischen und satirisch-karnevalesken Elementen.

Die dramatische *Farce* um Tod und Rettung eines Ochsen erzählt die Geschichte der schwangeren Hirtenfrau Catirina, der es danach gelüstet, die Zunge des prächtigsten Ochsen der Fazenda zu verspeisen. Zu diesem Zwecke überzeugt sie ihren Gatten Chico, das auserwählte Tier zu erlegen. Der Grundbesitzer *(capitão)* empört sich, der Mörder wird angeklagt, der Pfarrer Matéus betet zu Gott, und ein Arzt oder Wunderheiler macht das Vieh wieder lebendig. Alles löst sich in einen Freudentanz auf, es wird vergeben und vergessen. Im Landesinnern werden die religiösen Bezüge dieses Arme-Leute-Märchens stärker herausgespielt, in den großen Städten dagegen mehr die sozialen und satirischen Elemente. Vor allem die große Gruppe der stets präsenten Viehhirten *(vaqueiros)* übernimmt den Part der ironischen Kommentierung des Geschehens, oft ins Groteske oder in den schwarzen Humor abgleitend.

Die Aufführungen finden auf öffentlichen Plätzen statt und faszinieren vor allem durch die spektakulären Bewegungen sowie die Farbenpracht und Phantasie der Kostüme, etwas, was im Straßenkarneval z. B. zunehmend verschwindet. So ist es auch kein Versäumnis, wenn man die Bedeutung der einzelnen Handlungselemente nicht vollständig versteht, entscheidend ist die optische und tänzerische Inszenierung, die zudem je nach Spielmonat und Region variiert.

verbindet. Charakteristisch ist, daß die Strände dieser Region sehr langgezogen und breit sind, kleine, anheimelnde Buchten wird man vergeblich suchen. Das Wasser hat wegen zweier Flüsse eine trüb-bräunliche Färbung, ist jedoch bis auf wenige Ausnahmen recht sauber. Nirgendwo in Brasilien ist der Gezeitenwechsel so stark wie hier, der Meeresspiegel kann sich bis zu 7 m verändern, sogar Wattwandern ist möglich.

Der ortsnächste, 3,5 km vom Zentrum entfernte und daher recht verschmutzte und häßliche Strand heißt **Ponta d'Areia.** Die schöneren Strände liegen weiter weg an der kürzlich modernisierten Avenida Litorânea, zu empfehlen ist vor allem die **Praia do Calhau** (8 km vom Zentrum) mit ihren großen Barracas und den Dünen im Hintergrund. Am Sonntagnachmittag sollte man sich nicht entgehen lassen, z. B. im ›Luar‹ einem Live-Konzert beizuwohnen. Beliebt ist es auch die etwas entferntere **Praia Olho d'Água,** am Sonntag ist es dort noch belebter (z. B. bei der Barraca ›Carangueijo‹), das Publikum ist einfacher, gleichzeitig mangelt es jedoch

Kinderspaß am Strand von Olho d'Água

nicht an Autos, die hier über den befahrbaren, harten Sand jagen. Ein absolutes Kontrastprogramm ist die sehr stimmungsvolle und einsamere **Praia do Araçaji**, 19 km von der Stadt entfernt.

Als Ausflüge in die Umgebung empfiehlt sich ein Besuch des netten Fischerortes **São José do Ribamar** auf einem Hügel vor der Bucht von São José, ab São Luís (Mercado Central) eine Stunde per Bus. Jedes Jahr im September wird Ribamar bzw. die kleine Ortskirche zum Wallfahrtsort, dank der Legende, daß schiffbrüchige Seefahrer aus Portugal hier gerettet wurden und zum Dank beim nächsten Besuch eine Heiligenstatue von São José mitbrachten und eine Kirche errichteten. Darüber hinaus gibt es nicht viel zu besichtigen, höchstens noch die Grotte von Lourdes – der Reiz des Ortes liegt eher in seiner Ruhe und Abgeschiedenheit. Man genießt diese am besten bei einem Mittagessen auf der Aussichtsterrasse des Restaurants ›Mar e Sol‹, von der man einen reizvollen Blick auf die Bucht und das Wattenmeer hat.

Ein weiterer (Tages-) Ausflug – ein wirkliches Pflichtprogramm – führt nach **Alcântara,** gut eine Bootsstunde entfernt auf dem Festland gelegen (es gibt zwei Abfahrtspunkte, je nach Stand des Meeresspiegels). Der Ort hat nur 10 Straßen und 3 Plätze, aber 300 historische Gebäude aus dem 17. und 18. Jh. Am besten läßt man sich hier treiben, wer jedoch ›alles‹ sehen will, besuche folgende Ziele: Porto do Jacaré – Ladeira do Jacaré – Praça da Matriz – Pelourinho – Casa da Camâra e Cadeia – Casa do Imperador – Segunda Casa do Imperador – Fonte das Pedras – Capela de Nossa Senhora do Desterro – Ruínas da Igreja de São Matias – Igreja e Convento de Nossa Senhora do Carmo – Museu Histórico e Artístico.

Der kulturelle Reichtum der Stadt kommt nicht von ungefähr. Alcântara war einst Hauptstadt von Maranhão und Umschlagplatz für Zucker, Wolle, Reis und Salz. Die reichsten Familien der Provinz, einige mit über 8000 Sklaven, hatten hier ihren Aristokratensitz. Brasiliens besterhaltene Pelourinho-Säule (1648), an der öffentliche Bestrafungen stattfanden, zeugt noch von dieser grausamen Epoche (Praça Gomes de Castro). Mit der Sklavenbefreiung begann auch hier der wirtschaftliche Niedergang. Viele Gebäude sind nur noch als Ruinen erhalten und zeugen neben den verfallenen Hütten von der großen Armut. Im krassen Gegensatz dazu steht im Norden der Stadt das modernste Raumfahrtzentrum Lateinamerikas.

Belém – Eintrittstor zum Amazonas

15 (S. 307) Belém (Bethlehem; 1,3 Mio. Ew.), die Hauptstadt des Bundesstaates Pará, liegt ein Grad südlich des Äquators an der Bucht von Marajó, dem Mündungstrichter der Flüsse Rio Tocantins und Rio do Pará, 130 km vom Atlantik entfernt. Diese geographische Position machte die Stadt zum wichtigsten Zwischenhandelsplatz Amazoniens, bis heute ist der Exporthafen von großer wirtschaftlicher Bedeutung. Metropole wurde Belém jedoch erst gegen Ende des 19. Jh. durch den Kautschuk-Boom, der die Stadt zum Hauptumschlagplatz der Nordregion Brasiliens werden ließ – eine Blütezeit, die aber nicht lange anhielt.

Hafen von Belém mit dem Markt Ver-o-Peso

BR 316
São Luís,
Brasília
Parque
Ambiental
de Belém
Av. Almirante
Barroso
Av. Perimentral
Av. 1 de Dezembro
Trav. Teóf
Aeroporto
Av. Pedro Alvares Cabral
Av. Júlio César
Av. Dr. Freitas
Trav. Alferes Costa
Av. Marques de Herval
Av. Duque de
Lomas
Mauriti
Trav.
Valentinas
Av. 25 de Setembro
Humaitá
Caxias
Av. Pedro Miranda
Trav.
Trav.
Av. Alcindo Cacela
Trav. 14 de Março
Av.
Generalíssimo Deodoro
Trav. 9 de Jan
Av. Senador Lemos
Praça
Brasil
Trav. Quinto Boca
Trav. Rui Barbosa
Trav. Dr. Moraes
Av. Visconde de Souza Franco
Av. Nazaré
Av. G. José Malcher
NAZARÉ
Praça
Batista Campo
Trav. Luiz Bentes
R. Municipalidade
Trav.
D. Pedro
REDUTO
R. 28 de Setembro
Benjamin Constant
R. Gaspar Viana
Trav. Piedade
Av. Assis de Vasconcelos
R. Arcipreste Manoel Teodoro
Av. Marechal Hermes
Trav.
R. Riachuelo
R. Aristides Lobo
R. O. de Almeida
R. Sto. Antonio
R. João Alfredo
R. Carlos Gomes
R. 1 de Março
R. Gama Abreu
Prudêncio
Rua
Rua Padre
Guimarães
Sales
Trav. Campos
R. Avertano Rocha
Trav. São Pedro
Trav. São Francisco
Av. 16 de Novembro
Porto
Av. Castilho França
R. 15 de Novembro
Trav. Frutuoso
R. Manoel Barata
R. 13 de Maio
R. João Diogo
Praça da
Bandeira
CENTRO
R. Angelo Custódio
Praça
Felipe
Patroni
Av. Tamandaré
Baía
do
Guajará
CIDADE
VELHA
Praça do
Relógio
Praça
D. Pedro II
Largo de
S. João
R. Rodrigues dos Santos
Trav. Cametá
R. Dr. Malcher
R. Joaquim Távora
R. Dr. Assis
Trav. Gurupá
Trav. Atenque
Largo
do Carmo
R. Siqueira
Mendes
1
2
3
4
5
6
7
8
9
10
11
12
i

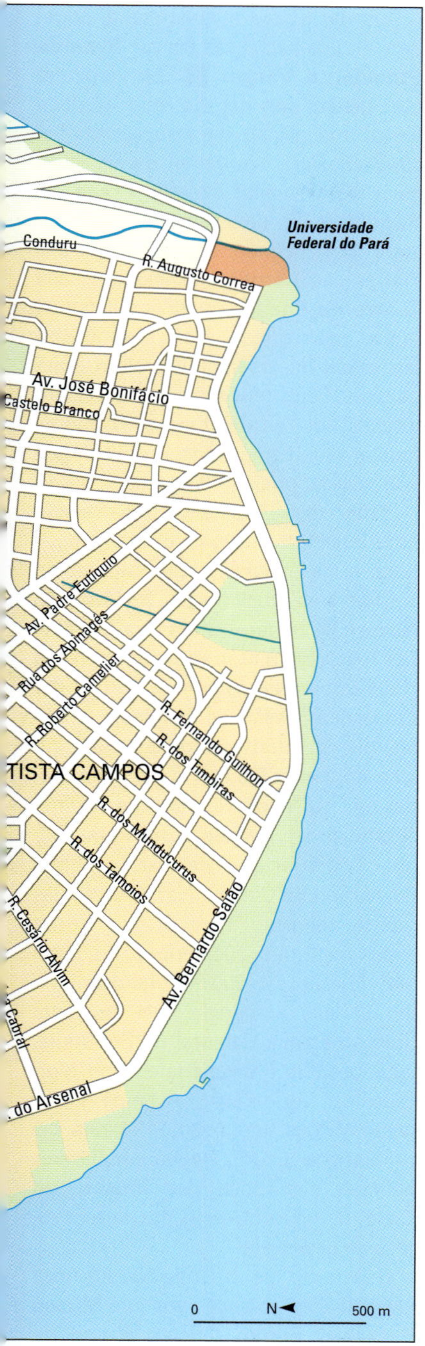

Belém, *1 Forte do Castelo 2 Catedral da Sé 3 Museu do Estado 4 Museu da Cidade 5 Mercado do Ver-o-Peso 6 Igreja das Mercês 7 Avenida Presidente Vargas 8 Praça da República 9 Teatro da Paz 10 Basílica de Nazaré 11 Museu Paraense Emílio Goeldi 12 Bosque Rodrigues Alves*

Rundgang im Zentrum

Wir beginnen unseren Rundgang am **Forte do Castelo** 1 in der Altstadt (Cidade Velha), von dort aus gewinnen wir zugleich den besten Blick auf den Hafen und den Markt. Hier gingen am 12. Januar 1616 die ersten portugiesischen Kolonisatoren unter Kapitän Francisco Caldeira Castelo Branco an Land und errichteten die damals Forte de Presépio genannte Festung, um den Attacken französischer, englischer und holländischer Piraten Einhalt zu gebieten und sich selbst den ungestörten Zugang zum gesamten Amazonasgebiet zu sichern.

Treten wir aus dem Fort heraus, sehen wir gleich die gewaltige weiße Fassade der **Catedral da Sé** 2 (1748–71), Ausgangspunkt der jährlich stattfindenden großen Prozession do Círio de Nazaré. Die stilistisch vom Barock und der Neoklassik geprägte Kathedrale beherbergt u. a. Werke des Malers Domenico de Angelis. Aus der Kirche heraustretend gehen wir nach rechts bis zur Praça Dom Pedro II., an dessen hinterem Ende sich zwei interessante Museen befinden. Das **Museu do Estado** 3 im 1771 gebauten Palácio Lauro Sodré war lange Zeit Sitz der Bundesregierung von Paraná. Besuchenswerter noch ist das links angrenzende **Museu da Cidade** 4 im schönen Palácio Antonio Lemos, in dessen prunkvollen Sälen zahlreiche Kunstwerke und Zeugnisse aus der Geschichte Beléms aufbewahrt sind.

Die markantesten Zeugnisse der früheren Blütezeit der Stadt sind jedoch unsere beiden nächsten Ziele, zwei große Markthallen am Hafen. Das erste Gebäude mit seinen Türmen sehen wir schon vom Museum aus, es ist das ehemalige Fiskalisationshaus von 1688, der **Mercado do Ver-o-Peso** 5 (›das Gewicht sehen‹). Die Halle, deren Schmiedeeiserne Stützkonstruktionen aus England importiert wurden, dient heute als riesiger Fischmarkt, umgeben von ca. 2000 Verkaufsständen mit Kunsthandwerksprodukten, Keramiken, typischen Gerichten der Region, Früchten, Heilpflanzen, Gewürzen, Badesalzen u. v. m. Beißende Gerüche sowie viel Schmutz und Unrat sind allerdings nicht jedermanns Sache. Genauso exotisch wie die angebotenen Produkte ist die Atmosphäre des Marktes, geprägt durch das rege Treiben der Händler und Fischer, das Ein- und Auslaufen der vielen Boote und nicht zuletzt durch die Tatsache, daß wir hier am Eingangstor zum riesigen Amazonasgebiet stehen. In einer kleineren, etwas versteckt hinter einem kleinen Galerieeingang auf der anderen Straßenseite liegenden Halle, deren Konstruktionsteile ebenfalls aus England stammen, ist der **Fleischmarkt** untergebracht.

Danach gehen wir zur 540 m langen Uferpromenade des Hafens mit mehreren umgebauten Lagerhallen *(Estação das Docas)*. In Halle 2 sind Restaurants, bei Halle 4 die Bootsanleger für Ausflüge zu den nahen Inseln. Auf dem Rückweg gehen wir in die Travessa Frutuosa Guimarães und sehen gleich an der ersten Ecke links die **Igreja das Mercês** 6, die Kirche des Klosters Nossa Senhora das Mercês. Sie stammt aus dem Jahre 1640 und wurde im 18. Jh. angeblich unter Beteiligung des italienischen Architekten Antonio Landi restauriert.

Aus der Kirche heraustretend, begeben wir uns nach links bis zur **Avenida Presidente Vargas** 7. Sie verbindet die Altstadt mit der Neustadt (Cidade Nova) und gilt als die Hauptgeschäftsstraße Beléms. Wir gehen sie ein Stück nach rechts hinauf bis zum **Praça da República** 8, dem Zentrum der Neustadt. Dort befindet sich am Ende des Platzes das mächtige neoklassizistische **Teatro da Paz** 9 von 1878 mit seinen imposanten griechischen Marmorsäulen sowie im Innern mit großen Spiegeln und Leuchtern aus venezianischem Kristall. Zur Zeit des Kautschuk-Booms fanden hier bedeutende Aufführungen von internationalem Rang statt.

Hinter dem Theater, am äußersten Ende des Platzes, begeben wir uns nach links in die Avenida Nazaré und gehen ein längeres Stück bis zur **Basílica de Nazaré** 10 an der rechten Straßenseite. Der mächtige Bau in romanischem Stil (1909–23) wurde nach dem Vorbild der römischen Basílica de São Paulo errichtet, die Standortwahl geht zurück auf eine im Jahr 1700 hier gefundene Statue der hl. Nossa Senhora de Nazaré. Alljährlich am zweiten Sonntag im Oktober findet ihr zu Ehren die berühmte Prozession do Círio de Nazaré statt, das größte religiöse Fest Brasiliens mit einer mehr als 200jährigen Tradition und jeweils ca. 300 000 Teilnehmern. Ihr Verlauf entspricht fast unserem Stadtrundgang: Catedral da Sé, Boulevard Castilho França (Hafen und Mercado do Ver-o-Peso), Avenida Presidente Vargas und Avenida Nazaré bis zur Basílica (5 km). Neben der Basílica befindet sich noch das **Museu do Círio,** einzig der Geschichte dieser Prozession gewidmet.

Gehen wir die Avenida Nazaré noch etwas weiter, gelangen wir zum **Museu Paraense Emílio Goeldi** 11 und zugleich ans Ende unserer Besichtigungstour. 1866 von dem Naturforscher Domingos Soares Ferreira Pena gegründet und 1900 von Emílio Goeldi erweitert, ist es in seiner Art einzigartig in Amazonien. Hier befindet sich neben zahlreichen archäologischen Objekten und Ausstellungsstücken indianischer Herkunft noch ein zoologisch-botanischer Garten, der leider etwas ungepflegt wirkt. Belém ist insgesamt eine recht grüne Stadt mit zahlreichen, von hundertjährigen Mango-Bäumen umsäumten Alleen sowie vielen Parks, z. B. dem **Bosque Rodrigues Alves** 12.

Die Urwaldinsel Marajó

16 Ein größeres, aber unbedingt zu empfehlendes ökologisches Ausflugsprogramm (6 Std. per Boot) ist der Besuch der Urwaldinsel Marajó. Entweder begibt man sich in den Hauptort Souré (20 000 Ew.) und unternimmt von dort aus kleine Touren in die Umgebung, oder man quartiert sich gleich in einer der Büffelfarmen ein.

Umgeben von den Flüssen Amazonas und Tocantins sowie gleichzeitig vom Atlantischen Ozean, ist Marajó die größte Flußinsel der Welt mit einem Terrain von der Größe Belgiens, von den Indios wegen ihrer Lage auch ›Meeresbrecher‹ genannt. Hier ist die Zeit noch stehengeblieben, häufige Fortbewegungsmittel sind neben Kanus auch Büffel. Die noch weitgehend unberührte, mit dem Pantanal vergleichbare Inselvegetation besteht im westlichen Teil aus tropischem Regenwald und im östlichen aus Grassavannen, die während der Regenzeit von Januar bis Juni regelmäßig überflutet werden. Daher werden hier von Großfarmern Wasserbüffel gezüchtet, die ursprünglich wahrscheinlich von einem gestrandeten Schiff stammen, das in Richtung Französisch-Guayana unterwegs war. Der Besuch einer dieser Farmen bzw. die Besichtigung von in den Flüssen badenden Büffelherden ist inzwischen zum touristischen Standardprogramm geworden, einschließlich einer *Carne-do-sol*-Mahlzeit aus Büffelfleisch oder einer Kostprobe des Büffelkäses. Außer Büffeln existieren auf der Insel noch Tausende von Vogelarten (Reiher, Tukane, Greifvogel- und Kuckucksarten, Gruppen von Weißflügelsittichen u. a.) sowie Krokodile, Affen, Tapire, Riesenschildkröten und sogar Panther.

Marajó ist auch bekannt für die Pflege des kulturellen Erbes der präkolumbianischen Zivilisation der Marajó-Indianer (5.–14. Jh.), die älteste und am weitesten entwickelte Hochkultur des Amazonasbeckens. Die meisten Überreste der alten Lehmhütten sowie kunstvoll bemalte Keramiken wurden um den Lago Arari westlich von Souré gefunden. Die heutigen Nachfahren der Marajó-Indianer kleiden sich z. T. noch wie damals und präsentieren die traditionellen Volkstänze wie *carimbó* oder *lundú.* Die Region ist jedoch schwer erreichbar; einfacher ist es, das Museu do Marajó in Cachoeira do Arari aufzusuchen. Die ältesten archäologischen Ausstellungsstücke datieren aus dem Jahre 980 v. Chr., die neuesten aus dem 18. Jh.

Auch Strände gibt es in Marajó, z. B. Araruna und Pesqueiro, beide in der Nähe von Souré. Araruna gilt als einer der schönsten, während des Hochwassers vermischen sich hier in einem faszinierenden Naturschauspiel Süßwasserströme mit dem Salzwasser des Atlantik. Der Hauptbadeort von Belém – obwohl 70 km entfernt – ist die schöne Ilha do Mosqueiro mit 17 km Süßwasserstrand (ideal von Juli bis Dezember, weniger ratsam dagegen in der Regenzeit).

Durch das Landes-innere

Wasserspiegelung auf dem Amazonas

Reiseübersicht

Von Belém aus kann man seine Entdeckungsreise durch Amazonien statt per Flugzeug bis Manaus auch per Boot starten. Es sind 3571 km, für die man fast eine Woche braucht. **Manaus** selbst wird viele enttäuschen, ein Besuch lohnt sich nur, wenn man von dort aus einen Lodge-Urlaub in den beliebten Urwald-Hotels macht oder an einer der zahlreich angebotenen Amazonastouren teilnimmt. Südlich von Amazonien, im Herzen Brasiliens, liegt die 1960 eingeweihte neue Hauptstadt **Brasília.** Hier wird man vor allem den Regierungsbezirk, die Esplanada dos Ministérios, bestaunen, eine in Form eines Flugzeuges von dem Architekten Oscar Niemeyer angelegte Kunststadt, die auf der ganzen Welt ihresgleichen sucht. In der Regel reichen jedoch zwei Tage, um diese Sehenswürdigkeit kennenzulernen.

◁ *Regenwald in Amazonien*

Westlich von Brasília befindet sich eine der größten Naturattraktionen Brasiliens, das **Pantanal.** Es ist das größte Sumpfgebiet der Erde. Wer sich mehr für die Tierwelt interessiert, sollte statt Amazonien lieber das Pantanal ansteuern, nirgendwo in Brasilien wird man mehr Tiere beobachten können als hier, besonders im südlichen Teil dieser Region. Die Ausgangsorte im touristisch besser erschlossenen Süden sind Corumbá oder Campo Grande, im Norden Cuiabá.

Südöstlich des Pantanal erreichen wir schließlich **Foz do Iguaçú** mit den größten Wasserfällen der Erde. Je nach Jahreszeit stürzen 150–300 Einzelfälle 40–90 m in die Tiefe. Besichtigenswert ist auch der angrenzende Nationalpark und das größte Wasserkraftwerk der Welt: Itaipu. Die Stadt selbst ist dagegen eher reizlos und lädt nicht gerade zum Verweilen ein. Der Normalreisende wird kaum mehr als zwei bis drei Tage benötigen, um alles kennenzulernen.

Abenteuer über Wasser – mit dem Boot von Belém bis Manaus

Wer fünf Tage Zeit hat und die Strecke Belém – Manaus nicht per Flugzeug zurücklegen will (Flugzeit zwei Std.), nimmt in Belém das Boot, Amazoniens Verkehrsmittel Nr. 1. An einer Vielzahl privater Linien mangelt es nicht, sei es per Fähre *(balsa)*, altem Flußdampfer *(gaiolá)*, schwerem Amazonas-Katamaran oder Luxus-Kreuzschiff. Doch nicht jeden Tag wird abgelegt, und die Abfahrtzeiten ändern sich ständig. Da muß Rücksicht genommen werden auf die zweimal im Monat bei Mondwechsel gegen das Flußwasser auflaufende Meeresflut, die eine bis zu 5 m hohe Gezeitenwelle *(pororoca)* erzeugt und kleinere Boote leicht zum Kentern bringt. In der Regenzeit (Dezember bis Mai) behindern zudem weggespülte Baumstämme das Manövrieren, nicht selten reißt einen deren Aufprall am Schiffsbug fast aus der Hängematte. Hinzu kommen die zu dieser Zeit überaus lästigen Moskitos, allerdings nur in Ufernähe. Alles in allem ist die Reise in den einfacheren, meist überfüllten und in sanitärer Hinsicht prekären Booten nicht gerade ein komfortables Unterfangen, zumal bei ständiger schwüler Hitze. Auch von der Natur sieht man weniger als man denkt.

Nur selten ist der **Rio Amazonas** auf dieser Strecke unter 5 km breit. Fahren die Boote in seiner Mitte, sind die Ufer kaum zu erkennen. Interessanter ist es lediglich an den Streckenabschnitten bei Breves, kurz hinter Belém, wo es durch einen schmalen Gezeitenkanal geht, und bei Obidos, kurz hinter Santarém,

Piranhas im Amazonas

Amazonien

wo der Fluß nur 2,5 km breit ist. Um der Gegenströmung etwas auszuweichen, fahren viele Boote hier dichter am Ufer entlang. Da sieht man dann häufiger kleine Pfahlbausiedlungen, nicht selten nähern sich Kinder im Holzkanu und kommen zu einem Kurzbesuch an Bord. Auch Indianer im Einbaum begleiten oft ein Stück die Boote und sammeln Kleider- und Geldspenden. Krokodile tauchen auf, Papageiengruppen und bunte Riesenschmetterlinge.

Etwa auf halber Strecke, 1369 km hinter Belém, legen fast alle Boote einen kurzen, etwa zweistündigen Zwischenstopp in **Santarém** 1 ein. Die 1661 von Jesuiten gegründete Stadt verdankt ihren Aufschwung dem Hafen am Zusammenfluß des Rio Tapajós mit dem Rio Amazonas (Encontro das Águas). Hier mischt sich das klare, blaugrüne Wasser des Tapajó mit den braungrauen Fluten des Amazonas. Manche Boote fahren auch ein Stück den Tapajó hinauf und ermöglichen ein Bad an einem der schönen sauberen Strände. Die heutige Industriestadt Santarém (277 000 Ew.) ist eine der ältesten Siedlungen des Amazonasbeckens, das Ortsbild ist geprägt von zahlreichen alten Kautschukbäumen, Zeichen vergangenen Glanzes aus der Blütezeit des Kautschukhandels. In den 20er Jahren entstand 200 km südlich die erste große Gummibaumplantage Amazoniens, wegen ihres Gründers Henry Ford auch *Fordlândia* genannt. Heute lebt die Stadt außer von Kautschuk und Goldverarbeitung noch

von Holz, Textilindustrie und Viehzucht. Sehenswert ist vor allem das Museu dos Tapajós mit ca. 3000 Keramik- und Kunsthandwerkserzeugnissen der Tapajó-, Tapuio- und Munducuru-Indianer.

Ab Santarém sind die Boote meist leerer, nachdem die immer noch zahlreichen Goldgräber an Land gegangen sind. Nun sind es ›nur‹ noch 2202 km bis Manaus. Größtes Naturschauspiel auf dieser Strecke ist der Zusammenfluß des schwarzblauen Rio Negro mit dem lehmgelben Rio Solimões (Encontro das Àguas), nur 20 km vor unserem Ziel.

Manaus – die arme Opernstadt am Rio Negro

2 (S. 330) Man könnte glauben, daß Werner Herzogs ›Fitzcarraldo‹ sich genau hier abgespielt haben könnte. Doch der amerikanisch-peruanische Kautschukbaron Brian S. Fitzgerald gedachte seinen Traum von der Oper im Regenwald in Iquitos im Amazonasgebiet von Peru zu verwirklichen. Kurz vor seinem Tode jedoch entstand etwas Ähnliches in Manaus, das prachtvolle **Teatro Amazonas** (1884–96). Das mehrfach restaurierte Gebäude – stilistisch eine Mischung aus Barock, Renaissance, Neoklassik und Jugendstil – ist ein einziger gesamteuropäischer Luxustempel, reich bestückt mit italienischem Marmor, französischem Dekor, schottischer Kuppelverzierung, lothringischen Ziegeln, englischem Schmiedeeisen und 700 roten Samtsitzen. Es ist bis heute das bedeutendste Zeugnis aus der Blütezeit des 1870 einsetzenden Kautschuk-Booms. Den wichtigen Gummirohstoff für die nordamerikanische und europäi-

Lektüre: João Ubaldo Ribeiro und ›die peinlichen Klischees der Deutschen‹

Eins habe ich während meines Aufenthaltes hier in Berlin gelernt: Ich werde erst wieder in Deutschland antreten, nachdem ich einen Kurs über Amazonien belegt und mindestens eine grundlegende Biographie über die brasilianischen Indianer gelesen habe. Es kann hier nämlich ganz schön schwierig werden für Brasilianer wie mich, die nichts von Amazonien und den Indianern verstehen. Wenn sie von meiner Unwissenheit erfahren, sind einige Deutsche derart empört, daß sie sofort jedes weitere Gespräch mit mir aufgeben. Andere, vielleicht ist das die Mehrheit, wollen mir das schlichtweg nicht abnehmen, hören nicht auf meine abschlägigen Antworten und reden einfach weiter, so daß die Unterhaltung schizophrene Züge annimmt.

»Amazonien ist bestimmt faszinierend, nicht wahr?«

»Ja, bestimmt, aber sicher.«

»Ich verstehe, was Sie sagen wollen. Für einen wie Sie, der direkt von dort kommt, ist es sicher schwer, so fasziniert davon zu sein wie ein Ausländer. Wer von außen kommt, der ist jedenfalls ...«

»Ganz so ist es eigentlich nicht, ich habe Amazonien nämlich nie gesehen.«

»Leben Sie seit Ihrer Kindheit außerhalb Brasiliens?«

»Nein, ich lebe in Brasilien. Aber ich habe Amazonien nie gesehen.«

»Mein Gott, was sagen Sie denn da. Das ist ja schrecklich!«

»Ja also ... Ich ...«

»Ich wußte ja gar nicht, daß die Zerstörung schon so weit fortgeschritten ist, wie furchtbar! Und Sie haben Amazonien gar nicht gekannt. Als Sie geboren wurden, war das Gebiet schon zum großen Teil zerstört, niedergebrannt, verwüstet! Finden Sie nicht, daß das ein schreckliches Verbrechen gegen die Natur, gegen unseren Planeten ist?«

»Natürlich. Aber das ist es gar nicht, denn ich ...«

»Würden Sie nicht auch sagen, daß man auf jeden Fall die Zerstörung von Amazonien aufhalten muß?«

»Aber sicher.«

»Ich hatte auch keine andere Haltung von Ihnen erwartet. Helga, komm mal her und hör dir an, was unser brasilianischer Freund mir über Amazonien erzählt, keiner kann uns besser als ein Brasilianer die Wahrheit über Amazonien zeigen, und was er gerade erzählt hat, ist wirklich grauenhaft, noch viel schlimmer, als wir gedacht haben! Stell dir vor, er ist in Brasilien aufgewachsen und hat Amazonien nie gesehen! Die Zerstörung war schon so weit fortgeschritten, daß er gar nichts mehr vorgefunden hat! Kommen Sie, mein treuer Freund, erzählen Sie der Helga hier, was Sie mir gerade erzählt haben, das ist wirklich schrecklich. Helga, er hat gesagt ...«

Bei Lesungen, Vorträgen und ähnlichen Anlässen ist es noch schlimmer, weil da ein kollektiver Druck herrscht. Ich habe gerade ausgeredet, da erhebt sich ein Herr, gibt sich erstaunt vorwurfsvoll und sagt:

»Ich habe hier in einer Zeitung gelesen, daß Sie noch nie einen Indianer gesehen haben. Stimmt das?«

Gemurmel im Publikum. Ist das weiße Ding da in der Hand des Jungen mit der Punkfrisur ein Ei, das gleich in meine Richtung fliegt, wenn ich die falsche Antwort gebe? Ob die Frau in der ersten Reihe mit ihrem Regenschirm losstochern wird? Ob die Studenten dahinten sich gerade anschicken, sich zu erheben und in wildes Buhen auszubrechen? Bei einer internationalen Krise dieses Ausmaßes muß man einige Kreativität an den Tag legen.

»Natürlich nicht«, sage ich zuvorkommend. »Das ist eine Lüge der Zeitung, Zeitungen lügen viel. Ich sehe jeden Tag Indianer. Als ich klein war, kamen die Indianer immer aus dem Urwald von der anderen Straßenseite an und sprangen über die Mauer in unseren Hof, um die Hühner mit Pfeilen zu erlegen. In der letzten Zeit habe ich allerdings in Rio gelebt, wo es relativ wenig Indios gibt, aber trotzdem trifft man so auf zwei- bis dreihundert am Tag.«

Allgemeine Erleichterung. Lächeln, man wirft sich zufriedene Blicke zu, ein Meer erhobener Hände, Fragen über Fragen.

»Und ihre Bräuche behalten sie in Rio bei?«

»Das hängt vom Stamm ab. Einige sind mehr oder weniger assimiliert. Andere nicht, so daß es schon vorkommen kann, daß man in einem Bus sitzt und ein kleiner, nackter, ganz bemalter Indio neben einem Platz nimmt.«

»Und der Kannibalismus?«

»Der wird praktisch nicht mehr ausgeübt, obwohl einige Gruppen von Umweltschützern gegen die weiße Unterdrückung dieses jahrtausendealten indianischen Brauches protestiert haben. Aber hin und wieder hört man, daß sie einen verspeist haben, im allgemeinen einen von ihren eigenen Leuten.«

»Und wie stehen Sie zur Auslöschung der Indianer?«

»Ich bin natürlich radikal dagegen. Weil das für mich selbst ja praktisch auch Selbstmord bedeuten würde. Wie Sie klar an meinem Äußeren erkennen können, habe ich Indianerblut in mir. Ein Viertel. Meine Großmutter mütterlicherseits war vom Stamm der Caeté, die berühmt sind, weil sie im 17. Jahrhundert einen portugiesischen Bischof verspeist haben.«

Beifall, viele Male ein herzlicher Händedruck, großer Erfolg. Und zwar so groß, daß ich denke, ich werde diese Art von Erörterung nun in allen Lebensbereichen anwenden, solange ich noch in Berlin bin. Nein, wenn ich es recht überlege, tue ich das schon. Gestern ging meine Frau ans Telefon und bat den Anrufer am anderen Ende der Leitung nach einem kurzen Wortwechsel, er möge bitte einen Augenblick warten.

»Da ist ein sehr netter Deutscher«, sagte sie, »der ein Hörspiel über Amazonien produziert und Stimmen von Amazonaskindern braucht. Er hat erfahren, daß wir zwei kleine Kinder haben, und möchte wissen, ob die beiden diese Stimmen im Stück spielen können. Soll ich ihm erklären, daß unsere Kinder nicht aus Amazonien sind und auch nie dort waren?«

»Nein«, sagte ich, »frag ihn, wieviel er bezahlt. Und sag ihm, wenn er jemanden für die Rolle des Häuptlings braucht, dann übernehme ich das.«

sche Autoindustrie gab es zunächst nur hier, bis dann im Jahre 1906 der Konkurrent Malaysia auf den Plan trat.

Wenig später war es schon vorbei mit dem Reichtum, eine der wohlhabendsten Städte der Welt, damals das ›Paris der Tropen‹ genannt, verfiel rasch in Agonie. Es gingen regelrecht die elektrischen Lichter aus, an deren Stelle wieder die alten Öllampen angebracht werden mußten. 1967 kam zwar die wirtschaftliche Erholung, in die neu geschaffene Freihandelszone *(Zona Franca)* zogen wegen der Steuererleichterungen zahlreiche Firmen aus aller Welt und machten aus der ehemaligen Kautschuk-Metropole eine große High-Tech-Industriestadt mit 1,5 Mio. Einwohnern, doch schöner und humaner wurde sie dadurch nicht. Viele alte Kolonialhäuser mußten modernen Geschäftsbauten weichen, historische Gassen wurden in sterile Einkaufs- und Fußgängerzonen umgewandelt, das Zentrum besteht fast nur noch aus Elektronikläden, die Straßen sind überlastet durch den ansteigenden Transportverkehr und Lärm und Hektik bestimmen den Alltag. Die Bevölkerungsexplosion macht sich zusätzlich negativ bemerkbar, viele der arbeitssuchenden Neuankömmlinge wohnen in den Armenvierteln der Peripherie

Manaus

Richtig Reisen *Tip*

Lodges – schwimmende Hotels im Urwald

Sie werden immer beliebter, die komfortablen, meist schwimmenden Öko-Lodges mitten im Urwald. Etwa 14 Anlagen dieser Art existieren bereits, sie bieten Unterkünfte, Kurse und naturkundliche Führungen. Eine der besten und größten, der ›Ariaú Jungle Tower‹ (3 Bootsstunden bzw. 60 km von Manaus an einem Nebenarm des Rio Negro), kann bereits mit einer langen Liste berühmter Gäste aufwarten, u. a. Roman Polanski, Kevin Costner, Jacques Cousteau, Olivia Newton-John und Helmut Kohl. Die fünf hölzernen Wohntürme sind durch bis zu 15 m hohe Plankenwege miteinander verbunden, außerdem gibt es eine 35 m hohe ›Tarzan-Baumhütte‹ und einen 40 m hohen Aussichtsturm. Die auf Baumhöhe am Wasser angelegte Lodge bietet den Vorteil, daß man von dort aus direkter die Tierwelt beobachten kann, hauptsächlich Affen, die dicht herankommen, um sich am Frühstücksbuffet zu bedienen. In den umliegenden Regenwald gelangt man bequem über einen eigens errichteten Laufsteg.

Die meisten ausländischen Touristen bevorzugen jedoch einfachere Hotels. Zu den preisgünstigeren Favoriten zählt die kleine schwimmende ›Amazon Lodge‹ (s. Abb.), ca. vier Boots- und Kleinbusstunden von Manaus entfernt am Ufer des Rio Juma. Sie hat nur teilweise elektrisches Licht, aber einen guten Service und ein gepflegtes Ambiente. Etwas komfortabler, mit Strom, Ventilator und Frigobar, ist die ›Lago Salvador Lodge‹, nur eine halbe Bootsstunde von Manaus entfernt. Ihre vier Häuschen mit insgesamt 12 Zimmern liegen an dem schönen Lago Salvador, den man per Kanu erschließen kann. In wenigen Minuten ist man auch beim ›Encontro des Águas‹, wo die Wasser des Rio Negro mit dem Rio Solimões zusammentreffen und ein besonderes Farbschauspiel bieten.

oder in Pfahlhaussiedlungen an den Flußufern.

Wer also Manaus ansteuert in der Hoffnung, hier eine blühende exotische Dschungelmetropole anzutreffen, wird schwer enttäuscht sein. Brasilianische Besucher kommen höchstens zum Einkaufen hierher und gehen achtlos an den wenigen Sehenswürdigkeiten vorbei. Ausländische Touristen wollen zumeist auch nur von hier eine der vielen Amazonastouren starten. Dort, wo es losgeht, am **Porto Flutuante,** ist Manaus zugleich am interessantesten. An dem von englischen Ingenieuren errichteten, 1313 m langen schwimmenden Kai liegen zahlreiche Boote vor Anker. Wer auf dem Luftweg nach Manaus gekommen ist und hier zum ersten Mal den Rio Negro sieht, wird glauben, sich an einem Meereshafen zu befinden, so weit ist das andere Ufer entfernt. Ähnliches wird man empfinden bei einem Besuch des 18 km entfernten Strandes von Ponta Negra, sonntags der beliebteste Treffpunkt der Stadt.

In der Nähe des Hafens befindet sich noch das alte, 1906 errichtete Zollhaus **Alfándega** sowie der interessante **Mercado Municipal,** eine unter Denkmalschutz stehende Markthallenkonstruktion aus dem Jahre 1882. Das Eisengerüst wurde bei Gustave Eiffel in Paris hergestellt, die bunten Glasfenster sind den Pariser ›Les Halles‹ nachempfunden. Genauso sehenswert wie seine Architektur ist jedoch der Markt selbst, vor allem die wahren Prachtexemplare von Flußfischen aus dem Rio Negro. Zuletzt könnte man noch den **Palácio Rio Negro** besichtigen, früher einmal Residenz des deutschen Kautschukhändlers Waldemar Scholtz, heute Sitz der Landesregierung von Amazonien.

Schwarm Dunkelroter Aras

Amazonastouren ab Manaus

Wer sich nicht in einer der vielen Urwald-Lodges einquartieren will, kann auch von Manaus aus seine Entdekkungstouren starten. Eine Erwartung sollte man jedoch gleich zu Anfang etwas herunterschrauben, nämlich in der Umgebung dieser Stadt einer reichen Tierwelt zu begegnen. Die tierreichen Gebiete Südamerikas befinden sich weit entfernt an den Rändern des Regenwaldes, an den Hängen der Anden, in den Savannen am Orinoco und besonders im Pantanalgebiet (s. S. 239ff.). Dort sind die Nahrungsbedingungen günstiger, letztendlich wegen der höheren Niederschlagsmengen. Daß dennoch in Amazonien mehr Tiere leben als in irgendeinem anderen zusammenhängenden Naturraum der Welt, liegt an der riesigen Ausdehnung dieses Gebietes. Man wird also neben Moskitos und Ameisen auch Affen, Papageien und Schmetterlinge sehen können, mit etwas Glück auch Reiher, Tukane, Faultiere und Krokodile, selten jedoch Giftschlangen (weniger als im Mittelmeerraum) und Raubtiere, von den Piranhas einmal abgesehen.

Das Besondere dieses Naturraumes ist nicht die Artenhäufigkeit, sondern die Artenvielfalt. 1500 verschiedene Vogelarten wurden gezählt ($^1/_5$ der Welt), 1500 Fischarten (Europa: 60), und auf jedem Baum leben bis zu 100 verschiedene Insektenarten, die 80 % der gesamten tierischen Biomasse ausmachen. Der Reichtum der ›Grünen Hölle Amazoniens‹ liegt jedoch unbestritten in der

Schillernde Farbenpracht im Regenwald Amazoniens: Dreifarbentangare (oben), Heuschrecke (Mitte o.), Lederwanze (Mitte u.) und Laubfrosch (unten)

Waldsterben auf brasilianisch

Der brasilianische Regenwald ist der größte und wichtigste der Erde. Seine Existenz erklärt sich aus der besonderen Geschichte seines großen Hauptstroms, des Rio Amazonas. Vor Millionen Jahren floß er noch in entgegengesetzter Richtung und mündete in den Pazifik, bis ein Erdbeben diesen Ausgang blockierte und den Fluß schließlich zur Umkehr zwang. Seitdem kommt er mangels Gefälle – nur 26 m zwischen Manaus und Belém – nur noch langsam vom Fleck und überschwemmt riesige Flächen. 75 % seiner Wassermenge verbleiben in einem sich selbst regulierenden Kreislauf, d. h. verdunsten und kehren als Regen zurück. Nur so erklärt sich die Existenz dieses weltweit einzigartigen Regenwaldes.

Doch über 14 % der natürlichen Waldfläche, mehr als die Fläche Frankreichs, sind bereits zerstört, ca. 57 Mio. ha seit 1970. Außer den Folgen für die indianische Bevölkerung und die Pflanzen- und Tierwelt haben die Brandrodungen verheerende Auswirkungen auf das Klima. Die Waldbiomasse im Amazonasbecken bindet 20 % des gesamten Kohlenstoffs der Erde. Gelangt dieser durch Verbrennung in die Erdatmosphäre, entsteht ein Treibhauseffekt mit globaler Erwärmung, Abschmelzen der arktischen Eismassen, meterhohem Anstieg des Meeresspiegels und gewaltigen Überschwemmungen. Gleichzeitig vergrößert sich das Ozonloch mit den bekannten Folgen für die Gesundheit.

Der starke internationale Druck auf Brasilien in den 80er und 90er Jahren führte zunächst zu einem deutlichen Rückgang der Umweltzerstörung, bis im Juli 1995 der amerikanische Aufklärungssatellit NOAA-14 fünfmal soviel Brände registrierte wie im gleichen

Monat des Vorjahres. Zu den Gründen dieses Rückfalls gehört einmal die beschleunigte Einwanderung nach Rondônia. Täglich wurden vier bis fünf Familien je 60 ha Wald zugeteilt, der von diesen sogleich abgebrannt wurde, um danach Ackerbau und Viehzucht zu betreiben. Da die verwitterten Rotlehmböden jedoch relativ unfruchtbar sind, braucht man für 17 Rinder ganze 48 ha brandgerodeten Weidelandes, um schließlich auf einen Monatslohn von 100 US-$ zu kommen. Zweitens hat die neuerliche ökonomische Stabilisierung Brasiliens einen erhöhten inländischen Verbrauch von Holz- und Fleischprodukten nach sich gezogen. Drittens fehlt es an politischen Kontrollinstanzen. Die Umweltbehörde Ibama hat für die gesamte Planungsregion Amazônia Legal ca. 500 Überwachungsbeamte (d. h. einen für ca. 5 Mio. ha), 99 % der Brände geschehen illegal. Doch selbst dort, wo Kontrollen stattfinden, werden die großen Rinderfarmen, die im Osten und im Süden Amazoniens für 70 % der Waldrodung verantwortlich sind, stark begünstigt. Schließlich gehört Brasilien immer noch zu den korruptesten Ländern.

Die internationale Welt kann ihre Hände jedoch nicht in Unschuld waschen. Mit dem Geld der Weltbank wurde u. a. die Erschließung bzw. Vernichtung Rondônias finanziert, ihr damaliger Präsident James Wolfensohn entschuldigte sich noch hinterher für die angerichteten Schäden. Die deutsche Kreditanstalt für Wiederaufbau zahlte 130 Mio. Dollar für ein Erzabbau-Projekt in Pará, wo 1967 in der Serra dos Carajás das größte Eisenerzvorkommen der Welt entdeckt wurde. Und schließlich sind die Tropenholzimporte zu erwähnen, Europa gehört nach Japan und den USA zu den Hauptabnehmern.

Flora. Über 60 000 Pflanzenarten soll es hier geben, in einem Gebiet von 1 km^2 finden sich mehr Arten als in ganz Europa. In einer gigantischen Staffelung von bis zu sechs Stockwerken begegnet man über 2500 verschiedenen Baumarten, gekrönt von den bis zu 60 m hohen Lianen, in den Tümpeln und Seen wachsen Wasserhyazinthen und Seerosen.

Wohin soll es also gehen? Das entfernteste Ziel, 750 km den Rio Negro hinauf, wird eher den passionierten Bergsteiger reizen. Dort befindet sich im gleichnamigen Nationalpark der 3014 m hohe **Pico da Neblina** 5, Brasiliens höchster Berg. In gleicher Richtung, jedoch nur 250 km bzw. 12 Bootsstunden von Manaus entfernt, liegt der **Parque Nacional do Jaú** 4, das größte Waldreservat Südamerikas mit einer relativ reichen Tierwelt. Etwas näher noch bei Manaus befindet sich im Rio Negro die **Anavilhanas-Inselgruppe** 3 mit 400 Eilanden in einem 90 km langen Netz von Wasserläufen und Seen. Der Wasserreichtum dieses Ökosystems zieht zahlreiche Tiere an, die man sonst sehr selten sieht. Während der Regen- bzw. Hochwasserzeit kommen Tukane, Reiher, Kaimane und Schildkröten, danach sogar Jaguare, Pumas und Tapire.

Die meisten Touren führen jedoch in drei verschiedene Gebiete nahe bei Manaus, entweder ein Stück den Rio Negro oder den Rio Solimões hinauf oder zum 20 km entfernten ›Encontro das Águas‹. Die anspruchsvollste Option ist eine einwöchige **Safari-Ecológico-Tour,** die alle drei Ziele ansteuert und zudem unter fachkundiger Leitung den Besuch einer Gaiolá-Werft, einer Kautschukplantage und einer Caboclo-Siedlung umfaßt. ›Echte‹ Indianer, wie manche Reisebüros versprechen, wird man jedoch kaum treffen.

Brasília – Hauptstadt aus der Retorte

Die Geschichte eines alten Traums

■ (S. 310) Die Militärs mochten die neue, 1960 eingeweihte *Cidade da Esperança* (Stadt der Hoffnung) zunächst nicht, war sie doch wenige Jahre vor dem Putsch aus der Idee einer vernunftbestimmten und egalitären Gesellschaft erwachsen und mit dem Stempel der 50er Jahre versehen, einer Zeit offener Auseinandersetzungen und experimenteller architektonischer Konzepte. Dennoch veranlaßte der Bau dieser modernen Retortenstadt den französischen Schriftsteller und Kulturminister André Malraux zu der Bemerkung, wie solch ein gigantisches Werk unter einer demokratischen Regierung möglich sein konnte, ist doch derartiges normalerweise nur unter einer Diktatur vorstellbar. In der Tat waren die Schwierigkeiten enorm, die Polemiken zahlreich, und die Vorgeschichte erstreckte sich über mehr als ein Jahrhundert.

Die Idee, die Hauptstadt von der Küste ins Landesinnere zu verlegen und damit zugleich mit der Tradition der Kolonialzeit zu brechen, tauchte erstmals im Jahre 1789, dem Jahr der Französischen Revolution, auf. Anhänger der mineirischen Unabhängigkeitsbewegung wollten sie nach São João del Rei in Minas Gerais verlegen. 1823 kam von José Bonifácio der Vorschlag, die künftige neue Hauptstadt im Landesinneren ›Brasília‹ zu nennen. Den fast exakten späteren Standort auf einer zentralen Hochebene in 1100 m Höhe machte schließlich der Historiker und Diplomat Francisco Adolfo de Varnhagen schon im Jahre 1877 aus.

Obwohl der Grundstein bereits 1922 gesetzt wurde, begann das Projekt erst 1956 unter dem neuen Präsidenten Juscelino Kubitschek Wirklichkeit zu werden, der hier seine einmalige Chance sah, groß in die Geschichte einzugehen. Neben ihm sind es drei große Künstler der Zeit, die der Stadt ihren kreativen Stempel aufdrückten: der Stadtplaner Lúcio Costa, der Landschaftsarchitekt Burle Marx und der Architekt Oscar Niemeyer. Von Lúcio Costa stammte die Idee, das Projekt in Form eines Flugzeuges anzulegen, mit zwei leicht nach hinten gekrümmten Flügeln, vorne und seitlich von einem großen künstlichen See gesäumt (Lago do Paranoá). Burle Marx verdankt die Stadt ihre Gärten, und Oscar Niemeyer zeichnet verantwortlich u. a. für den Kongreßbau und den Regierungspalast (Palácio do Planalto).

Die Bauarbeiten, an denen bis zu 30 000 Arbeiter beteiligt waren, begannen im Jahre 1957, und schon nach 1000 Tagen konnte die Stadt am 21. April 1960 eingeweiht werden. Ursprünglich wurde sie für höchstens 500 000 Menschen (bis zum Jahr 2000) konzipiert, heute sind es jedoch bereits über 2 Mio., die zu 59 % aus Einwanderern vor allem aus dem armen Nordosten bestehen und unter miserablen Bedingungen in den 16 umliegenden Satellitenstädten leben. Obwohl Brasília das höchste durchschnittliche Pro-Kopf-Einkommen Lateinamerikas besitzen soll, ist die Einkommensverteilung hier extrem ungleich. Auch in dieser Hinsicht und nicht nur als Hauptstadt repräsentiert Brasília das gegenwärtige Brasilien. Dennoch erhielt die Stadt 1987 von der

Touren durch das Pantanal

Naturspektakel für Ausländer

Die Einheimischen lieben es weniger, dieses größte Sumpfgebiet der Erde mit der größten Zahl beobachtbarer Tiere in Brasilien. Ginge es nach deren Mehrheit, könnte man die ganze *bicharada,* das ganze ›Viehzeug‹, ruhig weiter aussterben lassen. Doch der in letzter Zeit stark angestiegene Öko-Tourismus aus aller Welt (etwa 300 000 Besucher jährlich) läßt das Pantanal auch für Brasilianer allmählich wieder wertvoller erscheinen, auch wenn die meisten nur zum Fischen hierherkommen.

Es handelt sich um ein Gebiet von etwa 230 000 km^2 in den südwestlichen Bundesstaaten Mato Grosso und Mato Grosso do Sul an der Grenze zu Paraguay. Die Bezeichnung Pantanal ist abgeleitet von dem portugiesischen Wort *pântano,* d. h. Sumpf oder Morast. Ganz exakt ist sie nicht, denn überschwemmtsumpfig ist es hier nur während der Regenzeit (November bis März), wenn der gefällearme Rio Paraguay bzw. Flußläufe von insgesamt 4000 km Länge das ganze Gebiet überfluten. Dann suchen die Tiere, selbst einander feindlich gesonnene wie Reiher, Krokodile, Wasserschweine, Hirsche und Affen, gemeinsam Zuflucht auf den wenigen trockenen Landflecken *(cordilheiras)* und können so vom Boot aus leicht beobachtet werden. Gegen Ende dieser Periode (Februar/März) blühen auch die meisten Pflanzen. Insgesamt mehr sieht man jedoch während der Trockenzeit von April bis Oktober, wenn sich die gesamte Tierwelt um die letzten verbliebenen Wasserlöcher zusammendrängt und zudem viele Vögel ihre Brutzeit haben.

Die Ursache für die einmalige Artenvielfalt im Pantanal liegt in der Kombination verschiedenster Lebensräume – Baumarten des Cerrado im Süden, trokkene Pflanzen der Caatinga sowie Amazonasvegetation im Norden –, die eine regelrechte Massenimmigration von Tieren aus den benachbarten Regionen bewirkt hat. So finden sich hier auch kaum Arten, die ursprünglich aus dem Pantanal selbst stammen, zumal es sich um ein recht junges Naturgebiet handelt. Vermutlich befand sich hier vor nur 10 000 Jahren noch ein Binnenmeer.

Die Pantanalbewohner leben hauptsächlich von der Viehzucht, oft aber auch von der verbotenen Krokodil- und Vogeljagd

Im größten Zoo Amerikas

Die Hauptattraktion im Pantanal stellen sicherlich die unzähligen Krokodile bzw. Brillenkaimane *(jacarés)* dar, die trotz zahlreicher Wilderer noch nicht ausgestorben sind. Die meisten sieht man während der Trockenzeit, wenn sie sich zu Hunderten an den wenigen Tümpeln konzentrieren. Ebenfalls meistens im Wasser trifft man die biberähnlichen Wasserschweine *(capivaras)*, mit bis zu 50 kg Gewicht die größten Nagetiere der Welt. Dazwischen winden sich respekterheischend bis zu 10 m lange Riesenanakondas *(sucuris)*, die allerdings nicht giftig sind. Gefährlicher sind schon die vielen Piranhas, die sich wegen der allmählichen Ausrottung ihrer größten Feinde, der Krokodile, ungehindert ver-

Pantanal

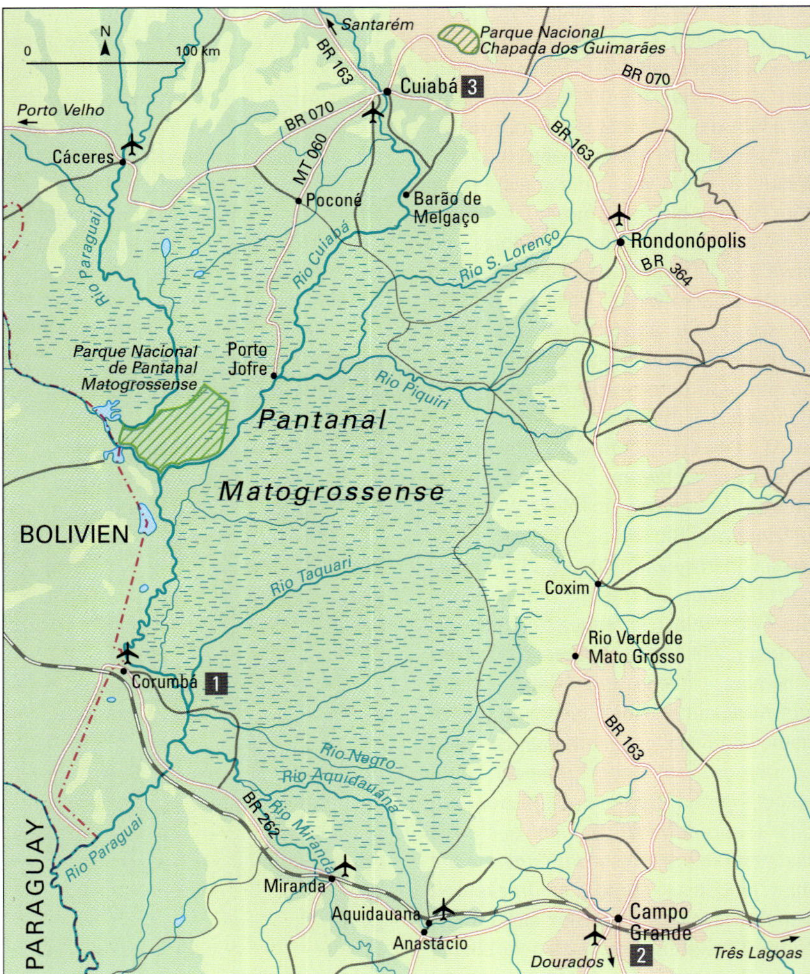

mehren können und dadurch den natürlichen Fischreichtum der Region stark dezimieren. Den größten Schaden richten sie an, wenn von Oktober bis November kilometerlange Fischschwärme flußaufwärts ziehen, um dort zu laichen. Aber auch die Fischer tragen zur Verringerung des Fischreichtums bei, wenn sie mit feinmaschigen Netzen arbeiten und nach Aussortieren der besseren Speisefische den Rest einfach verenden lassen. Trotzdem überleben hier immer noch ca. 230 verschiedene Fischarten.

Der Tierreichtum über Wasser steht dem jedoch in nichts nach. Neben den häufigen Schwarzen Brüllaffen *(bugio-preto),* dem Sumpfhirsch *(veado-galheiro* oder *cervo-do-pantanal)* und der Riesenotter *(ariranha)* beeindruckt vor allem die Vogelwelt mit ihren ca. 650 verschiedenen Arten. Besonders auffallend ist der in Gruppen auftretende *tuiuiú* (auch *jabirú* genannt), der größte Storch der Welt, leicht erkennbar an seinem roten Halsring. Anzutreffen sind auch der Manguari-Storch und der kleinere Waldstorch, ferner der *Ema*-Vogel, mit 1,70 m der größte Vogel Brasiliens, dann Mönchsittiche und Eisvögel sowie im Norden des Pantanal der *arara-azul-grande,* mit bis zu 1 m Länge der größte Papagei der Welt.

Doch nicht allein die Vielfalt der Arten (über 1000) macht das Besondere am Pantanal aus, sondern die Möglichkeit, alle Tiere aus nächster Nähe beobachten zu können, z. B. auch die seltenen Jaguare, Pumas oder Ameisenbären.

Zeichen der Zerstörung

Gäbe es nicht den Öko-Tourismus, wäre von den Naturreichtümern des Pantanal womöglich bald nichts mehr übrig. Nicht wenige Touristen jedoch, besonders aus Argentinien, Paraguay und Brasilien, tragen immer noch kräftig zur weiteren Umweltzerstörung bei. Da werden Schreckschüsse losgelassen, um die Vögel aus ihren Schlupfwinkeln aufzuscheuchen, und Plastiktüten verstreut, die neben der Verschandelung der Landschaft schon manchem Tier den Erstikkungstod bereitet haben. Der Respekt vor der Natur ist bei den meisten Bewohnern Lateinamerikas noch recht wenig ausgeprägt und geht nur selten über eine modische Attitude hinaus.

Der Tuiuiú-Storch ist das Wappentier des Pantanal

Verheerender wirken jedoch handfeste materielle Interessen, vor allem von Fazenda-Besitzern, Wilderern und Goldsuchern. Regelrechte Massaker an Krokodilen fordern trotz strengsten Verbots jährlich Opfer in Millionenhöhe, ein einziger Wilderer bringt es bis auf 200 erlegte Echsen pro Nacht. Die wertvollen Häute gehen illegal nach Europa und Nordamerika und werden dort fälschlicherweise als Zuchtware deklariert, um das

Eine der zahlreichen Holzbrücken im Pantanal

Käufergewissen nicht allzusehr zu belasten. Tatsächlich gibt es seit einiger Zeit die gesetzlich erlaubte Zucht von Krokodilen – ein Versuch, das hemmungslose Wildern einzudämmen. Doch wenn in einem Restaurant von Campo Grande oder Ciuabá Krododilfleisch auf der Speisekarte steht, weiß niemand so recht, aus welchen Quellen es stammt.

Ebenfalls zur Ausrottung zahlreicher Tierarten tragen Zehntausende von Gold- und Diamantensuchern *(garimpeiros)* bei, die seit den 70er Jahren hier einströmen und die Flußläufe des Rio Paraguai und São Lourenço mit giftigem Quecksilber verseuchen. Die Kontamination von Fischen und Vögeln in der Region übersteigt bereits die von der Weltgesundheitsorganisation angegebene Toleranzgrenze von 0,5 mg pro Kilogramm. Zusätzlich empfangen die Flüsse giftige Ableitungen aus den Álcool-Werken sowie Abwässer aus den umliegenden Städten und von den an ihren Ufern entstehenden großen Touristenhotels.

Reisen durch Stadt–Land–Fluß

Im Pantanal unterscheidet man zwischen einem nördlichen und einem touristisch besser erschlossenen südlichen Teil, in dem auch mehr Tiere anzutreffen sind. Die Ausgangsorte im Süden sind Corumbá oder Campo Grande, im Norden Cuiabá. Die Städte sind alle per Bus oder Flugzeug erreichbar, im Reisegepäck sollte gedeckte Kleidung in Tarnfarben und Moskitoschutz nicht fehlen. Innerhalb des Pantanal verkehren kaum Busse, während der Regenzeit ist man meist auf Boote angewiesen.

Wegen dieser organisatorischen Schwierigkeiten ist es ratsam, zumindest vom südlichen **Corumbá** **1** (S. 315) aus an einer organisierten Tour teilzunehmen, die in der Regel in das Nhecolândia-Gebiet im Herzen des Pantanal führt; Führer im Jeep bieten sich gleich bei Ankunft zahlreich an. Eintagestouren lohnen sich jedoch kaum, da man nicht weit genug in die artenreicheren zentralen Regionen hineingelangt. Übernachtet wird oft in speziellen Hotel-Fazendas oder gar in Hotelbooten.

Reist man über **Campo Grande** **2** (S. 313) an, muß man nicht unbedingt

bis Corumbá weiterfahren, sondern kann auch ab Aquidauana oder Miranda an diversen organisierten Pantanal-Touren teilnehmen. In Campo Grande hat man Gelegenheit, das Museum Dom Bosco mit ca. 5000 Ausstellungsstücken der Bororo-, Carajá-, Xavantes- und Moro-Indianer zu besichtigen. Und in der Nähe von Aquidauana kann man die Indianerdörfer Limão Verde, Corrego Seco, Galdeias, Imbirussu, Morrinho, Lagoinha, Água Branca, Ipegue und Bananal besuchen. Sehr schön ist das 248 km südwestlich von Campo Grande bzw. 174 km von Aquidauana gelegene Bonito mit der berühmten, 156 m tiefen Gruta do Lago Azul (Grotte des Blauen Sees), wegen seiner vielen kleinen Flüsse, z. B. Rio Sucuri und Rio Olho D'Àgua, auch ein Paradies für Taucher und Sportfischer. Von Bonito aus kann man das Pantanal auf dem Flußwege über den Rio Miranda ansteuern.

Wer von **Cuiabá** 3 (S. 316) aus den nördlichen Teil des Pantanal ansteuern will, hat – während der Trockenzeit – noch die Alternative einer abenteuerlichen Jeep- oder Kleinbustour. 90 km hinter Ciuabá gelangt man bei Poconé auf die Transpantaneira-Straße. Auf

Brillenkaiman und Wasserschwein im Pantanal

dem folgenden 140 km langen Wegstück von Poconé bis Porto Jofre mit über 100 prekären Holzbrücken kann man bequem aus sicherer Distanz die zahlreich an den Tümpeln verweilenden Tiere beobachten. Während der Regenzeit suchen sie bisweilen gar Zuflucht auf der Straße selbst, die jedoch stellenweise auch überschwemmt sein kann. Am besten nimmt man an einer organisierten Jeep-Tour teil, z. B. über die Anaconda Operadora in Cuiabá. Unterwegs besteht Übernachtungsmöglichkeit in mehreren Pousadas.

Ein Reiseziel ganz anderer Art verdient hier noch Erwähnung. 67 km nordöstlich von Cuiabá liegt der **Nationalpark Chapada dos Guimarães**, von dessen höchstem Punkt man einen schönen Panoramablick genießt. 8 km vom Ort Cuiabá entfernt befindet sich der geodätische Mittelpunkt Südamerikas *(ponto geodésico)*.

Foz do Iguaçú – Naturschauspiel am Dreiländereck

■ (S. 321) Alles ist gigantisch in Foz do Iguaçú – die größten Wasserfälle der Welt, ein riesiger Nationalpark und das gewaltigste Wasserkraftwerk der Erde. Auch die hauptsächlich vom Tourismus lebende 230 000-Einwohner-Stadt im Dreiländereck zwischen Paraguay, Argentinien und Brasilien stellt Rekorde auf: Die Besucherzahlen von einigen Millionen jährlich werden nur noch von denen Rio de Janeiros übertroffen. Ihnen stehen über 200 Hotels zur Verfügung.

Die meisten dieser Gäste, *camelôs* genannt, kommen jedoch weder zum Übernachten noch zum Bestaunen der Naturattraktionen. Ihr einziges Interesse gilt dem Kauf von Billigwaren in Paraguay und der schnellstmöglichen Rückkehr zu einem der unzähligen Straßenverkaufsstände in Rio de Janeiro oder São Paulo, immer getrieben von der Angst vor Zollkontrollen und kaltblütigen Taschendieben.

Cataratas do Iguaçú – die großen Wasserfälle

1 Je nach Jahreszeit sind es 150–270 Wasserfälle bzw. 300–6500 m^3/Sek., die aus einer Höhe von 40–90 m unter brausendem Getöse in die Tiefe stürzen und durch den Sprühdunst ständige Regenbogen erzeugen. In Hochwasserzeiten verschmelzen die Fälle scheinbar zu einem einzigen Wassersturz. Obwohl die meisten *cataratas* auf argentinischer Seite liegen, hat man von Brasilien aus einen privilegierteren Blick und auch einen besser ausgebauten Zugang über den 1 km langen **Panoramaweg.** Man sieht den Cañon von 2700 m und zahlreiche Wasserfälle, dessen größter 90 m tief fällt und Garganta do Diabo (Teufelsrachen) genannt wird. (Zum Vergleich: Die Niagara-Fälle in Nordamerika fallen nur 47 m tief und haben eine Breite von 1300 m). Ein Fußgängersteg aus Beton, dicht über dem Rio Iguaçú

angelegt, führt den, vor kalten Duschen kaum gefeiten Besucher, ganz nah an dieses etwa 120 Mio. Jahre alte Naturschauspiel heran. Von der argentinischen Seite kann man bei Puerto Canoas, ebenfalls von einem Steg aus, den gewaltigen Garganta do Diabo aus noch größerer Nähe betrachten.

Bevor die Wasserfälle 1542 von dem Spanier Dom Alvarez Nuñez entdeckt wurden, rankten sich schon zahlreiche indianische Legenden um diesen ungeheuerlichen Ort. In der Sprache der Ureinwohner bedeutet Iguaçú *água grande* (großes Wasser) und wurde mit der Vorstellung von großer Gefahr verknüpft. Nach dem Glauben der Caingangues-Indianer soll sich hier ein verzweifelter Gott Luft verschafft haben: Die schöne Indianerin Naipi war bereits M'Boy, dem Sohn des Gottes Tupã, versprochen, als ein junger Krieger namens Tarobá am Tage der Hochzeit mit der Braut die Flucht ergreift. M'Boy, in seiner Wut und Enttäuschung, vergräbt sich bis zum Kopf in die Erde und bewirkt durch bloßes Anspannen der Muskeln seines schlangenförmigen Körpers einen derartige Erdbewegung, daß sich eine gewaltige Grube öffnet, in die sich alsdann die Wasser des vorher so ruhig dahinfließenden Flusses herabstürzen. Das Kanu des flüchtigen Liebespaares geht in den Fluten unter, Tarobá verwandelt sich in eine Palme am Ufer des Iguaçú und Naipi in einen großen Felsen, auf ewig durch den Wasserfall geschützt. Die wissenschaftliche Erklärung ist indes reichlich ernüchternd: Zur Kreidezeit bildeten Lavaströme eine bis zu 1600 m dicke Basaltschicht über dem alten Gestein. Diese neue Schicht war unterschiedlich stark zerklüftet und wurde so auch unterschiedlich schnell vom Wasser abgetragen, so daß sich in den Wasserfällen mehrere Stufen bildeten.

Parque Nacional do Iguaçú

2 Der Weg zu den Cataratas führt am Parque Nacional do Iguaçú vorbei, ein unter Naturschutz stehendes Gebiet subtropischen Regenwaldes. Er wurde 1939 gegründet und erstreckt sich auf der brasilianischen Seite über eine Fläche von 185 000 ha. Außer Flußläufen, üppigem Palmen- und Kiefernwald mit über 2000 Pflanzenarten bietet er eine reichhaltige Fauna mit vielen vom Aussterben bedrohten Vogelarten, u. a. auch Tukane, aber auch Affen, Nasenbären, Wasserschweine, Wildschweine und sogar freilebende Jaguare. Letztere, von denen es noch etwa 30 geben soll, greifen, außer bei Bedrohung, keine Menschen an, während die Wildschweinrudel allgemein gefürchtet sind. Bei Exkursionen sind daher fast immer Vertreter der Polícia Florestal dabei.

Der Nationalpark wird seit dem Jahre 2000 mit einem Kostenaufwand von 30 Mio. US-$ revitalisiert. Das dafür verantwortliche private Unternehmen namens Cataratas do Iguaçu erhält als Gegenleistung eine 15jährige Nutzungslizenz. Das Erschließungsprojekt beinhaltet den Bau eines großen Besucherzentrums am Parkeingang, die Konstruktion von Aussichtstürmen mit Blick auf die Wasserfälle, Personen-Seilbahnen zwischen Baumgipfeln, Fahrradwege u.v.m.

Die Lizenz für Besichtigungstouren geht fast gänzlich auf die neue Gesellschaft über, Privatwagen und Busse anderer Veranstalter sind verboten. Dafür fahren nun zu einem recht preiswerten Tarif vom Besucherzentrum in kurzen Abständen spezielle umweltschonende Doppeldeckerbusse ab. Die Umweltschutzbehörde Ibama bietet noch kostenlose Vollmondausflüge zu den Cataratas.

Die leider nicht gerade preiswerte **Safari-Tour** ist wegen ihrer Bequemlichkeit und Kürze (2 Std.) die beliebteste und am häufigsten in Anspruch genommene. Die Idee stammte einem Amerikaner, der seinen Wohnort Chicago mit Foz do Iguaçú vertauschte, als Vorreiter des *turismo ecológico* eine Nutzungskonzession für einen Teil des Parkes erhielt und dort seine Safaris durchführt. An der Rodovia das Cataratas bzw. der BR-469 geht es los, man fährt mit dem Wagen 3 km durch den subtropischen Urwald, wobei zwecks Erläuterungen der Flora mehrmals kurz angehalten wird. Weiter geht es dann 600 m zu Fuß bis zum Rio Iguaçú, wo man in ein Schlauchboot steigt, um ganz aus der Nähe den Blick auf die Wasserfälle genießen zu können. Allerdings wird man dabei auch – wohl nicht unbeabsichtigt – ziemlich durchnäßt.

Sehr zu empfehlen ist ein Besuch des **Parque das Aves**, der sich mit einer Besichtigung der Fälle verbinden läßt. In der großzügig gestalteten Anlage werden Fauna und Flora auf Tafeln erklärt.

Der Iguaçú-Fluß entspringt bei Curitiba, durchläuft bis zu den Wasserfällen 1320 km, bis er sich schließlich, genau am Grenzpunkt zwischen Brasilien, Paraguay und Argentinien, mit dem Rio Paraná vereinigt. Dieser zweite bedeutende Fluß der Region kommt aus Minas Gerais und bildet bei Foz do Iguaçú die Grenze zwischen Brasilien und

Foz do Iguaçú-Region

Paraguay. Es ist ein Fluß der Hochebene mit hohem Wasserenergiepotential, weshalb er auch für das größte Wasserkraftwerk der Welt ausgewählt wurde.

Das Wasserkraftwerk Itaipu

3 Die ›Usina Hidrelétrica da Itaipu Binacional‹, ein Gemeinschaftsprojekt von Brasilien und Paraguay, wird gespeist von einem 1400 km^2 großen Stausee (Lago de Itaipu) und erzeugt mit 89 237 gwh etwa ein Viertel des gesamten brasilianischen Energiebedarfs. Die Baukosten betrugen 18 Mrd. US-$, der verwendete Zement entsprach der Masse von 200 Maracanã-Stadien, der Stahl dem Gewicht von 350 Eiffeltürmen. Alles hier ist gigantisch, die Staumauer mit einer Höhe von 196 m und einer

Cataratas do Iguaçú

Breite von 8 km, die 390 m breite ›Schöpfkelle‹, die 62 200 m^3 Wasser pro Sekunde hindurchläßt, sowie die 120 m hohe Dunstglocke, die dieser grandiose künstliche Wasserfall zu bilden vermag.

Solcher Gigantismus, typisch für das Denken der Militärgeneräle – das Kraftwerk entstand zwischen 1975 und 1984 –, forderte natürlich seine Opfer, z. B. den Verlust der Sete Quedas (Sieben Wasserfälle), ehemals vorherrschendes Postkartenmotiv des Rio Paraná. Grundsätzlich wird man im Falle Brasiliens, das kaum mit Erdöl-, Kohle- oder Gasvorkommen gesegnet ist und der Atomenergie aus Kosten- und Abhängigkeitsgründen reserviert gegenübersteht, nichts gegen die Nutzung der enormen Wassermengen dieses Landes einwenden können. Kritiker hatten jedoch damals anstelle beschleunigten ›Wachstums um jeden Preis‹ ein bescheideneres Wachstumsmodell gefordert einschließlich des Baus kleinerer, dezentraler Kraftwerke mit weniger zerstörerischen Auswirkungen für die lokale (Ur-)Bevölkerung sowie für Flora und Fauna.

Darüber wird man natürlich in den Reiseprospekten zu Foz do Iguaçú nichts finden, in denen nur von Naturwundern die Rede ist. Selbst der künstliche Stausee wird wegen seiner Wassersportmöglichkeiten zu einem Öko- und Ferienparadies hochstilisiert. Den Besuch von Picknick- und Churrasco-Plätzen eingeschlossen, kann man gar einen Ausflug per Boot unternehmen. Zudem wird auf künstlich angelegte Strände wie Santa Terezinha oder Bairro de Três Lagoas verwiesen, mit Campingmöglichkeiten, Sportplätzen, Imbiß usw.

Nicht zu vergessen ist natürlich der Besuch des Kraftwerks selbst bzw. seines modernen Besucherzentrums (Centro de Visitantes): Während eineinhalb Stunden informieren Führer, Monitore und ein 30minütiger Dokumentarfilm über Geschichte und Technik dieses umstrittenen Energieriesen. Und als wollte man sein schlechtes Gewissen beruhigen, wurde in der Nähe des Kraftwerks gar ein Öko-Museum errichtet.

Florianópolis und Ilha de Santa Catarina ▷

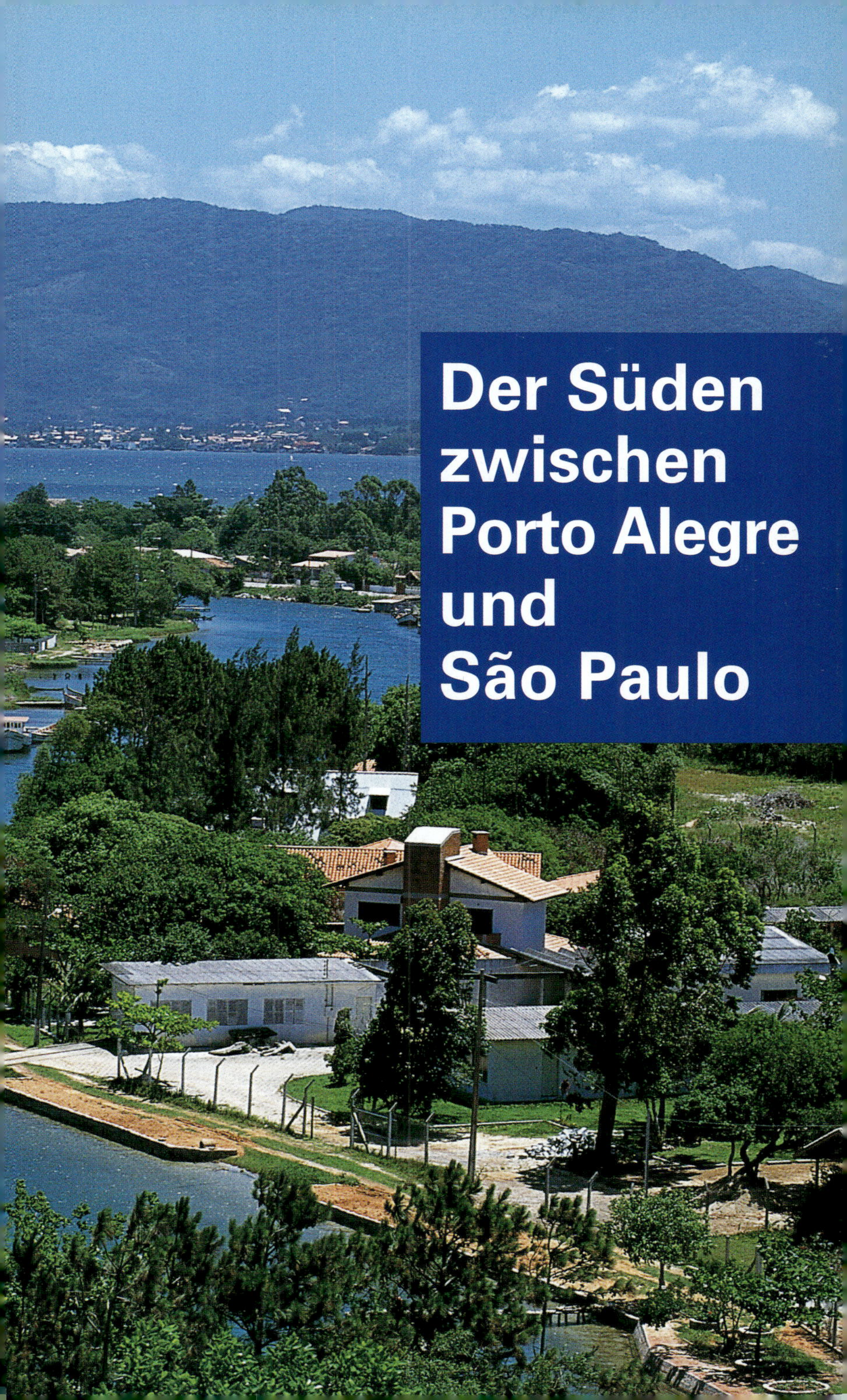

Der Süden zwischen Porto Alegre und São Paulo

Reiseübersicht

Auch der folgende Reiseabschnitt hat einen Tour- oder Rundreisecharakter, diesmal durch die drei südlichen Bundesstaaten Rio Grande do Sul, Santa Catarina und Paraná bis nach São Paulo. Obwohl die meisten Ziele in Küstennähe liegen, ist das Strandvergnügen im weniger tropischen bis kalten Süden für europäische Touristen kaum ein Reisemotiv. In diese Region kommt man eher wegen der kulturellen und landschaftlichen Attraktionen.

Unser Ausgangspunkt ist **Porto Alegre** **1**, die Hauptstadt von Rio Grande do Sul am kühlen Südzipfel Brasiliens. Sie liegt 986 km von Foz do Iguaçú entfernt. Obwohl die Stadtväter einiges unternehmen, um Porto Alegre in den Kreis der touristisch sehenswerten Orte einzureihen und kräftig mit den Reizen der Flußlage werben, kommen die meisten Besucher nur hierher, um verschiedene Ziele in der Umgebung aufzusuchen.

Da ist einmal eine Tour, die ›in den Kopf steigt‹, zu den drei **Weinstädten** **2** Garibaldi (95 km ab Porto Alegre), Bento Gonçalves (111 km) und Caxias do Sul (131 km). Der Weinanbau geht auf die italienischen Einwanderer zurück, 90 % der recht passablen brasilianischen Weine und Sekte werden hier hergestellt. An Weinprobenmöglichkeiten in den zahlreichen Kellereien *(cantinas)* wird es nicht mangeln.

Ein weiterer Ausflug führt nach **Canela** und **Gramado** **3** als meistbesuchte Städte der **Serra Gaúcha** (141 bzw. 133 km ab Porto Alegre). Es ist die Region der Viehzüchter *(gaúchos),* eine relativ hoch gelegene, kühle und frucht-

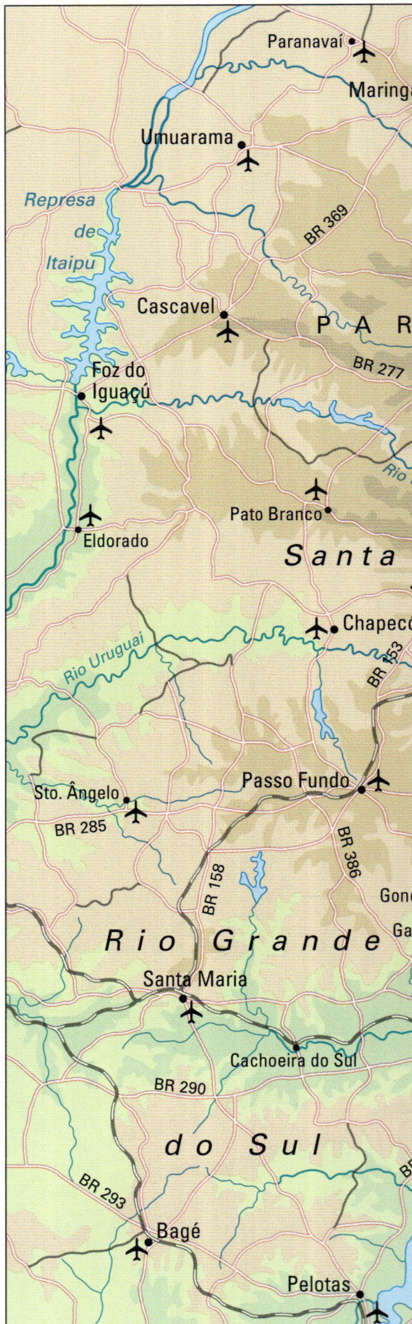

Der Süden zwischen Porto Alegre und São Paulo

Ourinhos
BR 369
Campinas
Rio de Janeiro
BR 381
Taubaté
BR 116
BR 153
Represa de Jurumirim
Itapet ninga
13 SÃO PAULO
BR 376
Ilha de São Sebastião (Ilhabela)
Serra Paraná Piacaba
BR 151
BR 373
BR 116
Curitiba 10
11 Paranaguá
Morretes
BR 277
12
Ilha do Mel
BR 476
BR 101
Oceano
Joinville
Pomerode 9
Blumenau
Itajaí
8
Baln. Camboriú
BR 470
Florianópolis 7
Lages
Serra Geral
BR 116
São Joaquim
BR 101
Garopaba
Laguna
6
Vacaria
Tubarão
Parque Nacional de Aparados da Serra
4
Gramado
Torres 5
3 Serra Gaúcha
Atlântico
1 Porto Alegre
BR 101
N
0
100 km

bare Hügel- und Gebirgslandschaft. Will man sie umfassender kennenlernen, kann man auf der ›Rota Romântica‹ 11 Städtchen bereisen, die in manchem an Orte entlang der süddeutschen ›Weinstraße‹ erinnern. Es gibt zahlreiche Möglichkeiten zum Wandern und Rudern. Zur Serra Gaúcha gehört auch der **Parque Nacional de Aparados da Serra** 4 mit seinen berühmten Cañons.

In unmittelbarer Nähe von Porto Alegre gibt es kaum schöne Strände. Der reizvollste Badeort von Rio Grande do Sul, **Torres** 5, liegt 205 km entfernt in nordöstlicher Richtung. Man kann auch direkt von Caxias do Sul dorthin fahren, statt nach Porto Alegre zurückzukehren. Die nächsten interessanteren Badeorte, bereits im Bundesstaat Santa Catarina, sind **Laguna** 6 und **Garopaba,** 124 bzw. 96 km vor der Hauptstadt Florianópolis.

7 **Florianópolis** ist zweifellos die schönste Stadt Südbrasiliens. Trotz ihrer 332 000 Einwohner wirkt sie eher provinziell und besticht durch ihre reizvolle Lage zwischen Insel und Festland. Die große, 54 km lange Ilha de Santa Catarina ist mit ihrer grünen Hügellandschaft und den 42 Stränden ein wahres Naturparadies.

81 km weiter die Küstenstraße entlang kommen wir nach **Camboriú** 8. Es ist der touristischste Ort Südbrasiliens, allerdings nur in der Saison. Die erst 1964 gegründete Stadt ist jedoch absolut reizlos, alles Leben konzentriert sich hier an der Avenida Altântica, auch die ›Copacabana des Südens‹ genannt. Vergleiche mit dem Massentourismus von Teneriffa oder Mallorca drängen sich schnell auf. Es gibt jedoch ein paar ruhigere, schöne Strände in der Umgebung und diverse Ausflugsmöglichkeiten.

Von hier aus sind es nur wenige Kilometer bis nach **Blumenau** 9, neben **Pomerode** und **Joinville** die bekannteste ›deutsche‹ Stadt in Brasilien, berühmt geworden vor allem durch das jährlich stattfindende große Oktoberfest nach Münchener Vorbild.

Etwa 150 km ab Joinville, etwas ins Landesinnere hinein, gelangen wir nach **Curitiba** 10 (1,6 Mio. Ew.). Hier findet man zwar keinen Strand und keine Palmen, dafür gilt die Hauptstadt von Paraná als ökologischer Vorreiter des Landes.

Lohnend ist ein Ausflug mit einer alten Gebirgsbahn bis zu dem Kolonialstädtchen **Morretes** 11 (2 Std.), der Reiz liegt in dem Weg und nicht in dem Ziel, das man wohl am selben Tag wieder verlassen wird. Ab dem weiter östlich gelegenen Paranaguá fahren Boote zur **Ilha do Mel** 12 ab. Auf dieser kleinen Naturschutzinsel gibt es weder Autos noch Straßen, man bekommt Kontakt zu den Fischern und einfachen Leuten, wohnt in bescheidenen Pousadas und findet reichlich Muße. Die einzigen Störenfriede – im November und Dezember – sind die erbarmungslosen *Mutuca*-Mücken, die sich gegenüber jeglichem Schutzmittel als resistent erweisen.

São Paulo 13 liegt nicht gerade an der Spitze der Besucherpräferenz aus dem Ausland, von den zahlreichen Geschäftsreisenden abgesehen. Wer nach Brasilien kommt, sucht nicht Smog und Verkehrschaos, sondern Strandorte und Naturparadiese. Für ein paar Tage lohnt sich die Stadt jedoch allemal, liegt sie doch unweit entfernt von Rio de Janeiro bzw. nahe der Küstenroute durch Südbrasilien, die in nördlicher Richtung weitergeht über die bezaubernde Costa Verde (Grüne Küste). Allein zwei Attraktionen, der größte Zoo Lateinamerikas und das bedeutendste Kunstmuseum Lateinamerikas (MASP), machen einen Besuch der Stadt zu einem besonderen Erlebnis.

Nach dem Besuch der Großstadt bietet sich als Kontrastprogramm ein Abstecher zur nahen **Ilhabela** (Schöne Insel) an. Man nimmt den Bus ab Rodoviária bis São Sebastião (203 km) und dann die Fähre auf die Insel. Dort findet man zahlreiche einsame Strände auf einer Rundstrecke von 180 km sowie eine reizvolle Hügel- und Waldlandschaft

Porto Alegre – am kühlsten Ende Brasiliens

1 (S. 339) Wer hierher kommt, kommt selten in erster Linie wegen Porto Alegre. Die Stadt unterscheidet sich sowohl klimatisch wie kulturell zu wenig von dem, was man bereits aus Deutschland und Europa kennt. Natürlich gibt es verschiedene Sehenswürdigkeiten, die ›Hauptattraktion‹ ist jedoch der Flughafen bzw. der Omnibusbahnhof als Eintrittstor für die Erkundung der nahegelegenen Weinstädte, der Serra Gaúcha sowie der Südküste Brasiliens. Der Rundreisende wird z. B. von Foz do Iguaçú aus Porto Alegre anfliegen, von dort einige Ziele in der Umgebung besichtigen und dann weiter in Richtung Florianópolis, Curitiba oder São Paulo reisen.

Nichtsdestoweniger versucht sich die Hauptstadt von Rio Grande do Sul als eigenständiges Touristenziel zu profilieren. An gewagten Vergleichen mit San Francisco und der Golden Gate Bridge mangelt es nicht, die Stadt wird gar als Geschenk des Rio Guaíba bezeichnet, so wie Ägypten ein Geschenk des Nils sein soll.

Schon die ersten Besucher, 60 Ehepaare aus Portugal, kamen im Jahre 1752 auf dem Flußwege hier an und gründeten an seiner Mündung Porto Alegre, auf deutsch ›Fröhlicher Hafen‹. Während sich der Hafen vergrößerte, wurde der Fluß durch Landgewinnungsprojekte immer kleiner.

Kleiner Spaziergang zwischen Zentrum und Fluß

Gleich bei den Hotels der Rua Fernando Machado erhebt sich an der Praça Mal. Deodoro die mächtige **Catedral Metropolitana** **1**, erbaut zwischen 1929 und 1986 nach dem Vorbild der italienischen Renaissance. Sie beeindruckt jedoch mehr von außen als von innen. Ihre weiße Marmorkuppel besitzt einen Durchmesser von 18 m, die Spitze liegt 74 m über der Erde, die beiden Türme erreichen eine Höhe von 50 m. An der Frontfassade befinden sich drei farbenfreudig gestaltete Mosaikgemälde, die in den Werkstätten des Vatikans hergestellt wurden.

Taxi in Porto Alegre

Direkt daneben steht der **Palácio Piratini** 2, das prunkvolle Empfangs- und Versammlungsgebäude der Regierung des Bundesstaates. Der Palast wurde zwischen 1896 und 1921 erbaut und ist innen reich mit italienischem Marmor aus Carrara, Kristallleuchtern aus der ČSSR, Treppengeländern aus Frankreich und kostbaren Möbeln aus Buenos Aires im Stil Ludwig XV. ausgestattet. In dem von Versailles inspirierten Hauptsaal erzählen 18 Gemälde von Aldo Locatelli die Legende des Negrinho do Pastoreio, im angrenzenden Nebensaal dokumentiert ein großes Werk desselben Malers die Kolonialgeschichte von Rio Grande do Sul.

Nach der Besichtigung des Palastes überqueren wir die davorliegende Praça Mal. Deodoro, sehen an ihrem unteren Ende links das 1858 in portugiesischem Barockstil erbaute **Teatro São Pedro** 3 und gehen die rechts daneben verlaufende Rua General Câmara hinab bis zur Praça da Alfandega (am Ende der Straße etwas nach links versetzt). Dort befindet sich das **Museu de Arte do Rio Grande do Sul** 4 mit einigen Gemälden von Di Cavalcanti und Malern aus São Paulo, Rio de Janeiro und Rio Grande do Sul. Ebenfalls an der Praça da Alfandega befindet sich im prachtvollen alten Post- und Telegraphenhaus das erst im Jahr 2000 eröffnete **Museu Memorial do Rio Grande do Sul** mit 50 000 Ausstellungsstücken zur Geschichte des Landes. Vom Platz aus gehen wir dann etwa 200 m durch die Avenida Sepúlveda und stoßen direkt auf den Haupteingang zu den Kaianlagen des **Hafens** 5 (porto).

Größere Frachtschiffe sieht man jedoch nur selten, die Blütezeit des größten Binnenseehafens von Brasilien ist längst vorbei. So denken die Stadtväter auch schon daran, die verwaisten Kaianlagen in ein großes Kultur- und Vergnügungszentrum umzuwandeln. Störend dabei ist bloß eine fast 3 km lange und 3 m hohe Mauer, die erst im Jahre 1971 zum Schutz vor Überschwemmungen errichtet wurde, ihre Nützlichkeit seitdem jedoch nie unter Beweis stellen mußte. Wahrscheinlich wird man nun 4 m hohe Aussichtstürme konstruieren, um den Blick über die Mauer wieder freizugeben. Zudem sind Fahrrad- und Fußwege geplant, Plätze und Terrassen sowie Kulturflächen. Das ganze Projekt nennt sich ›Porto 24 Horas‹, der 24-Stunden-Hafen.

Während die Umsetzung dieses Projektes noch auf sich warten läßt, ist ein anderes bereits Wirklichkeit geworden. Auf dem Weg vom Hafen, immer an der Mauer entlang, erreicht man das 1995 neueröffnete alte Gaswerk **Usina do Gasômetro** 6 aus dem Jahre 1928. Seit 1974 außer Betrieb, wurde es unter dem Bürgermeister Olívio Dutra unter Denkmalschutz gestellt und in ein Kulturzentrum mit Aussichtsterrasse umgewandelt. Die ehemalige Energiefabrik mit dem 117 m hohen, weithin sichtbaren Schornstein ist bereits zu einem Wahrzeichen der Stadt geworden. Sie liegt direkt am Flußufer an der Rua da Praia do Gasômetro, völlig mauerfrei und zieht im Sommer Scharen von Besuchern an, so als gäbe es dort einen wirklichen Strand. Von hier aus kann man jedoch mit der ›Noiva do Cai‹ eine Bootstour den Rio Guaíba aufwärts starten.

Auf unserem weiteren Weg am Fluß entlang in Richtung Südzone kommen wir an zwei größeren Parks vorbei, dem **Parque Maurício Sirotsky Sobrinho** 7 und anschließend dem **Parque Ma-**

Die imposante Catedral Metropolitana in Porto Alegre

rinha do Brasil 8. Das Gelände ist einst dem Fluß abgerungen worden und dient heute als städtische Grünanlage mit diversen populären Sport- und Vergnügungsangeboten.

Noch ein ganzes Stück weiter, das wir zu Fuß nicht bewältigen werden, folgen die verschiedenen Wohnbezirke der noblen **Südzone.** Alle Viertel haben den Charakter von Badeörtchen, die beliebtesten sind Ipanema und Lami. In den zwei Dutzend Strandbars von **Ipanema** trifft sich das eher jugendliche Publikum, ins Wasser geht man nur per jet-

Porto Alegre, Zentrum *1 Catedral (Metropolitana) 2 Palácio Piratini 3 Teatro São Pedro 4 Museu de Arte do Rio Grande de Sul 5 Hafenkais 6 Usina do Gasômetro 7 Parque Maurício Sirotsky Sobrinho 8 Parque Marinha do Brasil*

Richtig Reisen Tip

Fleisch und Bier am Abend

Gaúcho in traditioneller Kleidung

Porto Alegre ist berühmt für seine ausgezeichneten **Churrascarias.** Zu verdanken ist der hiesige Fleischkult den Viehzüchtern der nahegelegenen Pampa. *Gaúchos* nennt man sie, mit der charakteristischen Angewohnheit, ständig bitteren Tee *(chimarrão)* zu schlürfen und *churrasco* zu essen, Stiefel, Schlaghosen, ein rotes Halstuch und einen Cowboy-Hut mit Kinnriemen zu tragen sowie das Lasso zu schwingen. Die früher eher verspötteten Viehtreiber, nicht selten auch Viehdiebe, machten sich im 19. Jh. als die eigentlichen Verteidiger brasilianischen Bodens gegen die argentinischen und uruguayanischen Nachbarn verdient und werden heute landesweit geachtet. In der Stadt sieht man sie nur selten, aber die Kellnertracht der Churrascaria ›Galpão Crioulo‹ z. B. vermittelt zumindest einen Eindruck.

Eine zweite Empfehlung bezieht sich auf das Trinken, besser gesagt auf deutsches Bier im absoluten *In*-Lokal **›Dado Bier‹**, zugleich Name des deutschstämmigen Besitzers Eduardo Bier. »Ich bin Bier«, so stellt er sich vor und verweist stolz auf die im Jahre 1995 endgültig gelungene Verwirklichung eines alten Traums, die Kombination einer eigenen Minibrauerei mit einem Restaurant, einem Biergarten, einer Bar und einer Diskothek. Bis zu 2000 Gäste, vorwiegend aus der Mittelschicht, kommen hier allabendlich her, um sich in dem gemischten Ambiente aus New Wave, High Tech, Steinmauern und Alpengemälden zu vergnügen. Weitere Lokale gibt es bereits in São Paulo und Rio de Janeiro, außerdem sind weitere geplant in Salvador, Belo Horizonte, Recife, Curitiba sowie in Orlando und Florida.

sky. Die einzige zum Baden freigegebene Stelle Porto Alegres befindet sich in Lami, an Sommerwochenenden zugleich die beengteste Stelle der Stadt.

Zum Abschluß unserer Rundtour nehmen wir irgendwo an der Uferstraße, eventuell bereits bei der Usina, ein Taxi und fahren zum **Morro Santa Teresa** hinauf, von dem aus man den besten Panoramablick auf die Stadt und den Fluß gewinnt, schön vor allem bei Sonnenuntergang.

Ziele in der Umgebung von Porto Alegre

Weinstädte – die ›Tour, die in den Kopf steigt‹

2 In Deutschland wird man kaum auf die Idee kommen, einen brasilianischen Wein zu probieren, eher schon einen argentinischen oder chilenischen. In Brasilien wird man eher das kühle tropische Leichtbier bevorzugen, es sei denn, man ist in Rio Grande do Sul, wo vor gut 100 Jahren die italienischen Einwanderer mit dem Weinanbau begannen und wo heute 90 % der brasilianischen Weine hergestellt werden.

Die ›Tour, die in den Kopf steigt‹, mit Weinproben und Weinfesten, führt durch die drei Orte Bento Gonçalves, Garibaldi und Caxias do Sul. Die bedeutendste Winzergemeinde Brasiliens ist **Bento Gonçalves** (S. 308), 111 km von Porto Alegre entfernt. Neben den etwa 90 großen Kellereien mit ›Forestier‹ an der Spitze gibt es auch zahllose kleine Familienbetriebe, deren Besuch zumindest atmosphärisch, oft auch qualitätsmäßig lohnender ist. Die ältesten Weinstöcke Brasiliens besitzt das ›Casa Valduga‹, man wird von den Nachkommen der alten italienischen Familie persönlich herumgeführt und zum Probieren animiert. Wer dabei zu tief ins Glas schaut, kann sich anschließend gleich in der Pousada des Hauses einquartieren. Ist man mehr an dem technischen Produktionsvorgang interessiert, empfiehlt sich ein Besuch der großen ›Cooperativa Vinícola Aurora‹. Der gesamte Produktionsprozeß wird hier per Video und Monitor erläutert, und selbstverständlich wird auch probiert. Höhepunkt der örtlichen Weinseligkeit ist dann das alljährliche Nationale Weinfest im schönen Parque da Fenavinho. Die kulturelle Hauptattraktion der Stadt ist die Capela das Neves, die im Jahre 1907 angeblich mit Mörtel und Wein gebaut wurde – wegen einer Dürrezeit fehlte es an Wasser.

Garibaldi (S. 322) ist Brasiliens größter Sektproduzent – 70 % der einheimischen Wirtschaft dienen der *Champanhe*-Herstellung, die hier im Jahre 1913 mit der Niederlassung der französisch-schweizerischen Familie ›Peterlongo‹ begann. Die andere bedeutende Sektmarken ist ›Chandon‹. Dieses Haus kann man besichtigen und an einer Führung teilnehmen.

In **Caxias do Sul** (S. 315), der größten Stadt der Serra Gaúcha, findet von Ende Februar bis Anfang März ein Weinfest statt. Die schönste Cantina, das Castelo Lacave, ist ein kleines Schloß mitten in einem Pinietal, wo Qualitätsweine und Liköre der französischen Gruppe ›Remy Martin‹ produziert werden (leider keine Besichtigung möglich). Zeugnis italienischen Einflusses ist die Igreja de

São Pelegrino, deren Hauptattraktion Werke von Aldo Locatelli sind.

Serra Gaúcha – Gebirgsschluchten und Blumenstädte

Die Serra Gaúcha ist ein bis zu 1400 m über dem Meeresspiegel liegendes Hochplateau, das ein Drittel des südlichen Bundesstaates Rio Grande do Sul ausmacht. Unternimmt man eine Tour über die **Rota Romântica,** die durch 11 Städtchen führt, fühlt man sich fast wie im Schwarzwald oder auf der süddeutschen Weinstraße. Hügel und Täler, ein ähnliches Klima, eine ähnliche Küche sowie Unterkünfte mit Kaminfeuer und Kerzenlicht erinnern an die europäischen Herkunftsgebiete vieler Immigranten.

Die schönsten Orte der Serra Gaúcha sind unbestritten Canela und Gramado (etwa 140 km ab Porto Alegre), wegen ihrer Hortensienzucht auch ›Blumenstädte‹ genannt. Obwohl es nur Kleinstädte sind, haben sie sich zu zwei stark miteinander konkurrierenden Touristenzentren entwickelt, die ihren Gästen zahlreiche Hotels aller Preiskategorien bereitstellen. Während des Internationalen Filmfestivals im August sind sie dann auch meist voll ausgelastet.

In **Canela** 3 (S. 313) empfiehlt sich neben einer kurzen Ortsbesichtigung einschließlich der architektonisch interessanten Catedral de Nossa Senhora de Lourdes (Catedral de Pedra) im Stil englischer Gotik (1953) ein Abstecher in den 7 km entfernten Parque do Caracol, einen sehr schönen Naturpark mit reicher Flora und Fauna (Araukarienbäume, viele Vogelarten, Gürteltiere und Wildschweine). Ein knapp einstündiger Spaziergang führt uns durch den ganzen Park mit einem gewaltigen, 131 m herabstürzenden Wasserfall (Cascata do Caracol) in seiner Mitte. Anschauen sollte man sich auch – auf dem Weg zum Park – das Castelinho (1913–15), eines

Rodeo in der Serra Gaúcha

Stadttor in Gramado

der ersten Häuser des Ortes; es wurde ohne einen einzigen Nagel aus ineinandergesetzten Holzbalken konstruiert. Wer es lieber abenteuerlich mag, der begebe sich in den Parque das Sequóias und von dort zu Fuß oder per Fahrrad zum Morro Pelado (Nackter Berg), dem höchsten Punkt von Canela. Von dort kann man weitermarschieren bis zum 10 km entfernten Parque das Corredeiras, um sich dann per Ruderboot mit Rettungsring und Sturzhelm von der Strömung eines Wildbaches hinabreißen zu lassen. Das Rafting dauert zwei Stunden und kann auch mit direktem Transfer von der Stadt aus in Angriff genommen werden.

Auf dem Weg von Canela zur Nachbarstadt Gramado kommen wir an einer der Hauptattraktionen der Region vorbei, der Mundo a Vapor (Dampfmaschinenmuseum). Mit einem winzigen Zug fährt man hinein und kann dort zahlreiche Dampfmaschinen und Dampffabriken in Miniaturausgabe besichtigen, von kleinen Lokomotiven bis zu Ziegeltöpfereien.

In **Gramado** 3 (S. 323) finden wir gleich eine ganze Miniwelt *(o minimundo)* mit Miniaturrepliken von europäischen Schlössern, typischen Häusern, Eisenbahnen, Werften, Schwebebahnen u. a. Weitere Attraktionen sind der 72 km^2 große Parque Knorr, der sehr atmosphärische Lago Negro (Schwarze Lagune) mit seinen Tretbooten und der Lago Joaquina Rita Bier mit einer kleinen Insel in der Mitte. Hauptattraktion der Stadt der Feste ist zweifellos das Festival de Cinema Latino e Brasileiro Anfang August mit Stars und Sternchen aus 14 Ländern, die man in vielen Bars der Kleinstadt, in der Hotelbar ›Serra Azul‹ oder bei mehreren Festen im Hotel ›Serrano‹ treffen kann. Aber auch die Filme können sich seit einiger Zeit sehen lassen.

Will man nach soviel internationalem Rummel wieder Urdeutsches haben, so fahre man ins 15 km entfernte **Nova Pe-**

trópolis, in dem sich bis zu 90 % der Einwohner für deutschstämmig halten. Im Parque do Imigrante (10 ha) spielen am Wochenende deutsche Kapellen auf, man sieht naturgetreue Reproduktionen deutscher Kolonialdörfer aus der Zeit von 1875–1910 sowie eine Kapelle mit Turm und Schiff aus Fachwerk und einer bronzenen Glocke.

An der Grenze zwischen Rio Grande do Sul und Santa Catarina erstrecken sich in der Nähe der Küste die **Parques Nacionales de Aparados da Serra** und **da Serra Geral** 4. Hauptattraktionen der beiden benachbarten Nationalparks sind fünf Cañons. Ihre Entstehungsgeschichte geht auf gewaltige Erd- und Lavabewegungen vor etwa 130 Mio. Jahren zurück.

Der Cañon Faxinal ist wegen der dichten Vegetation schlecht einsehbar und daher wenig besucht. Die Cañons Três Irmãos und Malacara eignen sich eher für Gäste mit bergsteigerischer Erfahrung. Am interessantesten und berühmtesten sind jedoch die Cañons Itaimbezinho und Fortaleza. Ersterer ist mit 720 m zwar nicht am tiefsten, läßt sich aber von verschiedenen Punkten aus am besten einsehen. An einer Stelle in der Kurve sieht man sogar beide Enden der 6 km langen Schlucht. Oberhalb der Schlucht gibt es noch viele Araukarienwälder *(pinherais)* und mitunter die seltenen Prachtamazonen, eine Papageienart mit leuchtend grünem Gefieder und charakteristischer roter Augenmaske. Der Fortaleza-Cañon schließlich ist der größte von allen und bietet von oben sowohl einen weiten Panoramablick bis zum Meer als auch einen schwindelerregenden Blick in die Tiefe der Schlucht.

Ein Besuch dieser Region ist nicht ganz unproblematisch. Im Winter kann hoher Schnee liegen, im Sommer können dichte Nebel die Sicht behindern und plötzliche Regengüsse die Täler überschwemmen. Gefährlich sind auch die in der wärmeren Jahreszeit häufig anzutreffenden Schlangen. Aus diesen Gründen sowie wegen der schwierigen Anreise und der wenigen Unterkünfte empfiehlt sich für Neulinge unbedingt die Teilnahme an einer der organisierten Gruppenausflüge ab Porto Alegre. Die Wanderpfade do Cotovelo und Rio do Boi im Park Aparados da Serra sind nur in Begleitung eines Führers zu betreten. Im Park da Serra Geral dagegen bestehen keine Auflagen für Individualtouristen.

Torres, Laguna und Garopaba – drei kleine Badeorte

Nach dem Besuch von Porto Alegre und Umgebung (Weinstädte, Serra Gaúcha) kommen wir endlich wieder an die Küste. Wer die Tour durch den Süden Brasiliens in kleinen Etappen unternimmt und als nächstes größeres Ziel Florianópolis ansteuert, sollte Torres, Laguna und Garopaba nicht auf dem Wege liegen lassen. Obwohl die Küstenorte des subtropischen Südens wenig von dem Flair des Nordostens besitzen und auch nur im brasilianischen Sommer zu empfehlen sind, haben sie doch ihre eigenen Reize und im Falle von Laguna sogar einige geschichtliche Bedeutung.

Torres 5 (S. 356) liegt 205 km nordöstlich von Porto Alegre in der Nähe des Nationalparks Aparados da Serra und gilt als beliebtester Badeort der Gaúchos, der Einwohner von Rio Grande do Sul. Sein Name (Türme) bezieht sich auf drei Basaltfelsen am Strand, bekannt als Guarita, Torre Sul und Torre do Meio. Den letzteren sollte man einmal besteigen, er bietet eine

schöne Aussicht auf die Stadt. Außer einem Bootsausflug zur Ilha dos Lobos und den Rio Mampituba hinauf wird man sich hier auf den Besuch der Strände beschränken. Sie heißen von Norden nach Süden: Praia dos Molhes (beim Rio Mampituba), Praia Grande (viele Bars an der Promenade), Prainha (klein, sympatisch), Praia da Cal (stark von Surfern besucht) und Itapeva (ruhig mit einigen Dünen im Hintergrund).

161 km weiter sind wir schon im Bundesstaat Santa Catarina und erreichen den 45 000-Einwohner-Ort **Laguna** 6 (S. 328), benannt nach drei Lagunen in der Nähe. Als die Spanier und Portugiesen sich 1494 im Vertrag von Tordesillas über die Aufteilung ihrer künftigen Kolonien einigten, markierte Laguna die südliche Scheidelinie auf dem neuen Kontinent. Den ›Grenzstein‹ an der Praça de Tordesillas kann man noch heute besichtigen. Die Portugiesen hielten sich jedoch später nicht mehr an dieses Abkommen und nahmen den 1676 gegründeten Ort Laguna zum Ausgangspunkt ihrer Eroberungszüge durch das weiter südlich gelegene Rio Grande do Sul.

Dieser strategischen Bedeutung verdankt Laguna auch seine reiche Ausstattung mit historischen Bauwerken, die heute unter nationalem Denkmalschutz stehen. Herausragend ist die Igreja Santo Antônio dos Anjos aus dem Jahre

Landschaft in Santa Catarina

Ein kleiner Ausflug per Fähre und 17 km auf einem Sandweg führt zum Leuchtturm (Farol) von Santa Marta aus dem Jahre 1891, dem größten Lateinamerikas mit der drittstärksten Reichweite der Welt. Von seiner 29 m hohen Spitze hat man einen weiten Blick über verschiedene Strände der Region, ebenso vom ortsnahen Morro da Gloria, der mit 126 m höchsten Erhebung von Laguna. Die bekanntesten Strände sind Itapirubá (12 km lang mit Dünen), Praia do Gi (stark von Jugendlichen und Surfern frequentiert), Praia do Iró (ideal zum Tauchen und Fischen) und Praia do Mar Grosso (städtisch mit vielen Hotels, Bars und Restaurants).

Im Hinterland, 48 km von Laguna entfernt, liegt der berühmte Ort Gravatal, fast ausschließlich besucht wegen seiner zahlreichen, 37 °C warmen Heilquellen vulkanischen Ursprungs. In Zahl, Größe und Qualität sollen sie gar die Quellen von Baden-Baden übertreffen und lediglich hinter den Aux-Les-Thermes-Anlagen in Frankreich zurückbleiben.

Nur 28 km nördlich von Laguna bzw. 96 km südlich von Florianópolis liegt schließlich der kleine Ort **Garopaba** (S. 323). Der Name geht zurück auf den zusammengesetzten Begriff *Y-Gara-Paba* aus der Sprache der Carijó-Indios und bedeutet wörtlich ›viel Wasser-viel Fisch-viele Berge‹. Ursprünglich im 17. Jh. eine Azoreanersiedlung, dann ein Fischerdorf, nahm der touristische Aufschwung seinen Anfang mit den Hippies und Rucksacktouristen der 70er Jahre und hörte fortan nicht mehr auf. Von der einstigen Idylle ist heute – zumindest in der Saison – nicht mehr viel übrig, wenn der 13 000-Einwohner-Ort vorübergehend um ein Vielfaches anwächst. Der alte

1696 mit einem barocken Hochaltar florentinischer Prägung. Das Deckengemälde aus dem Jahre 1856 stammt von dem bedeutendsten Maler Santa Catarinas, Victor Meirelles. Neben der Kirche befindet sich die Casa de Anita Garibaldi von 1711 mit Ausstellungsstücken der Epoche. Das Haus erinnert an die große Liebesgeschichte zwischen dem Italiener Giuseppe Garibaldi und Ana Maria de Jesus Ribeiro, ebenso wie das Museu Anita Garibaldi an der Praça República Juliana. Auf diesem Platz wurde 1839 die Republik Juliana ausgerufen, ein bald gescheiterter Versuch, Laguna bzw. Santa Catarina vom Imperium loszureißen.

Dorfkern mit der kleinen Kolonialkirche besitzt wohl noch etwas Ursprüngliches, doch um ihn herum machen zahllose Restaurants und Bars den Ort zu einem belebten Vergnügungszentrum.

Die Hauptattraktion sind jedoch seine über 15 Strände. Von Norden nach Süden sind es die Praia da Gamboa (einsam wegen schwierigen Zugangs, gefährliche Untiefen und Strömungen), Praia do Siriú (5 km lang beim Rio Siriú, Fischreichtum), Praia de Garopaba (städtisch und belebt, viele Bars, Restaurants und Pousadas), Praia da Vigia/ Prainha (100 m lang, ruhiger), Praia do Silveira (wegen der hohen Wellen einer der beliebtesten Surfer-Strände Santa Catarinas), Praia da Ferrugem (weiterer wichtiger Surfer-Point), Praia da Barra (mit einer denkmalgeschützten ehemaligen Grabstätte der Carijó-Indios), Praia do Ouidor (1 km lang, starke Wellen, gefährliche Untiefen), Praia Vermehlha (sehr reizvoll) und etwas weiter entfernt Praia do Rosa (schönster Strand der Region).

Florianópolis – die magische Inselstadt

7 (S. 318) Florianópolis ist ohne Zweifel die schönste Stadt Südbrasiliens, von den Einheimischen im Anklang an Florida *Floripa* genannt. Der Text ihrer Hymne übertreibt kaum, wenn es heißt, hier läge ein Stückchen Land, verloren im Meer, auf einem Stückchen Erde, wundervoll ohnegleichen. Obwohl eine Großstadt mit 332 000 Einwohnern und zugleich Hauptstadt von Santa Catarina, wirkt sie jedoch eher provinziell und fasziniert durch ihre geteilte Lage zwischen Insel und Festland, verbunden durch zwei große Brücken.

Die 1926 fertiggestellte **Ponte Hercílio Luz**, bis zum Ende der 70er Jahre die einzige Verbindung zwischen Stadt und Insel, ist mit ihren beiden 75 m hohen Türmen das vorherrschende Postkartenmotiv. Heute ist die von nordamerikanischen Technikern entworfene, 821 m lange Eisenkonstruktion stillgelegt – Rost und Risse in einer der tragenden Säulen machen sie vorerst unbenutzbar.

Die größte Anziehungskraft geht jedoch von der Insel selbst aus, der Ilha de Santa Catarina. Sie liegt 500 m vom Kontinent entfernt, ist 18 km breit und 54 km lang. Wegen ihrer grünen Hügellandschaft, den Seen und 42 Stränden ist sie ein wahres Naturparadies – jegliche Ansiedlung von Industrie ist dort verboten. Im Sommer kann es jedoch etwas eng und laut werden, wenn zahlreiche Touristen aus Argentinien und dem Süden Brasiliens hier einfallen. Doch Überfälle ist die Insel gewohnt, die Geschichte ihrer Kolonisation erinnert wie kaum eine andere in Brasilien an einen Abenteuerfilm voller Action und Brutalitäten.

Bandeirantes, Piraten und Azoreaner

Entdeckt wurde die von den Carijó-Indios bewohnte Insel zwar schon im Jahre 1503 durch den portugiesischen Seefahrer Gonçalo Coelho, doch ihre Kolonisierung begann erst um 1675 mit der Ankunft des Bandeirante Francisco Dias Velho aus Santos (São Paulo), zusammen mit seiner Frau, drei Töchtern, zwei Söhnen, einer weiteren Familie, zwei Pastoren und 500 Indios. Zunächst verlief alles reibungslos. Als erstes wurde natürlich eine kleine Kirche errichtet – heute steht dort die Catedral de Florianópolis, dann Häuser gebaut und mit dem Ackerbau begonnen. Jedoch war die Insel schon länger ein Zufluchtsort für Piraten. Als ein korsisches Piratenschiff unter dem Kommando von Robert Lewis mit reicher Silberbeute aus Peru in Canasvieiras vor Anker ging, gelang es Dias Velho noch, die unliebsamen Gäste überraschend zu schlagen und die gesamte Ladung zu erbeuten.

Florianópolis *1 Praça 15 de Novembro 2 Palácio Cruz e Souza 3 Catedral Metropolitana 4 Mercado Público*

Die grausame Rache ließ jedoch nicht lange auf sich warten. Ein Jahr später kam derselbe Korse zurück, ermordet Dias Velho, vergewaltigte seine drei jungen Töchter und bemächtigte sich des ihm entwundenen Silberschatzes. Verständlich, daß der Rest der Familie Dias Velho die Insel verließ, doch in den anderen ca. 27 Dorfbehausungen ging das Leben weiter, in Nachbarschaft mit einigen indianischen Ureinwohnern und auf die Insel verbannten Sträflingen.

Die eigentliche Entwicklung von Florianópolis begann jedoch erst mit einer großangelegten Umsiedlungsaktion, als zwischen 1747 und 1756 auf Anweisung der portugiesischen Krone mehr als 5000 Bewohner des überbevölkerten und von Naturkatastrophen geplagten Azorenarchipels auf die Ilha de Santa Catarina kamen. Die ersten Immigranten ließ sich in der Nähe der Kirche nieder, der heutigen Rua dos Ilhéus. Ihre Arbeit bestand ursprünglich in der Errichtung von vier noch heute zu besichtigender Festungen (Fortaleza de Santa Cruz, de São José da Ponta Grossa, de Santana und Santo Antônio dos Ratones), um die Insel vor den Attacken spanischer, belgischer und holländischer Pi-

Die Ponte Hercílio Luz verbindet Florianópolis mit der Ilha de Santa Catarina

raten zu schützen. Doch bald drückten sie der Region unverkennbar den Stempel ihrer Kultur, Sitten und Gebräuche auf, heute noch deutlich vor allem in der Architektur der Inselörtchen Santo Antonio de Lisboa und Ribeirão da Ilha.

Ein Samstag im Zentrum

Einen Spaziergang durch die Stadt kann man natürlich jederzeit unternehmen, in Florianópolis sollte es jedoch vorzugsweise ein Samstag sein. Es ist der Tag der Öffentlichkeit und der Straßenfeste, eine gute Gelegenheit, die kulturell interessantesten Punkte der Stadt zugleich als Treffpunkte der Bevölkerung zu erleben. Ohne daß es irgend jemand geplant oder organisiert hätte, ist seit einigen Jahren der Samstag ein Festtag, und zwar von früh bis spät. Selbst eine gewisse Reihenfolge der Treffpunkte hat sich eingebürgert.

Am Vormittag trifft sich alles um die **Praça 15 de Novembro** 1, mit einem gewaltigen, ca. 130 Jahre alten Feigenbaum in der Mitte und einem Markt für Kunsthandwerk eines der Haupttouristenziele im Zentrum der Stadt. Gleich am Platz befindet sich auch der frühere Regierungssitz (von 1760–1984). Der durch seinen rosafarbenen Anstrich auffallende **Palácio Cruz e Souza** 2 aus dem 17. Jh. ist wegen seines historischen Mobiliars und zahlreicher Dokumente aus der Regierungsepoche durchaus eine Besichtigung wert. Sein Name ist eine Hommage an den 1861 als Kind von Sklaven geborenen Dichter João da Cruz e Souza, einer der bedeutendsten Symbolisten Brasiliens, der sich auch im Kampf für die Abschaffung der Sklaverei hervortat. Neben dem Palast, im ehemaligen Zollhaus von 1875 (Casa da Alfândega), befindet sich das **Museu Histórico de Santa Catarina.** Geschichtlich interessant ist auch die angrenzende **Catedral Metropolitana** 3 aus dem Jahre 1773. Sie ist nicht schön und wegen zahlreicher baulicher Veränderungen eher ein Beispiel für stilistischen Eklektizismus, doch errichteten immerhin an dieser Stelle die Bandeirantes ihre erste kleine Kirche.

Doch zurück zu unserem florianópolitanischen Feiertag. Inzwischen dürfte es Mittag geworden sein, Zeit für die Einheimischen, den Ort zu wechseln. Von der Praça 15 de Novembro aus gehen wir ein Stück die Hauptgeschäftsstraße der Stadt entlang, die verkehrsberuhigte **Rua Felipe Schmidt,** um dann nach links abzubiegen zum alten **Mercado Público** 4, einer typischen Markthallenkonstruktion im Kolonialstil aus dem Jahre 1898. Tische und Stühle werden aufgebaut, und etwa 140 kleine Läden, sogenannte Boxen, bieten Kunsthandwerk, Kleidung, kulinarische Happen und kühles Bier an. Außer Samba-Live-Musik hört man typische Klänge der Region und kann gelegentlich dem Volkstanz *boi de mamão* beiwohnen, gewissermaßen die südbrasilianische Version des *bumba-meu-boi* aus dem Nordosten. Um die Tische des Mercado Público versammeln sich bis über tausend Menschen, singend, tanzend und flirtend, ein Beweis dafür, daß auch die als eher reserviert geltenden Florianópolitaner mitunter ausgelassen feiern können.

Das Nachtleben von Florianópolis konzentriert sich an der Beira-Mar Norte, gewissermaßen die Avenida Atlântica von Florianópolis, geprägt von luxuriösen Appartement-Hochhäusern und schicken Bars, mehreren italienischen Restaurants und Diskotheken der weißen Mittelschicht.

Die Strände der Ilha de Santa Catarina

Die Hauptstrände der Insel

Die Ilha de Santa Catarina, wegen ihrer landschaftlichen Reize auch *Ilha da Magia* genannt, ist mit 412 km^2 eine der größten Brasiliens. Von ihren über 40 Stränden sind die folgenden drei, alle an der Nordspitze der Insel gelegen, die touristisch erschlossensten, jedoch nicht unbedingt die schönsten.

Am touristischsten ist **Canasvieiras.** Der 3 km lange Strand bietet flaches, wellenarmes Wasser, jedoch, wie allgemein in Florianópolis, kaum tropisches Flair mit Palmen. Seit 1995 hat die Stadtverwaltung gar Live-Musik am Strand verboten, so daß man sein Abendprogramm in den Ort hineinverlegen muß. Die Vergnügungsmöglichkeiten sind jedoch recht begrenzt und beschränken sich auf Restaurants und Shopping-Center. Das Publikum besteht vorwiegend aus Familien und Jugendlichen der argentinischen weißen Mittelschicht, Gäste aus Europa oder den USA trifft man hier selten. Neben Canasvieiras

Die Praia da Joaquina ist ein weltberühmter Surfertreff

liegt das kleinere **Jurerê** mit einem 4,5 km langen, dem Nachbarort jedoch recht ähnlichen Strand.

Ein wenig ruhiger zu geht es trotz der auch hier zahlreichen Argentinier in **Ingleses,** dessen Name von einem gestrandeten englischen Schiff herrührt. Hier kann man sich statt in Hotels oder Pousadas auch in privat angebotenen Bungalows und Appartements einquartieren. Der recht schmale Strand hat eine Ausdehnung von 5,2 km mit einer großen Düne im Hintergrund.

Von allen drei Stränden aus werden organisierte **Inseltouren** angeboten, die vor allem die idyllische Lagoa da Conceição ansteuern, dann den unter Surfern weltberühmten Strand von Joaquina *(Joaca),* im südlichen Teil der Insel den Morro das Pedras mit seiner ungestümen Brandung, danach das archaische Fischerdorf Armação mit seiner eigentümlichen kleinen Kirche aus dem Jahre 1772 und schließlich auf dem Rückweg die beiden an der kontinentalen Seite der Insel gelegenen ersten Azoreanersiedlungen Ribeirão da Ilha und Santo Antonio de Lisboa mit ihren charakteristischen kleinen Reihenhäuschen und Kirchen. Von Santo Antonio aus genießt man zugleich einen der schönsten Blicke auf die Bucht von Florianópolis mit den Silhouetten der Avenida Beira Mar und den Lichterketten der Ponte Hercílio Luz, dem Wahrzeichen der Ilha da Magia.

Im Gegensatz zum Inselnorden bietet der ursprünglichere **Süden** einen ›sanften‹ Tourismus an. Nicht umsonst befindet sich hier die erste ökologische Pousada. Die Berge reichen mitunter bis ans Meer, versteckte Strände und Wasserfälle lassen sich nur zu Fuß erreichen, traditionelle Wanderpfade führen durch reizvolle Naturschutzgebiete. Die über 4000 Jahre alten Höhlenzeichnungen gehören ebenso zu den Besucherattraktionen wie die Wale, die man zwischen Juni und Oktober von einer Observationsstation beobachten kann.

Restaurant an der Lagoa da Conceição, Ilha de Santa Catarina

Ziele in der Umgebung von Florianópolis

Camboriú – die Copacabana des Südens

8 (S. 312) Vielen reicht ein Blick auf das bunte Meer der lückenlos aneinandergereihten Sonnenschirme, um so schnell wie möglich wieder die Flucht zu ergreifen. Andere kommen jedes Jahr wieder, um Ferien à la Teneriffa oder Mallorca zu verbringen.

Das Balneário Camboriú ist der touristischste Badeort Südbrasiliens. In der Hochsaison kommen über 2 Mio. Besucher aus Santa Catarina, Rio Grande do Sul, Paraná, São Paulo sowie aus den südlichen Nachbarländern Argentinien, Uruguay und Paraguay. Über 4000 Appartements und etwa 11 000 Hotelbetten stehen zur Verfügung. Alles Leben konzentriert sich hier auf der bogenförmigen **Avenida Atlântica,** der 7 km langen Hauptstraße mit dem schmalen Strand und dem trüb-schmutzigen Meer auf der einen Seite und den modernen Hochhäusern, Hotelketten, Bars, Restaurants, Läden und Boutiquen auf der anderen Seite. Vieles erinnert an die Copacabana, es ist nur schmutziger, voller, belebter und moderner. Camboriú ist eine junge Stadt. Erst 1964 gegründet, entwickelte sie sich in exzessiver Weise und zählt heute bereits 20 000 Einwohner, die Skyline der Strandpromenade erweckt jedoch den Eindruck einer Millionenstadt.

Kaum jemand hier sucht Ruhe und Einsamkeit, außer dem eher älteren Publikum, das diesen Ort in der Nebensaison bevölkert. Man muß jedoch nicht lange fahren, um zu ganz anderen Gefilden zu gelangen. Etwa 4,5 km entfernt befindet sich die **Praia das Laranjeiras,** eine bezaubernde kleine Bucht umringt von Atlantischem Regenwald. Das ruhige Meer mit seinem sauberen, grünschimmernden Wasser eignet sich ideal zum Baden, Fischen und Tauchen. Neben einigen Bars und Restaurants gibt es auch einen Campingplatz. Die nächsten Strände, **Taquaras und Taquarinhas,** sind ebenfalls landschaftlich reizvoll, jedoch wegen der hohen Wellen zum Baden weniger geeignet. Dahinter liegt die **Praia do Pinho,** der erste offiziell anerkannte brasilianische FKK-Strand mit ruhigem und sehr sauberem Meer, einem Restaurant und zwei Campingplätzen.

Als Ausflugsziele bieten sich an ein Besuch des **Morro da Cruz** mit der Capela de Nossa Senhora Aparecida und einem schönen Panoramablick auf die Stadt und die Region (2 km), ferner di-

Am Hauptstrand von Camboriú

Deutsche Architektur in Blumenau

verse **Bootstouren** vorbei an der Ilha das Cabras bis zur Praia das Laranjeiras sowie eine Fahrt zum **Parque da Santur** (4,5 km). Es ist im wesentlichen ein Vergnügungspark, der jedoch auch eine Kakteensammlung besitzt, ein Aquarium, einen kleinen Zoo mit Schildkröten sowie ein archäologisches Museum mit zahlreichen, bis zu 3000 Jahre alten Skelettfunden der indianischen Ureinwohner.

Ganz deutsch – Blumenau, Pomerode und Joinville

Blumenau 9 (S. 309) ist *die* deutsche Kolonie in Brasilien, 40 % der 240 000 Einwohner halten sich für deutschstämmig. Ohne Übertreibung kann man sagen, daß nirgendwo auf der Welt – Deutschland mit eingeschlossen – überlebte deutsche Traditionen so kultiviert werden wie hier. Die drei Fachwerkhäuser des Ortes, vor allem die Prefeitura Municipal, sieht man auf jeder Postkarte. Die Restaurants bieten Eisbein mit Sauerkraut, gefüllte Ente mit Rotkohl sowie Apfelstrudel, und die Kapellen von über 30 Schützenvereinen spielen zum Tanz auf. Nicht selten hört man noch ein paar deutsche Sprachbrocken, sei es auch nur ein ›Prosit!‹

Am 2. September 1850 kam eine Gruppe von 17 Pionieren, um das Land zu besiedeln, das die Kolonialregierung dem deutschen Pharmazeuten Hermann Bruno Otto Blumenau aus Hassefelde zugebilligt hatte. Zugute halten muß man ihnen, daß sie von Anfang an auf den damals noch üblichen Einsatz von Sklaven verzichteten, ein Reisender mit Sklaven durfte höchstens 24 Stunden in Blumenau verweilen. 30 Jahre später erhielt der Ort schon das Stadtrecht und zugleich den ersten, jedoch vorerst einzigen Webstuhl. Heute besitzt Blumenau den zweitgrößten Textilpark Brasiliens. Weltberühmt sind die hiesigen Kristallerzeugnisse sowie Musikspielzeuge, die man bei einem Spaziergang durch die Hauptgeschäftsstraße Rua XV de Novembro betrachten kann.

Die geschäftstüchtigen Blumenauer haben jedoch erst richtig von sich reden gemacht durch ihr großes Oktoberfest, heute das zweitgrößte Volksfest Brasiliens. Die gigantische Vermarktung deutscher Trachten-, Hymnen- und Humpenkultur bedurfte allerdings erst zweier großer Überschwemmungen (1983 und 84), welche sowohl die Stadt wie auch die Stadtkasse so gut wie ruiniert hatten. Rettung bringen sollte die Etablierung

Blumenau

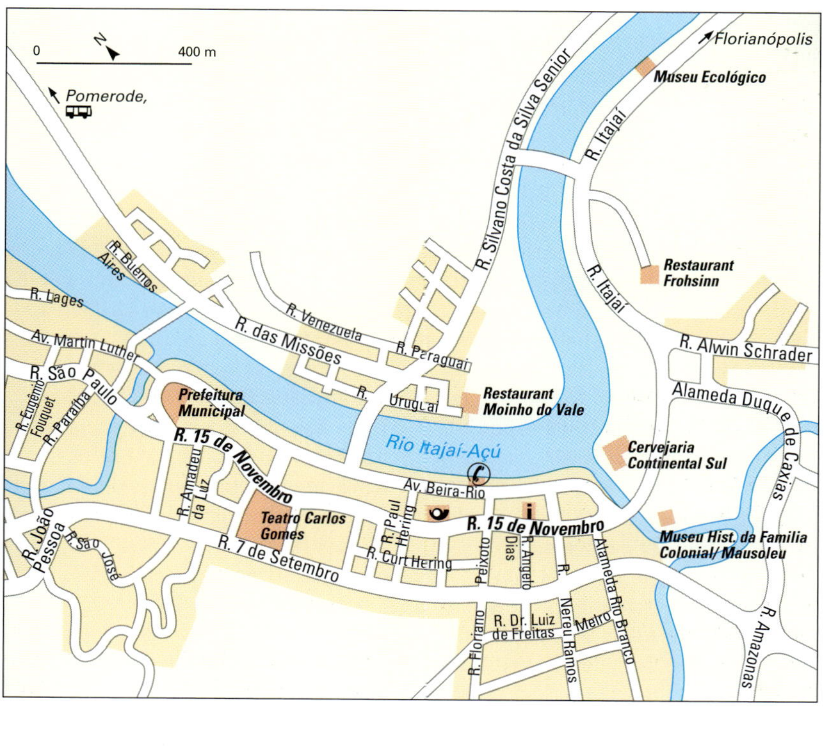

Richtig Reisen *Thema*

Die Geschichte der deutsch-österreichischen Immigration

Brasilien hat die meisten deutschstämmigen Einwohner Südamerikas, mehrere Millionen sollen es sein, im südlichen Rio Grande do Sul macht deren Anteil an der Gesamtbevölkerung 20 % aus. Obwohl die meisten Einwanderer schon vor 150 Jahren hierher kamen, sind die kulturellen und ethnologischen Auswirkungen noch bis heute unverkennbar. Im Süden Brasiliens sieht man noch viele blonde und blauäugige Kinder, die jedoch immer seltener ein deutsches Wort verstehen. Dafür besteht die teutonische Tradition ungebrochen fort in Architektur und Folklore, das bekannteste Beispiel dafür ist Blumenau mit seinem berühmten Oktoberfest (s. S. 278).

Am Anfang stand ein Dekret von Dom João VI. aus dem Jahre 1808, welches Ausländern den Besitz von Land erlaubte. Brasilien mußte sich modernisieren, viel unkultiviertes Land harrte der Erschließung, und europäisches Know-how sollte dabei helfen. Neben diesem ökonomischen Interesse war die neue Besiedlungspolitik auch militärstrategisch (Grenzsicherung durch ›wehrhafte Bauern‹ im unsicheren Mittelgebirge Südbrasiliens) sowie rassenpolitisch motiviert (Erhöhung des weißen Anteils an der Bevölkerung).

Der entscheidende Impuls kam jedoch mit einer Hochzeit. Am 13. Mai 1817 verheiratete sich der spätere brasilianische Kaiser Dom Pedro I. mit Maria Leopoldina von Habsburg, Tochter des

österreichischen Kaisers Franz I. Diese Ehe sowie die Freundschaft zwischen den beiden Männern beschleunigten den Öffnungsprozeß Brasiliens für die deutschsprachigen Länder. Am 21. August 1822 wurde der deutsche Generalleutnant in brasilianischen Diensten, Johann Heinrich Böhm, damit beauftragt, im großdeutschen Raum für eine verstärkte Einwanderung nach Brasilien zu werben. In Übereinstimmung mit der preußischen Regierung sollte der Immigrantenstrom künftig ausschließlich in den Süden Brasiliens dirigiert werden, nachdem 1816 deutsche Pioniere in Bahia schlechte Erfahrungen sowohl mit dem ungewohnten Klima als auch mit tropischen Krankheiten wie dem Gelbfieber gemacht hatten.

Und so kamen im Jahre 1824 die ersten 1261 Deutschen ins heutige São Leopoldo im Bundesstaat Rio Grande do Sul, gefolgt von weiteren Gruppen, die sich auf der Suche nach besseren Lebens- und Arbeitsbedingungen in Santa Catarina (Blumenau, Joinville usw.) und Paraná ansiedeln. In Europa war das Leben noch geprägt von den Folgen der Napoleonischen Kriege; Verwüstung, Hunger und Elend, Arbeitslosigkeit und Überbevölkerung ließen viele nach einer Alternative in ›Amerika‹ suchen.

Ein weiterer Auswanderungstrend um 1846 stand im Zusammenhang mit dem sich abzeichnenden Umbruch von der Feudalordnung zum Kapitalismus. Insgesamt kamen statt der erwarteten erfahrenen und ›wehrhaften‹ Bauern eher arme Köhler und Saisonarbeiter u. a. aus Westfalen und dem Hunsrück, die von einem besseren Leben in Übersee träumten. Ihre Hoffnungen mögen sich langfristig erfüllt haben, kurzfristig jedoch waren zahlreiche Hemmnisse zu überwinden, die nicht wenige in den Suizid getrieben haben. Die Siedler z. B., die 1846/47 aus dem Hunsrück nach Santa Isabel im Bundesstaat Espírito Santo kamen, wären beinahe über Dünkirchen in Frankreich nicht hinausgekommen. Erst mit Einsatz aller finanziellen Reserven ließ sich noch in letzter Minute ein Segelschiff auftreiben, das die 39 Familien 70 Tage später schließlich in Rio absetzte. Zunächst orientierungslos und ohne organisierte Unterstützung wurden sie nach einigem Hin und Her auf den Weg nach Vitória geschickt, wo das Klima des bergigen Hinterlandes als geeignet und dem Klima Südbrasiliens vergleichbar angesehen wurde. Von Vitória ging es dann zu Fuß weiter durch unerschlossenes Waldgebiet, nur Frauen und Kinder wurden über den Fluß befördert. Am Ziel angelangt, war die einzige Nahrung schwarze Bohnen mit Maniokmehl, 54 Menschen starben in den ersten Jahren an Typhus, Malaria und Gelbfieber.

Die Schwierigkeiten der deutschen Siedler in den Südstaaten Brasiliens, wo ständig Überschwemmungen des Rio Itajaí Açu alles vernichteten, waren kaum geringerer Natur. Vielfach wurden Anwerbeversprechen der brasilianischen Behörden nicht eingelöst, Infrastrukturleistungen unterblieben, und häufige Schikanen kleiner Beamte behinderten den Neuanfang. Viele Einwanderer zogen sich in die Einsamkeit der Berge und Täler zurück, gründeten einen kleinen Familienbetrieb und mieden alle Kontakte zu Brasilianern. Um die Identität der Gruppe zu schützen, entstanden bald Schützenvereine, evangelische Kirchengemeinden und deutschsprachige Schulen, insgesamt also das klassische, in Brasilien bis dahin unbekannte und eher belächelte typisch deutsche Dorf. Schon bald jedoch drückten die Immigranten aus Deutschland (und Italien) den unterentwickelten Bundesstaaten Rio Grande do Sul, Santa Catarina und Paraná deutlich ihren Stempel auf, nicht nur in der Landwirtschaft, sondern auch im Bereich des Kunsthandwerks und schließlich in der Industrie: Eisenerzeugung und die Produktion von Textilien, Möbel und Leder wurden die neuen blühenden Wirtschaftszweige.

Die ersten 523 Siedler z. B., die 1828 von Bremen nach Santa Catarina gekommen waren, hatten ihre Wahlheimat São Pedro de Alcântara schnell zu wirtschaftlicher Blüte geführt. 1854 zählte der Ort bereits 1500 Einwohner, die sich vom eigenen Frucht- und Gemüseanbau ernähren konnten. Der Immigrantenstrom aus Deutschland ging jedoch ab 1870 infolge der neuen Prosperität der Gründerjahre im Deutschen Reich deutlich zurück, bis 1934 von brasilianischer Seite ein weiterer Hemmungsfaktor hinzutrat. Die autoritäre Regierung Vargas legte trotz der politischen Willfährigkeit der häufig NSDAP-nahen deutschen Siedler und Immigranten ein jährliches Limit zur Begrenzung der Einwandererzahlen fest.

Ein Jahr vorher jedoch, am 13. Oktober 1933, konnte sich 500 km von der Küste entfernt in Santa Catarina noch die bedeutendste österreichische Kolonie etablieren, das ›o Tirol brasileiro‹ genannte Treze Tílias (Dreizehn Linden). Andreas Thaler, damaliger Landwirtschaftsminister Österreichs, hatte die Idee, einige durch die Weltwirtschaftskrise ruinierte Landwirte ihr Glück in Südamerika suchen zu lassen. Und so kam eine erste Gruppe von 84 Bauern aus Tirol, gefolgt von zwei weiteren Schiffen aus anderen Regionen, bis dann im Jahre 1938 die Nazis die österreichischen Grenzen dicht machten. Doch weder die isolierte Lage noch der Mangel an Geräten vermochte die rührigen Tiroler zu entmutigen. Seit 1963 ist Treze Tílias ein wohlhabendes Städtchen mit heute 5030 Einwohnern, ganz ohne Analphabeten und ohne Arbeitslose. Alles ist fast so wie in der Heimat, vom Tiroler Haus mit Gockel auf dem Turm bis hin zum Schuhplattler und dem unverzichtbaren Wacholderschnaps.

In den wirtschaftlich schwierigen 80er Jahren kehrte sich jedoch die Entwicklung erstmalig um. Die Zahl der Emigranten nach Europa überstieg nun deutlich die Zahl der Einwanderer. Erst seit der ökonomischen Konsolidierung Mitte der 90er Jahre bleiben die Landeskinder wieder daheim.

eines riesigen Bierfestes nach Münchener Art: »Was könnten die Blumenauer tun, um die Bitterkeit der zweimal fast zerstörten Stadt auszugleichen? Nun, sie dachten an ein großes Fest! So entstand das Oktoberfest.« Im ersten Jahr flossen gleich 103 000 l Bier, heute sind es schon 500 000 l. Dazu werden 28 000 Teller Eisbein mit Sauerkraut verspeist. Beim größten Deutschstämmigen-Fest Lateinamerikas mit ca. 1 Mio. Besuchern werden jährlich etliche Mio. US-$ umgesetzt. Man setzte dabei verstärkt auf Münchner Know how, Delegationen besuchen und beraten sich gegenseitig. Mehrere Blaskapellen werden eigens aus Deutschland eingeflogen, um zusammen mit weiteren 30 Musikgruppen die Stadt 17 Tage lang jeden Morgen an allen strategisch wichtigen Punkten aus dem Schlaf zu reißen. Der traditionelle Bierwagen verteilt Freibier zum Frühstück und zum Feierabend. Und danach geht es zu den fünf großen Pavillons, wo sich die Feierlichkeiten konzentrieren. Ein Höhepunkt des Festes ist der Wettbewerb der ›Meter-Trinker‹: Wer zuerst – ohne abzusetzen – sein Bierglas leert, hat gewonnen. Ein berauschter Teilnehmer lüftete uns das letzte Geheimnis solchen Kults: »Hier vergißt man alles. Wir trinken, bis wir umfallen und schlafen, bis wir Durst haben.«

Die Bierrechnung der cleveren Stadtverordneten und des deutschstämmigen Festkoordinators Leonardo Peiter ist aufgegangen. Blumenau hat heute einen der höchsten Lebensstandarde Brasiliens, stolz verweist man darauf, daß auf je zwei Einwohner ein Auto kommt. Auch auf kulturellem und wissenschaftlichem Gebiet kann man sich brüsten: Die Stadt besitzt ein Theater (Carlos Gomes), zwei Museen, eine Uni-

In den südlichen Bundesstaaten wird schon seit mehreren Jahrhunderten Viehzucht betrieben

versität, eine große Bibliothek und das beste Kammerorchester Brasiliens. Künstler und Intellektuelle treffen sich statt in der Bierkneipe Cervejaria Continental Sul lieber in modernen Bars.

Für ökologisch Interessierte gibt es lange Wanderwege im Ecológico-Spitzkopf-Park (15 km entfernt) oder im Ecológico-Artex-Park (21 km entfernt). Umweltbewußtsein wird groß geschrieben im grünen Tal von Blumenau, angeblich der Beharrlichkeit eines der ersten Einwanderer (und Mitarbeiter Darwins), Klaus Müller, zu verdanken, dessen damaliges Wohnhaus heute Museu de Ecológico ist und eine der größten Insektensammlungen der Welt beherbergt. Auch das Wohnhaus des Dr. Blumenau mit dem damaligen Mobiliar kann man besichtigen (Museu Histórico da Familia Colonial/Mausoleu).

32 km von Blumenau entfernt, liegt in reizvoller Hügellandschaft **Pomerode** (22 000 Ew.), ab 1861 von Pommern besiedelt. Die Konkurrenz zu Blumenau ist groß, auch hier wird ein Bierfest organisiert *(Festival Pomerano).* Es gibt sogar mehr Fachwerkhäuser und prozentual mehr deutschsprechende, blondschöpfige und blauäugige Bewohner als im bekannteren Blumenau, ›Deutsch‹ ist hier sogar Schulfach.

Als letzte der drei wichtigsten deutschen Kolonien bleibt noch **Joinville** zu erwähnen, geprägt von Einwanderern aus Hamburg und der Schweiz. Auch hier darf natürlich ein Bierfest nicht fehlen, ebenfalls im Oktober kommen ca. 300 000 trinkfeste Besucher zur *Feira National do Chope (Fena Chope).* Von dem Stadttor abgesehen erinnert sonst jedoch wenig an die fremden Vorfahren, außer daß in diesem Städtchen eben alles sauber, aufgeräumt, korrekt und gut organisiert ist. Aber das hat man ja auch in Deutschland.

Curitiba – die ökologische Musterstadt

10 (S. 316) Hier findet man nichts, was gemeinhin die Klischeebilder von brasilianischen Städten ausmacht, keinen Strand, keine Palmen, keinen Dauersonnenschein. Andererseits hat die Hauptstadt von Paraná (1,6 Mio. Ew.) den Ruf einer ökologischen Modellstadt. Internationale Auszeichnungen scheinen dies zu bestätigen, doch nicht wenige Ortsbewohner sprechen von einer großen Politikerlüge (S. 281).

Curitibas Geschichte begann gegen Ende des 17. Jh. mit den Goldsuchern, im 18. Jh. kamen die Viehzüchter und ab 1867 die Immigranten aus Italien, Polen und Deutschland. Dennoch zählte die Stadt bis 1940 nicht mehr als 140 000 Einwohner. Erst die nachfolgende beschleunigte Industrialisierung (Eisen, Chemie, Möbel und Nahrungsmittel) ließ die Bevölkerung in nicht mehr als 50 Jahren um ein Zehnfaches anwachsen –

Curitiba *1 Praça Tiradentes 2 Teatro Guaíra 3 Rua 24 Horas 4 Teatro Paiol 5 Jardim Botânico 6 Passeio Público 7 Bosque do Papa 8 Parque São Lourenço 9 Ópera de Arame 10 Universidade Livre do Meio Ambiente 11 Torre das Mercês 12 Ruínas de São Francisco 13 Parte Histórico (Altstadt)*

ein brasilianischer Rekord. Als die Stadtentwicklung somit in eine kritische Phase eintrat, begann man sich an ausländischen Vorbildern zu orientieren und zumindest dem Zentrum einen zeitgemäßen Anstrich zu geben. Autofreie Fußgängerzonen wurden angelegt, zahlreiche Fahrradwege geschaffen, das kollektive Nahverkehrssystem ausgebaut, mehr Grüngürtel und Parks angelegt und ein Recycling-System eingeführt, das 1991 gar einen Preis der Vereinten Nationen gewann.

Manche Ortsbewohner sehen jedoch in alldem lediglich eine grandiose Marketing-Kampagne der Stadtväter, angeführt von den Politikern Rafael Greca und Jaime Lerner. Ein in Curitiba lebender Deutscher kritisiert: »Musterstadt schon gar nicht und ökologische noch weniger! Luftverschmutzung, Wasserverschmutzung, Bodenverunreinigung sind hier in Curitiba genauso zu beobachten wie in anderen Städten Brasiliens... Kläranlagen für Trinkwasser gibt es hier auch nicht, Abwässer werden einfach in die Flüsse geleitet, und Trinkwasser muß immer wieder neu bereitgestellt werden. Deshalb fehlt auch sehr oft Wasser in Curitiba, trotz des vielen Regens. Und deshalb sind auch die Flüsse und Bäche, die durch die Parks fließen, alle verschmutzt.«

Curitiba legt trotz der Modernität demonstrierenden Imagewerbung Wert auf Althergebrachtes. Vor allem die Traditionen der europäischen Einwanderergruppen werden sorgsam gepflegt und sind deutlich spürbar in Architektur, Folklore, Kunstgewerbe und Küche. Besonders der italienische Einfluß macht sich bemerkbar im lebendigen Stadtteil **Santa Felicidade.** Häufig findet man auch deutsche, polnische, japanische und portugiesische Restaurants. Einzigartig in Brasilien im Sinne der Traditionspflege ist das **Folklore Festival Paraná,** das jedes Jahr in der zweiten Augusthälfte alle ausländischen Kulturgruppen vereint und von zahlreichen Touristen besucht wird.

Besichtigungstour

Seit 1994 bietet Curitiba die *Linha turismo,* eine Bustour, die über zwei Stunden auf einer Strecke von 40 km mehr als 20 touristisch interessante Sehenswürdigkeiten abfährt. Man kann an jeder der Stationen aussteigen (maximal viermal) und den nächsten Bus eine halbe Stunde später nehmen. Die Tour beginnt an der Praça Tiradentes in weißen, mit Piktogrammen der besuchten Ziele bemalten Spezialbussen. Während der Fahrt erhält man Informationen per Lautsprecher, das Englisch ist jedoch schwer verständlich. An dieser Stelle einige Erläuterungen zu den Hauptattraktionen der Stadt, von denen aber nicht immer alle angefahren werden. Die Busroute wechselt ab und an. Seit kurzem wird auch das augenförmige **Museu Oscar Niemeyer** (s. S. 317), in die Tour miteinbezogen.

Der Abfahrtspunkt an der **Praça Tiradentes** 1 ist von historischer Bedeutung. Am 29. März 1693 wurde hier Curitiba gegründet. Der Platz mit der Catedral Basílica Menor de Nossa Senhora da Luz und einem kleinen Park mit restaurierten alten Laternen ist in seiner schönen Anlage lediglich beeinträchtigt durch die Rolle als zentraler Busterminal.

Ca. 1 km weiter östlich steht das **Teatro Guaíra** 2, eines der größten Lateinamerikas und Wiege des Balletts Teatro Guaíra, das zu den besten Brasiliens zählt. Am Sonntagvormittag finden hier kostenlose Sinfoniekonzerte statt.

Der zweitbeliebteste Treffpunkt in Curitiba nach dem Largo da Ordem in der

Richtig Reisen
Tip

Mit der Gebirgsbahn nach Morretes

Als Ausflüge in die Umgebung bieten sich einmal eine Fahrt entlang der ›Kaffee-Route‹ in die faszinierende Gebirgsgegend von **Vila Velha** an, mit Besichtigung der 100 m hohen und breiten Höhle von Furnas, vor allem jedoch die ausnehmend schöne Tour (2 Std.) mit der Gebirgsbahn nach **Morretes** 11, (15 275 Ew.) ein schwindelerregendes Abenteuer. Das 73 km von Curitiba entfernte Morretes ist ein hübsches altes Kolonialstädtchen, das eine Stippvisite lohnt – die eigentliche Attraktion ist indes die Bahnfahrt selbst.

Die ursprünglich bis nach Paranaguá angelegte Pionierstrecke gilt als ein mit

Blut bezahltes Meisterwerk. Bei ihrem Bau zwischen 1880 und 1885 mußten ca. 5000 Männer durch Unfälle, Schlangen- und Insektenbisse ihr Leben lassen. Die meisten Arbeiter, durch Höchstlöhne angelockt, gaben schon nach wenigen Wochen wieder auf. 420 Streckenabschnitte mußten gebaut, 13 Tunnel gegraben und 30 Brücken und Viadukte konstruiert werden. Der alte Zug, mit 20 Wagen für je 50 Personen, wirkt nicht weniger abenteuerlich wie die Strecke selbst.

Die Fahrt an Steilhängen entlang dicht über dem Abgrund verschlägt einem nicht selten den Atem, die außergewöhnlichen landschaftlichen Reize der Serra do Mar lassen jedoch

Die ›neue‹ Gebirgsbahn nach Morretes (oben), die Felsen von Vila Velha (links)

bald jede Beklemmung vergessen. Ein üppiger Waldteppich, reich an tropischen Baumarten und farbenprächtigen Blütenpflanzen, zieht sich durch die Hügellandschaft, durch die Täler schlängeln sich Bäche, von den Felshängen rauschen Wasserfälle, z. B. der besonders prächtige Cascata do Véu da Noiva, und in der Ferne erheben sich bis zu 1539 m hohe Berge, die Montanhas do Marumbi. Der Zug hält an mehreren Punkten, die eine besonders schöne Aussicht gewähren, u. a. beim Garganta do Inferno in 700 m Höhe oder am Santuário de Nossa Senhora do Cadeado. Das einzige ›Unglück‹, das häufiger vorkommt, ist die Beeinträchtigung der freien Sicht durch den tief in den Bergkuppen hängenden Nebel und die Dunstwolken aus den feuchten Niederungen, wie z. B. unterhalb des 58 m hohen Viadukts von São João.

Parque Barigui in Curitiba

Altstadt ist die **Rua 24 Horas** 3. Es ist eine 120 m lange und 12 m hohe Galerie aus Glas und Stahl mit Läden, Bars, Restaurants und Live-Musik. Stadtauswärts gelangt man, vorbei am **Centro de Convenções**, einem Gelände für Ausstellungen und Veranstaltungen, zum **Teatro Paiol** 4, einer zum Arena-Theater umfunktionierten Pulverkammer von 1874. Der **Jardim Botânico** 5 wurde 1991 nach französischem Muster angelegt und beeindruckt vor allem durch sein prachtvolles Gewächshaus, eine Replik des Londoner Kristallpalastes. Der **Passeio Público** 6 ist der alte Botanische Garten aus dem 19. Jh. Er hat einen kleinen Zoo, einen See zum Tretbootfahren und ein Restaurant, das früher Treffpunkt von Schriftstellern und Journalisten gewesen sein soll. Ein Beispiel moderner Baukunst bietet das **Memorial Àrabe**, inspiriert von der Architektur arabischer Wüstenvölker.

Im krassen Gegensatz zum **Centro Civico**, dem Sitz der Regierungsgewalten, steht der **Bosque do Papa** 7. Der ›Wald des Papstes‹ wurde berühmt durch einen Besuch von Papst Johannes Paul II. anläßlich der Einweihungszeremonien 1980. Der kleinste und anheimelndste Park der Stadt ist zugleich Gedenkstätte der polnischen Einwanderer. Ruhe und Idylle bietet auch der schön an einem See gelegene **Parque São Lourenço** 8. In seiner Mitte wurde in einer stillgelegten Fabrik das Kreativitätszentrum Curitibas geschaffen. Im **Bosque Alemão**, der an die deutsche Einwanderung ab 1833 erinnert, gibt es einen Gebrüder-Grimm-Pfad, ein Bach-Oratorium und einen Philosophenturm mit schöner Aussicht auf die Stadt.

Der **Parque das Pedreiras** vereint die Ópera de Arame und die Pedreira Paulo Leminski, zwei Theater mitten in einem 108 000 m^2 großen Park. Die Pedreira mit dem Namen des bedeutendsten Poeten Curitibas dient vor allem als großes Freilichttheater und Konzertbühne für bis zu 70 000 Gästen. Die 1992 eingeweihte **Ópera de Arame** 9 ist wegen ihrer transparenten Glas- und Stahlarchitektur und ihrer idyllisch in die Natur eingebetteten Lage oberhalb eines kleinen Sees bestimmt eine der faszinierendsten Sehenswürdigkeiten der Stadt – im April eine der Bühnen des Theaterfestivals von Curitiba. Hier sollte man unbedingt einmal aussteigen.

Eine Besichtigung wert ist auch die **Universidade Livre do Meio Ambiente** 10, eine inmitten eines Parks an einem See angelegte Umweltuniversität mit einem Aussichtspunkt auf der Spitze. Die spiralförmige Holzkonstruktion vereinigt in den Farben die vier Grundelemente der Natur: Erde, Wasser, Luft und Feuer. An der 1991 gegründete Universität widmet man sich der Erforschung umweltschonender Entwicklungsprojekte. In einem weiteren Waldgelände, dem **Bosque Gutierrez,** befindet sich zugleich eine Gedenkstätte für den ermordeten Umweltschützer Chico Mendes. Interessant sind ebenfalls der **Parque Tanguá**, ein 1996 eingeweihter Freizeitpark am Rio Barigui, und der **Parque Tingui**. Er erinnert an die Ureinwohner der Region, die Tinguis vom Stamm der Guarani.

Das **Portal Italiano** markiert den Eingang zum italienischen Viertel **Santa Felicidade**. Das 1878 entstandene Viertel zeichnet sich durch seine Architektur und hochgeschätzte Gastronomie aus.

Erholung verspricht der **Parque Barigui.** Von den insgesamt 16 Parks der Stadt ist er der größte und an den Wochenenden auch der belebteste. Will man sich einen guten Blick über die Stadt verschaffen, besteige man den **Torre das Mercês** 11, den mit 95 m höchsten Punkt im landschaftlich planen Curitiba. 1991 eingeweiht, dient er als Sender und Empfänger für das in Brasilien so geliebte *celular* (Handy) und entwickelte sich zugleich zu einer Touristenattraktion, was an den ständigen Warteschlangen vor dem viel zu kleinen Aufzug erkennbar ist.

In der Nähe der Altstadt sieht man die sagenumwobenen **Ruínas de São Francisco** 12, wo es unterirdische von Piraten genutzte Gänge gegeben haben soll. In der kleinen Altstadt, dem **Parte Histórica** 13 befinden sich noch die meisten Bauwerke aus dem 19. Jh., überwiegend deutscher Provenienz. Hier konzentriert sich auch mit zahlreichen Bars, Restaurants und Biergärten das Nachtleben Curitibas, vor allem am Largo da Ordem unter der gleichnamigen Kirche. In der Nähe befindet sich die interessanteste Fußgängerzone der Stadt, die Rua das Flores (Blumenstraße), historisch die erste Brasiliens. Am Sonntagvormittag ist die beste Option der Besuch des großen Kunstgewerbemarktes.

Ausflug zur Ilha do Mel, der ›Honiginsel‹

12 (S. 325) Sie ist wahrhaftig ein Paradies, die Ilha do Mel. Wer aus der Großstadt Curitiba kommt und mit dem Bus nach Paranaguá gefahren ist, sollte sich ruhig ein paar Tage Entspannung auf dieser Insel gönnen – zumindest solange es sie noch gibt, denn sie sinkt und könnte sich bald in zwei Teile aufgelöst haben.

Das mit üppiger Vegetation und 27 km Strand ausgestattete Eiland steht unter Naturschutz, nur 200 der insgesamt 2785 ha dürfen genutzt werden. Es gibt weder Autos noch Straßen, nur Pfade *(trilhas)* für Fußgänger und Radfahrer. Die Infrastruktur ist bescheiden, man wohnt in einfachen Pousadas, häufig direkt bei Fischern, oder leiht sich ein Zelt.

Seit es jedoch elektrisches Licht gibt (ab 1988), geht es aufwärts mit der Insel, oder – wenn man so will – auch abwärts. Denn jährlich 20 000 nicht immer umweltbewußte Besucher, vorwiegend aus Argentinien, machen die Ökoinsel hier und da zu einer wahren Müllhalde. Die Natur rächt sich jedoch erbarmungslos: Im November und Dezember peinigt eine besonders aggressive und gegen fast jedes Gift immune Mückenart namens *mutuca* die ahnungslosen Urlauber. Eine weitere Hürde ist die etwas beschwerliche Anreise. Von Paranaguá aus geht es erst 49 km per Bus nach Pontal do Sul und von dort mit der Fähre nach Nova Brasília. Man könnte auch das Boot nach Prainhas im äußersten Süden der Insel nehmen, doch vom zentral gelegenen Nova Brasília gelangt man leichter zu den verschiedenen Sehenswürdigkeiten.

Wer drei Tage Zeit mitbringt, wird von hier aus alles gut zu Fuß erreichen können. An einem Tag besucht man den Nordteil der Insel mit dem Fort, an einem anderen die ortsnahen Strände bei Nova Brasília und an einem dritten den Südteil mit der sagenumwobenen Grotte. Zunächst geht es also in den Norden zur Besichtigung des Forts. Das zwischen 1766 und 1770 von Sklaven errichtete und inzwischen mehrfach restaurierte **Fortaleza de Nossa Senhora dos Prazeres,** auf Anordnung des portugiesischen Königs Dom João V. zur Verteidigung der Bucht von Paranaguá bestimmt, ist eines der größten aus der Kolonialzeit Brasiliens und steht heute unter Denkmalschutz. Das Fort ist z. T. in die natürliche Gesteinsformation hineingesetzt. Aufmerksamkeit erregt außer dem Portal mit den beiden Masken und Ornamenten das Kanonenarsenal aus zwei verschiedenen Epochen. Der Weg dorthin führt zu Fuß 4 km an zwei ebenso schönen wie einsamen Stränden entlang, kurz vor Ankunft kann man noch in einem der beiden ältesten Pousada-Restaurants der Insel Rast machen, entweder bei Dona Quinota oder nebenan im Recanto da Fortaleza. Die Praia da Fortaleza ist einer der belebtesten Strände, mit feinem Sand und ruhigem Meer.

Am zweiten Tag bleiben wir in der Nähe unseres Dorfes und begeben uns an zwei Strände, die zu den schönsten der Insel zählen. Die belebte Praia do Farol hat ihren Namen von dem 60 m hohen Leuchtturm, dem **Farol das Conchas.** Dieser wurde 1870 auf Anordnung des Barons von Cotegibe, dem damaligen Marineminister, mit aus Glasgow importierten Bauteilen errichtet und ist nach wie vor in Funktion. Der andere, ruhigere Strand (Praia Grande) ist der größte der Insel, hat die Form eines Hufeisens und zieht wegen der bis zu 3 m hohen Wellen vor allem Surfer an.

Am dritten Tag geht es noch tiefer in den Süden der Insel hinein. Eine Route führt direkt am Meer entlang: Praia do Miguel (einsamer Klippenstrand, gefährliche Strudel), Morro do Sabão (Asa-Delta-Flüge) und Praia de Fora (vegetationsreich, bevorzugter Camper-Strand). Der andere Weg ist der Caminho do Belo, ein Fußgängerpfad, der ein Stück durch den naturgeschützten, schattigen Inselwald führt. Beide Wege steuern jedoch auf die **Gruta Encantada** zu, die verzauberte Grotte am gleichnamigen Strand, wo der Legende nach noch heute Sirenen locken und die Fischer der Insel sich sträuben, des nachts vorbeizufahren. Am Tage sieht man hier nicht selten Bergsteiger, die die Vorderwand des Höhlenfelsens zu bezwingen versuchen. Schließlich erreichen wir Prainhas, die Visitenkarte der Insel, wo sich alles wiedertrifft und am Freitagabend Forró getanzt wird.

São Paulo – das Manhattan Brasiliens

Die 24-Stunden-Stadt: Brasiliens Industrie-, Kultur- und Freizeitgigant

13 (S. 354) Alles wirkt gigantisch in São Paulo, der Vergleich mit Manhattan ist statthaft, nur ist alles weit auseinander gezogen bzw. verzweigt über vielleicht 50 000 Straßen. Keine Strände, keine Berge, nichts hilft, dem flüchtigen Besucher in den über 500 Vierteln Orientierung zu bieten. Und so beschränkt sich das Besuchsprogramm meistens neben der obligatorischen Avenida Paulista noch auf den japanischen Stadtteil Liberdade und das italienische Bela Vista. Selbst der von manchen Neuankömmlingen in Anspruch genommene Hubschrauber-Rundflug hilft wenig, auch nicht der beliebte Ausflug zur Serra da Cantareira, wo man aus 1160 m Höhe einen Panoramablick über die Stadt genießt. Den besten Überblick verschafft man sich außer von der Aussichtsplattform des Banespa-Gebäudes im Zentrum noch vom 43. Stock des Edifício Itália im Zentrum, dem Ausgangspunkt unseres späteren Rundgangs durch die Altstadt.

São Paulo gilt als unübersichtliche, chaotische, verkehrsreiche und eher häßliche Stadt, dennoch ist sie ein Touristenmagnet. Es ist vielleicht die Faszination des Gigantischen dieser nach Tokio und Mexiko-City drittgrößten Stadt der Welt, in der es rund um die Uhr brodelt. Das Metropolis Brasiliens steht angeblich ständig vor dem Kollaps. Die Stadt hat inzwischen schon 10,4 Mio. Einwohner, der Großraum gar 18 Mio. Fast ein Viertel davon lebt in Favelas und Elendsquartieren, Erblast der rasanten Zuwanderung in den 80er Jahren, die nicht von entsprechenden Maßnahmen im Wohnungsbau und in der Infrastruktur begleitet war.

Dabei handelt es sich hier um die reichste Stadt Brasiliens mit dem größten und diversifiziertesten Industriepark Lateinamerikas, 55 % der brasilianischen Industrieproduktion sind hier konzentriert. Es ist die Stadt der Arbeit, zumindest am Tage liefert São Paulo allerorten den Beweis dafür. Etwas zu unrecht jedoch gilt in Brasilien das Sprichwort, daß man in São Paulo arbeitet und in Rio de Janeiro lebt. Immerhin ist São Paulo die Stadt mit dem größten und attraktivsten Freizeit- und Kulturangebot Brasiliens.

Während die Cariocas von Rio vorzugsweise an den Strand gehen, verweilen die Paulistas am liebsten im Restaurant. Es gibt über 9000, 300 davon sollen den Vergleich mit anderen großen Weltstädten nicht zu scheuen brauchen. Manche bescheinigen der Stadt die beste, zumindest jedoch die vielfältigste Küche der Welt. Man kann wählen zwischen italienisch, japanisch, deutsch, französisch, arabisch, chinesisch, koreanisch, ungarisch, griechisch, spanisch, portugiesisch, schwedisch, russisch, thailändisch, skandinavisch, indisch – und sogar brasilianisch. Außerdem gibt es Tausende von Bars und Kneipen für jede Szene und jeden Geldbeutel sowie vier große Musikhäuser mit Live-Konzerten.

Ein Freizeitangebot der Superlative ist ferner der Zoologische Garten, der

Blick über das Zentrum von São Paulo ▷

São Paulo ▷▷

Campinas
Avaré
CASA VERDE
Av. Otaviano Alves de Lima
Rio Tietê
LAPA
BARRA FUNDA
BARRA FUNDA M
SANTA CECÍLIA
MAL DEODORO M
SANTA CECÍLIA
Av. Heitor Penteado
PERDIZES
Av. Sumaré
Av. Pacaembu
VILA MADALENA
Av. des Nações Unidas
Av. Paulista
R. da Consolação
CLÍNICAS M
CONSOLAÇÃO M
Museu de Arte
TRIANON M
Cidade Universitária
Itu
BUTANTÃ
PINHEIROS
JARDINS
Av. Rebouças
Av. Brasil
BRIGADEI
Av. 9 de Julho
Via Raposo Tavares
Sorocaba
Morumbi Stadium
Av. Morumbi
ITAIM BIBI
Parque do Ibirapuera
Via Régis Bittencourt
MOEMA
Av. Ibirapuera
MORUMBI
Curitiba
Av. Santo Amaro
Av. dos Bandeirantes
VILA ANDRADE
CAMPO BELO
Av. Washington Luís
Aeroporto Na de Congon
Rio Pinheiros
SANTO AMARO
Santos

CARANDIRU
TIETÊ
Rodoviária Tietê
. Chateaubriand
VILA GUILHERME
Belo Horizonte
Rio de Janeiro
Aeroporto Internacional/ Guarulhos
VILA MARIA
BOM
ETIRO
ARMÊNIA
ANDENTES
PARI
TATUAPÉ
LUZ
Av. Celso Garcia
TATUAPÉ
CARRÃO
BRÁS
BELÉM
Av. Rangel Pestana
Av. Alcântara Machado
PÚBLICA
SÃO BENTO
BELÉM
BRÁS
BRESSER
ANHANGABAÚ
SÉ
D. PEDRO II
CARRÃO
NTRO
LIBERDADE
CAMBUCI
Canal do Rio Tamanduatel
MOÓCA
SÃO JOAQUIM
LIBERDADE
AGUA RASA
VERGUEIRO
PARAÍSO
Av. do Estado
ANA ROSA
VILA PRUDENTE
SÃO LUCAS
VILA MARIANA
Av. Dr. Ricardo Jafet
Av. Nazaré
VILA MARIANA
Av. das Juntas Provisórias
SANTA CRUZ
IPIRANGA
A. Morais
PRAÇA DA ÁRVORE
Av. Prof.
SÃO CAETANO DO SUL
Av. Jabaquara
ÚDE
SACOMÃ
SAÚDE
R. D. Vilares
SÃO JUDAS
CURSINO
Via Anchieta
CONCEIÇÃO
Av. do Cursino
Jardim Zoológico & Botânico
N
0
2 km
JABAQUARA
Santos

Richtig Reisen *Tip*

Jardim Zoológico und Zoô Safári

São Paulos Zoo zählt zu den fünf größten der Welt. Er liegt in einem schönen Park, in dem man rund 2500 Tiere bzw. über 400 verschiedene Arten antrifft, u. a. Schlangen (viel interessanter als im Butantã-Museum), Krokodile, Raubtiere, Affen, Papageien, Elefanten, Giraffen. Nur 2 km weiter befindet sich das Zoô-Safári-Gelände. Man fährt in einem Kleinbus hindurch und kann auf einer Strecke von etwa 4 km zahlreiche freilebende Tiere aus nächster Nähe betrachten, u. a. ganze Affenhorden, die sich meist neugierig auf den Wagen stürzen (nicht vergessen, die Fenster zu schließen!)

größte Lateinamerikas, sowie Zoô Safári (s. o.). Viel besucht ist auch das berühmte Schlangenmuseum von Butantã, in dem man über 60 der giftigsten Schlangen der Welt besichtigen kann. In dem dazugehörigen Institut werden 24 Arten von Medikamenten hergestellt, hauptsächlich Anti-Seren. Ein ganz anderes Museum, das Museu de Arte de São Paulo (MASP), kann mit der bedeutendsten Gemäldesammlung Lateinamerikas aufwarten (s. S. 297). Wichtig

Im Institut Butantã

ist auch das Museum für zeitgenössische Kunst (Museu de Arte Contemporânea) mit ca. 5700 Werken europäischer und lateinamerikanischer Maler des 20. Jh. Es befindet sich im größten Freizeitpark der Stadt (Parque do Ibirapuera), zusammen mit dem Museu de Arte Moderna (ca. 2000 Werke brasilianischer Künstler), dem Museu do Folclore, dem Pavilhão da Bienal, dem Planetário u. v. m. Der Park wurde 1954 eingeweiht, der architektonische Teil basiert auf einem Entwurf von Oscar Niemeyer, die Gartenanlage stammt von Burle Marx.

Krieger, Kaffeebarone und Kapitalisten – oder: Wie entsteht ein Megastadt?

Warum nicht Rio mit seinem Hafen, warum nicht Vitória mit seinem Erz, warum nicht Recife mit dem Zuckerrohr oder Belém mit dem Reichtum des Amazonasbeckens? Was unterscheidet die Geschichte São Paulos von anderen möglichen Weltstadt-Kandidaten? Der Anfang war alles andere als ungewöhnlich. Recht spät, in Januar 1554, auf Initiative des obersten Jesuiten in Brasilien, Manuel da Nóbrega, kam eine Gruppe von Jesuiten, unter ihnen José de Anchieta, hierher, baute eine kleine Kapelle und begann mit der Christianisierung der Indios im nahegelegenen Dorf Piratininga. Die erste Messe fand am 25. Januar statt, dem Tag der Bekehrung des São Paulo. Und so hieß das Dorf fortan São Paulo de Piratininga.

Den Jesuiten wollte jedoch nichts so recht gelingen. Während der Nordosten Brasiliens im Jahre 1600 bereits größter Zuckerrohrproduzent der Welt war, führten die ca. 2000 Paulistas (1580) trotz Ausbeutung einiger Indio-Sklaven ein bescheidenes Leben, basierend auf Akkerbau und Subsistenzwirtschaft. Und so unternahm man schließlich – auf der Suche nach Gold und Sklaven – kriegerische Expeditionen ins Landesinnere. Von den Erfahrungen der Jesuiten im Umgang mit den Indios profitierend, spezialisierten sich die Bandeirantes auf die Jagd, Versklavung und Kommerzialisierung der indianischen Ureinwohner und erweiterten zugleich ständig ihren Aktionsradius bis hin nach Minas Gerais.

Die Nomadenexistenz der Bandeirantes ließ jedoch die Stadt, ehemals Ausgangspunkt ihrer Raubzüge, noch unbedeutender werden. Als die Goldfunde in Minas gegen Ende des 18. Jh. zurückgingen, versuchten es die Paulistas mit Zuckerrohranbau. Die Ernte war eher dürftig, das Experiment vorübergehender Natur, doch wurden wichtige Erfahrungen gesammelt, die dem folgenden großen Kaffee-Jahrhundert zugute kommen sollten.

Das erste Kaffeepflänzchen wurde versuchsweise im Jahre 1805 gesetzt, 1850 wurden 2250 t Kaffee exportiert, 1870 3400 und 1893 bereits 167 400. Die zweite Hälfte des 19. Jh. war zugleich die Zeit der großen Immigration aus Europa mit insgesamt 1 Mio. Einwanderern, die Hälfte davon – überwiegend Italiener – ging nach São Paulo. Während andere Städte, wie z. B. Rio de Janeiro, mit der Abschaffung der Sklavenarbeit in eine wirtschaftliche Krise gerieten, profitierten die Fazendeiros in São Paulo von dem massenhaften Zustrom arbeitswilliger und qualifizierter Lohnarbeiter aus Europa. Die Gewinne stiegen sprunghaft, und das Gesicht der Stadt veränderte sich rasant: Eisenbahnen (bis zum Hafen von Santos), Straßenbahnen, Elektrizität, Handelshäuser, Banken, kulturelle Stätten und vor allem Fabriken.

Die ›Kaffeebarone‹ nutzten die technischen Möglichkeiten der beginnenden industriellen Revolution und investier-

Richtig Reisen
Thema

Deutschlands größte Industriestadt

São Paulo ist nicht nur die größte Industriestadt Lateinamerikas, sondern auch die größte ›deutsche‹ Industriestadt im Ausland, und das nicht nur aufgrund der häufig anzutreffenden Aktienanteile an brasilianischen Gesellschaften, sondern auch wegen der zahlreichen deutschen Tochterfirmen mit den Namen Siemens do Brasil, Volkswagen do Brasil, Mercedes do Brasil, Hoechst do Brasil u. v. a.

Nach Mexiko liegt Brasilien an zweiter Stelle in Lateinamerika hinsichtlich des Umfangs deutscher Direktinvestitionen, etwa soviel wie in Japan. Die ungefähr 1200 deutschen Unternehmen (davon allein ca. 800 in São Paulo) mit über 400 000 Arbeitsplätzen stehen für etwa 15 % aller ausländischen Kapitaleinlagen in Brasilien (übertroffen lediglich von den USA) und machen mit einem Jahresumsatz von über 18 Mrd. US-$ über 10 % der industriellen Wertschöpfung des Landes aus.

Begonnen hat diese Entwicklung bereits in den 20er Jahren, doch der wesentliche Impuls ging von der Ausweitung der brasilianischen Kraftfahrzeugproduktion in den 50er Jahren aus. VW do Brasil war jahrelang das umsatzstärkste Privatunternehmen Brasiliens. Insgesamt wurden in dem VW-Werk in São Bernardo do Campo bei São Paulo bis 1986 über 3 Mio. ›Käfer‹ produziert. Siemens do Brasil beschäftigt in elf Werken ca. 12 000 Arbeiter und Angestellte und war am Bau großer Wasserkraftwerke wie Itaipu sowie am Bau des Atomreaktors Angra II beteiligt.

Für die nächsten Jahre steht nach einer Stagnations- und teilweisen wirtschaftlichen Rückzugsphase (z. B. Veräußerung der Thyssen-Krupp-Tochter Ferteco Mineração an Vale do Rio Doce) eine neuerliche deutsche Investitionswelle in Aussicht.

ten in den Sektor der Textilindustrie, zumal der Rohstoff Baumwolle zur Genüge vorhanden war. Immer mehr Immigranten strömten nun in diese neuen Sektoren. Es begann das Jahrhundert der Industrie, der Verfall der Kaffeepreise im Zusammenhang mit der Weltwirtschaftskrise von 1929/30 forcierte noch diesen Trend. Ab 1950 kam eine weitere große Immigrationswelle mit Lohnarbeitern aus dem brasilianischen Nordosten, Impuls zum Aufbau eines neuen Wirtschaftszweiges, der Automobilindustrie, gefördert von der Regierung Kubitschek (1956–61).

Heute ist in dem gigantischen Industriepark von Groß-São-Paulo (ABC) fast alles vertreten: Metallverarbeitung, Chemie, Elektrizität, Kommunikation, Transport u. a. Die Vorherrschaft im Kaffeeanbau hat São Paulo an Minas Gerais abgegeben, doch die Kaffeebourgeoisie und die Arbeiter aus Italien haben die Weichen gestellt für den Aufstieg der Stadt zur drittgrößten Metropole der Welt.

Ein Rundgang im alten Zentrum

Das alte Zentrum *(Centro antigo)* ist längst nicht mehr das ökonomische Zentrum São Paulos, seit in den 50er Jahren der große Umzug in die Avenida Paulista begann. Doch lebendig ist es hier immer noch, auch am Abend, und zahlreiche Kulturdenkmäler erinnern an über 440 Jahre Vergangenheit.

Einen ersten Überblick verschaffen wir uns vom 43. Stock des **Edifício Itália** 1 (erst ab 12 Uhr mit Verzehrpflicht), dem höchsten Gebäude Brasiliens, in der Avenida São Luís Nr. 50. Von oben sehen wir auch schon unser nächstes Ziel, die angrenzende **Praça da República** 2. Zu Beginn des 19. Jh. diente sie noch als Rastplatz für Vieh- und Lasttierherden, heute finden auf ihrem parkartigen Gelände mitten in der Altstadt Märkte und Veranstaltungen statt.

Danach gehen wir vom Platz bzw. von der großen Avenida Ipiranga nach rechts in die Fußgängerzone der Rua Barão de Itapetininga und sehen an ihrem Ende links das prunkvolle **Teatro Municipal** 3. Ab 1896 erbaut, 1911 eingeweiht und 1992 restauriert, enthält es außer Freskenmalereien an den Decken und Wänden noch Skulpturen von italienischen Meistern des 19. Jh. sowie kostbares Mobiliar und große Kronleuchter aus Europa. Eine Besichtigung ist jedoch nur nach Voranmeldung möglich.

São Paulo, Zentrum *1 Edifício Itália 2 Praça da República 3 Teatro Municipal 4 Viaduto do Chá 5 Igreja da O. T. de São Francisco 6 Catedral da Sé 7 Capela de Anchieta 8 Basílica de São Bento 9 Edifício Martinelli 10 Vale do Anhangabaú*

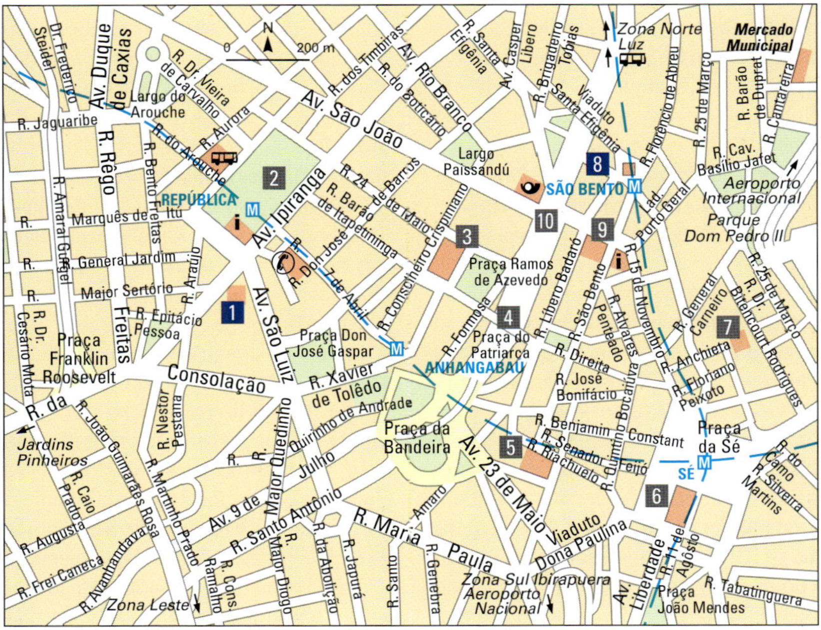

Catedral da Sé in São Paulo

Wir gehen geradeaus weiter über den **Viaduto do Chá** 4 und blicken in die Senke des Anhangabaú. Am Ende der Brücke biegen wir nach rechts in die Rua Líbero Badaró und gelangen bald zum Largo São Francisco, bedeutend vor allem wegen der **Igreja da Ordem Terceira de São Francisco** 5 aus dem Jahre 1791, von außen durch den hellblauen Anstrich erkennbar. Das Blau setzt sich an den Innenwänden fort und erzeugt einen schönen Farbkontrast zu den reich mit Gold bestückten Altären.

Wir setzen unseren Weg geradeaus fort durch die Rua Benjamin Constant bis zur Praça da Sé. Zwischen hochragenden Palmen nähern wir uns dem Eingang der neugotischen **Catedral da Sé** 6 (1912–54). Innen sehen wir gewaltige Säulen und Kronleuchter sowie bunte Glasfenster, deren Bilder die Geschichte der katholischen Kirche Brasiliens erzählen. Am unteren Ende des Platzes gehen wir dann durch die kleine Rua Pátio do Colégio bis zur **Capela de Anchieta** 7 (mit Museum). Hier nahm die Geschichte der Stadt ihren Ausgang, als der Jesuitenmönch José de Anchieta 1554 von Indios eine Kapelle bauen ließ, die zwar 1896 zusammenfiel, später jedoch durch eine originalgetreue Replik ersetzt wurde.

Unser Rundgang führt nun durch die kleine Rua Anchieta bis zur Fußgängerstraße Rua 15 de Novembro, dort nach rechts bis zur Praça Antonio Prado und dann noch ein kleines Stück durch die Rua São Bento bis zum gleichnamigen Largo mit der **Basílica de São Bento** 8 (1650 errichtet, später abgerissen und ab 1912 wieder aufgebaut). Der Innenraum wirkt außergewöhnlich harmonisch, vor allem wegen der warmen Farbkomposition aus verschiedenen Braun- und Ockertönen. Das Fensterglas und die gewaltige Orgel mit 6000 Pfeifen stammen aus Deutschland.

Nachdem wir die kurze Rua São Bento wieder zurückgegangen sind, fällt rechts die historisierende Verkleidung des **Edifício Martinelli** 9 ins Auge. Dieser erste ›Wolkenkratzer‹ Südamerikas mit 27 Stockwerken wurde im Jahre 1934 fertiggestellt. Wir gehen über eine abschüssige Fußgängerstraße an dem Gebäude entlang, überqueren dann die **Anhangabaú-Senke** 10 und bewegen uns geradeaus weiter durch die Avenida São João.

Die Avenida Paulista

Sie gilt als die bekannteste Straße in Brasilien. Hier konzentriert sich aller Reichtum der Stadt. Die großen Bürohäuser, Geschäfte und Banken erinnern an die Wall Street, die Architektur an die Fifth Avenue und die verkehrsstrategische Lage an den Broadway. In den ersten Jahrzehnten seit der Gründung der Straße im Jahre 1891 verlief die Entwicklung noch gemächlicher. Die Kaffeebarone und das aufkommende Bürgertum bauten ihre eklektizistischen Palästchen und fuhren ihre ersten Autos. Doch mit der rasanten wirtschaftlichen Entwicklung der 40er und 50er Jahre kam alles, was Geld hatte, hierher, wechselte von dem alten Zentrum der Stadt in die neue, prestigeträchtige Nobelstraße. Nostalgiker und Romantiker hatten das Nachsehen, der Vertikalisierungsprozeß der Avenida mit ihren Hochhaustürmen aus Glas und Beton war nicht mehr aufzuhalten.

Die Avenida Paulista wurde nunmehr zum eigentlichen Zentrum der Stadt, zumindest am Tage (man erkennt es leicht an dem niemals ruhenden Verkehrsstrom); in einigen Seitenstraßen war auch in der Nacht noch etwas los. Alles, was sich auf den Weg zu seinem Stammlokal machte, sei es in der Ost- oder Südzone, sei es im Zentrum oder in den Jardims, mußte hier hindurch. Und so wurde aus der nächtlichen Durchgangsstraße sowie ihren Abzweigungen allmählich ein eigener Treffpunkt. In und um die Rua Bela Cintra, die Rua Haddock Lobo und die Rua Augusta finden sich die meisten Lokalitäten.

Wer am Tage einen Bummel über die Avenida Paulista macht, kommt nicht vorbei an einem Besuch des **Museu de Arte (MASP),** welches als das bedeutendste Kunstmuseum Lateinamerikas gilt. Steigt man dort, an der Station Trianon-MASP, aus der U-Bahn, wird man schon unterirdisch durch einige ausgestellte Skulpturen auf den oberirdischen Kunstgenuß eingestimmt. Das Museum besteht schon seit 1947, wurde jedoch erst im Jahre 1968 in die Avenida Paulista verlegt. Geleitet wurde es zwischen 1947 und 1987 von dem renommierten italienischen Kunstkritiker Pietro Maria Bardi, der nach Kriegsende eine unermüdliche Telegrammjagd um den ganzen Globus startete, um schnell und preisgünstig ca. 5000 der nobelsten Werke zu ersteigern. Am bedeutendsten ist die ständige Ausstellung in der 2. Etage mit ca. 100 Gemälden von der Renaissance bis zum Impressionismus, u. a. von Rafael, Tizian, Cranach, Rembrandt, Velazquez, Goya, Monet, Renoir, Cézanne, Van Gogh, Gauguin und Toulouse Lautrec.

Nach dem Museumsbesuch bietet, gleich gegenüber, der schöne Park **Tenente Siqueira Campos** Gelegenheit zu Entspannung und Muße mitten im pulsierenden Großstadtgetöse. 1892 wurde der Park eingeweiht; er stellt

Das japanische Viertel Liberdade

eines der letzten städtischen Überbleibsel Atlantischen Regenwaldes dar, veredelt durch Skulpturen und gestalterische Eingriffe des Landschaftsarchitekten Burle Marx.

São Paulos interessanteste Viertel

Über 500 Stadtteile soll die Stadt haben, ständig wandeln sie ihr Gesicht, ständig wechseln die Moden und Bewohner. Am bekanntesten und in ihrer Eigenart noch am beständigsten sind zwei Viertel, die geprägt sind von den Traditionen ihrer Einwanderer: das japanische Liberdade und das italienische Bela Vista, auch Bexiga genannt.

Liberdade, vor allem die Laternenstraße Rua Galvão Bueno, ist eine einzige rote Farben- und Lichterpracht. Jeden Sonntag findet an der Praça da Liberdade ein Markt statt mit asiatischen Kunsthandwerksprodukten. Das Museu Histórico da Imigração Japonesa dokumentiert mit zahlreichen Fotos und Gegenständen die Geschichte dieses Viertels.

Interessanter noch, vielfältiger und vor allem am Abend lebendiger ist das italienische **Bexiga.** Manche wagen gar einen – wohl übertriebenen – Vergleich mit dem Village in New York oder dem Quartier Latin in Paris. In jedem Falle finden sich hier die meisten Restaurants *(cantinas),* Cafés und Bars mit Live-Musik (Rock, Rock 'n' Roll, Samba, MPB und Jazz) und viel alternative Bohème-Kultur (Filmclubs, experimentelle Theater usw.), am konzentriertesten in der langen Rua Treze de Maio, einer reinen Vergnügungsstraße, die schon den Beinamen ›Broadway Brasileira‹ trägt. Am Ende befinden sich die meisten Restaurants und am Anfang nahe der Rua Augusta die meisten Bars, am traditionsreichsten ist das kleine Tanzlokal ›Café Piu-piu‹. Ein liebeswertes Detail sei hier berichtet: Einige Bars hatten – und haben vielleicht noch – kleine Kärtchen auf den Tischen, die man als Liebespost verwenden kann. Der Kellner oder die Kellnerin fungiert als Bote, und eine Antwort läßt nicht lange auf sich warten ... Natürlich hat Bexiga auch einen Markt, allerdings mit Antiquitäten (Praça D. Orione, sonntags), und ein Stadtteil-Museum mit Fotos und Gegenständen aus der Geschichte der italienischen Immigration.

Bexiga und Liberdade sind jedoch insgesamt eher Touristenviertel. Die betuchteren Paulistas bevorzugen neben der Avenida Paulista derzeit die **Vila Madalena,** ein Stadtteil der Mittel- und Oberschicht. In den 60er- und 70er-Jahren wohnten hier wegen der Nähe zur Universidade de São Paulo noch zahlreiche Studenten, bis sich hier ein Schickeria-Viertel etablierte, das heute gekennzeichnet ist von Immobilienspekulation und noblen Bars. Angeblich trifft man hier auch auf die höchste Konzentration ›schöner Menschen‹ – natürlich mit weißer Hautfarbe.

Ausflug zur Ilhabela, der ›Schönen Insel‹

(S. 324) Wer von São Paulo aus die reizvolle Küstentour bis Rio wählt, sollte als erstes die 203 km entfernte Ilhabela (Ilha de Sâo Sebastião) ansteuern. Ab Rodoviária nimmt man zunächst den Bus bis **São Sebastião.** Hier lohnt sich vor der Überfahrt auf die Insel (20 Min.) noch ein Rundgang durch das historische Zentrum.

Der in eine reizvolle Gebirgs- und Waldlandschaft eingebettete Ort entwikkelte sich mit der Ankunft der ersten europäischen Siedler zwischen 1596 und 1609 und später mit der Etablierung der Franziskaner- und Karmeliterorden. Zukkerrohr, Kaffee und Gold sowie ein bedeutender Exporthafen waren die wirtschaftlichen Grundlagen der kulturellen Blüte dieser Region. Sehenswert sind einige Fassaden alter Herrschaftshäuser im Zentrum, die Igreja Matriz de São Sebastião (1636,1819 neu errichtet) und der Convento e Igreja de Nossa Senhora do Amparo (1658). Die Ortstrände sind zwar landschaftlich schön, wegen der Nähe zum Petroleum-Terminal von Petrobrás jedoch häufig verschmutzt.

Dafür besitzt die **Ilhabela** über 50 saubere Strände entlang 36 km Küste. In der Saison kann es auf der ›schönen Insel‹ jedoch recht voll werden, wenn zu den 15 000 Einwohnern noch bis zu 50 000 Touristen hinzukommen. Der einzige Grund, der sie vorzeitig wieder vertreibt, sind die überaus lästigen *Borrachudo*-Mücken. Die mit 336 km² und 180 km Küstenlinie größte Meeresinsel Brasiliens ist noch zu 90 % mit Atlantischem Regenwald bedeckt. Ihr richtiger Name lautet Ilha de São Sebastião, eingebürgert hat sich jedoch die Bezeichnung nach ihrem Hauptort Ilhabela. In dessen Zentrum finden sich einige Kolonialgebäude wie die Prefeitura, das Fórum, das Gefängnis (Cadeia Pública) und die barocke Igreja Nossa Senhora D'Ajuda mit Deckenmalereien von Santini (›do Italiano‹).

Will man die ganze Insel kennenlernen, empfiehlt sich eine zweitägige Umrundung mit dem Boot. Die touristisch erschlossensten Strände liegen an der dem Festland zugewandten Westseite. Am belebtesten ist Feiticeira, am ruhigsten, mit Bäumen und sauberem Wasser, ist der kleine Strand von Viana. Im Norden sind Pacuíba, Jabaquara und da

Ilhabela (Ilha de São Sebastião)

Hellroter Ara

Fome zu empfehlen, im Süden Bonete und der per Boot zu erreichende Strand von Enchovas. Die auf dem Landwege schwer zugänglichen Strände der Ostseite sind wegen des unruhigen Meeres weniger zum Baden als zum Surfen geeignet. Diese Seite (bzw. 80 % der ganzen Insel) steht zudem unter Naturschutz. Dennoch sollte man sich – allerdings nur im Sommer – die abenteuerliche, aber landschaftlich reizvolle 22-km-Tour per Jeep bis zur Bucht von Castelhanos nicht entgehen lassen, die Strände dort gehören zu den schönsten der Insel.

Die faszinierendste Stelle der Ostküste, Saco do Sombrio, hat keinen Strand, ist jedoch wegen ihrer Einbettung in eine Berg- und Hügellandschaft von besonderer Schönheit (Zugang per Boot in 2 ½ Std.). Bis heute sucht man an diesem ehemaligen Zufluchtsort von englischen, französischen und holländischen Piraten die dort vergrabenen Schätze. Der berühmteste Pirat war der Engländer Thomas Cavendish, der im Jahre 1592 die Stadt Santos überfallen und in Brand setzen ließ.

Ferner bietet die Insel noch zahlreiche Wander- und Sportmöglichkeiten. Die Pfade zu den über 300 Wasserfällen *(cachoeiras)* sind häufig schwer begehbar, besser erreichbar sind do Toca, do Bananal und do Gato. Für Bergsteiger lokken 14 größere Erhebungen, vor allem der São Sebastião (1379 m), der Papageio (1309 m) und der Baepi (1025 m). Und Taucher können sich auf die Suche nach den 19 Wracks von insgesamt 50 Schiffen machen, die hier in den letzten 100 Jahren gesunken sind. Am dramatischsten war das Unglück des spanischen Überseekreuzers ›Princípe das Astúrias‹, der in der Karnevalsnacht des Jahres 1916 in der Mitte zerbrach und 455 Passagiere mit in die Tiefe riß, zusammen mit den Goldreserven zahlreicher jüdischer Flüchtlinge aus Europa.

Pelourinho-Bewohner, Salvador ▷

CREDICARD
MasterCard

Information

Unterkunft

Restaurant

Sehenswert

Museen

Einkauf

Nachtleben

Unterhaltung

Feste

Aktivitäten

Strand

Verkehr

Tips & Adressen

Inhalt

■ Postalische Abkürzungen:

Bundesstaaten:

AC Acre,
AL Alagoas,
AM Amazonas,
BA Bahia,
CE Ceará,
ES Espírito Santo,
GO Goiás,
MA Maranhão,
MG Minas Gerais,
MS Mato Grosso do Sul,
MT Mato Grosso,
PA Pará, PB Paraíba,
PE Pernambuco,
PI Piauí,
PR Paraná,
RJ Rio de Janeiro,
RN Rio Grande do Norte,
RO Rondônia,
RS Rio Grande do Sul,
SC Santa Catarina,
SE Sergipe,
SP São Paulo,
TO Tocantins;

Territorien:

AP Amapá,
RR Roraima

■ Tips & Adressen von Ort zu Ort

■ Reiseinformationen von A bis Z

Adressen und Tips von Ort zu Ort

Preise: stets in der Landeswährung (R$, Real, Plural: Reais), Wechselkurs Anfang 2005: 1 Euro = 3,40 Reais

Preiskategorien Hotels
sehr preiswert: bis 50 Reais (R$)
günstig: bis 100 R$
moderat: bis 150 R$
teuer: bis 250 R$
sehr teuer: ab 250 R$
(für zwei Personen im Doppelzimmer, Frühstück in Brasilien stets inbegriffen)

Preiskategorien Restaurants
günstig: bis 15 R$
moderat: bis 30 R$
teuer: ab 30 R$
(jeweils für ein Gericht ohne Getränke, in Brasilien reicht jedoch häufig ein Gericht für zwei Personen)

Telefon:
innerhalb Brasiliens hinter der 0 noch 21 einfügen (s. S. 370f.)

Arraial d'Ajuda (BA)

Lage: vordere Umschlagkarte H4
Vorwahl: 0 73 (innerhalb Brasiliens 0 21 73)
PLZ: 45820-000
Einwohner: ca. 6000

Pousada Brisas, Ortseingang, Tel. 5 75 10 33, 14 Chalés, Preis: moderat; parkartige Anlage mit schönem Ausblick
Aurora Park, Estr. do Arraial 1619 (Praia de Araçaípe), Tel. 5 75 10 26, Fax 5 75 20 26, www.aurorapark.com.br, 20 Zimmer, Preis: moderat; schöne Anlage am Strand, Besitzer ist Deutscher
Pousada Cheiro Verde, Caminho da Praia 448, Tel./Fax 5 75 10 66, www.cheiro-verde.com.br, 16 Zimmer, Preis: günstig; nahe beim Strand von Mucugê (200 m) und beim Broadway (400 m), rustikal und doch komfortabel

Rosa dos Ventos, Rua Nova, Tel. 5 75 12 71, 17–24 Uhr, Mi Ruhetag, Preis: moderat, gute Küche; klein, gemütlich, romantisch mit Garten, unter österreichischer Leitung
Manguti, Estrada do Mucugê 99, Tel. 5 75 22 70, 14–23.30 Uhr, Di Ruhetag, Preis: moderat; größeres traditionelles Lokal mit regionaler Küche
Erva-Doce, Caminho da Praia 200 (Pousada Erva-Doce), Tel. 5 75 11 13, Fax 5 75 10 71, 14–24 Uhr, Nebensaison ab 17 Uhr, So Ruhetag, Preis: günstig; Sushi und Gegrilltes, rustikales Ambiente, halb-offen

Gringo Louco (Bar/Diskothek), Caminho da Praia
Zwischen **Porto Seguro** und **Arraial d'Ájuda** hat sich auf einer kleinen Insel (*pirata*) ein beliebtes Vergnügungszentrum entwickelt, jedoch nur im Sommer und durch ständigen Besitzerwechsel gefährdet (die Fähre nehmen).

6.–15. August: **Nossa Senhora d'Ajuda,** religiöses Fest zu Ehren der Schutzheiligen des Ortes mit Wallfahrt
Oktober (erstes Wochenende): populäres **Rodeo-Fest** mit Reitern, Saloons und Western-Shops

Paradise Water Park, Estrada do Arraial d'Ajuda 3499, Tel. 5 75 15 00, Fax 5 75 15 50, water-park@uol.com.br,

Juli und Dez.–Febr. tgl. 10–17 Uhr, sonst Mi–Sa 10–17 Uhr, 15. Mai bis 15. Juni geschl., Erw. 40 R$, Kinder von 1–1,30 m 22 R$, bis 1 m frei; große Spaßbadanlage
Bootstouren, im Segelschoner nach Trancoso und Caraíva oder per Katamaran zum Meeresnationalpark Marinho dos Abrolhos; Reservierung in Reisebüros am sog. Broadway

Der belebteste Strand des Ortes heißt Mucugê. Dort finden sich viele Bars (*barracas*) mit Musik und Tanz. Das Wasser ist relativ sauber.

Die Anfahrt geschieht normalerweise vom Nachbarort Porto Seguro per **Fähre** (*balsa*), ständiger Betrieb, auch nachts stündlich, Dauer der Überfahrt etwa 10 Min., anschl. 4 km bis zum Ort (per Bus, Kombi oder zu Fuß am Strand entlang oder auf der Hauptstraße)

Belém (PA) und Ilha de Marajó

Lage: vordere Umschlagkarte F7
Stadtplan: S. 216/17
Vorwahl: 0 91 (innerhalb B. 0 21 91)
PLZ: straßenbezogen
Einwohner (Belém): 1 279 861

Belémtour, Av. Governador José Malcher 592 (Nazaré), Tel. 2 26 12 43, Fax 2 41 31 94, www.belemtur.com.br, belemtur@belemtur.com.br, Mo–Fr 8-18 Uhr

Belém Hilton, Av. Pres. Vargas 882 (Praça da República), Tel. 40 06 70 00, Fax 2 25 29 42, www.hilton.com (Ort angeben), 362 Zimmer, Preis: sehr teuer; das beste Hotel der Stadt, zentrale Lage
Regente, Av. Gov. José Malcher 485, Tel. 2 41 12 22, Fax 31 81 50 05, reserva@hregente.com.br, 188 Zimmer, Preis: moderat; modern, sauber, komfortabel, noch zentral, mit großem Schwimmbad
Zoghbi Park, Rua Padre Prudêncio 220 (Centro), Tel./Fax 2 41 18 00, www.zoghbi.com.br, 36 Zimmer, Preis: günstig; recht neues Hotel in zentraler Lage
Parque dos Igarapés, Conjunto Satélite WE 12 Nr. 1000, 66620-270 Belém (Coqueiro), Tel./Fax 2 48 17 18, www.parqueigarapes.com.br, igarapes@amazon.com.br, Preis: günstig; große rustikale Chalets 18 km außerhalb der Stadt in einem tropischen Park, zahlreiche Sport- und Freizeitangebote

Unterkunft Ilha de Marajó:
Fazenda Bom Jardim, nur per Flugzeug ab Belém zu erreichen (40 Min.), Tel. (nur Handy) 99 69 80 06, 7 Zimmer. Preis: moderat, einschl. VP, kein Luxus, aber rustikaler Komfort
Hotel Ilha de Marajó, Souré, Tr. 2 entre 7. e 8. rua, Tel./Fax 37 41 13 15, www.iaraturismo.com.br, 32 Zimmer, Preis: moderat; recht komfortabel, großer Pool und Tennisplatz, Ausflugsangebote, Anreise per regulärem Schiff ab Belém oder Flugzeug (am Ufer des Rio Paracauari gelegen)

Lá em Casa/O Outro, Av. Gov. José Malcher 247, Tel. 2 23 12 12, 12–15 und 19–24 Uhr, Preis: teuer; typische Gerichte der Region (Ente, Flußfische), Obergeschoß bei trockenem Wetter Freilichtbereich

Forte do Castelo, Praça Frei Caetano Brandão 117, 8–18 Uhr, schöner Blick auf den Hafen und den Markt
Catedral da Sé, Praça Frei Caetano Brandão, Tel. 2 23 23 62, Mo 15–18 Uhr, Di–Fr 8–12, 14–18 Uhr, Sa 17–22 Uhr, So vorm. und 17–21 Uhr
Mercado do Ver-o-Peso, Cais do Porto, 4–12 Uhr (die umliegenden Verkaufsstände sind 24 Stunden geöffnet, mit Anbruch der Dämmerung viele Taschendiebe!)
Igreja das Mercês, Largo das Mercês, Mo–Sa 7–11 und 15–18.30 Uhr
Teatro da Paz, Praça da Paz, Tel. 224 7355, tgl. 9–18 Uhr, nach dem Teatro Amazonas in Manaus das zweitwichtigste Prunkstück aus der Blütezeit des Kautschukbooms

Basílica de Nazaré, Praça Justo Chermont, Tel. 2 41 88 94, 8–11.30 und 15–18 Uhr

Museu de Arte Sacra, Praça Frei Caetano Brandão, Tel. 2 19 11 51, Di–So 10–18 Uhr (über 320 kirchliche Ausstellungsstücke)
Museu do Estado, Praça Dom Pedro II, Tel. 2 19 11 38, Di–Fr 9–17.30 Uhr, Museum des Bundesstaates Pará
Museu da Cidade/Museu de Arte de Belém, Praça Dom Pedro II, Tel. 2 19 82 17, Di–Fr 10–18 Uhr, Sa/So 9–13 Uhr, Stadt- und Kunstmuseum
Museu do Círio (bei der Basílica), Tel. 2 24 96 14, Di–Fr 9–18 Uhr, zur Geschichte der alljährlichen Prozession
Museu Paraense Emílio Goeldi, Av. Magalhães Barata 376 (Nazaré), Tel. 2 19 33 69, Di–Do 9–12 und 14–17 Uhr, Fr 9–12 Uhr, Sa/So/Feiertag 9–17 Uhr, naturkundliches, archäologisches und ethnologisches Museum

Einkauf: Artíndia, Av. Pres. Vargas 762, loja 2, Tel. 2 23 62 48, Mo–Fr 9–17 Uhr, indianisches Kunsthandwerk (Keramiken, Körbe, Schmuck und Ketten, Pfeil und Bogen)

African Bar, Praça Kennedy, Tel. 2 41 10 85, Fr–So ab 22.30 Uhr, beliebtes, großes Tanzlokal im Zentrum mit Live-Musik, geschmackvolle Anlage im Barraca-Stil

Teatro da Paz, Praça da Paz, Tel. 2 24 73 55, Theaterkasse Tel. 2 25 38 53, Theater- und Tanzvorstellungen sowie Konzerte, 21 Uhr, Information über die Tageszeitung, Karten an der Abendkasse

Zweite Oktoberhälfte: **Círio de Nazaré,** Straßen- und Bootsprozession, Brasiliens größtes religiöses Ereignis (s. S. 218)

Boots- und Flußfahrten: Tagestouren in die nähere Umgebung, Sonnenaufgangstour zur Ilha dos Papageios (man sieht viele Papageien beim frühen Aufbruch), Fahrt zur Büffelinsel Marajó, Katamaran-Reisen nach Santarém und Manaus, entweder direkt an den Anlegestellen (z.B. Portão 17) oder über Reisebüros
Lockruf des Dschungels: Die deutsche Tourismuspage www.havannatravel.com bietet eine 13-tägige Tour mit gemischtem Programm (Fazenda-Aufenthalt mit Sport- und Freizeitmöglichkeiten, City-Tour Belém, Besuch der Insel Mosqueiro im Amazonas und 8 Tage im Holzboot auf 10 Flüssen Amazoniens), Preis: 970 € pro Person inkl. Verpflegung

Flughafen: Aeroporto International Val de Cans, Av. Júlio César (Val de Cans), 12 km vom Zentrum, Tel. 2 10 60 39. Transfer zum Zentrum per preiswertem Flughafenbus (Aufschrift Marex – F Patroni) oder per Taxi (Águia, Tel. 2 76 40 00)
Busbahnhof: Praça do Operário (S. Brás), Tel. 2 66 26 25; tägl. Verbindungen in alle großen Städte Brasiliens
Mietwagen: Avis, Tel. 2 57 22 77
Fährverbindungen: Die Abfahrtszeiten der Schiffe zur Ilha de Marajó und nach Manaus ändern sich häufig; entsprechende Informationen in den Reisebüros oder direkt am Anleger einholen.

Bento Gonçalves (RS)

Lage: vordere Umschlagkarte F2
Vorwahl: 0 54 (innerhalb B. 0 21 54)
PLZ: 95700-000
Einwohner: 88 932

Posto da Informação turística, Pipa (am Eingang der Stadt), Tel. 4 53 25 55, Mo–Fr 8–18 Uhr, Sa/So/Feiertag 8.30–17.30 Uhr; Internetcafé: Rua Marechal Deodoro (Centro) im Shopping Bento Gonçalves

Dall'Onder, Rua Erny Hugo Dreher 197, Tel./Fax 4 51 35 55, www.dallonder.com.br, 150 Zimmer, Preis: moderat; das beste Hotel am Ort, modern und komfortabel, mit geheiztem Schwimmbad, Sauna und Fitneß-Center

Pousada Casa Valduga, Vale dos Vinhedos, 6 km vom Ort entfernt, Tel./Fax 4 53 11 54, www.casavalduga.com.br, Preis: moderat; mehrere Gästehäuser von rustikal bis modern, schön in der Natur gelegen und zum Weingut gehörig (s. u.), auch Restaurant

Capela das Neves, Linha Leopoldina, 5 km südl. des Zentrums (ganz in der Nähe des Weinguts Casa Valduga), Kapelle aus dem Jahre 1907

Weingut Cooperativa Vinícola Aurora, Rua Olavo Bilac 500, Tel. 4 51 41 11, www.vinicolaaurora.com.br, Mo–Sa 8.15–17 Uhr, So 8.30–12 Uhr (s. S. 260)

Weingut Casa Valduga, Linha Leopoldina, 6 km südl. des Zentrums, Tel. 4 53 14 44, www.casavalduga.com.br, tgl. 7.30–17.30 Uhr (Führung stdl.; s. S. 260)

Nostalgische Eisenbahnfahrt (ab Estação Ferroviária) mit der ›Maria Fumaça‹ aus dem Jahre 1941 nach Garibaldi und Carlos Barbosa, 3 Std. (hin und zurück), täglich 14 Uhr (Hauptsaison), Mi und Sa 14 Uhr (Nebensaison), während der Fahrt wird Wein und Käse gereicht; Reservierung: Giordani Turismo, Rua 13 de maio 581, loja 109, Tel./Fax 4 55 27 88, www.mfumaca.com.br, Preis: 25 R$ inkl. Wein- und Käseproben

Busstation: Rua Gomes Carneiro, Tel. 4 52 13 11; stündliche Verbindungen nach Porto Alegre

Blumenau (SC)

Lage: vordere Umschlagkarte F2
Stadtplan: S. 275
Vorwahl: 0 47 (innerhalb B. 0 21 47)
PLZ: straßenbezogen
Einwohner: 261 868

Informação turística, Rua 15 de Novembro 420, Tel./Fax 3 26 15 16, bureau@blumenau.com.br, tgl. 9–21 Uhr

Internet: www.blumenau.sc.gov.br (dort klicken auf »Guia de turismo«, mit Angebot von Unterkünften)

Plaza Blumenau, Rua 7 de Setembro 818, Tel. 2 31 70 00, Fax 2 31 70 01, www.plazahoteis.com.br (Ort auswählen),132 Zimmer, Preis: teuer (bestes Hotel vor Ort aus dem Jahr 1976, sehr zentral)

Blumenhof, Rua das Missões 103, Tel./Fax 3 26 48 68, www.blumenhof.cjb.net, 46 Zimmer, Preis: günstig; in deutschem Kolonialstil

Jugendherberge: Pousada Grüngarten, Rua São Paulo 2457, Tel./Fax 3 23 43 32, www.grüngarten.com.br, preiswerte Unterkunft in freundlicher Lage

Frohsinn, Morro do Aipim, 1 km nördl. des Zentrums, Tel. 3 22 21 37, 11.30–14.30 und 18–24 Uhr, Preis: moderat; großes Lokal in rustikalem Stil, deutsche Küche, schöner Blick auf die Stadt

Moinho do Vale, Rua Paraguai 66 (Ponta Aguda), Tel. 3 26 33 37, 11.30– 14.30 und 19–23.30 Uhr, So nur mittags, Preis: günstig, altdeutsch-rustikales Ambiente, gemischte Speisekarte, Blick auf den Fluß

Museu Histórico da Familia Colonial, Al. Duque de Caxias 78, Tel. 3 22 16 76, Mo geschl., Di–Fr 8–12 und 13.30–17.30 Uhr, Sa 9–13 und 14.30–16.30 Uhr, So 9–12 Uhr, früheres Wohnhaus von Dr. Blumenau mit dem damaligen Mobiliar

Museu Ecológico Fritz Müller, Rua Itajaí 2195 (Vorstadt), Tel. 3 26 68 90, Mo–Fr 8–11.30 und 13.30–17.30 Uhr, mit einer der größten Insektensammlungen der Welt

Museu Glaspark, Rua Rudolf Roedel 147 (Salto Weissbach), 9 km, Tel. 3 27 12 61, Mo-Sa 9-18 Uhr, Demonstration der Glasbläserkunst (verbreiteter Wirtschaftszweig der Region) und Infos zu Kristallarten, auch Verkauf

Souvenirs: Preiswerte Kristallerzeugnisse; Filshop-Cristais Hering, Rua Bahia 819 (Führungen); Verkauf auch im Glaspark (s. o)

Cervejaria Continental Sul, Praça Hercílio Luz, große Kneipe mit Biergarten, schöne Lage am Flußufer

Osterwoche: **Osterfeiern** mit Folklore-Darbietungen
Juli: **Winterfest** mit viel Bier, Folklore und Kunsthandwerk
Ende September/Oktober: **Oktoberfest**, ganz nach Münchner Art (s. S. 275ff.)

Wandern, im Ecológico-Spitzkopf-Park, Tel. 3 36 54 22, tgl. 7–18 Uhr, leicht begehbare Wanderwege zu drei Wasserfällen und einem Gipfel mit schönem Blick ins Tal (Strecke: 6 km)
Wandern im Ecológico-Artex-Park, Eingang: Fábrica Artex, Rua Progresso 150, Mo–Fr voranmelden, Besuch mit Führer

Busbahnhof: Rua 2 de Setembro 1222 (Itoupava Norte), 5 km nördl. des Zentrums, Tel. 3 23 06 90; tägl. Verbindungen in die nahegelegenen Großstädte

Brasília (DF)

Lage: vordere Umschlagkarte F4
Stadtplan: S. 236
Vorwahl: 0 61 (innerhalb B. 0 21 61)
PLZ: straßenbezogen
Einwohner: 2 043 169

Setur, Eixo Monumental, Centro de Convenções, 3. Stock, Tel. 3 28 50 05, Mo–Fr 9–18 Uhr, offizielles Tourismusbüro, mit Info-Computer (per Bildschirmberührung)

Die Hotels von Brasília sind fast alle in den beiden Hotelsektoren Nord (Norte) und Süd (Sul), nahe der Esplanada dos Ministérios, konzentriert
Naoum Plaza, Setor Hoteleiro Sul, Quadra 5, bloco H/I, Tel. 3 22 45 45, Fax 3 22 49 49, www.naoumplaza.com.br, 190 Zimmer, Preis: sehr teuer; eines der besten Hotels der Stadt, nahe beim Regierungsviertel
Nacional, Setor Hoteleiro Sul, Quadra 1, bloco A, Tel. 3 21 75 75, Fax 3 23 57 92, www.hotelnacional.com.br, 346 Zimmer, Preis: teuer; älteres Hotel aus dem Jahre 1960
Byblos, Setor Hoteleiro Norte, Quadra 3, bloco E, Tel. 3 26 15 70, Fax 3 26 36 15, ca. 40 Zimmer, Preis: moderat; etwas älteres Mittelklassehotel
Mirage, Setor Hoteleiro Norte, Quadra 2, bloco N, Tel./Fax 3 28 71 50, miragehotel@uol.com.br, ca. 40 Zimmer, Preis: günstig; einfaches moderneres Hotel

Bargaço, SHIS QI 10, Pontão do Lago Sul, Tel. 3 64 60 91 sowie SHCS CL, QD. 405, Asa Sul, Tel. 4 43 87 29, 12–24 Uhr, beides gute und preislich moderate Lokale, die auf Meeresfrüchte und bahianische Küche spezialisiert sind

Mehrere der besten Restaurants der Stadt befinden sich in einer Galerie zwischen den Hotels Kubitschek und Manhattan, Setor Hoteleiro Norte, Quadra 2

Catedral Metropolitana, Esplanada dos Ministérios, Tel. 2 24 40 73, tgl. 8–17 Uhr (Besichtigung in Shorts untersagt, Minirock auch nicht gern gesehen)
Palácio do Itamarati, Esplanada dos Ministérios, Tel. 4 11 61 61, Mo–Fr 15–17 Uhr, Sa/So/Feiertag 10–14 Uhr; Kunstwerke, kostbare Teppiche und Antiquitäten
Congresso Nacional, Praça dos Três Poderes, Tel. 3 18 51 06, Mo–Fr 9.30–16.30 Uhr, Sa/So 9–13 Uhr, mit stündlichen Führungen, Eintritt frei, Brasílias meistbestaunte Touristenattraktion
Palácio do Planalto, nur von außen zu besichtigen
Palácio da Alvorada, Setor de Hotéis e Turismo Norte, nur von außen zu besichtigen
Jardim Botânico, Setor de Mansões Urbanas Dom Bosco, Conjunto 21, Lago Sul, Tel. 3 66 21 41, 8.30–17.30 Uhr, außer Mo, mit über 200 Cerrado-Arten, Wanderpfaden und Aussichtspunkt
Parque Nacional, 9 km nordwestl. vom Zentrum, Tel. 4 65 20 13, Di–So 8–16 Uhr, bietet neben dem Cerrado auch eine reiche Fauna (Ameisenbären, Gürteltiere und Greifvögel), außerdem zwei Freibäder

Museu Histórico de Brasília, Praça dos Três Poderes, Mo–Fr 9–17.30 Uhr, Sa/So 10–17.30 Uhr

Flughafen: Aeroporto Internacional, 17 km westl., Tel. 3 64 90 00; Transfer in preiswertem Flughafenbus (Rodoviária-Aeroporto) oder per Taxi (Rádio Táxi, Tel. 3 44 30 60)
Busbahnhof: Rodoferroviária, Setor Noroeste (Cruzeiro), Tel. 3 63 22 81; tägl. Verbindungen in alle großen Städte Brasiliens
Stadtbusse: Der Bus Nr. 131 fährt die Strecke vom lokalen Busbahnhof *(rodoviária)* zum Fernbusbahnhof *(rodoferroviária)*
Mietwagenanbieter: Avis, Tel. 3 65 29 91; Localiza, Tel. 3 65 12 88

Búzios (RJ)

Lage: vordere Umschlagkarte G3
Strandkarte: S. 127
Vorwahl: 0 22 (innerhalb B. 0 21 22)
PLZ: 28950-000
Einwohner: 18 179

Portico, Trevo de Cem Praças, Tel. 26 23 20 99, tgl. 8–18 Uhr

In der Hauptsaison sollte man reservieren, z. B. über die Reisebüros.
Pousada Byblos, Alto do Humaitá 8, Tel./Fax 26 23 11 62, www.byblos.com.br, Preis: teuer bis sehr teuer; gut ausgestattetes Hotel, ruhige Strandlage und dennoch ganz nah bei der Rua das Pedras, der Besitzer ist Deutscher (Thomas Weber)
Villa Três Marias, Rua Três Marias 40, Tel. 26 23 15 40, Fax 26 23 17 40, www.brasilien-geheimtipp.de, 3 Zimmer, Preis: teuer; sehr schönes Anwesen direkt am Meer in Manguinhos, Zimmer z.T. mit großen Terrassen und herrlichem Meeresblick, sehr gepflegt, deutscher Inhaber mit großem Brasilien-know how
Brigitta's Guest House, Rua das Pedras 131, Tel./Fax 26 23 61 57, www.buziosonline.com.br/brigitta, www.buziosturismo.com/brigittas, brigittas@mar.com.br, Preis: moderat, nur 4 komfortable Zimmer, zentrale Lage zwischen Rua das Pedras und Ortstrand, mit hübschem, sehr farbenfreudig eingerichtetem Restaurant (Meeresfrüchte und Grillspezialitäten)
Solar do Peixe Vivo, Av. José Bento Ribeiro Dantas 994, Tel. 26 23 18 50, Handy 97 27 60 15, www.buziosturismo.com/peixevivo, Preis: moderat; 10 einfache Chalés im Kolonialstil (unter Denkmalschutz), in den 50er und 60er Jahren eine der Sommerresidenzen von Präsident Juscelino Kubitschek, ruhige Lage am Meer nicht weit von der Rua das Pedras, kostenloser Água-Taxi-Service zu den Stränden
Country Camping Clube, R. Maria Joaquina Justiniano de Sousa 895 (Praia Rasa), Tel. 26 29 11 55, Fax 26 29 11 22, www.buzioscamping.com.br, recht guter Platz in Parkanlage, aber etwas abgelegen 12 km vom Zentrum, ganzjährig in Betrieb
Pousada Santa Fé, Praça Santos Dumont, Tel. 26 23 64 04, www.paradies-buzios.de, Preis: günstig bis moderat; schön dekorierter Altbau in Top-Lage nahe der Rua das Pedras, 9 größere Zimmer mit Belegungskapazität von bis zu vier Personen, der Inhaber ist Deutscher und kümmert sich liebevoll um seine Gäste
Unterkunft in der Umgebung:
Casa dos Colibris, Rua dos Colibris 10 (Praia do Foguete), Cabo Frio, Tel. 26 45 16 23, MonikaBurgdorf@aol.de, Preis: günstig; liegt abgeschieden in Cabo Frio zwischen Búzios und Arraial do Cabo, die deutsche Eigentümerin bietet günstig Transfers in die nähere und weitere Umgebung, familiäres Ambiente, sehr liebevoll eingerichtete Zimmer

Fast alle Restaurants befinden sich in bzw. in der Nähe der Rua das Pedras; zu empfehlen sind:
Estância Don Juan, Rua das Pedras 178, Tel. 26 23 21 69, 12–23 Uhr, Mi 18–23 Uhr, Preis: teuer; Churrascaria in stilvollem Ambiente
Boom, Rua Manoel Turíbio de Farias 110, Tel. 26 23 62 54, tgl. 12–23 Uhr, Preis: günstig (nach Gewicht); sehr beliebtes Selbstbedienungsrestaurant, geschmackvolles rustikales Ambiente
David, Rua Manoel Turíbio de Farias 260, Tel. 26 23 29 81, tgl. 12–24 Uhr, Preis: günstig; populäres traditionelles Lokal mit gemischter Speisekarte, spezialisiert auf Meeresfrüchte

Fast das gesamte Nachtleben spielt sich in der Rua das Pedras ab. Beliebtester Treffpunkt ist noch immer die **Crêperie Chez Michou,** weitere empfehlenswerte Bars sind **Taj Mahal** (große Diskothek), das **Skipper** (auch Restaurant), das **Estalagem** (häufig Jazz-Musik) und das **Ta-ka-ta-ka-ta**

Pachascandal, 2002 eröffnetes Nachtlokal für 1500 Gäste, mit Tanzpiste, DJ aus Paris, 3 Bars, Friseur und sogar einem Sex-Shop, mischt traditionelle Disko mit Szenetreff und Strip-Shows (nur während 31 Tagen in der Hochsaison bis eine Woche nach dem Karneval), ein weiteres neues, sehr ähnliches Lokal heißt **Amnesia Inc.**

Bootstouren; Infos im örtlichen Reisebüro oder direkt bei Queen Lory

Tauchen; die Region Búzios/Arraial do Cabo gilt als Brasiliens drittbestes Tauchgebiet, mehrere gute Tauchschulen, in Búzios z.B. Casamar, Rua das Pedras 242, Tel. 26 23 24 41, internationaler Standard mit briefing auch auf Englisch

Windsurfen und Segeln; Manguinhos, die mit über 8 km längste Bucht im Norden der Halbinsel, gilt als Eldorado für Windsurfer (Schulen und Clubs) und Segel-Weltmeisterschaften

Golf; Brasiliens bester Golfplatz, 18 Loch/ Par 72

Zur Auswahl stehen 23 Strände, alle recht sauber. Am weitläufigsten und belebtesten ist **Geribá**. Gern besucht wird auch **Tartaruga** mit einem Hügel im Hintergrund und Korallenriffen vor der Küste. Sehr anheimelnd sind **João Fernandinho**, **Ferradura** und **Ferradurinha**. Viele Strände werden von Taxi-Booten angefahren, sonst per normalem Taxi.

Busstation: Estr. da Usina Velha 444, Tel. 26 23 20 50, 7-mal tgl. Verbindung nach Rio de Janeiro, Fahrtzeit knapp 3 Std., in bequemen und preiswerten Bussen der Gesellschaft 1001

Flughafen: freitags und sonntags fliegt TEAM (Tel. in Rio 25 33 65 65) jeweils gegen Abend in ca. 20 Min. zwischen Búzios und Rio, Hin- und Rückflug ca. 250 R$

Camboriú (SC)

Lage: vordere Umschlagkarte F2
Vorwahl: 0 47 (innerhalb B. 0 21 47)
PLZ: 88330-000
Einwohner: 73 266

Secretaria de Turismo, Av. do Estado 5041, Tel. 3 67 81 22, www.secturbc.com.br (interessante Internetadresse), Mo-Fr 8-12 und 14-18 Uhr

Villa do Mar, Av. Atlântica 2420, Tel./Fax 3 67 10 01, www.villadomar.com.br, 75 Zimmer, Preis: teuer; eines der besten Hotels am Ort, 1990 eröffnet

San Remo, Av. Atlântica 271, Tel. 3 67 49 90, Fax 3 60 00 04, www.hotelsanremo.com.br, 116 Zimmer, Preis: moderat; größeres Hotel aus dem Jahre 1983 direkt am Hauptstrand, schöner Blick

Camping Camboriú, Av. Normano Tedesco 1350 (Barra Sul), Tel. 3 61 14 97, schön am Flußufer gelegen, ganzjähriger Betrieb

Juli: **Festa de Arraial,** Folklore- und Tanzfest im Stil der Festas juninas

Ausflug zum Parque da Santur (Vergnügungspark mit Kakteensammlung, Aquarium, Schildkrötenzoo und Archäologischem Museum), über BR-101 7 km in Richtung Florianópolis, Tel. 3 67 00 33, tgl. 9–17 Uhr

Bootstour auf dem Meer (1,5 Std.), Abfahrt Av. Beira-Rio (Barra Sul), Reservierung: Mar del Plata, Tel. 3 67 28 15

Der sehr belebte Stadtstrand liegt an der Avenida Atlântica, die Wasserqualität ist jedoch prekär. Ruhiger, sauberer und landschaftlich reizvoller sind die Praia das Laranjeiras (4,5 km) und noch etwas weiter Taquaras, Taquarinhas und die Praia do Pinho (FKK). (s. S. 273)

Busbahnhof: Av. Santa Catarina, Tel. 3 67 29 01; tgl. Verbindung nach Blumenau, Florianópolis, Curitiba u. a.

Campo Grande (MS)

Lage: vordere Umschlagkarte E3
Vorwahl: 0 67 (innerhalb B. 0 21 67)
PLZ: straßenbezogen
Einwohner: 662 534

Centro de Informações turísticas e culturais, Morada do Baís/Av. Noroeste 5140, Tel. 3 24 58 30, Di–Sa 9–19 Uhr, So 9–12 Uhr. Eine weitere Touristeninformation befindet sich am Flughafen

Novotel Campo Grande, Av. Mato Grosso 5555 (Jd. Copacabana), Tel. 3 26 11 77, Fax 3 26 66 33, www.accorhotels.com.br, 96 Zimmer, Preis: moderat; mit das beste Hotel vor Ort
Indaiá Park, Av. Afonso Pena 354, Tel./Fax 3 12 94 00, www.indaia-hotel.com.br, 135 Zimmer, Preis: moderat; komfortables Mittelklassehotel aus dem Jahre 1988

Fogo Caipira, Rua José Antônio Pereira 145 (Centro), Tel. 3 24 16 41, Mo–Fr 17–23, Sa 11–0, So 11–16 Uhr, Preis: moderat, gute regionale Spezialitäten

Museu Dom Bosco (do Índio), Rua Br. do Rio Branco 1843, Tel. 3 12 64 91, Mo–Fr 8–18 Uhr, Sa 8–17 Uhr, So 12–18 Uhr, ca. 5000 Ausstellungsstücke der Bororo-, Carajá-, Xavantes- und Moro-Indianer, mehr als 2000 ausgestopfte Vögel und Säugetiere (überwiegend aus dem Pantanal) und ca. 12 000 Muscheln aus aller Welt

Einkauf: Centro do Artesão, Av. Calógeras 2050, Tel. 3 83 26 33, Mo–Fr 8–18, Sa 9–15 Uhr, So geschl., Kunsthandwerksmarkt, indianische Keramik, Holzschnitzarbeiten, Spirituosen der Region

Ausflüge ins Pantanal und Besuch der Indianerdörfer; zahlreiche Anbieter bereits am Flughafen, zumindest in der Hauptsaison; wer alles vorher organisieren will, kann z. B. eine Tour zu einer preiswerten Lodge am Miranda River buchen (5–6 Std. per Bus ab Campo Grande), ausführliche Infos und Bilder: www.gilspantanaldiscovery.com.br

Flughafen: Aeroporto Internacional de Campo Grande, Av. Duque de Caxias, 7 km westl. des Zentrums, Tel. 3 68 60 93; Transfer per Bus bis zur Rodoviária oder Taxi (Coopertáxi, Tel. 3 61 11 11) oder Lufttaxi in entferntere Teile des Pantanal
Busbahnhof: Rodoviária, Rua Joaquim Nabuco 200 (Amambaí), Tel. 3 83 16 78; tgl. Verbindung in alle großen Städte (z. B. Belo Horizonte, São Paulo, Foz do Iguaçu), nach Corumbá 9-mal, nach Cuiabá 8-mal und nach Bonito einmal täglich
Mietwagenanbieter: u. a. Unidas, Tel. 3 68 61 20 (am Flughafen)

Canela (RS)

Lage: vordere Umschlagkarte F2
Vorwahl: 0 54 (innerhalb B. 0 21 54)
PLZ: 95680-000
Einwohner: 33 612

Central de Turismo, Largo da Fama 227, Tel. 2 82 22 00/2 82 32 30, tgl. 8–19 Uhr, www.canela.rs.gov.br/central. htm

Laje de Pedra, Av. Pres. Kennedy, Tel. 2 82 43 00, Fax 2 82 44 00, www.lajedepedra.com.br, 250 Zimmer, Preis: teuer; schönste Option, in reizvoller Park-Landschaft mit herrlicher Aussicht
Alpes Verdes, Rua Gilda Tanello Bolognese 1001 (3 km südl. des Zentrums), Tel./Fax 2 82 11 62, www.alpesverdes.com, 3 Zimmer/4 Chalés, Preis: günstig; liegt auf dem höchsten Berg Canelas in einem sehr grünen Park, sehr ruhig

Jugendherberge: Pousada do Viajante, Rua Ernesto Urban 132 (nahe Busbahnhof), Tel. 2 82 20 17, Fax 2 82 20 70, sowohl Einzel- und Doppelzimmer als auch Gruppenunterkünfte
Camping Sesi, Rua Francisco Bertolucci 504, Tel./Fax 2 82 13 11, 2,5 km vom Ort in

einer Parkanlage mit Wanderwegen und Sportangeboten

Garfo & Bombacha, Estrada do Caracol (etwas ausserhalb, 7 km), Tel. 2 78 30 77, tgl. 12–17 und 20–24 Uhr, Preis: moderat; rustikale Churrascaria, abends häufig Folklore-Show (Tischreservierung empfehlenswert)

Igreja de Nossa Senhora de Lourdes (Catedral de Pedra), Praça da Matriz, Tel. 2 82 11 32, 8–18.30 Uhr, architektonisch interessante Kirche im Stil engl. Gotik

Castelinho do Caracol, Straße zum Parque do Caracol (6 km nordwestlich des Zentrums), Tel. 2 78 32 08, 9–13 und 14–17.30 Uhr, eines der frühesten Holzhäuser des Ortes

Mundo a Vapor, Av. D. Luiz Guanella 1177 (Straße nach Gramado), Tel. 2 82 11 25, tägl. 9.15–17 Uhr, Museum mit Miniatur-Repliken von Dampfmaschinen, europäischen Schlössern und einem Kleinzug für Kinder

Souvenirs: Canela ist die Stadt der Stoffpuppen (viele Läden im Zentrum). Die schönsten stammen vom Künstlerpaar Graziola.

Juni: **Festival Internacional de Teatro de Bonecos**, internationales Puppentheater-Festival

Reiten, Fazenda Passo Alegre, 10 km, Tel. 5 04 18 00, wahlweise 3 Std. (32 R$), einen ganzen Tag (75 R$) oder 5 Std. nachts (36 R$), mit Führer und Imbiss

Rafting, im Rio Paranhana, moderates Gefälle, 3–7 km, Dauer 1 Std./15 Min. (35 R$) oder 2 Std./30 Min. (40 R$), 12 km Transfer und Ausrüstung inbegriffen, Reservierung im Reisebüro JM Turismo (Centro), Tel. 2 82 12 55

Busbahnhof: Praça João Corrêa 97, Tel. 2 82 13 75, tägl. Verbindungen in die umliegenden Kleinstädte und größeren Orte, u. a. nach Caxias do Sul und Porto Alegre (jeweils über die Nachbarstadt Gramado)

Canoa Quebrada (CE)

Lage: vordere Umschlagkarte H6
Vorwahl: 0 88 (innerhalb B. 0 21 88)
PLZ: 62800-000
Einwohner: ca. 2000

Pousada Latidude, Praia de Canoa Quebrada, Tel. 4 21 70 41, 14 Zimmer, Preis: günstig; schöne Anlage am Strand

Pousada Oasis do Rei, Rua Nascer do Sol 110, Tel./Fax 4 21 70 81, www.canoaquebrada.com/oasis (auch auf deutsch), 16 Zimmer, Preis: sehr preiswert bis günstig; herrlicher Terrassenblick aufs Meer; unter schweizerischer Leitung

Am Strand stehen zahlreiche Lokale zur Auswahl, zu dem empfehlenswerteren gehören **Artesanal** und besonders **Tenda do Cumbe**, beide preisgünstig

10.–20. Januar: **São Sebastião,** Fest zu Ehren des Heiligen Sebastian

2. Julihälfte: **Festival de Canoa Quebrada,** Folklorefest, Ausklang der Festas juninas

2. Oktoberhälfte: **Regata de Jangadas** (Fischerfloß-Regatta)

Hauptattraktion ist ein 13 km langer sauberer Dünenstrand mit feinem, weißen Sand. Sehr reizvoll ist die Buggy-Fahrt (bei Ebbe) zum 30 km entfernten Küstenvorsprung Ponta Grossa mit einem nur 700 m breiten Strand und den charakteristischen farbigen Felsformationen (s. S. 206)

Busstation: Aracati, Rua Cel. Alexandrino, Tel. 4 21 14 40; Canoa Quebrada selbst hat keine Busstation, daher muß man in der Kleinstadt Aracati, 10 km entfernt, umsteigen. Wer jedoch nur einen

Tag in Canoa Quebrada verbringen will, sollte von Fortaleza aus eine der zahlreich angebotenen Tagestouren per Kleinbus unternehmen.

Caxias do Sul (RS)

Lage: vordere Umschlagkarte F2
Vorwahl: 0 54 (innerhalb B. 0 21 54)
PLZ: straßenbezogen
Einwohner: 360 207

Informação turística, Rua Ludovico Cavinatto 1431 (Centro), Tel. 2 07 10 90, Mo–Fr 8–18 Uhr

Cosmos, Rua 20 de Setembro 1563, Tel./Fax 2 23 76 88, www.cosmoshotel.com.br, 88 Zimmer, Preis: moderat
Alfred, Rua Sinimbu 2266, Tel./Fax 2 21 86 55, alfredhoteis.com.br (Ort wählen), 76 Zimmer, Preis: günstig

Alvorada, Rua Os 18 do Forte 200 (Lourdes), Tel. 2 22 46 37, 11–14 und 19–22 Uhr, So 11–14.30 Uhr, Preis: günstig; altes traditionsreiches Lokal, einfach, gemischte Karte mit Spezialisierung auf die regionstypischen Hähnchengerichte

Igreja de São Pelegrino, Av. Itália 50, 8 km nördlich gelegen, Tel. 2 21 25 67, 8–19 Uhr, italienisch geprägte Kirche mit Werken von Aldo Locatelli

Ende Febr. bis Anfang März (17 Tage): **Festa Nacional da Uva,** Parque Rua Ludovico Cavinatto (centro), großes Weinfest (nur alle 2 Jahre, das nächste Mal im Jahre 2004)
März: **Rodeo Nacional do Campos dos Bugres,** Bullenreiten und Western-Saloons (nur alle 2 Jahre, das nächste Mal im Jahre 2003)

Flughafen: Aeroporto Regional, Av. Salgado Filho, Tel. 2 13 25 66, Direktflüge nach Florianópolis, Curitiba, Porto Alegre und São Paulo
Busbahnhof: Rua Ernesto Alves 1341, Tel. 2 28 30 00; tgl. Verbindungen in die nahegelegenen Großstädte und mehrmals tgl. in die umliegenden Kleinstädte

Corumbá (MS)

Lage: vordere Umschlagkarte D4
Vorwahl: 0 67 (innerhalb B. 0 21 67)
PLZ: straßenbezogen
Einwohner: 95 704

Internet: www.corumba.com.br/corumba/dicas.html (auch auf Englisch, viele Tips und Stadtinfos mit Plan, Hinweise zu Veranstaltungen und Sehenswürdigkeiten, Empfehlungen für Angler)
Secretaria de Turismo (Sematur), Rua Manoel Cavassa 275, Tel. 2 31 73 36, Mo 13.30–18 Uhr, Di–Fr 8.30–18 Uhr

Nacional Palace, Rua América 936, Tel. 2 34 60 00, Fax 2 34 60 02, www.hnacional.com.br, 100 Zimmer, Preis: günstig; zentrale Lage, eines der besten Hotels am Ort
Gold Fish, Av. Rio Branco 2599, Tel./Fax 2 31 51 06, www.candeias.com.br, 79 Zimmer, Preis: günstig; noch relativ zentral, schön am Fluß gelegen mit Freizeitprogramm für Angelsportler

Do Gaúcho, Rua Frei Mariano 879, Tel. 2 31 52 20, 11–15 und 19–24 Uhr, Preis: günstig; große rustikale Churrascaria, mit Rodízio (d. h. die Fleischspieße werden zu einem Festpreis an den Tisch gebracht)
Peixaria do Lulu, : Rua D. Aquino Correia 700, Tel. 2 32 21 42, 10.30–15 und 18–23 Uhr, So (Nov.–Jan.) 11–16 Uhr, Preis: günstig; größeres Lokal, typische Fischgerichte der Region frisch vom Fang, an den Wänden Zeichnungen von Pantanal-Fischen

Ausflüge ins Pantanal; viele Anbieter, z. B. Pantour, Rua Frei Mariano 1013, Tel. 2 31 20 00
Tauchen: in den Zuflüssen des Rio Paraguai, Wochenend-Komplettangebote für mind. 4 Pers. Mit Transfer, Unterkunft, Ver-

pflegung, Boot und Tauchausrüstung, Preis: 160 R$/Pers., Infos Tel. 2 31 15 98

Flughafen: Aeroporto Internacional, Rua Santos Dumont, 3 km nördl. des Zentrums, Tel. 2 31 33 22
Busbahnhof: Rua Porto Carrero, Tel. 2 31 20 33; häufige, z. T. tägl. Verbindungen nach Campo Grande, Cuiabá, São Paulo, Rio de Janeiro u. a.

Cuiabá (MT)

Lage: vordere Umschlagkarte E4
Vorwahl: 0 65 (innerhalb B. 0 21 65)
PLZ: straßenbezogen
Einwohner: 482 498

Secretaria de Turismo (Sedtur), Praça da República 131, Tel. 6 13 93 00, www.cuiaba.mt.gov.br/Seict/index.htm, Mo–Fr 8–12 und 14–18 Uhr

Eldorado Cuiabá, Av. Isaac Póvoas 1000, Tel. 3 19 30 00, Fax 6 24 14 80, www.hoteiseldorado.com.br (Ort auswählen), 147 Zimmer, Preis: moderat bis teuer; bestes Hotel der Stadt
Fazenda Mato Grosso, Rua Antônio Dorileo 1100 (Coxipó), Tel. 6 61 12 00, Fax 6 61 12 76, www.hotelmatogrosso.com.br, 50 Zimmer, Preis: moderat; herrlich gelegen, 7 km südl. der Stadt, trotz des Namens noch urban, aber mit viel Grünfläche
Pousada das Araras, Teil einer Fazenda, 132 km südwestl. von Cuiabá und 30 km südl. von Poconé, Preis: moderat; auch recht teure Komplettprogramme; www.ararasIodge.com.br

Cacalo Peixaria, Av. Lavapés 203 (Sta. Rosa), Tel. 6 26 17 78, tgl. 11–15.30, Mo–Fr 18.30–22 Uhr, Preis: moderat; traditionelles rustikales Lokal mit 100 Tischen, sowohl Innen- als auch Freiluftbereich, gute Fischgerichte der Region

Preiswerte und individuell geplante Pantanal-Touren mit Fazenda-Aufenthalten, fachkundigen deutschsprachigen Guides und guten Fahrzeugen bietet: Pantanal-/Amazonas-Tours, Günter Stysch, Tel. in Berlin: 030/56 82 17 90, Fax 56 82 17 91, www.pantanal-pocone.net, info@pantanal-pocone.net

Flughafen: Aeroporto Marechal Rondon, 7 km südl. des Zentrums, Tel. 6 14 25 00, Transfer zur Stadtmitte per Bus (Aufschrift: Jardim Marajoare oder Cohabacanela oder Imperial, Abfahrt gegenüber Hotel Las Velas links vom Flughafen) oder per Taxi (Alocar, Tel. 6 37 17 77)
Busbahnhof: Rodoviária (Alvorada), Tel. 6 21 34 22, 3 km nördl. des Zentrums; häufige, z. T. tgl. Verbindungen nach Campo Grande, Corumbá, São Paulo, Rio de Janeiro u. a.
Mietwagenanbieter: u. a. Interlocadora, Tel. 6 24 34 00

Curitiba (PR)

Lage: vordere Umschlagkarte F2
Stadtplan: S. 280
Vorwahl: 0 41 (innerhalb B. 0 21 41)
PLZ: straßenbezogen
Einwohner: 1 586 898

Departamento Municipal de Turismo, Rua da Gloria 362, 3. St., Tel. 3 52 80 00, www.viaje.curitiba.pr.gov.br, Mo–Fr 8–12 und 14–18 Uhr
Internetcafé: Estação Plaza Show, Av. Sete de Setembro 2775, Loja D14, Tel. 2 24 19 17, Mo–Sa 10–22 Uhr, So 14–21 Uhr

Grand Hotel Rayon, Rua Visc. de Nacar 1424, Tel. 3 22 60 06, Fax 30 21 12 22, www.rayon.com.br, 136 Zimmer, Preis: sehr teuer; das beste Hotel der Stadt mit großen Zimmern
Centro Europeu Tourist, Praça General Osório 63, Tel./Fax 3 22 00 99, www.centroeuropeu.com.br/hotel, 48 Zimmer, Preis: günstig bis moderat; zentrale Lage
Tibagi, Rua Cândido Lopes 318, Tel. 2 23 31 41, Fax 3 23 18 11, www.hoteltibagi.com.br, 52 Zimmer, Preis: günstig; zentral

Schwarzwald, Lg. da Ordem 63 (Altstadt), Tel. 2 23 25 85, tgl. 11–2

Uhr, Preis: günstig; gute deutsche Küche, rustikal mit Biergarten und vielen deutschstämmigen Gästen
Estrela da Terra, Rua Jaime Reis 176 (Centro), Tel. 2 22 50 07, Di–Sa 11.30–15 und 18.30–24 Uhr, So/Mo 11.30–15 Uhr, Preis: günstig; gute regionale Küche

Außer den Besichtigungszielen der Linha turismo (s. u.) noch das **Museu Paranaense** (Museum von Parana) am Praça Generoso Marques, Tel. 3 23 14 11 (vorher anrufen, ob noch in Restauration befindlich), Di–Fr 9.30–17.30 Uhr, Sa/So 10–16 Uhr (interessante Ausstellungsstücke archäologischer und ethnologischer Art, u. a. der Guarani- und Caigangues-Índios)
Museu Oscar Niemeyer, Rua Marechal Hermes 999 (Centro Cívico), Tel. 3 50 44 00, Di–So 10–20 Uhr; die neueste Attraktion der Stadt, von dem berühmten Architekten in Form eines Auges konstruiert, in den sehenswerten Innenräumen erfährt man alles über ihn und seine Werke

Kunsthandwerksmarkt: Feira de Artesanato, Largo da Ordem/Praça Garibaldi (Setor Histórico), So 9–14 Uhr,

Teatro Ópera de Arame, R. João Gava (Pilarzinho), Tel. 3 54 32 66, Besichtigung Di–So 8–22 Uhr, Shows, Tanz und Theater, Infos über die Tageszeitungen

Januar: **Oficina de Música,** Musikfest an verschiedenen Orten, Interpreten der Música Popular Brasileira und lateinamerikanische Stile
März: **Festival de Teatro**, während 11 Tagen Präsentationen zeitgenössischer Schauspielkunst in verschiedenen Theatern wie auf Plätzen und Straßen
2. Augusthälfte: **Festival Paraná,** Folklorefest mit Tanz- und Musikprogramm

Besichtigungstour mit der Linha turismo, dem Touristenomnibus der Stadtverwaltung, zu den wichtigsten Sehenswürdigkeiten, ideal zum Kennenlernen der Stadt, Di–So 9–17.30, Uhr, Abfahrt vom Praça Tiradentes alle 30 Min., Preis: 15 R$ (s. S. 281ff.)

Fahrt mit der Gebirgsbahn durch die Serra do Mar nach Morretes (ca. 73 km), s. S. 374; Tickets: Estação rodoferroviária, portão 8; rechtzeitig buchen. Es gibt einen Normalzug mit drei Arten Tickets: Economic Class, Touristic Class (nur Portugiesisch, mit Verpflegung) und Executive class (Zugbegleiter spricht auch Englisch, mit Verpflegung) sowie einen Litorana-Zug (nur in der Hauptsaison tgl.; Infos Tel. 3 23 40 07, www.serraverdeexpress.com.br

Flughäfen: Aeroporto Afonso Pena, 17 km südöstlich vom Zentrum gelegen, Tel. 3 81 15 15 (entferntere Ziele). Transfer im preiswerten Flughafenbus (jede halbe Std.) oder per Taxi (z. B. Tele-Táxi, Tel. 2 24 24 24)
Bacacheri, 6 km westlich vom Zentrum gelegen, Tel. 2 56 14 41 (nähere Ziele)
Busbahnhof: Rodoviária Internacional, Av. Pres. Affonso Camargo 330 (Jardim Botânico), Tel. 3 20 30 00; häufige, z. T. tägl. Verbindungen nach Blumenau, Florianópolis, Foz do Iguaçu, Porto Alegre, São Paulo, Rio de Janeiro u. a.
Stadtbusse: großes Liniennetz, neben der »Linha turismo« empfiehlt sich noch die Buslinie »Circular Centro«, die lediglich das Stadtzentrum abfährt
Mietwagenanbieter: u. a. Interlocadora, Tel. 3 81 13 70; Localiza, Tel. 2 53 03 30

Fernando de Noronha (PE)

Lage: vordere Umschlagkarte L6
Inselplan S. 198
Vorwahl: 0 81 (innerhalb B. 0 21 81)
PLZ: 53990-000
Einwohner: 2 051

Internet: www.fernandodenoronha.tur.br (bei Klicken auf Pousadas das große Auswahl lokaler Unterkünfte)
Divisão de Turismo, Vila dos Remédios, Palácio S. Miguel, Tel. 36 19 13 78

Unbedingt reservieren!
Pousada Monsieur Rocha, Rua D. Juquinha 139, Tel./Fax 36 19 12 52, www.fernandodenoronha.tur.br (dort auf Pousa-

das klicken) 14 Zimmer, Preis: moderat, mit VP; zentrale Lage nahe drei Stränden
Pousada do Vale, Rua Sérgio Lima (Vila dos Remédios), Tel./Fax 36 19 12 93, 3 Zimmer, Preis: teuer (aber inkl. Abendessen), in einem kleinen Park

Man ißt meistens in seiner Pousada, dennoch ein paar Tips:
Ecologiku's, Estrada do Sueste (Sueste), Tel. 36 19 14 04, 12–15.30 und 19.30–22.30 Uhr, Preis: moderat; sehr gutes Fisch- und Meeresfrüchterestaurant
Nascimento, Rua Major Costa 115 (Vila do Trinta), Tel. 36 19 15 46, 11–24 Uhr, Preis: günstig; gutes Fischrestaurant, auch Teil mit offener Veranda

Ein beliebter Treffpunkt am Abend ist die **Bar Cachorro** an der Praia do Cachorro (nahe beim Hauptort Vila dos Remédios), ab 22 Uhr gibt es Forró.

Tauchen: Infos/Kurse/Ausflüge über Águas Claras, Rua Alameda Boldro, Tel. 36 19 12 25, Fax 36 19 17 26, halbtägiger Ausflug inkl. Ausrüstung und 30 Min. Tauchen mit Lehrer: 150 R$
Bootsfahrten und Landrover-Touren: Projeto Golfinho Rotador, Tel. 36 19 12 95 (aktuelle Route vor Ort erfragen)
Surfen: Von Dez. bis März erreichen die Wellen eine durchschnittliche Höhe von 2 m (max. 5 m) und ziehen viele Surfer an, die beliebtesten Strände sind do Meio, Conceição, Boldró und Cacimba do Padre

Die Insel besitzt 16 Strände, alle sehr sauber. Am ortsnächsten und frequentiertesten ist die Praia da Conceição, am schönsten vielleicht die Baía dos Porcos und die Baía do Sancho, Hauptattraktion ist jedoch die Baía dos Golfinhos mit den zahlreichen Delphinen (s. S. 199).

Flughafen: Ab Natal und Recife wird die Insel tägl. von den Linien Rio Sul und Nordeste angeflogen, zweimal pro Woche auch ab Fortaleza mit der Fluggesellschaft Trip. Bei Einreise wird eine beträchtliche Umweltschutzgebühr erhoben (gestaffelt nach Aufenthaltstagen).

Fährverbindung: Wegen der Entfernung wird der Seeweg selten gewählt. Schön ist die Segeltour mit der Delícia ab Natal, das Boot besitzt vier Betten; komplett mit Verpflegung, Bootsunterkunft und Inselprogramm für ca. 200 R$ pro Tag und Person; Tourdauer hin und zurück fast vier Tage; Info in Natal: José Martinho (Bootseigner), Tel. (0 84) 2 21 47 32

Florianópolis (SC)

Lage: vordere Umschlagkarte F2
Stadtplan: S. 267
Vorwahl: 0 48 (innerhalb B. 0 21 48)
PLZ: straßenbezogen
Einwohner: 331 784

Internet: www.pmf.sc.gov.br (dort klicken auf: Guia turístico; mit Fotos von Stränden, historischen Gebäuden etc.)
Portal turístico, Av. Engenheiro Max Souza 236 (Coqueiro), Tel. 2 71 70 00, tgl. 13–19 Uhr

Praiatur, Rua D. João Becker 222 (Praia dos Ingleses), Tel./Fax 2 69 12 92, www.praiatur.com.br, 83 Zimmer, Preis: teuer; schöne, komfortable Anlage
Canasvieiras Praia, Rua Hipólito Gregório Pereira 700 (Praia de Canasvieiras), Tel./Fax 2 66 13 10, www.canasvieiraspraiahotel.com.br, 53 Zimmer, Preis: moderat; moderneres und architektonisch ansprechendes kleineres Hotel
Cris, Praia da Joaquina, Tel. 2 32 53 80, Fax 2 32 51 75, 68 Zimmer, Preis: günstig bis moderat
Pousada Sitio dos Tucanos, Rua Rozalia Paulina Ferreira 2776, Costra de Dentro (im Süden der Insel), Tel./Fax 2 37 50 84, Internet (ohne www. am Anfang): sitiodostucanos.web.terra.com.br, Preis: günstig; erste ökologische Pousada, am Berghang mit Blick auf den Atlantik, ideal für Ruhesuchende, familiär, unter deutscher Leitung

Tip: Auf der Insel werden häufig private Appartements oder Bungalows zu günstigen Preisen angeboten, vor allem im Norden bei Ingleses und Canasvieiras.

Camping Rio Vermelho, Estrada Geral do Rio Vermelho, Tel. 2 32 34 33, am Strand von Rio Vermelho auf der Nordseite der Insel gelegen, ganzjährig

Sol e Mar, Rua Dom João Becker 376 (Praia dos Ingleses), Tel. 2 69 12 71, tgl. 10–15 und 18–24 Uhr, Preis: moderat; gepflegt, gute Küche, schöner Strandblick; auch Hotelbetrieb
Macarronada Italiana, Av. Rubens de Arruda Ramos 2458, Tel. 2 23 26 66, www.macarronada.com.br, 11–1 Uhr, Preis: moderat; eines der beliebtesten italienischen Restaurants der Stadt

Die Insel bietet ein reiches Netz an Wanderpfaden *(trilhas)*. Infos zu den div. Routen unter www.guiafloripa.com.br

Mercado Público, Av. Paulo Fontes (Centro), tgl. 7–23 Uhr. In dieser Markthalle im typischen Kolonialstil von 1898 werden in ca. 140 kleinen Läden, sog. Boxen, Kunsthandwerkserzeugnisse der Region angeboten, besonders Spitzen (*rendas*), Korbflechtereien und Keramikartikel. Am Samstagnachmittag wird hier ausgelassen gefeiert und getanzt.

Mehrere schicke In-Lokale der Mittelschicht konzentrieren sich bei der Av. Beira-Mar Norte Nr. 2002/2004, z. B. das **Café Cancun**.
Ibiza, Av. dos Dourados 481 (Jurerê), Tel. 2 82 20 54, große Diskothek

2. Märzhälfte: **Semana de Florianópolis,** Folklore-Fest, Musik und Tanz
2. Junihälfte (bis Anfang Juli): **Festa da Taínha**, Volksfest rund um den Fisch als Basis der regionalen Küche, mit Folkoreprogramm (*boi-de-mamão* und andere Tänze) und Musik-Shows

Segeltouren: Am beliebtesten ist die Fahrt zur Ilha de Anhatomirim vorbei an der Baía Norte und zwei kleineren Inseln, Start bei der Brücke Hercílio Luz oder am Strand von Canasvieiras, Reservierung: Agência Scuna Sul, Tel. 2 25 18 06, Preis: 25 R$ pro Person
Bootsfahrt durch die Lagoa da Conceição. Die Agência Recrearte, Tel. 2 46 28 21, bietet noch zahlreiche weitere Touren an.
Tauchen: Die besten Reviere befinden sich bei den östlich gelegenen Inseln, vor allem bei der Ilha do Arvoredo, Deserta, Calhau de S. Pedro, do Xavier, do Campeche, Três Irmãs und dos Moleques. Infos: Acquanauta, Tel. 2 66 11 37; Sea Drivers, Tel. 2 84 15 35

Die Insel besitzt über 40 Strände, die insgesamt noch recht sauber sind. Die touristischsten befinden sich an der Nordspitze, vor allem Canasvieiras (3 km lang, ruhiges Wasser), Jurerê (4,5 km lang) und Ingleses (5,2 km lang mit Düne im Hintergrund). Die Inselmitte bietet den weltberühmten Surferstrand von Joaquina. Im weitgehend unter Naturschutz stehenden Süden liegen die einsamsten und verstecktesten, aber auch schwer zugänglichen Strände (s. S. 270ff.)

Flughafen: Aeroporto Hercílio Luz, 11 km südl. des Zentrums auf der Insel gelegen, Tel. 3 34 40 00. Transfer im preiswerten Flughafenbus (bis Mitternacht alle 15 Min., Aufschrift: Correador Sudoeste) oder per Taxi
Busbahnhof: Rodoviária, Av. Paulo Fontes, Tel. 2 24 27 77; häufige, zumeist tägl. Fernverbindungen nach Brasília, Curitiba, Foz do Iguaçú, Porto Alegre, Rio de Janeiro und São Paulo. Die Busse zu den verschiedenen Küstenorten fahren vom Terminal Urbano do Aterro da Baia-Sul ab.
Mietwagenanbieter: Wegen der Größe der Insel sind Leihwagen durchaus zu empfehlen, z. B. von Avis, Tel. 2 36 14 26 oder Hertz, Tel. 2 36 99 55 (am Flughafen)

Fortaleza (CE)

Lage: vordere Umschlagkarte H6
Stadtplan: S. 202
Vorwahl: 0 85 (innerhalb B. 0 21 85)
PLZ: straßenbezogen
Einwohner: 2 138 234

Setur, Centro de Turismo, Rua Sen. Pompeu 350, Tel. 34 88 74 11, www.turismo.ce.gov.br/fortaleza.htm (nur auf portugiesisch, aber mit vielen Fotos; auch viele Tips zu Unterkünften, Gastronomie, Sehenswürdigkeiten, Pläne, Karten usw.), turismo@setur.ce.gov.br, Mo–Sa 8–18 Uhr, So 8–12 Uhr

Ponta Mar, Av. Beira-Mar 2200 (Praia de Meireles), Tel. 32 48 90 00, Fax 32 48 90 01, www.pontamar.com.br, 260 Zimmer, Preis: teuer; großes moderneres Strandhotel aus dem Jahre 1986 mit Verandas
Hotel Pousada Jardim, Rua Ildefonso Albano 950 (Aldeota, nahe Iracema), Tel./Fax 32 26 97 11, www.hoteljardim.com.br, 15 Zimmer, Preis: günstig bis moderat; komfortables und sicheres Anwesen, zentrale und ruhige Lage, nicht weit vom Strand, schöner Garten, der recht gebildete Inhaber namens Bezerra spricht ein gutes Deutsch und kümmert sich ebenso fürsorglich wie diskret um seine Gäste (wer das Hotel über dieses Buch entdeckt hat, erhält vom Inhaber sogar einen Preisrabatt von 20 %)
Américas, Rua Joaquim Alves 151 (Iracema), Tel./Fax 32 19 53 00, 40 Zimmer, Preis: günstig; nette und gepflegte Anlage mit Pool
Pousada Europa, Rua José Vilar 143 (Meireles), Tel./Fax 32 48 47 38, Preis: günstig; einfache kleine Anlage 200 m vom Strand, unter deutscher Leitung (man wundere sich nicht über das spontane »du« des Besitzers)

Jugendherberge: Albergue de Juventude Coqueiro Verde, Rua Frei Mansueto 531, Tel. 32 19 06 58, recht komfortabel und sympathisch, nahe dem belebten Ortsstrand von Meireles, auch Kollektiv-Unterkünfte

La Trattoria, Rua dos Pacajus 125 (Praia de Iracema), Tel. 32 19 36 66, So–Do 18–24 Uhr, Sa/So 18–2 Uhr, Preis: teuer, mit viel Atmosphäre, folkloristisches Ambiente, auch Promenaden-Terrasse, gute italienische Küche
Estoril, Rua dos Tabajares 397 (Praia de Iracema), Tel. 32 19 83 89, tgl. 19 Uhr – open end, Preis: moderat; traditionsreiches Lokal der gehobenen Klasse im schönsten Kolonial-Gebäude der Stadt an der Strandpromenade von Iracema
Tudo em Cima, Rua do Mirante 107 (Mucuripe), Tel. 32 63 27 77, 11–24 Uhr, Preis: moderat, einfacheres Lokal mit weitem Panoramablick auf die Stadt

Teatro José de Alencar, Praça José de Alencar (Centro), Tel. 32 52 23 24, Mo–Fr 8–17 Uhr, Führung zu jeder vollen Stunde, Eintritt 1 R$, Zugang von Seitenstraße, das architektonisch Prachtvollste, was Fortaleza zu bieten hat
Centro de Turismo, Rua Senador Pompeu 350, Tel. 34 88 74 12, Mo–Sa 8–18 Uhr, So 8–12 Uhr (Kunsthandwerk)
Centro Dragão do Mar de Arte e Cultura, Rua Dragão do Mar 81 (nahe der Praia de Iracema), Tel. 34 88 86 00, Di–Fr 10–18 Uhr, Sa/So 10–21 Uhr, Kulturzentrum mit Kinos, Amphitheater, Planetarium, zwei Museen (Völkerkunde und zeitgenössische Regionalkunst)

Souvenirs: Feira Noturna, Av. Beira-Mar (Praia de Meireles), jeden Abend offener Markt am Strand. Im Angebot überwiegen Leder-, Keramik- und Stoffprodukte (Spitzen, Hängematten) sowie die beliebten mit farbigem Sand gefüllten Flaschen. Kunsthandwerk im Centro de Turismo, Rua Senador Pompeu 350, Tel. 34 88 74 12

Bars, Musik- und Tanzlokale in Iracema bzw. der Praia de Iracema (v. a. das Forró-Lokal Pirata, Rua dos Tabajaras 325, Tel./Fax 32 19 80 30, www.pirata.com.br/photos, nur Mo 20–5 Uhr, Eintritt 15 R$); Barracas an der Praia de Futuro (Di: Subindo ao Ceu, Do: Chico do Caranqueijo). Treffpunkt der Stadt ist die riesige Disco Kapital.

Teatro José de Alencar, Praça José de Alencar (Centro), Tel. 32 52 23 24, häufige Vorstellungen, i.d.R. um 21 Uhr, Karten an der Abendkasse, Infos über die Tageszeitungen

Juni/Juli: **Festas juninas** (s. Thema S. 212f.)
Letztes Juli-Wochenende: **Fortal,** Extra-Karneval (einer der lebendigsten des Nordostens)
15. August: **Iemanjá-Festival,** Fest zu Ehren der Meeresgöttin Iemanjá an der Praia do Futuro

Ausflüge im Segelschoner mit Unterbrechung zum Tauchen an der Praia Mansa, 2 Std., 15 R$, Abfahrt Av. Beira Mar 4294, Infos: Agência Ceara Saveiros, Tel. 32 63 10 85
Windsurfen: Unterricht 140 R$, Surfbrettverleih 20 R$, Infos: Tel. 32 48 81 80
Des weiteren bieten sich einige **Ausflüge** an **Canoa Quebrada** (1 Tag od. ein Wochenende), zahlreiche Kleinbusse warten an der Praia de Meireles
Jericoacoara (2 Tage), Buchung am Touristenkiosk von Praia de Meireles bzw. im Pousada-Büro in Fortaleza, Tel. 32 46 15 69, Leistungen: Transfer und Unterkunft mit Frühstück entweder in der Pousada Matusa I für 175 R$ pro Person oder Matusa II für 130–140 R$; oder in der Agência Hippopotamos, Av. Abolição 2950, Loja 5, Tel. 32 42 91 91, für 240 R$ (Single) bzw. 380 R$ (Doppel) pro Person, ebenfalls mit Transfer und Unterbringung (in der Pousada Hippopotamos mit großem Schwimmbad)
Die **Nationalparks Ubajara** und **Sete Cidades,** s. S. 206f., Buchung über Reisebüros in Fortaleza
Der **Beach Park** (Vergnügungspark mit Schwimmbädern, einem künstlichen Fluß u. v. m.), Praia Porto das Dunas 2734, 29 km südöstl. des Zentrums, Tel. 33 61 30 00, www.beachpark.com.br, Dez.–Febr. und Juli tgl. 11–17 Uhr, in den restl. Monaten Di und Mi geschl., Erw. 50 R$, Kinder/Jugendliche ab 1 m bis 18 J. 40 R$, Kinder bis 1 m frei

Der urbanste Strand an der Av. Beira Mar gehört zum touristischen Viertel von Meireles, man sitzt schön unter schattenspendenden Palmen, das Wasser ist jedoch zum Baden ungeeignet. Dafür begebe man sich zu der etwas außerhalb gelegenen, 8 km langen Praia do Futuro. Es ist der beliebteste Strand von Fortaleza, besonders wegen der vielen großen Strandbars mit Musik und Tanz.

Flughafen: Aeroporto Pinto Martins, Av. Sem. Carlos Jereissati 3000, 6 km südl. des Zentrums, Tel. 34 77 12 00. Transfer im Bus, z. B. Linie 404 (Aeroporto/Benfica) bis zum Praça José de Alencar im Zentrum, oder per Taxi (z. B. Ceará, Tel. 32 43 81 11)
Busbahnhof: Rodoviária, Av. Borges de Melo 1630 (Fátima), Tel. 32 56 21 00; zumeist tägl. Verbindungen in zahlreiche Großstädte Brasiliens
Stadtbusse: Sehr nützlich ist die Linie mit der Aufschrift »Circular« zwischen Zentrum und den Stränden von Iracema und Meireles
Mietwagenanbieter: Aldeota, Tel. 32 81 14 55; Localiza, Tel. 34 77 50 50

Foz do Iguaçú (PR)

Lage: vordere Umschlagkarte E2
Vorwahl: 0 45 (innerhalb B. 0 21 45)
PLZ: straßenbezogen
Einwohner: 258 368

Paraná Turismo, Rua João Rouver 64 (Centro), Tel. 5 23 42 23, www.pr.gov.br/turismo (sehr informationsreiche Internetadresse zu ganz Paraná), Mo–Fr 8–18 Uhr

Tropical das Cataratas, Rod. das Cataratas, 25 km außerhalb, Tel. 5 21 70 00, Fax 5 74 16 88, www.tropicalhotel.com.br/cataratas/cataratas.htm, 200 Zimmer, Preis: sehr teuer; obwohl schon etwas in die Jahre gekommen (von 1958), immer noch eine der faszinierendsten Hotelanlagen in Brasilien, direkt bei den Wasserfällen in herrlicher Natur, mit Pool und zahlreichen Sport-, Freizeit- und Ausflugsangeboten
Florença, Rod. das Cataratas, 8,5 km südöstl. des Zentrums, Tel. 5 29 77 55, Fax 5 29 88 77, www.hotelflorenca.com, 64 Zimmer, Preis: günstig; moderne Anlage

in architektonisch ansprechendem Niedrigbaustil
Monalisa Palace, Rod. das Cataratas, 2 km südöstl. des Zentrums, Tel./Fax 5 23 98 68, www.hotelmonalisa.com.br, 105 Zimmer, Preis: günstig

Jugendherberge: Albergue da Juventude Paudimar, Anfahrt über Rodovia das Cataratas, Tel. 5 29 60 61, 11 km von der Stadt entfernt an der Straße in Richtung Wasserfälle, mittelgroßes älteres Haus

Camping Internacional, Rua Manêncio Martins 21, Tel. 5 29 81 83, Platz mit viel Schatten, Bademöglichkeit, 3 km von der Stadt entfernt bei der Straße zu den Fällen

Búfalo Branco, Rua Eng. Rebouças 530, Tel. 5 23 97 44, tgl. 12–23.30 Uhr, Preis: moderat; Churrascaria (Rodízio) mittlerer Größe, an den Wänden Landschaftsbilder der Region

Usina Itaipu, Av. Tancredo Neves, 11,5 km nördl. des Zentrums, Tel. 5 20 52 52, Besichtigung per Bus Mo–Sa 8/9/10/14/15.30 Uhr, größtes Wasserkraftwerk der Welt, nachts Effekt-Schauspiel mit bunter Beleuchtung und Musik

Ecomuseu de Itaipu, Av. Tancredo Neves, 11 km nördl., Tel. 5 20 58 17, Mo 14–17.30, Di–Sa 8–11.30, 14–17.30 Uhr, Ökomuseum in der Nähe des Kraftwerks (Flora und Fauna der Region sowie indianische Objekte)

Av. Jorge Schimmelpfennig, Straße mit regem Nachtleben, z. B. in der **Capitão Bar** (für den Drink am früheren Abend), im Tanzlokal **Alquimia** (jüngeres Publikum) oder im **Disco Club Tass** (mit Tanzpiste und Shows)

Oba Oba Samba Foz, Av. das Cataratas, 6,5 km südöstl., Tel. 5 29 65 05, ab 22.30 Uhr, So Ruhetag, Samba- und afrobrasil. Show

1. Aprilhälfte: **Fenartec,** Messe für Kunsthandwerk, Tourismus, Kultur
10. Juni: **Fortal**, Folklorefest zum Geburtstag der Stadt

Macuco Safari, Rod. das Cataratas, Tel./Fax 5 74 42 44, www.macucosafari.com.br, Di-So 8-17.30 Uhr, Mo 13–17.30 Uhr, Start alle 10 Min., Preis pro Person: 100 R$, Buchungen direkt oder über die Agentur: Ilha do Sol, Av. Morenita 2170, Tel. 5 29 62 62, Fax 5 29 79 76,
Rundtouren per Boot, Jeep und zu Fuß, Infos: Agência Ilha do Sol, s. o., Preis: 40–85 R$ pro Person; private Tagestour zur argentinischen Seite der Wasserfälle mit dem deutschsprachigen Guide Herbert K. Keller, Kontakt: herbert@ziptoz.com
Parque das Aves, Rod. das Cataratas (kurz vor dem Eingang zum Parque Nacional), Tel. 5 29 82 82, www.parquedasaves.com.br, tägl. 8.30–17.30 Uhr, Eintritt: 25 R$, Vogelpark mit über 500 Arten
Hubschrauber-Rundflüge, Helisul, an den Fällen, Tel. 5 29 74 74, 5 23 27 74, 8–18 Uhr, wegen Lärmschutz müssen die Helicopter inzwischen höher fliegen, so daß man die Fälle nicht mehr aus nächster Nähe sieht

Flughafen: Aeroporto Internacional, Rod. das Cataratas, 13 km südöstl., Tel. 5 21 42 00, Transfer im preiswerten Flughafenbus (Aufschrift: »P Nacional«) oder per Taxi
Busbahnhof: Rodoviária Internacional, Av. Costa e Silva, 5 km östl. des Zentrums,Tel. 5 22 25 90; häufige Verbindungen mit den großen Küstenstädten
Mietwagenanbieter: u. a. Avis, Tel. 5 29 61 60; Yes, Tel. 5 22 29 56

Garibaldi (RS)

Lage: vordere Umschlagkarte F2
Vorwahl: 0 54 (innerhalb B. 0 21 54)
PLZ: 95720-000
Einwohner: 26 451

Secretária Municipal de Turismo, Rua Júlio de Castilhos 254 (Centro), Tel. 4 62 26 27, Mo–Fr 8.30–11.30 und 13.30–17 Uhr

Casacurta, Rua Luís Rogério Casacurta 510, Tel. 4 62 21 66, Fax 4 62 23 54, www.casacurta.com.br, 31 Zimmer, Preis: günstig; gut erhaltenes Gebäude aus den 50er Jahren, Ambiente z. T. mit Antikmöbeln, auch Restaurant (s. u.)
Mosteiro São José, Rua Buarque de Macedo 3590, Tel./Fax 4 62 17 03, 35 Zimmer, Preis: sehr preiswert bis günstig; Teil eines alten Klosters, in den kleinen Zimmern wohnten früher die Nonnen

Hostaria Casacurta, Rua Luís Rogério Casacurta 480, Tel. 4 62 21 66, 19.30–22.30 Uhr, So Ruhetag, Preis: moderat, gemischte Speisekarte, rustikales Ambiente
Avenida, Av. Independência 314, Tel. 4 62 17 31, tägl. 11.30–24 Uhr, Preis: günstig, Churrascaria, Rodízio, holzgetäfelte Wände

Weingut Peterlongo, Rua Manoel Peterlongo 216, Tel. 4 62 13 55, tgl. 8–19 Uhr (mit Führung und Wein-/Sektproben)
Weingut M-Chandon, RST-470 in Richtung Bento Gonçalves, 5,5 km nördl., Tel. 4 62 24 99, Mo–Fr 8–12 und 13–16 Uhr, Sa 9.30–15.30 Uhr (mit Führung und Sektproben)

2. Märzhälfte: **Festival Colonial,** italienisches Volksfest mit Weinproben, Tanz und Musik
Oktober: **Festa do Champagne**, alle 2 Jahre (2002, 2004)

Busbahnhof: Av. Independência 140, Tel. 4 62 20 88; häufige Verbindungen in die Kleinstädte der Umgebung

Garopaba (SC)

Lage: vordere Umschlagkarte F2
Vorwahl: 0 48 (innerhalb B. 0 21 48)
PLZ: 88495-000
Einwohner: 13 133

www.garopaba.sc.gov.br (dort anklicken: Pontos turísticos; zwar nur auf Portugiesisch, aber mit vielen Fotos von Stränden und Sehenswürdigkeiten)

Fazenda Verde do Rosa (Praia do Rosa), 18 km südl., Tel./Fax 3 55 60 60, www.fazendaverdedorosa.com.br, 8 Apartments und 24 Chalés, Preis: moderat; im Jan./Febr. Mindestaufenthalt 7 Tage, schönste Resort-Anlage der Region, am Strand und mitten in der Natur, mit gutem Restaurant, Surfschule, Ruder- und Reitsportmöglichkeiten
Pousada Rosa Sul (Praia do Rosa), 18 km südl., Tel./Fax 3 55 60 25, www.pousadarosa.com.br, 5 Chalés, Preis: moderat; schöne Strandlage

Camping: mehrere Plätze an der Praia Garopaba

Igreja Bom Jesus (18. Jh.), Pinguirito (Aussichtspunkt)

1. Februarsonntag: **Nossa Senhora dos Navegantes,** Kirchenfest zu Ehren der Schutzgöttin der Seefahrer

Projeto Baleia-Franca, Bootsausflüge zur Beobachtung der zwischen Juli und November eintreffenden Wale, Abfahrt Praia de Garopaba, 3 Std. Dauer, 90 R$/Pers., Reservierung: Agência Turismo Vida Sol e Mar, Rua Manoel de Aroujo 200 (Centro histórico), Tel. 2 54 41 98

Der Ort besitzt über 15 recht saubere Strände (nur im brasilianischen Sommer zu empfehlen). Genauere Beschreibung s. S. 266

Busstation: Praça Gov. Ivo Silveira 64; Verbindung nach Florianópolis, Porto Alegre und in die umliegenden Kleinstädte, Tel. 2 54 31 69

Gramado (RS)

Lage: vordere Umschlagkarte F2
Vorwahl: 0 54 (innerhalb B. 0 21 54)
PLZ: 95670-000
Einwohner: 28 576

Internet: www.gramadosite.com.br (sehr umfangreich: mit Infos zu Unterkünften, Restaurants, Sehenswürdigkeiten, Festen und Veranstaltungen sowie mit vielen Fotos)
Informação turística, Av. Borges de Medeiros 1674, Tel. 2 86 14 75, Mo-Do 9–18 Uhr, Fr/Sa/So 9–20 Uhr

Hotel das Hortênsias, Rua Bela Vista 83 (Parque Knorr), Tel. 2 86 10 57, Fax 2 86 31 38, www.hoteldashortensias.com.br, 16 Zimmer, Preis: moderat bis teuer, Juli und Dez. Mindestaufenthalt 4 Tage, landschaftlich reizvolle Lage mit schöner Aussicht, das Haus wirkt wie ein Alpenhotel, deutsch-österreichische Eigentümer
Alpenhof, Rua Arthur Reinan 88, Tel. 2 86 20 55, Fax 2 86 78 44, www.gramadosite.com.br/alpenhof, 11 Zimmer, Preis: günstig, Juli und Dez. Mindestaufenthalt 2 Tage

Gasthaus Edelweiss, Rua da Carriere 1119 (Lago Negro), Tel. 2 86 18 61, 12–15 und 19.30–23 Uhr, Preis: teuer; gutbürgerliche deutsche und Schweizer Küche, auch Forellen und Fondues, rustikales Ambiente
Le Petit Clos, Rua Demétrio Pereira dos Santos 599 (in der Nähe des Lago Negro), Tel. 2 86 19 36, 19–24 Uhr, Preis: teuer; klein und anheimelnd mit Kerzen auf dem Tisch, Spezialität: Fondues (Gramado ist hierfür bekannt)

O minimundo, Rua Horácio Cardoso 291, Tel. 2 86 13 34, www.minimundo.com.br, tgl. 13–17 Uhr, Miniaturrepliken von europäischen Schlössern, Häusern, Eisenbahnen, Werften und Schwebebahnen
Hollywood Dream Cars, Ausstellung von 27 gut erhaltenen Oldtimern und 15 Harley-Davidson-Maschinen, Av. das Hortênsias 4151 (Straße nach Canela, 2 km), Tel. 2 86 45 15, 9-19 Uhr

1. Augusthälfte, **Festival de Cinema**, wichtigstes brasilianisches Kino-Festival mit ca. 150 Vorführungen, auch lateinamerikanische, portugiesische und spanische Filme, Haupt-Pavillon: Palácio dos Festivaís, Infos: Tel. 2 86 95 44

Spaziergang durch den Parque Knorr, 9–17 Uhr, dort befindet sich auch die Aldeia do Papai Noel (Dorf des Weihnachtsmanns) mit Schokoladenfabrik, Rua Bela Vista 353, Tel. 2 86 73 32, 13.30-21 Uhr (auch Aussichtspunkt)
Rafting im Paranhana-Fluß: 4 km stromabwärts (moderat, Niveau 2 und 3) in einem reißenden Wildbach, Dauer 1 Std, 35 R$ mit Ausrüstung ohne Transferkosten, am Tage und in der Nacht, Reservierung: Agência Brasil Rafting, Av. das Hortênsias 3541, sala 01, Tel. 2 86 54 44

Busbahnhof: Av. Borges de Medeiros 2100, Tel. 2 86 13 02; Verbindungen in die umliegenden Kleinstädte Canela, Nova Petrópolis, Caxias do Sul u. a.

Ilha de Boipeba

s. Morro de São Paulo

Ilha de Marajó

s. Belém

Ilhabela (SP)

Lage: vordere Umschlagkarte G2
Inselkarte: S. 300
Vorwahl: 0 12 (innerhalb B. 0 21 12)
PLZ: 11630-000
Einwohner: 20 744

Secretaria de Turismo, Ilhabela, Av. Bartolomeu de Gusmão 140, Tel. 4 72 24 40, Mo–Fr 9–18 Uhr, Sa 9–16 Uhr

Mercedes, Av. Leonardo Reale 2220 (Praia de Mercedes), Tel. 4 72 10 71, Fax 4 72 10 74, www.hotelmercedes.com.br, 25 Zimmer, Preis: teuer; schöne parkähnliche Anlage am Meer, nicht weit vom Hauptort Ilhabela und ganz nahe am Strand von Viana

Pousada Casa Amarela, Av. Almirante Tamandaré 376 (Praia de Itaquanduba), Tel. 4 72 19 93, Fax 4 72 29 42, 13 Zimmer, Preis: günstig; ca. 4 km vom Hauptort Ilhabela, nur 10 m vom Strand entfernt

Ilha Sul, Av. Riachuelo 287 (Feiticeira), Tel. 4 72 94 26, 13–23.30 Uhr, von März bis Juli und August bis Dezember nur Fr/Sa/So, Preis: moderat; gutes Fischrestaurant mittlerer Größe, nautisches Ambiente, Reservierung empfohlen

Viana, Av. Leonardo Reale 1560 (Praia do Viana), Tel. 4 72 10 89, Hauptsaison tgl. 13–22 Uhr (Wochenende bis 23.30 Uhr), Nebensaison nur Fr/Sa/So, Preis: teuer; einfaches kleines Lokal mit wenigen Tischen (z. T. auch im Freien), spezialisiert auf delikaten Fisch und Meeresfrüchte

Igreja Nossa Senhora d'Ajuda, Praça Prof. Alfredo Oliani

Zweitägige **Bootstour** um die Insel mit Übernachtung

Ausflüge zu den Wasserfällen

Naturschwimmbecken bei der Cachoeira da Toca, Straße nach Castelhanos Nr. 2071, 8 km außerhalb, 8–18 Uhr

Die Insel besitzt über 50 saubere Strände an 36 km Küstenlinie. Die mit Vorliebe besuchten befinden sich an der Westseite (Feiticeira), z. T. im Norden (Pacuíba, Jabaquara und da Fome) sowie seltener im Süden (Bonete, Enchovas). Die schwer zugänglichen Buchten der Ostseite haben kaum Strände, sind aber wegen der Einbettung in eine Hügel- und Berglandschaft von besonderem Reiz (s. S. 300f.)

Busstation: Ilhabela, Rua Dr. Carvalho 136, Tel. 4 72 18 69; Verbindungen zwischen den Inselorten

Fährverbindung: ›Ferry-boat‹ ab São Sebastião, 24-Std.-Betrieb, Dauer der Überfahrt 15 Min., Tel. 4 52 12 68

Ilha do Mel (PR)

Lage: vordere Umschlagkarte F2
Vorwahl: 0 41 (innerhalb B. 0 21 41)
PLZ: 83251-000
Einwohner: ca. 1700

Pousada Praia do Farol, Praia de Nova Brasília, Tel./Fax 4 26 80 14, www.praiadofarol.com.br, 11 Zimmer, Preis: günstig; zentral beim Hauptort Nova Brasília, einfach-rustikal mit viel Grün, sehr schöner Strand beim Leuchtturm das Conchas

Pousada Dona Quinota, Praia da Fortaleza, Tel./Fax 4 23 61 76, www.pousadadonaquinota.cjb.net, 16 Zimmer, Preis: sehr preiswert; nur 30 m bis zum Strand

Camping: zahlreiche kleinere Plätze, v. a. an der Praia dos Encantados

Davi, Praia do Farol Tel. 4 26 80 08, 11–21 Uhr (März–Nov. nur 11–16 Uhr), Preis: günstig, einfaches Lokal mittlerer Größe am Strand, Fisch und Meeresfrüchte

Die Insel besitzt 27 km sauberen Strand. Im Nordteil am häufigsten besucht ist die Praia da Fortaleza mit feinem Sand und ruhigem Meer. In Dorfnähe befinden sich zwei der schönsten Strände, die belebte Praia do Farol und die große, ruhigere Praia Grande. Im Süden sind die Hauptattraktionen die Praia Gruta Encantada (mit Grotte) und Prainhas (s. S. 286)

Fährverbindung: Pontal do Sul (Festland) – Nova Brasília oder Encantado (Inselziele), tgl. etwa zwischen 8 und 18 Uhr, Tel. 4 55 13 16 (genaue Fahrtzeiten erfragen)

Ilha Grande (RJ)

Lage: vordere Umschlagkarte G3
Vorwahl: 0 24 (innerhalb B. 0 21 24)
PLZ: 23990-000
Einwohner: ca. 8000

Internet: www.viladoabraao.com.br (Pousada-Führer)
Informação turística, V. do Abraão, Rua da Praia (kleiner Kiosk nahe am Bootsanleger), Dez.–März geöffnet

In der Hauptsaison rechtzeitige Reservierung (mit Anzahlung) empfehlenswert, z. B. über Reisebüros
Pousada Solar da Praia, V. do Abraão, Rua da Praia 32, Tel./Fax 33 61 50 43, www.solardapraia.com.br, 12 Zimmer, Preis: moderat; zentral am Ortsstrand nahe Bootsanleger, anheimelnde Anlage mit viel Grün
Pousada Àgua Viva, V. do Abraão, Rua da Praia 26, Tel./Fax 33 61 51 66, www.ilhagrande.com.br/aguaviva, 14 Zimmer, Preis: moderat; zentral am Ortsstrand nahe Bootsanleger
Pousada do Canto, V. do Abraão, Praia do Canto, Tel. 33 61 51 15, Fax 33 61 50 18, www.viladoabraao.com.br (klicken auf »As Pousadas«), 11 Zimmer, Preis: moderat; 1997 eröffnet, sehr gepflegt, Strandlage, 800 m vom Bootsanleger entfernt, nahe bei den schönen kleinen Stränden abseits vom Ortsstrand

Casarão da Ilha, V. do Abraão, Rua da Praia 20, Tel. 33 61 54 01, 11–23.30 Uhr, Di Ruhetag, Preis: moderat; einfacher Stil, Fisch und Meeresfrüchte, am Abend belebtester Punkt der Insel, schön an der Promenade gelegen (auch Tische im Freien)
Lua e Mar, V. do Abraão, Rua da Praia, Tel. 33 61 51 13, 10–22 Uhr, Di Ruhetag, Preis: moderat; Fisch und Meeresfrüchte, schön am Strand gelegen (man sitzt im Freien), einfach und populär

20. Januar: **São Sebastião**, Kirchenfest zu Ehren des hl. Sebastian
29. Juni: **São Pedro**, Prozession auf dem Meer

Bootstouren; jeden Abend mehrere Angebote verschiedener Veranstalter am Hauptplatz des Ortes, Preis einer Tagestour ca. 25 R$ pro Person, Ticket am besten schon am Vorabend besorgen, Abfahrt vom Hafen in Vila do Abraão tgl. gegen 10 Uhr
Tauchen; Ausrüstungsverleih (Schnorchel und Flossen) u. a. in der Loja Equipe Golfo, Rua da Praia 677
Wandern; 11 km bis zum Gipfel des Pico do Papageio (982 m), dem höchsten Punkt der Insel

Die Insel besitzt viele idyllische Buchten und über 100 Strände, die überwiegend per Segelschoner angesteuert werden. In der Nähe von Vila do Abraão, dem einzigen Ort mit touristischer Infrastruktur, gibt es jedoch ein paar reizvolle Strände, die leicht zu Fuß zu erreichen sind. Verschmutzt ist lediglich der Strandabschnitt direkt vor der Rua da Praia (s. S. 121f.).

Fährverbindungen: Ab Angra dos Reis tgl. 15.30 Uhr (Dauer der Überfahrt 1 Std.), ab Mangaratiba Mo–Fr 8 Uhr, Sa/So/Fei 10 Uhr (Dauer 1 Std.); die Abfahrtzeiten können sich ändern, daher unbedingt vorher Auskunft beim Reisebüro einholen oder direkt bei der Fähre in Mangaratiba Tel. 0 21-25 33 75 24 (von Rio aus ohne Vorwahl, von anderen Orten in B. mit Vorwahl 0 21 21)

Ilhéus (BA)

Lage: vordere Umschlagkarte H4
Vorwahl: 0 73 (innerhalb B. 0 21 73)
PLZ: straßenbezogen
Einwohner: 221 883

Ilhéustur, Av. Soares Lopes 1741, Tel. 6 34 35 10, www.ilheus.com.br (mit Unterkünften, Restaurants, Kultur und Fotos), Mo–Fr 9-18

Praia do **Sol,** Praia do Sul/Estrada para Olivença, Tel. 2 34 70 00, Fax 2 34 70 08, www.praiadosol.com.br, 102 Zimmer, Preis: moderat; schöne Lage am Badestrand, 4,5 km südl. in Richtung Olivença
Pousada Encontro das Águas, Av. 2 de Julho 393, Tel. 6 34 87 46, 19 Zimmer,

Preis: günstig; einfach, zentrumsnah am Meer gelegen, Badestrände weiter entfernt

Centro de Pesquisa do Cacau, 22 km westl. von Ilhéus an der Straße nach Itabuna, Tel. 2 14 32 00 oder 2 14 30 14, Mo–Fr 8–12 und 13–17 Uhr, Kakao-Forschungsinstitut
Fazenda Lagoa Pequena (Renascer), BA-262 37 km in Richtung Uruçuca, seit 1998 auch Hotel
Fazenda Primavera, BR-415 20 km in Richtung Itabuna, Tel. 6 13 78 17, Besichtigung in Gruppen über Reisebüros
Casa de Cultura Jorge Amado, Rua Jorge Amado 21, Tel. 6 34 89 86, Fr–Sa 9–12 und 14–18 Uhr, in den 20er Jahren Wohnhaus des berühmten Dichters
Igreja de São Jorge, Praça Rui Barbosa
Igreja Nossa Senhora da Piedade, Alto do Ceará (Aussichtspunkt), Tel. 2 31 86 13, 8–18 Uhr
Catedral de São Sebastião, Praça D. Eduardo

Museu Regional de Cacau, Rua Antônio Lavigne de Lemos 126, Mo–Fr 14–18 Uhr, von Dez. bis März zusätzlich von 9–12 Uhr, Kakaomuseum

Januar: **Lavagem da Igreja** (Kirchenwäsche). Afrobrasilianisches religiöses Fest, bei dem die Feuerwehr die Catedral und die sambatanzende Menge mit Wasser bespritzen. Anschließend wird drei Tage und drei Nächte gefeiert.

Bootstouren zur Lagoa Encantada (mit Wasserfällen zum Baden, 9–17 Uhr, 35 R$ pro Person, Tel. 6 39 14 94) oder auf dem Rio Engenho (vorbei an Mangrovenwäldern bis zu einem Dorf mit kleiner Kapelle, Dauer ca. 4 Std., Abfahrt am Ende der Av. Lomanto Jr. Morro, 15 R$ pro Person, Tel. 6 32 30 34)
Schwimmen im Balneário de Tororomba, durch eine Naturquelle gespeistes Frei- und Spaßbad mit heilsamem mineralhaltigem Wasser, populärer Treffpunkt, Olivença (19 km von Ilhéus entfernt, Direktbusse), nur während der Saison, Di–So 8–17 Uhr

Die ortsnahen Strände Praia da Avenida und Praia do Cristo sind recht verschmutzt. Außerhalb, in südwestlicher Richtung finden sich zahlreiche reizvolle und saubere Strände mit Palmen, Bars und Musik. Besonders Praia Batuba sowie Cai n'Água nahe beim 19 km entfernten Olivença sind zu empfehlen (s. S. 147).

Flughafen: Rua Brig. Eduardo Gomes Pontal, 3,5 km südl. in Richtung Olivença, Tel. 2 31 76 29
Busbahnhof: Estação Rodoviária, 4 km westl. Richtung Itabuna, Tel. 6 34 41 21; Verbindungen nach Belo Horizonte, Porto Seguro, Rio de Janeiro, Valença, Salvador, São Paulo, Vitória u. a.

João Pessoa (PB)

Lage: vordere Umschlagkarte J5
Stadtplan: S. 190
Vorwahl: 0 83 (innerhalb B. 0 21 83)
PLZ: straßenbezogen
Einwohner: 594 922

PBTUR, Av. Alm. Tamandaré 100 (Centro Turístico Tambaú), Tel. 2 47 18 44, www.pbtur.pb.gov.br, Mo–Fr 8–18 Uhr, Sa/So 8–19 Uhr

Tropical Hotel Tambaú, Av. Almirante Tamandaré 229 (Praia de Tambaú), Tel. 2 18 19 19, Fax 2 47 10 70, www.tropicalhotel.com.br, 175 Zimmer, Preis: teuer; bestes Hotel der Stadt, direkt am Meer, wegen seiner runden Architektur im ganzen Nordosten berühmt
Ouro Branco Praia, Av. N. S. dos Navegantes 431 (Tambaú), Tel. 2 47 10 10, Fax 2 26 62 74, www.ourobrancohoteis.com.br, 210 Zimmer, Preis: teuer; modern, innen sehr schön
Porto Sol, Av. João Maurício 1861 Praia de Manaíra), Tel./Fax 2 46 31 00, www.valepraiahotel.com.br, 50 Zimmer, Preis: moderat

Camping Clube Brasil-PB-01, Praia da Ponta do Seixas, Tel. 2 51 13 71, reizvolle Lage am ruhigen Strand von Seixas, dem am nächsten zu Afrika gelegenen Punkt des brasilianischen Festlandes, 16 km vom Zentrum entfernt, ganzjähriger Betrieb

Sagarana, Av. Alm. Tamandaré 598 (Tambaú), Tel. 2 26 62 20, Mo–Do 18–24 Uhr, Fr–So 12–16 und 18–2 Uhr, Preis: teuer; für seine kreative Küche gelobtes Lokal (gemischte Karte), folkoristisches Ambiente mit Bildern regionaler Künstler
Adega do Alfredo, Rua Coração de Jesus (Tambaú), Tel. 2 26 43 46, Di–Sa 12–15 und 19–24 Uhr, So 12–15 Uhr, Preis: teuer; portugiesische und internationale Küche, neutrales Ambiente, recht touristisch
Picuí Praia, Av. João Mauricio 1395, Tel. 2 46 33 77, 11–22 Uhr, Preis: günstig; sehr großes rustikales Lokal direkt am Strand, regionale Küche

Igreja de São Francisco, Convento de Santo Antônio und **Museu Sacro e de Arte Popular**, Praça São Francisco (Centro), Tel. 2 18 45 05, Mo 14–17 Uhr, Di–So 9–12 und 14–17 Uhr, imposante Kirchen- und Klosteranlage (1589-1779) im Barockstil, nebenan Museum kirchlicher und populärer Kunst

Stoffpuppen, Lederartikel, Hängematten, Spitzen im Mercado de Artesanato Paraibano, Av. Senador Rui Carneiro (Tambaú), Tel. 2 47 31 35, Mo–Sa 9–19 Uhr

Konzentriert am Strand von Tambaú in der Nähe des Hotels Tropical, jedoch nur am Wochenende und in der Saison. In der Altstadt trifft man sich beim Café Paraíba in bzw. vor einem farbenfreudig restaurierten Häuserkomplex; reizvoll auf den Wassern des Rio Paraíba gelegen sind die Jacaré Bar und Aldeia do Rio

5. August: **Nossa Senhora das Neves**, Prozession und Straßenfest
September: **Micaroa**, Extra-Karneval
2. Novemberhälfte: **Nossa Senhora da Penha**, Prozession (Praia da Penha)

Spaziergang durch den Parque Arruda Câmara (mit Zoo), Rua Gouveia Nóbrega, 7–17 Uhr
Buggy-Touren entweder an den nördlichen oder südlichen Stränden entlang (über örtl. Reisebüros)
Bootsausflüge (s. S. 191f.) nach Picãozinho, ab Praia de Tambaú (15 Min. Fahrt, Gesamtdauer 2–3 Std.); nach Areia Vermelha, ab Praia de Camboinha (5 Min. Fahrt, Gesamtdauer 2 1/2 Std.); zum Flußstrand von Jacaré (Gesamtdauer 3 Std.)

Die Strände dieser Stadt gehören zu den saubersten des Landes, da kaum Abwässer eingeleitet werden. Selbst die zentrumsnahe Praia Tambaú ist zum Baden geeignet, vor allem das vorgelagerte Picãozinho-Riff. Zu den idyllischsten Stränden der Region gehört die Praia da Penha mit Kokospalmen, einfachen Strandbuden und ruhigem Meer (10 km entfernt, Anfahrt per Taxi oder Buggy). Bei Gästen aus dem Ausland sehr beliebt ist die 50 km entfernte Praia Tambaba (Transfers über Hotels). Außer wegen ihrer landschaftlichen Reize (üppige Vegetation, Felsen, Riffe) ist sie als erstes FKK-Gebiet (seit 1989) im Nordosten Brasiliens bekannt (s. S. 191f.). Zwischen Penha und Tambaba liegen die hübschen Strände Jacuma, Tabatinga und v. a. Coqueirinhos. Von Jacuma kann man sehr nett bis Tambaba am Strand entlang spazieren.

Flughafen: Aeroporto Presidente Castro Pinto, Município de Bayeux, 11 km westl. der Stadt, Tel. 2 32 25 43, Transfer im Bus oder Taxi
Busbahnhof: Terminal Rodoviária, Rua Francisco Londres (Varadouro), Tel. 2 21 96 11; häufige, meist tägl. Verbindungen in zahlreiche Städte wie z. B. Recife, Natal und Fortaleza

Laguna (SC)

Lage: vordere Umschlagkarte F2
Vorwahl: 0 48 (innerhalb B. 0 21 48)
PLZ: 88790-000
Einwohner: 47 408

Portal turístico, Av. Calistrato Muller Salles (Portinho), Tel. 6 44 24 41, Mo–Sa 8–18 Uhr

Laguna Tourist, Av. Castelo Branco (Praia do Gi), Tel. 6 47 00 22, Fax 6 47 01 23, www.lagunatourist.com.br, 96 Zimmer, Preis: moderat bis teuer; beste Adresse in Laguna, schön auf einem Hügel gelegen mit Blick auf die Lagune und das Meer

Jugendherberge, Av. João Pinho 530 (Mar Grosso), Tel. 6 47 00 15

Arrastão, Av. Senador Galotti 629 (Mar Grosso), Tel. 6 47 04 18, 11–24 Uhr, So 11–15 Uhr, Preis: günstig; großes Lokal mit neutralem Ambiente, spezialisiert auf Fisch und Meeresfrüchte

Igreja Sto. Antônio dos Anjos, Praça Vidal Ramos, Barockkirche aus dem Jahr 1696 mit Deckengemälde von Victor Meirelles
Casa de Anita Garibaldi, Praça Vidal Ramos, tgl. 8-18 Uhr, hier lebte die brasilianische Frau von Giuseppe Garibaldi

Museu Anita Garibaldi, Praça República Juliana, Tel. 6 46 05 33 – *ramal:* 241, tgl. 8–18 Uhr, mit historischen Zeugnissen aus der revolutionären Periode der República Juliana (1839)

2. Februar: **Nossa Senhora dos Navegantes**, Prozession auf dem Meer zu Ehren der Schutzgöttin der Seefahrer
1. Junihälfte: **Santo Antônio dos Anjos**, religiöses Volksfest

Fahrt zum **Farol (Leuchtturm) de Santa Marta,** per Fähre (10 Min.) ab Rua da Balsa, schöner Aussichtspunkt
Segelschoner-Tour (Passeio de escuna) durch die Lagoa Sto. Antônio, Abfahrt mehrmals tgl. vom Centro Histórico, Dauer 1 Std. und 45 Min., auf dem Weg Beobachtung der Fischer (Tainha-Fang)

Wegen des Klimas ist ein Badeurlaub in dieser kleinen Stadt nur im brasilianischen Sommer zu empfehlen. Die bekanntesten Strände sind Itapirubá (12 km lang mit Dünen), Praia do Gi (viel von Jugendlichen und Surfern besucht), Praia do Iró (ideal zum Tauchen und Fischen) und Praia do Mar Grosso (städtisch mit Hotels, Restaurants und Bars; etwas verschmutzt).

Busbahnhof: Rua Arcângelo Bianchini, Tel. 6 44 02 08; Verbindungen in die Kleinstädte der Umgebung und nach Florianópolis

Lençóis Maranhenses (MA)

Lage: vordere Umschlagkarte H6
Vorwahl: 0 98 (innerhalb B. 0 21 98)
PLZ (Barreirinhas): 65590-000
Einwohner (Barreirinhas): 39 260

Im Ausgangsort Barreirinhas gibt es keine offizielle Informationsstelle, man erhält jedoch Auskünfte und Tourenangebote bei den Reisebüros und Hotels bzw. Pousadas.

Es gibt nur wenige, einfache Unterkünfte in Barreirinhas, aber auch Privatquartiere
Buriti, Rua Inácio Lins (Centro), Tel./Fax 3 49 10 53, 30 Zimmer, Preis: günstig; die beste Option in Barreirinhas, großzügige Zimmer, günstiges Restaurant, Angebot von Jeep- und Bootstouren

Bootsfahrten täglich bis Caburé und Atins (Abfahrtzeiten je nach Wasserstand, Dauer: 3 Std., Rückfahrt am Morgen des nächsten Tages, Infos am Kai, Preis ca. 25 R$)

Bus: Barreirinhas, Rua Celo Godinho; tägl. Verbindung São Luís–Barreirinhas

Maceió (AL)

Lage: vordere Umschlagkarte J5
Stadtplan S. 178
Vorwahl: 0 82 (innerhalb B. 0 21 82)
PLZ: straßenbezogen
Einwohner: 796 842

Secretaria de Turismo (Seturis), Av. Antônio Gouveia 1143 (Pajuçara), Tel. 3 15 16 08, 8–14 Uhr

Jatiúca Resort, Rua Lagoa da Anta 220 (Praia de Jatiúca), Tel. 3 27 25 55, Fax 3 55 21 21, www.hoteljatiuca.com.br, 96 Zimmer, Preis: sehr teuer; das beste Hotel der Stadt, schöne Strandlage, tropisches Ambiente

Praia Hotel Sete Coqueiros, Av. Dr. Antônio Gouveia 1335 (Pajuçara), Tel. 2 31 85 83, Fax 2 31 74 67, www.setecoqueiros.com.br, 80 Zimmer, Preis: moderat bis teuer; großes Hotel an der Strandstraße mit Meeresblick

Hotel Praia Bonita, Av. Antônio Gouveia 943 (Pajuçara), Tel./Fax 2 31 25 65, www.praiabonita.com.br, 20 Zimmer, Preis: günstig; einfache Pousada an der Strandstraße

Porto Grande, Rua Hélio Pradines 125 (Ponta Verde), Tel. 3 57 24 88, Fax 3 57 24 31, 29 Zimmer, Preis: günstig; 100 m vom Strand

Jugendherberge: Albergue de Juventude, Rua Prefeito Abdon Arroxelas 327 (Praia de Ponta Verde), Tel. 2 31 22 46, großes Haus 200 m vom Strand, unter französischer Leitung

Camping Jatiúca, Praia Cruz das Almas, Tel. 3 25 67 08, 6 km vom Zentrum, am Strand

Império dos Camarões, Av. Antônio Gouveia 21 (Praia da Pajuçara), Tel. 2 31 41 34, 11–24 Uhr, Preis: teuer (ein Gericht reicht jedoch für zwei); direkt am Strand gelegen, stilvolles Ambiente, gute Küche mit Meeresfrüchte-Spezialitäten

Am frequentiertesten sind die Bars in der Nordzone, z. B. **Bye Bar Brasil, Divina Gula, Aquarela** und **Lampião**.

22–29. Juni: **Festas juninas** (s. S 212f.)
8. Dezember: **Iemanjá-Festival**, Fest zu Ehren der Meeresgöttin Iemanjá, Praia de Pajuçara
10. Dez.–6. Jan.: **Ciclo Natalino**, Praia de Pajuçara, weihnachtliches Folklorefest

Die zentrumsnächste Praia da Avenida ist wegen Verschmutzung zum Baden ungeeignet. Noch städtisch, aber sauberer und viel besucht, sind die Strände der Nordzone: Praia de Pajuçara mit vorgelagerten Sandbänken, Praia de Sete Coqueiros, Praia de Ponta Verde und de Jatiúca (beide z. Z. am beliebtesten, besonders sonntags, viele Bars mit Musik). Reizvoll sind Strandausflüge in die Umgebung, einmal 13 km in nordöstlicher Richtung bis Praia de Pratagy (landschaftlich einer der reizvollsten Strände von Alagoas) sowie in südwestlicher Richtung bis Praia do Francés (24 km) und ein paar Kilometer weiter bis Barra de São Miguel (s. S. 177f.).

Flughafen: Aeroporto Campo dos Palmares, 20 km westl. der Stadt, Tel. 3 22 13 00, Transfer im preiswerten Flughafenbus (bis Praça Sinibu) oder per Taxi

Busbahnhof: Av. Leste-Oeste (Feitosa), 4 km westl. des Zentrums, Tel. 2 23 45 60; z.T. tägl. Verbindungen nach Brasília, João Pessoa, Recife, Rio de Janeiro, Salvador, São Paulo, Vitória u. a.

Manaus/Amazonien

Lage: vordere Umschlagkarte D6
Stadplan: S. 228
Vorwahl: 0 92 (innerhalb B. 0 21 92)
PLZ: straßenbezogen
Einwohner: 1 403 796

Secretaria de Cultura e Turismo, Av. 7 de Setembro 1546 (Centro), Tel. 6 33 28 50, www.visitamazonas.com.br (auch auf Englisch), Mo–Fr 8–17 Uhr

Internet: www.pmm.am.gov.br (klicken auf »Turismo e Cultura«; umfassende Infos zu diversen Bereichen; Text leider nur auf Portugiesisch, aber mit vielen Adressen und Fotos)

Tropical Manaus, Av. Coronel Peixeira 1320, 18 km nördl. des Zentrums, Tel. 6 59 50 00, Fax 6 58 50 26, www.tropicalhotel.com.br/manaus/manaus.htm, 601 Zimmer, Preis: sehr teuer; schönste Anlage von Manaus, Standard-Zimmer mit Kolonialmöbeln, mit Park und kleinem Zoo, beim populären Strand von Ponta Negra

Best Western Manaus (Lord), Rua Marcílio Dias 217, Tel. 6 22 28 44, Fax 6 22 25 76, www.bwlordmanaus.com.br, 92 Zimmer, Preis: teuer; zentrales Hotel von 1959

Lider, Av. 7 de Setembro 827 (Centro), Tel. 6 33 13 26, Fax 6 21 97 46, www.internext.com.br/liderhotel, 60 Zimmer, Preis: günstig; zentrale Lage

Unterkunft in Lodges: Urwald-Lodges werden immer beliebter, ihre Zahl ist groß und nimmt schnell zu. Am besten informieren Sie sich in den Reisebüros in Europa. Hier lediglich drei Tips:

Ariaú Amazon Towers, Lago Ariaú, 69045-000 Iranduba, Tel. 21 21 50 00, Fax 2 33 56 15, www.ariautowers.com.br, 140 Zimmer, Preis: sehr teuer (DZ für 2 Tage und 1 Nacht 1300 R$)

Amazon Lodge, Lago do Juma, Autazes; Reservierung: Nature Safaris, Rua Flávio Espirito Santo 1, Kissia II, 69040-250 Manaus, Tel. 6 56 60 33, Fax 6 56 61 01, www.naturesafaris.com.br, 12 Zimmer, Preis: sehr teuer, DZ für 3 Tage/2 Nächte (Mindestaufenthalt) 1900 R$

Lago Salvador Lodge, Lago Salvador, Iranduba,12 Zi, Preis: sehr teuer (DZ für 2 Tage und 1 Nacht ab 575 R$); Reservierung: Agência Fontur, Tel. 6 58 30 52, Fax 6 58 35 12, www.fontur.com.br

Panorama, Av. Boulevard Rio Negro 199, Tel. 6 24 46 26, 11–15 und 18–23 Uhr, So 11–16 Uhr, Preis: moderat; rustikales Fischrestaurant mit Panorama-Blick auf den Rio Negro

Xalaco, Av. Pedro Teixeira 300 (Planalto), Tel. 2 38 16 88, 19–24 Uhr, So Ruhetag, Preis: teuer; gemischte Speisekarte, Fr/Sa Live-Musik

Búfalo, Rua Joaquim Nabuco 628 A, Tel. 6 33 37 73, 11–15 und 18–23.30 Uhr, So 11–15.45 Uhr, Preis: moderat, gute Churrascaria (*rodízio*), viel Fleischliches auch auf den Wandgemälden

Teatro Amazonas, Praça São Sebastião, Tel. 6 22 24 20, www.visitamazonas.com.br/t_amazonas.php3, Besichtigung Mo–Sa 9–16 Uhr (auch mit Führung), Eintritt 5 R$, ein Besuch dieses Luxustempels macht die reiche Blütezeit des Kautschukbooms wieder lebendig

Mercado Municipal, Rua dos Barés 46 (Centro), Mo–Sa 6–18 Uhr, So 6–12 Uhr, unter Denkmalschutz stehende Halle aus Eisen (1882) mit großem Fischmarkt

Museu do Índio, Rua Duque de Caxias 296 (Centro), Tel. 6 35 19 22, Mo–Fr 8.30–11.30 und 14–16.30 Uhr, Sa 8.30–11.30 Uhr, Ausstellungsstücke aus dem Gebiet Alto Rio Negro, v. a. Keramiken, Kostüme und Jagdwaffen, Museumsshop (Kunsthandwerkliches)

Museu do Homem do Norte, Av. 7 de Setembro 1385, Tel. 2 32 53 73, Mo–Fr 8–12 und 13–17 Uhr; ethnologisches und anthropologisches Museum zur Geschichte der Bewohner Amazoniens

Museu de Ciências Naturais da Amazônia, Colônia Cachoeira Grande, 15 km östl. der Stadt, Tel. 6 44 27 99, Mo–Sa 9–17 Uhr, naturwissenschaftliches Museum mit vielen Schmetterlingen und anderen Insekten, außerdem: Fischwelt der Amazonas-Region

Indianische Kunsthandwerksprodukte im Museu do Índio (s. o.), im Artíndia (Praça Tenreiro Aranha, Mo–Fr 7.30–12 und 14–17.30 Uhr) und im Mercado Municipal (s. o.); für die Region typische kunsthandwerkliche Erzeugnisse aus Keramik, Holz und pflanzlichen Fasern

Studio Tropical, Diskothek im Hotel Tropical Manaus (s. o.), Do–Sa

Fellice, älteste Bierbrauerei Brasiliens. Ein italienischer Mönch namens Fellice soll um 1590 ein Weihenstephaner Bierrezept in den Dschungel gebracht und dort eine Brauerei errichtet haben. Mittelschicht-Treff mit Live-Musik, Tanz und witzigen Riesencomics, die das bierselige Mönchsleben zeigen. Liegt außerhalb, aber man kennt es!

Boi Arts, Rua José Clemente 500 (neben dem Teatro Amazonas), Tel./Fax 6 37 68 07, Mi-Sa 20-23 Uhr (Showbeginn 21 Uhr), Eintritt 15 R$, Showhaus mit indianischen und populären Musik- und Tanzvorführungen, Urwald-Ambiente (Besichtigung am Tag 10–18 Uhr)
Teatro Amazonas, Praça São Sebastião, Tel. 6 22 24 20, www.visitamazonas.com.br, fast jeden Abend Tanz-, Konzert- oder Theaterprogramm, Infos über Internet oder Tageszeitungen, Karten an der Abendkasse

2. Junihälfte: **Festival Folclórico do Amazonas**, Folklorefest im Centro Cultural Manaus
29. Juni: **São Pedro**, Prozession auf dem Fluß

Es gibt viele **Touren**-Anbieter vor Ort. Man sollte aber nichts über Händler auf der Straße buchen, sondern immer zu den registrierten Büros gehen, das ist preiswerter und sicherer. Prospekte/Reservierung z. B. bei Swallows and Amazons Tours, Rua Quintino Bocaiuva 189, Andar 1, Sala 11, 69 005-110 Manaus (Centro), Tel./Fax 6 22 12 46, www.swallowsandamazonstours. com, swallows@internext.com.br; weitere Anbieter: Green Planet Tours, Rua Dez de Julho 481, Centro, Tel. 2 32 13 98, www.planettours.com.br (z. B. 4-Tage-Trip durch den Urwald mit Guide, Lodge-Aufenthalt und VP ca. 400 R$ pro Person), Amazon Explorers, Tel. 6 33 33 19; Fontur, Tel. 6 58 30 52; oder Selvatur, Tel. 6 42 87 77 (z. B. 6-Std.-Tour zum Encontro das Águas für ca. 50 R$ inkl. Mittagessen, Flußtouren auf dem Rio Negro oder Rio Solimões, mehrtägige Angel-Expeditionen auf dem Rio Madeira oder den Rios Branco und Negro, sowie Touren zu den Anavilhas-Inselgruppen).

Flughafen: Aeroporto Internacional Eduardo Gomes, Av. Santos Dumont, 17 km nördl. des Zentrums, Tel. 6 52 13 37, Transfer im preiswerten Flughafenbus zum Centro oder per Taxi (z. B. Coopertáxi, Tel. 6 52 15 44)
Busbahnhof: Rodoviária, Rua Recife 8, Tel. 2 36 27 32, 6 km nördlich des Zentrums
Stadtbusse: Bahnhof an der Praça da Matriz (nahe Kathedrale), von dort fahren u.a. die Busse zur Praia da Ponta Negra
Mietwagenanbieter: u.a. Localiza, Tel. 2 33 41 41
Schiffslinien: Auskünfte direkt am Hafen oder über die Reisebüros, großes Angebot an Fahrten nach Santarém, Belém und auf den Flüssen der Umgebung

Marinho dos Abrolhos (BA)

Lage: vordere Umschlagkarte H3
Vorwahl: 0 73 (innerhalb B. 0 21 73)
PLZ (Caravelas): 45900-000
Einwohner (Caravelas): 20 069

Reisebüro Abrolhos Turismo, Praça Doutor Imbaffey 8 (Centro), Caravelas (Festland), Tel. 2 97 11 49, Fax 2 97 11 09, www.abrolhosturismo.com.br

Zahlreiche **Bootsfahrten** und **Unterwassersportmöglichkeiten**, Angebote z. B. über vorgenanntes Reisebüro in Caravelas, Tagestouren von Caravelas zu den Abrolhos-Inseln (7.30–17 Uhr) 160 R$/Pers. inkl. Bootsfahrt, Ausrüstung, Lehrer, Tauchen (30–40 Min.) und Imbiss

Morro de São Paulo und Ilha de Boipeba (BA)

Lage: vordere Umschlagkarte H4
Vorwahl: 0 75 (innerhalb B. 0 21 75)
PLZ: 45428-000
Einwohner: ca. 2000

Morro de São Paulo: Villegaignon Resort, Terceira Praia (3. Strand), Tel. 4 83 10 10, Fax 4 83 10 12, www.mozart.com.br/provence (anklicken: Villegaignon), 77 Zimmer, Preis: teuer; eine der komfortabelsten Anlagen der Insel
Pousada da Fazenda Caeira, Terceira Praia (3. Strand), Tel./Fax 4 83 10 42, 15 Zimmer, Preis: moderat; großes Terrain, mit Kanufahren und Reitsport
Unterkunft Ilha de Boipeba: Pousada Tassimirim, Boca da Barra, Tel./Fax 6 53 60

30. 14 Zimmer, Preis: moderat, mit HP; unter deutscher Leitung

Sabor da Terra, Rua da Prainha, 11–23 Uhr, Preis: günstig, Fisch und Meeresfrüchte, schlichtes Ambiente
Casarão, Praça Aureliano Lima 190, Tel. 4 83 10 22, tägl. 19–23 Uhr (nur in der Saison), Preis: günstig, bahianische und internationale Küche, einfaches Lokal innerhalb der gleichnamigen Pousada

Fonte do Céu (Quelle mit Bademöglichkeit) nahe Gamboa
Farol do Morro, Leuchtturm von 1835, schöner Aussichtspunkt
Ruinas da Fortaleza (Festungsruinen), Beobachtung der Delphine, aber auch des Sonnenuntergangs

Bootsausflug nach Garapuá, zu den Inseln Boipeba und den Flüssen Cairu und do Inferno; Preis: 20 R$ pro Person; Infos: Agência Wellington, Tel. 4 83 11 44

Die allesamt recht sauberen Strände der Insel Morro de São Paulo sind vom Hauptort aus durchnummeriert. Auf den noch etwas zugebauten Strand Nr. 1 folgt 1 km weiter der wegen seiner Barracas, Feste und Riffe sehr beliebte Strand Nr. 2. Wieder 1 km weiter folgt der schon etwas ruhigere Strand Nr. 3. Am idyllischsten sind Nr. 4 (20 km lang, fast menschenleer, z. T. FKK) und Nr. 5, fast eine Robinsonade (s. S. 149).

Von Valença 2 Std. per **Schiff** (mit der »Brisa Biônica« oder der »Brisa Triônica«) oder per **Schnellboot** *(lanche rapida)*, mehrmals tgl., im Sommer 7mal; von Salvador Transfers nur im Sommer

Natal (RN)

Lage: vordere Umschlagkarte J6
Stadtplan S. 196
Vorwahl: 0 84 (innerhalb B. 0 21 84)
PLZ: straßenbezogen
Einwohner: 709 422

Internet: www.natal.rn.gov.br (klicken auf »Turismo«; nur auf Portugiesisch, aber mit vielen nützlichen Adressen und Tips zu Unterkünften, Restaurants, Sehenswürdigkeiten, Nachtleben, Ausflügen und Festen); www.brasilienurlaub.net (deutscher Natal-Experte mit interessanten Reiseangeboten)
Centro de Turismo, Rua Aderbal de Figueiredo 980, Tel. 2 11 61 49, 8–20 Uhr

Novotel Ladeira do Sol, Rua Fabrício Pedrosa 915 (Praia dos Artistas), Tel. 2 02 11 33, Fax 2 02 16 88, www.novotelnatal.com.br, 62 Zimmer, Preis: teuer; gepflegtes Anwesen in günstiger Lage zwischen Zentrum und Praia de Ponta Negra (8 km per Direktbus), Angebot von Buggy-Touren
Pousada Maria Bonita II, Rua Estrela do Mar (Praia de Ponta Negra), Tel./Fax 2 36 29 41, www.mariabonita2.hpg. com.br, 22 Zimmer, Preis: moderat; nettes Gästehaus mit Verandas am schönsten Strand der Stadt, 8 km südöstl. des Zentrums
Praia Hotel Bruma, Av. Pres. Café Filho 1176 (Praia dos Artistas), Tel./Fax 2 02 28 47, www.hotelbruma.com.br, 19 Zimmer, Preis: moderat; sehr zu empfehlen

Camping Praias Belas, RN-313, Tel. 2 37 20 06, Anlage mit Pool, 23 km außerhalb in der Gemeinde von Parnamirim gelegen, 4 bzw. 7 km bis zu den Stränden von Cotovelo bzw. Ponta Negra, ganzjähriger Betrieb

Peixada da Comandre, Rua Dr. José Augusto Bezerra de Medeiros 4 (Praia dos Artistas), Tel. 2 02 34 11, 11.30–15 und 18–22.30 Uhr, So 11.30–16 Uhr, Di Ruhetag, Preis: moderat; gutes Fischlokal mit schönem Panoramablick direkt am Strand, gemütliche Atmosphäre

Forte dos Reis Magos, Praia do Forte, 8–16.45 Uhr, große Festung mit sternförmigem Umriß (1598)
Igreja Sto. Antônio, Rua Sto. Antônio 698, Tel. 2 11 42 36, Mo–Fr 6–9.30 und 14–18.30 Uhr, Sa 6–9.30 und 17–21 Uhr, So 9–11 und 17–20 Uhr, Barockkirche, Kloster und Museum

Centro de Turismo, Rua Aderbal de Figueiredo 980, Tel. 2 11 61 49, 8–20 Uhr, ehemaliges Gefängnis, heute dienen die Zellen als Verkaufsläden für Kunsthandwerkserzeugnisse

Museu Câmara Cascudo, Av. Hermes da Fonseca 1398, Tel. 2 12 27 95, Di–Fr 8–11 und 14–17 Uhr, große Sammlung von Fossilien, Skeletten, Kultgegenständen und Handarbeiten sowie Exponaten der Amazonasindianer

Kunsthandwerksprodukte aus Leder und Keramik, Besonderheit: mit verschiedenfarbigem Sand gefüllte Flaschen; Centro de Turismo, Rua Aderbal de Figueiredo 980, Tel. 2 11 61 49, 8–19 Uhr, oder Centro Municipal de Artesanato, Av. Pres. Café Filho Nr. 1160 (Praia dos Artistas), Tel. 2 02 11 67, tägl. 9–22 Uhr

Fast das gesamte Nightlife von Natal konzentriert sich inzwischen in Ponta Negra (8 km), in den letzten Jahren wurde hier eine Bar nach der anderen eröffnet, für jeden Geschmack ist etwas dabei.

20. Januar: **Nossa Senhora dos Navegantes**, Bootsprozession zu Ehren der Schutzgöttin der Seefahrer, Praia da Redinha
Oktober: **Festa do Boi**, Tanz- und Folkloreveranstaltungen im Stil der Festas Juninas (s. S. 212f.)
Anfang Dezember: **Carnatal**, außerordentlicher Karneval, eine Woche lang

Eintägige **Buggy-Touren** mit Fahrer, wahlweise gen Süden oder Norden; zahlreiche Anbieter (auch über Hotels zu buchen). Wem es im Buggy zu schnell geht, der kann sich auch gemütlich von Dromedaren über die Dünen schaukeln lassen. Die Lasttiere sind aus Spanien und erst seit wenigen Jahren im Tourismus-Einsatz.
Wandern im Parque das Dunas, dem zweitgrößten städtischen Waldgebiet Brasiliens, 1997 für den Ökotourismus erschlossen; Av. Alexandrino de Alencar, Tel. 2 01 39 85, Mo–Fr 8–17 Uhr, zwei Wanderpfade mittleren Schwierigkeitsgrades bis Via Costeira, ca. 2 Std., nur in Begleitung eines Führers (vorher anmelden, Mindestpersonenzahl 5)
Küstentour per Boot, Dauer 2 Std., Abfahrt am Kai von Pirangi (beim Kajubaum), Preis pro Person: 23 R$; Infos: Marina Badauê, Tel. 2 38 20 66

Die stadtnahen Strände do Forte, do Meio und dos Artistas sind wegen Verschmutzung weniger zum Baden geeignet und auch nicht sehr reizvoll. Am beliebtesten ist die 8 km entfernte Praia Ponta Negra mit einer Strandbude neben der anderen, das Wasser ist sauberer und ruhig, im Hintergrund erheben sich Dünen (s. S. 197). Per Bus leicht zu erreichen.

Flughafen: Aeroporto Internacional Augusto Severo, 15 km entfernt, Tel. 6 44 10 00, Transfer im preiswerten Flughafenbus bis Rodoviária velha (alter Busbahnhof) oder per Taxi
Busbahnhof: Rodoviária novo (neuer Busbahnhof), Av. Capitão-Mor Gouveia 1237 (Cidade da Esperança), 6 km vom Zentrum, Tel. 2 05 43 77; häufige, z. T. tgl. Verbindungen nach Belém, Belo Horizonte, Brasília, Fortaleza, João Pessoa, Maceió, Recife, Rio de Janeiro, Salvador, São Luís, São Paulo u. a.

Olinda (PE)

Lage: vordere Umschlagkarte J5
Stadtplan: S. 187
Vorwahl: 0 81 (innerhalb B. 0 21 81)
PLZ: straßenbezogen
Einwohner: 368 643

Internet: www.olinda.pe.gov.br (schöne Internetseite zum Karneval Olindas mit vielen Fotos)
Boxe de Turismo, Kiosk am Praça do Carmo

Pousada São Francisco, Rua do Sol 127 (Carmo), Tel 34 29 21 09, Fax 34 29 14 18, www.pousadasaofrancisco.com.br, 40 Zimmer, Preis: günstig; zentral in der Altstadt

Pousada dos Quatro Cantos, Rua Prudente de Morais 441, Tel./Fax 34 29 02 20, www.pousada4cantos.com.br, 17 Zimmer, Preis: günstig; in der Altstadt, schönes Anwesen mit alter Villa, familiäre Atmosphäre

Pousada d'Olinda, Praça João Alfredo 178 (Carmo), Tel./Fax 34 39 11 63, 16 Zimmer, Preis: günstig; zentral in der Altstadt

Jugendherberge: Albergue de Olinda, Rua do Sol 233 (Carmo), Tel. 34 29 15 92, Fax 34 39 19 13, www.alberguedeolinda.com.br, buntes kleines Kolonialhaus mit 16 Einzel-, Doppel- und Mehrbettzimmern für bis zu 6 Pers.

Mourisco, Praça João Alfredo 7 (Carmo), Tel. 34 29 13 90, 12–15 und 19–23 Uhr, Preis: moderat; ungewöhnliches folkloristisches Ambiente

Convento de São Francisco und **Igreja Nossa Senhora das Neves**, Rua São Francisco 280, Mo–Fr 8–12 und 14–17, Sa 8–12 Uhr, älteste Kirchenanlage des Franziskanerordens in Brasilien (1585)

Igreja da Sé, Alto da Sé, Mo–Sa 8–12 und 14–17 Uhr, Hauptkirche der Stadt (Erzbischofssitz), vom Platz aus weite Sicht bis Recife

Igreja de Misericórdia, Rua Bispo Coutinho, Mo–Sa 8–12 und 14–17 Uhr

Igreja de São Sebastião, nur Sa 17–19 Uhr zur Messe

Mosteiro de São Bento, Rua de São Bento, Mo–So 8–10.45 und 13.30–18 Uhr, Benediktinerkloster, im Innern kostbare Werke des Spätbarock, kunstgeschichtliche Hauptattraktion von Olinda

Igreja Nossa Senhora do Carmo, Praça do Carmo, Mo–Fr 8–12 und 14–17 Uhr, älteste Karmeliterkirche Brasiliens

Museu de Arte Sacra (ehem. Bischofspalast), Rua Bispo Coutinho 726, Tel. 34 29 00 32, Mo–Fr 9–12.45 Uhr, religionsgeschichtliches Museum

Museu do Mamulengo, Rua do Amparo 59, Tel. 34 29 62 14, Di–So 10-17 Uhr, ungewöhnliche Ausstellung zahlreicher und z. T. sehr alter Figuren des traditionellen Puppentheaters

Museu de Arte Contemporânea, Rua 13 de Maio 157, Tel. 34 29 25 87, Di-Fr 8–12.30 Uhr, Sa/So 14–17 Uhr, Museum für zeitgenössische Kunst

Rua do Amparo, Kunstgalerienstraße im historischen Zentrum (Nr. 215: Gemälde von Peter Bauer, Nr. 199: Kunstgalerie, Nr. 159: Stoffmalereien, Nr. 135: Keramik und Malerei)

Mehrere Bars in der Av. Ministro Marcos Freire, am Strandabschnitt von Bairro Novo; Luar de Olinda, jeden Freitag ab 21 Uhr Sammlung an der Praça de São Pedro, danach Serenaten-Umzug im Ort

Busbahnhof: Praça do Carmo, ständig Busse von und nach Recife

Ouro Preto und Umgebung (MG)

Lage: vordere Umschlagkarte G3
Stadtplan: S. 117
Vorwahl: 0 31 (innerhalb B. 0 21 31)
PLZ: 35400-000
Einwohner: 65 731

Recepção Municipal de Turismo, Praça Tiradentes 41, Tel. 35 59 32 69, Mo–Fr 8–18 Uhr, Sa/So 8–17 Uhr

Pousada do Mondego, Largo de Coimbra 38 (Nähe Praça Tiradentes), Tel. 35 51 20 40, Fax 35 51 30 94, www.roteirosdecharme.com.br (klicken auf »Os Hoteis« und anschließend auf »Mondego«) 24 Zimmer, Preis: moderat; historisches Gebäude von 1747, künstlerisches Ambiente, zentral, ruhig, mit schönem Blick ins Tal und auf die Igreja do Carmo

Pousada Itacolomi, Rua Antônio Pereira 43 (Nähe Praça Tiradentes), Tel./Fax 35 51 28 91, 7 Zimmer, Preis: moderat; zentral, ruhig

Hotel Colonial, Travessa Cônego Camilo Veloso 26 (Nähe Praça Tiradentes), Tel.

35 51 31 33, Fax 35 51 33 61, www.hotelcolonial.com.br, 18 Zimmer, Preis: günstig bis moderat; zentral, unter Denkmalschutz stehendes Gebäude aus dem 18. Jh.
Hinweis: über Ostern und während des Winter-Festivals der Studenten (1.–31. Juli) sollte man vorher reservieren!

Chafariz, Rua São José 167, Tel. 35 51 28 28, Mo–Fr 11–16 Uhr, Sa/So 11–19 Uhr, Preis: günstig; schönes Ambiente, Selbstbedienungsbuffet
Boca da Mina, Rua Dom Silvério 108A, Tel. 35 51 17 49, 11–17 Uhr, Preis: moderat (ein Gericht reicht jedoch für zwei Pers.); etwas abseits vom Zentrum bei der Goldmine, sehr atmosphärisches Ambiente mit Holzbalken und Steinwänden, typische Gerichte der Region

Mina de Chico Rei, Rua Dom Silvério 108, Tel. 35 51 17 49, 8–17.30 Uhr, besichtigenswerte Goldmine
Igreja de Nossa Senhora do Carmo, Rua Brigadeiro Mosqueira, Di–So 13–17 Uhr
Igreja de São Francisco de Assis, Largo do Coimbra, Di–So 8.15–11.45 und 13.30–16.45 Uhr, von der Gesamtkonzeption schönste Kirche der Stadt, maßgebliche Beteiligung von Aleijadinho
Igreja Matriz de Nossa Senhora da Conceição de Antônio Dias und **Museu do Aleijadinho**, Praça Antônio Dias, Tel. 35 51 32 82, Di–So 8.30–11.45 und 13.30–16.45 Uhr
Igreja Matriz de Nossa Senhora do Pilar, Praça Monsenhor Castilho Barbosa 30, Tel. 35 51 12 09, Di–So 9–11 und 12.15–17 Uhr, eine der prachtvollsten Kirchen ganz Brasiliens

Museu da Inconfidência, Praça Tiradentes, Tel. 35 51 52 33, Di–So 12–17.30 Uhr, größtes Museum der Stadt, Zeugnisse vom Unabhängigkeitskampf sowie viele religiöse Exponate
Museu da Sciência e Técnica (Mineralogia), Praça Tiradentes 20, Tel. 35 59 15 97, Mi–Mo 12–17 Uhr, Edelsteine aus aller Welt
Casa dos Contos, Rua São José 12, Tel. 35 51 14 44, Mo 14–18, Di–Sa 10–18, So 9–16 Uhr, schöner Profanbau mit Museum, früher wurden hier die Goldfunde gewogen

Besichtigungsziele in der Umgebung:
Congonhas (65 km westl. von Ouro Preto), 12 Propheten von Aleijadinho, Basílica de Bom Jesus de Matozinhos
São João Del Rei (150 km südwestl. von Ouro Preto), Eisenbahnmuseum Ferroviário, Av. Hermílio Alves, Tel. 0 32-33 71 84 85, Di–So 9–11 und 13–17 Uhr
Amarantina (30 km südl. von Ouro Preto): Museu das Reduções, Tel. 0 31-35 53 51 82, 9–17.30 Uhr, außerhalb der Ferienmonate Di geschl., historische Bauwerke Ouro Pretos und Brasiliens im Maßstab 1:25

Großer **Kunsthandwerksmarkt** unter freiem Himmel am Largo de Coimbra, tgl. von 9–18 Uhr

Ostern: **Procissão dos Passos**, berühmte Prozession mit Gästen aus Brasilien und der ganzen Welt
16.–21 April: **Semana da Inconfidência Mineira**, Gedenkwoche zur mineirischen Unabhängigkeitsbewegung
Juni: **Festas juninas** (s. S. 212f.)
1.–31. Juli: **Festival do Inverno**, www.festinverno.unibh.br (mit Programm), Winterfestival, Studententreffen von Minas Gerais mit ca. 40 000 Gästen, unbedingt Zimmer reservieren
14.–18. November: **Semana do Aleijadinho**, Festwoche zu Ehren des Bildhauers António Francisco Lisbôa

Flughafen: Der nächste große Flughafen befindet sich in Belo Horizonte (International Tancredo Neves de Confin), Tel. 0 31-36 89 25 57, von dort Busse nach Ouro Preto von der Rodoviária Israel Pinheiro, Praça Rio Branco, Tel. 32 71 30 00
Busbahnhof: Rua Padre Rolim 661, Tel. 35 51 10 81; häufige, überwiegend tägl. Verbindungen von und nach Mariana, Belo Horizonte, Rio de Janeiro, São Paulo, Vitória u. a.

Parati (RJ)

Lage: vordere Umschlagkarte G3
Stadtplan: S. 124
Vorwahl: 0 24 (innerhalb B. 0 21 24)
PLZ: 23970-000
Einwohner: 29 521

Internet: www.paraty.com.br (sehr umfangreiche Internetseite zu Geschichte, Ökologie, Kultur und Tourismus; viele Pousadas mit Fotos; auch auf Englisch)
Informação turística, Av. Roberto Silveira/Praça Macedo Soares (am Ortseingang)
Cyber-Café, Av. Roberto da Silveira 17, Tel 33 71 62 49

Pousada do Sandi, Largo do Rosário 1, Tel./Fax 33 71 21 00, www.paraty.com.br (klicken auf: Turismo/Onde se hospedar), 26 Zimmer, Preis: teuer; stilvolles Kolonialhaus aus dem 18. Jh., die zweitnobelste Adresse am Ort, mit Restaurant
Pousada do Ouro, Rua Dr. Pereira 145, Tel /Fax 33 71 20 33, www. pousadaouro. com.br, 26 Zimmer, Preis: moderat; in diesem stilvollen Kolonialbau aus dem 18. Jh. wohnten schon Mick Jagger und Tom Cruise, Linda Evangelista und andere Größen
Coxixo, Rua do Comércio 362, Tel./Fax 33 71 14 60, www.paraty.com.br (klicken auf: Turismo/Onde se hospedar), 34 Zimmer, Preis: moderat
Pousada Canoeiro, Av. Otavávio Gama, Tel./Fax 33 71 13 22, 30 Zimmer, Preis: günstig; schöne Anlage mit Pool, sehr ruhig gelegen, nur ein paar Schritte außerhalb des historischen Zentrums

Camping: mehrere Plätze am Ortsrand hinter der Brücke

Do Hiltinho, Rua Mal. Deodoro 233, Tel. 33 71 14 32, 12–23 Uhr, Preis: teuer, Fisch und Meeresfrüchte, gute Qualität, modern mit Spiegeln und Bildern
Merlin o Mago, Rua do Comércio 376, Tel. 33 71 21 57, 19–1 Uhr, Mi Ruhetag, Preis: teuer; gute Küche mit französischem Einschlag, feineres Ambiente mit künstlerischem Touch, unter deutscher Leitung

Igreja de Santa Rita, Rua Santa Rita, schönste, älteste und prunkvollste Kirche des Ortes
Igreja de Nossa Senhora das Dores, Ecke Rua da Fresca/Beco da Capela, Kirche der damaligen Aristokratie
Matriz de Nossa Senhora dos Remédios, Praça da Matriz, Kirche für das Bürgertum
Igreja de Nossa Senhora do Rosário, Largo do Rosário, Kirche der damaligen Sklaven

Museu de Arte Sacra (Igreja de Santa Rita), Largo Sta. Rita, religionsgeschichtliches Museum
Forte Defensor Perpétuo/Museu de Artes e Tradições Populares, Morro da V. Velha, 1 km außerhalb, Mi-So 10-12 und 14-17 Uhr, alte Festung mit Kunst- und Heimatmuseum
Museu da Cidade, Antiga Cadeia, Stadtmuseum

Parati ist bekannt für guten **Zuckerrohrschnaps** (*cachaça*), angeboten werden neben den fünf vor Ort hergestellten Marken weitere 300 aus ganz Brasilien; Verkaufsstellen: Empório da Cachaça, Rua Dr. Samuel Costa 145 (Centro histórico), Tel. 33 71 17 25, 10–23 Uhr; Porto da Pinga, Rua da Matriz (Centro histórico), Tel. 33 71 13 10, 10–12 und 14–23 Uhr

Café Paraty, Rua Ten. Francisco Antônio, Tel. 33 71 14 64, ab 15 Uhr, So/Mo/Do 9–23 Uhr, Di/Mi 17–23 Uhr, Fr/Sa 9–2 Uhr, abends Live-Musik (Jazz)
Dinho's Bar, beim Praça Matriz, Mi–Mo ab 21 Uhr, Fr/Sa ab 22 Uhr Live-Musik, originellstes Musiklokal am Ort

Teatro Espaço, Rua Dona Geralda 327, Tel. 33 71 15 75, Do–So ab 21 Uhr, berühmtes Puppentheater für Erwachsene und Jugendliche ab 14 Jahre, Eintritt 20 R$

2. Maihälfte (40 Tage nach Ostern): **Festa do Divino Espírito Santo**, religiös. Fest portugies. Ursprungs, typische Tänze und Prozession, Feier in der Matriz de Nossa Senhora dos Remédios
Am Sonntag nach dem 29. Juni: **Procissão Marítima de São Pedro,** Meeresprozession von São Pedro zur Ilha do Araújo
2. Augusthälfte: **Exposição de Arte Popular**, Kunstausstellung, und **Festa da Pinga**, traditionelles Volksfest rund um den Zuckerrohrschnaps (drittes Wochenende)
Ende August/Anfang September: **Festa de N.S. dos Remédios,** Verehrung der Schutzheiligen des Ortes
2. Novemberwoche: **Festa de São Benedito**, religiöses Volksfest zu Ehren des Schutzheiligen der Sklaven, Prozessionen und Kirchenfeiern

Bootstouren durch die Bucht von Parati, mit Besuch der Inseln Sapeca, Catimbau, Algodão wie der Strände Lula und Vermelha, Dauer ca. 5 Std., 20 R$ inkl. Erfrischungsgetränke und Früchte, vielfältiges Angebot (z. B. von Paraty Tours)
Tauchen: Die Bucht von Parati besitzt einen großen Reichtum an Fischen, Seesternen, Korallen usw., die Sichtweite beträgt im Sommer um die 10 m, Tauchkurse (5 Tage) ab 400 R$, Tagesausflüge ab 40 R$, Infos: Tel. 33 71 27 98

Busbahnhof: Rua Jango Pádua, Tel.33 71 11 96; meist tgl. Verbindungen nach Angra dos Reis, Rio de Janeiro, São Paulo u. a.

Petrópolis (RJ)

Lage: vordere Umschlagkarte G3
Stadtplan: S. 113
Vorwahl: 0 24 (innerhalb B. 0 21 24)
PLZ: straßenbezogen
Einwohner: 286 348

Petrotur, Casa do Barão de Mauá, Praça da Confluência 3, Mo–Sa 9–18, So 9–17 Uhr

Pousada das Araras, 25 km nordwestl. von Petrópolis in Araras, Estrada Bernardo Coutinho 4570, Tel./Fax 22 25 05 55, www.pousadadasararas.com.br, 6 Zimmer/14 Chalés, Preis: teuer; herrliche Anlage hoch auf einem Berg mit weitem Blick ins Tal, gutes Restaurant, Spezialität: Forellen
Hotel Margaridas, Rua Bispo D. José Pereira Alves 235, Petrópolis, Tel. 22 42 46 86, Fax 22 43 54 22, 12 Zimmer/1 Chalé, Preis: moderat; im Grünen gelegen, nahe bei den Sehenswürdigkeiten

Bauernstube, Rua Dr. Nelson de Sá Earp 297, Tel. 22 42 10 97, 11–24 Uhr, Mo Ruhetag, Preis: moderat; deutsche Küche, rustikales Ambiente
Majórica, Rua do Imperador 754 (Centro), Tel. 22 42 24 98, 11–22 Uhr, Preis: moderat, traditionellste Churrascaria der Stadt, jedoch ohne Rodízio, groß und rustikal
Tankamana, Estr. Aldo Gelli (Vale do Cuiabá), 37 km nördl. von Petrópolis, Tel. 22 22 27 06, tgl. 13.30–23 Uhr, Preis: teuer; eines der besten Forellen-Restaurants der Region (Reservierung!), romantische Lage am Flußufer, auch Pousada

Museu Imperial, Rua da Imperatriz 220, Tel. 22 37 80 00, www.museu-imperial.gov.br, Di–So 11– 17.15 Uhr, Eintritt 5 R$, der frühere Kaiserpalast ist heute die touristische Hauptattraktion von Petrópolis, in 14 Sälen ist noch fast alles so wie damals
Catedral de São Pedro de Alcântara, Rua S. Pedro de Alcântara 60, Tel. 22 42 43 00, Di–Sa 8–12 und 14–18 Uhr, eigenartige Kirche in gotischem Stil (1884)
Palácio de Cristal, Rua Alfredo Pachá, Di–So 9–17 Uhr, schön restaurierter Glaspalast, in dem früher der Königshof feierte oder Orchideenausstellungen bewunderte, am letzten Donnerstag jeden Monats romantisches Serenatenkonzert, 20 Uhr
Casa de Santos Dumont, Rua do En-

canto 22, Di–So 9.30–17.30 Uhr, früheres Sommerhäuschen des brasilianischen Flugpioniers Santos Dumont, mit vielen Fotos und Erinnerungsstücken

Palácio Rio Negro, Av. Koeler 255, Tel. 22 46 93 80, Mo 12.30–17, Mi–So 9.30–17 Uhr, Sommerresidenz der brasilianischen Präsidenten seit 1903, neoklassizistisches Gebäude mit Originalmöbeln der Epoche

Casa de Stefan Zweig, Rua Gonçalves Dias 34, Valparaíso; hier lebte der berühmte Dichter mit seiner Frau, keine Besichtigung

Ende Juni/Anfang Juli: **Bauernfest** (Folklorefest deutschstämmiger Einwohner), Palácio de Cristal

Pferdekutschen-Tour durch den historischen Teil von Petrópolis, Abfahrt vor dem Museu Imperial, 30 Min. ohne Aussteigen 30 R$ pro Person, längere Tour mit Zeit für Besichtigungen 50 R$ (die Strecke läßt sich aber auch zu Fuß bewältigen)

Reiten, Ausflüge durch die umliegenden Gebirgstäler, Preis: 40 bis 80 R$, Infos: Haras Analu in Itaipava-Vale do Cuiabá, Tel. 22 22 12 61

Busbahnhof: Rua Dr. Porciúncula 75, Tel. 22 37 01 01; tgl. Verbindung von und nach Rio de Janeiro, alle 20 Min., Fahrtzeit 2 Std.

Porto Alegre (RS)

Lage: vordere Umschlagkarte F1
Stadtplan: S. 258
Vorwahl: 0 51 (innerhalb B. 0 21 51)
PLZ: straßenbezogen
Einwohner: 1 359 932

Serviço de Atenção ão Turista, Mercado de Bom Fim, loja 12, Tel. 08 00 51 76 86 (gratis), www.portoalegre.rs.gov.br/turismo, tgl. 9–20 Uhr

Ponte de Pedra, Rua Fernando Machado 828, Tel./Fax 32 26 21 88, 24 Zimmer, Preis: moderat; zentrale Lage bei der Catedral Metropolitana, äußerlich unscheinbar, innen schön und ruhig

Residence Plaza Catedral, Rua Fernando Machado 741, Tel. 32 26 80 66, Fax 32 24 37 33, www.plazacatedral.com.br, 28 Zimmer, Preis: moderat; zentrale Lage bei der Catedral Metropolitana, Zimmer mit Veranda

Jugendherberge: Hotel Ritz, Av. André da Rocha 225, Tel. 32 25 06 93, Fax 32 25 34 23, günstig und in zentraler Lage

Churrascaria Galpão Crioulo, Av. Loureiro da Silva (Parque da Harmonia), Tel. 32 26 81 94, 11.30–15 und 19.30–24 Uhr, Preis: moderat; beste Rodízio-Churrascaria der Stadt, rustikaler Stil, Musik und Folklore-Programm

Doce Pecado, Rua Fernando Machado 787, 11.30–14.30 Uhr und 18–24 Uhr, So Ruhetag, Preis: günstig, zwischen den beiden letztgenannten Hotels gelegen, einfach, aber gut

Catedral Metropolitana, Praça Mal. Deodoro, Tel. 32 28 60 01, 7–19.40 Uhr, das mächtigste Bauwerk der Stadt

Palácio Piratini, Praça Mal. Deodoro, Tel. 32 10 41 00, Mo–Fr 9–11.30 und 14–17.30 Uhr, prunkvolles Empfangs- und Versammlungsgebäude der Landesregierung

Teatro S. Pedro, Praça Mal. Deodoro, Tel. 32 27 51 00, Di–Fr 12–19 Uhr, Sa/So 16–19 Uhr, Theater von 1858 in portugiesischem Barockstil

Usina do Gasômetro/Centro Cultural mit Aussichtsterrasse (4. St.), Av. Pres. João Goulart 551, Tel. 32 12 59 79, Di–So 9–22 Uhr, früheres Gaswerk, heute Kulturzentrum und populärer Treffpunkt

Museu de Arte do Rio Grande do Sul, Rua 7 de Setembro 1010/ Praça da Alfândega, Tel. 32 27 23 11, Di–So

10–17 Uhr, Landesmuseum mit Gemälden bedeutender brasilianischer Maler
Memorial do Rio Grande do Sul, Praça da Alfândega, Tel. 32 25 84 90, Di–So 10–19 Uhr, neues Museum im ehemaligen Post- und Telegraphengebäude mit 50 000 Ausstellungsstücken zur Geschichte des Bundeslandes

Souvenirs: Leder- und Wollprodukte, Reiterausrüstungen – unverzichtbares Mitbringsel ist der *chimarrão,* aus dem die Gaúchos ihren bitteren Tee schlürfen; Mercado Público, Praça 15 de Novembro (nahe beim Hafen), Mo–Fr 7.30–19.30 Uhr, Sa 7.30–18.30 Uhr (neoklassizistisches Gebäude von 1869 mit über 100 Kunsthandwerksläden, Bars und Lanchonetes)

Dado Bier (s. S. 259), Av. Nilo Peçanha 3228 (Chácara das Pedras), Tel. 33 78 30 00, www.dadobier.com.br, Di–So ab 19.30 Uhr bis spät in die Nacht (auch Restaurant)
Rock Café, Av. Goethe 89, Tel. 33 30 91 15, Mi–Sa ab 20 Uhr, beliebtes Tanzlokal

2. Februar: **Nossa Senhora dos Navegantes**, Flußprozession zu Ehren der Schutzgöttin der Seefahrer
Letzte Märzwoche: **Semana de Porto Alegre**, Stadtfest zum Geburtstag Porto Alegres (26.03.) mit Musik, Folklore und Marktständen
September: **Porto Alegre em Cena**, internationales Schauspielfest (zwei Wochen) in Theaterhäusern und auf der Straße (Tanz, Musik, Theater, Workshops)

Bootsfahrt mit der ›Noiva do Cai‹, ab Usina do Gasômetro, Av. Pres. João Goulart 551, Di–Fr 15 und 17 Uhr, Sa/So häufiger, Dauer: 1 Std., Tel. 32 11 76 62

Flughafen: Aeroporto Internacional Salgado Filho, Av. dos Estados, 6 km nördl. des Zentrums, Tel. 33 58 20 00, Transfer per Bus, Metro oder Taxi (Coop-táxi, Tel. 33 34 74 44; Táxi-Cidade, Tel. 32 23 11 22)

Busbahnhof: Rodoviária, Largo Vespasiano Júlio Veppo, häufige, meist tgl. Verbindungen nach Brasília, Blumenau, Campo Grande, Cuiabá, Curitiba, Florianópolis, Foz do Iguaçú, Rio de Janeiro und São Paulo sowie zu den wichtigsten Städten in Rio Grande do Sul
Metro: 15 Stationen, inkl. Hafen, Flughafen und Busbahnhof
Mietwagenanbieter: Hertz, Tel. 33 37 77 55; Unidas, Tel. 33 58 23 75

Porto de Galinhas (PE)

Lage: vordere Umschlagkarte J5
Vorwahl: 0 81 (innerhalb B. 0 21 81)
PLZ: 55590-000
Einwohner: ca. 2000

www.uol.com.br/portodegalinhas (auf Portugiesisch, aber mit vielen nützlichen Adressen und Fotos)

Pontal de Ocaporã, Praia do Cupe, Tel. 35 52 14 00, Fax 32 24 22 88, www.ocapora.com.br, 24 Zimmer/ 44 Chalés, Preis: teuer; große Anlage mit viel Grün direkt am Meer
Solar Porto de Galinhas, Praia Porto de Galinhas, Tel./Fax 35 52 12 11, www.solarportodegalinhas.com.br, 42 Zimmer, Preis: teuer; dicht am Strand mit Palmen und Pool
Pousada Beira Mar, Av. Beira Mar 16, Tel./Fax 35 52 10 52, www.pousadabeiramar.com.br, 8 Zimmer, Preis: moderat; zentral, herrliche Lage direkt am Meer, unter Schweizer Leitung
Camping: an der Praia Maracaípe

Beijupirá, Estr. de Maracaípe, Tel. 35 52 23 54, 12–23 Uhr, Preis: moderat; interessante Gerichte (süßsauer), Lokal mit Tischen auf der Veranda

Igreja de Sto. Cristo e Convento de Sto. Antônio, Ipojuca, 23 km nordwestl./8 km westl.
Igreja do Outeiro, Straße nach Serrambi (V. do Outeiro), Entfernung etwa 8 km

Bootsfahrt zur Ilha de Sto. Aleixo, kleine Insel mit zwei einsamen Stränden, Dauer 5 Std., 25 R$ pro Person, Infos: Porto Point, Tel. 35 52 11 11
Kanu-Tour auf dem Rio Maracaípe, Dauer 3 Std., 12 R$ pro Person, Infos: Porto Point, Tel. 35 52 11 11
Buggy-Tour von der Praia da Gamboa bis Pontal de Maracaípe, Dauer 2 Std., 15 R$ pro Person, Abfahrt von der Av. Beira-Mar, Infos: APCI Bugue, Tel. 35 52 19 30

Der 4 km lange Hauptstrand ist recht sauber, mit feinem weißen Sand und ruhigem Wasser. Den Hintergrund bilden Tausende von Palmen. Beliebt sind die Jangada-Ausflüge zu den vorgelagerten Sandbänken. In südwestlicher Richtung findet sich der Haupt-Surferstrand von Pernambuco, Maracaípe. In nordöstlicher Richtung gelangt man zu den ruhigen Stränden von Cupe und Gamboa. Wirklich einsam ist es an der Praia de Muro Alto (Boggy-Tour) oder auf der Insel Santo Aleixo (Bootsausflug; s. S. 186)

Busbahnhof: Rua da Esperança, bis 5 Busse tgl. von und nach Recife (1 Std.), auch Transfer per VW-Kombi

Porto Seguro (BA)

Lage: vordere Umschlagkarte H4
Vorwahl: 0 73 (innerhalb B. 0 21 73)
PLZ: 45810-000
Einwohner: ca. 80 000

Secretaria de Turismo, Praça Visconde de Porto Seguro (Casa da Lenha), Tel. 2 88 41 24, Mo–Fr

In der Hochsaison vom 23. Dez. bis Ende Febr. ist eine Reservierung empfohlen
Solar das Maritacas, Rua dos Periquitos 50, Tel./Fax 2 88 20 82, www. portonet.com.br/maritacas, 16 Zimmer, Preis: günstig; nette Anlage, zentral
Pousada Monte Pascoal, Av. dos Navegantes 200, Tel. 2 88 29 53, Fax 2 88 16 53, www.portonet.com.br/mpascoal, ca. 15 Zimmer, Preis: günstig; nette Anlage, zentral
Hotel Terra Brasil, Rua do Cajueiro, Tel./Fax 2 88 25 02, www.hotelterrabrasil.com.br, 30 Zimmer, Preis: moderat; modern, zentrale Lage
Pousada do Alemão, Rua do Golfo 124, Tel./Fax 2 88 28 81, www.hotelpousadadoalemao.com.br, ca. 15 Zimmer, Preis: günstig; zentrale Lage; der Besitzer spricht deutsch
Piazza Bella, Praça Antônio Carlos Magalhães 48, Tel. 2 88 12 22, Fax 2 88 25 18, 23 Zimmer, Preis: günstig; zentrale Lage

da Japonesa, Praça das Pataxós 38 (bei der Fähre), Tel. 2 88 25 92, 11–23 Uhr, Preis: moderat; gute japanische Küche

Igreja de São Benedito, Centro Histórico, erste Jesuitenschule Brasiliens
Igreja Matriz de Nossa Senhora da Pena, Centro Histórico, 9.30–18.30 Uhr, So geschl., die Kirche birgt die älteste in Brasilien existierende Heiligenstatue des Franz von Assisi
Igreja da Misericórdia, Centro Histórico, 7.30–17 Uhr, die älteste noch erhaltene Kirche Brasiliens (1526)

Paço Municipal mit Museum, Centro Histórico, 8–11 und 14–18 Uhr, ehemaliges öffentliches Gefängnis

Souvenirs: Nirgendwo in Brasilien gibt es so viele Läden mit bedruckten T-Shirts; origineller noch ist ein Fläschchen mit dem Regional-Cocktail *capeta*, erhältlich in der nächtlichen Vergnügungsmeile der Passarela do Álcool

Die Hauptanziehungspunkte am Abend sind drei große Strandbars: **Vira Sol, Axé Moir** und **Barra Mansa.**

18.–22. April: **Festa do Descobrimento**, Feier der Entdeckung Brasiliens, Inszenierung der ersten Messe auf bras. Boden und Musik-Shows

Bootsausflüge im Segelschoner zu den Sandbänken und Korallenriffen von Recifes de Fora; mit Aufenthalt zum Baden, Riffklettern (festes Schuhwerk!) und Schnorcheltauchen, Dauer 4 Std., 20 R$ pro Person, zahlreiche Anbieter, Abfahrt: Av. 22 de Abril/Av. Portugal

Direkt am Ort besitzt Porto Seguro keine reizvollen Strände, sie befinden sich alle in nordöstlicher Richtung. 7 km entfernt liegt Taperapuã, der belebteste Strand der Region mit riesigen Cabanas, Musik und Tanz. Ruhiger ist es erst in Itacimirim und Ponta Grande sowie etwas weiter der äußerst schöne Strand von Santo André. Insgesamt sind jedoch die vielen kleinen Strände der Nachbarorte in südwestlicher Richtung, Arraial d'Àjuda und Trancoso, idyllischer.

Flughafen: Estrada do Aeroporto, Cidade Alta, 3 km nordwestl. der Stadt, Tel. 2 88 37 41, Transfer per Bus oder Taxi
Busbahnhof: Estação Rodoviária, Cidade Alta, 1,5 km nordwestl., Tel. 2 88 10 39; Verbindungen nach Eunápolis, Ilhéus, Rio de Janeiro, São Paulo, Vitória, Salvador u. a.
Fährverbindung: Richtung Arraial d'Ajuda, Praça dos Pataxós, ständiger Fährbetrieb, sogar nachts stündlich, Dauer der Überfahrt etwa 10 Min. (nach Arraial d'Ájuda empfiehlt sich die Benutzung der Fähre, nach Trancoso ist der Straßenweg trotz der 80 km besser)

Recife und Umgebung (PE)

Lage: vordere Umschlagkarte J5
Stadtplan: S. 179
Vorwahl: 0 81 (innerhalb B. 0 21 81)
PLZ: straßenbezogen
Einwohner: 1 421 947

Boxe de Informação turística da Empetur, Praça da Boa Viagem, www.empetur.pe.gov.br, tgl. 8–20 Uhr

Recife Palace Hotel, Av. Boa Viagem 4070, Tel. 34 64 25 00, Fax 34 64 25 25, www.internacionalpalaceluc-sim.com.br, Preis: teuer; eines der besten Luxushotels, schön am Strand gelegen
Park Othon, Rua dos Navegantes 9 (Boa Viagem), Tel./Fax 34 65 46 66, www.park.com.br, 188 Zimmer, Preis: moderat
Hotel Boa Viagem, Av. Boa Viagem 5000, Tel. 33 41 41 44, Fax 33 41 45 17, hotelboa-viagem@bol.com.br, Preis: günstig; geräumige Zimmer mit Veranda und Meeresblick, großes ehemaliges Luxushotel
Hotel do Sol, Av. Boa Viagem 978 (Praia de Pina, an der Strandavenida), Tel. 34 65 92 99 Fax 34 65 52 78, www.hsol.com.br/recife.html, 67 Zimmer, Preis: günstig
Pousada Aconchego, Rua Felíx de Brito Melo 382 (Boa Viagem), Tel. 34 64 29 89, Fax 33 26 80 59, www.hotelaconchego.com.br, Preis: günstig; viel Grünes und viele Gemälde, ansonsten einfach, aber sauber; ca. 400 m vom Strand

Jugendherberge: Maracatus do Recife, Rua Dona Maria Carolina 185 (Boa Viagem), Tel. 33 26 12 21, günstige Lage im Haupttouristenviertel, mit großem Pool

Unterkunft in der Umgebung:
Estalagem das Andorinhas, 55565-000 São José da Coroa Grande (kleines Fischerdorf ca. 90 km südlich von Recife an der sog. Goldküste gelegen), Rodovia PE-60 km 85,3 – Loteamento Katia – quadra A, Tel. 36 88 14 73, Tel./Fax 36 88 13 40, Handy 99 86 01 10, www.andorinhas.com.br, Preis: günstig; Haupthaus und 2 Pavillons mit 3 Zimmern, schöne Lage in einem Garten direkt am Strand, geführt von einem sehr liebenswerten deutsch-brasilianischen Ehepaar (Albrecht und Denise)

Bargaço, Av. Boa Viagem 670 (Praia de Pina), Tel. 34 65 18 47, 12–24 Uhr, Preis: moderat; eines der besten Fischlokale der Stadt, auch bahianische Küche, Ambiente gehobeneren Stils

Casa de Banhos, Pernambuco Iate Clube, in der Nähe der Praia do Pina, Tel. 34 67 99 51, 11-24 Uhr, So 11-20 Uhr, Mo/Di geschl., Preis: günstig, im Meer über einem Riff konstruiert, Fisch und Meeresfrüchte (von hier kann man auch an einer Bootstour durch Recifes Flüsse teilnehmen)

In der Altstadt:
Catedral de São Pedro do Recife, Pátio de São Pedro (Sto. Antônio), Mo–Fr 8–11 und 14–16 Uhr
Forte das Cinco Pontas, Mo–Fr 10–18 Uhr, Sa und So 13–17 Uhr, mächtige Festungsanlage mit sternförmigem Umriß aus dem Jahre 1630, im 1. Stock Stadtmuseum mit vielen interessanten alten Fotos
Mercado São José, Praça Dom Vital, großer Markt (Fisch, Fleisch, Kunsthandwerk) in einer imposanten Halle aus dem Jahre 1875
Casa da Cultura, Rua Floriano Peixoto (Sto. Antônio), Tel. 32 24 28 50, Mo–Sa 9–19 Uhr, Verkauf von kunsthandwerklichen Objekten, früher Gefängnis
Capela Dourada, Rua do Imperador 206, Mo–Fr 8–11.30 und 14–17 Uhr, Sa 8–11.30 Uhr, prachtvoll vergoldete Kapelle

Außerhalb der Altstadt:
Museu Francisco Brennand, Av. Caxangá (Várzea), 16 km westl., Tel. 32 71 24 66, www.brennand.com.br, Mo–Fr 8–17 Uhr, mit Tausenden von erotischen Skulpturen aus Ton (s. Tip S. 183)
Museu do Homem do Nordeste, Av. 17 de Agosto 2187 (Casa Forte), Tel. 34 41 55 00, Di/Mi/Fr 11–17 Uhr, Do 8–17 Uhr, Sa/So 13–17 Uhr, sehr interessantes Museum zur Geschichte des Zuckerrohranbaus, der Wohnkultur und der regionalen Folklore

Casa da Cultura, Rua Floriano Peixoto (Sto. Antônio), Tel. 32 24 28 50, Mo-Sa 9-19 Uhr. In diesem ebenso imposanten wie unheimlichen Bau, der früher als Gefängnis diente, befinden sich seit 1975 in den ehemaligen Zellen Verkaufsläden, in denen Kunsthandwerksprodukte aus Holz, Ton, Stroh, Spitzenseide sowie Halbedelsteine angeboten werden. Interessant sind die bunten Tonfiguren des Keramikers Baé sowie als Mitbringsel der *jenipapo*, ein köstlicher Likör aus Früchten.

Seit der Restauration der Altstadt von Recife (Recife antigo) konzentriert sich das Nachtleben der Stadt in diesem Viertel. Es gibt zahlreiche Bars mit außergewöhnlich originellem Stil, und ständig kommen neue Bars hinzu. An der touristischen Av. Boa Viagem dagegen ist das Angebot, von den Nachtclubs am Praça Boa Viagem abgesehen, recht unterentwickelt.

12. März: **Festa do aniversário da cidade**, Straßenfest zum Geburtstag der Stadt (Recife antigo)
Ende Oktober: **Recifolia**, zusätzlicher Karneval
1.–8. Dezember: **Iemanjá-Festival**, Fest zu Ehren der Meeresgöttin Iemanjá

Bootstour auf dem Rio Capibaribe, Tel. 34 36 22 20. Der Katamaran ›Lago Azul‹ startet zweimal pro Abend Mi–So am Hafen von Recife antigo und führt an vielen Sehenswürdigkeiten der Stadt vorbei; Fahrzeit 2 Std.
Veneza Water Park, Av. Claudio Gueiros Leite 10050 (Maria Farinha Paulista), Tel. 34 36 63 63, www.venezawaterpark.com.br, Öffnungszeiten ändern sich monatlich (vor Ort Auskunft einholen), Erw. 25 R$, Kinder von 1–1,40 m 18 R$, bis 1 m frei, große Spaßbadanlage

Recifes 8 km langer Hauptstrand Boa Viagem wird häufig mit der Copacabana verglichen. Obwohl städtisch, kann man ein Bad in der Regel riskieren. Sauberer und ruhiger sind die 15 Strände der 50 km nordöstlich liegenden Insel Itamaracá sowie südwestlich Gaibu (40 km entfernt, 3 km Strand, viele kleine Bars) und vor allem der angrenzende Strand von Calhetas, der häufig zu den 10 schönsten Brasilien gezählt wird (nur 200 m breit, reizvolle Vegetation, sehr klares Wasser, Fischer, einfache Bars).

Flughafen: Aeroporto dos Guararapes, Praça Min. Salgado (Ibura), Tel. 34 64 41 80, 11 km vom Zentrum, Transfer im preiswerten Flughafenbus oder per Taxi (Disk Táxi, Tel. 34 24 50 30; Tele-Táxi, Tel. 34 29 42 42)
Busbahnhof: Terminal Integrado de Passageiros (TIP), BR-232 (Curado), 15 km südwestl. des Zentrums, Tel. 34 52 11 03; häufige meist tgl. Verbindungen nach Belém, Belo Horizonte, Brasília, Fortaleza, João Pessoa, Maceió, Natal, Rio de Janeiro, Salvador, São Luís, São Paulo u. a.
Metro: vom Busbahnhof bis ins Zentrum, tgl. 5–23 Uhr
Mietwagenanbieter: u.a. Budget, Tel. 33 41 25 05

Rio de Janeiro (RJ)

Lage: vordere Umschlagkarte G3
Stadtplan: S. 84 und 102/103
Vorwahl: 0 21 (innerhalb B. 0 21 21)
PLZ: straßenbezogen
Einwohner: 5 850 544

Zahlreiche **Computer-Informationssäulen** vor den großen Hotels und an strategisch wichtigen Punkten der Stadt
Riotur, Av. Princesa Isabel 183 (Copacabana), Tel. 25 42 80 80, www.rio.rj.gov.br/riotur (auch auf Englisch), Mo–Fr 9–18 Uhr

Caesar Park, Av. Vieira Souto 460 (Praia de Ipanema), Tel. 25 25 25 25, Fax 25 21 60 00, www.caesarpark.com.br (dort anklicken: Caesar Park Ipanema), 221 Zimmer, Preis: sehr teuer; das beste Hotel im noblen Stadtteil Ipanema
Copacabana Palace, Av. Atlântica 1702, Tel. 22 55 70 70, Fax 22 35 73 30, www.copacabanapalace.oriente-express.com, 223 Zimmer, Preis: sehr teuer; traditionsreichstes Grand-Hotel am Strand mit einer langen Liste illustrer Gäste
Pestana Carlton Rio Atlântica, Av. Atlântica 2964 (Copacabana), Tel. 25 48 63 32, Fax 22 35 56 33, www.pestanahotels.com.br, 228 Zimmer, Preis: sehr teuer; modernes, ansprechendes und sehr gepflegtes Hotel am Strand, häufig gewählt
Luxor Regente, Av. Atlântica 3716 (Copacabana), Tel. 25 25 20 70, Fax 22 67 76 93, www.luxor-hotels.com/regente, 225 Zimmer, Preis: sehr teuer; großzügige Zimmer, am Strand mit schönem Blick
Glória, Rua do Russel 632 (Glória), Tel. 25 55 72 72, Fax 25 55 72 83, www.hotelgloriario.com.br, 609 Zimmer, Preis: sehr teuer; traditionsreiches Grand-Hotel in Zentrumsnähe, schöner Blick
Atlantis Copacabana Hotel, Rua Bulhôes de Carvalho 61, Tel. 25 21 11 42, Fax 22 87 88 96, www.reservhotel.com.br, 87 Zimmer, Preis: moderat; ruhige Seitenstraße, zwischen den Stränden von Copacabana und Ipanema
Arpoador Inn, Rua Francisco Otaviano 177, Tel./Fax 25 23 00 60, www.ipanema.com/hotel/arpoador-inn, 50 Zimmer, Preis: moderat; kleines Hotel in schöner Lage am Strand von Arpoador, zwischen Ipanema und Copacabana, ein Teil der Zimmer hat Meeresblick, nur diese sind ruhig und wegen der herrlichen Aussicht zu empfehlen
Hotel Angrense, Travessa Angrense 25 (Copacabana), Tel./Fax 25 48 05 09, www. hpm.com.br/angrense.html, 40 Zimmer, Preis: günstig; recht einfach, aber nett, ruhig in einer autofreien Sackgasse gelegen, nicht weit vom Strand
Hotel Santa Clara, Rua Décio Vilares 316 (Copacabana-Peixoto), Tel. 22 56 26 50, Fax 25 47 40 42, www.hotelsantaclara.com.br, 25 Zimmer, Preis: günstig; nettes kleines familiäres Hotel mit geschmackvollem Ambiente in einer sehr ruhigen Seitenstraße, nur das Frühstück läßt zu wünschen übrig
Motel: Vip's, Av. Niemeyer 418 (Leblon), Tel. 33 22 16 62, www.vipsmotel.com.br, Preis für 8 Std. je nach Kategorie 60–400 R$ (gehört zu den besten Motels der Stadt, mit Blick auf's Meer; es gibt jedoch Hunderte, z. T. bereits ab 20 R$)
Pousada Favelinha, Rua Antonio Joaquim Batista, casa 13, Vila Pereira da Silva (Laranjeiras), Tel. 88 74 28 48, www.favelinha.com, andreia@favelinha.com, 5 Zim-

mer mit Veranda, sehr preiswert; die 2005 eröffnete Pousada (deutschsprachig) liegt in einer kleinen ungefährlichen Favela mit phantastischem Blick auf die Bucht von Guanabara und den Zuckerhut; der 15-minütige Aufstieg ist allerdings etwas mühsam, eher ein Tip für Backpacker, die etwas Ausgefallenes suchen

Jugendherberge: Chave do Rio de Janeiro, Rua General Dionísio 63 (Botafogo), Tel. 22 86 03 03, Fax 22 86 56 52, www.riohostel.com.br, vorbildliche Anlage, oft belegt, daher empfiehlt es sich unbedingt zu reservieren

Camping Clube do Brasil-10, Estrada do Pontal 5900 (Recreio), Tel. 24 90 34 00, www.campingclube.com.br, sehr schöne schattige Lage nah am reizvollen Strand von Recreio, aber sehr weit außerhalb des Zentrums (es gibt jedoch Direktbusverbindungen in die Stadt und zur Copacabana)

Marius, Av. Atlântica 290-A und 290-B (Leme), Tel. 25 43 63 63, Mo–Fr 12–16 und 18–24 Uhr, Sa/So 12–24 Uhr, Preis: teuer (Festpreis pro Person); zwei dicht beieinander gelegene Restaurants, die als die schönsten und besten Rios gelten, im ersten werden mehr Fisch- und Meeresfrüchte geboten, Haus B ist eine Churrascaria

Porcão, Rua Barão da Torre 218 (Ipanema), Tel. 25 22 09 99, 11–1 Uhr, Preis: teuer (Festpreis pro Person); ebenfalls eine der besten Churrascarias, Kette mit Lokalen in mehreren Stadtteilen

Porcão Rio's, Av. Enfante Dom Henrique (Aterro do Flamengo), Tel. 34 61 90 20, tgl. 11 Uhr – open end, Preis: teuer (Festpreis pro Person); große und moderne Churrascaria direkt an der Bucht von Guanabara, viel von Touristen-Gruppen besucht

Carretão, Rua Ronald de Carvalho 55 A, Tel. 25 42 21 48, 12–24 Uhr, Preis: günstig (Festpreis pro Person); sensationell preiswerte Churrascaria der gehobenen Klasse mit angenehmer Atmosphäre, zweites kleineres Lokal in der Rua Siqueira Campos, 100 m vom Strand der Copacabana

Siqueira Grill, Rua Siqueira Campos 16-B (Copacabana), Tel. 22 55 34 46, 11–24 Uhr, Preis: günstig (je nach Gewicht), eines der besten Selbstbedienungsrestaurants der Stadt mit großem, variationsreichem Buffet und delikatem Fleisch vom Spieß

El Cid, Rua Ministro Viveiros de Castro 15/Ecke Princ. Isabel (Copacabana), Tel. 22 75 45 97, 12–4 Uhr, Preis: günstig (ein Gericht reicht für zwei), einfaches, kleines Lokal, bekannt für die Qualität seiner Fleischgerichte (z. B. Filet mignon und Picanha)

Casa da Feijoada, Rua Prudente de Morais 10, Loja B (Ipanema), Tel. 25 23 49 94, tgl. 12-24 Uhr, Preis: moderat; für 30 R$ pro Person inkl. Cocktail und Nachspeise wird hier eine ausgezeichnete Feijoada, Brasiliens Nationalgericht Nr.1, geboten

Sol e Mar, Av. Nestor Moreira 11 (Botafogo), Tel. 22 95 18 96, 12–2 Uhr, Preis: teuer; einziges Lokal direkt an der Bucht von Guanabara, mit Blick auf den Zuckerhut, gute Fischküche (es empfiehlt sich, schon vor 20 Uhr einen Tisch direkt am Wasser zu besetzen, bevor die großen Touristengruppen anrücken)

Cais do Oriente, Rua Visconde de Itabraí 8 (Centro), Tel. 22 03 01 78, Di-Sa 12–24 Uhr, Mo 12–16 Uhr, Preis: moderat, Fr/Sa 20–24 Uhr auch Piano-Bar im Obergeschoß; Mitte 2001 eröffnetes chices In-Lokal in Rios Altstadt, aufgeteilt in einen geschlossenen und einen von alten Mauerruinen umsäumten Freiluftbereich, gehobene internationale und brasilianische Küche

Mediterrâneo, Rua Prudente de Moraes 1810 (Ipanema), Tel. 22 59 41 21, 11–2 Uhr, Preis: teuer; gutes Fisch- und Meeresfrüchte-Restaurant, rustikales Ambiente, mit Veranda

La Trattoria, Rua Fernando Mendes 7-A (Copacabana), Tel. 22 55 33 19, 11–1 Uhr, Preis: günstig; beliebtes italienisches Restaurant, originelles Ambiente

Cervantes, Av. Prado Junior 335 (Copacabana), Tel. 22 75 61 47, Di–Do 12–4 Uhr,

Fr–So 12–6 Uhr, Preis: günstig; die besten Fleisch-Sandwiches der Stadt, gut für den kleinen Hunger im Morgengrauen
Gohan (Naturkost), Rua Joaquim Silva 127 (Lapa, in der Nähe des Aquädukt), Tel. 22 32 04 79, Mo–Mi 11–21 Uhr, Do–Sa 11–24 Uhr, Preis: günstig; vegetarische Küche und Fischgerichte (auch Sushi)

Corcovado/Cristo, 8–20 Uhr, und **Zuckerhut** (www.bondinho.com.br) 8–22 Uhr; Besuche über Reisebüros oder auf eigene Faust organisieren, zum Corcovado nimmt man am besten ein Taxi oder eine Zahnrad-Bahn ab Rua Cosme Velho 513 (Laranjeiras), tgl. 9-17.30 Uhr (30 R$), zum Zuckerhut gelangt man mit einer Seilbahn (30 R$). Für die Anfahrt nimmt man ein Taxi oder den Bus 511, der von Ipanema über die Av. N.S. Copacabana bis Urca fährt.
Igreja de Nossa Senhora da Glória do Outeiro, Ld. da Glória 135 (Glória), Tel. 22 25 28 69, Mo–Fr 9–12 und 13–17 Uhr, Sa/So 9–12 Uhr, traditionelle Prestigekirche der herrschenden Eliten in brasilianisch-lusitanischem Barockstil, von außen eine der schönsten der Stadt
Teatro Municipal, Praça Floriano, Tel. 22 99 17 17, Mo–Fr 9–17 Uhr (Seiteneingang), Rios Stadttheater im Stil der Pariser Oper gilt als prachtvollstes Bauwerk im Zentrum
Biblioteca Nacional, Av. Rio Branco 219, Tel. 22 62 82 55, Mo–Fr 9–22, Sa 9–15 Uhr, Führungen: Mo–Fr 11/15/17 Uhr, mächtiges klassizistisches Gebäude von 1910 mit der größten Bibliothek Lateinamerikas; die Eingangshalle gleicht einem Tempel
Igreja da Ordem Terceira de São Francisco, Largo da Carioca (Centro), Tel. 22 62 01 97, Mi–Fr 11–16 Uhr, neben dem Mosteiro de São Bento Rios am reichsten bestückte Barockkirche (2001 restauriert)
Convento de Sto. Antônio, Largo do Carioca, Tel. 22 62 01 29, 8–18 Uhr, eine der ältesten Kirchen der Stadt
Confeitaria Colombo, Rua Gonçalves Dias 32/36 (Centro), Tel. 22 32 23 00, Mo–Fr 8–20, Sa 9–17 Uhr; Rios einziges traditionelles Kaffeehaus mit zahlreichen Jugendstilelementen gehört zweifellos zu den Hauptattraktionen der Stadt
Real Gabinete Português de Leitura, Rua Luís de Camões 30, Tel. 22 21 31 38, Mo–Fr 9–17 Uhr, architektonisch beeindruckende königliche portugiesische Bibliothek in manuelinischem Stil Portugals
Igreja Nossa Senhora da Candelária, Praça Pio X (am Anfang der Av. Presidente Vargas), Tel. 22 33 23 24, Mo–Fr 8–16 Uhr, Sa 9–12 Uhr, So 9–13 Uhr, von den älteren die größte Kirche der Stadt
Mosteiro de São Bento, Rua D. Gerardo 68, Tel. 22 91 71 22, 8–11 und 14.30–17.30 Uhr, mit Goldblatt überhäufte, stimmungsvolle Benediktinerkirche, Messen mit gregorianischen Gesängen nur So 10 Uhr; Zutritt in Shorts ist streng untersagt
Jardim Botânico, Rua Jardim Botânico 920, Tel. 22 74 48 98, Di–So 8–17 Uhr, einer der größten Botanischen Gärten Lateinamerikas mit über 6000 Pflanzen- und über 140 Vogelarten
Maracanã, Rua Prof. Eurico Ribeiro, Portão 18, Tel. 25 68 99 62, Mo–Fr 9–17 Uhr, Sa/So 9–17 Uhr (falls kein Spiel ist); der größte Fußballtempel der Welt, Besichtigung von den oberen Rängen, auch auf den Rasen darf man (15 R$); angeschlossen ist ein Museum mit Fotos, Trophäen sowie dem Ball, mit dem Pelé sein 1000. Tor schoß
Jardim Zoológico, Quinta da Boa Vista (São Cristóvão), Tel. 25 69 20 24, Di–So 9–17 Uhr, Rios Zoo mit über 2000 Tieren

Museu Nacional de Belas Artes, Av. Rio Branco 199, Tel. 22 40 98 69, Di–Fr 10–18, Sa/So 14–18 Uhr, Nationalmuseum der Schönen Künste mit Gemälden des 17. bis 20. Jh.
Museu Chácara do Céu, Rua Murtinho Nobre 93 (Santa Teresa), Tel. 22 24 89 81, Mi–Mo 12–17 Uhr, ehemaliges Wohnhaus des Kunstsammlers Castro Maya mit zahlreichen wertvollen Gemälden aus aller Welt (u. a. Picasso, Monet) und Einrichtungsgegenständen (gleich gegenüber befindet sich das **Museu das Ruinas**; von der Dachterrasse dieser restaurierten Ruine genießt man einen überwältigenden Blick auf das Stadtzentrum, die Bucht von Guanabara und den Zuckerhut)
Museu Nacional, Quinta da Boa Vista (São Cristóvão), Tel. 25 68 82 62, Di–So

10–16 Uhr, frühere Residenz der Königsfamilien, heute recht eklektizistisches Nationalmuseum

Museu do Índio, Rua das Palmeiras 55 (Botafogo), Tel. 22 86 88 99, Mo–Fr 9–17.30 Uhr, Sa/So 13–17 Uhr, viele Ausstellungsstücke und Fotos, ein nachgebautes Guarani-Haus, ein Maskensaal u. ä., insgesamt doch ein eher bescheidenes Museum

Museu Histórico Nacional, Praça Mal. Âncora (Centro), Di–Fr 10–17.30 Uhr, Sa/So 14–18 Uhr, interessantes und großes Museum zur Geschichte Brasiliens (mit Gemälden, Möbeln, Uniformen, Waffen, Kutschen u. v. m.)

Palácio da Ilha Fiscal, Anfahrt per Boot Do-So (13, 14.30 und 16 Uhr; nicht am 2. Wochenende jeden Monats) ab Espaço Cultural da Marinha (Centro, bei Praça XV), Tel. 38 70 69 92, ramal 3; Möbel, Porzellan und Gemälde aus der Zeit des Kaiserreichs sowie wechselnde Ausstellungen

Rio Sul Shopping Center, Rua Lauro Müller 116 (Botafogo), Tel. 25 45 72 00, www.riosul.com.br, Mo–Sa 10–22, So 15–21 Uhr. Dieses europäischen Standards entsprechende Kaufhaus gehört zu den größten der Stadt und liegt nicht weit von den Touristenhotels der Copacabana. Neben zahlreichen Boutiquen finden sich dort auch viele Bars, Restaurants, Kinos und Diskotheken. Zumindest bei Regen eine gute Freizeitoption.

Feira do Hippie, Praça General Osório (Ipanema), So 9–19 Uhr. Auf diesem sog. Hippie-Markt mangelt es nicht an allen möglichen T-Shirts mit brasilianischen Motiven, Gegenständen aus Halbedelsteinen, Keramikartikeln, Lederwaren u. v. m. Einen ähnlichen Markt in Kleinausfertigung trifft der Andenken- und Mitbringseljäger jeden Abend ab 20 Uhr vor der Diskothek Help an der Av. Atlântica.

Feira de São Cristóvão, Campo de São Cristóvão (Zona norte), durchgehend von Freitag- bis Sonntagabend, seit 2004 in einem großen Stadion, gut organisiert und sicher; auf diesem populären Markt der einfachen Einwanderer aus dem Nordosten Brasiliens werden sehr preiswert Fleischwaren, Gemüse, Käse, Gewürze, Cachaça, Kleidung, CD's, Uhren u. v. m. angeboten; zudem ist es ein viel besuchter Treffpunkt mit zahlreichen Restaurants und Tanz nach Forró-Livemusik; wer sich einmal außerhalb der Touristenreservate vergnügen will, kommt um diesen Markt nicht herum.

Modern Sound, Rua Barata Ribeiro 502 (Copacabana), Tel. 25 48 50 05, www.modernsound.com.br, Mo–Fr 9–21, Sa 9–20 Uhr. Hier findet der Musikfreund mit das größte und bestsortierte Angebot an CDs in Brasilien: nicht nur alle Interpreten des Landes, sondern auch internationale Titel, die mitunter in der Heimat längst vergriffen sind. Der Laden ist mit Liebe und Luxus gestaltet, selbst ein stilvolles kleines Café gehört dazu. Hierher kommen nur Kenner, die wissen, was sie wollen – Reinhören ist leider nicht gestattet.

Passeio Público, Av. Rio Branco (Centro), Tel. 22 20 12 98, fast der einzige Ort Rios, an dem jeden Abend außer So etwas los ist, und zwar oft schon nach Büroschluß (viele Angestellte), MPB-Live-Musik, Disco und Tanz; daneben befindet sich noch ein ähnliches Lokal, das **Night and Day/Anexo**, das dem Passeio Público stark Konkurrenz macht

Arco das Teles/Travessa do Comércio, eine kleine Altstadtgasse mit vielen Lokalen in der Nähe des Praça XV (Centro), auch mit Tischen auf der Straße, belebt vor allem Mi–Fr nach Büroschluß

Carioca da Gema, Av. Mem de Sá 79 (Lapa), Tel. 22 21 00 43, Di–Do 18–24 Uhr, Fr/Sa 18–3 Uhr (unbedingt Tisch reservieren), ab 21 Uhr Samba-Live-Musik; kleines atmosphärevolles Lokal in einer alten Villa, an der Straße flanieren Transvestiten

Casa da Mãe Joana, Rua Gomes Freire 547 (Lapa), Tel. 22 24 40 71, Di–Fr 19–3 Uhr, Sa 21–3 Uhr; großes Tanzlokal mit guter Samba-Live-Musik, am Wochenende eher zu voll

The Ballroom, Rua Humaitá 110 (Humaitá), Tel. 25 37 76 00, tgl. ab 21 Uhr, gute internationale und brasilianische Live-Musik, danach Diskothek, großer Barbereich und auch viele Tische (eher Mittelschicht-Publikum)

Asa Branca, Lapa (direkt beim Aquädukt), Tel. 22 24 93 58, Mi–So ab 22 Uhr, großes Tanzlokal mit Forró-Bands und Diskothek, auch angenehm zum Sitzen mit vielen Tischen, das Publikum besteht überwiegend aus Einwanderern aus dem ärmeren Nordosten Brasiliens

Rio Scenarium, Rua do Lavradío 20 (Lapa), Tel. 22 33 32 39, Di–Sa ab 19.30 Uhr (ab 22.30 Uhr wird's lebendiger), Eintritt 5 €. Rios In-Schuppen Nr. 1, drei Etagen voller verrückter Antiquitäten, viele Tische, Tanzpiste und Live-Bühne mit hervorragender Samba- und Chorinho-Musik.

Hard Rock Café, Shopping Città America, Av. das Américas 700, 3. St., Barra da Tijuca, Tel. 21 32 80 00, www.hardrockcafebrasil.com.br, ab 12 Uhr, abends Disco oder Live-Bands, die Dekoration entspricht dem weltbekannten Muster

Discoteca Help, Av. Atlântica/Copacabana; nach der Zahl ausländischer Besucher müßte dieser Ort eigentlich als erster erwähnt werden, 364 Nächte im Jahr – außer Heiligabend – tummeln sich hier Hunderte von ›erlebnishungrigen‹ Männern und ebensoviele Prostituierte im größten und vielleicht schönsten Kontakthof der Welt (voll erst nach Mitternacht)

Rios eigentlicher **Rotlichtbezirk** mit ca. 14 Nachtclubs befindet sich 2 km entfernt zwischen dem Praça do Lido und der Av. Princesa Isabel

Teatro Municipal, Praça Floriano, Tel. 22 99 17 17, fast jeden Abend Tanz-, Ballett-, Konzert- oder Theaterprogramm, Infos über die Tageszeitungen, Karten an der Abendkasse

Große Konzert- und Show-Häuser (Programm s. Tageszeitung):

ATL-Hall, Av. Ayrton Senna 3000 (Barra), Tel. 24 21 35 66 oder 24 30 07 00

Canecão, Av. Venceslau Brás 215 (Botafogo, beim Shopping-Center Rio Sul), Tel. 25 43 12 41, Di–Do 21 Uhr, Fr/Sa 22 Uhr, So 20.30 Uhr, Karten an der Abendkasse, häufig Auftritte der großen Stars der brasilianischen Popmusik

Plataforma, Rua Adalberto Ferreira 32 (Leblon), Tel. 22 74 40 22, tgl. 22 Uhr, Samba-Shows für Touristen, aber voller peinlicher Klischees und überteuert (100 R$ pro Person)

Starbrazil/Sambrasil Internacional Show, Av. Afrânio de Melo Franco 296 (Leblon), Tel. 25 11 23 91 (Reservierung auch über den Autor dieses Buches, Tel. 92 41 37 82), tgl. 22 Uhr; aufwendige Tanz- und Musikshow für Touristen, ähnlich wie Plataforma, aber etwas flotter und moderner (110 R$ pro Person)

Höhepunkte sind der **Karnevalsumzug** der großen Sambaschulen der 1. Liga im Sambódromo (zwei Nächte im Februar) und das große **Silvesterfest** am Strand von Copacabana mit ca. 2 Mio. überwiegend in Weiß gekleideten Besuchern, auch Musikbühne und Tanz

Private Stadtrundfahrten: Der seit vielen Jahren in Rio lebende Autor dieses Buches führt Sie ganz individuell zu allen gewünschten Orten dieser Stadt, Kontakt: Helmuth Taubald, heltau@ig.com.br, www.rio-insider.com, Handy 92 41 37 82 (Vorwahl von Europa aus: 00 55 21, innerhalb Brasiliens von Orten außerhalb Rios: 0 21 21), Preisbeispiel für eine 6-Std.-Tour: 60 € pro Person (s. auch S. 88)

Wandern im Nationalpark von Tijúca, dem größten städtischen Regenwald der Welt. Im Nordwestteil befindet sich ein ausgedehntes und ausgeschildertes Wegenetz, Ausgangspunkt ist der Parkeingang bei Alto da Boa Vista. Wegen des weiten Blicks lohnt sich auch der gar nicht so beschwerliche Aufstieg zum 1021 m hohen Pico da Tijúca. Geführte Wandertouren bietet z. B. Rio Hiking Tours, Rua Almirante Alexandrino 3226/404 (Santa Teresa), Tel. 22 45 40 36, www.riohiking.com.br, halber Tag 60 R$, ganzer Tag 90 R$; Buchtip zum Wandern: Wer portugiesisch versteht, kann sich über den Buchhandel den interessanten Wanderführer ›Trilhas do Rio‹ besorgen.

Bootsfahrt zur Ilha de Paquetá, Praça 15 de Novembro, Tel. 25 33 66 61, Abfahrt tgl. 7.10 und 10.30 Uhr (die Zeiten können sich ändern)

Hubschrauber-Rundflüge, zwischen 6 und 30 Min., Preis: 110-370 R$ pro Person,

Buchung: Helisight, Rua Visconde de Pirajá 580/Loja 107, Tel. 25 11 21 41 oder direkt an den Startplätzen Morro da Urca beim Zuckerhut, Lagoa Rodrigo de Freitas und Morro Dona Marta

Surfen, zwei beliebte Surf-Spots, in Arpoador zwischen Copacabana und Ipanema und etwas außerhalb der Stadt an einem traumhaft schönen Strand namens Prainha (Bus bis Recreio und Rest per Taxi). Gute Surfschule in Barra da Tijuca: Jürgen Oliveira, Tel. 92 65 91 78; ausgebildet an der Sportuni Hamburg, deutschsprachig, Intensivkurs 3 Tage à 2 Std.

Favela-Touren, entweder mit Camillo, Tel. 22 32 45 05, Handy 99 82 72 18 (spricht englisch, hat einen offenen Jeep, preiswert) oder mit Marcelo Armstrong, Tel. 33 22 27 27, Handy 99 89 00 74/97 72 11 33, Fax 33 22 59 58, www.favelatour.com.br, (spricht englisch, französisch und spanisch), Preis 45 R$ pro Person (direkt buchen kommt preiswerter als über die Hotelrezeption); in drei Stunden gewinnt man einen Eindruck vom Leben in der Rocinha, nicht nur von der Armut, sondern auch von diversen Sozialprojekten

Segelfliegen: Asa Delta-Flüge und Paragliding im Stadtteil São Conrado, Praia do Pepino. Es ist nicht gerade ein preiswertes, aber bestimmt unvergeßliches Abenteuer. Die grüne Berglandschaft am Meer ist von besonderem Reiz. Anfänger fliegen im Tandem. Start von der Rampe des Pedra Bonita (nur bei Wind vom Meer), viele private Anbieter vor Ort (knapp 10 Min., ab 250 R$). Besonders zu empfehlen: Konrad Heilmann, Tel. 98 43 90 06, konrad@globo.com, www.airadventures.net; einziger perfekt Deutsch (und Englisch) sprechender Pilot, ehemaliger bras. Meister, seit 1987 aktiv, mit Hoteltransfer-Service

Rio Water Planet, Estrada dos Bandeirantes 24000 (Vargem Grande), Tel. 24 28 90 00, www.riowaterplanet.com.br, Do–So 10–17 Uhr (in der Nebensaison nur Sa/So), 32 R$ (Kinder bis 1 m frei), große Spaßbadanlage

Terra Encantada, Av. Ayrton Senna 2800, 22775-001 Rio de Janeiro (Barra), Tel. 24 21 94 21, www.terra-encantada.com.br, Juli und Dez.–Febr.: Di–Sa 14–21 Uhr, So 12–21 Uhr (in den anderen Monaten Di/Mi geschl.) 13–20 Uhr, 15 R$ (Kinder bis 1 m frei), Vergnügungspark für alle Altersgruppen

Parque da Mônica, Av. das Américas 700, 22640-100 Rio de Janeiro (Barra), Tel. 21 32 71 00, Mi–Fr 10–17.30, Sa/So 11–20 Uhr, Kinder 25 R$, Erw. 15 R$

Die meisten Besucher tummeln sich an den weltbekannten Stränden von **Copacabana** und **Ipanema**. Obwohl städtisch, ist das Meer relativ sauber und meistens zum Baden freigegeben (wenn nicht, informieren rote Warntafeln). Die Cariocas zieht es auch mit Vorliebe an den 18 km langen **Strand von Barra** (12 km südwestlich von der Copacabana), das grünlich gefärbte Wasser ist klarer und der feine Sand reiner. Störend sind nur die vielen häßlichen Hochbauten im Hintergrund, das recht junge Viertel wurde Opfer der Immobilienspekulation. Vom Ende Barras noch 15 km weiter liegen die traumhaft schönen Strände **Prainha** und **Grumari**, nichts erinnert mehr an die Nähe der großen Stadt (s. S. 89ff.). Reizvoll und populär sind noch die Strände der Nachbarstadt Niteroí, vor allem **Itaipu**. Von dieser idyllischen Bucht aus sieht man den Zuckerhut und die Copacabana aus der Ferne, Fischer bieten ihren Fang zum Verzehr in den zahlreichen Strandbars. Anfahrt per Fähre ab Praça XV bis Zentrum Niteroí und dann per Bus oder Privat-Kombi (*van*) noch eine gute Stunde bis Itaipu. Auch Touren mit dem Autor (s. S. 88).

Flughäfen: Aeroporto Internacional Antônio Carlos Jobim/Galeão (es gibt zwei Terminals!), Av. 20 de Janeiro (Ilha do Governador), 12 km nördl. der Stadt, Tel. 33 98 50 50

Aeroporto Nacional Santos Dumont, Praça Sen. Sagodo Filho, Tel. 38 14 70 70

Achtung: Fast alle innerbrasilianischen Flüge (außer nach São Paulo und wenigen anderen Zielen) werden statt vom nationalen vom internationalen Flughafen abgewickelt.

Von beiden Flughäfen verkehren regelmäßig Luxuslinienbusse für Touristen, die

an allen großen Hotels Station machen, sonst Transfer per Taxi, z. B. Coopertramo, Tel. 25 60 20 22 (Fixpreis nach Tabelle je nach Fahrtziel)
Busbahnhof: Estação Rodoviária Novo Rio, Av. Francisco Bilcalho 1 (São Cristóvão), Tel. 32 13 18 00; häufige, meist tgl. Verbindungen in alle großen Städte Brasiliens sowie zu einigen Zielen innerhalb des Bundesstaates Rio de Janeiro, z. B. Petrópolis, Parati oder Búzios
Stadtbusse: Bahnhof am Praça XV (Centro); zahlreiche Gesellschaften, die in kurzen Abständen in jeden Winkel der Stadt fahren; man steigt hinten ein, zahlt beim Schaffner und steigt vorne aus
Metro: Es gibt zwei Linien, die die Copacabana mit dem Zentrum und der Nordzone verbinden; sehr modern, sicher und sauber; Mo–Sa 6–23 Uhr
Mietwagenanbieter: u. a. Hertz, Tel. 22 75 71 68 (Copacabana); Explorer, Tel. 22 75 57 48 (Copacabana)

Salvador (BA)

Lage: vordere Umschlagkarte H4
Stadtplan: S. 158, Strandplan: S. 164
Vorwahl: 0 71 (innerhalb B. 0 21 71)
PLZ: straßenbezogen
Einwohner: 2 440 886

Internet: www.bahia.com.br (auf Portugiesisch, aber mit vielen Adressen und Fotos),
Bahiatursa, Rua das Laranjeiras 12, Tel. 3 21 24 63, tgl. 8.30–22 Uhr

Im Historischen Zentrum:
Hotel Pelourinho, Rua Alfredo de Brito 20, Tel./Fax 2 43 23 24, www.hotelpelourinho.com, ca. 30 Zimmer, Preis: günstig; einfach, aber zu empfehlen wegen der zentralen Lage und der Nähe zu den Sehenswürdigkeiten und kulturellen Ereignissen; mitunter laut durch in der Nähe stattfindende Konzerte (komfortablere Unterkünfte gibt es in der historischen Altstadt nicht)

Außerhalb des Zentrums:
Bahia Othon Palace, Av. Presidente Vargas 2456 (Ondina), Tel. 2 03 20 00, Fax 2 45 48 77, www.hoteis-othon.com.br (Salvador anklicken), 300 Zimmer, Preis: sehr teuer; direkt am Meer, weiter außerhalb des Zentrums in der Nähe der schöneren Strände
Hotel Praia da Sereia, Av. Dorival Caymmi 14 (Itapõa), Tel. 2 85 81 00, Fax 2 85 81 11, www.praiadasereia.com.br, 33 Zimmer, Preis: günstig; komfortabel, eine Busstunde vom Zentrum, aber mit den besten Stränden gleich vor der Haustür
Villa Romana, Rua Prof. Lemos de Brito 14, Tel. 2 64 65 22, Fax 2 64 67 48, www.villaromana.com.br, 49 Zimmer, Preis: günstig bis moderat; rustikales Ambiente, ruhig (im Stadtteil Barra, mit gleichnamigem Badestrand 5 Min. entfernt, auf halber Strecke zwischen dem Pelourinho und den schöneren Stränden gelegen)
Pousada Eckerlino, Lauro de Freitas, Rua Carlos Conceição 116 (außerhalb der Stadt in Vilas do Atlântico, 10 Min. vom Flughafen, 30 km bis zum Pelourinho mit Direktbus), Tel. 3 79 21 39, Fax 3 79 09 18, www.pousada-eckerlino.com, Preis: günstig; schöne kleine Anlage in ruhiger Lage mitten in einem tropischen Garten, nur 200 m von zwei einsamen Palmenstränden entfernt, geführt von der schweiz.-brasil. Familie Eckerli
Pousada Encanto de Itapoan, Rua Nova Canaã 48 (Itapoã), Tel. 2 85 35 05, www.encantodeitapoan.com.br, 12 Zimmer, Preis: günstig; gepflegt und komfortabel, auch mit Pool, 50 m vom schönen Itapoã-Strand (beim Leuchtturm); geführt von brasil.-engl. Ehepaar

Jugendherberge: Albergue do Passo, Rua do Passo 3, Tel. 2 43 18 20, freundlich und sauber, beim Pelourinho-Viertel

Camping Ecológico, Alameida da Praia (Praia do Flamengo), Tel./Fax 2 42 04 82, bei einem der schönsten Stränden der Stadt gelegen, aber weit außerhalb des Zentrums (Direktbus eine gute Stunde)

Unterkunft in der Umgebung (76 km nordöstlich):
Ökopark Costa do Sauípe, zahlreiche neue Luxus-Resorts (z. B. Marriott Resort, Sofitel Conventions, Sofitel Suites, Renaissance Resort, Super Club Breezes) und Pousadas (z. B. da Aldeia, Pelourinho, Gabriela, Agreste und Carnaval) mitten zwischen Mangroven, Lagunen, Palmen und Dünen; Information: Av. ACM 2573, Edifício Royal Trade, 7. andar, 40289-900 Salvador da Bahia; Tel. 3 54 96 96, innerhalb Brasiliens gebührenfrei unter 08 00 56 96 96, Fax 4 51 78 54, www.costadosauipe.com.br,

Casa da Gamboa, Rua João de Deus 32 (Pelourinho), Tel. 3 21 33 93, Mo–Sa 12–15 Uhr und 19–24 Uhr, Preis: teuer; sehr gute bahianische Küche, außerordentlich stilvolles Ambiente mit zahlreichen Gemälden lokaler Künstler
Dona Chika-ka, Rua J. Castro Rabelo 10 (Pelourinho), Tel. 3 21 17 12, 18–24 Uhr, Preis: moderat; bahianische Küche, stilvolles Ambiente
Encontro dos Artistas, Rua Santa Isabel 12 (Pelourinho), Tel. 3 21 17 21, 10–2 Uhr, Preis: günstig; kleines Familienlokal mit künstlerischer Dekoration, gute bahianische Küche (als Einzelgast bestelle man die Hälfte: *meio prato)*
Mercado Modelo, Praça Visconde de Cairu (Unterstadt), zwei Restaurants im Obergeschoß, Mo–Sa 10.30–19 Uhr, So 10.30–14 Uhr, Preis: moderat; bahianische Küche, große Veranda mit Blick auf das Meer und den alten Hafen
Solar do Unhão, Av. do Contorno (Unterstadt, direkt am Meer), Tel. 3 29 55 51, Mo–Sa 12–24 Uhr, So 12–19 Uhr, Preis: moderat; bahianische Küche, stimmungsvolle Kellergewölbe, abends Folklore-Shows (außer So)

Elevador Lacerda, Aufzug zwischen Ober- und Unterstadt, 5–24 Uhr
Mercado Modelo, Praça Visconde de Cairu (Unterstadt), Tel. 2 41 28 93, Mo–Sa 9–18 Uhr, So 9–12 Uhr, ehemaliges Zollamt, heute großer Kunsthandwerksmarkt
Forte de Monte Serrat, Boa Viagem, Tel. 3 13 73 39, tgl. 9–16 Uhr, Salvadors schönste Festung
Solar de Unhão/Museu de Arte Moderna, Av. do Contorno (Unterstadt), Tel. 3 29 06 60, Mo–Sa 12–24 Uhr, Gebäudekomplex aus Herrenhaus und Sklavenhütten, heute ein Museum mit wechselnden Ausstellungen, auch mit Restaurant (s. o.)
Igreja e Convento de São Francisco, Praça Anchieta (Pelourinho), Tel. 3 21 69 68, tgl. 7–18 Uhr; diese reich vergoldete Franziskanerkirche gilt als die prunkvollste ganz Brasiliens
Catedral Basílica, Praça 15 de Novembro (Pelourinho), Tel. 3 21 45 73, 9–11 und 14–17 Uhr (Eingang rechts neben der Kirche), Haupt-Erzbischofskirche und damit Vatikanssitz in Brasilien
Igreja de Nossa Senhora do Rosário dos Pretos, Largo do Pelourinho, Tel. 3 26 97 01, Di–So 6.30–12 und 14.30–19 Uhr, im 18. Jh. von Sklaven errichtete außergewöhnlich schöne Kirche
Igreja da Ordem Terceira do Carmo, Ladeira do Carmo (Pelourinho), Tel. 2 42 79 54, Mo–Sa 9–13 und 14–18 Uhr; Hauptattraktion im Innern ist die lebensgroße und sehr echt wirkende Christusfigur mit Blutstropfen aus Hunderten von Rubinsplittern
Igreja Nossa Senhora do Bonfim, Praça Senhor do Bonfim (Bonfim), Tel. 3 16 21 96, 6.30–12 und 14–18 Uhr, Salvadors bedeutendste Prozessionskirche und Symbol des brasilianischen Religions-Synkretismus
Igreja Nossa Senhora da Conceição da Praia, Rua da Conceição da Praia (Unterstadt), Tel. 2 42 05 45, 7–11.30 Uhr, Di–Fr auch 15–17 Uhr, Kirche in eklektizistischem Stil, aber mit der vielleicht besten brasilianischen Perspektivmalerei im Deckengemälde

Museu Afro-Brasileiro, Terreiro de Jesus (Pelourinho), Tel. 3 21 03 83, Mo–Fr 8–17 Uhr, hauptsächlich religionsgeschichtliche Ausstellungsstücke zum Candomblé und zur afrobrasilianischen Götterwelt

Museu de Arte Sacra/Igreja e Convento Santa Teresa, Rua do Sodré 276 (Centro), Tel. 2 43 65 11, Mo–Fr 11.30–17.30 Uhr, größte und bedeutendste Sammlung kirchlicher Kunst in Brasilien
Museu Carlos Costa Pinto, Av. 7 de Setembro 2490, Tel. 3 36 60 81, tgl. (auch Di) 14–19 Uhr; das Museum dokumentiert anhand von über 3000 Exponaten das Leben der reichen Oberschicht Bahias in den letzten Jahrhunderten
Museu de Arte da Bahia, Av. 7 de Setembro 2340, Tel. 3 36 94 50, Di–Fr 14–19 Uhr, Sa/So 14.30–18.30 Uhr, Kunstmuseum Bahias (Mobiliar, Porzellan, Keramik und Gemälde)
Fundação Casa Jorge Amado, Largo do Pelourinho 51, Tel. 3 21 01 22, Mo–Sa 9–18 Uhr; interessante Ausstellung zum Leben des Dichters Jorge Amado, mit vielen Fotos

Mercado Modelo, Praça Visconde de Cairú (Cidade Baixa), Tel. 2 41 28 93, Mo–Sa 9–18, So 9–12 Uhr. In diesem ehemaligen Zollamt von 1861 ist heute der größte Kunsthandwerksmarkt Bahias mit über 300 Verkaufsständen untergebracht. Die meisten Salvadorbesucher schleppen einen *berimbau* mit nach Hause, den es inzwischen auch in koffergeeigneten Kleinformaten gibt. Es handelt sich um ein Begleitinstrument zum *Capoeira*-Tanz. Verkaufsrenner der letzten Zeit sind noch die Schildkröten-Artikel von TAMAR.

Seit der Restaurierung des Pelourinho-Viertels ist dieser Stadtteil sehr belebt, z. B. mit vielen kostenlos angebotenen Konzerten unter freiem Himmel. Die weiße Mittelschicht bevorzugt jedoch u. a. die große Strand-Barraca ›Casquinha de Siri‹ im Stadtteil Piatã, mit täglicher Live-Musik ab 22 Uhr (Tel. 3 67 12 34, www.casquinhadesiri.com.br). Nicht weit entfernt befinden sich noch einige Tanzbars am Strand von Itapoã, die allerdings nur am Wochenende interessant sind. Sonntags empfiehlt sich auch ein Besuch der Bars um den Lagoa do Abaeté in Itapoã. Im früheren Touristenzentrum Barra dagegen gehen die Lichter inzwischen schon sehr früh aus.

Solar de Unhão, Av. do Contorno (Unterstadt), Tel. 3 29 55 51, im Restaurant des Kellergewölbes Folkloreveranstaltungen für Touristen (Mo–Sa 20.45 Uhr, Dauer: 1 Std.)

1. Januar: **Procissão do Senhor Bom Jesus dos Navegantes,** Meeresprozession ab Kai bei der Igreja N.S. da Conceição da Praia (Unterstadt) bis zur Igreja da Boa Viagem zu Ehren des Schutzheiligen der Seefahrer
Januar (2. Donnerstag nach Dreikönigsfest): **Lavagem do Bonfim,** größte Prozession Salvadors; aus ganz Bahia und Brasilien kommen Pilger, um dem Senhor do Bonfim zu danken oder ihn um Hilfe zu bitten
2. Februar: **Iemanjá-Festival,** Fest zu Ehren der Meeresgöttin Iemanjá (Praia Rio Vermelho)
2. Juli: **Independência da Bahia**, großer Umzug durch die Stadt mit zahlreichen *blocos* anläßlich des Unabhängigkeitstages von Bahia (von Lapinha durch das Pelourinho-Viertel bis Campo Grande)
Pelourinho: jeden Dienstag ab 19 Uhr **Benção das Terças;** religiöses Fest mit Musik und Tanz auf den Straßen und Plätzen des Pelourinho-Viertels

Ausflug auf die Insel Itaparica, Abfahrt hinter Mercado Modelo bis Mar Grande (per *lancha* 40 Min.) oder ab Hafen-Terminal São Joaquim, Av. Jequitaia, bis Bom Despacho (per Fähre 45 Min. oder per Katamaran, 15 Min.); auch Ganztagestouren durch die ganze Bucht mit Halt an verschiedenen Inseln, z. B. von LR Turismo, Tel. 2 64 09 99
Ausflug nach Cachoeira, in der kleinen Nachbarstadt São Felix befindet sich das Kulturzentrum und die Zigarrenfabrik von Dannemann, in der man zuschauen kann, wie handgedrehte Zigarren hergestellt werden (Av. Salvador Pinto 29, Tel. 0 75-4 25 22 08, Di–Sa 8–12 und 13–16.30 Uhr), Anreise stündlich per Bus ab Rodoviária Salvador (Fahrtzeit 2 Std.)

Wandern und Reiten im Nationalpark Chapada Diamantina/Lençois, 2mal tgl. hin (bzw. zurück) mit dem Bus ab Rodoviária, Fahrtzeit 7 Std., Unterkunft über Reisebüros buchen. Reitsportanbieter: Sr. Paurino (anzutreffen im Folkloremarkt Artesanato Lenções), Rua das Pedras 109, Tel. (0 75) 3 34 14 03, Preis für 2 Personen: 60 R$ (5 Std. mit Führer)

Salvadors schönere Strände liegen bis auf das recht touristische Barra alle weiter außerhalb des Zentrums, sind jedoch gut mit einem Bus über die Av. Oceânica (Linie *via orla*) erreichbar. Auszusteigen lohnt sich in Piatã, Itapoã, Stella Maris und Flamengo. Die ersten beiden Strände sind belebter (v. a. sonntags) und haben viele Bars, die letzteren sind ruhiger und familiärer. Bis auf einen verschmutzten Abschnitt in Itapoã nahe beim Leuchtturm kann man überall bedenkenlos baden. Die Vegetation ist sehr tropisch, Palmen säumen das Ufer und im Hintergrund finden sich häufig Dünen (s. S. 163ff.).

Flughafen: Aeroporto Internacional Dois de Julho, 26 km östl. des Zentrums, Estrada de Coco, Tel. 2 04 10 10, Transfer im preiswerten Flughafenbus (Aufschrift: Praça da Sé/Aeroporto) tagsüber alle halbe Stunde bis ins Zentrum bzw. die gleiche Strecke zurück (Fahrtzeit: eine gute Stunde) oder per Taxi (Alôtáxi, Tel. 3 81 44 11; Rádiotâxi, Tel. 2 43 43 33)
Busbahnhof: Rodoviária, Av. António Carlos Magalhães (Pituba), Tel. 4 50 44 88; häufige, meist tgl. Verbindungen nach Belém, Belo Horizonte, Brasília, Fortaleza, João Pessoa, Maceió, Natal, Recife, Rio de Janeiro, São Paulo, Vitória sowie zu mehreren Küstenorten Bahias wie z. B. Porto Seguro und Ilhéus.
Stadtbusse: entweder ab Praça da Sé (in nordöstlicher Richtung bis nach Flamengo) oder ab Av. da França gegenüber dem Lacerda-Aufzug in der Cidade Baixa (in entgegengesetzter Richtung bis Ribeira und Bonfim)
Mietwagenanbieter: u. a. Avis (am Flughafen), Tel. 3 77 22 76; Localiza (am Flughafen), Tel. 3 77 22 72

São Luís (MA) und Umgebung

Lage: vordere Umschlagkarte G6
Stadtplan: S. 209
Vorwahl: 0 98 (innerhalb B. 0 21 98)
PLZ: straßenbezogen
Einwohner: 867 690

Fumtur, Av. Dom Pedro II./Palácio do Comércio (Centro), Tel. 32 31 90 86, www.saoluis.ma.gov/fumtur, Mo–Fr 8–19 Uhr, Sa/So 9–16 Uhr

São Luís Park Hotel, Av. Aviscência (Praia do Calhau), Tel. 21 06 05 05, Fax 32 35 49 21, www.accorhotels.com.br (São Luís anklicken), 109 Zimmer, Preis: teuer; bestes Hotel außerhalb der Stadt
Vila Rica, Praça D. Pedro II 299, Tel./Fax 32 32 35 35, www.hotelvilarica. com.br, 213 Zimmer, Preis: teuer; bestes Hotel im Zentrum mit gutem Restaurant
Pousada do Francês, Rua da Saavedra 160 (Centro), Tel. 32 31 48 44, Fax 32 32 08 79, 29 Zimmer, Preis: günstig; schöne, stilvolle Unterkunft, ruhig und zentral
Pousada Colonial, Rua Afonso Pena 112, Tel./Fax 32 32 28 34, 26 Zimmer, Preis: sehr preiswert; großzügiges Kolonialhaus im Zentrum

Vila Rica, im gleichnamigen Hotel (s. o.), 12–15 und 19–23 Uhr, Preis: moderat; beste Option im Zentrum, modern und anheimelnd zugleich

Teatro Artur Azevedo, Rua do Sol, Tel. 32 32 02 99, Besichtigung mit Führung Mo-Fr 15 Uhr, das angeblich älteste (1817) und nach einer Restaurierung zugleich modernste Theater aller Landeshauptstädte
Catedral da Sé, Praça D. Pedro II, Tel. 32 22 73 80, mächtige Jesuitenkirche aus dem Jahre 1726
Palácio dos Leões/Pinakothek, Av. D. Pedro II, Tel. 32 32 16 33, Sitz der Landesregierung
Casa do Maranhão, Rua Portugal, interessantes Folkore-Museum (*bumba-meu-boi*)

Convento das Mercês/Fundação da Memória Republicana, Rua da Palma 502, Mo–Sa 8–12 Uhr und 14–18 Uhr, Kloster aus dem Jahr 1645 mit Museum zur Geschichte der Republik
Cafua das Mercês, Rua Jacinto Maia, Besichtigungszeiten wie Convento, früher Ort der Versteigerung von Sklaven

Umgebung:
Museu Histórico de Alcântara, Alcântara, Praça da Matriz, 8–13.30 Uhr

São Luís ist zur brasilianischen Hauptstadt des Reggae geworden und trägt den Beinamen ›Jamaica brasileira‹. Spürbar ist dies vor allem im historischen Zentrum, z. B. Mittwochabend in der **Bar Antigamente** und in der **Roots Bar**. Hauptsächlich Forró und MPB in der **Bar do Marujo** nicht weit vom historischen Zentrum (belebt Fr–So ab 22 Uhr)

Teatro Artur Azevedo, Rua do Sol, Tel. 32 32 02 99, abends häufig Tanz-, Konzert- und Theaterprogramm, Infos über die Tageszeitungen, Karten an der Abendkasse

Juni/Juli: **Bumba-meu-boi,** folkloristische Tänze und **Festas juninas** (s. S. 212f.)
Mitte Oktober: **Marafolía,** außerordentlicher Karneval (an der Strandstraße Litorânea)

Die Strände von São Luís liegen alle recht außerhalb und sind sehr langgezogen, kleine Buchten gibt es nicht. Dennoch haben sie ihren Reiz. Wegen des starken Gezeitenwechsels kann man sogar Wattwandern. Zu empfehlen sind Calhau (8 km vom Zentrum, große Strandbars, im Hintergrund Dünen), Olho d'Água (4 km weiter, am belebtesten, v. a. sonntags) und Araçaji (19 km vom Zentrum, sehr einsam, stimmungsvoll). Trotz der typischen trübbräunlichen Färbung (wegen zweier Flüsse) ist das Meer recht sauber (s. S. 212ff.).

Flughafen: Aeroporto Mal. Cunha Machado, Av. dos Libaneses (Tirirical), 15 km östl. der Stadt, Tel. 32 17 61 00, Transfer im preiswerten Flughafenbus bis Praça Deodoro (35 Min.) oder per Taxi (Coopertáxi, Tel. 32 45 44 04)
Busbahnhof: Rodoviária, Av. dos Franceses (Sto. Antônio), 12 km östl., Tel. 32 43 23 20; z. T. tgl. Verbindungen in die großen Städte des Nord- und Südostens
Stadtbusse: vom Praça Deodoro zu den Stränden von Ponta d'Areia, Calhau und Olho d'Agua
Mietwagenanbieter: Avis (am Flughafen), Tel. 32 17 61 80

São Paulo (SP)

Lage: vordere Umschlagkarte F2
Stadtpläne: S. 290/291 und S. 295
Vorwahl: 0 11 (innerhalb B. 0 21 11)
PLZ: straßenbezogen
Einwohner: 10 406 166

Es gibt zahlreiche Infostellen, sehr zentral liegt: **Posto de Informações turísticas**, Kiosk am Praça da República, Tel. 32 31 29 22, 9–18 Uhr; São Paulo besitzt ein kostenloses **Telefon-Auskunftssystem**, Tel. 0 80 07 71 51 02

Renaissance, Al. Santos 2233 (Jardim), Tel. 30 69 22 33, Fax 30 64 33 44, www.renaissancehotels.com (São Paulo-Brazil anklicken), Preis: sehr teuer; dieses 1998 eröffnete Hotel der Marriott-Kette gilt als das beste der Stadt, an modernstem Design mangelt es nicht, in der Lobby befindet sich ein Internet-Café
Pergamon, Rua Frei Caneca 80 (Consolação), Tel. 31 20 20 21, Fax 31 20 39 09, www.pergamon.com.br, 123 Zimmer, Preis: sehr teuer (günstigere Angebote über die deutsche Tourismuspage www.havannatravel.com); Designhotel aus dem Jahre 1999, zeitgemäßes Mobiliar aus den Werkstätten einheimischer Künstler, kosmopolitisch und zugleich gemütlich und persönlich; im Restaurant regiert der Franzose Laurent Suadeau, Koch des Jahres 1999 in Südamerika
Gran Corona, Rua Basílio da Gama 101, Tel. 32 14 00 43, Fax 32 14 45 03, www.

grancorona.com.br, 84 Zimmer, Preis: moderat bis teuer; in ruhiger Straße, zentral am Praça da República
Plaza Arouche, Rua Bento Freitas 71, Tel./Fax: 33 33 33 28, www.plazaarouche.com.br, ca. 150 Zimmer, Preis: moderat; zentral und relativ ruhig gelegen
San Gabriel Palace, Rua Frei Caneca 1006 (Cerqueira César), Tel./Fax 32 53 22 79, www.sangabriel.com.br, 80 Zimmer, Preis: moderat
Formule 1, Rua Vergueiro 1571 (Paraíso), Tel. 50 85 56 99, Fax 50 85 56 94, www.accorhotels.com.br (anklicken: Formule 1), Preis: sehr preiswert; ein neues Hotel der Accor-Kette, die eine ideale Adresse für junge und sparsam Reisende darstellt, dennoch komfortable Zimmer mit Aircondition und zentrale Lage mit Metro-Station vor der Tür

Famiglia Mancini, Rua Avanhandava 81 (Bela Vista), Tel. 32 56 43 20, 11.30–3.30 Uhr, Preis: moderat; In-Lokal mit guter süditalienischer Küche, bunt geschmücktes Ambiente, am Wochenende Warteschlangen
Brahma, Av. São João 677, Tel. 33 33 08 55, tgl. 11.30 Uhr – open end, traditionelles Lokal im Stil der 60er Jahre (2001 renoviert) mit deutschem Einschlag, sowohl Kneipe als auch Restaurant, schöner Abschluss des ab S. 295 beschriebenen Zentrumsrundgangs
Koyama, Rua 13 de Maio 1050 (Bela Vista), Tel. 2 83 18 33, 11.30–14 und 18.30–23 Uhr, So Ruhetag, Preis: teuer; trotz des schlichten Ambientes eines der besten japanischen Restaurants der Stadt (im japanischen Stadtteil Liberdade dagegen finden sich nur einfachere Lokale, z. B. das Gombe in der Rua Tomás Gonzaga)

Jardim Zoológico, Av. Miguel Stéfano 4241 (Água Funda), Tel. 50 73 08 11, www.zoologico.com.br, Di–So 9–17 Uhr (s. Tip S. 292)
Zôo Safári, Av. do Cursino 6338 (Água Funda), Tel. 63 36 21 43, Mi–So 9.30–16.30 Uhr (s. Tip S. 292)
Teatro Municipal, Praça Ramos de Azevedo (Centro antigo), Tel. 2 23 30 22, Besichtigung nur nach Voranmeldung, Mo–Fr), prunkvoll dekoriertes Stadttheater
Igreja da Ordem Terceira de São Francisco, Largo de São Francisco 173 (Centro antigo), Mo–Fr 7–17.30 Uhr
Catedral da Sé, Praça da Sé (Centro antigo), Tel. 31 07 68 32, mächtigster Kirchenbau der Stadt
Capela de Anchieta (mit Museum), Pátio do Colégio 84 (Centro antigo), Di–So 9–17 Uhr, originalgetreue Replik der ersten Kapelle São Paulos (1554)
Basílica de São Bento, Largo de São Bento (Centro antigo), Tel. 32 28 36 33, Mo–Fr 5.30–12 und 14–19.45 Uhr, Sa und So leicht abweichende Zeiten, sehr atmosphärevolle Benediktinerkirche
Pinacoteca do Estado, Av. Tiradentes 141 (Metro Luz), Tel. 32 29 98 44, Di–So 10–18 Uhr, Pinakothek des Bundeslandes São Paulo

Instituto Butantã, Av.Vital Brasil 1500 (Butantã), Tel. 37 26 72 22, www.butantan.gov.br, Di–So 9–17 Uhr, Schlangenforschungsinsitut und Museum mit über 60 der giftigsten Schlangen der Welt
Museu de Arte de São Paulo, Av. Paulista 1578 (Metro Trianon Masp), Tel. 32 51 56 44, www.masp.art.br, Di–So 11–17 Uhr, bedeutendstes Kunstmuseum Lateinamerikas mit Originalwerken aus aller Welt
Museu de Arte Contemporânea, Rua da Reitoria 160 (Cidade Universitária/Parque do Ibirapuera), Tel. 55 73 52 55, Mo–Fr 10–18 Uhr, Sa 10–14 Uhr, Museum zeitgenössischer Kunst
Museu de Arte Sacra, Av. Tiradentes 676/Luz (Metro Tiradentes), Tel. 33 26 33 36, Di–So 8–11 und 14–17 Uhr, Museum für kirchliche Kunst

Die belebteste Ecke ist die Rua 13 de Maio im lebendigen italienischen Stadtteil Bela Vista, populär Bexiga genannt. Der japanische Stadtteil Liberdade ist dagegen am Abend recht ruhig. Die wohlhabende Mittel- und Oberschicht trifft sich zu späterer Stunde im Schickeria-Viertel Vila Madalena.

Teatro Municipal, Praça Ramos de Azevedo (Centro antigo), Tel. 2 23 30 22, abends häufiger Tanz-, Konzert- und Theaterprogramm, Karten an der Abendkasse
Für **Musikshows** existieren vier große Konzerthäuser, das **Olympia,** die **Credicard Hall**, die **Direct TV Music Hall** und das **Tom Brasil.** Die aktuellen Programme und weitere Tips entnehmen Sie den Tageszeitungen oder dem monatlich auf englisch erscheinenden Heft »São Paulo This month«.

Jeden Sonntag: **Asiatischer Markt** mit Kunsthandwerk, Sushi und Sashimi**,** Praça da Liberdade
Februar: **Pólo Cultural Anhembi,** Karnevalsumzüge im Stadion, fast so luxuriös wie in Rio
Oktober: **Internationales Filmfestival** in wechselnden Programmkinos (s. Ankündigung in Zeitungen und auf Info-Plakaten)
Oktober/November: **Free-Jazz-Festival,** Orte und Zeiten wechseln jedes Jahr, deshalb die aktuellen Ankündigungen in Zeitungen und auf Info-Plakaten beachten
Ende März bis Juni: **Bienal Internacional**, größte Ausstellung bildender Kunst in Lateinamerika, Parque do Ibirapuera, Pavilhão da Bienal

Hubschrauberrundflüge mit Helijet oder Wilson (allerdings sehr teuer)

Flughäfen: Aeroporto Internacional de São Paulo/Guarulhos, Av. Monteiro Lobato, 30 km nordöstl. der Stadt, Tel. 64 45 29 45, Transfer im Flughafenbus (Linien zum Praça da República, zum Busbahnhof und zum Flughafen von Congonhas) oder per Taxi (u. a. Coopertáxi, Tel. 69 41 25 55; Alôtáxi, Tel. 2 29 76 88)
Aeroporto Nacional de Congonhas, Av. Washington Luís, Tel. 50 90 90 00, von hier aus fast nur Shuttle-Flüge von und nach Rio de Janeiro (preiswert)
Busbahnhof: São Paulo hat vier große Busbahnhöfe. Fast alle Städtelinien gehen jedoch über den Terminal Tieté, Av. Cruzeiro do Sul (Metrostation Tieté), Tel. 62 21 71 99; tgl. Verbindungen in alle großen Städte
Metro: Netz im Verhältnis zur Größe der Stadt noch schwach ausgebaut, aber schnelle und sichere Alternative, tgl. 6–24 Uhr (Fahrkartenschalter 6–22 Uhr)
Mietwagenanbieter: zahlreiche Unternehmen direkt an den Flughäfen und Busbahnhöfen

Torres (RS)

Lage: vordere Umschlagkarte F1
Vorwahl: 0 51 (innerhalb B. 0 21 51)
PLZ: 95560-000
Einwohner: 30 877

Informação turística, Rua Rio Branco 315, Tel. 6 64 12 19, Mo–Fr 8.30–18.30 Uhr, Sa/So 9–12 und 13.30–18 Uhr

Dunas Praia, Praça Mal. Deodoro 48 (Praia Grande), Tel. 6 64 10 11, Fax 6 64 20 80, www.dunashoteis.com.br (klicken: Dunas Praia), 41 Zimmer, Preis: moderat
Pousada da Prainha, Rua Alferes Ferreira Porto 138, Tel. 6 26 25 66, Fax 6 26 24 54, www.pousadadaprainha.com.br, 54 Zimmer, Preis: günstig

Camping: der Ort besitzt ein reiches Angebot an Plätzen

Gaivota, Rua Egydio Michaelsen 106, Tel. 6 64 27 30, Mo–Fr 11–15 und 18–23 Uhr, Sa 11–24 Uhr, So 11–17 und 18–23 Uhr, Preis: moderat; gutes Fischlokal am Ufer des Rio Mampituba, groß und modern

Bootstour zur Ilha dos Lobos und den Rio Mampituba hinauf, 1 Std., Abfahrt bei der Ponte pênsil (Dez.–März)

Der beliebte kleine Badeort im Süden ist wegen des Klimas nur im brasilianischen Sommer zu empfehlen. Die Strände sind (von Norden nach Süden): Praia dos Molhes (beim Rio Mampituba),

Praia Grande (viele Bars an der Promenade), Prainha (klein, sympathisch), Praia da Cal (Surfer-Point) und Itapeva (ruhig mit einigen Dünen im Hintergrund). Die Wasserqualität ist noch recht gut.

Busbahnhof: Av. José Bonifácio 524, Tel. 6 64 17 87; Verbindungen nach Porto Alegre

Trancoso (BA)

Lage: vordere Umschlagkarte H4
Vorwahl: 0 73 (innerhalb B. 0 21 73)
PLZ: 45820-000
Einwohner: ca. 6000

Pousada Calypso, Parque Municipal, Tel./Fax 6 68 11 13, 5 Zimmer, Preis: moderat; sehr schöne Anlage nahe beim Hauptplatz Quadrado
Pousada Capim Santo, Praça São João (Quadrado), Tel./Fax 6 68 11 22, www.pousadacapimsanto.com.br, 9 Zimmer, Preis: moderat; reizvoll in einem kleinen Park gelegen

Sabor do mundo, Parque Municipal (neben der Pousada Calypso), Tel. 6 68 11 91, 17–23 Uhr, Mo und Di Ruhetag, Preis: günstig; internationale Speisekarte, unter Schweizer und holländischer Leitung
Capim Santo, Praça São João (Quadrado), Tel. 6 68 11 22, 17–22 Uhr, So Ruhetag, Preis: moderat; ausgezeichnetes Fischrestaurant (zur gleichnamigen Pousada gehörig), rustikal

Loucos Lanche (Disco/Bar, ganzjährig) und **Pararaío** (Disco, nur in der Saison)

2. Junihälfte: **Festa do São João,** Volksfest im Rahmen der Festas juninas (s. S. 212f.)

Belebtester Ortsstrand ist die Praia dos Nativos, nur wenige Schritte von den Pousadas entfernt. Auch der ein Stück weiter südlich gelegene Strand dos Coqueiros wird immer häufiger besucht. Überall finden sich Barracas mit Musik und manchmal auch Tanz.

Busbahnhof: Praça da Rodoviária; zwischen 6 und 19 Uhr stündl. Verbindungen nach Arraial d'Ajuda, Porto Seguro

Valença (BA)

Lage: vordere Umschlagkarte H4
Vorwahl: 0 75 (innerhalb B. 0 21 75)
PLZ: 45400-000
Einwohner: 77 453

Emvatur, Rua Com. Madureira 1/ Câmara Municipal, Tel. 6 41 33 11, Mo–Fr 8.30–17.30 Uhr, Sa 8.30–12 Uhr

Royal Praia, Av.Taquari (Praia de Guaibim), Tel./Fax 4 82 10 60, 52 Zimmer, Preis: moderat
Taquari Praia, Av. Taquari, Quadra 22, Tel./Fax 4 82 10 58, www.taquary.com.br, 23 Zimmer, Preis: günstig

Busbahnhof: Av. Abel Queiróz, Tel. 6 41 48 05; Verbindungen nach Salvador

Vitória (ES)

Lage: vordere Umschlagkarte H3
Vorwahl: 0 27 (innerhalb B. 0 21 27)
PLZ: straßenbezogen
Einwohner: 291 889

Secretaria de Turismo (Setur), Av. Desembargador dos Santos Neves 1267 (Praia do Canto), Tel. 33 82 69 01 oder 33 82 69 14, www.setur.es.gov.br

Best Western Canto do Sol, Av. Dante Michelini 3957 (Praia de Camburi), Tel. 33 37 22 44, Fax 33 37 27 11, www.bestwestern.com (Stadt und Land angeben); 169 Zimmer, Preis: moderat bis teuer, günstig am Hauptstrand gelegen

Pirão, Rua Joaquim Lyrio 753 (Praia do Canto), Tel. 32 27 11 65, Di–Fr 11–15 und 18–23 Uhr, Sa/So/Mo 11–16 Uhr, Preis: moderat; regionale Küche, vor allem *moquecas*, moderneres Ambiente

Lareira Portuguesa, Av. Saturnino de Brito (Praia do Canto), Tel. 33 45 03 29, Mo–Sa 11.30–15 und 18.30–24 Uhr, So 11.30–15 Uhr, Preis: teuer; Spezialität: Gerichte aus Portugal, folkloristische Dekoration

Capela Sta. Luzia, Rua José Marcelino, älteste Kirche der Stadt, Mo–Fr 8–12 und 14–18 Uhr

Catedral Metropolitana, Praça D. Luís Scortegagna, Tel. 32 23 05 90, tgl. außer Sa 6–11 und 14–17.30 Uhr, große Kirche in gotisch-byzantinischem Stil mit wertvollen Fenstergläsern

Palácio Anchieta, Praça João Clímaco, Tel. 33 21 35 00, Besichtigung nur nach Voranmeldung (nur Mo–Fr), früher Jesuitenkolleg und Kirche, heute Regierungspalast

Convento da Penha, Vila Velha, Tel. 33 29 04 20, 5.30–16.30 Uhr, Eremitenkloster (1558) und bedeutendstes religiöses Monument des Bundeslandes Espírito Santos, aus 154 m Höhe herrlicher Blick auf Vila Velha und die Bucht von Vitória

Das abendliche Treiben findet hauptsächlich im Stadtteil Praia do Canto und an der Praia do Camburi statt.

8 Tage nach Ostersonntag: **Festa da Penha,** Prozession bis Vila Velha
29. Juni: **Procissão marítima de São Pedro,** Bootsprozession ab Praia do Suá

Ausflüge nach Domingos Martins, 46 km südwestl. von Vitória, und Santa Tereza, 80 km nordwestl. der Stadt

Bootsfahrten zu den Inseln do Boi und do Frade (mit sauberen Stränden), ab Iate Clube nahe beim Praça dos Namorados (Praia do Canto)

Besuch dreier **Grotten** bei Vila Velha

Am schönen, 5 km langen Stadtstrand von Camburi finden sich viele Bars und Restaurants, die v. a. sonntags sehr besucht sind. Das Wasser ist jedoch wegen der Nähe zum Hafen verschmutzt. Der 13 km entfernte Nachbarort Vila Velha bietet dagegen sauberere Strände, besonders die Praia da Costa. Im Sommer kommen viele Gäste aus dem Hinterland.

Flughafen: Aeroporto de Vitória/ Eurico Sales, Av. Fernando Ferrari, 10 km nordöstl. des Zentrums, Tel. 33 27 08 11, Transfer per Bus oder Taxi

Busbahnhof: Ilha do Príncipe, Tel. 32 22 33 66; Verbindungen nach Belo Horizonte, Rio de Janeiro, Salvador u. a.

Reiseinformationen von A bis Z

Ein Nachschlagewerk – von A wie Anreise über N wie Notfälle bis Z wie Zeitungen – mit vielen nützlichen Hinweisen, Tips und Antworten auf Fragen, die sich vor oder während der Reise stellen. Ein Ratgeber für die verschiedensten Reisesituationen.

Anreise und Ankunft

Brasilien besitzt sieben Flughäfen, die direkt von Europa aus angeflogen werden können: Rio de Janeiro, São Paulo, Porto Seguro (ab Portugal), Salvador, Recife, Natal und Fortaleza. Haupteintrittstor und meistbesuchte Stadt ist jedoch nach wie vor Rio de Janeiro. Die Flugzeit beträgt ca. 10 Stunden. Viele Linien bieten ohne Preisaufschlag einen Zubringerflug zum jeweiligen deutschen oder europäischen Start-Flughafen. Vom Sicherheitsstandard und Preis her sind folgende Gesellschaften zu empfehlen: Lufthansa, Varig, TAM, Airfrance, British Airways, KLM, TAP Portugal (günstige Jahrestickets), Swiss, und Allitalia. Lufthansa- und Varig-Flüge sind in der Nebensaison ab 650 € zu bekommen, die anderen Airlines sind meistens noch preiswerter.

Ankunftszeit ist in der Regel der frühe Morgen. Nach der Paß- und Zollkontrolle empfiehlt es sich für Erstbesucher eines der etwas teureren Touristen-Taxis. Man zahlt vorab an einem Schalter im Flughafengebäude und hat einen besseren Fahrkomfort.

Aktivurlaub

Ökotouren

Ökologische Abenteuerreisen durch Brasilien sind immer mehr gefragt. Das Angebot ist sehr groß, Infos und Programme z. B. über die deutsch- und englischsprachige Agentur Freeway Adventures, Rua Capitão Cavalcanti 322, 04017-000 São Paulo, Tel. 50 88 09 99, Fax 55 74 11 41, www.freeway.tur.br

Reisevorbereitungen auf einen Blick

- Evtl. Kauf eines Airpasses oder Mercosur-Passes in Verbindung mit dem Langflug
- Flug- und Hotelreservierung in der Hauptsaison
- Reisepaßgültigkeit mindestens 180 Tage, Kinder jeden Alters benötigen ein Lichtbild im Paß
- Internationaler Führerschein
- Wichtige Dokumente kopieren (Paß, Ticket, Führerschein)
- Gelbfieberimpfung für Risikogebiete, evtl. Hepatitisimpfung und Malariaprophylaxe, Impfpaß mitnehmen (s. Abschnitt »Gesundheitsvorsorge und Impfungen«!)
- Reisegepäck- und Krankenversicherung
- Wörterbuch Deutsch- Brasilianisch (Langenscheidt)
- Reiselektüre
- Fotomaterial, evtl. Stativ
- Euros, Dollars, Kreditkarte(n), Travellercheques (Info: Banco do Brasil, Frankfurt/M.)
- Mückenschutzmittel, Durchfallpräparat, Sonnencreme
- leichte Kleidung
- Zollbestimmungen beachten

■ Angeln

Alter do Chão (Amazonien) ist noch ein richtiger Geheimtip für Angler. Das traumhaft schöne Gebiet gegenüber der Mündung des Rio Arapiuns besticht durch einzigartige Strände (bei Niedrigwasser), eine weitläufige Dünenlandschaft und einen besonderen Fischreichtum. Im Bereich der großen Sandbänke sind Rekord-Stachelrochen bis zu 30 kg zu erwarten, die nachts mit Köderfisch gefangen werden. An den tiefen Stellen befinden sich große Schwärme von Tucunarés (Cichla spec. Tapajós), als Köder dienen gängige Kunstköder (Blinker, Spinner, Wobbler).

In Alter do Chão gibt es ein paar Pousadas sowie Privatunterkünfte. Von Santarem braucht man eine Stunde per Bus/Auto und gut vier Stunden per Boot.

■ Baden/Strände

Brasilianer gehen selten weiter ins Wasser hinein. Der Grund dafür ist, daß viele von ihnen nicht schwimmen können, doch selbst für Geübte bestehen häufig Gefahren durch Untiefen und Strömungen. Gefährlich sind auch die häufigen, bei Flut nicht sichtbaren Riffe. Beim Baden in den Lagunen hat man diese Probleme naturgemäß nicht, dafür gibt es jedoch in stehenden Gewässern gesundheitliche Ansteckungsrisiken (Cholera). Die aktuelle Wasserqualität wird in manchen Städten durch Hinweistafeln am Strand angezeigt, generell sollte man jedoch bei den stadtnahen Stränden mit großer Vorsicht ins Wasser gehen, selbst wenn sich dort Einheimische tummeln. Nacktbaden ist in ganz Brasilien verpönt und zudem, von einigen FKK-Stränden abgesehen, fast überall verboten. Angehörige beiderlei Geschlechts finden es aufregender, wenn nicht gleich alles zu sehen ist und der knappe Zahnseiden-Bikini der Damen (*fio dental*) noch ein wenig vom Geheimnis läßt. Tropen-Neulinge aus unseren Breiten fallen oft unangenehm durch ihren häßlichen Gringo-Sonnenbrand auf. Die hiesige Sonnenkraft, vor allem um die Mittagszeit, wird häufig unterschätzt. Bevor man drei Wochen mit geröteter und gepellter Haut herumläuft, sollte man die ersten Tage unbedingt Sonnencreme mit hohem Lichtschutzfaktor verwenden, von den Hautkrebsrisiken einmal ganz abgesehen.

■ Bootsfahrten

Amazonas-Expeditionen: Der am häufigsten gewählte Ausflug führt zum Encontro das Águas, dem Zusammenfluß des schwarzblauen Rio Negro mit dem lehmgelben Rio Solimões; beliebt sind auch längere Touren auf einem dieser beiden Flüsse inkl. Nebenarme oder zu den Anavilhas-Inseln. Infos/Reservierung z. B.: Swallows and Amazons Tours, Rua Quintino Bocaiuva 189, Andar 1, Sala 13, 69005-110 Manaus (Centro), Tel./Fax 6 22 12 46, www.swallowsandamazonstours.com

Inseltouren im Segelschoner (Ilha Grande bei Angra dos Reis): Am beliebtesten sind Tagesausflüge zu mehreren Buchten mit Gelegenheit zum Baden und Schnorcheln. Besonders reizvoll an der Nordseite der Insel sind Enseada das Estrelas (viele Seesterne), Saco do Céu und Freguesia de Santana, an der Südseite die Praia de Lopes Mendes (größter Strand der Insel) sowie die Praia Dois Rios mit zwei Süßwasserflußmündungen und den Ruinen eines ehemaligen Zuchthauses. Zu empfehlen sind auch die Bootstouren ab Parati zu einigen der insgesamt 65 Inseln der Bucht. Abfahrt tgl. vorm. vom Hafen in Vila do Abraão, verschiedene Routenangebote.

Ausflüge im Jangada-Boot in João Pessoa: von der Praia de Tambaú nach Picãozinho (15 Min. Fahrt, Gesamtdauer 2–3 Std.) und von der Praia de Camboinha nach Areia Vermelha (5 Min. Fahrt, Gesamtdauer 2 Std.) Die erste Tour führt zu einer Gruppe vorgelagerter Felsenriffe, mit Bade- und Tauchmöglichkeiten (viele Fischschwärme), die zweite Tour geht zu einer 2 km großen Sandbank mitten im Meer.

■ Buggytouren

durch die Dünen von Genipabu in Natal, vorzugsweise mit Fahrer, zahlreiche Anbieter vor Ort, auch über die Hotels. Die Frage des Fahrers, ob eine Tour *com ou sem emoção* (mit oder ohne Emotion) gewünscht wird, bezieht sich ganz und gar nicht auf romantische Gefühle, sondern einzig auf die Umdrehungszahl des Motors. Ein Tip: Neulinge sollten die emotionslosere Tour wählen.

■ Reiten

in Chapada Diamantina (Bahia), einem Nationalpark in einer ausgedehnten cañonartigen Gebirgslandschaft. Kahle Hochebenen, bräunlich gefärbte Cañons, felsige Steilhänge und finstere Grotten wechseln sich ab mit dem trockenen Grün der Täler und vielen Flußläufen und Wasserfällen. Ideal auch zum Wandern. Anreise i. d. R. ab Salvador da Bahia per Bus (Rodoviária) bis Lençois, Fahrtzeit 7 Std., Unterkunft über Reisebüros.

■ Segelfliegen

Asa Delta-Flüge und Paragliding in Rio de Janeiro (São Conrado), Praia do Pepino. Es ist nicht gerade ein preiswertes, aber bestimmt unvergeßliches Abenteuer. Die grüne Berglandschaft am Meer ist von besonderem Reiz. Anfänger fliegen im Tandem. Start von der Rampe des Pedra Bonita (nur bei Wind vom Meer), viele private Anbieter vor Ort (z. B. Konrad Heilmann, s. S. 349)

■ Surfen

In Rio de Janeiro gibt es zwei beliebte Surf-Spots, in Arpoador zwischen Copacabana und Ipanema und etwas außerhalb der Stadt an einem traumhaft schönen Strand namens Prainha. In Saquarema, 100 km nordöstlich von Rio, erreichen die Wellen gar eine Höhe von 3 m. Zwei weitere Surfer-Paradiese sind Praia da Guarda in Garopaba (Santa Catarina) und Itamambuca in Ubatuba (São Paulo).

■ Tauchen

Fernando de Noronha besitzt sehr klares Wasser mit rund 230 Fisch- und über 100 Korallenarten. Anfänger im Tauchen bevorzugen das Buraco do Inferno und Profis Corveta. Infos/Kurse: Águas Claras, Rua Alameda Boldró, 53990-000 Fernando de Noronha, Tel. 36 19 12 25, Fax 36 19 17 26

Der **Parque Nacional Marinho** dos Abrolhos ist wegen seines Fischreichtums, der 18 verschiedenen Korallenarten und einer Unterwassersicht von 8–15 m ein wahres Paradies für Taucher. Alle Besuche müssen über Reisebüros oder Reiseleiter mit einer Lizenz der Umweltschutzbehörde abgewickelt werden. Infos: Abrolhos Turismo, Praça Doutor Imbaffay 8 (Centro), 45900-000 Caravelas (Centro), Tel. (0 73) 2 97 11 49, Fax (0 73) 2 97 11 09, www.abrolhosturismo.com.br

Als drittbestes Tauchgebiet Brasiliens gilt **Búzios/Arraial do Cabo**, 179 km nordöstlich von Rio gelegen, mehrere gute Tauchschulen, in Búzios z. B. Casamar, Rua das Pedras 242, Tel. 26 23 24 41, internationaler Standard mit briefing auch auf Englisch

■ Wandern...

... im **Nationalpark Floresta da Tijúca** (Rio de Janeiro), dem größten städtischen Regenwald der Welt. Im Nordwestteil befindet sich ein ausgedehntes und ausgeschildertes Wegenetz, Ausgangspunkt ist der Parkeingang bei Alto da Boa Vista. Wegen des weiten Blicks lohnt sich auch der gar nicht so beschwerliche Aufstieg zum 1021 m hohen Pico da Tijúca. Geführte Wandertouren bietet z. B. Brazilian Excursion Club (CEB), Av. Almirante Barroso 2, Rio de Janeiro (Centro), Tel. 22 52 98 44, www.ceb.org.br

... im **Parque Natural do Caraça**, einem außergewöhnlich schönen Naturschutzgebiet in der Übergangszone zwischen dem Atlantischen Regenwald und einer bizarren Bergregion mit Erhebungen von über 2000 m. Der Park ist 11 000 Hektar groß und bietet viele Möglichkeiten zum Wandern (leicht begehbare Wege), Baden in Teichen oder unter Wasserfällen, Grottenbesuch und Bergsteigen. Er befindet sich 108 km östlich von Belo Horizonte (Bus nach Santa Bárbara, dann Taxi – insges. 3 Std.), ist jedoch nur von 7–17 Uhr geöffnet. Unterkunft in einem ehemaligen Kloster, der Hospedaria do Caraça, Estr. Br. de Cocais 381, Tel. 0 21 31 – 38 37 26 98, Fax 38 37 26 98, Preis: günstig.

Ärzte und Apotheken

Die ärztliche Versorgung für Privatpatienten ist in Brasilien hervorragend und läßt sich durchaus mit unseren Standards vergleichen. Man zahlt in bar und läßt sich für die Reiseversicherung eine Quittung ausstellen mit Angabe der Krankheit und Therapieform. In allen größeren Städten gibt es auch Deutsch sprechende Ärzte (Arzt-Tip für Rio: Dr. Rolf Strattner, Av. Nossa Senhora Copacabana 1018/602, Tel. 25 21 37 23). Bei kleineren Problemen kann man auch direkt in der Apotheke Hilfe suchen. Die sog. Farmácias bzw. Drogarias sind oft rund um die Uhr geöffnet und zahlreicher als Kneipen und Bars.

Auskünfte

■ ... im Internet

www.brasilien.de
Wichtige Informationen und Tips für Brasilien-Reisende (d. h. Airpaß, Reiseziele innerhalb des Landes, Brasilien-spezielle Reisebüros und Veranstalter, Kultur, Landeskunde, etc.).

www.inwent.org/v-ez/lis/brasil/index.htm
Umfassende Landesinformationen von der Zentralstelle für Auslandskunde

www.derreisefuehrer.com
Ein online-guide auf deutsch mit Infos zu Reisepaß/Visum, Geld, Duty Free, Feiertage, Gesundheit, Reiseverkehr national und international, Unterkunft, Sozial- und Wirtschaftsprofil, Klima, Landkarte sowie Beschreibungen der fünf großen Georäume des Landes

www.havannatravel.com
Auf Lateinamerika spezialisierte Internetseite deutscher Provenienz von www.bestminutetravel.com (Juni 2002 Preis als beste Tourismuspage), Angebot von Flügen, einigen Hotels und Pousadas und einer interessanten Amazonas-Tour

■ ... in Brasilien:

Embratur
Setor Comercial Norte,
Quadra 2, bloco G,
Brasília,
Tel. (0 61) 4 29 77 77,
www.brasil.embratur.gov.br
(Online-Guide mit Reisezielen, Sehenswürdigkeiten, Touren, Karten, Fotos u.a.; auch auf Englisch),
Mo–Fr 8–12 und 14–18 Uhr

Deutsch-Brasilianische Industrie- und Handelskammer
(Câmara de Comércio e Indústria Brasil-Alemanha)
Rua Verbo Divino 1488, 3° andar
CEP 04719-904 São Paulo-SP
Tel. (0 11) 51 81 06 77
Fax (0 11) 51 81 70 13
(von Brasilien aus hinter der Ortsvorwahl-Null noch 21 einfügen)
www.ahkbrasil.com
Mo–Fr 8–12 und 13–17 Uhr

Allgemeiner Hinweis: In allen großen bzw. touristischen Städten Brasiliens gibt es eine Touristeninformation am Flughafen und eine am Busbahnhof, die manchmal besser sind als die offizielle Hauptinformationsstelle. Meistens kann man auch nur dort Zimmer buchen.

■ ... in Deutschland

Brasilianische Botschaft
Wallstr. 57
10179 Berlin
Tel. (030) 7 26 28-0
Fax (030) 7 26 28-320
brasil@brasemberlim.de
www.brasilianische-botschaft.de
Mo–Fr 9–15 Uhr

Arbeitsgemeinschaft Lateinamerika e.V.
Domenecker Str. 19
74219 Möckmühl
Tel. (0 62 98) 92 92 77
Fax (0 62 98) 92 92 78
www.lateinamerika.org

Deutsch-Brasilianische Gesellschaft e. V.
Kaiserstr. 201
53115 Bonn
Tel. (02 28) 21 07 07
Fax (02 28) 24 16 58
www.topicos.de
info@topicos.de
Pflege der deutsch-brasilianischen Beziehungen; Herausgeber der Zeitschrift »Tópicos«, Sprachkurse

... in Österreich

Brasilianische Botschaft
Am Lugeck 1/5/15
1010 Wien
Tel. (01) 5 12 06 31
Fax (01) 5 13 83 74
mail@brasilemb.at
Mo–Fr 10–13 Uhr

... in der Schweiz

Brasilianische Botschaft
Monbijoustr. 68
3007 Bern
Tel. 0 31 3 71 85 15
Fax 0 31 3 71 05 25
brasbern@iprolink.ch

Brasilianisches Generalkonsulat
Bürglistr. 6, 8002 Zürich
Tel. 01 206-90 20
Fax 01 206-90 21
zhbrcg@dial.eunet.ch
www.consuladobrasil.ch
Mo–Fr 8.30–14.30 Uhr

Behinderte

In einem Land wie Brasilien haben Behinderte nicht unbedingt Vorrang im öffentlichen Leben. Die Bevölkerung ist zwar stets hilfsbereit, auch gibt es keine Vorurteile oder Diskriminierungen. Behinderte, ob im Rollstuhl oder nicht, sind eine normale und häufige Erscheinung im Straßenbild. In größeren Städten werden allmählich die Bürgersteige den Bedürfnissen Behinderter angepaßt, Probleme bereiten jedoch die meist überfüllten Omnibusse, sei es beim Einsteigen, beim so gut wie nicht vorhandenen Stellplatz und hinsichtlich des rabiaten Fahrstils.

Diplomatische Vertretungen

... in Brasilien

(von Brasilien aus hinter der Ortsvorwahl-Null noch 21 einfügen)

Botschaft der Bundesrepublik Deutschland
Avenida das Nações,
quadra 807, Lote 25
CEP 70415-900 Brasília-DF
Tel. (0 61) 4 42 70 00
Fax (0 61) 4 43 75 08
www.embaixada-alemanha.org.br
pr@embaixada-alemanha.org.br

Generalkonsulate der Bundesrepublik Deutschland:
Rua Presidente Carlos de Campos 417
22231-080 Rio de Janeiro-RJ
Tel. (0 21) 25 54 00 04
Fax (0 21) 25 53 01 84

Avenida Brigadeiro Faria Lima 2092,
12 St.
Jardim Paulistano
CEP 01451-905 São Paulo-SP
Tel. (0 11) 30 97 66 44
Fax (0 11) 38 15 75 38

Rua Antônio Lumack Domonte 128, 16. St.
CEP 51020-350 Recife (Boa Viagem)
Tel. (0 81) 34 63 53 50
Fax (0 81) 34 65 40 84

Rua Prof. Annes Dias 112, 11. St.
90020-090 Porto Alegre-RS
Tel. (0 51) 32 24 95 92
Fax (0 51) 32 26 49 09

Botschaft der Republik Österreich
Avenida das Nações,
quadra 811, Lote 40
70426-900 Brasília-DF
Tel. (0 61) 4 43 31 11
Fax (0 61) 4 43 52 33
emb.austria@zaz.com.br

Generalkonsulat der Republik Österreich
Avenida Atlântica 3804
CEP 22070-001 Rio de Janeiro-RJ
Tel. (0 21) 21 02 00 20
Fax (0 21) 25 21 61 80

Schweizer Botschaft
Avenida das Nações,
quadra 811 Lote 41
70448-900 Brasília-DF
Tel. (0 61) 4 43 55 00
Fax (061) 4 43 57 11
www.dfae.admin.ch/brasilia
vertretung@bra.rep.admin.ch

Schweizer Generalkonsulate:
Rua Cândido Mendes 157, 11. St.
20241-220 Rio de Janeiro-RJ
Tel. (0 21) 22 21 18 67
Fax (0 21) 22 52 39 91

Avenida Paulista 1754, 4. St.
Edificio Grande Avenida
01310-200 São Paulo-SP
Tel. (0 11) 33 72 82 00
Fax (0 11) 32 53 57 16

■ ... in Deutschland

Botschaft der Föderativen Republik Brasilien
Wallstr. 57, 10179 Berlin
Tel. (030) 7 26 28-0
Fax (030) 7 26 28-320
brasil@brasemberlim.de
www.brasilianische-botschaft.de
Mo–Fr 8–13.30 Uhr

Generalkonsulate:
Hansaallee 32 a/b, 60322 Frankfurt/M.
Tel. (0 69) 9 20 74 20
Fax (0 69) 92 07 42 30
consbrasfrankfurt@t-online.de
www.consuladobrasil.de
Mo–Fr 9–13, Do/Fr auch 14–16.30 Uhr

Widenmayerstraße 47
80538 München
Tel. (0 89) 21 03 76-0, Visa-Abt. -17
Fax (0 89) 21 03 76-26, 29 16 07 68
www.brasilianisches-generalkonsulat.de
Mo–Fr 9–14 Uhr

Honorarkonsulate:
Außer der Schleifmühle 39/43
28203 Bremen
Tel. (04 21) 3 66 44 00
Fax (04 21) 3 66 44 10
Mo–Fr 8–12 Uhr

Reichsweg 19–42, 52068 Aachen
Tel. (02 41) 5 10 91 78
Fax (02 41) 5 10 91 05
Di/Do 14–16 Uhr

Königstr. 5, 70173 Stuttgart
Tel. (07 11) 1 24 33 23
Fax (07 11) 1 24 75 68
bras.konsulat@lbbw.de
Mo/Mi/Do 9–13 Uhr

■ ... in Österreich

Brasilianische Botschaft
Am Lugeck 1/5/15, 1010 Wien
Tel. (01) 5 12 06 31
Fax (01) 5 13 83 74
mail@brasilemb.at
Mo–Fr 10–13 Uhr

■ ... in der Schweiz

Brasilianische Botschaft
Monbijoustr. 68, 3007 Bern
Tel. 0 31 3 71 85 15
Fax 0 31 3 71 05 25
brasbern@iprolink.ch
Mo–Fr 9–13, 14.30–17 Uhr

Generalkonsulat
Bürglistr. 6, 8002 Zürich
Tel. 01 206-90 20
Fax 01 206-90 21
zhbrcg@dial.eunet.ch
www.consuladobrasil.ch
Mo–Fr 8.30–14.30 Uhr

Drogen

Brasilien ist bekannt als großer Drogenumschlagplatz. Die heiße Ware kommt aus den Nachbarländern Kolumbien, Bolivien, Venezuela, Peru und Paraguay und wird später über die Verteilerorganisationen in den *favelas* (Comanda Vermelho u. a.) nach Europa und in die Vereinigten Staaten weitergeleitet. Trotz staatlicher Verfolgungsmaßnahmen ist der Drogenhandel und Drogengebrauch – vor allem Marihuana, Kokain und Crack – stark angestiegen. Die scharfen Kontrollen an den Grenzen, vor allem zu Bolivien, sowie an den Flughäfen führen nur zu sporadischen Erfolgen. Man kann schon beim Besitz kleinster Mengen die größten Probleme bekommen und sogar einen Gefängnisaufenthalt riskieren. Wer Drogen kauft oder – oft unbemerkt – zugesteckt bekommt, läuft auch Gefahr, in eine Falle zu geraten und an der nächsten Ecke von Polizisten abgefangen zu werden. Anschließende Lösegeldforderungen sollte man ablehnen und sich ausschließlich an die Touristenpolizei wenden. Auf keinen Fall sollte man für Unbekannte irgendwelche Briefsendungen oder Pakete über die Grenze mitnehmen, es könnten Drogensendungen sein.

Einreisebestimmungen

Für Besucher aus Westeuropa besteht keine Visumpflicht. An der Grenze bzw. während des Fluges füllt man eine **Einreisekarte** aus, die zusammen mit einem noch mindestens 180 Tage gültigen Reisepaß vorgelegt und bis zur Ausreise **aufbewahrt werden muß.** Im Kinderpaß ist (unabhängig vom Alter) ein Lichtbild vorgeschrieben. Nach 90 Tagen Aufenthalt kann man bei der Polícia Federal eine Verlängerung um weitere 90 Tage beantragen. Voraussetzung ist der Besitz eines Rück- oder Weiterflugtickets, um den temporären Zweck der Reise zu dokumentieren. Ein mehrjähriger ununterbrochener Aufenthalt (*visto temporário*) ist nur über eine spezielle berufliche Tätigkeit möglich, ein unbefristeter Daueraufenthalt (*permanência*) nur über Heirat, Vater-/Mutterschaft oder durch Verlängerung bzw. Umwandlung eines vorherigen Zeitvisums.

Elektrizität

Die elektrische Stromspannung in Brasilien schwankt je nach Region zwischen 110 und 220 Volt, so daß man sich stets vor Ort erkundigen muß. Die Wechselstromfrequenz beträgt grundsätzlich 60 Hz. Vorsicht ist geboten bei der Benutzung elektrisch gespeister Warmduschen, die in den einfacheren Hotels nicht immer den Sicherheitsbestimmungen entsprechen und häufig schlecht isoliert sind (am besten ausstellen und ›kalt‹ duschen).

Essen und Trinken

Im Einleitungsteil (s. S. 75f.) wurde dem Kulinarischen bereits ein eigenes Kapitel gewidmet. Essen und Trinken gehören in Brasilien neben dem Strandvergnügen zum gesellschaftlichen Ereignis Nr.1. Am häufigsten und beliebtesten sind die einfacheren populären Restaurants, in denen man in ungezwungener Atmosphäre preiswert schon ab 10 Reais speisen kann. Ein Gericht reicht fast immer für zwei Personen. Am Tage sind besonders bei Berufstätigen die Self-Service-Lokale, in denen nach Gewicht (*à kilo*) bezahlt wird, der absolute Renner. Am Abend stehen auf der Beliebtheitsskale die zahlreichen – nach unserem Geschmack jedoch wenig verführerischen – Pizzarias ganz oben, gefolgt von den sehr zu empfehlenden Churrascarias. Ansonsten gibt es normale Restaurants an jeder Ecke, die Speisekarte ist fast überall gleich (Fleisch, Fisch, Teiggerichte, leider kaum interessante Salate und auch wenig Gemüse). Andererseits wird der Feinschmecker besonders in São Paulo und Rio de Janeiro immer auf seine Kosten kommen, es fehlt nicht an nobleren Etablissements, die jedoch häufig überteuert sind. Bei einer Klassifizierung nach Preisen überwiegen die Lokale mit Gerichten bis zu 15 Reais, gefolgt von der Gruppe zwischen 16 und 30 Reais und schließlich der Preisklasse über 30 Reais (jeweils pro Person). Fast alle Restaurants öffnen bereits um zehn oder zwölf Uhr und schließen um Mitternacht oder später. Während dieser Zeit sind sie fast immer durchgehend geöffnet, feste Tischzeiten gibt es in Brasilien kaum. Für den kleinen Hunger stehen auch die zahlreichen Lanchonetes zur Verfügung, Steh-Imbisse mit einem leckeren Angebot diverser Teigtaschen usw. Getrunken wird fast überall und reichlich Bier, die besten Marken sind Skol, Antârtica und Brahma.

Feste und Feiertage

1. Januar	Neujahrsfest
6. Januar	Dreikönigsfest (hauptsächlich im Nordosten zahlreiche Ortsfeste)
2. Februar	afrobrasilianische Iemanjá-Kultfeste (vor allem in Salvador)
Februar	Karneval
März/April	Osterfeiertage (zahlreiche Prozessionen, empfehlenswert die von Ouro Preto)
21. April	Gedenktag für den Nationalhelden Tiradentes (besonders in Ouro Preto)
1. Mai	Tag der Arbeit
Mai	Christi Himmelfahrt
Juni	Corpus Christi (Fronleichnam)
15.–30. Juni	Amazonas-Volksfest in Manaus
Juni/Juli	Festas juninas, Tanz- und Folklorefest (s. S. 212f.)
7. Sept.	Unabhängigkeitstag
Oktober	Oktoberfest in Blumenau nach Münchner Vorbild
12. Oktober	Tag der Schutzheiligen Nossa Senhora da Aparecida
1. November	Allerheiligen
2. November	Totengedenktag
15. November	Tag der Ausrufung der Republik
25. Dezember	Weihnachten
31. Dezember	Silvester (großes Fest am Strand von Copacabana in Rio)

Fotografieren und Filmen

Brasilianer/innen lassen sich im allgemeinen gern fotografieren oder filmen, dennoch sollte man anstandshalber vorher fragen. Das Foto kann auch ein bewährtes Mittel der Kontaktaufnahme sein. Mitunter, wie in Salvador, verlangen speziell für Touristen kostümierte Frauen ein kleines Entgelt. In Elendsvierteln ist, von der erhöhten Diebstahlgefahr abgesehen, ein besonderes Taktgefühl angebracht. In Museen und älteren Kirchen ist Fotografieren mit Blitz in der Regel nicht erlaubt. Bei Fotoaufnahmen im Urwald ist ein Stativ oder ein hochempfindlicher Film erforderlich. Allgemein bieten der Morgen und der späte Nachmittag weichere, weniger kontrastreiche Lichtverhältnisse.

Einfache Farbfilme sind zwar teurer als bei uns, lassen sich jedoch zu noch akzeptablen Preisen in Brasilien nachkaufen, teure professionelle Dia-Filme sollte man allerdings besser von zu Hause mitbringen und im Falle eines längeren Aufenthalts trocken und kühl lagern (Kühlschrank).

Frauen allein unterwegs

Natürlich gibt es immer wieder Berichte von grausigen Ereignissen innerhalb der eigenen vier Wände, doch insgesamt werden die recht emanzipierten brasilianischen Frauen (s. S. 58), Europäerinnen sogar noch mehr, von den Männern respektiert und verehrt. Bewundernde Blicke und Hinterherschauen auf der Straße gehören hier zum Alltag. Gleichzeitig bleibt *mann* jedoch diskret, allzu aufdringliche Annäherungsversuche wie *frau* sie aus Italien kennt, sind hier selten. Wer das Land allein durchreist, hat bestimmt nicht mehr zu befürchten als anderswo.Und gelegentliche Flirts gehören ja ebenso zum Urlaub wie zur brasilianischen Lebensart.

Fremdenführer

■ Rio de Janeiro

Für Rio und nähere Umgebung bietet der Autor dieses Reiseführers private Besichtigungstouren im Pkw oder bei größeren Gruppen im Kleinbus; Kontakt: Helmuth

Taubald, heltau@ig.com.br, www.rio-insider.com, Handy 92 41 37 82 (Vorwahl von Europa aus: 00 55 21, von Brasilien aus außerhalb von Rio: 0 21 21), ausführliche Infos s. S. 88

■ São Paulo (Provinz)/Minas Gerais und südl. Bahia

Ausflugsprogramme eines Deutschen namens Ernst Hoffmann, auf Wunsch mit Hotelreservierung und Begleitung. Besuch von Fazendas (Kaffeeanbau oder Viehzucht), manche mit Hotelbetrieb; Ausritte auf Pferden der Manga Larga Rasse; Besichtigung alter Goldstädte (Ouro Preto und Tiradentes) sowie alter Goldminen; Baden in Wasserfällen; Ausfahrten mit Fischern (Schnorcheltauchen); Walbeobachtungen (Juli/August); Besuch entlegener Strände (auch Reiten); Kennenlernen von Indioreservaten in Minas Gerais und Bahia; Segeltörns in Angra dos Reis. (Anfragen ebenfalls über Helmuth Taubald, heltau@ig.com.br)

Geld und Geldwechsel

Brasilien hat seit 1994 eine neue Währung, den Real, der sich bisher als relativ stabil erwiesen hat und kaum inflationär entwertet wurde. Im Umlauf sind Geldscheine im Wert von 1, 2, 5, 10, 20, 50 und 100 Reais. Ab 1 Real abwärts kursieren auch Münzen, die Centavos, die wegen chronischer Wechselgeldprobleme Gold wert sein können. Grundsätzlich sollte man möglichst mit kleineren Geldnoten bezahlen.

Bei der Einfuhr von Bargeld gibt es bis zum Wert von 10 000 Reais keine Probleme, höhere Beträge sind jedoch deklarierungspflichtig. Am sinnvollsten ist es, einen Teil des benötigten Geldes in Euro mitzubringen und dann nur in Wechselstuben *(casas de câmbio)* zu tauschen (nie auf der Straße!). Zusätzlich empfiehlt sich die Mitnahme von ein oder zwei internationalen Kreditkarten mit Geheimnummer, die sowohl zur Bezahlung als auch zur Barabhebung bei Banken verwendet werden kann, häufig schon an Automaten, Geheimnummer eingeben). Am besten ist Visa (Bradesco, Banco do Brasil, Citibank u. a.), gefolgt von Eurocard/Mastercard (Citibank, Banco Itaú, Bargeld aber nur in bestimmten Filialen) und American Express (im American-Express-Büro erhält man Travellercheques in begrenzter Menge, die auf Wunsch anschließend direkt in Bargeld ausgezahlt werden). Neuerdings kann man bei der Banco do Brasil und bei HSBC auch mit der EC-Karte/Maestro sehr günstig Bargeld abheben. Aus Sicherheitsgründen könnte man zusätzlich noch einige Dollar-Travellercheques mitnehmen (Euroschecks nützen wenig), beim Umtausch gegen Bargeld erhält man jedoch bis zu 10 % weniger.

Da sich die Bedingungen ändern können, ist es ratsam, vor der Abreise noch bei der Banco do Brasil in Frankfurt a. M. (Tel. 0 69-29 90 90) Auskunft einzuholen. Die gerade aktuellen Wechselkurse findet man im Internet unter www.oanda.com (Anfang 2005: 1 Euro = 3,40 Reais (R$).

Gesundheitsvorsorge und Impfungen

Die privatärztliche Versorgung in Brasilien ist recht gut, auch Apotheken sind zahlreich vorhanden. Sofern man nicht auf bestimmte Medikamente angewiesen ist, braucht man also im Grunde keine mitzunehmen, außer höchstens einem Mückenschutzmittel (für Feuchtgebiete im Landesinnern), einem Durchfallmittel (Glukose-Elektrolyt-Mischung) sowie Sonnencreme.

Als Vorsichtsmaßnahme gegen Magen-Darm-Infektionen und Cholera ist dringend zu empfehlen, kein unabgekochtes Leitungswasser zu trinken und in hygienisch nicht einwandfreien Restaurants Getränke ohne Eis (sem gelo) zu bestellen. Auch Speiseeis kann infektiös sein. Rohes Gemüse, Obst und Salate sollte man vor dem Verzehr gründlich waschen bzw. schälen. Wichtig ist häufiges Händewaschen.

Impfungen sind bei der Einreise nicht vorgeschrieben, jedoch ist eine aktive Hepatitis-Vorsorge ratsam. Eine Gelbfieber-Impfung ist sehr zu empfehlen für längere

Reisen ins Innere folgender Bundesländer: Amazonien, Acre, Amapá, Distrito Federal, Goiás, Maranhão, Mato Grosso, Mato Grosso do Sul, Pará, Rondônia, Roraima und Tocantins. Die brasilianischen Fluggesellschaften machen sich strafbar, wenn sie nicht geimpfte Reisende aus Risikogebieten in andere Landesteile fliegen lassen. Rigide Überprüfungen sind jedoch nicht an der Tagesordnung. Dennoch ggf. Impfpaß mitnehmen. Eine Malaria-Prophylaxe kann für Reisen ins Landesinnere sehr ratsam sein, doch ist der wichtigste Schutz die Vorbeugung vor Moskitostichen. Im Notfall kann man auch eine der vielen Malaria-Stationen der Fundação Nacional de Saude im Amazonasgebiet aufsuchen.

Die Aids-Gefahr hat vor allem in den städtischen Ballungszentren (São Paulo und Rio de Janeiro) stark zugenommen. Hinsichtlich der absoluten Zahl von Erkrankungen nimmt Brasilien im internationalen Vergleich bereits den 3. Platz ein (über 184 500 Fälle von 1980 bis 2000). Auf einen männliche Erkrankten kommt inzwischen bereits eine Frau. Insgesamt sind nach Schätzungen der Vereinten Nationen 0,5 bis 1 % der brasilianischen Bevölkerung HIV-positiv, etwa der gleiche Prozentanteil wie in den USA. Noch immer gibt es verantwortungslose Touristen, die auf Geschlechtsverkehr ohne Kondom bestehen.

Internetadressen für aktuelle Empfehlungen:

Tropeninstitut der Universität München: www.fit-for-travel.de (umfassender reisemedizinischer Infoservice zu Krankheiten in 300 Urlaubszielen)

Centrum für Reisemedizin: www.crm.de, www.travelmed.de

Institut für Reisemedizin und Impfvorsorge: www.reisemed.com

Internet-Cafés

Inzwischen findet man in allen Touristen-Orten sowie in sämtlichen mittleren und großen Städten Internet-Cafés, häufig auch mit Telefonzellen. Meistens wird man die nächstgelegenen bei der Hotel-Rezeption erfragen können, wenn nicht schon im Hotel ein Internet-Service zur Verfügung steht. Adressen in den wichtigsten Orten bietet die folgende Internet-Seite: www.worldofinternetcafes.de/South_America/Brazil/

Karten

An den in Brasilien sehr zahlreichen Zeitungskiosken wird man auch stets einiges Kartenmaterial finden. Sehr zu empfehlen ist der hier erhältliche, jährlich aktualisierte Hotel- und Restaurantführer »Guia 4 Rodas Brasil« mit über 200 Karten und Plänen (www.guia4rodas.com.br). Ebenfalls von »4 Rodas« stammt der »Guia Estradas«, ein kompletter Straßenführer mit 6 800 aufgeführten Städten, ferner der »Guia Brasil – Mapa Rodoviário« mit einer großen Straßenkarte von ganz Brasilien sowie der »Guia Mapas das Capitais« mit Straßenkarten der Hauptstädte aller 27 Bundesstaaten. Sämtliche dieser Guias sind auch in Deutschland per Online-Shop erhältlich: www.brasilien.de/Shop/Bubcher.html (mit Bestell-Informationen und Preisen).

Kinder

»Hätten wir das gewußt, wären unsere Kleinen bestimmt mitgekommen.« Nicht selten entdecken Eltern erst vor Ort, daß Brasilien auch für Kids manches zu bieten hat. Außer Strandabenteuern oder zoologischen Gärten (Pflichtprogramm besonders in São Paulo) locken die seit kurzem in Mode gekommenen Freizeitparks scharenweise Kids, Teens und auch Erwachsene: einmal die **Parques Aquáticos** (Wasserparks) in Rio de Janeiro, Arraial d'Ájuda, Recife und Fortaleza, zum anderen die **Parques de Diversões** (Vergnügungsparks) in Rio de Janeiro, Gramado u. a. (s. Tips von Ort zu Ort) .

Besonders bei der ersten Gruppe hat ein wahrer Wettlauf darum begonnen, wer nun gerade die beste bzw. größte Spaßbadanlage von ganz Lateinamerika besitzt.

Vor allem Fortaleza und Arraial d'Ajuda (Bahia) kämpfen um diesen Titel. Tatsache ist, daß alles gigantisch ist, seien es die zahlreichen, bis 41 m hohen Rutschbahnen, (Wellen-)Schwimmbäder, künstlichen Flüsse oder die Besucherzahlen (5–10 000 pro Tag, besonders an Sonntagen).

Auch bei den Vergnügungsparks wird mit Superlativen nicht gespart, was z. B. die Dimensionen der Achterbahnen und anderer Geräte betrifft. Zu den größten gehört die »Terra Encantada« in Rio de Janeiro (Barra). Für die ganz Kleinen gibt es in Rio de Janeiro und Curitiba die Parques da Mônica mit vielen Spielzeugen rund um die populäre Comicfigur Mônica. Ganz besonderer Natur ist die Minimundo (Miniwelt) in Gramado (Rio Grande do Sul), mit Miniaturrepliken von europäischen Schlössern, Eisenbahnen, Werften, Schwebebahnen u. a.

Kleidung

Das sicherste Mittel, nicht nur einen Hitzschlag zu erleiden, sondern auch Opfer eines Taschendiebstahls zu werden, ist unangemessene Kleidung. Der unerfahrene Neuankömmling outet sich häufig durch lange Hosen, dicke Sokken und bunte Hemden oder Kostüme. Brasilianer kleiden sich jedoch eher dezent und sportlich. Üblich sind (auch für Senioren) Tennisschuhe, Shorts und T-Shirts. In Strandnähe reichen sogar oft die Badehose bzw. der Bikini sowie einfache Sandalen, womit man selbst für viele Restaurants ausreichend bekleidet ist. Frauen binden höchstens noch ein spezielles Strandtuch (*canga*) um, das man hier überall kaufen kann.

Am Abend ist in Tanzbars und Discos eine feinere Garderobe angebracht; bei Frauen immer noch das ›kleine Schwarze‹, bei Männern eine gute Jeanshose und ein besseres Oberhemd. Wer Zeit hat, kauft sich noch ein paar Kleidungsstücke vor Ort, man sieht dann gleich einheimischer aus und begeht dann auch keinen modischen Fauxpas.

Nur im Winter (von Juni bis September) braucht man sowohl in den höher gelegenen Regionen (z. B. Ouro Preto, Petrópolis) als auch im südlichen Teil des Landes wärmere Kleidung, zumindest noch einen Pullover und eine Jacke.

Kreuzfahrten

Sie erfreuen sich wieder zunehmender Beliebtheit, die großen Kreuzfahrten auf den klassischen Luxusdampfern (*cruzeiros*). Es gibt zahlreiche nationale und internationale Veranstalter mit unterschiedlichen Routen. Die »Rhapsody« z. B. nahm bisher die Route Rio de Janeiro–Porto Seguro–Salvador–Búzios–Rio de Janeiro (7 Tage), die »Costa Marina« Santos – Rio de Janeiro – Ilhéus – Salvador – Búzios – Santos – Rio de Janeiro (8 Tage) sowie alternativ Santos – Rio de Janeiro – Salvador – Búzios – Angra dos Reis – Santos – Rio de Janeiro (10 Tage), die »Seaborn Sun« Rio de Janeiro – Salvador – Fortaleza – Belém (9 Tage) mit Weiterfahrt in die Karibik. Es gibt auch noch weitere Linien (»Costa Allegra«, »Rembrandt«, »Costa Classica«, »Splendedor of the Seas«, »Costa Tropicale«, »Princess Danae«, »Funchal« u. a.), und auch noch ausgedehntere Touren. Das Publikum ist bei nicht wenigen, v. a. US-amerikanischen Gesellschaften, eher reiferen Alters. Über die gerade aktuellen Routen, Veranstalter, Termine und Preise informiere man sich in den Reisebüros.

Notfälle

Nationale Notruf-Telefone: Erste Hilfe und Feuerwehr 1 93 (besser aber direkt per Taxi in ein privates Krankenhaus/Hospital fahren), Polizei 1 90 (besser aber die lokale Touristenpolizei/Polícia do Turista aufsuchen).

Öffnungszeiten

Die **Banken** öffnen von Montag bis Freitag durchgehend von 10–16 Uhr (Wechselstuben noch länger), **Post- und Telegrafenämter** (correios) von 8–17 Uhr und samstags von 8–11 Uhr. Die **Geschäftszeiten** sind nicht einheitlich geregelt. Im allgemeinen ist Mo–Fr 9–18 Uhr und Sa 9–13 Uhr geöffnet. Manche Supermärkte, Einkaufscenter, Drogerien/Apotheken und Bäckerläden schließen jedoch erst um 22 Uhr bzw. sind in den größeren Städten sogar Tag und Nacht sowie So geöffnet. Die meisten **Restaurants** sind ab mittags durchgehend geöffnet. An den zahlreichen **Kiosken** *(bancas)* bekommt man fast rund um die Uhr Zeitungen und Zigaretten.

Polizei und Kontrollen

Leider ist die Polizei in Brasilien, von Ausnahmen abgesehen, alles andere als ›Dein Freund und Helfer‹. Die Rekrutierung aus den untersten Schichten, die Nähe zum organisierten Verbrechen und die unzureichende Bezahlung haben zu einer totalen Korrumpierung des Polizeiapparates geführt. Kontrollen dienen weniger dem Erhalt der öffentlichen oder privaten Sicherheit, sondern mehr dem Zweck der privaten Bereicherung. Eine Fahrzeugkontrolle endet nicht selten mit einer ›Lösegeld‹-Forderung – irgendein Defekt findet sich immer.

Als Tourist schützt man sich am besten, indem man für den Fall einer Überprüfung immer gültige Ausweisdokumente mit sich führt. Ohne Ausweispapiere können Bußgeldstrafen in absurder Höhe auferlegt werden. Bei Kontrollen sollte man stets ruhig und höflich bleiben und u. U. nach einigem Hin und Her eine kleinere Geldforderung akzeptieren. Ansonsten meide man jeglichen Kontakt mit der Polizei, sowohl der Polícia Civil als auch der Polícia Militar. Auf keinen Fall öffne man die Wohnungstür ohne richterlichen Durchsuchungsbefehl.

In allen größeren Städten gibt es eine Touristenpolizei *(Polícia do Turista)*, die zwar recht langsam, aber durchaus vertrauenswürdig ist. Zumindest bekommt man dort die nötigen Versicherungsbescheinigungen im Falle eines Diebstahls (u. a. Polícia do Turista, Rio de Janeiro, Av. Afrânio de Mello Franco 159/ Ipanema, Tel. 33 99 71 70). Ansonsten ist es ratsamer, Hilfe bei den diplomatischen Vertretungen zu suchen.

Post, Telefax und Telefon

Das brasilianische **Postwesen** funktioniert relativ zuverlässig, in der Regel erreichen Briefe den Adressaten. Von nicht registrierten Wertsendungen sollte man jedoch absehen. Postämter *(correios)* finden sich in fast jedem Stadtteil (meist Mo–Fr durchgehend 8–17, Sa 8–11 Uhr geöffnet). Briefe sollte man grundsätzlich dort abgeben und nicht in den Briefkasten werfen. Im Durchschnitt benötigt eine Briefsendung zwischen Brasilien und Europa fünf Tage. Für Päckchen oder Pakete gibt es bei den Postämtern vorgefertigte Pappkartons, ansonsten entspricht das Verfahren den international üblichen Regeln. Viele Postämter bieten auch einen **Telefax-Service.**

Das Telefonnetz ist gut ausgebaut und modern, leider wechseln die Nummern häufig. Telefonieren ist in Brasilien eine kollektive Sucht, Verabredungen gelingen nur nach mehrfacher telefonischer Rückbestätigung. Das Handy erfreut sich immer größerer Beliebheit (Miete möglich, meist direkt am Flughafen; das Betriebssystem ist überwiegend GSM und erlaubt die Nutzung europäischer Handys, in die man sich aber in Brasilien einen günstigen lokalen *prepaid chip* einsetzen lassen sollte – Pass mitnehmen; dann kann man eine Karte kaufen).

Die staatliche Telefongesellschaft in Brasilien wurde privatisiert und an verschiedene Kapitalgesellschaften verkauft. Die Nr. 21 ist die Kennzahl einer dieser Gesellschaften. (In Brasilien steht an der Stelle immer XX, aber zum besseren Verständnis ist im Buch die 21 angegeben.) Sollte es Probleme mit der Verbindung geben, kann auch eine inzwischen fast landesweit operierende andere Gesellschaft mit der Nr. 23 oder auch 31 gewählt werden.

Für **Auslandsgespräche** suche man einen Posto Telefónico oder ein Internet-Café auf, falls man nicht bedeutend teurer vom Hotel aus telefonieren will. Die **Vorwahl für Deutschland** lautet 00 21 49, **für die Schweiz** 00 21 41 und **für Österreich** 00 21 43 (anschließend die 0 bei der Ortsnetzkennzahl weglassen). Eine Gesprächsminute kostet ca. 1 Real. Man beachte beim Telefonieren auch die Zeitverschiebung.

Die **Vorwahl von Europa aus** lautet 00 55. Die brasilianische Auslandsauskunft hat die Nummer 08 00 90 21 00 oder 08 00 34 29 23 (auch englischsprachig), die Inlandsauskunft am eigenen Ort erreicht man unter der Nummer 1 02, die Inlandsauskunft entfernter Orte unter der DDD-Ortsnetzvorwahl plus 1 02.

Für **Orts- und Inlandsgespräche** stehen zusätzlich die zahlreichen öffentlichen Telefonzellen (*orelhão* = großes Ohr) zur Verfügung, die mit Telefonkarten (*cartão telefônico*) bedient werden (erhältlich an Zeitungskiosken). An vielen *orelhões* kann man auch Telefongespräche empfangen.

Preisniveau im Reiseland

Seit der Abwertung des brasilianischen Real und Einführung eines flexiblen Wechselkurssystems 1999 ist Brasilien wieder ein relativ preisgünstiges Reiseland. Die Hotel- und Restaurantpreise liegen – bei vergleichbaren Leistungen – deutlich unter dem europäischen Niveau. Abseits der touristischen Hochburgen lebt man sogar mehr als 50 % billiger als in der Heimat. Besonders preiswert sind alkoholische Getränke wie Caipirinha und Bier sowie Zigaretten.

Reiselektüre

Im Kapitel ›Die Literatur der Gegenwart‹ (s. S. 70ff.) werden Tendenzen der brasilianischen Gegenwartsliteratur dargestellt. Fast obligatorisch im Reisegepäck sind Romane von **Jorge Amado**, Brasiliens bedeutendstem Romancier. Darüber hinaus seien hier noch folgende Empfehlungen gegeben:

Claude Lévi-Strauss, Traurige Tropen, Suhrkamp 1999; Hauptwerk des großen französischen Anthropologen über seinen Aufenthalt in Brasilien und seine Indianerstudien in den 30er Jahren

Euclides da Cunha, Krieg im Sertão, Suhrkamp 2000; großer Roman über den Krieg zwischen Regierungstruppen und den Aufständischen von Canudos im 19. Jahrhundert

Stefan Zweig, Brasilien – ein Land der Zukunft, Insel-Verlag 1997; Reisebuch und Liebeserklärung an das Brasilien von 1940/41 – recht schwärmerisch-harmonisierend, jedoch von hohem sprachlich-literarischen Wert

Patrick Grainville, Zorn, Klett-Cotta 1994 (franz. Original 1992); der beste zeitgenössische Roman eines Ausländers über Rio de Janeiro

John Updike, Brasilien, Rowohlt 1997; aus dem Brasilienaufenthalt des Erfolgsautors erwachsener Roman (vergnüglich, aber voller Klischees)

João Ubaldo Ribeiro, Ein Brasilianer in Berlin, Suhrkamp 1994; köstlich-ironische Essaysammlung des berühmten Schriftstellers über die seltsamen Deutschen (Textauszug s. S. 226/227)

Bernecker/Pietschmann/Zoller, Eine kleine Geschichte Brasiliens, Edition Suhrkamp 2000; auch für Laien verständlicher und genau recherchierter geschichtswissenschaftlicher Abriss

Carl D. Goerdeler, Kulturschock Brasilien, Reise Know How-Verlag 2002; unterhaltsam und hervorragend geeignet zum Verständnis des brasilianischen Alltags und seiner kulturellen Eigenheiten

Reisen in Brasilien

Reisevorschläge

Brasilien ist 24mal so groß wie Deutschland. Unmöglich kann man bei einem normalen Urlaub alles kennenlernen. Die meisten Touristen beschränken sich zunächst auf zwei bis drei Orte, kommen jedoch bald wieder, um weitere Ziele zu besuchen. Obwohl es auch Direktflüge von Europa aus in den Nordosten gibt, ist Rio de Janeiro immer noch das Haupteintrittstor.

Von dort aus geht es in nordöstlicher Richtung an der Küste entlang durch Bahia bis Belém, dann ins Landesinnere bis Manaus/Amazonas mit anschließender Stippvisite in Brasília und schließlich durch das Pantanalgebiet und über Foz do Iguaçu bis in den äußersten Süden bei Porto Alegre. Danach führt die Route in nordöstlicher Richtung über Florianópolis, Curitiba und São Paulo wieder zurück.

Wer diese umfassende Rundreise unternehmen will, wird schon ein paar Monate benötigen. Gemeinhin wird man jedoch ›springen‹. Wegen der großen Entfernungen ist u. U. der Erwerb eines Brasil-Airpasses zu empfehlen, der zu fünf bis acht beliebig weiten Inlandsflügen berechtigt, oder eines Mercosur-Passes.

Welche Ziele man anfliegen will, hängt natürlich von den individuellen Wünschen und Neigungen ab. Dennoch haben sich einige Orte oder Regionen herauskristallisiert, die touristisch am interessantesten sind (s. S. 14). Eine **Ideal-Tour** mittleren Umfangs mit Rundreisecharakter könnte z. B. folgendermaßen aussehen:

1. Rio de Janeiro mit Abstechern nach Ouro Preto und Búzios, Angra dos Reis/Ilha Grande und Parati (per Bus)
2. Porto Seguro und Umgebung (per Bus oder Flugzeug)
3. Salvador und Umgebung (per Bus oder Flugzeug)
4. Fortaleza (per Bus oder Flugzeug) mit Abstechern nach Jericoacoara und Canoa Quebrada (per Bus)
5. Manaus/Amazonas (per Flugzeug oder Boot ab Belém)
6. Pantanal (per Bus oder Flugzeug)
7. Foz do Iguaçú (per Bus oder Flugzeug)

Wer jedoch keine Rundreise beabsichtigt und sich statt dessen auf bestimmte Regionen konzentrieren will, kann zudem das jeweilige Übersichtskapitel am Beginn eines jeden Reiseabschnittes zu Rate ziehen.

... mit dem Flugzeug

Bei großen Entfernungen empfiehlt sich die Benutzung des Flugzeuges. Die wichtigsten nationalen Linien, Varig und TAM, unterhalten ein großes Flugnetz und entsprechen in etwa den europäischen Sicherheitsstandards. Die Preise für Inlandsflüge sind jedoch recht hoch, weshalb man bei mehreren größeren Langstrecken unbedingt vorher einen Airpaß oder besser noch Mercosur-Paß erwerben sollte (s. o.). Sehr günstig sind die Angebote der nationalen Linien Gol und Fly.

Airpaß/Mercosur-Paß/Inlandsflüge

Wer in Brasilien mehrere Urlaubsziele ansteuern möchte, ist bei längeren Flugstrecken gut beraten, vorab in Deutschland einen sogenannten Airpaß oder auch den Mercosur-Paß zu erwerben (in Brasilien zahlt man ein Mehrfaches dafür, bei nur zwei bis drei kürzeren Flügen jedoch kann es jedoch vor Ort preiswerter sein, besonders bei den günstigen Linien Gol und Fly sowie durch Nachttarife und Charter- wie Unterbrechungsflüge.) Der Airpaß (es gibt verschiedene Modelle) beinhaltet um die fünf bis acht vorher festlegbare Flüge zum Preis von ca. 500 bis 800 US-$. Er muß vorab in Europa zusammen mit dem Langflugticket einer brasilianischen Fluggesellschaft (z. B. Varig oder TAM) erworben werden. Bedeutend preisgünstiger ist der Mercosur-Paß. Den obligatorischen Flug in ein Nachbarland kann man pro forma buchen und verfallen lassen. Über die vielen und sich stets ändernden Details unterrichten die Reisebüros oder die Internet-Seiten der Fluggesellschaften (www.varig.de; www.tam.com.br)

... mit dem Bus

Das Fernbusnetz ist ebenfalls gut ausgebaut, preiswert und komfortabel, besonders in den mit Schlafliegen ausgestatteten *leitos*. Trotz zahlreicher Busunternehmen gilt ein System von Einheitspreisen (Preisbeispiel: eine einfache Fahrt Rio – Salvador kostet 132 Reais). Die Fahrkarten kauft man am besten vorher in einer der Agenturen oder direkt beim Busbahnhof (Rodoviária).

Unterwegs halten die Busse alle drei bis vier Stunden an einer Tankstelle mit Imbiß. Die Pausen sind nur kurz, man merke sich die Busnummer, um anschließend nicht falsch einzusteigen. Beim Rasten lasse man keine Wertgegenstände oder Papiere im Bus zurück. Das Reisegepäck bleibt in den seitlichen Kofferabteilen verstaut (Quittung aufbewahren).

Das einzige Problem bei Busreisen sind – neben der chronischen Unterkühlung – die weiten Entfernungen bzw. die langen Fahrzeiten. Die Tabelle unten vermittelt einen genaueren Eindruck:

■ ... mit dem Taxi

Im innerstädtischen Transport empfiehlt sich in der Regel das Taxi. In den großen Städten Brasiliens ist das Taxi eines der Hauptverkehrsmittel, in Rio bestimmen die gelben Wagen mitunter das Straßenbild.

Die Preise sind bedeutend niedriger als bei uns. Leider versuchen viele Taxifahrer, unerfahrene Touristen zu betrügen, unbedingt abzuraten ist von den vor großen Hotels stehenden Taxis. Absolut zuverlässig sind die speziellen Touristentaxis an den Flughäfen, sie sind allerdings ca. 50 % teurer. Bei normalen Taxis achte man darauf, daß das *taxímetro* eingeschaltet ist. Am Tage gilt der Tarif 1, später abends, nachts und an Sonn- und Feiertagen der Tarif 2. Ein chronisches Problem ist das Fehlen von Wechselgeld. Es empfiehlt sich, stets kleinere Scheine bei sich zu haben. Trinkgelder sind nicht üblich, man runde lediglich den geforderten Betrag auf.

Sicher und modern sind die **U-Bahn-Linien** in São Paulo, Rio, Recife und Belo Horizonte. Das **Busnetz** ist hier ebenfalls gut ausgebaut.

■ ... mit dem Mietwagen

In Brasilien gibt es zahlreiche Autoverleihfirmen, die größten bieten ihren Service auch am Flughafen an. Der Tagespreis für den einfachsten Kleinwagen liegt bei ca. 100 R$; man frage auch nach oft preiswerten Mehrtages- und Wochenendtarifen. Empfehlenswert ist eine Anmietung bei den größeren Firmen. Neben den internationalen Anbietern Avis (www.avis.com oder www.avis.com.br) und Hertz (www.hertz.com oder www.hertz.com.br) finden sich in fast allen größeren Städten sowie an den Flughäfen Büros der folgenden großen brasilianischen Unternehmen: Interlocadora (www.interlocadora.com.br), Localiza (www.localiza.com.br), Nobre (www.nobre-rent-a-car.com.br) und Unidas (www.unidas.com.br). Lokale Telefonnummern finden sich im Teil »Tips von Ort zu Ort«. Man erkundige sich stets, ob im Mietpreis auch Versicherungen und andere Kosten enthalten sind. Wichtig ist auch zu wissen, ob der Wagen mit *gasolina* oder *álcool* betrieben wird.

Vom Süden des Landes einmal abgesehen, sind zudem die Straßenverhältnisse häufig prekär, und das Verkehrsverhalten ist rüde bis fahrlässig. Auf keinen Fall sollte man nachts über Land fahren, falsch eingestellte Scheinwerfer der entgegenkommenden Fahrzeuge sowie unangekündigte Schlaglöcher machen die Reise zum lebensgefährlichen Abenteuer. Ein Miet-

Das Fernbusnetz

Abfahrtsort	Zielort	Busgesellschaft	Entfernung (km)	Fahrtzeit (ca. Std.)
Rio	Iguaçú	Pluma	1500	23
Rio	Florianópolis	Penha	1131	16
Rio	São Paulo	Itapemirim	429	6,5
Rio	Ouro Petro	Util	410	7
Rio	Salvador	Itapemirim	1687	29
Salvador	Recife		835	15
Recife	Natal		365	5
Natal	Fortaleza		520	8
Fortaleza	Belém		1600	24
Fortaleza	São Luis		1080	18
S˜ao Luis	Belém		830	12

Entfernungen in km

	Manaus	Natal	Recife	Rio	Salvador	São Luís	São Paulo
Belém	5298	2108	2074	3250	2100	806	2933
Blumenau	4294	3613	3326	1096	2633	3488	656
Brasília	3490	2507	2220	1148	1531	2157	1015
Curitiba	4036	3365	3078	853	2385	3230	408
Foz do Iguaçú	3821	3859	3572	1472	2885	3418	1047
Maceió	5491	572	4590	2131	632	1672	2453
Manaus	–	5985	5698	4374	5009	5335	3971
Porto Alegre	4563	4066	3779	1553	3090	3891	1109
Salvador	5009	1126	839	1649	–	1599	1962

wagen ist höchstens ratsam für einen kurzen Abstecher vom Urlaubsort in die nähere Umgebung, da man größere Strecken am besten per Flugzeug oder im modernen Fernbus bewältigt. Im Nordosten ist für Strandtouren über die Dünen ein Buggy zu empfehlen, für nicht Ortskundige und wegen der Risiken der Dünenlandschaft am besten mit Fahrer.

Voraussetzung für die Miete eines Leihwagens ist ein Mindestalter von 21 Jahren, eine mindestens zwei Jahre bestehende Fahrerlaubnis, der Internationale Führerschein (sicherheitshalber auch der nationale) und eine Kreditkarte. Es ist zu beachten, daß in ganz Brasilien inzwischen die Anschnallpflicht gilt.

Seit 1998 gibt es ein neues Verkehrsgesetz, das hinsichtlich der Strafen zu den härtesten der Welt zählt. Fahren Sie nicht mit mehr als 0,6 Promille Blutalkohol und beachten Sie die Höchstgeschwindigkeitsangaben. Bei Kontrollen sollte man wissen, daß viele Polizisten nur ihren geringen Sold aufbessern wollen. Verglichen mit den hohen offiziellen Strafen kommt man dabei meist günstiger weg, obwohl man andererseits der Korruption nicht weiter Vorschub leisten sollte.

■ ... mit dem Zug

Das brasilianische Eisenbahnsystem dient fast ausschließlich dem Gütertransport. Eine Ausnahme bilden besondere, oft ebenso nostalgische wie abenteuerliche Bahnstrecken für touristische Zwecke, z. B. in Paraná zwischen Curitiba und Morretes, zwischen São Paulo und dem Pantanal. Nähere Auskünfte erteilen die Reisebüros.

■ ... mit dem Schiff

In Amazonien, vor allem zwischen Belém, Santarém und Manaus, ist die Flußschifffahrt besonders gut entwickelt und kann eine willkommene touristische Abwechslung darstellen. Passagierlinien verkehren auch auf dem Rio São Francisco (Minas Gerais, Bahia, Pernambuco) sowie auf einigen Abschnitten des Rio Paraná (Mato Grosso und Mato Grosso do Sul). An Deck gibt es Hängematten zum Schlafen (2. Klasse), in der ersten Klasse läßt man sich in einer recht engen Kajüte nieder.

Eine knappe Übersicht zu den nationalen Reiseverkehrsmitteln findet sich auch im Internet unter www.derreisefuehrer.com/data/br/br010.asp (Flugzeug, Schiff, Bahn, Bus/ Pkw, Stadtverkehr).

Reisezeit

Brasilien kann im Prinzip – je nach konkretem Reiseziel – ganzjährig bereist werden, man sollte jedoch unbedingt einige klimatische, regionale und saisonale Besonderheiten berücksichtigen. Vor allem ist zu beachten, daß die Jahreszeiten hier gegenüber der nördlichen Erdhalbkugel vertauscht sind.

Die meisten europäischen Gäste besuchen das warme Tropenland während der heimatlichen Wintermonate. Auch lockt der Karneval. Die Zeit von Mitte Dezember bis zum Karneval ist jedoch auch die Hauptreisezeit der Brasilianer. Einerseits ist dann alles voller und teurer, gleichzeitig aber belebter und unter Umständen interessanter. Außerhalb der Saison können nämlich die Stadtstrände (von Rio de Janeiro einmal abgesehen) befremdlich menschenleer und öde sein, nur sonntags verändert sich dann das Bild. Während des brasilianischen Sommers ist das Klima im ganzen Land wärmer, im Norden (Amazonien) und Nordosten (Belém und São Luís) wird es jedoch zwischen Dezember und April recht schwül und regnerisch (Regenzeit). Die Einheimischen nennen diese Zeit mangels echter Jahreszeiten gar ›Winter‹.

Die zweite Hauptreisezeit ist der eigentliche ›Winter‹-Monat Juli, der Ferienmonat in Brasilien. Wer die Sonne sucht, sollte den Süden des Landes zwischen Juni und September meiden. Dort kann die Temperatur bis unter den Gefrierpunkt fallen, bei fehlender Zentralheizung keine angenehme Erfahrung. Auch im Südosten (São Paulo und Rio de Janeiro) sind zu der Zeit Temperaturen zwischen 10 und 15 Grad Celsius keine Seltenheit. Je weiter man jedoch nach Norden in Äquatornähe kommt, desto geringer sind die jahreszeitlichen Temperaturschwankungen. Der Nordosten ist zu dieser Zeit sicher das ideale Reisegebiet, auch wegen der im Juni/Juli stattfindenden Festas juninas.

In den anderen Jahreszeiten, also dem brasilianischen Herbst und Frühling, ist Nebensaison. Die Ferienorte sind weniger belebt und die Preise niedriger. Im Nordosten bleibt das Klima konstant tropisch, im Süden und Südosten ist es jedoch Glücksache, wieviele schöne Sonnentage man genießen kann.

Sicherheitsregeln

Obwohl die Gesamtzahl der kriminellen Delikte in Brasilien weiter ansteigt, haben sich dank zahlreicher Schutzmaßnahmen der Stadtverwaltungen die Gefahren für Touristen deutlich verringert. Traditionell am ungefährlichsten ist der Aufenthalt in den europäisch geprägten, wohlhabenden Südstaaten, aber auch im armen Nordosten – von in letzter Zeit häufiger gewordenen Überfällen in Fortaleza abgesehen – geht es recht ruhig und friedlich zu. Lediglich in den großen städtischen Ballungszentren des Südostens (Rio und São Paulo) sind Diebstahldelikte häufiger. Man sollte folgende Verhaltensregeln beherzigen:

Fast am wichtigsten ist, keine Angst zu haben, sich natürlich zu bewegen und dennoch die Augen offenzuhalten. Diebe spüren schnell den verunsicherten Neuling und wittern leichte Beute. Auch auffällige, unangemessene Kleidung sowie offen umgehängte Fotoapparate und Videokameras, Schmuck und teure Armbanduhren können provozierend wirken, ebenso das Portemonnaie in der Gesäßtasche. Geld sollte man nur in kleinen Mengen lose in der Vordertasche mit sich führen und bei einem Überfall sofort ohne Gegenwehr herausgeben, um jegliche Eskalation zu vermeiden (auch wenn die Täter nur Kinder sind). An finsteren, unbeleuchteten Orten sowie in dichtem Gedränge (Karneval!) ist das Überfallrisiko bedeutend höher. Am Strand sollte man seine Sachen nie unbeaufsichtigt lassen. In Rio an der Copacabana nie bei Dämmerung oder Dunkelheit direkt bis ans Wasser gehen.

Die Polizei zu rufen, ist sinnlos, geraubte Wertgegenstände gibt man bei der Polícia do Turista an, um eine Bescheinigung für die heimische Versicherung zu erhalten. Im Falle eines – recht seltenen – Hoteldiebstahls reicht häufig auch eine Bescheinigung der Hoteldirektion.

Souvenirs

Edelsteine

Brasilien gehört bis heute zu den Ländern mit den größten Edelsteinvorkommen. Von Smaragden, Saphiren, Rubinen, Opalen und Topasen bis zu 18karätigem Gold kann man hier fast alles preisgünstiger erwerben als bei uns zu Hause. Allerdings ist auch das Risiko größer, einem unseriösen Geschäft zum Opfer zu fallen. Selbst für Kenner wird es immer schwieriger, echte von unechten Steinen zu unterscheiden. Nicht nur die Imitationen werden stets perfekter, seit Ende des 19. Jh. gibt es zunehmend synthetische Steine, die dieselben physikalischen und optischen Merkmale aufweisen wie die echten.

Wer große Summen anlegen will, sollte auf jeden Fall ein Analyse-Zertifikat eines anerkannten Edelsteinlabors fordern. Am besten ist man noch beraten, bei den beiden großen Marktführern ›Stern‹ und ›Amsterdam Sauer‹ zu kaufen. Sehenswert sind auch die von ihnen unterhaltenen Edelsteinmuseen. Die Häuser bieten übrigens kostenlos und ohne Kaufverpflichtung Taxi-Transfers vom Hotel zum Geschäft und zurück. Bei Vorab-Preisinformationen hilft auch gern der in Rio lebende Autor (heltau@ig.com.br). Bei kleineren Läden, die bedeutend preiswerter sein können, hole man sicherheitshalber hinsichtlich der Seriösität zumindest den Rat der örtlichen Touristenbehörde ein. Beim Kauf auf der Straße oder einem offenen Markt trifft man meistens Imitationen oder bestenfalls einfache Halbedelsteine an. Diese können jedoch auch schön sein und ihren Zweck als kleines Souvenir ebenfalls erfüllen.

■ Kunsthandwerk u. a.

Außer Edelsteinprodukten trifft man in Brasilien auf ein reichhaltiges Angebot an Mitbringseln. Im Norden und Nordosten, vor allem in Fortaleza, Belém und Santarém, sind **Hängematten** (*redes*) besonders zu empfehlen, die zugleich bei einem Urwaldaufenthalt von Nutzen sein können. Auf den Märkten gibt es preiswerte **Lederwaren**, **Spitzen** und handgehäkelte **Tischdecken**, aus Holz geschnitzte **Tierfratzen** (*carrancas*) und in Flaschen und Gläser gefüllte farbige **Sandmischungen**. Im Amazonasgebiet wird viel **indianisches Kunsthandwerk** angeboten. Das typischste Mitbringsel aus Salvador ist der ***berimbau***, ein afrobrasilianisches Musikinstrument. Wer in den Süden reist, wird noch am ehesten das seltsam anmutende Tee-Trinkgefäß der Gaúchos, den sogenannten ***chimarrão***, mitbringen. Ansonsten findet man in jedem Touristenort Brasiliens T-Shirts mit speziellen Motiven der Region. Fast obligatorisch im Rückreisegepäck sind CDs mit Interpreten der Música Popular Brasileira.

Trinkgeld

In fast allen Hotels und Restaurants ist es inzwischen gebräuchlich, bei der Rechnung gleich 10 % Bedienungsgeld aufzuschlagen. Zusätzliche Trinkgelder, auch im Falle eines besonders guten Services, erübrigen sich! In manchen Restaurants befindet sich auf der Rechnung jedoch die Aufschrift Serviço não incluido (Bedienungsgeld nicht inbegriffen), in diesem Falle gebe man selbst ca. 10 % hinzu. Dem Zimmerpersonal oder Gepäckträger gebe man 1 bis 2 Reais.

Unterkunft

Jedes Jahr erscheint in Brasilien ein ausgezeichneter Hotel- und Restaurantführer (›Guia Brasil‹) von ›4 rodas‹, erhältlich an allen Zeitungskiosken (bancas). Er kann auch in Europa online bestellt werden (www.brasilien.de/Shop/Bubcher.html).

Insgesamt liegen die Preise für Unterkünfte deutlich unter dem europäischen Niveau. In der Regel sind Reservierungen von der Heimat aus – sei es über Reisebüros oder per Internet – genauso günstig oder sogar preiswerter als Buchungen vor Ort, zumindest bei größeren Hotels. Zahlreiche Angebote finden sich im Internet unter folgenden Adressen: www.hotels-central.de und www.derreisefuehrer.com/data/br/br012.asp. Wer vor Ort bucht, sollte an der Rezeption jedoch stets nach dem aktuellen Rabatt (*desconto*) fragen, der nicht an der ausgehängten Preistafel angegeben ist. Außerhalb der Saison bekommt man eine Ermäßigung bis zu 40 %.

Pensionen

In kleineren und mittleren Küstenorten werden Unterkünfte häufig in **Pensionen** (*pousadas*) angeboten. Sie sind zumeist preiswerter als Hotels und bieten ein stimmungsvolleres Ambiente in rustikalem Stil mit Terrassen- oder Gartenanlage. In den entsprechenden Regionen sind die Betten mit Moskitonetzen ausgestattet.

Hotels

In den Großstädten ist man stärker auf Hotels angewiesen; das Angebot ist groß und umfaßt alle Kategorien. Fast immer ist das Frühstück im Preis inbegriffen. Zur Hauptreisezeit im Januar sowie teilweise im Juli empfiehlt sich eine vorherige Reservierung, notfalls findet man jedoch auch vor Ort immer noch etwas.

Appartements

Überlegenswert ist auch die Miete eines Appartements. Die Preise sind günstiger und die individuellen Freiheiten größer. Speziell in Rio bieten die Reisebüros hierin eine große Auswahl.

Hotel-Fazendas

Eine besondere Attraktion stellen die sog. Hotel-Fazendas dar. Es sind größere Anlagen mitten in der Natur mit kleinen Einzelhäusern (*chalés*), Sauna und Schwimmbad, vielen Wander-, Reit- und Sportmöglichkeiten sowie guter Verpflegung. Immer beliebter werden auch die **Lodge**-Unterkünfte mitten im Regenwald (s. S. 229).

Motels

An den Ein- und Ausfallstraßen der Vororte großer Städte wird man immer wieder bunt beleuchtete Motels sehen, die jedoch trotz des Namens weniger dem bloßen Übernachtungszweck dienen. Es sind Liebes-Motels; in keinem anderen Land der Welt gibt es so viele wie in Brasilien. Am Wochenende gehört es zum Standardprogramm vieler Liebespärchen, hier ein paar schöne gemeinsame Stunden zu verbringen. Da man/frau in Brasilien normalerweise bis zur Hochzeit im Hause der Eltern wohnt, ist aus räumlichen und religiös-moralischen Gründen das zärtliche Einverständnis in den eigenen vier Wänden diversen Einschränkungen unterworfen. Zudem tauschen Paare gern die Enge und Bescheidenheit des häuslichen Ambientes gegen eine Nacht im französischen Luxusbett unter einer glitzernden Spiegeldecke. Die Preise sind moderat, nach Zeit gestaffelt und meistens sogar niedriger als in normalen Hotels. Man fährt ganz anonym mit dem Wagen oder Taxi direkt in eine Garage, schließt die Pforte hinter sich und begibt sich in das vergnügliche Ambiente mit Sauna, Whirl-Pool, Schwimmbad, Musikanlage, Fernseher und Bestellservice. Bezahlt wird erst hinterher bei Übergabe des Etablissements oder beim Rausfahren.

Tip: Probieren Sie einmal eines dieser Motels aus, sie gehören zu Brasilien! In Rio de Janeiro z. B. ist das Vip's eine der nobleren Adressen: Av. Niemeyer 418, Leblon, Tel. 33 22 16 62, www.vipsmotel.com.br, Preis für 8 Std. je nach Kategorie 60–400 R$

Jugendherbergen

Wer in Jugendherbergen (*albergues da juventude*) übernachten will, besorge sich die Adressen über den brasilianischen Jugendherbergsverband (Associação de Albergues da Juventude, Rua da Assembléia 10, sala 1616, Rio de Janeiro, Tel. 25 31 22 34, www.alberguedajuventude.com.br).

Der Verband hat internationalen Charakter, so daß der einheimische Mitgliedsausweis auch hier Gültigkeit besitzt. Notfalls kann man sich auch eine Guest Card ausstellen lassen (Kopie des Reisepasses und zwei Paßfotos im Format 3 x 4 cm). Fast alle Herbergen befinden sich im Küstenstreifen zwischen Fortaleza und Salvador (Nordosten), zwischen Vitória/Belo Horizonte und São Paulo (Südosten) sowie zwischen Blumenau und Porto Alegre (Süden). Sie sind recht komfortabel und kosten ca. 10–20 Reais pro Übernachtung mit Frühstück.

Campingplätze

Campingplätze befinden sich meist in der näheren Umgebung der Küstenstädte. Sie sind zahlreich vorhanden und gut ausgestattet. Der Camping Clube do Brasil (CCB) besitzt 40 Campingplätze in zehn verschiedenen Bundesstaaten. Besitzer eines internationalen Campingausweises bekommen 50 % Ermäßigung auf den offiziellen Tagespreis (HS: 11 R$ pro Person und Nacht, NS: 9 R$). Der CCB hat eine zentrale Vertretung: 20037-900 Rio de Janeiro (Centro), Rua Senador Dantas 75, 29. Stock (*andar*), Tel. (0 21) **2**2 10 31 71, Fax (0 21) 22 62 31 43, www.campingclube.com.br, ccb@campingclube.com.br. Weitere Adressen findet man in dem jährlich erscheinenden Führer ›Guia das Áreas de Camping‹, der an den Zeitungskiosken erhältlich ist.

Freies Campen ist in Brasilien eher unüblich und auch gefährlicher.

Verhaltenstips auf einen Blick

- Normal kleiden, auffälligen Gringo-Look vermeiden
- Stets nur kleine Geldmengen bei sich tragen; kein Portemonnaie in der Gesäßtasche
- Weder FKK noch ›Oben ohne‹ an normalen Stränden
- Strömungen, Untiefen, Riffe und Wasserqualität beachten
- Die brasilianische ›Kultur der Unpünktlichkeit‹ in Grenzen akzeptieren
- Verabredungen kurz vorher telefonisch bestätigen lassen
- Fahrten mit dem Mietwagen bei Nacht möglichst vermeiden (Straßenzustand, blendende Scheinwerfer)
- Taxifahrten nur bei eingeschaltetem *taxímetro*
- Vor Ablauf des 90-Tage-Visums Aufenthaltserlaubnis verlängern lassen
- Bei Arztbesuchen Quittung ausstellen lassen
- Kein unabgekochtes Leitungswasser trinken (Cholera-Gefahr)
- Bei Problemen vorzugsweise spezielle Touristenpolizei aufsuchen
- Hände weg von Drogen jeglicher Art

Zeitungen

In den touristischen Vierteln von Rio de Janeiro findet man an vielen Kiosken die wichtigsten ausländischen Zeitungen und Zeitschriften, in den anderen Großstädten nur in größeren Verkaufsstellen oder den Buchläden der Flughäfen.

In São Paulo erscheint wöchentlich in kleiner Auflage die konservativ ausgerichtete ›Deutsche Zeitung‹. Der Informationsteil ist gegenüber dem Anzeigenteil stark untergewichtet und weitgehend von großen deutschen Tageszeitungen wie der ›Frankfurter Allgemeinen‹ übernommen.

Zeitverschiebung

Innerhalb Brasiliens gibt es vier verschiedene Zeitzonen, die sich jeweils um eine Stunde unterscheiden. Zusätzlich muß noch die Sommerzeit berücksichtigt werden. Aus diesen Gründen schwankt der Zeitunterschied zwischen Brasilien und Mitteleuropa je nach Ort und Jahreszeit beträchtlich, nämlich zwischen drei und sieben Stunden. Vor allem beim Telefonieren in die Heimat kann dies unter Umständen wichtig sein.

Im überwiegenden Teil des Landes gilt die Uhrzeit von Brasília (hora do Brasíl), der normale Unterschied zur Mitteleuropäischen Zeit (MEZ) beträgt vier Stunden (z. B. Frankfurt 12 Uhr, Rio de Janeiro 8 Uhr). Zu diesem Teil gehört neben dem Bundesdistrikt von Brasília der Süden Brasiliens, der Südosten (Rio de Janeiro und São Paulo), der Nordosten und Teile des Nordens (Tocantins, Pará östlich des Rio Xingu und Amapá).

Fünf Stunden beträgt der Zeitunterschied im überwiegenden Teil des Nordens (östliches Amazonasgebiet, Roraima, Rondônia und Pará westlich des Rio Xingu) sowie im größeren Teil des Mittelwestens (Mato Grosso und Mato Grosso do Sul). Sechs Stunden gar beträgt der Zeitunterschied im westlicheren Teil des Nordens (westliches Amazonasgebiet und Acre).

Während der europäischen Sommerzeit von März bis Oktober muß jedoch noch je eine Stunde hinzugerechnet werden, so daß die Zeitdifferenz zwischen fünf und sieben Stunden beträgt. Während der brasilianischen Sommerzeit von Oktober bis Februar, die für einige Regionen wie die Bundesstaaten nördlich von Bahia jedoch nicht gilt, muß umgekehrt eine Stunde abgerechnet werden, so daß die Zeitverschiebung dann in Rio de Janeiro z. B. lediglich drei Stunden ausmacht.

Zollbestimmungen

Bei der **Einreise** sind Gegenstände des persönlichen Bedarfs zollfrei. Pro Person darf von jeder Art je ein elektrisches oder elektronisches Gerät abgabenfrei eingeführt werden, ratsam ist jedoch bei Geräten im Wert von über 500 US-$ eine Registrierung. Geschenke sind bis zum Wert von 500 US-$ zollfrei, und zusätzlich Duty-free-Artikel im Werte von ebenfalls bis zu 500 US-$ (jedoch nur 3 elektronische Geräte, nur 20 Schachteln Zigaretten usw.) Zigaretten braucht man eigentlich nicht von zu Hause mitzubringen, da man in Brasilien gute Marken für weniger als die Hälfte des deutschen Preises bekommt.

Touristen, die über die Flughäfen von Rio de Janeiro, Brasília oder Foz do Iguaçú ein- oder ausreisen, müssen auf einem Formular alles deklarieren (außer den am Einreiseort erworbenen Duty-free-Artikeln), was den Warenfreibetrag von 500 US-$ übersteigt (bei Einreise auf dem Landweg ist der Freibetrag 150 US-$).

Wer meint, nichts deklarieren zu müssen (*nada a declarar*), begibt sich gleich zu einem anderen Ausgang. Dort drückt man noch auf einen Knopf und kann bei grünem Licht beruhigt weitergehen. Bei Rot – höchst selten – steht eine Gepäckkontrolle bevor. Das System beruht jedoch – wie manche meinen – nicht auf dem Zufall, sondern wird von einem Zollbeamten gesteuert. Schlimmstenfalls können nichtdeklarierte Geräte im Wert von mehr als 500 US-$ vorerst beschlagnahmt werden.

Bei der **Rückreise** müssen die mitgebrachten Geräte wieder ausgeführt werden. Im Falle eines Diebstahls zeige man ggfs. das Polizeiprotokoll (boletim de ocorrência). Ausfuhrverbot besteht für lebende Tiere (z. B. Papageien) wie für Tierhäute und Felle, für ungeschliffene Edelsteine, Fossilien und natürlich auch für Drogen und Waffen.

Sprachführer

Landessprache ist Portugiesisch. Englisch wird in Brasilien in größeren Hotels und Deutsch nur in einigen Kleinstädten des Südens (Blumenau, Pomerode, Joinville) gesprochen. Mit Spanisch kann man sich teilweise behelfen, doch gibt es viele Begriffe und Redewendungen, die man auf portugiesisch bzw. in der brasilianischen Form kennen sollte.

Dringend zu empfehlen ist die Mitnahme eines Wörterbuches (z. B. »Brasilianisch« von Langenscheidt). Wer die Sprache richtig erlernen will, kann mit dem empfehlenswerten Lehrwerk von Claus Metzger beginnen: Langenscheidts Praktisches Lehrbuch Brasilianisch (mit Audiocassetten).

Wer schon ein wenig das europäische Portugiesisch beherrscht, hat natürlich kaum Schwierigkeiten, obwohl viele sagen, daß das **brasilianische Portugiesisch** schon fast eine eigene Sprache darstellt. Tatsächlich gibt es beträchtliche Unterschiede in Vokabular, Idiomatik, Grammatik und Aussprache. Doch die Toleranz der Brasilianer gegenüber radebrechenden Ausländern ist wahrlich grenzenlos, nie wird man einen ungeduldigen Gesichtsausdruck oder gar eine Sprachkorrektur erleben. Alles ist richtig, wenn man nur verstanden wird.

Bei der **Aussprache** wird der Unterschied zum europäischen Portugiesisch am offenkundigsten. Die brasilianische Aussprache, vor allem in Rio und Bahia, ist weicher und melodischer. So werden **x, z, ch** und **g** (vor hellen Vokalen: e, i) wie ›sch‹ gesprochen, **j** wie jsch, **ç** und **c** (vor hellen Vokalen) wie ein stimmloses ›s‹. Harte Konsonanten werden oft vokalisiert, z. B. wird **l** nach einem Vokal wie ›u‹ ausgesprochen (Brasiu = Brasil), **lh** wie ›ij‹, **nh** wie ›nj‹. Das harte **h** bleibt am Anfang eines Wortes gar stumm. Am Wortende wird **e** häufig wie ›tschi‹ ausgesprochen (vor allem in Rio). Die **Betonung** liegt bei fast allen Wörtern auf der vorletzten Silbe, falls nicht Akzentzeichen (á, â) etwas anderes verlangen. Sagt schon die legere Aussprache manches über den Charakter eines Volkes aus, so noch mehr **Vokabular** und **Idiomatik.**

Die folgenden Situationen und Szenen aus dem Alltag geben einen ersten Eindruck vom **mentalitätsspezifischen Sprachgebrauch**. Man legt sich nicht gern fest in Brasilien, statt ›ja, nein‹ (*sim, não*) hört man viel häufiger ›vielleicht‹ (*talvez*) oder ›kann sein‹ (*pode ser*). Vieles wird auf morgen verschoben (*amanhã*). Ebenso locker geht es bei den Anredeformen zu. Außer bei älteren Leuten oder bei Respektspersonen (*a Senhora, o Senhor*) gilt wie im Englischen das intimere ›Du‹ (*você*). Üblich ist auch, selbst bei Fremden, sich gleich mit ›Liebe, Lieber‹ (*amor*) anzureden.

Entgegen einem verbreiteten Vorurteil sind Brasilianer äußerst höflich, bei jeder Kleinigkeit entschuldigt man sich (*desculpe*), bittet um Erlaubnis (*com licença*) oder bescheinigt seine Anteilnahme (*sinto muito* = Tut mir leid!). ›Bitte‹ heißt *por favor*, ›danke‹ *obrigado/a*. Fast ständig hört man nach dem einleitenden *oi* (Hallo!) die Frage nach dem Befinden (*tudo bem?* = Alles klar, alles o. k.?). Eine ernsthafte Antwort darauf wird nicht erwartet, lediglich *tudo bem*, bei aller Herzlichkeit bleibt man in Brasilien gleichzeitig stets an der Oberfläche. Im äußersten Falle, wenn jemand wirklich fast am Ende ist, kommt höchstens die Erwiderung *mais ou menos* (mehr oder weniger, es geht so). Man sollte also nicht alles wörtlich nehmen, schon gar nicht Einladungen oder Versprechungen. Ein freundliches tschau, *te ligo* (tschüß, ich ruf' dich an) zum Abschied bedeutet in den meisten Fällen, daß man von der netten Person nie wieder etwas hören wird – oder mit beträchtlicher Verspätung, wenn man sich kaum noch erinnert. Insistierendes Nachfragen (wann, wo: *quando, onde*) nützt wenig. Leider (*infelizmente*) oder: Wie schade (*que pena*)!

Allgemeines

Guten Tag	Bom dia
Guten Tag	Boa tarde (ab Mittag)
Guten Abend	Boa noite
Wie geht's, alles o. k.?	Como vai, tudo bem?
Wie heißen Sie?	Como se chama? Qual é seu nome?
Auf Wiedersehen!	Até logo!
Es war mir ein Vergnügen	(Muito) prazer
Ich spreche kein Portugiesisch	Eu não falo português
Ich spreche Englisch und Deutsch	Eu falo inglês e alemão
Ich bin	Eu sou
Deutsche(r)	alemã(o)
Österreicher	austríaco
Österreicherin	austríaca
Schweizer(in)	suíço(a)
Wieviel kostet es?	Quanto custa? Quanto é?
Wo (befindet sich)?	Onde (fica)?
Links, rechts, geradeaus	À esquerda, à direita, direto
Wann?	Quando?
Um wieviel Uhr?	Que horas?
Wie lange dauert es?	Quanto tempo demora?
Warum?	Por quê?
Ich hätte gern	Gostaria
Teuer/billig	Caro/barato
Mehr/weniger	Mais/menos
Mit/ohne	Com/sem
Heute/gestern	Hoje/ontem

Im Hotel

Haben Sie ein Zimmer frei?	Tem um quarto livre? Tem vaga?
Einzel-/Doppelzimmer	Quarto solteiro/casal
Toilette/Bad	banheiro
Wieviel kostet das Zimmer?	Quanto é a diária?
Zimmerschlüssel	Chave
Treppe/Aufzug	Escada/elevador
Stockwerk	Andar
Frühstück bis zehnUhr	Café da manha até dez horas
Bett	Cama
Moskitonetz	Mosquiteiro
Hängematte	Rede

Im Restaurant

Kellner	Garçom
Die Speisekarte bitte!	O cardápio, por favor!
Mittagessen	Almoço
Abendessen	Jantar
Vorspeise	Entrada
Fleisch	Carne
Fisch/Meeresfrüchte	Peixe/frutos do mar
Hähnchen	Frango
Nudeln	Massa
Gemüse	Legúmes
Reis	Arroz
Kartoffeln	Batatas
Salat	Salada
Salz	Sal
Pfeffer	Pimenta
Zucker	Açucar
Bier (Flasche)/(Glas)	Cerveja chope
Wein	Vinho
Kaffee	Café
Nachspeise	Sobremesa
Torte	Torta
Früchte	Frutas
Eis	Sorvete
Die Rechnung bitte!	A conta, por favor!
Trinkgeld	Gorjeta

Auf Reisen und Besichtigungstouren

Flugzeug	Avião
Flug	Vôo
Flughafen	Aeroporto
Omnibus	Ônibus
Busbahnhof	Rodoviária
Schiff	Navio
Fähre, Boot	Balsa
Autovermietung	Autolocadora

Mietwagen	Carro de aluguel
Führerschein	Carteira de motorista
Taxi	Táxi
Touristen-information	Informação turística
Reiseleiter	Guia
Reiseagentur	Agência de viagem
Exkursion	Excursão
Stadtplan	Mapa
Straße	Rua
Platz	Praça
Kirche	Igreja
Museum	Museu
Denkmal	Monumento
Festung	Fortaleza
Brücke	Ponte
Hafen	Porto
Strand	Praia
Insel	Ilha
See	Lagoa
Fluß	Rio
Wasserfall	Cachoeira

Gesundheit

Arzt	Médico
Krankenhaus	Hospital
Apotheke	Farmácia
Medikament	Remédio
Erste Hilfe	Pronto socorro
Notfall	Emergência
Unfall	Acidente
Ohnmacht	Desmaio
Schlangenbiß	Mordida de cobra
Insektenstich	Picada de inseto
Knochenbruch	Fratura
Durchfall	Diarreia
Entzündung	Inflamação
Grippe	Gripe
Fieber	Febre
Schmerzen	Dor
Kopfschmerzen	Dor de cabeça
›Kater‹	Ressaca
Aspirin	Aspirina

Zahlen

0	Zero
1	Um/uma
2	Dois/duas
3	Três
4	Quatro
5	Cinco
6	Seis
7	Sete
8	Oito
9	Nove
10	Dez
20	Vinte
30	Trinta
40	Quarenta
50	Cinquenta
60	Sessenta
70	Setenta
80	Oitenta
90	Noventa
100	Cem

Wochentage

Sonntag	Domingo
Montag	Segunda-feira
Dienstag	Terça-feira
Mittwoch	Quarta-feira
Donnerstag	Quinta-feira
Freitag	Sexta-feira
Samstag	Sábado

Monate

Januar	Janeiro
Februar	Fevereiro
März	Março
April	Abril
Mai	Maio
Juni	Junho
Juli	Julho
August	Agosto
September	Setembro
Oktober	Outobro
November	Novembro
Dezember	Dezembro

Glossar

Wichtige Begriffe aus Natur, Geschichte, Kultur, Arbeit, Alltag und Freizeit:

Academía	Gymnastik- und Aerobic-Center
Afoxé	Afrobrasilianische Musik- und Karnevalsgruppe
Albuerge	Herberge
Álcool	KFZ-Treibstoff aus destilliertem Zuckerrohr
Aldeia	Fischerdorf
Azulejos	Bemalte Wandfliesen aus Portugal mit blauen Mustern
Bagunça	Chaos, Unordnung
Beija-flor	Kolibri
Bahiana	Bewohnerin von Bahia, traditionell in weißer Tracht
Balsa	Fähre
Bandeirantes	Wörtl. Fahnenträger; Abenteurer und Eroberer des brasilianischen Hinterlandes
Barraca	Einfacher Strandkiosk mit Imbiß
Bateria	Percussion- und Rhythmusmusiker
Berimbau	Afrobrasilianisches Begleitinstrument zum Æ Capoeira-Tanz
Bloco	Karnevalstruppe
Boate	Tanzbar, Nachtclub
Bonde	Straßenbahn, Seilbahn
Borracha	Kautschuk, Gummi
Bossa nova	In den 50er und 60er Jahren beliebte Musikform aus Rio
Boto	Süßwasserdelphin (Amazonas)
Bumba-meu-boi	Folkloristisches Tanz- und Gesangsspiel um die zentrale Figur eines Ochsen
Caatinga	Steppenähnliches Trockengebiet im Nordosten
Cabana	Strandbar
Caboclo	Bezeichnung für Mischling indianisch-europäischer Herkunft
Cachaça	Zuckerrohrschnaps
Caipira	Bewohner des Hinterlandes, ›Hinterwäldler‹
Caipirinha	Brasilianisches Nationalgetränk aus Zuckerrohrschnaps, Limonenstücken, Zucker und Eiswürfeln
Candomblé	Afrobrasilianische religiöse Kultform
Canga	Strandtuch als Kleidungsstück für Frauen
Capeta-Cocktail	Mixgetränk aus Schaumwein, Säften und Kondensmilch
Capivara	Größtes Nagetier der Welt (Pantanal)
Capixabas	Bezeichnung für Bewohner des Bundesstaates Espírito Santo
Capoeira	Afrobrasilianischer Kampftanz aus der Sklavenzeit
Cariocas	Bezeichnung für die Einwohner von Rio de Janeiro
Carne seca	Luftgetrocknetes, gesalzenes Rindfleisch (Nordosten)
Casa de Câmbio	Geldwechselstube
Casal	Pärchen, Ehepaar, auch Doppelzimmer
Cataratas	Wasserfälle
Caverna	Höhle
Cerrado	Savannenlandschaft im Landesinnern
Chalés	Einzelhäuschen (Teil einer Pousada oder

	Hotel-Fazenda)
Chafariz	öffentlicher Brunnen
Chimarrão	Traditionelles Tee-Trinkgefäß der Gaúchos in Rio Grande do Sul
Chope	Ein Glas Faßbier
Churrascaria	Grillrestaurant (häufig mit Rodízio)
Cobras	Oberbegriff für Schlangen
Cooper	Jogging
Dança de salão	Klass. Standardtänze
Dunas	Dünen
Engenho	Plantage mit Zuckerrohrverarbeitung und Schnapsbrennerei (hist.)
Escola de Samba	Sambaschule, Sambagruppe
Estrangeiro	Neutrale Bezeichnung für Ausländer
Fantasia	Karnevalskostüm
Favela	Elendsviertel, Slum
Favelado	Slumbewohner
Fazenda	Farm, Gut mit Land- oder Viehwirtschaft
Festas juninas	Folklorefeste im Nordosten (Juni/Juli)
Ficha	Telefonmünze
Fio dental	Zahnseide, auch: Bezeichnung für knappe Bikinis
Fonte	Quelle
Forró	Populäre Tanzmusik des Nordostens
Funai	Staatliche Indianerbehörde
Fusca	VW-Käfer
Futevolei	Fuß- und Volleyball verbindender Strandsport
Gafieira	Traditioneller Tanzclub mit Standardtänzen
Garçom	Kellner
Garimpeiro	Goldsucher, Goldwäscher
Gasolina	Normalbenzin (vgl. Álcool)
Gaúcho	Viehzüchter, Viehtreiber im Süden Brasiliens
Gorjeta	Trinkgeld
Gringo	Leicht abschätzige Bezeichnung für ausländischen Touristen
Gruta	Grotte, Höhle
Guaraná	Verbreitetes, recht süßes Erfrischungsgetränk aus koffeinhaltigen Beeren des Amazonasgebietes
Guarda sol	Sonnenschirm
Ibama	Brasilianische Naturschutzbehörde
Iemanjá	Meeresgöttin der afrobrasilianischen Religion
Igreja matriz	Haupt- oder Stammkirche
Interior	Hinterland
Jacaré	Krokodil
Jangada	Traditionelles Fischerfloß mit Segeln, verbreitet im Nordosten
Jardim	Garten, öffentlicher Park
Jeito	Kniff, Trick, häufig im Zusammenhang mit Korruption gebraucht
Jogo do bicho	Glücksspiel auf der Basis von Tiersymbolen (in Rio verboten)
Ladrão	Dieb, Räuber
Lambada	Populärer Tanz in Bahia Ende der 80er/Anfang der 90er Jahre
Lancha	Boot, Barkasse
Lanchonete	Einfache, sehr verbreitete Stehkneipe oder Stehimbiß
Leito	Komfortabler Fernbus mit Schlafliegen
Loja	Laden, Geschäft
Luaus	nächtliche Strandfeste
Macumba	Afrobrasilianische Kultform, auch: Schwarze Magie
Malandro	Gauner, ›Schlitzohr‹; früher verbreiteter Sozialtypus
Matador	Berufsmäßiger Killer
Mate	Teesorte; verbreitetes Regionalgetränk in Südbrasilien
Mendingo	Bettler, Obdachloser
Menino da rua	Straßenkind
Mercado	Markt(halle)
Mineiros	Bezeichnung für die Bewohner von Minas

	Gerais
Moqueca	Fisch- oder Meeresfrüchtepfanne
Morro	Hügel, im übertragenen Sinne auch Favela
Motel	Liebes-Hotels mit Garage
Mulata/Mulato	Mischling afrikanisch-europäischer Herkunft
Música popular brasileira (MPB)	Brasilianische Volksmusik
Nordestinos	Bezeichnung für die Bewohner des Nordostens
Novelas	Beliebte Fernsehserien
Orixás	Afrobrasilianische Gottheiten
Pagode	Populäre Musikrichtung im Südosten
Paraíba	Bundesstaat, zugleich abschätzige Bezeichnung für ›Hinterwäldler‹
Passeio de escuna	Bootsausflug im Segelschoner
Patrão	Chef, Haus- und Schutzherr
Pau do Brasil	Brasilholz
Paulistas/ Paulistanos	Bezeichnung für die Einwohner von São Paulo
Pedra	Felsen, Berg
Pelourinho	Strafpranger für Sklaven, auch: Name des historischen Zentrums in Salvador
Pico	Gipfel
Pinga	Billiger Zuckerrohrschnaps, ›Fusel‹
Pirarucu	Größter Süßwasserfisch Brasiliens (Amazonas)
Pivetes	Jugendliche Diebesgruppen
Pororoca	Bis zu 5 m hohe Flutwelle, die beim Zusammenstoß von Süß- und Seewasser während des Mondwechsels in der Amazonasmündung entsteht
Porteiro	Portier
Pousada	Pension, Herberge
Ramal	Nummer eines Telefonanschlusses, die man nach Anwählen der Hauptnummer der Zentrale angeben muß
Real	Brasilianische Währung seit 1994
Rede	Hängematte, auch: Funk- und Fernsehanstalt
Renda	Spitzen, auch: Einkommen
Rodízio	Spezieller Restaurant-Service mit rotierenden Speiseangeboten
Rodoferroviária	Bahnhof
Rodoviária	Busstation, -bahnhof
Saidera	Abschlußgetränk, ›Absacker‹
Salário mínimo	Gesetzlicher Mindestlohn
Saveiro	Segelboot
Sem Terra	Politische Basisbewegung der Landlosen
Seringueiro	Gummi-/Kautschukzapfer
Serra	Hoch- und Gebirgsland
Sertão	Dürres Hinterland im Nordosten
Sertanejo	Sertão-Bewohner
Sítio	Kleingut, Landsitz
Sobrado	Zwei- oder mehrgeschossiges Haus
Solar	Herrschaftliches Wohnhaus aus der Kolonialzeit
Solteira/o	Alleinstehende/r, auch: Einzelzimmer
Terreiro	Versammlungsstätte für afrobrasilianische Kulte
Trem	Zug, Eisenbahn
Trio elétrico	Musikgruppe auf einem Lautsprecherwagen
Tubarão	Haifisch
Umbanda	Afrobrasilianische Kultform
Yanomani	Von illegalen Goldsuchern und Siedlern bedrängter Indianerstamm im Nordosten
Xingú	Berühmter Indianerstamm

Abbildungs- und Quellennachweis

Abbildungen

H. Ausloos/Wildlife, Hamburg S. 301
Toma Babovic, Das Fotoarchiv, Essen S. 9 oben, 14/15, 20/21, 125, 242/43
A. Bärtschi/Wildlife, Hamburg S. 6 unten, 230
Aus: Brasilien - Entdeckung und Selbstentdeckung, Benteli-Werd Verlag, Bern/Zürich 1992 S.46, 86,113
E. Bergmann/Helga Lade Fotoagentur, Berlin/Frankfurt/Hamburg S. 257
dpa Bildarchiv, Frankfurt S. 51
Michael Ende, Rio de Janeiro S. 2 oben, 7 oben, 8 oben, 23, 40, 46, 56, 57, 58/59, 74, 79, 132/33, 148, 222, 235, 239, 241, 248/49
Michael Ende/Bilderberg, Hamburg Umschlagvorderseite, S. 39 oben, 52, 70 links
Bernd Euler/Das Fotoarchiv, Essen S. 2 unten, 48, 61, 135, 144, 146, 162
Eberhard Grames/Bilderberg, Hamburg S. 232
Markus Kirchgessner/Bilderberg, Hamburg S. 4 unten, 118, 154
Ricardo Kötter, Frankfurt Umschlagrückseite, S. 68, 87, 128/29, 134, 174, 177, 229, 244 oben u. unten, 292 oben, 292 unten
Manfred Linke/laif, Köln S. 39 unten, 62, 150/51, 288/89
Claus Meyer/Das Fotoarchiv, Essen S. 4 oben, 9 unten, 24, 25, 26 rechts u. links, 34, 35, 121, 122/23, 231 a - d
M. Nichols/Bilderberg, Hamburg S. 79 unten, 220/21
Okapia, Bildarchiv, Frankfurt S. 165
Conrad Piepenburg/laif, Köln Umschlaginnenklappe, S, 11, 19, 22, 28, 38, 53, 65, 66, 67, 70 rechts, 76, 77, 80/81, 86, 89, 90 unten, 90/91, 95, 96, 98/99, 100/01, 104, 105, 106/07, 108, 114, 115, 143, 168/69, 170/71, 181, 184/85, 189, 194/95, 197, 200, 204, 250/51, 255, 259, 261, 262, 264/65, 268/69, 271 oben u. unten, 272, 276, 279, 284, 302
L. Postl/Helga Lade Fotoagentur, Berlin /Frankfurt/Hamburg S. 282/83, 283
Boris Rostami-Rabet, Hamburg S. 78, 157, 161
J. Swenson/Wildlife, Hamburg S. 223
Helmuth Taubald, Rio de Janeiro S. 5 unten, 6 oben, 10, 13, 72, 92/93, 109, 126, 141, 183, 193, 211, 212, 214, 215, 238, 273, 274, 298

Karten

Kartographie: © MAIRDUMONT, Ostfildern

Zitate

S.83: aus: Stefan Zweig, Brasilien - Ein Land der Zukunft, Insel-Verlag, Frankfurt a.M. 1983, 2. Aufl. 1995, S. 172
S. 144f.: aus: Jorge Amado, Gabriela wie Zimt und Nelken, Rowohlt-Taschenbuch-Verlag, Reinbek bei Hamburg, 1966, S. 9, 46, 47, 48, 49, 151, 152, 153
S. 226f.: aus: João Ubaldo Ribeiro, Ein Brasilianer in Berlin, Suhrkamp Taschenbuchverlag, Frankfurt a. M. 1994, S. 57–61

Register

Personen- und Sachregister

Ortsregister

Umschlagvorderseite: Zuckerhut in Rio de Janeiro
Umschlagrückseite: Traditioneller Karneval in Rio
Seite 8: Badende Einheimische im Fluß von Barra de São Miguel

Über den Autor: Helmuth Taubald, geboren 1950, hat in Berlin und Hamburg Germanistik und Politische Wissenschaften studiert und war langjährig als Lehrer und Dozent in Bremen tätig. Er hat Brasilien bei zahlreichen Reisen kennengelernt und lebt seit 1990 in Rio de Janeiro. Dort bietet er private Stadtführungen für Individualreisende (s. S. 88).

Danksagung: Für die hilfreiche Unterstützung bei der Arbeit am Manuskript dankt der Autor Antonius Brand und Horst ›Felix‹ Krull sowie Embratur für die Bereitstellung einiger Materialien. Dank ebenfalls an Peter Burmeister für die freundliche Empfehlung beim Verlag.

Bitte schreiben Sie uns, wenn sich etwas geändert hat!
Alle in diesem Buch enthaltenen Angaben wurden vom Autor nach bestem Wissen erstellt und von ihm und dem Verlag mit größtmöglicher Sorgfalt überprüft. Gleichwohl sind – wie wir im Sinne des Produkthaftungsrechts betonen müssen – inhaltliche Fehler nicht vollständig auszuschließen. Daher erfolgen die Angaben ohne jegliche Verpflichtung oder Garantie des Verlages oder des Autors. Beide übernehmen keinerlei Verantwortung und Haftung für etwaige inhaltliche Unstimmigkeiten. Wir bitten dafür um Verständnis und werden Korrekturhinweise gerne aufgreifen:
DuMont Reiseverlag, Postfach 31 51, 73751 Ostfildern, E-Mail: info@dumontreise.de,
Internet: www.dumontreise.de

5., aktualisierte Auflage 2005

Satz und Druck: Rasch, Bramsche
Buchbinderische Verarbeitung: Bramscher Buchbinder Betriebe

Printed in Germany ISBN 3-7701-3473-7

Max Claro

Der Mann, der aus dem 3D-Drucker kam

HELLER VERLAG

Die Deutsche Nationalbibliothek verzeichnet diese Publikation in der Deutschen Nationalbibliografie. Detaillierte bibliografische Daten sind im Internet unter *www.dnb.de* abrufbar.

Originalausgabe

1. Auflage 2022

ISBN 978-3-929403-72-5
Printed in Germany

Illustrationen Umschlag und S. 116:
August A. Hurzlmeier, München
Satz: Dietmar Schmitz, Heimstetten
Druck & Bindung: Pustet, Regensburg

Dieses Buch gibt's in jeder guten Buchhandlung und im Internet auf allen großen Portalen sowie unter *www.heller-verlag.de*
Die eBook-Version ist unter der ISBN 978-3-929403-64-0 erschienen.

Inhalt

Ich danke meiner Frau für ihre grenzenlose Liebe und dafür, dass sie mich begleitete, wenn sie konnte und mich ziehen ließ, wenn es nötig war. Und ich danke Dodo, der mich inspirierte. Last but not least danke ich meiner Lektorin für ihre hochprofessionelle Arbeit.

Prolog

Den kalten Lauf einer Smith & Wesson Model 29 im Mund, Hahn gespannt und langsam den Abzug gezogen, bis der Hammer auf das Zündhütchen der 44er-Magnum-Patrone schlägt, das explodierende Pulver die Kugel mit rund 1500 km/h durch das Stammhirn treibt, einen scheußlichen Krater beim Austritt aus der Schädeldecke hinterlässt und reichlich Hirnmasse an die Wohnzimmerwände schleudert. *Kurz* und *schmerzlos*. Sobald der Schuss bricht, ist man tot und hört nicht einmal mehr den Knall. So stelle ich mir einen selbstbestimmten Tod vor. Meinen Tod. Allerdings hätte ich in dieser schwersten Stunde, seit meine Frau gestorben ist, sehr gerne meine geliebten, inzwischen erwachsenen Kinder Carola und Ben bei mir. Und damit fängt das Malheur schon an. Weder Carola noch Ben möchte ich zumuten, Reste meines Hirns von den Wänden zu kratzen. Auch sollten sie einen besseren letzten Eindruck von mir bewahren. Es musste einen anderen Weg geben. Also machte ich mich auf die Suche.

Die Niere und das Exoskelett

Donnerstag, 15. Januar 2060
NewLife Institute, Lumpini Park, Bangkok
Walter Fabricius, 34 Jahre

Der Mann, der an meinem Bett stand, war groß und schlank. Er trug asiatische Gesichtszüge, schulterlanges, schlohweißes Haar, einen dünnen Ziegenbart und einen Arztkittel. Abwechselnd starrte er auf mich und eine Art Oszillografen. Ich konnte sehen, dass er zu mir sprach, aber ich hörte nichts. Überhaupt nichts. Totenstille.

Aufgeregt winkte der Fremde einen deutlich jüngeren untersetzten Mann und eine bildhübsche junge Frau zu sich heran. Beide hatten ebenfalls asiatische Gesichtszüge und trugen weiße Kittel.

Nun redeten alle drei abwechselnd auf mich ein. Ich versuchte, ihre Lippen zu lesen, doch mein Blick war verschwommen.

»Wo bin ich?«, wollte ich fragen. Aber ich merkte, dass die Worte meinen Mund nicht verließen. Es gelang mir weder Luft durch meine Stimmritzen zu pressen noch meine Lippen zu formen.

Dann wurde mir plötzlich schwarz vor Augen. Als hätte jemand den Stecker aus einem laufenden Fernseher gezogen, der nur ganz kurz angeschaltet war und ein flackerndes Bild gezeigt hatte. Ich tauchte ein in ein Meer aus Dunkelheit und Leere. Mir wurde immer kälter.

Ob sich so der Tod anfühlte? Doch bevor ich diese Frage ohne Aussicht auf eine Antwort zu Ende gedacht hatte, sog mich ein tiefes, schwarzes Loch in sich hinein. Ich fühlte gar nichts mehr, weder Schwärze noch Kälte noch meine Existenz.

* * * * *

Alles um mich herum war schwarz. Waren meine Augen geöffnet oder geschlossen? Ich wusste es nicht. Dann hörte ich Stimmen. Ein Mann fragte mich:

»Can you hear me?«

»Yes«, antwortete ich mit schwacher Stimme.

»Can you see me?«

»No.«

»Sorry, we have to reset you one more time«, sagte die Stimme.

Plötzlich hörte ich nichts mehr. Wieder nur endlose Dunkelheit, Totenstille, Eiseskälte.

* * * * *

Irgendwo hatte ich den großen, schlanken Mann im Arztkittel mit dem schmalen Gesicht, dem Ziegenbart und dem schulterlangen, schlohweißen Haar schon mal gesehen. Auch der teigige Asiate mit dem gedrungenen Körper, dem kugelrunden Kopf, den Stoppelhaaren und die zierliche, an Nofretete erinnernde Frau an seiner Seite kamen mir bekannt vor. Woher kannte ich sie nur?

»Wo bin ich hier und warum führen diese Schläuche und Kabel aus meinem Körper?«, fragte ich auf Deutsch.

»Ich bin Professor Tan Xiang Tao. Das ist meine Assistentin, Doktor Nitaya Siri, und das ist unser Physiotherapeut Khun Atit Suansawan«, stellte der Mann mit dem Ziegenbart sich und die beiden Weißkittel auf Englisch mit asiatischem Akzent vor und fuhr fort:

»Sie sind hier in einem Krankenhaus in Bangkok und bekommen morgen eine neue Niere.«

Ich begriff: Bangkok, Krankenhaus, soll morgen eine neue Niere bekommen, Personal spricht nur Englisch. Ich wechselte also in die einzige Sprache, die ich annähernd so gut konnte wie meine Muttersprache, und fragte auf Englisch:

»Hatte ich in Bangkok einen Unfall?«

»Nein«, antwortete der Professor.

»Bin ich nierenkrank?«

»Nein.«

»Aber warum bekomme ich dann eine neue Niere?«, wollte ich wissen.

»Ihre Niere ist leider kaputtgegangen. Sie wurde infiziert. Wir müssen eine neue drucken. Das ist überhaupt kein Problem«, versuchte mich der Professor zu beruhigen.

Eine neue Niere drucken? Gerade wollte ich fragen, was das nun wieder zu bedeuten hatte, da fiel mir ein, dass ich vor ein paar Jahren mal einen Bericht im Fernsehen gesehen hatte, in dem es darum ging, dass immer mehr Nieren aus zelleigenem Gewebe gezüchtet und mithilfe von 3D-Bio-Druckern produziert wurden. Dann, so dachte ich, wurde wenigstens keinem unterprivilegierten Mitmenschen für ein Almosen seine Niere abgekauft oder gar bei lebendigem Leib aus dem Körper geschnitten, wie man es früher öfters gehört hatte.

Dennoch konnte ich mich nicht erinnern, jemals Nierenprobleme gehabt zu haben und hakte nach:

»Wie konnte meine Niere einfach kaputtgehen?«

»Wie schon gesagt: Sie war infiziert, wird neu gedruckt und morgen eingesetzt. Das ist das geringste Problem, Khun Walter«, meinte der Professor in resolutem Ton und verschwand mit wehendem Kittel und Gefolgschaft.

Khun Walter? Ich hieß doch Walter Fabricius! Und wenn die Niere das geringste Problem war, wo lagen dann die großen Probleme? Gedanken schossen durch meinen Denkapparat wie Flugzeuge einer Kunstflugstaffel durch den Himmel. Aber je mehr ich nachdachte, desto mehr offene Fragen quälten mich. Ich konnte mich nicht konzentrieren, so sehr ich mich auch bemühte. Was war bloß los mit mir? Ich spürte, wie es wieder dunkel wurde um mich herum.

* * * * *

Als ich die Augen aufschlug, hatte ich jegliches Gefühl für Raum und Zeit verloren. Über mir eine schmucklose, weiß getünchte Decke. Man hatte mich aufgehängt wie ein Stück Schlachtvieh. Nur nicht an einem Haken, sondern waagrecht und an Nylonschnüren, wie sie Angler verwenden, bloß ein klein wenig dicker. Ich blickte an mir herunter und fing an zu zählen: Je ein Schnurpaar um meine rechte und linke Ferse, ein weiteres um die Kniekehlen, Schnüre rechts und links des Beckens und der Mitte meines Rückens, ebenso um meinen Hinterkopf, die Ellenbogen und die Handgelenke. Insgesamt 18 Nylonschnüre, wenn ich mich nicht verzählt hatte. Fehlte nur noch der Marionettenspieler, der mich durch den Raum tanzen ließ.

Der Gedanke war noch nicht zu Ende gedacht, da stürmten drei Weißkittel ins Zimmer.

»Können Sie sich an mich und mein Team erinnern?«,

fragte der schlanke, fast dünne Mann mit dem schulterlangen, schlohweißen Haar, der der Chef der Truppe zu sein schien.

»Nein«, sagte ich, obgleich mir dämmerte, die drei schon einmal in einem Film gesehen zu haben.

»Ich bin Professor Tan Xiang Tao. Das ist meine Assistenzärztin, Doktor Nitaya Siri, und das unser Physiotherapeut Khun Atit Suansawan. Und wie ist Ihr Name?«

»Wal–, äh, Walter Fabricius«, stotterte ich.

»Wir hatten ein kleines Problem mit Ihrer Niere, erinnern Sie sich?«

»Nein, wieso? Mit meiner Niere? Was soll da gewesen sein? Wo bin ich hier?«, fragte ich mit einer Stimme, die mir fremd war.

»Sie sind im NewLife Institute in Bangkok und haben heute eine neue Niere bekommen. Es ist alles bestens verlaufen. Machen Sie sich keine Sorgen.«

»Aha, und warum hänge ich an der Decke? Was ist mit meiner Stimme passiert?«, krächzte ich wie ein Heavy-Metal-Rocker nach einem Kasten Bier und 20 direkt hintereinander inhalierten Zigaretten.

»Stellen Sie sich vor, Sie hatten eine Art Wiedergeburt und sind hier jetzt in Reha. Wir bauen Ihren Geist und Ihren Körper mit Ihrer Mithilfe in den nächsten Wochen und Monaten zur vollen Stärke auf. Doktor Nitaya wird Ihre kognitiven Fähigkeiten optimieren und Khun Atit wird Ihnen zeigen, wie Sie mit dem Exoskelett, mit dem Sie verbunden sind, Ihre Muskeln trainieren.«

»Und meine Stimme?«

»Müssen wir noch justieren. Stört Sie das sehr?«

»Ja«, presste ich mit Mühe hervor.

»Gut, dann machen wir das gleich«, sagte der Professor und verschwand samt Gefolge.

Zwar wusste ich fast nichts mehr von dem, was vor meinem seltsamen Erwachen passiert war, aber an eine Sache erinnerte ich mich durchaus: »Gleich« war ein sehr dehnbarer Begriff. So dehnbar wie Raum und Zeit.

Immer mehr Fragen füllten die anfängliche Leere in meinem Kopf. Was ging hier vor? Die einfachste Erklärung wäre ein Unfall mit retrograder Amnesie gewesen. Das hatte man schon oft gehört. Menschen hatten einen Unfall, konnten sich zunächst an nichts mehr erinnern und irgendwann kam die Erinnerung langsam zurück. Aber hing man nach einem Unfall an der Decke und erkannte seine eigene Stimme nicht mehr? Und das, soweit ich sehen konnte, auch noch relativ unverletzt? Obwohl mir klar war, dass die Dinge nicht so recht zusammenpassten, entschied ich mich für diese nächstliegende Antwort. So würde ich mir bis zur Aufklärung der Umstände eine Menge Kopfschmerzen ersparen.

Nach gefühlt mehreren Stunden kam der Professor mit einem digitalen Oszilloskop und einem Rolltischchen voller obskurer medizinischer Gerätschaften zurück und erklärte mir, was er vorhatte. Zunächst werde er ein breites Gummiband mit mehreren Sensoren rechts und links des Kehlkopfs um meinen Hals legen. Die Sensoren würden jeden Ton, den ich von mir gäbe, auf dem Oszilloskop sichtbar machen. Er müsse mir nur für kurze Zeit einen Mundspreizer anlegen, um zwei elektronische Mikro-Stimmbandspanner an jeweils einem Ende meiner Stimmbänder präzise zu platzieren. Ein Prozessor würde dann, wenn ich spräche, meine aktuelle Stimme mit den eingespeicherten Tonfrequenzen meiner alten Stimme abgleichen und die Stimmbänder über die Mikro-Stimmbandspanner regulieren. Sobald meine

Stimme perfekt mit der alten übereinstimme, würde er mit einem Bio-Sekundenkleber die Position der Stimmbänder fixieren. Dies sei eine unproblematische Routineprozedur und völlig schmerzfrei. Zu meiner Überraschung behielt der Mann recht. Ich spürte keinerlei Schmerzen beim Anlegen der Sensoren und Stimmbandspanner. Was dann kam, artete allerdings in ungeahnte Anstrengungen aus. Erst musste ich laut sprechen, aber nicht schreien:

»Blablablablablablabablablablablablaba«, gefolgt von

»ratatatatatatatatatatatatatatatatatatatat«, dann

»piffpuffpaffpiffpuffpaffpiffpuffpaffpiffpuffpaff« und

»dammdummdimmdammdummdimmdammdummdimm«.

Anschließend musste ich einen mehrseitigen deutschen und einen ebenso langen englischen Text langsam und mit monotoner Stimme vorlesen. Dabei spürte und hörte ich, wie sich während des Lesens mein gutturales Krächzen immer mehr zurückbildete und meine wahre Stimme langsam aber sicher die Oberhand gewann. Erstaunlicherweise konnte ich das Kleingedruckte ohne Brille gestochen scharf lesen. Das war früher anders gewesen. Nun sollte ich etwas singen.

»Was soll ich denn singen?«, fragte ich Professor Tan Xiang Tao, dessen Namensschild ich noch aus zwei Metern Entfernung problemlos entziffern konnte.

»Irgendwas!«

»Aber mir fällt gerade nichts ein.«

»Bitte«, insistierte der Professor, »es ist wichtig!«

Wie in einem fernen Traum dämmerte mir, dass ich Schauspieler war und irgendwann mal in einem Musical stimmgewaltig eine Strophe, die mit den Worten »Es grünt so grün …« begann, in einen riesigen Saal begeisterter Zuschauer geschmettert hatte. Leider fiel mir weder der Name des Musicals noch der Rolle noch die ganze Strophe noch die Melodie ein. Also stimmte ich ein altes Kinderlied an, das mir gerade in den Sinn kam:

»Alle meine Entchen schwimmen im Klosett, schwimmen im Klosett – drückt man auf die Spülung, sind sie alle weg!«

Der Professor starrte ernst auf das Oszilloskop, ohne auch nur ein Wort zu verstehen und bat mich noch um drei deutlich lautere und melodisch betontere Wiederholungen.

Zu guter Letzt spielte der große Meister, der mir aus unerfindlichen Gründen langsam sympathisch wurde, noch eine Tonbandaufnahme mit einem anscheinend von mir früher einmal aufgesprochenen Satz vor. Immer schneller werdend sollte ich ihn mehrfach so fehlerlos wie möglich nachsprechen:

»Brautkleid bleibt Brautkleid und Blaukraut bleibt Blaukraut.«

Natürlich verhaspelte ich mich ein paar Mal, was sogar dem Gelehrten ein kaum merkbares Lächeln abrang. Er verschweißte mit einem Bio-Sekundenkleber meine Stimmbänder in ihrer aktuellen Position, entfernte die Mikro-Stimmbandspanner und die Kehlkopfsensoren und meinte:

»Gut gemacht, Khun Walter. Nun haben Sie Ihre Stimme wieder!«

* * * * *

Atit Suansawan, der Teigige, grinste über beide Ohren, als er mich per Fernbedienung in eine stehende Position brachte, auf Knopfdruck die offenbar magnetische Fixierung der Nylonschnüre löste und sagte:

»Tlaining, Woltö, Tlaining!«

Dann steuerte Atit das Exoskelett, in das mein Körper fest eingebunden war, langsam durchs Zimmer, durch die offene Tür hinaus in einen langen Gang, als würde er einen Spielzeugroboter durchs Kinderzimmer laufen lassen. Ich fühlte mich unsicher und unwohl. Ohne den technischen Hilfsapparat hätte ich nie und nimmer das Gleichgewicht halten können und mich viel langsamer bewegt. Aber Atit hatte seine Freude an mir und ließ mich immer schneller und schneller werden. Bis ich plötzlich wie ein frisch gefällter Baum kerzengerade vornüber fiel. Atits Versuche, mich per Fernsteuerung aufstehen zu lassen, scheiterten kläglich und endeten darin, dass ich wie ein zappelnder Maikäfer auf dem Rücken lag, während eine Flüssigkeit über meine rechte Stirnseite und Schläfe rann, bevor sie auf den Boden tropfte. Vermutlich Blut, vielleicht aber auch Schweiß. Es war mir unmöglich, den Kopf so weit zu drehen, dass ich die Farbe der Flüssigkeit hätte erkennen können. Ich spürte keinen Schmerz.

Professor Tan Xiang Tao war blitzschnell zur Stelle, so schnell, als hätte er in einem der Zimmer entlang des Gangs gesessen und regelrecht auf seinen Einsatz gewartet.

»Keine Sorge, keine Sorge«, redete er ruhig auf mich ein.

Der Professor gab Atit ein paar Anweisungen, woraufhin dieser davoneilte. Kurz darauf kam er mit einem futuristisch anmutenden Luxusrollstuhl an, in den mich meine beiden neuen Freunde unter vollem Körpereinsatz hineinhievten. Das intergalaktische Teil folgte völlig autonom dem Professor in ein großes, helles Zimmer, dessen Fensterseite ein Designerschreibtisch mit zwei riesigen, hauchdünnen Bildschirmen und ein ausladender Chefsessel zierten. Auf der anderen Seite des Raums standen ein OP-Tisch, eine Punktleuchte und ein Regal mit diversen Gerätschaften wie Oszilloskopen, EKG- und EEG-Geräten oder dem, was ich dafür hielt, allesamt mit zahlreichen Kabeln und Elektroden versehen.

Der Professor meinte, ich hätte eine Platzwunde am Kopf, reinigte sie und verklebte sie mit einem Bio-Sofortkleber.

»Keine Sorge, das wird ganz schnell verheilen und zwar absolut narbenfrei. Man wird schon morgen nichts mehr von der Wunde sehen.«

»Darüber mache ich mir keine Sorgen«, erwiderte ich leise und merkte, wie schwach und unsicher das klang. Ich nahm meine ganze Kraft zusammen, um die Fragen, die mich wirklich bewegten, mit klarer, fester Stimme vorzutragen:

»Ich möchte wissen, was mit mir los ist. Warum erinnere ich mich nicht an das, was passiert ist? Hatte ich einen Unfall? Wann wird meine Erinnerung wiederkommen? Wann werde ich wieder so gehen, stehen und mich bewegen können wie vor diesem Ereignis?«

Der Professor ließ sich in seinen viel zu breiten Chefsessel sinken, auf dem locker auch noch sein Zwillingsbruder Platz gehabt hätte, vorausgesetzt, dieser wäre genauso spindeldürr wie der Professor selbst. Mein Rollstuhl platzierte sich automatisch auf der anderen Seite des Schreibtischs.

»Wir haben Ihr Gehirn in ein hauchdünnes Netz mit über zehntausend Mikroelektroden gepackt«, begann Professor Tan Xiang Tao zu erklären.

»Sie haben waaas gemacht?«, fragte ich verständnislos nach.

»Wie schon gesagt. Wir haben Ihr Gehirn in ein hauchdünnes Netz mit über zehntausend Mikroelektroden gepackt. Aber machen Sie sich keine Sorgen. Es ist alles drin! Ihr gesamtes Wissen, Ihre gesamte Lebenserfahrung, einfach alles. Ich habe es selbst überprüft. Die Elektroden werden in einem Mikroprozessor gebündelt und können über Ihr Brain-Computer-Interface, eine Schnittstelle an Ihrem Hinterkopf, ausgelesen werden. Sie müssen sich das etwa so vorstellen wie ein EEG mit zehntausend Ableitungen und der Möglichkeit, unterschiedlich starke Stromimpulse in beide Richtungen fließen zu lassen. In Ihrem Gehirn arbeiten ständig rund hundert Milliarden Neuronen auf Hochtouren, egal ob Sie schlafen oder wach sind. Alte Neuronen sterben ab, neue Neuronen wachsen nach. Das Gedächtnis erhöht die synaptische Dichte, und die kognitive Kapazität verbessert sich. Diesen Prozess können Sie deutlich beschleunigen, indem Sie Ihr Gehirn anstrengen. Doktor Nitaya, meine Assistentin, wird regelmäßig mit Ihnen arbeiten und Ihnen auch Übungen zeigen, mit denen Sie selbst Ihr Gehirn trainieren können. Zuerst wird Ihr Langzeitgedächtnis zurückkommen, dann das mittelfristige und zuletzt das Kurzzeitgedächtnis.«

»Warum sagen Sie mir nicht einfach, was passiert ist?«, fragte ich ermattet. Ich war mir nicht sicher, ob ich begriff, was der Professor da erläutert hatte, und versuchte meinen Hinterkopf nach Steckern, Kabeln oder einer Ausbeulung abzutasten. Leider erfolglos, denn eine Halbschale des Exoskeletts war fest mit meinem Hinterkopf verbunden. Vielleicht funktionierte die Schnittstelle zu meinem Gehirn ja auch über einen implantierten Sender.

»Wenn ich Ihnen jetzt erzähle, was passiert ist, haben wir keine Kontrolle, wann Ihr Gedächtnis komplett zurückkommt und riskieren Gedächtnislücken, die sich erst spät oder gar nicht mehr schließen lassen. Sie müssen sich Ihre Erinnerungen selbst erarbeiten. Glauben Sie mir, das ist das Beste für Sie!«

»Wie lange wird das dauern?«

»Zwei, vielleicht auch drei Monate. Das hängt davon ab, wie gut Sie mitarbeiten und trainieren.«

»Und wann werde ich wieder richtig stehen, gehen und vielleicht sogar Sport machen können – ohne dieses komische Gestell an meinem Körper?«

»Das Exoskelett, das Sie da tragen, wurde von uns entwickelt und ist das beste der Welt, abgesehen natürlich von den angeborenen Exoskeletten von Käfern, Spinnen und Ameisen. Die können nämlich Lasten schleppen, die bis zu fünfzig Mal mehr wiegen als sie selbst. Aber an die Natur kommen wir noch immer nicht ganz heran. Die gepolsterten CFK-Halbschalen unter Ihren Gliedmaßen und die leistungsstarken Elektromotoren an den Gelenken machen Bewegungen in alle Richtungen möglich. Der Akku in der Rückenplatte hält je nach Belastung bis zu zwei Tage. Dieses Wunderwerk der Technik wird Ihnen beim Muskelaufbau helfen, wobei der Unterstützungsgrad an der Fernbedienung einstellbar ist. Das Exoskelett stimmt sich über Ihr Brain-Computer-Interface mit Ihrem Gehirn ab, sodass zum Beispiel Ihr Gehirn weiß, welche Muskelgruppen es wann aktivieren muss, wenn das Exoskelett mit Ihnen Kniebeugen übt. Anfangs wird Khun Atit mit Ihnen trainieren. Später können Sie das mithilfe einer Fernbedienung selbst tun.«

»Werde ich jemals wieder so sein wie vor dem Unfall oder dem Ereignis oder was auch immer es war?«

Der Professor schüttelte den Kopf und sagte milde:

»Nein, niemals.«

»Was soll das heißen?«

»Sie werden besser sein, viel besser! In nicht allzu ferner Zeit werden Sie als neuer Mensch voller Stolz aus diesem Gebäude marschieren.«

»Besser? War ich denn ein schlechter Mensch?«

»Sie werden einfach besser sein, viel besser«, meinte der Professor mit einem kryptischen Lächeln und ließ meinen Luxusrollstuhl eine Kehrtwende machen und autonom in mein Zimmer rollen.

Atit legte die Elektromagnete, die sich an den Enden der Nylonschnüre befanden, an mein Exoskelett an. Ein Druck auf die Fernbedienung und schon surrten die in der Decke eingelassenen Motoren und zogen mich in die Horizontale. Es wäre unmöglich gewesen, mit dem Exoskelett, dem Akku am Rücken und den zahlreichen Motoren an jedem meiner Gelenke in einem Bett zu schlafen.

* * * * *

Das Krankenhaus, in dem ich mich befand, kam mir spanisch vor, obgleich Personal und Ambiente asiatisch anmuteten. Hatte der Professor nicht mal Bangkok erwähnt? Der kurze Blick, den ich aus dem Fenster seines Arbeitszimmers werfen konnte, erinnerte tatsächlich an den Lumpini Park in Bangkok mit seinen Seen und Pagoden. Ich war definitiv vorher schon mal in diesem Park gewesen. Neben der mysteriösen Gesamtsituation wunderte mich auch, dass ich auf dem Flur keine weiteren Patienten gesehen hatte. War ich vielleicht der einzige Patient hier? Oder ein Versuchskaninchen für medizinische Forschungszwecke? Das Nachdenken strengte mich an und ich spürte, wie meine Augenlider schwer wurden. Schlafen würde mir sicher guttun, vielleicht könnte ich meine Situation danach klarer sehen.

Ich wachte aus einem erstaunlich tiefen und angenehmen Schlaf auf und erinnerte mich auf einmal daran, dass das in früherer Zeit nur mit Alkohol oder Schlaftabletten möglich gewesen war. Diese Hilfsmittel brauchte ich nun wohl nicht mehr. Und offenbar hatte der Professor recht damit, dass mein Gedächtnis sich nach und nach regenerierte.

Zum Frühstück gab es eine üppige Portion Omelette mit Zwiebeln, Lauchzwiebeln, Petersilie und Shrimps. Dazu eine Tasse starken Kaffee.

Kurz darauf erschien die zierliche Assistentin des Professors mit dem schulterlangen, seidigen Haar und den Gesichtszügen, die mich so sehr an die Büste der Nofretete aus dem Neuen Museum in Berlin erinnerten.

»Wie geht es Ihnen heute, Khun Walter?«, fragte sie.

»Gut, danke! Bis auf …«

»Bis auf die Tatsache, dass Sie sich gerne an mehr erinnern würden«, ergänzte meine Gedankenleserin, schnappte sich die Fernbedienung, ließ mich in eine aufrechte Position bringen, klinkte die Nylonschnüre aus und dirigierte mich in meiner Roboterverschalung behutsam neben sich her den Flur entlang in ihr Arbeitszimmer.

»Wie heißen Sie?«, fragte ich die Ärztin. »Ich habe Ihren Namen vergessen.«

»Typisch Kurzzeitgedächtnis. Wir kennen uns ja noch nicht lange. Den Namen Ihrer Tochter wissen Sie noch, oder?«

»Natürlich! Meine Tochter heißt Carola.«

»Und ich bin Doktor Nitaya. Ich schreibe es Ihnen auf.«

Dr. Nitaya tippte ihren Namen in eine Tastatur. Er

wurde sofort in riesigen Lettern auf die Wand neben ihrem Schreibtisch projiziert. Sie bat mich, ihn drei Mal langsam vorzulesen.

»Ist das nun Ihr Vorname oder Ihr Nachname?«, wollte ich wissen.

»Das ist mein Vorname. In Thailand spricht man sich nur mit Vornamen an, allerdings setzt man das Wort Khun davor, was so viel bedeutet wie Herr oder Frau. Bei Amtsträgern natürlich den jeweiligen Titel, zum Beispiel Doktor oder Professor. Ich bin also Doktor Nitaya und Sie sind Khun Walter.«

»Danke, Doktor Nitaya, jetzt verstehe ich auch endlich, warum mich alle hier so nennen.«

»Sehr gerne. Nun zu dem, was ich heute mit Ihnen vorhabe. Wir werden Ihre fünf Sinne testen, Khun Walter. Wissen Sie, was die fünf Sinne sind?«

»Sehen, Hören, Riechen, Schmecken und Fühlen«, antwortete ich wie ein Schuljunge, der seine Hausaufgaben gemacht hatte.

Nachdem ich den Seh- und den Hörtest hinter mir hatte, stand fest, dass ich sehen konnte wie ein Adler, und zwar auf die Ferne und ganz nah, Großgeschriebenes wie Kleingedrucktes. Und auch mein Gehör war weitaus besser als das der meisten Menschen.

»Sie hören Töne, die so tief sind, dass nur thailändische Elefanten sie hören können und Töne, so hoch, wie nur Hunde sie noch wahrnehmen«, erklärte mir Dr. Nitaya und strahlte, »das ist doch super! Ich beneide Sie fast ein wenig!«

Dann musste ich an unzähligen Töpfchen und Gläschen riechen und sollte eine Reihe Geschmacksproben identifizieren, die mir Dr. Nitaya mit einer Pipette auf die Zungenspitze träufelte.

Das Ergebnis schien sie nicht zufriedenzustellen.

»Gesunde Menschen können zehntausend Duftnoten unterscheiden. Die Zunge hat jedoch nur fünf Geschmacksrezeptoren für süß, sauer, salzig, bitter und würzig. Erst die Verknüpfung von Geruchs- und Geschmackssinn liefert ein differenziertes Geschmackserlebnis. Ihr Geruchssinn kann nur dreiundzwanzig Prozent und Ihr Geschmackssinn achtundvierzig Prozent der Proben richtig identifizieren. Daran müssen wir noch arbeiten!«

Dr. Nitaya pikste verschiedene Hautareale meines Körpers mit einer großen Nadel und fuhr dann damit meine Fußsohle von der Ferse bis zu den Zehen entlang. Ich spürte nichts. Nicht das Geringste.

»Gestatten Sie, dass ich in Ihr Gehirn eingreife?«, fragte Nofretete-Nitaya.

»Äh, nein«, antwortete ich überrumpelt. »Was wollen Sie denn da?«

»Vermutlich leiten Ihre Nozizeptoren Impulse nicht an Ihr Gehirn weiter. Deshalb spüren Sie keine Schmerzen.«

»Das ist doch gar nicht so schlecht, oder?«

»Einerseits ja, andererseits merken Sie dann nicht, wenn Ihre Haut verbrennt oder Sie sich geschnitten haben, und Sie können auch keine Berührung oder Massage genießen. Fühlen ist genauso wichtig wie Sehen, Hören, Riechen und Schmecken. Erlauben Sie mir, über Ihr Brain-Computer-Interface auf Ihr Gehirn zuzugreifen. Dann kann ich das schnell reparieren, und Sie dürfen sogar selbst bestimmen, ab welcher Intensität Sie etwas spüren wollen.«

»Und wenn ich das nicht tue?«

»Ich werde Sie zu nichts zwingen. Aber die Einstellung

ist gut für Ihre Gesundheit und Ihren Körper. Er ist der beste, den Sie haben!«

Der beste, den ich habe? Habe ich denn noch weitere Körper?, rätselte ich. Bevor ich diese Frage laut stellen konnte, hob Dr. Nitaya die fein geschwungenen Augenbrauen und gab mir mit ihrem Blick zu verstehen, dass sie auf meine Entscheidung wartete. Da mir ihre Argumente einleuchteten, erlaubte ich ihr, meine sensorischen Nerven so zu kalibrieren, dass ich mit geschlossenen Augen Formen ertasten sowie mittelstarke Schmerzreize und Berührungen spüren konnte.

Dann bat mich Dr. Nitaya, von 333 rückwärts bis null zu zählen. Das war nicht wirklich anspruchsvoll, aber ich hatte ja sonst nichts zu tun. Es folgten ein paar Rechenaufgaben: zwölf mal zwölf und 8974 minus 93. Lächerlich! Schließlich warf Dr. Nitaya mit einem Beamer Bilder an die Wand, die ich sofort als Aufnahmen aus meiner Vergangenheit erkannte: Ich als Kind mit meinen Eltern in meinem Heimatort, ich mit Kater Felix vom benachbarten Bauernhof, meine Abi-Klasse, meine ersten Auftritte an der Schauspielschule, meine Frau Julia, meine Kinder Ben und Carola, Reisen mit der Familie.

Bei jedem Bild fragte mich die Ärztin, ob ich mich an die Szene erinnerte und was ich bei ihrem Anblick empfand. Ich erinnerte mich bei jedem einzelnen Bild, wen oder was es zeigte, wo und wann es etwa aufgenommen wurde. Aber etwas dabei empfinden? Nein, da war nichts. Genügte es nicht, dass ich mich daran erinnerte? Ein Bild von Felix ist ein Bild eines Katers. Das Bild von Julia ist das Bild meiner Frau. Beide sind tot.

Auch in den Folgetagen nervte mich Dr. Nitaya immer wieder mit genau diesen beiden Motiven.

»Haben Sie Ihre Frau geliebt, Khun Walter?«

»Vermutlich schon. Sonst hätte ich wohl nicht zwei Kinder mit ihr bekommen«, schlussfolgerte ich nüchtern.

»Erinnern Sie sich an Julias Tod?«

»Ja.«

»Mein Gott, Khun Walter! Lassen Sie sich doch nicht alles aus der Nase ziehen. Wann, wo und wie ist sie gestorben?«

»Im Jahr zweitausendfünfzig in Thailand, bei einem Badeunfall.«

»Sie waren doch dabei. Erinnern Sie sich?«

»Klar, ich war ja dabei.«

»Was fühlen Sie, wenn Sie daran denken?«

»Nichts.«

Dr. Nitaya seufzte resigniert und entließ mich. Bei unserem nächsten Termin wiederholte sich das Gespräch fast wortgenau.

Ich machte jeden Tag Fortschritte und erinnerte mich an immer mehr Details aus meinem Leben, die sich, wenn ich danach gefragt wurde, wie Kurzfilme vor meinem inneren Auge abspielten. Alles endete jedoch damit, dass ich mir als ehemals erfolgreicher, aber im Alter nicht mehr gefragter Theaterschauspieler nach einem erfüllten Leben ebenjenes nehmen wollte und im Darknet eine Zyankalikapsel bestellt hatte. Danach kam keine Erinnerung mehr.

* * * * *

Atit, der Teigige, trainierte täglich meinen Muskelaufbau, indem er mittels Fernbedienung mein Exoskelett Kniebeugen, Liegestütze, Sit-ups und Klimmzüge machen ließ und mich immer schneller den nach wie vor menschenleeren Gang von meinem Zimmer bis zur Eingangstür des Krankenhauses entlanghetzte. Mein Folterknecht setzte gerne noch etwas drauf, wenn ich ihm signalisierte, dass mein Körper schmerzte. Als ich nach sechs Wochen 100 Sit-ups am Stück ohne Unterstützung des Exoskeletts schaffte, zwang mir Atit per Fernbedienung noch 20 mehr auf, denn wenn das Exoskelett zu Sit-ups ansetzte, musste ich weitermachen. Ebenso Kniebeugen, Liegestütze und Klimmzüge. Und das Ganze natürlich mal drei, mit kurzen Pausen dazwischen. Ich fragte mich regelmäßig, ob es an Atits Persönlichkeit lag oder ob alle Fitnesstrainer im Grunde ihrer Seele kleine Sadisten waren. Der Kerl war mir jedenfalls von Anfang an unsympathisch und dieser Eindruck bestätigte sich immer mehr.

Das Exoskelett stimmte sich über mein Brain-Computer-Interface mit meinem Gehirn ab, hatte mir der Professor erklärt. Und auch, dass Stromimpulse in beide Richtungen, also vom Exoskelett in mein Gehirn und umgekehrt, fließen konnten. Tatsächlich merkte ich, dass es mir mit starker Willensanstrengung gelang, Widerstand gegen Atits Fernbedienungseingaben zu leisten. Das funktionierte umso besser, je weiter ich von der Fernbedienung entfernt war.

Als der Teigige – der vermutlich selbst keine zehn Sit-ups geschafft hätte und auch keine 50 Meter schnell hätte laufen können – mich eines Tages wieder den Gang entlanghetzte, während er lässig am Türstock meines Zimmers lehnte, lief ich einfach durch die Lobby und den Ausgang hinaus ins Freie, in den nahen Lumpini Park, den ich von früheren Bangkok-Reisen in guter Erinnerung hatte.

*****

Der Park war an diesem Vormittag nur schwach besucht. Ich setzte mich auf eine schattige Bank und blickte auf einen großen, ruhigen See, im Hintergrund die imposante Skyline der Millionenmetropole. Ein guter Ort zum Nachdenken: Wie lange würden die Akkus des Exoskeletts ausreichen? 12, 24 oder 48 Stunden? Könnte ich ohne meine Roboterverschalung überhaupt einen einzigen selbstständigen Schritt tun? Vermutlich nicht. Selbst wenn ich die Klettbänder des Exoskeletts lösen könnte, wüsste ich nicht, wie die Schnittstelle zu meinem Gehirn zu trennen wäre und was dann passieren würde. Ohne Geld und Kreditkarte würde ich auch nicht weit kommen. Oder vielleicht doch? Es sollen ja schon Menschen mit zehn Crypteuro oder Cryptasia Grundkapital, einer Reihe von Tauschgeschäften und ein paar Tagelöhnerarbeiten rund um die Welt gereist sein.

Ich beschloss, ein paar Stunden durch die Stadt zu streifen und wollte mich erst ein wenig orientieren, damit ich auch wieder den Weg zurückfand. Da passierte etwas Merkwürdiges: Als ich nur daran dachte, sah ich plötzlich eine Google-Maps-Karte von Bangkok vor meinem inneren Auge, mein aktueller Standort mitten im Lumpini Park war als Ausgangspunkt markiert. Dachte ich an die Google-Maps-Satellitendarstellung, so sah ich ebendiese. War ich mir nicht sicher, was ich gerade sehen wollte, überlagerten sich die beiden Darstellungen. Zwar konnte ich mir das ganz und gar nicht erklären, aber ich nahm diese neue Fähigkeit sehr gerne an. Das Ganze funktionierte mit offenen und geschlossenen Augen, etwa so, wie man mit offenen Augen auf eine Straße schauen und gleichzeitig an eine Wegbeschreibung denken kann.

Ich ging Richtung Norden, zur Phloen Chit Skytrain Station. Allerdings konnte ich ohne Geld oder Smartphone kein Ticket kaufen und müsste bei Kontrollen auch noch mit Ärger wegen meiner spärlichen Bekleidung rechnen. Das könnte überhaupt zum Problem werden. Alles, was ich am Körper trug, war das Exoskelett und ein weites, hinten offenes Flügelhemd, wie man es typischerweise in Krankenhäusern bekam. Allerdings war mein Flügelhemd nicht weiß, wie in Deutschland üblich, sondern kanariengelb und mit vielen kleinen blauen Elefanten bedruckt. Es reichte vorne bis zu den Knien, ließ aber den Blick auf meinen Po frei, sodass ich mich immer mal wieder umdrehte und es mit einer Hand zusammenhielt, sobald mir Menschen von hinten zu nahe kamen. Alles in allem musste ich ein befremdliches Bild abgeben. Doch ich scherte mich nicht weiter darum, denn endlich einmal war ich außerhalb des Krankenhauses unterwegs. Ich schlenderte die Sukhumvit Road entlang Richtung Südosten. In dieser wichtigen Verkehrsader Bangkoks reihten sich Hunderte von Geschäften, Restaurants, Hotels, Friseur-, Pediküre- und Massage-Salons, Apotheken, Bürogebäude und Wohnhäuser aneinander. Dazwischen Schuster, Scheiderinnen, Obst-, Gemüse- und Straßenhändler. Ein wahrhaft buntes Treiben. Wer hier kein Hemd und keine Hose bekam, bekam sie nirgendwo in der Stadt. Es stellte sich allerdings als außerordentlich schwierig heraus, ein Hemd zu finden, das groß genug war, um über das Exoskelett zu passen und eine entsprechende Hose hätte wohl erst geschneidert werden müssen. Im dritten Laden wurde ich schließlich doch fündig. Ich erklärte der Geschäftsinhaberin, ich sei schwerbehindert und ausgeraubt worden und bekniete sie, mir das Hemd zu geben, das ich irgendwann später bezahlen würde. Die Frau hatte Mitleid mit mir, bot mir einen kräftigen Discount an und hätte mir das Hemd für nur einen lumpigen Cryptasia überlassen. Obwohl der Cryptasia zuletzt gut zehn Prozent wertvoller war als der Crypteuro, war das ein super Preis, für den ich in München nach dem letzten Stand meiner Erinnerung nicht mal einen Apfel hätte kaufen können. Dennoch war es zu viel für einen nahezu nackten, mittellosen Mann.

Wiederum drei Läden weiter fand ich erneut ein 5XL-Hemd, das mir passte, königsblau mit vielen gelben Elefanten, das perfekte Gegenstück zu meinem Flügelhemd! Der geschäftstüchtige Inhaber diskutierte nicht lange, musterte mich grinsend von Kopf bis Fuß und meinte, wenn ich mich so, wie ich jetzt aussah, mitten auf den Gehweg der Sukhumvit Road vor seinen Laden stellte, mit einer Hand mein Flügelhemd hinten zuhielt und mit der anderen Passanten in seinen Laden winkte, bekäme ich nach dem dreißigsten Menschen, der sich bei ihm umsah, das Hemd geschenkt. Der Deal klang fair, zumal er nicht davon abhing, ob die potenziellen Kunden wirklich etwas kauften.

Nach eineinhalb Stunden hatte ich mir das königsblaue Giga-Hemd, das mir über den Allerwertesten bis fast in die Kniekehlen hing, verdient. So konnte ich mich sehen lassen!

Knappe 100 Meter weiter stadteinwärts weckte ein Friseursalon mein Interesse, genauer gesagt die reflektierende Glasfläche, die naturgemäß dort zu erwarten war. Ich trat ein, blickte in den großen Spiegel gleich rechts neben der Eingangstür und erschrak. Das war nicht ich! Zumindest war das nicht der, den ich zuletzt im Spiegel gesehen hatte! Ich betrachtete das Spiegelbild genauer.

Na ja, es gab schon Ähnlichkeiten. So in etwa hatte ich vor 30 oder 40 Jahren mal ausgesehen: stahlblaue Augen, dichtes, mittellanges blondes Haar, mittig gescheitelt und nach hinten gekämmt, Henriquatre-Bart, glatte Haut, ausgenommen die paar sympathischen Lachfalten um Augen und Mundwinkel. Doch! Das war ich! In der besten Zeit meines Lebens. Allerdings erschien ich im Spiegel mindestens einen Kopf größer und deutlich schlanker, als ich mich in Erinnerung hatte. Aber das musste nichts heißen, Spiegel können verzerren.

»Haarschnitt ein Cryptasia«, bedrängte mich eine vollschlanke, ältere Friseurin und wiederholte ihr unschlagbares Angebot so lange, bis ich, nicht ohne einen letzten ungläubigen Blick in den Spiegel geworfen zu haben, das Weite suchte.

Noch während ich meine Gedanken zu ordnen versuchte, riefen mir ein paar junge Thailänderinnen »Massage, Massage« zu. Als ich anhielt und mich zu ihnen drehte, kicherten und tuschelten sie wie Schulmädchen. Vermutlich war ihnen klar geworden, dass ich mich mit dem Exoskelett und all den kleinen Elektromotoren an den Gelenken nicht entspannt auf den Rücken legen könnte und sie, würde ich mich auf den Bauch legen, nichts zu massieren hätten.

»Blow job, vely good, vely cheap«, sprach mich eines der Mädchen mit einem lasziven Augenaufschlag an und ließ dabei seine spitze Zunge um die Lippen kreisen. Vor meinem inneren Auge wurden blitzschnell der Wikipedia-Eintrag zu Fellatio sowie ein oscarverdächtiger Kurzfilm, in dem eine Frau und ein Mann Oralverkehr hatten, eingeblendet. Nahezu zeitgleich verspürte ich eine kräftige Erektion, so kräftig wie seit Jahren nicht mehr – aber gegen meinen Willen! Ich schüttelte freundlich lächelnd den Kopf, ging weiter und überlegte, wie ich die Erektion wieder loswerden könnte. Da erinnerte ich mich an eine Technik, die ich als junger Mann gelegentlich bei ungewollten Erektionen angewandt hatte: Ich dachte mir eine komplizierte Rechenaufgabe aus. Je stärker ich mich darauf konzentrierte, sie zu lösen, desto schneller flaute die Erektion ab. Es funktionierte! Wie in alten Zeiten! Dennoch sollte ich ohne Lustgefühle keine Erektion bekommen. Das musste ich mit dem Professor besprechen. Vielleicht waren ja ein paar Synapsen in meiner Schaltzentrale falsch programmiert.

* * * * *

Die meterhohen, horizontal verschiebbaren Glasfenster des Best Siam nahe der Nana Skytrain Station waren so zusammengeschoben, dass die Gäste in der Tischreihe zur Straße hin das Gefühl hatten, im Freien zu sitzen. Ein großes Süßwasseraquarium teilte den Innenraum. Das Restaurant war gut besucht. Ich setzte mich an einen freien Vierertisch in der Mitte des Lokals, neben mir ein runder Tisch mit einer chinesischen Großfamilie. Sämtliche Familienmitglieder kicherten und plapperten wild durcheinander, als sie mich erblickten, Mama, Papa, Oma, Opa, Onkel, Tante. Die Kinder zeigten mit den Fingern auf mich und machten so große Augen wie beim Feuerwerk zum chinesischen Neujahr. Zu meinem Erstaunen verstand ich ihre Sprache.

»Das ist ein Roboter«, erklärte der Familienvater.

»Nein, ein Alien, der kommt vom Mars«, meinte der klapperdürre, glatzköpfige Großvater und lachte so heftig, dass er sich verschluckte und fast erstickt wäre, hätte nicht die gesamte Familie mit den Fäusten auf seinem

Rücken herumgetrommelt. Vielleicht hatten sie ihm so das Leben gerettet, aber wahrscheinlich auch ein paar seiner morschen Rippen gebrochen. Der Opa verzog vor Schmerzen das Gesicht und sagte nichts mehr.

»Das ist ein Astronaut«, wusste der Kleinste der Familie, streckte seinen Arm ganz weit aus, zeigte mit dem Finger auf mich und bewegte die Hand, als wollte er mir gleich in der Nase bohren.

Ich lächelte ihn an und überlegte, ob ich diese Sprache, die ich meines Wissens nie gelernt hatte, nicht nur verstehen, sondern auch sprechen konnte. Es wäre jedenfalls einen Versuch wert:

»Ich bin Superman. Ich bin gekommen, um die Welt zu retten. Aber davor brauche ich jetzt erst mal was zu essen.«

Die Kinder verstummten fasziniert und selbst den Erwachsenen blieb das Lachen in der Kehle stecken. Sie nickten anerkennend, als wäre ich tatsächlich Superman. Welcher weiße Mann würde sonst wohl in so einem komischen Gestell herumlaufen und auch noch fließend ihre Sprache sprechen?

Als die Bedienung kam, bestellte ich eine Flasche stilles Wasser und Tom Yam Gai, eine scharfe Suppe mit Huhn, Zitronengras, Gewürzpaste und Chili. Allerdings würde ich nicht bezahlen, sondern nur eine Gegenleistung anbieten können.

»Superman zahlt nie«, erklärten die Kinder vom Nachbartisch der Bedienung.

Die war sich allerdings nicht so sicher.

»Da muss ich Khun Mo, den Chef, holen«, sagte sie und verschwand.

Kurz darauf erschien besagter Chef und begutachtete mich kritisch. Freundlich sah anders aus. Das Gesichtserkennungsprogramm, das ganz nebenbei vor meinem inneren Auge aufschien, mahnte mit einem roten Icon eines böse dreinblickenden Gesichts in der rechten oberen Ecke meines Sehfelds zur Vorsicht. Mo meinte, er habe einen Kleinlaster mit 25 Propangasflaschen im Hof stehen. Davon müssten 22 ins Lager und drei in die Küche. Wenn ich das erledigt hätte, bekäme ich meine Suppe und mein Wasser. Mein Akku war noch gut geladen, und mit ordentlicher Unterstützung des Exoskeletts war der Job nach rund 20 Minuten erledigt. Ich verschlang die Suppe und versuchte, wie es Dr. Nitaya so oft mit mir trainiert hatte, sämtliche Zutaten und Gewürze einzeln herauszuschmecken.

Als ich gerade gehen wollte, tauchte Mo erneut an meinem Tisch auf und erklärte, es seien noch vier große Wasserbehälter aus dem Lager in die Küche zu schleppen. Das war zwar nicht vereinbart gewesen, aber eine kleine Zugabe konnte ich gerne geben. Nach getaner Zusatzarbeit versperrte mir Mo den Weg hinaus aus der Küche, hielt nach Kendo-Art einen kräftigen Bambusstock über seinen Kopf und schrie mich an:

»Du hast nicht bezahlt! Du bist jetzt mein Arbeitsroboter! Los, mach die Küche sauber, zuerst die Woks dort an der Wand! Und zwar schnell – sonst schlag ich dir den Schädel ein!«

Jetzt wurde es ernst. Ich hoffte, mein Übersetzungsprogramm hatte keinen Fehler reingebracht, denn mein Denkapparat interpretierte den letzten Satzteil als Morddrohung und forderte mich zum Handeln auf. Blitzschnell fasste ich mit meiner Rechten den Bambusstock und riss ihn Mo mit einem Ruck aus den Händen, während ich den Chef mit meiner Linken wie eine räudige Katze am Kragen packte, hochhob, ins Restaurant trug und seinen Kopf samt Oberkörper in das große Aquarium tauchte.

Mo zappelte wild mit Händen und Füßen und riss unter Wasser die Augen auf. Er sagte nichts, und selbst wenn er unter Wasser etwas gesagt hätte, hätte es niemand gehört. Nur ein paar Luftblasen blubberten aus seinem Mund. Ich drückte den Mann, der mich gerade noch umbringen wollte, so lange unter Wasser, bis er nicht mehr zappelte. Fast zeitgleich mit der letzten Luftblase, die seinem Mund entwich, hängten sich schreiend und kreischend drei Menschen an mich, einer an jeden Arm, und ein Dritter war von hinten auf meinen Rücken gesprungen und umklammerte meinen Hals.

Ich drehte mich wie ein Kettenkarussell um meine eigene Achse und die Zentrifugalkraft befreite mich von meinen menschlichen Armfesseln. Dann warf ich mich rücklings gegen das Aquarium. So wurde ich endlich auch den lästigen Halsumklammerer los, allerdings geriet das Aquarium ins Wanken und fiel krachend um, wobei es Wasser, Fische und Mo in den Raum ergoss.

Es war Zeit für mich zu gehen. Und zwar so schnell, wie es der relativ dichte Fußgängerverkehr auf dem Gehweg der Sukhumvit Road erlaubte. Hinter mir formierte sich ein Mob, der mir lärmend folgte und unglaubliche Parolen schrie:

»Haltet den Mann! Er ist ein Mörder! Haltet den Mann!«

Glücklicherweise führten diese Sätze eher dazu, dass man mir Platz machte, als dass sich jemand anschickte, mich aufzuhalten. Der Abstand zu meinen Verfolgern vergrößerte sich. Keiner von ihnen würde so schnell laufen können wie mein Exoskelett, aber die Anzeige vor meinem inneren Auge signalisierte, dass die Akkulaufzeit meiner Hilfsmotoren bei dieser Geschwindigkeit nicht mehr lange reichen würde. Es gab kein Zurück zum Lumpini Park, nur ein Vorwärts. Google Maps verriet mir, dass die Sukhumvit Road noch gute 400 Kilometer weit über Bangkok hinaus bis an die kambodschanische Grenze verlief, viel weiter, als die Akkus des Exoskeletts reichen würden. Und dann? Wäre ich überhaupt in der Lage, einen einzigen Schritt ohne meine elektronische Gehhilfe zu tun? Ich wusste es nicht.

Vor mir trottete ein majestätisch anmutender Arbeitselefant mit seinem Mahut, der ihm im Nacken saß. Mich beschlich der Gedanke, dass ich auf diesem mächtigen Tier unangreifbar und sicher vor meinen Verfolgern wäre. Aber wie bestieg man einen Elefanten? Es wäre sicher keine gute Idee, ihn am Schwanz oder am Rüssel zu ziehen oder es über die Stoßzähne zu versuchen. Ob er sich für mich hinknien würde? Selbst dann wäre der Aufstieg auf den tonnenschweren Koloss noch schwierig. Ich registrierte, dass mein designierter Retter alle 50 bis 100 Meter unter einer bogenförmigen Straßenlaterne hindurchging. Das war die Lösung! Ich überholte das massige Tier in lockerem Sprint und erklomm mit einiger Anstrengung die nächste Bogenlampe auf seiner Wegstrecke. Nun müsste ich mich nur noch sanft auf den Rücken des Dickhäuters gleiten lassen, wenn er unter der Lampe hindurchschritt. Dachte ich. Leider machte der Elefant ausgerechnet in dem Moment, als ich bereits mit ausgestreckten Armen an der Lampe baumelte, einen Schritt zur Seite. Nie werde ich erfahren, ob es sein Mahut war, der ihn dirigierte, oder seine ureigene Elefantenhirnentscheidung.

Konnte ich es wagen, mich die geschätzten drei bis vier Meter von der Lampe auf den harten Boden fallen zu lassen? Oder sollte ich besser versuchen, mich auf den Lampenbogen hochzuziehen und langsam herunterzuklettern? Was würden das Exoskelett und meine Knochen aushalten? Aus meiner erhöhten Position sah ich, dass die Meute meine Verfolgung noch längst nicht aufgegeben hatte und sich bedenklich näherte. Ich musste springen. Jetzt! Sofort! Ich ließ los. Es krachte ordentlich, so, als hätte jemand seinen Fernseher aus dem zweiten Stock auf die Straße geworfen. Ich fiel hin, rappelte mich auf und rannte los. Der Mob war mir dicht auf den Fersen und wurde nun auch noch von einigen sportlichen Uniformierten angeführt.

Als ich gerade den unkooperativen Elefanten samt seinem Mahut überholt und wieder etwas Abstand zu meinen Verfolgern aufgebaut hatte, stoppte plötzlich eine Harley Davidson neben mir.

»Los, steig auf!«, brüllte der Fahrer, ein lässiger Zwei-Zentner-Mann mit cooler Ray-Ban-Brille und Topfhelm.

Das sympathische Röhren des alten Viertakters, der wuchtige Hinterreifen, die chromblitzende Maschine und die klare Ansage des Fahrers zogen mich geradezu hypnotisch auf den Sozius. Der Mann gab Gas, schaltete, gab noch mehr Gas und düste im Tiefflug über die Sukhumvit Road zuerst Richtung Süden, aus der Stadt heraus, dann am Meer entlang Richtung Osten. Es bereitete mir einige Mühe, seinen massigen Körper zu umfassen und mich auf dem Sozius des Höllenvogels zu halten. Fahrtwind und Motorengeräusch unterbanden jegliche Kommunikation. Wohin fuhr der Typ mich bloß? Wie konnte ich ihn zum Anhalten bewegen? Straßenschilder mit der Aufschrift ›Chonburi‹ und ›Pattaya 97 km‹ zogen an uns vorbei. Als könnte er meine Gedanken lesen, bog der Mann plötzlich in eine Tankstelle ein, hielt an, stieg ab, schob seine Sonnenbrille auf die Stirn und stellte sich auf Englisch vor:

»Dodo. Und wer bist du?«

»Walter«, sagte ich und fügte nach einer kurzen Atempause hinzu: »Warum hast du mich mitgenommen?«

»Weil du ein schräger Vogel bist. Und weil die Bullen hinter dir her waren. Was hast du ausgefressen?«, fragte Dodo.

»Gar nichts! Ein Restaurantbesitzer hat mich bedroht. Da hab ich seinen Kopf ins Aquarium getaucht. Das war alles.«

»Das war alles? Du bist ja lustig. Wo kommst du eigentlich her?«

»Lumpini Park. Aus einer Klinik am Lumpini Park.«

»Hast du eine Behinderung? Oder warum trägst du diesen Roboteranzug?«

Das hätte ich selbst gerne gewusst. Aber so offen wollte ich diesem Fremden gegenüber nicht sein. Die plausibelste Antwort war wohl:

»Ich hatte einen Unfall und brauche noch ein paar Tage Unterstützung durch dieses Exoskelett.«

»Und wo kommst du wirklich her? Aus welchem Land, meine ich.«

»Aus Deutschland. München, genauer gesagt.«

»Ich bin Berliner. Dann können wir ja auf Deutsch weiterreden«, meinte Dodo erfreut.

»Was machst du in Thailand?«, fragte ich.

»Ich lebe hier schon seit dreißig Jahren, habe in Pattaya Easy-ABC aufgebaut, die beste Sprachschule im ganzen Land! Wenn du willst, kannst du erst mal bei mir wohnen, bis Gras über deine Geschichte gewachsen ist. Ich habe auf einem Hügel in Pattaya ein schönes Haus mit Pool, fünf Gästezimmer, fünf Autos, fünf Motorräder, fünf Motorboote, fünf Hunde …«

»… und fünf Frauen?«, ergänzte ich.

»Nein«, schmunzelte Dodo, »das sind deutlich mehr. Aber der Kavalier genießt und schweigt.«

Dodo zwinkerte mir zu, schob seine Ray-Ban wieder auf die Nase, tankte und kaufte zwei halbe gegrillte Hühnchen von einem Stand neben dem Kassenhäuschen. Eines war für mich bestimmt, doch ich hatte keinen Hunger. Also aß Dodo beide Hühnerhälften.

»Vielen Dank für dein Angebot, aber ich möchte gerne zurück in die Klinik. Ich fürchte, die Akkus meines Exoskeletts halten nicht mehr lange.«

»Hast du kein Ladekabel dabei?«

»Nein, leider nicht.«

»Okay, ich fahr dich, wo auch immer du hinwillst«, bot Dodo an.

»Super! Ich geh nur noch schnell pinkeln«, sagte ich und ging im Energiesparmodus zu dem Toilettencontainer, der quer zum Kassenhäuschen stand.

Als ich wenige Minuten später wieder aus dem Container heraustrat, wimmelte es von Polizisten. Einer richtete seine Pistole auf mich, vier weitere stürzten auf mich zu und versuchten mit zunehmender Verzweiflung mir Handschellen anzulegen. Es gelang ihnen nicht, da das Exoskelett genau auf Höhe der Handgelenke kleine Motoren hatte, um die die Handschellen nicht herumpassten.

»Wir brauchen ihn lebend!«, rief einer der Polizisten aufgeregt seinen Kollegen zu.

»Keine Sorge. Ich leiste keinen Widerstand«, sagte ich auf Thai und folgte den Polizisten zu einem ihrer beiden Mannschaftswagen. Dodo stand mit laufendem Motor an der Ausfahrt zur Landstraße, zuckte mit den Schultern und zeigte mir lässig das Victory-Zeichen. Er war für mich unerreichbar und konnte nichts mehr für mich tun. Bestimmt hatte er mich nicht verraten. Es waren die zahlreichen Überwachungskameras an der Tankstelle und entlang der Sukhumvit Road gewesen. Da war ich mir ganz sicher.

Einer der Polizisten hatte die glorreiche Idee, man müsse mich mit einem Abschleppseil fesseln. Dumm nur, dass weder in den Mannschaftswagen noch in der Tankstelle ein solches zu finden war. Die Männer waren sichtlich nervös. Jedem Einzelnen stand der Schweiß auf der Stirn, einigen liefen Rinnsale über Schläfen und Wangen, bei anderen wiederum bildeten sich Perlen auf der Nase. Flößte ihnen meine überragende Körpergröße, das Exoskelett oder meine vermeintliche Gewaltbereitschaft Angst ein? Oder war es einfach nur die Außentemperatur? Schließlich zwangen sie mich mit vorgehaltener Pistole, mich bäuchlings auf die offene Ladefläche eines Mannschaftswagens zu legen. Dann knieten sich jeweils zwei Polizisten auf meinen rechten und auf meinen linken Arm sowie auf beide Beine. Acht gegen einen. Es störte mich nicht. Ich hatte ohnehin nicht vor zu kämpfen, ich wollte nur zurück ins NewLife Institute, in mein Zimmer, den Akku aufladen.

Leider endete meine Reise nicht an meinem Wunschziel, sondern im kahlen Verhörraum einer Polizeistation.

»Wie heißen Sie?«, fragte ein älterer Polizeibeamter, der aufgrund der drei Sternchen auf seinen Schulterklappen wohl einen gewissen Rang haben musste.

»Walter Fabricius.«

»Wann und wo sind Sie geboren?«

»Am vierten Juli neunzehnhundertneunzig in Gmund am Tegernsee, Deutschland.«

Der Polizeibeamte musterte mich von Kopf bis Fuß und bat mich, meinen Namen und meine Geburtsdaten auf ein Blatt Papier zu schreiben. Dann tippte er meine Angaben in seinen Laptop ein.

»Wo haben Sie so gut Thai gelernt?«

Vor ein paar Stunden wusste ich noch gar nicht, dass ich Thai verstehen und sprechen konnte. Aber Polizisten wollen Antworten, und zwar möglichst plausible Antworten.

»In der Easy-ABC-Sprachschule in Pattaya«, sagte ich in Erinnerung an Dodos Worte.

»Wann und über welchen Grenzübergang sind Sie in unser Land eingereist?«

Jetzt musste ich wirklich passen.

»Keine Ahnung! Ich hatte einen Unfall und kann mich nicht mehr erinnern. Deshalb trage ich auch dieses Exoskelett. Der Akku kann jederzeit zu Ende gehen. Ich weiß nicht, was dann passiert. Bitte rufen Sie Professor Tan Xiang Tao vom NewLife Institute in Bangkok an. Er soll mich abholen.«

Der Polizeibeamte tippte im Zweifingersystem auf seiner Tastatur herum, rief verschiedene Webseiten auf, gab immer wieder meine Daten ein.

Ich versuchte, in seinem kantigen Gesicht zu lesen. Leider erfolglos. Nur sein Namensschild, das unter dem Fallschirmjägerabzeichen auf der rechten Brustseite prangte, konnte ich lesen: Phuthep Nasongkla – ein einfacher Name, der gut zu merken war.

Vor meinem inneren Auge erschien rechts oben ein rotes Batteriesymbol, daneben ein kleines Piktogramm des Exoskeletts.

»Mein Akku ist gleich leer. Warum können Sie mich nicht einfach ins NewLife Institute bringen oder mich von Professor Tan abholen lassen?«, fragte ich nach einer Weile.

Der Polizeibeamte unterbrach seine Internetrecherchen, beugte sich zu mir vor, schaute mir tief in die Augen und sagte:

»Weil Sie mich ständig anlügen. Und weil Sie unter Mordverdacht stehen!«

»Was, wieso das denn?«

»Sie haben einen Restaurantbesitzer in seinem eigenen Aquarium ertränkt. Da gibt es nichts zu leugnen. Die Überwachungskamera beweist das eindeutig. Man hat versucht, den Mann wiederzubeleben. Er liegt im Koma. Ihr NewLife Institute gibt es nicht, nirgendwo, nicht im Internet und nicht in Bangkok! Ein Walter Fabricius ist nicht in unser Land eingereist, zumindest nicht innerhalb der letzten zehn Jahre. Wissen Sie eigentlich, welchen Tag wir heute haben?«

»Ja – nein – nicht so genau«, antwortete ich kleinlaut.

»Wir schreiben heute den dreiundzwanzigsten März zweitausendfünfhundertvierundneunzig, nach unserem buddhistischen Kalender. Das entspricht nach Ihrer westlichen Zeitrechnung dem dreiundzwanzigsten März im Jahr zweitausendsechzig. Nach dem Geburtsdatum, das Sie mir aufgeschrieben haben, müssten Sie bald siebzig Jahre alt sein. Sie sind jedoch höchstens halb so alt. Warum lügen Sie mich an?«

»Irgendetwas stimmt hier nicht«, konnte ich noch murmeln. Dann kippte mein Oberkörper krachend nach vorne auf den kleinen Tisch des Verhörraums. Die Akkus des Exoskeletts waren endgültig leer und mein Körper war zu schwach, um dem Gewicht der Akkuplatte auf meinem Rücken und dem Widerstand der Motoren an den Gelenken entgegenzuwirken.

Die Druckvorlage

Juli 2059, 6 Monate vor den Ereignissen in Bangkok
Walter Fabricius, 69 Jahre

Ich verschloss die schmucke Villa in München-Grünwald, in der gut die Hälfte des in meinem Leben erarbeiteten Vermögens steckte, ließ mit einem Knopfdruck auf einer kleinen Fernbedienung meinen schneeweißen Tesla XXX vorfahren, stieg auf der Fahrerseite ein und sagte »Abflug!«. Dieses Tesla-Modell hatte noch ein richtiges Lenkrad. Allerdings eher aus Nostalgie denn aus Notwendigkeit. ›Hinters Lenkrad‹ setzten sich nämlich nur noch alte Leute wie ich, die einen Führerschein besaßen und früher Hunderttausende von Kilometern selbst ein Fahrzeug gesteuert hatten. Da steckte irgendwo im Hinterkopf ein letztes Fünkchen Technikmisstrauen und der Wunsch, im Notfall selbst eingreifen zu können. Heute hatten in Europa nur noch wenige junge Menschen einen Führerschein und noch weniger ein eigenes Fahrzeug. Die meisten bestellten sich bei Bedarf ein selbstfahrendes Auto, gaben Anzahl der Passagiere, Komfortklasse, Start und Ziel in ihr Smartphone ein und Minuten später stand das Fahrzeug vor der Tür. Das war bequemer und billiger als ein eigenes Auto zu unterhalten.

Mein Tesla kannte das einprogrammierte Codewort und fuhr mich selbstständig zum drei Kilometer entfernten AirSharing Hotspot, dem Start- und Landeplatz für acht autonom fliegende Drohnen. Dort warteten vier dieser Flugtaxis vollgetankt auf ihren Einsatz. Vier weitere waren wohl gerade unterwegs. Die Bedienung war denkbar einfach.

»Herzlich willkommen an Bord«, begrüßte mich eine erfrischende Frauenstimme, »bitte legen Sie zuerst den Daumen Ihrer rechten Hand und dann den Mittelfinger Ihrer linken Hand auf den ID-Scanner.«

Nach meiner Identifizierung musste ich nur noch das Ziel nennen, wahlweise in Koordinaten, Buchstaben, per Spracheingabe oder Bluetooth-Übertragung aus Google Maps. Die getippten und gesprochenen Worte hatten jedoch eine, wenn auch sehr geringe, Fehlerquote, sodass man im schlechtesten Fall an einem ganz anderen Ort landete, als man gewollt hatte. Ich schnallte mich an, zog mein Smartphone aus der Sakkotasche, um die Koordinaten aus Google Maps zu übertragen und überprüfte kurz, ob sie korrekt auf dem Display des Flugtaxis erschienen:

47°21'23.5"N 8°31'08.0"E

Ich drückte den roten START-Knopf unter dem großen Display, das mir unsere geplante Flugroute anzeigte, und schon surrten die 16 durch hocheffiziente Elektromotoren angetriebenen Propeller los. Das Fluggerät hob sanft vom Boden ab. Alle AirSharing-Lufttaxis flogen mit Wasserstoff, der über eine Brennstoffzelle Strom generierte. Ging der Wasserstoff zu Ende, so reichte die Speicherkapazität der Batterie noch für gut 20 Minuten. In dieser Zeit suchte sich das Flugtaxi selbstständig den nächsten H2FillingSpot. Das Betanken mit Wasserstoff dauerte nur wenige Minuten und schon ging es weiter. Für mein heutiges Ziel im Südwesten Zürichs musste ich mit einer Gesamtflugzeit von zwei Stunden und einem Tankstopp rechnen. Leider konnte man bei diesen vollautomatisierten Passagierdrohnen nicht selbst eingreifen und von der Route abweichen, etwa um im Tiefflug über einen kilometerlangen Stau zu rauschen oder das Gipfelkreuz eines Berges zu umrunden. Dennoch faszinierte mich jeder Flug von Neuem. Schließlich hatte ›Pilot‹ nach meinem Abi mit Abschlussnote 1,2 an zweiter Stelle meiner Berufswünsche gestanden, falls aus dem ersten nichts werden würde.

Beide Berufswünsche waren damals ungewöhnlich gewesen, zumindest in dem Umfeld, in dem ich aufgewachsen bin. Ich wurde in Gmund am Tegernsee geboren. Mein Vater betrieb die einzige Druckerei am Ort und meine Mutter arbeitete als Grundschullehrerin. Die meiste Zeit meiner Kindheit verbrachte ich auf einem Bio-Bauernhof, der direkt an unser Grundstück angrenzte, half beim Ausmisten, Schweinefüttern und Kühemelken. Mein bester Freund war Kater Felix, der mir als Zeichen seiner Zuneigung öfters frisch erlegte Mäuse vor die Tür legte.

In der Theatergruppe des Tegernseer Gymnasiums entdeckte ich meine Leidenschaft fürs Schauspiel. Meine Rolle als Wilhelm Möbius in Friedrich Dürrenmatts Stück *Die Physiker*, das unsere Gruppe anlässlich der Abiturfeier im Barocksaal des Gymnasiums aufführte, bewog die Lokalpresse, mich als außergewöhnliches Talent namentlich hervorzuheben, was wiederum mich zur Bewerbung bei der renommierten Otto-Falckenberg-Schauspielschule in München bewog. Noch im ersten Ausbildungsjahr warben mich die Münchner Kammerspiele an und boten mir eine gut bezahlte Festanstellung. Von da an ging es immer weiter bergauf. Das Publikum lag mir zu Füßen. Ich genoss jeden Auftritt und arbeitete hart daran, noch besser zu werden. In der Schule durfte ich mich weiterhin in Sprache, Gestik, Mimik, Gesang und Tanz weiterbilden. Nach drei Jahren und erfolgreich abgeschlossener staatlicher Schauspielprüfung war mir nach einem Tapetenwechsel. Es folgten Engagements am Schauspielhaus Bochum, am Schillertheater Wuppertal, am Wiener Burgtheater, am Schauspielhaus Zürich und an der Berliner Schaubühne.

Die Rolle des Charmeurs war mir wie auf den Leib geschrieben, sowohl auf der Bühne als auch im richtigen Leben. Eine Affäre folgte der nächsten. Die weiblichen Fans machten es mir auch wirklich leicht. Jedes einzelne dieser amourösen Abenteuer genoss ich sehr. Die große Liebe war jedoch nicht dabei. Weil ich einfach noch nicht reif dafür war. Weil die Zeit nicht reif dafür war. Oder weil zur wahren großen Liebe auch immer ein Quäntchen Glück gehört. Das wurde mir schlagartig klar, als Julia in mein Leben trat.

Julia war Kostümbildnerin an der Berliner Schaubühne, hatte feuerrotes, schulterlanges Haar, smaragdgrüne Augen und ein entwaffnendes Lächeln, das nicht selten in ein herzerfrischendes Lachen überging. Genau sieben Sommersprossen zierten ihr Engelsgesicht: vier auf der Nase und drei links daneben. Julia war fünf Jahre jünger als ich und hatte sich gerade von ihrem Freund getrennt. Wir verstanden uns auf Anhieb prächtig, diskutierten nächtelang über Gott, die Welt und das Universum und schauten uns verliebt in die Augen, bis hinein in unsere Seelen. Allerdings ließ mich Julia geschlagene sechs Wochen zappeln, bis ich erstmals in ihre Wohnung durfte. Wir tranken guten Rotwein und küssten uns innig. Mein Herz brannte, aber ich spürte, dass Julia noch nicht zu mehr bereit war. Als der laue Spätsommerabend zur Neige ging, widersetzte ich mich mit aller Kraft dem Drängen meiner Hormone, gab den Gentleman und fragte, ob ich vielleicht, ganz ohne

Absichten, auf Julias Balkon übernachten dürfe, oder mir lieber ein Taxi rufen solle, da ich selbst nicht mehr fahrtüchtig sei. Julia gestattete mir die Balkonübernachtung, die lebenslang in unserer Erinnerung bleiben sollte. Ab da durfte ich mehr, viel mehr! Wir nahmen uns eine Auszeit vom Theater, reisten vier Monate um die Welt. Wir heirateten und bekamen zwei wunderbare Kinder, Ben und Carola. Julia war die Liebe meines Lebens, unsere Familie mein größtes Glück.

Ich verdiente gut, so gut, dass Julia nur noch besonders reizvolle Projekte annehmen konnte, meist solche, bei denen wir in der gleichen Stadt oder sogar am gleichen Theater arbeiten durften. Oft kam die ganze Familie mit auf Tournee, und ich konnte zudem ein Häuschen im Münchner Nobelvorort Grünwald kaufen und Kapital für schlechte Zeiten auf die Seite legen. Mein berufliches Herz schlug für das Theater, für die Rollen, die ich spielen und die Zuschauer, die ich begeistern durfte. Nur dreimal wagte ich kurze Abstecher zum Film: als Mörder in einem Münchner *Tatort*, als psychotischer Passagier in einer in Thailand gedrehten Folge von *Das Traumschiff* und als CIA-Agent in einer Netflix-Serie. Die Netflix-Produktion kam damals genau zum richtigen Zeitpunkt, nämlich während der großen Corona-Pandemie, als nahezu alle Theaterschauspieler arbeitslos wurden und wir unter strengsten Sicherheitsbedingungen die Serie in den Münchner Bavaria-Studios abdrehen durften.

Meine Frau und ich hatten ein wundervolles Leben und unverschämt viel Glück! Spielpausen, die meist auf die Schulferien fielen, nutzten wir, um die Welt zu erkunden, und nahmen dabei unsere Kinder mit, egal in welchem Alter sie gerade waren, solange sie wollten.

Im März 2050, Carola und Ben waren erwachsen und längst aus dem Haus, reiste ich mit Julia nach Thailand, mietete einen Bungalow am Lamai Beach auf Ko Samui und wollte mit ihr unseren 30. Hochzeitstag feiern. Am Vorabend des Jubiläums saßen wir eng umschlungen am Strand, blickten hinaus aufs weite Meer und den roten Sonnenball, der sich langsam dem Horizont näherte. Julia stand auf, beugte sich zu mir herunter, küsste mich innig und sagte:

»Ich geh nochmal kurz rein. Du kannst hierbleiben, wenn du nicht mitwillst.«

Julia war im Gegensatz zu mir eine richtige Wasserratte und ich ließ sie ziehen.

Drei Minuten später lief Julia vor Schmerz laut schreiend aus dem Wasser und warf sich vor mir in den Sand.

Ihre gesamte linke Körperseite war bedeckt von feuerroten Linien, als hätte man sie im Wegemuster eines Holzwurmrudels mit kochendem Wasser verbrüht. Offensichtlich hatte sie starke Schmerzen. Ich schrie um Hilfe und sah, wie ein Thailänder sein Smartphone zückte und mir zunickte.

Ich nahm Julia fest in meine Arme und spürte, wie mir Tränen über das Gesicht liefen. Ich fühlte mich so hilflos wie noch nie zuvor in meinem Leben.

»Es tut so weh, Walter«, sagte Julia immer wieder, wobei ihre Stimme immer leiser wurde. »Ich liebe dich ganz fürchterlich …«, hauchte sie noch, bevor sie das Bewusstsein verlor.

Dann war sie tot. Lange bevor der Rettungswagen kam und die Sanitäter meine verzweifelten und aussichtslosen Wiederbelebungsversuche beendeten und mir sanft erklärten, dass niemand mehr meiner Frau helfen konnte. Die Tentakel einer Würfelqualle hatten sie gestreift.

Ich konnte und wollte drei Jahre nicht mehr arbeiten, zog mich in mein Haus zurück, verfiel kurzzeitig dem Alkohol, bis ich mich selbst austrocknete, täglich eine Stunde meinen Körper im Keller-Gym malträtierte, die Isar entlang bis zum Georgenstein joggte und wieder alte Rollen repetierte. Bald konnte ich sämtliche Klassiker von Shakespeare, Schiller und Goethe ausdrucksvoll rauf- und runterspielen und hatte auch Komödien, postdramatisches und modernes Theater wieder drauf.

Nun aber wollte mich keiner mehr. Ich versuchte, alte Seilschaften zu reaktivieren. Leider erfolglos. Wer in meiner Glanzzeit etwas zu sagen gehabt und mich hochgehalten hatte, war älter als ich und inzwischen verstorben oder nicht mehr im Geschäft. Meine Selbstvermarktung klappte ebenso wenig wie die Vermittlung durch Agenturen, die mich nur milde lächelnd in ihre Kartei aufnahmen. Seit Julias Tod vor neun Jahren hatte ich kein einziges Mal mehr auf der Bühne oder vor einer Kamera gestanden. Es schmerzte, aber ich musste mir eingestehen: Es war vorbei! Das Angebot an alten Schauspielern war fünfhundert Mal höher als die Nachfrage. Jugend war gefragt, ich war weg vom Fenster.

»Bist du lebensmüde?!«, schrie ich auf, als urplötzlich nur wenige Meter vor der Scheibe meiner Passagierdrohne das Gesicht eines Gleitschirmfliegers auftauchte. Starr vor Schreck, Augen und Mund aufgerissen, erwartete er den großen Knall, der uns beide unweigerlich in den Tod reißen würde. Blitzschnell kippte jedoch das automatische Antikollisionssystem mein Fluggerät wie eine Frisbeescheibe steil nach links, bevor wir in rasantem Tempo auf den Erdboden zurasten. Die Kollision war vermieden, der Gleitschirmpilot gerettet, aber meine

Überlebenschance sah ich dahinschmelzen wie Butter in einer heißen Bratpfanne. Da schwenkte meine fliegende Untertasse kurz über dem Boden wieder in die Horizontale, die Elektromotoren surrten so laut, wie ich es bisher noch nie gehört hatte, stabilisierten die Drohne und setzten sie sanft auf einer Wiese auf.

»Brrrt, brrrt, brrt …«, tönte es ohrenbetäubend laut aus dem Frontpanel. Das Display forderte mich auf, eine von zwei Optionen zu drücken: ›Verletzt‹ oder ›Unverletzt‹.

Ich drückte auf ›Unverletzt‹.

Endlich verstummte der nervtötende Alarmton.

»Herzlichen Glückwunsch zu Ihrer unverletzt überstandenen Notlandung. Bitte warten Sie einen Moment«, bat mich eine freundliche Frauenstimme. Sie wiederholte diese Ansage zweimal und fuhr dann fort:

»Ein Techniker ist zu Ihnen unterwegs. Bitte bleiben Sie angeschnallt in Ihrem Flugtaxi. Ihre voraussichtliche Wartezeit beträgt siebenundvierzig Minuten.«

Entgegen der Anweisung löste ich den Sicherheitsgurt, öffnete die Tür, stieg aus, atmete mehrfach tief ein und aus und marschierte um dieses Wunderwerk der Technik herum, das mir soeben das Leben gerettet hatte. Wahrscheinlich hätte es kein menschlicher Pilot geschafft, so schnell und perfekt zu reagieren, genau im richtigen Winkel in die richtige Richtung auszuweichen und sich kurz über dem Boden wieder abzufangen.

Ich war froh, am Leben zu sein, aber besorgt darüber, meinen bereits vor einer Woche über geheime Kanäle im Darknet vereinbarten Termin zu verpassen. Auch dabei ging es buchstäblich um Leben und Tod.

* * * * *

Die große gelbe Werkstattdrohne landete pünktlich, wie angekündigt. Der Aerodrohnen-Mechatroniker, ein stattlicher Mann Mitte dreißig mit Buzz Cut und Dreitagebart begrüßte mich freundlich und fragte, wie es mir gehe und was passiert sei. Ein Mensch! Das tat richtig gut in dieser Zeit, in der man fast nur noch von Computerstimmen und vollautomatisierten Geräten umgeben war. Während der Mechatroniker meine Drohne mit Wasserstoff auftankte, las er den Fehlerbericht aus und spielte die Videos der vier Außenbordkameras ab.

»Da haben Sie richtig Glück gehabt«, konstatierte der Mann.

»Sie dürfen zu Ihrem Ziel weiterfliegen und müssen nicht mal mehr zwischentanken.«

»Ich habe einen sehr wichtigen Termin, den ich vom eingegebenen Ziel, dem AirSharing Hotspot im Allmend-Park, aus nun nicht mehr schaffe«, erklärte ich dem gelben Engel, hielt ihm mein Smartphone mit Google Maps unter die Nase, signalisierte ihm, zehn Crypteuro auf seine Cyberwallet zu transferieren und bat ihn, mein Ziel auf Landiwiese oder Saffa-Insel umzuprogrammieren und die Drohne dann leer zum nächsten AirSharing Hotspot zu schicken. Sowohl Landungen außerhalb der regulären Landeplätze als auch Leerflüge konnten nur vom Fachpersonal programmiert werden.

»Landiwiese geht nicht, aber Saffa-Insel ist möglich. Sie müssen dort innerhalb von drei Minuten aussteigen.«

»Prima, danke«, bestätigte ich, stieg ein, schnallte mich an und flog ab.

Die kleine, künstlich geschaffene Insel an der Nordwestspitze des Zürichsees verband eine fünfzehn Meter lange Brücke mit dem Ufer. Als Treffpunkt war mit meinem Kontaktmann eine der beiden Parkbänke an der Seepromenade auf dem Festland, nur wenige Meter südlich der Brücke, vereinbart. Erkennungszeichen: schwarze Kleidung und schwarze Bibel mit goldenem Kreuz in der Hand. Codewort: Jenseitszuckerl.

Ich sah ihn schon von Weitem. Der Mann war knochendürr und baumlang, trug gepflegte schwarze Lederschuhe, schwarze Socken, eine schwarze Jeans, ein schwarzes Hemd sowie ein leicht zerknittertes schwarzes Sakko und hielt den Weltbestseller mit dem Kreuz in seiner Linken. Aus dem Haarkranz rund um seine Glatze sprossen lange Haarsträhnen, die in dunklen, öligen Locken auf die schmalen Schultern fielen. Das hagere Gesicht mit dem spitzen Kinn und den tief liegenden Augenhöhlen erinnerte tatsächlich ein wenig an das Klischee des Sensenmanns.

Als ich mich neben ihn setzte und das Codewort sagte, meinte der Mann, der sich im Darknet Urs genannt hatte, verschmitzt lächelnd:

»Ich bin dein Tod und als dein Tod darf ich dich doch duzen, oder?«

Nein, das dürfen Sie nicht, dachte ich bei mir. Ich mochte es nicht, wenn mich Leute, die ich nicht kannte, sofort duzten. Doch konnte man dem eigenen Tod vorschreiben, wie er einen anzusprechen hatte?

»Also gut, wenn es sein muss«, antwortete ich, »aber ich sage lieber Urs als Tod zu dir und du darfst Walter zu mir sagen.«

Der Tod nickte zufrieden.

Wir fuhren in Urs' Elektrozweisitzer Marke Eigenbau an der Nordspitze des Zürichsees vorbei und passierten das Opernhaus und das Schauspielhaus Zürich, an dem wehmütig mein Blick hängen blieb. Wie viele Vorstellungen hatte ich hier gegeben? Wie viele tausend Menschen hatten mir zugejubelt? Heute kannte mich keiner mehr. Irgendwo im Norden der Stadt hielt Urs schließlich an und führte mich in eine äußerlich etwas heruntergekommene Baracke auf einer Schrebergartenparzelle. So wenig ansprechend das Häuschen von außen aussah, so überraschend heimelig war das Innere. Die Einrichtung erinnerte an ein urgemütliches Wohnzimmer: schwarze Ledercouch, zwei Stühle mit schwarzen Polstern, schwarzer Lehne und chromblitzenden Stahlrahmen, ein heller Marmortisch mit frischen Schnittblumen auf der einen und einer riesigen Bienenwachskerze auf der anderen Seite, gediegener Parkettboden aus Eichenholz. Über der Couch hing ein kunterbuntes Gemälde im fauvistischen Stil, auf der gegenüberliegenden Seite ein riesiger LED-Bildschirm. Unter dem großen Fenster direkt neben der Tür waren auf einem Regal Utensilien angeordnet, die an ein Chemielabor denken ließen: Glaskolben, Zylinder, Messbecher, Reagenzgläser, Pipetten, Gasbrenner, Magnetrührer, Destille, Kühlspirale, Mörser und Stößel. Darunter in beschrifteten Gläsern diverse Salze, Säuren und Laugen, destilliertes Wasser, Ethanol und Schutzhandschuhe. Noch eine Regalebene tiefer stand ein kleiner goldener Käfig mit einer weißen Maus, daneben Futter und Wasser.

Die Wand gegenüber zierte eine aufgeräumte, gut bestückte Küchenzeile mit Kochplatten, Spüle, Kaffeeautomat und Kühlschrank.

»Wohnst du hier auch?«, fragte ich.

»Nein, das ist nicht erlaubt. Höchstens mal übers Wochenende.«

»Kaffee, Espresso, Cappuccino?«, fragte mich Urs freundlich wie ein Oberkellner im Münchner Vier Jahreszeiten.

»Cappuccino mit einer schönen Milchschaumkrone, einer Prise Kakao und ein Glas stilles Wasser dazu«, bestellte ich.

Urs verzog keine Miene und machte sich ans Werk.

»Genau das mag ich auch am liebsten«, erklärte er.

Wollte sich mein Tod bei mir einschleimen oder war er gar nicht so unsympathisch, wie der erste optische Eindruck suggeriert hatte?

»Machen wir's hier?«, fragte ich.

»Ja, aber nicht so schnell, junger Mann«, erwiderte Urs, der mich altersmäßig um geschätzte fünfzehn Jahre unterbot.

Ich ließ mich in die Ledercouch sinken, streute etwas Zucker auf den Cappuccino und hob einen Löffel Schaum aus der Krone.

Urs setzte sich auf einen der Stühle und fragte:

»Krebs? Diese alte Geißel der Menschheit ist doch eigentlich bis auf ein paar Ausnahmen ausgerottet.«

Ich schüttelte den Kopf.

»Depression? Liebeskummer? Weltschmerz?«

»Nein! Ja! Ich will nicht drüber reden. Wir hatten einen klaren Deal«, antwortete ich ärgerlich.

Urs sagte kein Wort, lächelte sanft und blickte mir in die Augen, als wollte er mich hypnotisieren. So lange, bis ich ihm tatsächlich meine ganze Lebensgeschichte erzählte und am Schluss hinzufügte:

»Ich hatte ein wunderbares Gastspiel auf diesem Planeten und will selbst bestimmen, wann und wie es zu Ende geht.«

Nach einer respektvollen Pause meinte Urs:

»Und warum Zyankali? Warum nicht Pentobarbital? Das bekommst du bei jeder Sterbehilfe als Fertigprodukt viel billiger.«

»Weil Barbiturate zu lange dauern. Ich will mich in Ruhe von meinen Kindern verabschieden, die Pille schlucken und aus die Maus!«

»Da hast du eine falsche Vorstellung«, sagte Urs ernst. »Zyankali wirkt nicht schlagartig, sondern erst nach einigen Minuten – Minuten des qualvollen inneren Erstickens! Du solltest vorher unbedingt eine Schachtel Benzodiazepin mit einem guten Glas Whisky runterspülen und erst dann, wenn du richtig müde wirst, mit dem letzten Schluck die Zyankalikapsel nehmen. Gönn dir einen wirklich guten Whisky. Es soll der beste und letzte deines Lebens sein. Die Benzos bekommst du gratis von mir dazu.«

Ich schluckte. Dann nickte ich langsam und beschloss bewusst vom Thema abzulenken.

»Was hast du eigentlich gelernt und was machst du beruflich so?«, fragte ich Urs.

»Ich habe zuerst drei Semester Chemie studiert, dann drei Semester Philosophie und zuletzt drei Semester Psychologie. Länger als drei Semester habe ich es in keiner Fakultät ausgehalten. Jetzt arbeite ich in der Altenpflege und erfülle alten Menschen besondere Wünsche. Nicht nur Sterbehilfe. Ich fahre auch mal einen Klienten nach Rom, wenn er nochmal den Papst sehen oder an die Adria, wenn er nochmal Meeresluft schnuppern will. Kürzlich war ich mit einer alten Frau, die nicht mehr lange zu leben hatte, in Monaco und habe sie im Rollstuhl von Spieltisch zu Spieltisch gefahren. Sie wollte unbedingt ihr gesamtes Vermögen verspielen.«

»Und? Hat sie es geschafft?«, fragte ich amüsiert.

»Nicht ganz, aber fast. Jedenfalls war sie glücklich und strahlte den ganzen Abend wie die pure Sonne, egal, ob sie gewonnen oder verloren hatte.«

»Was wäre wohl gewesen, wenn die Ärzte sich geirrt hätten und sie noch zehn Jahre mittellos hätte leben müssen?«

»Sie war eine Spielerin. Ich habe erfahren, dass sie zwei Wochen nach unserem Ausflug friedlich starb.«

»Hatte sie Erben?«

»Keine Ahnung. Mich interessieren nur die Wünsche meiner Klientinnen und Klienten«, meinte Urs.

Jetzt wurde mir der Kerl tatsächlich langsam sympathisch.

Wir machten uns ans Werk. Wie abgesprochen, wollte ich beim gesamten Produktionsprozess *meiner* Zyankalikapsel dabei sein, damit mir für den wichtigsten Tag meines Lebens kein Scharlatan für teures Geld ein Placebo unterjubeln konnte. Am Ende des Produktionsprozesses sollte die Wirksamkeit des Gifts mit einer winzigen Menge an der Maus getestet werden. Dann wollte ich das schneeweiße Pulver selbst in eine Gelatinekapsel abfüllen und diese gut geschützt in einem Schmuckdöschen mit nach Hause nehmen. Ein knappes Jahr würde die Todespille dann noch in meinem Tresor liegen, denn mein großer Abgang war erst zu meinem 70. Geburtstag geplant. Urs gebot mir, einen Meter Sicherheitsabstand einzuhalten, setzte eine gesichtsbedeckende Atemschutzmaske auf, mischte verschiedene Säuren, neutralisierte sie mit Laugen und erhitzte sie. Es brodelte wie in einer Hexenküche. Als das Endprodukt, ein weißes, kristallines Salz zum Vorschein kam, zog Urs die unbequeme Maske ab und wies mich an, es in einem Mörser zu zerkleinern. Vorher musste ich Latexhandschuhe und Mundschutz anlegen, denn der feine Zyankalistaub könnte, über Haut und Atemwege aufgenommen, zu schwersten Gesundheitsschäden führen. Ich zerrieb das grobkörnige Salz zu einem feinen Pulver, das mein Körper schneller aufnehmen würde, und schüttete es vorsichtig auf eine Milchglasplatte in der Größe eines Brotzeitbrettls. Plötzlich pochte es heftig an die Tür:

»Aufmachen, Polizei! Wenn Sie nicht sofort öffnen, trete ich die Tür ein!«

»Kommen Sie einfach herein. Es ist nicht abgeschlossen«, antwortete Urs gelassen, während er zu mir schaute und mit den Augen rollte.

Ein beleibter Mittfünfziger mit kantigem Gesicht und nach hinten gekämmtem dunklem Haar, das sich im Nacken kräuselte, polterte in die Hütte, im Schlepptau einen gut zehn Jahre jüngeren, schlanken Kollegen mit verwegenem Schnauzer. Beide trugen Anzug und Krawatte.

»Mein Name ist Hutterli von der Kantonspolizei Zürich«, stellte sich der ältere der beiden vor, hielt mir seinen Dienstausweis unter die Nase und hob sein breites Kinn in Richtung seines Begleiters, »und das ist mein Kollege Orelli. Wir haben einen Tipp bekommen und wollen uns hier mal umsehen.«

Dann ging alles sehr schnell, zu schnell, viel zu schnell. Der Dicke sah das weiße Pulver auf der Milchglasplatte, leckte seinen rechten Zeigefinger an, tauchte ihn in das Pulver und leckte ihn ab.

»Nein!«, rief Urs entsetzt. »Tun Sie das nicht!«

Der Dicke strafte ihn nur mit einem verächtlichen Grinsen, leckte nochmal kräftig seinen rechten Zeigefinger an, nahm eine weitere Probe und sagte zu seinem Kompagnon:

»Also, ich weiß nicht, so richtig nach Koks schmeckt das Zeug nicht. Probier du doch mal, Felix!«

Felix Orelli ließ sich nicht lange bitten, probierte aber, genau wie sein Chef, zweimal, weil der den Geschmack des Pulvers nicht so recht einordnen konnte.

»Was ist das?«, fragte Hutterli.

Urs' Gesichtsfarbe wechselte von Fahlgrau zu Schneeweiß, als er mit einem kaum hörbaren Zittern in der Stimme antwortete:

»Setzen Sie sich, meine Herren, und trinken Sie erst mal ein Glas Wasser, bevor ich Ihnen antworte.«

Mir war übel, als hätte ich selbst von dem Pulver genascht. Urs brauchte eine Weile, bis er zwei Gläser fand, mit Wasser füllte und servierte. Die Polizisten, die auf den Stühlen Platz genommen hatten, tranken ein paar Schlucke. Schließlich wurde Hutterli ungeduldig:

»Was ist es denn nun? Wir nehmen das Zeug mit ins Labor und bekommen es sowieso raus. Also, sagen Sie schon!«

»Gift. Sie haben sich soeben selbst vergiftet«, erwiderte Urs leise.

Hutterli lockerte seine Krawatte und meinte deutlich verunsichert:

»Welches Gift? Rattengift? Pflanzengift? Bis jetzt spür ich noch wenig. Komm, Felix. Wir fahren ins Hospital und lassen uns mal durchchecken!«

Felix Orelli, der inzwischen ebenfalls seine Krawatte gelockert hatte, nickte, bevor er vom Stuhl fiel, blau anlief und sein Atem stockte. Er schnappte nach Luft, wie ein Karpfen, der nur mal kurz an die Wasseroberfläche kam, um hektisch ein Maul voll Sauerstoff zu ergattern und dann wieder für eine Weile in der Tiefe verschwand. Bei Orelli hatte das Gift offensichtlich aufgrund seiner geringeren Körpermasse schneller gewirkt.

»Um Gottes willen, Felix, was ist los mit dir?«, rief

Hutterli und stürzte zu seinem Kollegen, um zu sehen, wie er ihm helfen könne.

»Es ist Zyankali«, erklärte Urs ruhig, »da gibt es keine Rettung. Sie werden beide sterben.«

Hutterli zog, neben Orelli kniend, sein Smartphone aus der Anzugtasche, schaffte es aber nicht, es zu entsperren, da auch ihn nun massive Atemnot plagte. Er ließ das Smartphone fallen, griff sich mit beiden Händen an die Brust, schnappte nach Luft, rutschte auf den Knien ein kleines Stück in Richtung Tür und fiel dann vornüber auf seinen dicken Bauch. Die beiden Körper wanden sich noch zwei oder drei Minuten im Todeskampf über den blitzsauberen Parkettboden der Hütte, dann war ihr Leben endgültig ausgehaucht. Ich stand wie versteinert und zu keiner Reaktion fähig neben dem unfassbaren Szenario. Es waren grausame, qualvolle Minuten, die mir wie Stunden erschienen und die ich mein Leben lang nie vergessen würde.

»Was machen wir jetzt?«, fragte ich in die furchtbare Stille hinein.

Urs starrte ratlos auf die beiden Leichen und schwieg. Nach einer Weile meinte er:

»Wir trinken jetzt erst einmal einen Shot Appenzeller Alpenbitter und denken nach.«

Er holte eine Flasche Kräuterlikör aus dem Kühlschrank, zwei große Schnapsgläser aus der Anrichte und schenkte ein. Wir setzten uns auf die Couch und erhoben die Gläser.

»Auf die beiden da«, sagte Urs. Ich nickte matt. Urs schenkte nach.

Wir tranken und dachten nach.

»Glaubst du, das Zyankali reicht jetzt noch für mich?«, fragte ich zögerlich. Ich wunderte mich selbst darüber, welcher Gedanke mich am meisten bewegte, während zwei Tote zu meinen Füßen lagen, die eben durch genau dieses Gift qualvoll verendet waren.

»Mach dir da keine Sorgen«, meinte Urs, »die drei Gramm, die ich zubereitet habe, reichen für zehn absolut tödliche Portionen. Wir schauen gleich mal, wie viel noch übrig ist und dann kannst du dir deine Kapsel selbst abfüllen, so wie du das wolltest.«

Urs reichte mir ein paar neue Latexhandschuhe, zog selbst welche über, legte ein kleines Blatt liniertes Papier aus einem Notizblock auf seine Präzisionswaage und justierte diese so, dass sie samt dem Blatt null Gramm anzeigte. Dann faltete er das Blatt der Länge nach, schüttete das verbliebene Pulver darauf und wog es.

»Da ist nur noch ein Gramm übrig. Das, was sich die beiden da reingezogen haben, reicht für eine ganze Herde Pferde. Der Wahnsinn! Die dachten wohl wirklich, es sei Kokain und wollten sich einen kleinen Kick verschaffen. Das Gramm teilen wir jetzt einfach auf zwei Kapseln auf, eine bekommst du und eine behalte ich. Damit bist du mehr als gut bedient«, sagte Urs.

Nachdem der große Meister das verbliebene Pülverchen so lange mit einer Rasierklinge zwischen zwei Blockblättern hin- und hergeschoben hatte, bis jede Portion gleich viel wog, ließ ich meinen Anteil über den Falz im Papier langsam in die untere, weiße Hälfte meiner Gelatinekapsel rieseln und verschloss diese mit dem roten Gegenstück. Dann wanderte meine Todespille in ein winziges Plastiktütchen und dieses wiederum in ein mit weinrotem Plüsch bezogenes Schmuckdöschen.

Urs reichte mir ein weiteres Tütchen mit schätzungsweise zehn blauen Pillen und sagte:

»Jetzt hast du gesehen, wie das abläuft mit dem vermeintlich schnellen Zyankalitod. Aber glaub mir, mit einem Glas gutem schottischem Whisky und den Benzos wirst du deutlich weniger leiden als die beiden!«

Wortlos nahm ich das Tütchen und steckte es ein. Mir war die Lust vergangen, an meinen eigenen Tod zu denken.

»Ich lass die Maus raus«, sagte ich, nahm den goldenen Käfig, ging damit in den Garten und öffnete das Türchen. Die Maus machte keinerlei Anstalten den Käfig zu verlassen. Ich streckte langsam die rechte Hand in den Käfig, die Handfläche nach oben, und wartete, bis das Tier darauf krabbelte. Dann hielt ich die Hand mit der Maus ganz nah vor mein Gesicht. Sie streckte mir ihr rosa Schnäuzchen mit den Schnurrhaaren entgegen, beschnupperte mich neugierig und blickte mich fragend mit ihren schwarzen Knopfaugen an. Richtig putzig war sie! Ich lächelte sie an und begann mit ihr zu reden:

»Millionen deiner Artgenossen mussten in Laboren qualvoll sterben, damit Menschen leben können. Nun darfst du leben, weil zwei Menschen qualvoll gestorben sind. Hast du ein Glück!«

Dann setzte ich sie auf den ausgedörrten Boden und verabschiedete mich von ihr:

»Ab mir dir! Such dir einen Mäuserich, bekomm ein Rudel Kinder und genieß dein kleines Mäuseleben!«

Wieder in der Hütte, ließ ich mich in die Couch sinken, zückte mein Smartphone und überwies 1000 Crypteuro anonym über eine VPN-Bank in Singapur auf Urs' Konto. Für den Bruchteil einer Sekunde schoss mir der Gedanke durch den Kopf, dass damit unser im Darknet vereinbarter Deal abgeschlossen war und ich einfach zur Tür hinausmarschieren und für immer in der

Anonymität verschwinden könnte. Da goss Urs mir einen Shot Kräuterlikör ein und fragte:

»Und, ist dir schon was eingefallen?«

»Nicht wirklich«, antwortete ich resigniert. »Wollen wir die Polizei holen?«

»Nein«, meinte Urs, »die haben wir doch schon im Haus.«

Sein Sarkasmus konnte mir in dieser bedrückenden Situation kein Lächeln abringen. Nach einer Schweigepause fragte ich:

»Könntest du dir vorstellen, die beiden in deinem Garten zu begraben?«

»Wenn du die Grube aushebst«, erwiderte Urs trocken. »Ich bin nicht so der körperliche Typ.«

»Und ich bin zu alt für so was und auch nicht so *der körperliche Typ*«, gestand ich gesenkten Hauptes. Dabei fiel mein Blick auf den Parkettboden, auf dem Hutterlis Polizeiausweis lag. Er musste ihm im Todeskampf aus der Tasche gerutscht sein. Ich hob ihn auf und las ›Katonspolizei Zürich‹.

»Sag mal, Urs, heißt eure Polizei nicht Kantonspolizei?«

»Ja, so heißen die Polizeidienststellen in der Schweiz.«

»Hab ich zu viel Alpenbitter getrunken, oder fehlt da ein *n* auf dem Ausweis?«, fragte ich und hielt Urs den Ausweis unter die Nase. Er sah ihn sich genau an und sein fahlgraues Gesicht wurde wieder schneeweiß.

»So ein Schissdräck! Der Ausweis ist eine Fälschung, und noch dazu eine schlechte! Das sind gar keine echten Polizisten! Die sind von einem Drogenkartell oder von der Mafia! Das ist noch schlimmer als die Polizei!«

»Was machen wir jetzt?«, fragte ich leicht panisch.

»Es gibt da einen Kontakt im Darknet. Die sind auf die Entsorgung von Leichen spezialisiert. Angeblich Tatortreinigung und Spurenentfernung inklusive. Aber die kosten richtig viel Geld. So viel hab ich nicht«, antwortete Urs verzweifelt.

Ich musste nicht lange überlegen. Schon oft hatte ich mir Gedanken über den wahren Wert des Geldes gemacht. Früher war es nur bedrucktes Papier gewesen, heute waren es meist nur lange Zahlenketten in einer Blockchain. Mehr nicht. Meine Kinder würden keine besseren und keine glücklicheren Menschen werden, wenn sie nach meinem Tod ein paar Zahlenketten mehr erben würden. Ich hatte weit mehr davon, als ich in meiner Restlaufzeit noch verbrauchen könnte.

»Ich zahle das«, sagte ich mit fester Stimme. Urs blickte mich zweifelnd an und meinte:

»Du weißt ja noch gar nicht, was das kostet, Walter!«

Zum ersten Mal nannte er mich bei meinem Vornamen.

»Nimm mein Smartphone, dann brauchst du mir am Schluss nicht den ewig langen Kontocode übertragen, bestell die Entsorgung und gib mir das Teil wieder, wenn es ums Zahlen geht«, forderte ich Urs auf.

Er schaute mich weiter zweifelnd an, zuckte dann aber mit den Schultern und nahm das Smartphone, das ich ihm hinhielt. Nach fünf Minuten konzentriertem Herumtippen reichte mir mein Tod das Smartphone zurück und ich überwies das Geld anonym über eine VPN-Bank in Panama. Wenn das ein Fake war, hatte ich gerade ein ordentliches Sümmchen auf Nimmerwiedersehen versenkt. Nutzlose Nummern, die ich in meinem Leben weder verbrauchen noch nach meinem Tod mit ins Grab nehmen könnte.

»Der Spezialunternehmer hat den Auftrag soeben bestätigt. Wir sollen hier verschwinden und nicht vor

Mitternacht wiederkommen«, sagte Urs mit Blick auf sein Smartphone.

Es war ein lauer Sommerabend. Hitze und Regenmangel hatten der Natur in den letzten Wochen böse mitgespielt. Die gesamte Flora verdurstete förmlich, während für die Menschen immer noch ausreichend Trinkwasser aus der Leitung kam. Das satte Grün der Parks, Wiesen und Gärten war Braun- und Gelbtönen gewichen. Ich fragte mich, warum mir das erst jetzt auffiel und warum die Saffa-Insel, auf der mein Flugtaxi gelandet war, von der Dürre verschont geblieben war. Vermutlich zogen die Insel und das angrenzende Ufer mit der Landiwiese ihr Lebenselixier aus dem Zürichsee.

Wir fuhren mit dem Elektrozweisitzer des Giftmischers zuerst zum Schweizerhof, wo ich für die Nacht eincheckte, und dann zur Kronenhalle, einem der besten und traditionsreichsten Restaurants der Stadt. Wie oft hatte ich hier nach meinen Vorstellungen am Schauspielhaus mit Julia, ein paar Kolleginnen und Kollegen und dem Regisseur zusammengesessen, diskutiert, gelacht und fürstlich diniert? Jeder Ober, jede Serviertochter, wie die Schweizer eine Kellnerin nennen, kannte mich und auch viele andere Gäste wussten, wer ich war. Manche fragten nach einem Autogramm oder schickten, falls sie selbst zu schüchtern waren, die Bedienung mit einem Autogrammwunsch zu mir. Das war vor 30 Jahren gewesen. Heute kannte mich hier keiner mehr und, ehrlich gesagt, ich erkannte auch keine einzige Bedienung von damals. Wahrscheinlich waren sie verstorben, in Rente oder so stark gealtert, dass sie mir nicht mehr bekannt vorkamen. Ich bestellte Zürcher Geschnetzeltes mit Rösti und Buttergemüse und Urs nahm Birnenravioli mit Speck und Bergkäse. Dazu gab es eine Flasche Chasselas, einen vorzüglichen Weißwein aus dem Wallis. Während wir aufs Essen warteten, redeten wir darüber, was wir in den letzten Stunden erlebt hatten und ob und welche Schuld uns am Tod der beiden falschen Polizisten traf. Wir sprachen uns gegenseitig und voller Überzeugung von jeglicher Schuld frei. Es war ein Unfall, nein, eher die Verquickung unglücklicher Umstände, die, wie so oft im Leben, zum Tod geführt hatte. Die Tatsache, dass Hutterli und Orelli innerhalb weniger Minuten gestorben waren, war auch ein Beweis dafür, dass jeder Rettungsversuch sinnlos gewesen wäre. Den qualvollen Todeskampf der beiden versuchte ich für mich zu verharmlosen und auch Urs meinte, mit der von ihm empfohlenen Vorbehandlung hätten sie weit weniger gelitten.

Das Essen war eine Gaumenfreude und der Wein ausgezeichnet. Am liebsten wäre ich jetzt die Limmat entlang zu meinem Hotel geschlendert, hätte mich genüsslich aufs Bett geworfen und alle viere von mir gestreckt. Aber es war erst kurz nach 22 Uhr und ich konnte Urs nicht einfach bis Mitternacht alleine in der Kronenhalle sitzen lassen. Nicht nach dem, was wir heute zusammen durchgemacht hatten. Also zogen wir weiter an die Bar und bestellten Longdrinks, Urs einen Perry Special und ich einen Kronenhalle Royal.

»Wie stellst du dir eigentlich das Jenseits vor?«, wollte Urs wissen. Ich zuckte mit den Schultern und spielte den Ball zurück:

»Sag du's mir, du bist doch sozusagen mein Tod und der Fachmann für solche Fragen.«

»Ich glaube«, sinnierte Urs, »das Jenseits ist so eine Art virtueller Raum, der überall sein kann. Die Seelen der Verstorbenen bewegen sich dort als Auren, strahlende Energiekörper, die nicht sichtbar und nicht messbar sind, aber dafür umso mehr spürbar. Wenn du ganz fest an jemanden denkst, dessen Körper schon vergangen ist, dann wird seine Aura bei dir sein. Das funktioniert, solange der ehemalige Erdenbewohner nicht vergessen ist. Du musst also nur ganz fest an deine geliebte Frau denken, und sie wird bei dir sein.«

»Schöner Gedanke«, konterte ich, »habe ich schon oft versucht. Leider ohne Erfolg. Du meinst, so ähnlich wie Jesus bei Matthäus 18,20 sagte: ›Wo zwei oder drei versammelt sind in meinem Namen, da bin ich mitten unter ihnen.‹ Das ist einer von Jesus' schlauen Sprüchen, aber er funktioniert definitiv nicht!«

»Du hast die Bibel so genau gelesen?«, fragte Urs erstaunt.

»Ja, die Bibel, den Koran, die Scharia, die Thora, den Talmud, die Veden des Hinduismus und die Schriften Buddhas. Und natürlich auch die Werke von Charles Darwin!«

»Da hast du definitiv mehr gelesen als ich. Aber lesen alleine reicht nicht. Man muss die Menschen beobachten, Schlüsse aus ihrem Verhalten ziehen und vor allem: den gesunden Menschenverstand walten lassen.«

»Das tue ich, mein lieber Tod. Das tue ich«, bekräftigte ich. »Die Krux ist nur, dass viele Menschen unter *gesundem Menschenverstand* etwas anderes verstehen als ich. Und wahrscheinlich verstehe ich auch etwas anderes darunter als du und umgekehrt.«

»Welche Religion hat dich dann so begeistert, dass du bei ihr hängen geblieben bist?«, wollte Urs wissen.

»Gar keine! Ich wurde christlich-katholisch getauft, bin aber früh aus der Kirche ausgetreten, die nach meiner Meinung auf einer haarsträubenden Grundlüge basiert. Nie und nimmer hat Maria das kleine Jesuskind jungfräulich geboren! Die Märchen der Gebrüder Grimm haben mir schon in meiner Kindheit mehr moralische Wegweisung gegeben als das Märchenbuch, das mein Religionslehrer Bibel nannte. In den Schriften der anderen großen Weltreligionen habe ich durchaus interessante philosophische Ansätze gefunden. Aber ich sah und sehe keinen Sinn darin, mich während meines kurzen Erdendaseins den darin formulierten Regeln zu unterwerfen. Sollte ich heute mit dir keinen Alkohol trinken dürfen, nur, weil ein Kalif vor ein paar hundert Jahren mal den Koran so ausgelegt hat? Sollte ich am Freitag kein Fleisch essen, weil da angeblich Jesus gestorben ist, zumal zahlreiche Wissenschaftler sein Ableben eher als Scheintod werten und die Story mit der Himmelfahrt auch in Zweifel ziehen? Sollte ich keine Kuhmilch trinken, weil die im Judentum nicht als koscher gilt? Dieser Humbug macht das Leben der Menschen nicht einfacher und hilft niemandem.«

»An was glaubst du denn dann?«, insistierte Urs.

»An die Naturgesetze! Charles Darwin und Richard Dawkins haben Recht! Ich war lange Zeit Agnostiker und habe geglaubt, man könne Gott nicht verleugnen, da man seine Nicht-Existenz nicht beweisen kann. Inzwischen bin ich astreiner Atheist und schätze die Wahrscheinlichkeit, dass es einen Gott gibt, für so extrem gering ein, dass es sich nicht lohnt, dafür länger dem Agnostizismus anzuhängen. Nach meinem Tod werden Maden und Würmer erst das Fleisch von meinen Knochen nagen und irgendwann wird der Rest auch verrotten. Wie vertragen die Würmer dann eigentlich das Zyankali in meinem Körper?«

Urs lachte laut auf.

»Du machst dir tatsächlich Sorgen, wie die Würmer,

die sich über deinen Kadaver hermachen, das Zyankali vertragen? Ich weiß es nicht, Walter. Aber deine atheistische Theorie vom Jenseits ist traurig. Da glaube ich doch lieber an das Paradies, ein Wiedersehen mit alten Freunden oder notfalls auch daran, von zweiundsiebzig Jungfrauen verwöhnt zu werden. Sogar eine Wiedergeburt als Ratte wäre mir lieber als gar keine Perspektive!«

»Ich habe als Kind auch immer gerne an den Osterhasen und das Christkind geglaubt. Das war natürlich schön. Aber es hat nichts mit der Realität zu tun. Ich hatte ein wunderbares Gastspiel auf diesem Planeten und auf den Brettern, die die Welt bedeuten. Meine Kinder werden mir noch eine Weile nachtrauern, einige meiner jüngeren Fans sich noch eine gewisse Zeit an mich erinnern. Dann werde auch ich für immer und ewig vergessen sein.«

»Aber du bist doch Schauspieler. Damit bis du nahezu unsterblich. Es gibt sicher Leute, die noch in hundert Jahren alte Filme ausgraben und ansehen.«

»Ich bin Theaterschauspieler und habe nur eine Handvoll Filme gedreht, mal eine Nebenrolle im Traumschiff, mal in einem Tatort und eine Hauptrolle in einem Netflix-Agententhriller. Nichts wirklich Großes, keine Klassiker.«

»Immerhin«, sagte Urs, prostete mir zu und trank aus. Wir bestellten beide nochmal das Gleiche.

»Hast du Geld?«, fragte Urs.

»Mach dir mal keine Sorgen, mein lieber Tod, heute geht alles auf meine Rechnung.«

»So meine ich das nicht. Als es zuerst um die Bezahlung der Leichenentsorgung ging, konntest du sehr schnell über viel Geld verfügen. Ich meine also, ob du reich bist!«

»Reich ist relativ«, antwortete ich ausweichend, »aber ich habe auf jeden Fall viel mehr Geld, als ich bis zu meinem geplanten Abgang ausgeben kann.«

»Ich verstehe das einfach nicht. Du bist reich, gesund, siehst gut aus, hast ein tolles Leben geführt und willst dich trotzdem umbringen. Hast du dir schon mal überlegt, dir eine junge Freundin zuzulegen und nochmal richtig durchzustarten?«

»Das, was ich mit meiner Julia in dreißig Ehejahren gemeinsam durchgemacht und erlebt habe, die Erziehung unserer Kinder, die Reisen, Gleitschirmflüge auf der ganzen Welt, unsere Safari durch Südafrika, Dschungelexpeditionen in Costa Rica, unsere Amerika- und Asienexkursionen, die Motivation und Stärke, die sie mir vor jeder Premiere gab, die Vertrautheit und innige Liebe zwischen uns – das war mein ganz großes Lebensglück und einmalig in meinem Erdendasein. Nun habe ich weder Lust noch Kraft, ein neues Gastspiel zu beginnen. Ich bin schlichtweg des Lebens müde, im wahrsten Sinne des Wortes. Aber keineswegs traurig oder verbittert. Es war wunderbar! Und so soll es auch zu Ende gehen. Ohne körperliche Gebrechen oder geistige Ausfälle, Schmerzen bei jedem Schritt und Handgriff, Inkontinenz, Gedächtnisverlust oder menschenunwürdige Fesselung an ein Krankenbett. Altwerden ist beschissen. Besonders, wenn man alleine ist und dazu noch früher, das darf ich ohne Übertreibung von mir behaupten, berühmt war und dann schon zu Lebzeiten vergessen wird.«

»Der Tod lässt auch dich vergessen, wer du einmal warst«, sagte Urs weise.

Dann schwiegen wir lange. Ich dachte, Urs habe mich verstanden und das Thema sei erledigt, da legte er nach:

»Gibt es irgendetwas, was du bereust?«

»Da fällt mir spontan nichts ein. Höchstens zwei Dinge, bei denen ich bereue, sie *nicht* getan zu haben«, erwiderte ich.

Urs legte fragend die Stirn in Falten und hob die dünnen Augenbrauen. Ich sagte nur zwei Worte:

»Swingerclub und Bankraub!«

»Swingerclub und Bankraub?«

Urs schüttelte ungläubig grinsend den Kopf und fragte:

»Warst du nicht glücklich verheiratet und hast mehr als genug Geld? Was willst du dann mit Swingerclub und Bankraub?«

»Als wir beide noch ganz jung waren, wollte Julia mit mir einmal in einen Swingerclub. Ich habe mich damals geweigert. Nun werde ich bis an mein Lebensende nie erfahren, ob Swingerclub-Besuche meine sexuelle Lusterfüllung und unser gemeinsames Liebesleben bereichert hätten oder nicht. Die Chance ist ein für alle Mal vorbei und ich bedaure ein ganz klein wenig, dass ich sie nicht genutzt habe.«

»Kannst du doch immer noch machen«, meinte Urs leichthin.

»Okay, Urs, jetzt wird's ganz schön intim. Ich habe seit Julias Tod mit keiner anderen Frau mehr geschlafen. Meine Samenstränge sind längst eingetrocknet. Die Potenz ist dahin. Brauche ich auch nicht mehr, in meinem Alter! Erstaunt mich selbst, denn Sex war jahrzehntelang eine der schönsten Sachen in meinem Leben. Ich fürchte, ich habe die Kunst des Liebens und Verführens verlernt. Vielleicht, wenn ich dreißig Jahre jünger wäre …«

»Und was ist mit dem Bankraub?«

»Das hat mich schon immer gereizt. Der perfekte Bankraub unter Überlistung aller modernen Sicherheitssysteme und ohne, dass ein Mensch dabei zu Schaden kommt. Das Geld ist mir unwichtig, aber die Herausforderung, IT-Spezialisten, Banker, Bankangestellte, Kripo, Überwachungskameras und die allgegenwärtige künstliche Intelligenz mit meinem Plan auszustechen – das wäre noch ein unerfüllter Traum! Ich habe sogar schon ein interaktives Drehbuch dafür entwickelt, bei dem der Zuschauer nach jedem Handlungsabschnitt zwischen drei Optionen wählen kann, wie es weitergehen soll. Liegt in meinem Safe.«

»Warum ziehst du den Plan nicht durch?«, fragte Urs. »Du hast doch nichts mehr zu verlieren!«

»Fast nichts. Wenn sie mich erschießen, verliere ich mein Leben, das ich sowieso beenden will. Damit in diesem Fall mein Todesschütze keine Gewissensbisse zu haben braucht, würde ich eine Erklärung in meine Hosentasche stecken. Wenn sie mich zum Krüppel schießen oder mir meine Freiheit nehmen wollen, dann hätte ich jetzt das Zyankali. Bleibt nur noch ein Problem: Falls der Bankraub schiefgeht, kann ich meinen harmonischen Abgang mit Abschiedsrede im Kreis meiner Kinder nicht mehr verwirklichen. Aber ich denke drüber nach!«

Es war kurz vor Mitternacht. Die Leichen sollten inzwischen entsorgt sein. Nur noch wenige Gäste standen am Tresen.

»Packen wir's oder genehmigen wir uns noch einen?«, fragte ich.

»Einen noch«, meinte Urs und ich bestellte ein weiteres Mal das Gleiche für uns beide, obwohl ich spürte, wie ich immer müder und mein Kopf langsam schwer wurde.

»Wie gefällt dir der Gedanke dein Alter zu halbieren?«, fragte Urs, nachdem er einen kräftigen Schluck von seinem frischen Perry Special genommen hatte, als hätte er den ganzen Abend noch nichts zu trinken bekommen.

»Na ja, das geht wohl leider nur auf dem Papier – oder mit einem guten Bildbearbeitungsprogramm.«

Urs beugte sich ganz nah zu mir herüber, obgleich ohnehin niemand in der Nähe war, der uns hätte hören können.

»Es geht«, flüsterte er. »Du kannst dich einscannen lassen und mit einem 3D-Bio-Drucker um ein paar Fettpölsterchen und Falten bereinigt und um fünfunddreißig Jahre jünger wieder ausdrucken lassen. Mit dem Körper von damals und dem Geist von heute.«

Ich warf Urs einen amüsierten Blick zu. Offensichtlich stiegen ihm die Drinks langsam zu Kopf.

»Wenn es so was gäbe, dann hätte ich sicher schon davon gehört«, erwiderte ich leise, um ihn nicht bloßzustellen. »Außerdem wäre es unethisch und illegal!«

»Genau deshalb hast du noch nichts davon gehört! Ich bringe dich jetzt in dein Hotel. Dann schläfst du mal eine Nacht über die ganze Sache. Morgen früh fahre ich zu meiner Laube und hoffe, sie ist sauber. Mensch, Walter, drück uns bloß die Daumen, dass das geklappt hat!«

Das Wörtchen ›uns‹ schlug mir sofort auf den Magen.

»Und wenn nicht?«, fragte ich.

»Dann wäre ich dir sehr dankbar, wenn wir gemeinsam nach einer Lösung suchen würden. Keiner trägt Schuld. Aber alleine kann ich das Problem, falls es morgen überhaupt noch existiert, nicht lösen. Ich werde heute sicher nicht gut schlafen, aber ich will da jetzt auch nicht mitten in der Nacht hinfahren. Ich ruf dich morgen gegen zehn Uhr im Hotel an. Bis dahin weiß ich, ob die

Entsorgung geklappt hat und du kannst mir sagen, ob ich dir einen unverbindlichen Beratungstermin bei NewLife Consulting besorgen soll.«

Ich hatte ein ruhiges Zimmer im fünften Stock des Hotels Schweizerhof mit Blick Richtung Bahnhofstraße, die nur durch Schienenverkehr befahren wurde. Der Raum war eine Symbiose aus Tradition und Moderne: holzgetäfelte, hohe Wände, zwei bequeme Sessel mit Holzrahmen und weinroten Polstern, dazwischen ein runder Glastisch mit frischen Schnittblumen und Obst, ein Mahagonischreibtisch mit Goldbeschlägen, darauf ein Tablet mit Ständer, LED-Bildschirm, Klimaanlage, Minibar, Espressomaschine, Schreibtisch- und Nachttischlampen im Stil der 1960er-Jahre und ein riesiges, elektrisch verstellbares Bett, über dessen Härtegrad jede Bandscheibe nur frohlocken konnte.

Ich löste die mit edlen Goldquasten verzierten Raffhalter der schweren Vorhänge, zog diese zu und ging ins Bad. Nur noch kurz Zähne putzen und ab ins Land der Träume. Doch der riesige Spiegel meinte es nicht gut mit mir: Augenringe und Schlupflider waren noch die geringsten Übel. Ein paar markante Falten mögen einen Mann interessant erscheinen lassen. Aber was ich da sah, war welke, alte, graue Haut. So grau wie der Staub, zu dem ich bald zerfallen würde. Ein Altersfleck hatte sich auf meiner rechten Schläfe angesiedelt, wie ein hässliches, eingetrocknetes Exkrement. Ich sah mehr Glatze als Haare und meinen Hals würden Schönheitschirurgen uncharmant als Truthahnhals bezeichnen. Ich hob den rechten Arm und spannte den Bizeps an, oder vielmehr das, was davon übrig war. Rund um den kläglichen Muskelrest schlabberte schlaffe Haut, wie ein Luftballon, aus dem die meiste Luft entwichen war. Der Sixpack, auf den ich in meinen besten Jahren so stolz gewesen war, war einem unansehnlichen Schmerbäuchlein gewichen. Weiter runter konnte oder wollte ich gar nicht mehr schauen. Wann waren eigentlich meine besten Jahre gewesen? Schwer zu sagen. Ich hatte jahrzehntelang ein gutes, in meinen Augen sogar sehr gutes Leben führen dürfen. Aber die besten Jahre, das wurde mir klar, je länger ich darüber nachdachte, waren die zwischen 30 und 40 gewesen. Da war ich schon eine Weile mit Julia zusammen, da haben wir unsere Kinder bekommen, da reihte sich ein Karrierehöhepunkt an den nächsten und in den Theaterferien reisten wir um die Welt.

Ich könnte mich einscannen und um 35 Jahre jünger wieder ausdrucken lassen, hatte Urs gemeint. Es fiel mir nach wie vor schwer, das zu glauben, aber inzwischen vertraute ich Urs. Er hatte nicht so gewirkt, als würde er scherzen. Ich beschloss, mich auf das Gedankenspiel einzulassen. Mein Ausdruck wäre jetzt 34 Jahre alt. Wenn das wirklich ginge, dann würde das doch jeder machen lassen und alle 35 Jahre wiederholen. Ewiges Leben? Ist das erstrebenswert? Wahrscheinlich wäre es sauteuer und nur eine kleine Elite könnte sich diese Art der Reproduktion leisten. Nun ja, es konnte ja nicht schaden, der Sache einmal nachzugehen und zu schauen, ob Urs recht hatte. Ich sollte mich unverbindlich informieren lassen. Schon allein aus Neugierde. Wissen ist Macht!

Ich war gerade eingeschlafen, da schreckte ich wieder hoch. Ich hatte ein Geräusch gehört. Jemand war im Zimmer. Plötzlich spürte ich das kalte Eisen eines Revolvers im Nacken.

»Keine Bewegung! Wer hat dich beauftragt, uns umzubringen?«, sagte eine Stimme, die der des falschen Kommissars Hutterli sehr ähnelte.

»Niemand. Ehrlich! Ich wollte Sie nicht umbringen. Keiner wollte Sie umbringen«, stotterte ich verzweifelt, während mir ein Klicken verriet, dass der Mann den Hahn seines Revolvers gespannt hatte. Eine winzige Bewegung seines Zeigefingers würde mein Lebenslicht auslöschen.

»Ich zähle jetzt bis drei. Wenn du bis dahin nicht gesagt hast, welches Kartell dich beauftragt hat uns zu töten, drücke ich ab«, sagte die Stimme und fing an zu zählen. »Eins, zwei …«

Ich war schweißgebadet und zitterte am ganzen Körper. Was sollte ich tun? Schnell einen Namen oder ein Kartell erfinden? Wenn es mein Leben retten würde, war es zumindest einen Versuch wert.

»Es war Mario! Mario hat uns beauftragt!«, stieß ich in Todesangst hervor.

»Lügner«, sagte der Mann kalt und drückte ab. Ich hörte ein Klicken, aber keinen Schuss. War keine Patrone in der Trommel? Oder war der Schuss schneller, als ich hören konnte und ich war bereits tot?

Eine Weile lange schwebte ich in der Ungewissheit, ob ich lebte oder schon tot war. Eine schreckliche Ungewissheit!

Bis ich mich irgendwann auf den Rücken drehte, aufsetzte, die Nachttischlampe anknipste und mir ganz langsam bewusst wurde, dass ich gerade einen fürchterlichen Albtraum durchlebt und durchstorben hatte. Ich ging ins Bad, schaute in den Spiegel und betrachtete die Spuren meines Alters als Beweis für mein Leben.

Alkohol macht müde und erleichtert das Einschlafen, erschwert jedoch oft das Durchschlafen. Ich hatte eine sehr unruhige Nacht. Allerdings nicht nur wegen des Alkohols. Zum einen fürchtete ich einen weiteren Albtraum derselben Art, noch mehr aber, dass die Leichenentsorgung nicht funktioniert haben könnte. Dazwischen beschäftigte mich immer wieder die Möglichkeit, mich als Mann in den besten Jahren reproduzieren zu lassen. Und Urs. Ob ich ihm wirklich trauen konnte?

Um 7 Uhr morgens stand ich als einer der ersten Hotelgäste am Frühstücksbüfett, frisch rasiert, umweht von einem Hauch Creed Aventus, meinem Lieblingsparfüm, und bediente mich an Wildlachs, Kapern, Zwiebeln, Kaviar, gekochten Eiern und Champagner. Dann ein paar Häppchen Schweizer Emmentaler, jeweils mit einer Traube garniert. Zum Abschluss gab es hausgemachtes Birchermüsli und einen Cappuccino mit schönem Milchschaumhäubchen. Nicht, dass ich hundert Jahre alt werden wollte – es schmeckte mir einfach, das Birchermüsli.

Leider hatte ich keine Handynummer von Urs, da unser Kontakt nur anonym über das Darknet gelaufen war. Nun war ich darauf angewiesen, dass er mich zur avisierten Zeit im Hotel anrief. Mir blieben noch gute zwei Stunden, um auf den Spuren meiner Vergangenheit zu wandeln. Mein Weg führte mich ein kurzes Stück die Limmat entlang Richtung Süden, über die Rudolf-Brun-Brücke zum Hirschgraben und dann schnurstracks hinunter zum Schauspielhaus, dem Ort meines jahrelangen Wirkens. Wie oft hatte ich hier in Shakespeares *Othello* den Jago gegeben, eine der umfangreichsten und anspruchsvollsten Sprechrollen überhaupt? Ob ich das mit etwas Übung heute noch könnte? Egal! Kein Mensch will einen alten Mann als Jago sehen. Die Pforten waren geschlossen, aber allein das imposante Gebäude im neubarocken Pfauenkomplex war eine Augenweide, bei der mir das Herz aufging. Ich spazierte über die Quaibrücke, den Alten Botanischen Garten und die Löwenstraße zurück zum Hotel und wunderte mich, wie wenig sich diese wunderbare Stadt in den letzten Jahrzehnten verändert hatte.

Nur wenige Minuten nach meiner Rückkehr schrillte das Telefon.

»Die Laube stinkt so bestialisch, ich muss erst mal durchlüften. Bin in zwanzig Minuten bei dir im Foyer«, sagte Urs.

»Wieso? Was ist los?«, fragte ich aufgeregt.

»Nicht am Telefon. Bis gleich!«, rief er und legte auf.

So eine Scheiße, dachte ich und überlegte einmal mehr, ob ich Urs tatsächlich trauen konnte. Am Schluss hatte ich das Geld für die Leichenentsorgung auf sein Konto überwiesen und er wollte mich nun erneut in die Pflicht nehmen. Die Minuten bis zu Urs' Eintreffen waren nervenaufreibend. Endlich lief er mit seiner wallenden Resthaarpracht durch die Eingangstür in die Hotellobby und steuerte mit versteinerter Miene auf mich zu. Wir zogen uns in eine der fünf Besprechungsecken zurück, die genau wie die Zimmer mit jeweils zwei weinrot bezogenen Polstersesseln und einem runden Glastisch ausgestattet waren. Urs beugte sich zu mir und flüsterte:

»Du wirst es nicht glauben, aber als ich heute früh in die Laube kam …« Er hielt mitten im Satz inne und genoss förmlich, wie ich vor Neugierde platzte.

»Mensch, Urs, ich habe heute kaum geschlafen und hatte einen fürchterlichen Albtraum. Raus mit der Sprache!«, forderte ich.

»Also, als ich heute früh in meine Laube kam, da waren die beiden weg. Und einiges andere auch. Und es hat bestialisch gestunken.«

»Wieso, was war sonst noch weg? Und nach der kurzen Zeit kann doch noch kein Verwesungsgeruch eingetreten sein, oder?«

Just beim Wort ›Verwesungsgeruch‹ stand plötzlich der Concierge vor uns und fragte, ob er uns etwas bringen dürfe, und Urs lud mich zum Cappuccino ein. Mit schöner Milchschaumhaube, einem Glas Wasser und einem Stück Süßgebäck.

»Diese Leute haben außer den beiden Herren mein komplettes Labor mitgenommen und die ganze Hütte mit einem so scharf riechenden Desinfektionsmittel gesäubert, dass ich jetzt erst mal durchlüfte. Ich glaube, das waren Profis, die keinerlei Spuren hinterlassen haben.«

Einem Impuls folgend sprang ich von meinem Sessel auf, zog auch meinen überraschten Tod hoch und umarmte ihn kräftig. Ich konnte nicht anders. Die Freude, dass dieses mich so schwer belastende Problem nun offensichtlich aus der Welt geschafft war, überwältigte mich. Urs und ich gaben vermutlich ein sehr ungleiches Paar ab, als wir da eng umschlungen im Foyer standen. Ich leicht untersetzt, in meinem feinen, hellbeigen Anzug, farblich passenden Wildlederschuhen, weißem Hemd, mit gescheiteltem Haar, akkurat getrimmtem Oberlippenbart und Urs, mich um eine Kopflänge überragend, dürr wie der Leibhaftige, ganz in Schwarz, mit seinen tiefliegenden Augenhöhlen und den öligen, dunklen Locken, die aus seinem Haarkranz auf die Schultern fielen.

Nach einer Weile setzten wir uns wieder und schlürften den frisch servierten Cappuccino, dessen Milchschaumhaube so hoch war wie das Matterhorn und sich sofort in mein Oberlippenbärtchen verliebte.

»Werden wir je erfahren, wer die beiden falschen Polizisten mit dem fatalen Naschtrieb waren?«, fragte ich.

»Wahrscheinlich nicht und ich werde auch keinen Detektiv beauftragen, um es herauszufinden«, erwiderte Urs. Dann wechselte er das Thema, fragte, ob ich noch an der Sache mit dem 3D-Bio-Drucker interessiert sei und vereinbarte mit meiner Zustimmung für 14:30 Uhr am selben Tag ein Beratungsgespräch für mich, das mehrere Stunden dauern sollte. Wir beschlossen, die Zeit bis dahin gemeinsam zu verbringen, da wir uns wahrscheinlich nie wieder im Leben begegnen würden und er mich persönlich zu NewLife Consulting chauffieren wollte. Urs gab unumwunden zu, dass das Verfahren eine rechtliche Grauzone und sehr teuer sei. Und, dass er, falls ich mich dafür entscheiden würde, eine stattliche Provision bekäme. Diese Offenheit war mir sympathisch. Wir schipperten in einem Restaurantschiff um den nördlichen Teil des Zürichsees, speisten vorzüglich, diskutierten über Gott – den es nach meiner darwinistisch geprägten Überzeugung gar nicht gab –, die Welt und den Sinn des Lebens. Dann lieferte mich Urs punktgenau vor einem modernen Ärztehaus im Norden der Stadt ab.

* * * * *

Der graue, zweistöckige Betonklotz, vermutlich Fertigbauweise, war von einer kleinen Wiese und einer mannshohen Thujenhecke umgeben, die großen Fenster waren durch Lamellenvorhänge sichtgeschützt. Mehrere Firmenschilder am Eingang verwiesen auf Radiologiepraxen, die Röntgen, CT, MRT, PET und andere bildgebende Diagnostik anboten, sowie auf Labore. Für NewLife Consulting gab es kein Firmenschild, nur eine unauffällige Klingel.

Die Empfangsdame, eine kleine, schmächtige Asiatin mit farblosem Gesichtsausdruck, fragte nach meinem Namen und ließ mich eine Erklärung unterschreiben, die mich bei einer Vertragsstrafe von 50 000 Crypteuro dazu verpflichtete, nichts, was während des Aufklärungsgesprächs gesprochen werden würde, nach außen zu tragen und an Dritte weiterzugeben, weder mündlich noch schriftlich, noch durch verdeckte Sprach-, Ton- oder Videoaufzeichnungen. Dann wies sie mich ohne ein Lächeln oder sonstigen Hauch von Freundlichkeit in ein Wartezimmer, groß genug für zehn Patienten. Außer mir wartete nur noch eine ältere Dame in einem auffälligen, roten Hosenanzug mit weißer Bluse. Ihr Lippenstift war farblich auf ihre Kleidung abgestimmt. Sie trug blond gelocktes Haar, eine mit Brillanten besetzte Designerbrille und grüßte freundlich. Ich nickte ihr lächelnd zu, bediente mich am Wasserspender neben der Tür und wühlte das Schweizer Kulturmagazin *Musik & Theater* aus dem Zeitschriftenberg auf dem Glastisch in der Mitte des Raums.

Nach einer Weile bemerkte ich, dass mich die Frau unentwegt anstarrte. Als ich ihren Blick fragend erwiderte, fasste sie sich ein Herz:

»Sind Sie nicht der berühmte Walter Fabricius?«, fragte sie und fuhr, noch bevor ich zugegebenermaßen geschmeichelt ihre Vermutung bestätigen konnte, fort:

»Ich war früher mal ein sehr großer Fan von Ihnen. Jetzt habe ich Sie schon lange nicht mehr auf der Bühne gesehen. Alt sind Sie geworden, wenn ich mir das zu sagen erlauben darf. Fast hätte ich Sie nicht wiedererkannt!«

»Sie müssen sich irren, gnädige Frau«, antwortete ich nun kopfschüttelnd und vertiefte mich in mein Magazin, ohne sie eines weiteren Blickes zu würdigen. Zu meiner großen Erleichterung wurde die Dame wenige Minuten später zu ihrem Termin aufgerufen. Bald darauf war ich an der Reihe.

Ein großer, schlanker Mittvierziger mit dichtem, dunkelbraunem Haar, einer dickrandigen, schwarzen Hornbrille und einem Ziegenbärtchen stellte sich als Dr. Martini, stellvertretender Leiter des Instituts vor, wies mir freundlich einen bequemen Sessel in seinem Sprechzimmer zu und fragte:

»Was kann ich für Sie tun?«

»Ich habe gehört, Sie klonen und verjüngen Menschen und nun wollte ich mich mal unverbindlich informieren, wie so was ablaufen soll und was es kostet.«

»Klonen ist das falsche Wort dafür. Wir arbeiten ja nicht mit Embryonen und zerstören kein neues Leben. Wir scannen ein, züchten Gewebe, bearbeiten die Scans und drucken mit hochmodernen 3D-Bio-Druckern wieder aus.«

»So, als würde ich ein Foto von mir einscannen, es in einem Bildbearbeitungsprogramm retuschieren und dann wieder ausdrucken – nur das Ganze in 3D und als lebender Organismus«, schlussfolgerte ich.

»So in etwa. Ich versuche mal, das stark vereinfacht zu erklären: Knochen, Knorpel, Zähne, Finger- und Fußnägel werden vermessen, eingescannt und mit hochwertigen, synthetischen Werkstoffen ausgedruckt, das heißt, Ihr neuer Körper kann sich keine Knochen brechen, wird nie Probleme mit Zähnen oder Bandscheiben haben und braucht sein neues Leben lang keine künstlichen Gelenke. Knie-, Hüft- und Schultergelenke sind absolut verschleißfrei und halten praktisch unbegrenzt, hunderte von Jahren. Die künstlichen Finger- und Zehennägel wachsen nicht und brauchen daher nie geschnitten zu werden. Die Knochen werden mit Knochenmark aus frischen Stammzellen aufgefüllt, die genetisch so verändert sind, dass sie sich immer wieder fehlerfrei reproduzieren. Der Alterungsprozess von uns Menschen hängt entscheidend mit der Regeneration der Stammzellen im Knochenmark zusammen, die auch für unseren Blutbildungsprozess verantwortlich sind. Unser Druckerzeugnis dürfte gar nicht oder nur sehr langsam altern, wobei wir noch über keine Langzeiterfahrungen verfügen. Außerdem können wir auf Wunsch Ihre Körpergröße bis zu zehn Zentimeter variieren. Der Computer rechnet das dann hoch und legt Skelett, Sehnen und Muskeln entsprechend an. Die Hormonproduktion, insbesondere von LH und FSH in der Hypophyse sowie DHT, DHEA und Testosteron in den Hoden, wird so gesteuert, dass Ihre Libido und Ihre Potenz etwa dem gleichen Level entsprechen, das Sie mit fünfunddreißig Jahren hatten. Auf Wunsch können Sie auch ein höheres Potenzlevel und Multiorgasmusfähigkeit dazubuchen.

Für jedes einzelne Organ wird mindestens eine Biopsie durchgeführt, insgesamt werden also über hundert Gewebeproben entnommen. Das ist ein langwieriger, teurer und teilweise auch schmerzhafter Prozess. Die Proben werden mit einer Genschere so modifiziert, dass dem Druckerzeugnis lebenslang viele Krankheiten erspart bleiben und bereits eingetretene altersbedingte Veränderungen revidiert werden. Dann wird das Gewebe in einer Nährlösung angezüchtet und mit dem

3D-Bio-Drucker ausgedruckt, inklusive Venen, Arterien, Kapillargefäßen und Nervenbahnen. Organe wie zum Beispiel Herz und Lunge werden als ein zusammenhängendes Stück gedruckt. Bei einzeln gedruckten Organen wie der Niere werden die Gefäße an den Übergängen mit Biokleber adaptiert. Das Verfahren ist ein Segen für die Menschheit. Noch vor ein paar Jahren mussten weltweit Millionen Menschen sterben, weil es zu wenige Spendernieren gab. Heute kommen neunzig Prozent der Nieren aus dem 3D-Bio-Printer!«

»Ist das denn legal?«, fragte ich zweifelnd.

»Eine Niere mit dem 3D-Bio-Printer zu drucken, ist mittlerweile weltweit legal. Bei anderen Organen, insbesondere beim Gehirn, und bei der Zusammensetzung der Organe zu einem lebensfähigen Menschen bewegen wir uns noch in einer Grauzone. Deshalb beraten wir hier nur, wir diagnostizieren, scannen und vermessen. Gedruckt wird außerhalb Europas.«

»Wo?«

»Sie können bei Auftragserteilung zwischen Brasilien, Kolumbien, Mexiko, Südafrika, Russland, China und Thailand wählen.«

»Wieso sind über hundert Biopsien nötig?«, wollte ich wissen.

»Das erkläre ich Ihnen am besten am Beispiel der Haut, dem größten Organ des Menschen, von dem wir alleine fünfzehn Gewebeproben benötigen. Die Haut an Ihrem Haarkranz ist anders beschaffen als die an der Nasenspitze, die an Ihrer Handfläche anders als die auf der Brust und die Haut an Ihrem Hodensack unterscheidet sich gewaltig von der Haut an der Penisspitze, in Aussehen, Behaarung, Elastizität, Empfindlichkeit und den in den Hautzellen gespeicherten genetischen Informationen. Bei einer Haartransplantation werden zum Beispiel Grüppchen von ein bis vier Haarfollikeln, sogenannte Grafts, aus dem Haarkranz entnommen und dort eingepflanzt, wo die Haare fehlen. Die in der Haut gespeicherte genetische Information, dass Haare aus dem Haarkranz bei gesunden Männern nie ausfallen, bleibt erhalten. Man könnte jemandem auch ein Stückchen Haut aus dem Haarkranz aufs rechte Knie pflanzen und es würden dann dort kräftig Haare sprießen. Wir züchten die Haut, dieses hochkomplexe Organ, das auch für die Regulierung der Körpertemperatur verantwortlich ist, in zwei Teilen an und fügen Vorder- und Rückseite mit einem organischen Spezialkleber zusammen. Die Nahtstellen sind nicht sichtbar. Jedes Hautareal wird schon bei der Züchtung so programmiert, wie wir, beziehungsweise unsere Kunden, das haben wollen. Sie können also unter anderem bestimmen, ob Sie ganz normale oder gar keine Gesichtsbehaarung wünschen. Im letzten Fall brauchen Sie sich ein Leben lang nicht zu rasieren. Auch Haarwuchs nur an der Stelle, wo Sie jetzt Ihren Henriquatre-Bart tragen, ist machbar. Viele wollen keine Behaarung und keine Schweißdrüsen unter den Achseln, manche wünschen gar keine, andere wieder besonders viele Haare auf der Brust. Alles ist möglich! Das gilt auch für die Gesichtsbefaltung, deren Intensität in den verschiedenen Gesichtsarealen frei wählbar ist. Aber bevor Sie sich für ein faltenfreies Gesicht entscheiden, bedenken Sie, dass ein paar Stirn- und Lachfalten einen Menschen erst interessant machen und dass beim Druckerzeugnis keine weiteren Falten in den Folgejahren hinzukommen.«

»Wie sieht es mit dem Mienenspiel aus? Ich bin Schauspieler!«

»Das bleibt unverändert. Sie können die Stirn runzeln, die Augen zusammenkneifen, lachen, weinen, eine Schnute ziehen, mit den Ohren wackeln – ganz normal, wie jetzt auch. Die gesamte Gesichtsmuskulatur wird eins zu eins übertragen.«

»Und was machen Sie mit dem Körperfett? Können Sie die Fettzellen einfach nicht mitkopieren? Hätte mein neuer Körper dann einen Sixpack und Muskeln wie ein Bodybuilder?«

»Das funktioniert nicht ganz, denn der Körper braucht Fett zum Überleben. Das gefährliche und unansehnliche Viszeralfett, das in Ihrer Bauchhöhle zwischen den Gedärmen und verschiedenen Organen eingelagert ist, wird beim Ausdruck um achtzig bis neunzig Prozent reduziert, Ihr Bauchumfang damit deutlich verringert. Sie werden mit ausreichend Muskelgewebe ausgestattet, sowohl am Bauch wie auch an den Extremitäten. Um diese Muskeln allerdings richtig in Form zu bringen, bedarf es eines gewissen Aufbautrainings, bei dem Sie anfangs ein Exoskelett unterstützt.«

»Und was ist mit dem Gehirn, meinem Wissen, meinem Können, meiner Lebenserfahrung, meinen Erinnerungen und Gefühlen?«, fragte ich.

»Das wird alles über eine implantierte Schnittstelle, das sogenannte Brain-Computer-Interface, aus Ihrem Gehirn ausgelesen und in die entsprechenden Areale des Druckerzeugnisses eingelesen. Das funktioniert perfekt, glauben Sie mir. Wir machen das nicht zum ersten Mal.«

»Wie oft haben Sie das denn schon gemacht?«, wollte ich wissen.

»Genaue Zahlen kann ich nicht nennen. Das Verfahren ist noch relativ jung, wurde aber weltweit bestimmt schon einige hundert Male erfolgreich angewandt. Wir wollen derzeit noch nicht, dass öffentlich darüber berichtet wird und verpflichten alle unsere Kunden zur Diskretion. Unsere Klientel ist schon alleine durch den Preis beschränkt und das ist gut so.«

»Was soll diese Reproduktion inklusive Verjüngungskur denn kosten?«

»Bei einer Altershalbierung – maximal möglich ist der Sprung von achtzig auf vierzig Jahre – beträgt der Basispreis eins Komma sechs Millionen Crypteuro, inklusive Aufbautraining von Körper und Geist zur vollen Lebensfähigkeit, Kleidung, Kommunikationsmittel, Taschengeld, Papiere und Round-the-World-Flugticket bei Entlassung am Ort des Ausdrucks. Sonderwünsche wie die Änderung der Körpergröße kosten einen Aufpreis. In unserem aktuellen Angebot bieten wir die Spezialbeschichtung von Speiseröhre und Magen als kostenlose Zugabe an. Damit bleibt das Druckerzeugnis lebenslang vor Sodbrennen, Magenübersäuerung, Speiseröhren- und Magenkrebs verschont.«

Ich schwieg und atmete schwer. Dr. Martini schaute mich fragend, ja fast ein wenig mitleidig an:

»Liegt der Preis denn überhaupt im Rahmen Ihrer Möglichkeiten?«

»Grundsätzlich schon. Aber was ist, wenn irgendetwas nicht klappt? Gibt es eine Garantie?«

»Eine Garantie gibt es bei ärztlichen Leistungen nie. Vor jedem operativen Eingriff, und sei er auch noch so klein, müssen Sie eine Enthaftungserklärung unterschreiben. Sonst würde kein Chirurg mehr operieren und kein Anästhesist eine Narkose durchführen. Allerdings sind die meisten Ärzte und Krankenhäuser gegen grobe Kunstfehler versichert. Das geht in unserem Fall leider noch nicht. Wir bieten Ihnen eine kostenlose

Schadensbehebung am Ort Ihres Ausdrucks an, falls Sie mit irgendeinem Körperteil nicht zufrieden sind und das innerhalb von vier Wochen nach der Entlassung reklamieren.«

Ich nickte nachdenklich. Dr. Martini gab mir einen unscheinbaren Zettel mit einer Telefonnummer und einer VPN-Kontonummer. Wir einigten uns darauf, dass ich innerhalb von 14 Tagen entweder einen Termin zur Voruntersuchung verabreden oder absagen würde. Eine längere Entscheidungsfrist hätte mir nichts gebracht, da ich mich ohnehin mit niemandem beraten konnte und durfte. Würde ich mich dafür entscheiden, meinen Körper einscannen und irgendwo auf diesem Planeten 35 Jahre jünger, leicht retuschiert, mit neuer Potenz und unzerbrechlichen Knochen ausgestattet, mit einem 3D-Bio-Drucker ausdrucken zu lassen, so müsste ich 800 000 Crypteuro Anzahlung auf das genannte Konto leisten, etwa 500 Fragen beantworten und mich zwei Wochen lang bei NewLife Consulting Scans, Vermessungen und Biopsien unterziehen. Mein jüngeres Ich wäre dann in sechs bis zehn Monaten, also in jedem Fall vor meinem 70. Geburtstag, fertig.

Ein kleiner Fehler

Mittwoch, 24. März 2060
Zentralgefängnis Bang Kwang, bekannt als Bangkok Hilton

Phuthep Nasongkla hatte mich gleich nach dem Verhör ins Zentralgefängnis Bang Kwang verlegen lassen. Mit einem nur halb bekleideten Ausländer in einem Exoskelett mit leeren Akkus, der wahrscheinlich einen Mord begangen hatte und dessen Identität weder im Computernetzwerk der Polizei noch in dem der Einwanderungsbehörde bestätigt werden konnte, wollte er nichts zu tun haben. Das war zu viel für den Polizeibeamten mit den drei Sternen auf den Schulterklappen in der kleinen Polizeistation an der Sukhumvit Road.

Man hatte mich in eine fensterlose Einzelzelle geworfen. Erst viel später erfuhr ich, welch unverschämtes Glück ich gehabt hatte, nicht in einer 30-Mann-Zelle zusammen mit zum Tode verurteilten Mördern, Kinderschändern, anderen Gewaltverbrechern und Drogendealern gelandet zu sein.

Ich lag auf dem Rücken, zusammengekrümmt und hilflos wie ein Maikäfer, dessen verzweifelte Versuche, mit einem kräftigen Flügelschlag auf die Beine zu kommen, immer wieder kläglich scheiterten. Meine Körperkraft reichte nicht aus, um mich gegen den Widerstand des Exoskeletts aufzusetzen, aufzustehen oder auch nur irgendeine Bewegung auszuführen. Eine Abkopplung meines Körpers vom Exoskelett war wegen der elektronischen Schnittstelle zu meinem Gehirn, mit der sich auch der Gefängnisarzt nicht auskannte, nicht möglich.

So ohne Bewegung in einer fensterlosen Zelle verlor man schnell das Gespür für Raum und Zeit. Immer wenn ich meine Augen öffnete, starrte ich in eine schirmlose Deckenlampe, um die drei Insekten kreisten. Mein Denkapparat sagte mir, dass es sich um Tiere aus dem Unterstamm der Sechsfüßler, der Ordnung der Zweiflügler und der Unterordnung Fliegen handeln müsste. Die genaue Art konnte er jedoch nicht ermitteln. Egal. Zum reinen Zeitvertreib stöberte ich ein wenig in meinem Wissensspeicher und erfuhr, dass sich in der forensischen Entomologie durch die Besiedelung eines Leichnams mit Insekten und deren Eiern, Larven und Maden der Todeszeitpunkt einer Leiche feststellen lässt. Die Frage, ob meine drei Fliegen nur vom Licht angezogen um die Lampe tanzten oder ob ihre winzigen Fliegenhirne bereits darauf hofften, ein paar Eier in meinem Körper ablegen zu dürfen, blieb unbeantwortet.

Irgendwann hörte ich, wie Schlüssel rasselten und eine Tür quietschte. Ein wortkarger Aufseher stellte eine Schüssel Reis neben mich auf den Boden. Man wollte offenbar vermeiden, dass ich Hunger litt, hatte aber dabei völlig vergessen, dass ich mich nicht bewegen konnte.

Endlose Stunden später, vielleicht waren es auch Tage, rasselten wieder Schlüssel und die Tür quietschte erneut. Atit, der Teigige mit den Stoppelhaaren, erschien zusammen mit vier Gefängniswärtern, schloss die Kabel einer koffergroßen Powerbank an mein Exoskelett an, ließ mich per Fernbedienung aufstehen und steuerte mich, von vier Wärtern gut bewacht und eskortiert, durch einen langen, dunklen Gang in das Büro des Gefängnisdirektors.

Dort saß Professor Tan zusammen mit der mächtigen Respektsperson bei einer Tasse Tee und lachte, als hätte sein Gesprächspartner gerade einen richtig guten Witz erzählt. Der Professor nickte mir wortlos zu, überreichte dem Gefängnisdirektor, der mit seinen feinen Gesichtszügen und der Goldrandbrille eher wie ein Gymnasiallehrer aussah, ein bedrucktes und mit Amtssiegeln versehenes Blatt Papier und ließ ganz nebenbei und so unauffällig wie möglich ein Kuvert auf den Schreibtisch der Amtsstube gleiten. Der Gefängnisdirektor war weniger diskret. Er griff sofort nach dem Kuvert, entnahm das darin enthaltene Geld und zählte laut jeden einzelnen der hundert 10 000-Baht-Scheine auf den Tisch. Ein kurzes Nicken in Richtung Wachen und wir durften über ein paar Umwege und einen finalen Checkpoint das Gefängnis über den Personalausgang verlassen.

Draußen fiel mir auf, wie elegant Professor Tan gekleidet war. Er trug einen weißen Flanellanzug, ein weißes Hemd mit offenem Kragen und einen breitkrempigen, weißen Stoffhut. Atit kam dagegen in leicht schmuddeligen Jeans und nicht mehr ganz weißem T-Shirt daher.

In einer schmalen Seitenstraße hinter dem Gefängnis parkte ein geschätzt 100 Jahre altes, grünes Mercedes 220 SE Cabriolet in Top-Zustand. Es gehörte dem Professor. Offensichtlich hatte er ein Faible für Oldtimer. Ich durfte auf dem zurückgeschobenen Beifahrersitz Platz nehmen. Atit musste sich samt Powerbank-Koffer und Fernbedienung auf die Rückbank zwängen.

»Kop khun kap«, sagte ich, was so viel wie »Danke« bedeutete.

Der Professor nickte mir mit einem leicht schmerzlichen Lächeln zu und fuhr los.

Während der etwa halbstündigen Fahrt auf einer gebührenpflichtigen Hochstraße entdeckte ich rechts und links der Straße zahlreiche eingestürzte Gebäude zwischen intakten Hochhäusern und Neubauten auf Betonpfeilern. Das war nicht das Stadtbild, das ich von Bangkok in Erinnerung hatte.

»Was ist hier passiert?«, fragte ich den Professor.

»Monsunregen und Taifune«, antwortete er einsilbig.

»Die gab es doch schon immer, oder?«

»Aber nie so lange, so häufig und so heftig wie in den letzten Jahren. Während der Regenzeit stehen hier ganze Landstriche und Städte unter Wasser. Die Trockenzeit reicht nicht, um die Schäden der Regenzeit zu beheben. Neue Bauwerke dürfen nur noch auf hohen Betonpfeilern errichtet werden.«

»Über den Klimawandel wird geredet, seit ich denken kann«, warf ich ein.

»Geredet wurde viel, getan wenig. Jetzt ist er nicht mehr zu stoppen. Der Untergang der Welt ist vorprogrammiert! So, wie wir Sie ausgestattet haben, Khun Walter, werden Sie ihn noch erleben. Oder Sie lassen sich vorher auf den Mars evakuieren. Oder Sie werden erschossen, wenn Sie sich noch öfters so verhalten wie gestern.«

Ich verstand nicht so recht. Wer hatte mich wie ausgestattet? Und was hatte ich eigentlich falsch gemacht?

Im NewLife Institute angekommen, verordnete mir der Professor ein leichtes Abendessen und frühe Bettruhe. Morgen wollte er ein längeres Gespräch mit mir führen, Tests vornehmen und in mein Gehirn eingreifen. Erstaunlich und zugleich beruhigend war, dass er für den letzten Schritt um meine Zustimmung bat. Ich nutzte diese Chance für einen Deal: Wenn er mir versprach, mir endlich zu sagen, was genau mit mir los war, durfte er in mein Gehirn eingreifen, zunächst nur passiv, das heißt meine Gedanken und Gefühle auslesen.

* * * * *

Professor Tan saß hinter seinem Designerschreibtisch mit den zwei riesigen, hauchdünnen Bildschirmen und drehte einen davon in meine Richtung, sodass auch ich sehen konnte, was er sah. Der Bildschirm war dreigeteilt in ein hochformatiges Fenster links und zwei übereinanderliegende, querformatige Fenster rechts daneben.

»Links sehen Sie ausgewählte EEG-Ableitungen aus dem Netz der zehntausend Mikroelektroden, das Ihr Gehirn umschließt. Es wird immer nur eine Auswahl aus den gerade aktiven Hirnarealen angezeigt. Deshalb springen die farbigen Kurven so oft hin und her. Rechts oben sehen Sie eine langsam rotierende 3D-Animation Ihres Gehirns mit seinen dreihundertsechzig Arealen, deren blasse Farben intensiv leuchten, sobald die jeweiligen Areale aktiv werden. Rechts unten wird angezeigt, was Sie gerade denken. Dabei kann ich nicht nur die Schrift- beziehungsweise Zeichengröße wählen, sondern auch die Sprache, in der Ihre Gedanken angezeigt werden sollen. Bei der Einstellung *Auto* werden Ihre Gedanken automatisch in der Sprache angezeigt, in der Sie selbst gerade denken.«

»Interessant«, kommentierte ich trocken.

»Dann erzählen Sie doch mal, was vorgestern passiert ist, nachdem Sie das Institut verlassen hatten«, bat Professor Tan.

Ich berichtete, wie ich Google Maps vor meinem inneren Auge gesehen und mich damit orientiert hatte, wie ich mir das königsblaue 5XL-Hemd mit den gelben Elefanten erarbeitet hatte, wie ich in einem Spiegel einen viel jüngeren und größeren Mann als mich selbst gesehen hatte, wie ich bei dem unsittlichen Angebot einer Masseuse eine ungewollte Erektion bekommen hatte, wie ich plötzlich Thai und Chinesisch verstehen und sprechen konnte, wie mich Mo, der Restaurantbesitzer ausgenutzt und mein Leben bedroht hatte und wie ich ihn zappelnd in sein Aquarium getaucht hatte, so lange, bis er nicht mehr zappelte.

An dieser Stelle unterbrach mich der Professor.

»Der Restaurantbesitzer hat Sie bedroht?«

»Ja, er drohte mir mit einem dicken Bambusstock den Schädel einzuschlagen, wenn ich nicht sein Arbeitsroboter sein wollte. Dabei hatte ich mein Tom Yam Gai längst abgearbeitet!«

»Das war in den Channel-3-Nachrichten allerdings nicht zu sehen.«

»In den Nachrichten?«

»Ja! Die Szene aus der Überwachungskamera, wie Sie den Restaurantbesitzer fast ertränkt und eingreifende Gäste abgeschüttelt haben, war noch am selben Abend landesweit in den Nachrichten zu sehen. Das hat unserer Reputation als Hersteller von Exoskeletten sehr geschadet. Es entstand der nicht ganz unberechtigte Eindruck, dass Ihnen das Exoskelett die Kraft verliehen hat, einen Mann zu töten. Zum Glück hat er überlebt. Zum Glück für uns beide!«

»Für uns beide?«

»Wäre der Mann gestorben, hätte ich Sie nicht freibekommen, trotz meiner guten Beziehungen zum Gesundheitsminister, der seinerseits eng mit dem Justizminister befreundet ist, der wiederum Ihre Entlassungsverfügung unterschrieben hat. Außerdem hätte dem NewLife Institute eine unangenehme Untersuchung der Staatsanwaltschaft ins Haus gestanden. So etwas darf nie wieder vorkommen! Nie wieder!«

»Aber es war doch Notwehr!«

»Gibt es Zeugen dafür?«

»Nein.«

Der Professor zupfte an seinem dünnen Ziegenbart, überlegte einen Moment und sagte dann:

»Wir könnten Ihren visuellen Zwischenspeicher auslesen. Dann müssten wir sehen, was Sie gesehen haben. Ich glaube zwar nicht, dass in dieser Sache noch was nachkommt, denn Verfügungen des Justizministers werden in der Regel nicht hinterfragt. Aber lassen Sie uns die Daten auslesen, sobald wir hier fertig sind. Zur Sicherheit.«

»Einverstanden«, sagte ich.

»Haben Sie Lust auf einen Intelligenztest?«, fragte der Professor.

»Nein. Ich glaube, ich habe vergessen, wie es sich anfühlt, auf etwas Lust zu haben. Aber bitte, nur zu. Unser Deal war, dass ich Ihnen alles erzähle, was Sie wissen wollen, dass Sie mich testen und sogar in mein Gehirn eingreifen dürfen und im Gegenzug sagen Sie mir endlich, was mit mir los ist!«

Der Professor drehte den Bildschirm mit den Darstellungen meiner Gehirnfunktionen zurück, sodass nur er ihn sehen konnte. Dafür drehte er den zweiten Bildschirm auf seinem Schreibtisch so, dass nur ich ihn sehen konnte. Auf meinem Bildschirm erschienen Aufgaben, die ich in einer bestimmten Zeit zu lösen hatte: Figuren- und Grafikanalogien, fortzuführende Zahlenreihen, Abbildungen gedrehter Würfel, zu ergänzende Matrices.

Es war nicht wirklich schwer. Doch am Ende wollte ich schon wissen:

»Und? Wie sieht es aus mit meiner Intelligenz? Welchen IQ habe ich denn nun?«

»Schwer zu sagen. Das hängt auch davon ab, welches Alter wir hier zugrunde legen. In jedem Fall ist Ihr IQ sehr hoch, Khun Walter.«

»Ich kann Ihnen mein Alter sagen! Ich weiß doch, wann ich geboren bin«, insistierte ich.

»Lassen Sie uns später darüber reden und nun mit weiteren Tests fortfahren«, bestimmte Professor Tan.

Er zeigte mir auf dem Bildschirm Fotos meiner Eltern, meiner verstorbenen Frau, meiner Kinder Carola und Ben, Aufnahmen von Kater Felix, von Highlights meiner Schauspielkarriere, bunt gemischt mit Bildern von Selbstmördern, die von Hochhäusern gesprungen und sich vor Züge geworfen hatten, von Gehenkten, Ermordeten und Unfallopfern, Originalaufnahmen von Holocaust-Opfern in einem KZ und einen Kurzfilm, der einen vor Schmerz schreienden Soldaten zeigte, dem nach einer Schussverletzung die Gedärme aus dem Bauch quollen. Ich sollte beschreiben, was ich sah, während der Professor angestrengt auf seinen Bildschirm starrte.

Als der Test beendet war, verharrte Professor Tan eine Weile in Schweigen. Er konnte meine Gedanken lesen, ich seine aber nicht. Vielleicht sah er auch die Leere in meinem Hirn.

»Khun Walter, bitte erzählen Sie mir jetzt in groben Zügen Ihre Erinnerungen an Ihr bisheriges Leben, angefangen bei Ihrer Kindheit, der Pubertät, Ihrem schulischen und beruflichen Werdegang, wo und wie Sie Ihre Frau kennengelernt, eine Familie gegründet haben, und so weiter. Bitte versuchen Sie, genauer und detaillierter zu werden, je kürzer Ihre Erinnerungen zurückliegen.«

Umgekehrt wäre es mir lieber gewesen, aber ich tat, was Professor Tan verlangte und erzählte meine Lebensgeschichte, angefangen von meiner Kindheit in Gmund am Tegernsee bis zu dem Punkt, an dem ich, meines Lebens müde, im Darknet eine Zyankalikapsel bestellt hatte.

»Und weiter?«, fragte Tan.

»Ich bin mit meinem weißen Tesla XXX zum nächsten AirSharing Hotspot gefahren und mit einem dieser autonomen Lufttaxis nach Zürich geflogen. Dort habe ich einen Mann getroffen, der sich Urs nannte und den ich beauftragt hatte, vor meinen Augen die tödliche Kapsel zu produzieren.«

»Weiter«, drängte Professor Tan.

»Nichts weiter. Von da an verliert sich meine Erinnerung«, log ich. Der Professor sah das natürlich und fragte:

»Was war mit den zwei Herren, die Sie beide bei der Zyankaliproduktion gestört haben und die mit dem Gift irgendwie – so ganz genau sehe ich das hier nicht – in Berührung kamen und qualvoll sterben mussten?«

Darüber wollte ich nicht reden. Ich entzog dem Professor augenblicklich das Einverständnis, in mein Gehirn einzugreifen und meine Gedanken mitzulesen.

»*Jetzt* sind *Sie* an der Reihe, meine Erinnerungslücken zu füllen und mir zu erzählen, was danach passiert ist«, forderte ich, und überlegte im selben Moment, was ich tun könnte, wenn Professor Tan sich nicht an unsere Vereinbarung hielt, meine Erinnerungslücken nicht aufklärte, nicht aus meinem Gehirn ausstieg und vielleicht sogar meine Gedanken nicht nur auslas, sondern auch noch aktiv manipulierte.

Mir wurde klar, dass ich nichts tun konnte. Gar nichts. Ich war diesem Kerl voll und ganz ausgeliefert. Doch dann erinnerte ich mich, dass mir das Exoskelett übermenschliche Kräfte verlieh und dass ich durchaus etwas tun könnte. Ich könnte ihm einfach mit meinen kräftigen Exoskelett-Daumen die Kehle zudrücken. Ob er genauso zappeln würde wie Mo, nachdem ich ihn in das Aquarium getaucht hatte? Oder ob er einfach nur nach Luft ringen und dann leblos zusammensacken würde? Auf jeden Fall müsste ich schnell sein und Professor Tan zuvorkommen, bevor er aktiv in mein Gehirn eingreifen würde.

* * * * *

Professor Tan war schneller als ich. Er hatte meiner Aufforderung, aus meinem Gehirn auszusteigen, unmittelbar Folge geleistet und wohl auch meine letzten Gedanken nicht mehr mitlesen können.

»Gut, dann überspringen wir mal ein paar Stunden. Der Mann namens Urs, an den Sie sich ja noch erinnern, hat Ihnen empfohlen, mit unserem Partnerinstitut NewLife Consulting in Zürich Kontakt aufzunehmen, was Sie auch taten.«

»Sie haben ein Partnerinstitut in Zürich? Was machen die dort? Was macht eigentlich Ihr Institut? Und vor allem: Was mache *ich* hier?«

»Versprechen Sie mir, dass Sie mit niemanden über das sprechen, was ich Ihnen jetzt erzähle und dass Sie unser Gespräch absolut vertraulich behandeln«, forderte Professor Tan.

»Wem sollte ich denn etwas erzählen? Atit? Doktor Nitaya? Den Begriff *vertraulich* kann ich mal googeln, aber ich kann momentan nicht wirklich etwas damit anfangen.«

Der Professor stützte den linken Ellenbogen auf dem Schreibtisch ab, legte Daumen, Zeigefinger und Mittelfinger seiner linken Hand an die Schläfe und dachte nach. Dabei schloss er die Augen. Er dachte sehr lange nach. Ob er eingeschlafen war? Es sollte mir recht sein. Man sollte Menschen nicht stören, weder wenn sie nachdachten noch wenn sie gerade eingeschlafen waren. Ich googelte inzwischen vor meinem inneren Auge, was er mit *vertraulich* gemeint haben könnte. Da hieß es ›für einen eingeschränkten Empfängerkreis vorgesehen; nicht für Fremde bestimmt‹. Jetzt musste mir Professor Tan nur noch den Empfängerkreis einschränken und wir kämen ins Geschäft.

Plötzlich schlug der Professor die Augen auf, nahm die Hand von der Schläfe, setzte sich aufrecht hin, sah mich an und ersuchte mich eindringlich darum, nochmal in mein Gehirn eingreifen zu dürfen. Er müsse unbedingt wissen und auch protokollieren, was ich dächte und empfände, wenn er gleich meine letzte Gedächtnislücke fülle.

»Das dürfen Sie machen, Professor Tan. Und wenn Sie jetzt auch noch meinen Empfängerkreis einschränken, können Sie vielleicht sogar vertraulich mit mir sprechen.«

Der Professor verstand nicht, was ich meinte. Vielleicht war er gedanklich noch bei einem anderen Thema oder ich hatte seine Intelligenz überschätzt. Zu gerne hätte *ich* mal in *sein* Gehirn eingegriffen. Als ich ihm die Google-Definition von ›vertraulich‹ aufsagte, begriff er und meinte:

»Sie müssen das, was ich Ihnen jetzt erzähle, absolut für sich behalten, dürfen es niemand anderem weitererzählen. *Sie* sind der *einzige* Empfänger.«

Ich nickte zustimmend, Professor Tan aktivierte wieder seinen Bildschirm und erklärte mit fester Stimme:

»Das NewLife Consulting in Zürich, ebenso wie das NewLife Institute hier in Bangkok und in sechs weiteren Großstädten rund um den Globus sind Einrichtungen, in denen international anerkannte Wissenschaftler nach jahrzehntelanger Forschung ein gemeinsames Ziel erreicht haben: die Reproduktion und Verjüngung einzelner Organe sowie des gesamten menschlichen Körpers. Es ist uns gelungen, Männer zwischen fünfzig und achtzig Jahren einzuscannen, ihr Gewebe anzuzüchten und sie halb so alt mit einem 3D-Bio-Drucker wieder auszudrucken. Ein genialer Fortschritt in der Medizin!«

»Wieso nur Männer?«, war die erste Frage, die mir in den Sinn kam.

»Dafür gibt es eine Reihe von Gründen. Einer ist, dass viele Frauen dann gerne auch Kinder bekommen würden. Aber so weit sind wir leider noch nicht.«

»Wer zählt denn so zu Ihren Kunden?«

»Es sind Männer, die mit ihrem Alterungsprozess nicht fertigwerden, mit ausfallenden Haaren und Zähnen, welker Haut, Doppelkinn und Schmerbauch. Und die solvent genug sind. Die Gruppe ist noch sehr klein, das Verfahren neu und relativ teuer.«

»Das wäre für mich eventuell auch interessant, wenn ich hier raus bin. Klären Sie mich doch mal etwas genauer auf«, bat ich den Professor, aber er räusperte sich nur und wechselte das Thema:

»Kommen wir kurz zurück auf den Intelligenztest, den Sie zuerst gemacht haben. Legt man bei der Auswertung das Alter eines neunundsechzigjährigen Mannes zu Grunde, dann hätten Sie einen Intelligenzquotienten von einhundertsechzig. Sie wären damit ein absoluter Überflieger, würden sogar mich übertreffen und ständen auf einem Intelligenzniveau mit Legenden wie Albert Einstein, Stephen Hawking und ein paar wenigen anderen. Legt man bei der Auswertung Ihres Tests ein Alter von fünfunddreißig Jahren zu Grunde, so läge Ihr IQ mit einhundertachtundzwanzig immer noch sehr hoch. Nimmt man das rein physische Alter Ihres Gehirns, so gibt es keine Referenzwerte.«

»Wie meinen Sie das?«, fragte ich leicht verwirrt.

Der Professor schwieg eine ganze Weile, bevor er fortfuhr:

»Ich war schon immer der Meinung, dass man solchen IQ-Tests keine allzu große Bedeutung beimessen sollte. Versuchen Sie bitte dennoch mir zu folgen, auch wenn das, was ich Ihnen jetzt sage, etwas schwierig für Sie werden könnte.«

Ich nickte gespannt.

»Walter Fabricius, geboren am 4.7.1990, verwitwet, Schauspieler im Ruhestand, hat sich im Juli 2059 bei unserer Partnerfirma NewLife Consulting in Zürich nach ausführlicher Beratung durch meinen geschätzten Kollegen Doktor Martini dort einscannen lassen und wurde Anfang Januar 2060, also vor knapp drei Monaten, um fünfunddreißig Jahre jünger und mit zahlreichen Extras ausgestattet, in meinem Institut ausgedruckt, zusammengefügt und physisch sowie psychisch durch entsprechende Übungen zu einem lebensfähigen Menschen trainiert. Dieser druckfrische Walter Fabricius sind Sie!«

»Und das soll ich Ihnen glauben?«, fragte ich nach einer längeren gedanklichen Verdauungspause.

»Sie haben keine andere Wahl. Wenn Sie es nicht glauben, würde das Ihre Rückkehr in die Gesellschaft nur deutlich erschweren.«

»Aha. Mit welchen *Extras* wurde ich denn ausgestattet?«

»In unserem Standardangebot ist enthalten, dass Ihre Knochen nicht brechen können, Sie lebenslang keine Finger- und Zehennägel schneiden müssen und keinen Zahnarzt benötigen. Die Materialien, aus denen Knochen, Nägel und Zähne gefertigt sind, halten praktisch unbegrenzt. Das gilt auch für Ihre Wirbelsäule, Knie-, Hüft- und Schultergelenke. Sie sehen nah und fern gestochen scharf. Sie hören Töne, die so tief sind, dass nur thailändische Elefanten sie hören können und Töne, so hoch, wie nur Hunde sie noch wahrnehmen. Zusätzlich zu Ihrem Erfahrungswissen aus neunundsechzig Lebensjahren haben wir auf Ihr Gehirn Google, Google Maps, Wikipedia und beim letzten Reset auch noch achtzehn Sprachen aufgespielt. Letzteres war eine kleine Zugabe meinerseits. Außerdem hatten wir zum Zeitpunkt Ihrer Buchung eine kostenlose Beschichtung des Magens und der Speiseröhre im Angebot, die verhindert, dass Sie jemals Sodbrennen, Magen- oder Speiseröhrenkrebs bekommen können.

Kostenpflichtig und auf eigenen Wunsch wurden Sie zehn Zentimeter größer gemacht sowie mit einer Potenz und Multiorgasmusfähigkeit ausgestattet, die sowohl andere Männer als auch Nymphomaninnen vor Neid erblassen lassen.«

Das war ja unglaublich, was der Professor da erzählte. Mir kam ein schauriger Gedanke:

»Wenn ich mich nun alle fünfunddreißig Jahre um die Hälfte verjüngt neu ausdrucken lassen würde, wäre ich praktisch unsterblich, oder?«

Der Professor zögerte einen Moment, bevor er antwortete:

»Das wird nicht nötig sein, denn wir haben bei Ihren Zellen, insbesondere bei den Stammzellen, vor dem Ausdruck aus unserem Hochleistungs-3D-Bio-Drucker einige Gene minimal verändert, sodass Ihnen viele Krankheiten erspart bleiben und Ihre Zellteilung auf längere Sicht deutlich beschleunigt sein wird.«

»Soll das heißen, ich bin ein genmanipulierter Klon meiner selbst?«

»Ich würde sagen, Sie sind das Produkt modernster Medizinforschung. Ihre Druckvorlage wurde über jeden Schritt Ihres Herstellungsprozesses gründlich aufgeklärt.«

»Druckvorlage«, murmelte ich irritiert und schüttelte den Kopf. Innerlich musste ich mir allerdings eingestehen, dass, so unfassbar dies alles klang, meine merkwürdige Situation langsam Sinn zu ergeben schien. Doch ich hatte noch einige Fragen.

»Was bedeutet das für mich, dass meine Zellteilung auf längere Sicht deutlich beschleunigt sein wird?«

»Sie werden nur sehr langsam altern, sofern Sie ein paar grundlegende Dinge beachten.«

»Die wären?«

»Keine Drogen – damit meine ich auch jegliche Art von Medikamenten –, kein Alkohol, nicht rauchen, wenig Fleisch, wenig konservierte oder verarbeitete Lebensmittel, regelmäßiger Sport – nur Mut, Ihre Knochen können nicht mehr brechen. So werden Sie dreihundert Jahre oder älter!«

»Und wenn ich auf diesem kranken Planeten nicht mehr leben will, schlucke ich einfach eine Zyankalikapsel?

»Das funktioniert immer. Wäre allerdings sehr schade um diesen schönen Hightech-Körper.«

Noch bevor ich das, was mir der Professor da gerade aufgetischt hatte, vollends verarbeiten und in allen Konsequenzen weiterdenken konnte, fuhr er fort:

»Ich habe eine gute und eine schlechte Nachricht für Sie.«

Er ließ mir keine Wahl.

»Die gute ist, dass ich Sie nach unserem Gespräch von Ihrem Exoskelett erlösen kann. Sie sind körperlich ausreichend aufgebaut, können ohne Unterstützung stehen, gehen, das Gleichgewicht halten und mittelschwere Lasten tragen. Dennoch sollten Sie weiterhin Ihre Muskeln trainieren.«

Der Professor legte eine bedeutungsschwere Pause ein und suchte offenbar nach der richtigen Formulierung für die schlechte Nachricht.

»Die schlechte Nachricht ist: Bei der Übertragung der rund hundert Milliarden Neuronen aus dem Gehirn Ihrer Druckvorlage in Ihr Gehirn gab es offenbar einen *kleinen Fehler*, den wir uns nicht erklären können. Ihnen fehlt jegliche Art von Empathie und Gefühl. Trauer, Wut, Zorn und Ekel sind Ihnen ebenso fremd wie Freude, Lust und Glück.«

»Aha«, sagte ich und zuckte nach kurzem Nachdenken mit den Schultern. »Na ja, das macht das Leben vermutlich um einiges einfacher. Ich brauche das alles nicht! Ich will nur hier raus. Nehmen Sie mir bitte das Exoskelett ab und lassen Sie mich gehen«, forderte ich den Professor auf.

»Wie Sie wünschen. Lassen Sie mich noch schnell in Ihr Gehirn eingreifen und Ihren visuellen Zwischenspeicher auslesen, damit wir beweisen können, dass der Wirt im Restaurant Sie vor Ihrem Tötungsversuch bedroht hat.«

Ich nickte. Der Professor loggte sich in mein Gehirn ein. Dann wurde mir schwarz vor Augen.

*****

Montag, 31. Mai 2060
Bang Kachao, Samut Prakan

Über zwei Monate bewohnte ich nun schon dieses kameraüberwachte Luxusapartment, oder sollte ich besser sagen Luxusgefängnis, im Westflügel der Privatvilla von Professor Tan. Das Anwesen lag in der nordwestlichen Ecke einer engen Schleife, die der Chao Phraya am Rande Bangkoks zog. Durch die riesigen, bis zum Boden reichenden Panzerglasfenster blickte ich zuerst auf ein kleines Stück tropischen Urwald, dann auf den gewaltigen Fluss und dahinter auf die Skyline der Millionenmetropole. Das hochmoderne Interieur war in Schwarz-Weiß gehalten. Der Funk-Chip meines Brain-Computer-Interfaces konnte Fernseher, Koch- und Kaffeeautomat steuern. Ich musste mir nur eines von 99 internationalen Standardessen vorstellen, die Zubereitung willentlich bestätigen, und zehn Minuten später spuckte der Automat das frisch zubereitete Gericht aus, appetitlich angerichtet auf einem Porzellanteller und in meisterhafter Qualität. Hinterher wünschte ich mir meist einen Cappuccino mit fluffiger Milchschaumkrone. Es war fast wie im Schlaraffenland.

Der Professor war der Meinung, dass ein Leben ohne Gefühle nicht lebenswert sei und dass er mich so nicht auf die Menschheit loslassen könne. Deshalb hatte er mir einen kompletten Reset verpasst, nochmals alle in

Zürich gespeicherten Daten überprüfen und neu in mein Gehirn einspielen lassen. Das hatte den Nachteil, dass ich alles, was mir seine Assistenzärztin Dr. Nitaya Siri schon einmal beigebracht hatte, nochmals in wochenlanger Kleinarbeit von vorne erlernen musste. Nach der Neukalibrierung meines Riechkolbens und meiner Geschmacksknospen sowie intensivem Training mit Nofretete-Nitaya konnte ich jetzt nicht nur aus großer Entfernung geringste Mengen Cannabis, Koks, Safran, Vanille und Zimt, sondern auch eine einzelne Kirschblüte und mein Lieblingsparfüm Creed Aventus riechen. Meine Erinnerungen waren weitgehend zurückerobert, soweit es Referenzwerte dafür gab, die Nitaya vergleichen konnte. Auch ich verstand inzwischen die Wichtigkeit von Gefühlen und Empathie, zumindest von der logischen Seite her. Leider waren meine Empfindungen auch nach dem Reset immer noch sehr schwach ausgeprägt. Als Ursache dafür vermuteten die Wissenschaftler, die Professor Tan extra zur Lösung meines Problems zu einer Videokonferenz geladen hatte, dass meine Druckvorlage zum Zeitpunkt des Einscannens selbst keine sehr starken Gefühle gehabt und womöglich zusätzlich an einer Depression gelitten hatte. Dies könnte die emotionalen Neuronenimpulse so sehr abgeschwächt haben, dass bei der Datenübertragung trotz technischer Signalverstärkung nur noch wenig in meinem neuen Gehirn angekommen war.

Die Kompetenzgruppe kam zu dem Schluss, dass ich mit meinem immer noch sehr niedrigen Gefühlslevel eine tickende Zeitbombe sei, wie ein Haarriss im Stahlmantel eines Atomreaktors. Die nobelpreisverdächtige Altherrentruppe, von denen offensichtlich noch kein Einziger die Verjüngung an sich selbst ausprobiert hatte, wusste nicht, dass Professor Tan, der die Videoschalte von seinem Büro im NewLife Institute führte, mir die Diskussion *live* in mein Luxusgefängniszimmer übertrug. Nur so ist es zu erklären, dass sein aus Peking zugeschalteter Kollege unverblümt meine schnellstmögliche und rückstandslose Entsorgung forderte. Ein Druckerzeugnis ohne Gefühle sei ein zu hohes Risiko für das gesamte Projekt, an dem sie so lange zusammen geforscht und gearbeitet hatten. In diesem Punkt waren sich alle einig. Allerdings meinte der Russe, meine rückstandslose Entsorgung sei eine Verschwendung von Ressourcen. Er würde nach Abgleich der Parameter zumindest Herz, Lunge, Leber und Niere aufkaufen und von seinem Privatjet abholen lassen, da er eine lange Warteliste habe und mit dem Züchten neuer Organe kaum mehr nachkomme.

Das Internet vergisst nie

Freitag, 4. Juni 2060
Villa Fabricius, München-Grünwald

»NewLife Consulting, grüezi, Li am Apparat. Was kann ich für Sie tun?"

Es war mein dritter Anruf in dieser Woche.

»Hier spricht Walter Fabricius aus München. Bitte verbinden Sie mich mit Doktor Martini«, ersuchte ich Frau Li inbrünstig.

Ich wusste genau, wie es jetzt weitergehen würde: Li würde mich in eine Warteschleife mit einschläfernder Entspannungsmusik legen, während sie mit Dr. Martini sprach. ›Schon wieder dieser nervige Fabricius aus München‹, würde sie sagen. ›Erzählen Sie ihm, ich bin gerade in einer wichtigen Besprechung – nein – stopp –, sagen Sie ihm, ich bin in Shanghai auf einem Kongress. Mit anschließender Fortbildung. Komme erst in vierzehn Tagen wieder‹, würde er antworten.

Mein ganzes Leben lang war ich Optimist gewesen. Wie hatte sich nur in den letzten Monaten dieser deprimierende Pessimismus in mein Leben schleichen können? Sicher war Martinis Ausrede nur eine meiner schwarzmalerischen Fantasien und er würde mich gleich wohlgelaunt am Telefon begrüßen.

»Hallo, hören Sie? Doktor Martini ist gerade unterwegs zum Flughafen. Ein wichtiger Kongress im Ausland mit anschließender Fortbildung. Rufen Sie doch bitte in vierzehn Tagen wieder an«, beschied mir Li und legte auf.

Unfassbar. Ich machte mir wirklich Sorgen. Mein 3D-Ausdruck müsste doch schon längst die ersten Worte gesagt haben und die ersten Schritte gegangen sein. Warum bekam ich dazu keine Informationen? Wie sah er aus? Hatte alles geklappt?

Nur ein einziges Mal, Mitte Januar, hatte sich NewLife Consulting nochmal bei mir gemeldet. Das Druckerzeugnis sei erfolgreich produziert worden und werde physisch und psychisch zu einem lebensfähigen Menschen aufgebaut, sobald ich den Restbetrag der 1,8 Millionen Crypteuro, die das Meisterwerk inklusive einiger Extras insgesamt kostete, auf das mir bekannte VPN-Konto überwiesen hätte. Dieser Restbetrag belief sich auf eine volle Million Crypteuro, was etwa dem Wert meiner Grünwalder Villa entsprach. Ein Sümmchen, das ich nicht gerade aus der Portokasse zahlen konnte. Das Budget für meinen Lebensabend wurde dadurch beträchtlich geschmälert. Aber ich brauchte es ja auch nicht mehr lange.

Was konnte ich tun, wenn diese Firma nicht oder nicht rechtzeitig lieferte? Sie verklagen? Unmöglich! Ich hatte ja nicht einmal einen Vertrag oder irgendetwas Schriftliches in der Hand. ›Aus Sicherheitsgründen‹, hatte es geheißen. Umgekehrt könnten sie mich sehr wohl verklagen. Außerdem würden sie den gesamten Deal abstreiten, wenn ich meinerseits die von mir unterschriebene Verschwiegenheitsklausel brechen würde. Rechtlich gesehen eine für mich völlig aussichtslose Situation.

Was wäre, wenn NewLife Consulting von vornherein nur mein Geld abzocken wollte und gar nicht in der Lage war, das vollmundige Versprechen eines perfekten jüngeren Ebenbilds einzuhalten? Ich wäre vollkommen aufgeschmissen. Aber vielleicht würde mir Urs wenigstens helfen, ein paar Rachepläne auszuspinnen. Wer Zyankali herstellen konnte, konnte sicher auch ein Bömbchen basteln.

Mein ganzer Plan war darauf ausgerichtet, in genau vier Wochen meine Tochter Carola, meinen Sohn Ben und das hoffentlich wohlgeratene Druckerzeugnis hier im Wohnzimmer zu meinem spektakulären, aber dennoch würdigen Abgang zu versammeln.

›Walter Fabricius, geboren am 04.07.1990, gestorben am 04.07.2060‹, sollte in den Nachrufen und auf meinem Grabstein stehen. So hatte ich das lange vorbereitet und so würde es auch geschehen. In genau vier Wochen würde ich tot sein!

Neben der Unsicherheit, ob das Druckerzeugnis meinen Erwartungen entsprach und rechtzeitig eintreffen würde, beschäftigte mich zunehmend die Frage:

Was bleibt von mir nach meinem Tod?

Ich hatte nie an einen Gott und an ein Leben nach dem Tod geglaubt. Es gab, davon war ich fest überzeugt, kein Paradies, kein Fegefeuer und keine Hölle. Nach dem Tod war einfach alles aus. Schluss, aus, fertig. Für immer und ewig! Nur der liturgischen Formel »Erde zu Erde, Asche zu Asche, Staub zu Staub« konnte ich etwas abgewinnen. Da war was dran.

Ich hatte ein wunderbares, erfülltes Leben hinter mir. Aber war das wirklich alles? Welche Spuren würde ich, außer meinen Kindern, noch auf diesem Planeten hinterlassen? Wie ich es auch drehte und wendete, das Ergebnis war immer dasselbe: KEINE!

Nur ganz wenigen Menschen ist es je gelungen, der Welt mehr als hundert Jahre in Erinnerung zu bleiben.

Es waren entweder Feldherrn, Kriegstreiber und Massenmörder wie Napoleon, Hitler, Stalin, Assad und Putin oder große Denker wie Einstein, Schiller oder Goethe. Bei den einen wollte und konnte ich mich nicht einordnen, bei den anderen hätte ich mich gerne eingeordnet, konnte es aber auch nicht.

Die Annahme, Schauspieler seien durch ihre Rollen und Filme unsterblich, war, wie ich nun wusste, ein viel verbreiteter Irrglaube. Wer kannte heute noch Weltstars wie Asta Nielsen, Clara Bow oder den Oscar-Preisträger Emil Jannings aus der Ära, in der die Bilder laufen lernten? Wer erinnerte sich heute noch an John Wayne, den einflussreichsten, erfolgreichsten und bestbezahlten Hollywoodschauspieler seiner Zeit?

Ich konnte und wollte mich nicht damit abfinden, schon bald nach meinem Tod für immer und ewig vergessen zu sein. Sollte ich mich in Öl malen lassen, so wie das Würdenträger im Mittelalter getan hatten und alle deutschen Bundeskanzler und Bundeskanzlerinnen seit über hundert Jahren tun? Mein Geld würde noch reichen. Aber wer würde mich wo hinhängen wollen? Sollte ich eine Büste von mir in Bronze gießen lassen? Schnell kam ich zu der Überzeugung, dass weder eines der Theater, an denen mich ehemals Tausende von Fans bejubelt hatten, noch die Gemeinde Grünwald das Kunstwerk nicht einmal geschenkt annehmen, geschweige denn irgendwo aufstellen würden. Vielleicht sollte ich eine gemeinnützige Stiftung gründen, die Walter-Fabricius-Stiftung für vergessene Künstler? Klang gut, aber mein Anruf beim Deutschen Stiftungsrat machte mir klar, dass mein Restkapital innerhalb von fünf bis zehn Jahren allein durch die Verwaltungskosten aufgezehrt wäre, ohne viel Nutzen gestiftet zu haben.

Da erinnerte ich mich an den Satz »Das Internet vergisst nie«, der dazu mahnte, vorsichtig mit persönlichen Daten umzugehen. Genau das war es: Ich wollte nicht vergessen werden, zumindest nicht so schnell. Und das World Wide Web sollte mir dabei helfen.

Nachdem ich eine Weile gestöbert hatte, fand ich im Internet jede Menge uralte Fotos und Textbeiträge über mich, vor allem Theaterkritiken und Berichte über den tragischen Tod meiner Frau. Leider tauchte mein Name in kaum einer der zahlreichen nationalen und internationalen Datenbanken bekannter lebender und schon verstorbener Schauspieler auf. Das sollte sich ändern.

Als Erstes scannte ich die zehn repräsentativsten Bilder meiner Karriere aus einem Fotoalbum ein, das Julia liebevoll für uns beide angelegt hatte. Eines zeigte, wie ich von einer Verehrerin nach einer Vorstellung am Wiener Burgtheater einen riesigen Strauß roter Rosen entgegennahm, ein anderes Julia und mich glückstrahlend an unserem Hochzeitstag vor der Berliner Schaubühne, ein weiteres mich als Jago in Shakespeares *Othello* am Schauspielhaus Zürich und so weiter. So wollte ich der Welt nach meinem Tod in Erinnerung bleiben!

Dann entwarf ich einen leicht aufgehübschten Lebenslauf, wie das Logbuch eines Piloten, der für die Verlängerung seiner Fluglizenz noch ein paar fehlende Flugstunden hinzudichtete. Eine stattliche Körpergröße von 1,85 Meter klang für einen Schauspieler doch imposanter als meine lächerlichen 1,75 Meter. Keiner würde dies nach meinem Tod mehr anzweifeln oder nachmessen können. Auch hörten sich »über 1000 Vorstellungen an der Berliner Schaubühne« doch besser an als meine tatsächlichen 437 Auftritte dort. Aber im Großen und Ganzen blieb ich nahe an der Wahrheit. Da fiel mir ein, dass neben Julia, Carola und Ben auch noch mein Druckerzeugnis Erwähnung finden sollte. Ich erfand also Walter Fabricius junior, 35, einen unehelichen, von mir adoptierten Sohn, aufgewachsen in Südafrika und 2060 erstmals nach Deutschland gekommen. Die südafrikanische Staatsangehörigkeit hatte ich bei NewLife Consulting ausgewählt und im Gesamtpaket mitbestellt. Es hatten nur Länder zur Wahl gestanden, die mit dem Institut kooperierten. Ob das nur alles gut gehen würde? Mein Gott, war ich gespannt auf das Druckerzeugnis, sein Aussehen und seine Wesensart. Ob der junge Walter genauso dachte und fühlte wie ich? Nach dem Ausdruck aus dem 3D-Bio-Drucker im Januar musste er ja erst physisch und psychisch aufgebaut werden und würde dann ein Eigenleben entwickeln, das sich durchaus von meinem unterscheiden konnte. Mein Alter Ego sollte durch keinerlei Vorgaben eingeschränkt sein. Es sollte völlig unbeschwert ins ewige Leben starten können. Vielleicht wollte Walter Fabricius junior trotz bester Voraussetzungen gar kein Schauspieler werden, sondern viel lieber KI-Spezialist oder Drohnen-Programmierer. Berufe mit goldener Zukunft.

Ich lud meinen Lebenslauf und ausgewählte Bilder in 23 namhaften Portalen hoch. Selbst wenn ein paar von ihnen pleitegingen, würde das eine oder andere Portal überleben. Man würde den alten Theaterschauspieler Walter Fabricius noch in 100 Jahren unter Schauspielgrößen wie Emil Jannings, John Wayne, Götz George und Mario Adorf finden. Erstaunlich war, dass ich bei der Eingabe meiner Daten auf fast allen Portalen auch gleich meinen Todestag, den 04.07.2060, eingeben konnte. Nur zwei Portale reklamierten, dass der Todestag nicht in der Zukunft liegen dürfe. Dort ließ ich die Angabe offen.

Als Nächstes beschloss ich, mich von Profis bei Wikipedia eintragen und mir eine eigene Webseite gestalten zu lassen, die ich für zehn Jahre inklusive Ranking- und Weboptimierung im Voraus bezahlte. Wenn jemand bei Google, Bing, Yahoo oder DuckDuckGo ›Walter Fabricius‹ eingab, sollte er mich auch lange nach meinem Tod noch ganz oben in den Suchergebnissen finden, meinen Lebenslauf nachlesen und sich an mich erinnern können.

* * * * *

Der Bestattungsunternehmer zwei Seitenstraßen von meiner Villa entfernt muss mich für verrückt gehalten haben, als ich ihm erklärte:

»Wenn meine Astrologin, die bisher fast immer recht behalten hat, auch diesmal wieder richtigliegt, bin ich in einem Monat tot. Deshalb möchte ich jetzt schon alle Details meiner Beerdigung mit Ihnen regeln, im Voraus bezahlen und gerne mal Probe liegen.«

Der beleibte Zwei-Meter-Mann mit dem kantigen Gesicht eines Versicherungsvertreters im schwarzen Anzug mit blütenweißem Hemd und schwarzer Krawatte fragte mit einer Eunuchenstimme, die so gar nicht zu ihm passte:

»Und ein Grab haben Sie sicher auch schon, oder?«

»Genau! Hier im Grünwalder Waldfriedhof.«

»Unmöglich, da gibt es schon lange keine freien Plätze mehr!«

»Als meine Frau vor zehn Jahren starb, habe ich bei der Gemeinde sehr hart um einen Grabplatz gekämpft und ihn auch bekommen. Es ist ein Doppelgrab. Ich kann mich nach meinem Tod dazulegen lassen. Das habe ich schriftlich. Ich bin heute eigentlich vor allem wegen der Sargauswahl zu Ihnen gekommen.«

Der Koloss führte mich wortlos in einen großen Nebenraum und fragte:

»Eiche, Fichte oder Mahagoni?«

»Kirschbaum«, antwortete ich.

»Kirschbaum hat sechs Wochen Lieferzeit.«

»Okay, dann Eiche, eher dunkel.«

»Truhenform oder Körperform?«

»Körperform, unbedingt Körperform!«

Der Mann deutete auf einen wunderschönen Sarg aus dunkler Eiche, in den ich mich sofort verliebte, um es mal mit Julias Worten beim Kauf unserer Designerküche auszudrücken.

»Das hier ist der letzte Sarg in Körperform«, sagte der Mann.

Ich zückte mein Smartphone, tippte auf die Cyberwallet-App und erklärte, dass ich ihm 50 Crypteuro in seine Wallet transferieren würde, wenn er mich zehn Minuten ungestört Probe liegen lasse.

Der Mann scannte den QR-Code auf meinem Display, nickte und öffnete dann den Sarg. Ich legte mich hinein und bat ihn, den Deckel zu schließen. Der Sarg gefiel mir, er war geräumig, passte wie angegossen. Aber so richtig bequem war er nicht.

»Den kaufe ich sofort«, sagte ich, nachdem ich wieder herausgeklettert war, »aber bitte mit einer zweiten Matratze, einem zweiten Kopfkissen, einem ausgefrästen Rundloch mit drei Zentimetern Durchmesser im oberen Drittel des Sargdeckels und einem zweieinhalb Meter langen Plastikschlauch.«

»Plastik ist laut Friedhofsverordnung verboten. Es

dürfen mit Ausnahme der Sargbeschläge nur rückstandslos verrottende Teile ins Grab.«

Ich stellte mir gerade das Horrorszenario vor, dass die Zyankalipille, die ich mit Hobbychemiker Urs hergestellt hatte, doch nicht so richtig wirkte, mich nur in eine Art Scheintod versetzte und ich dann zwei Meter unter der Erde qualvoll ersticken musste.

»Sind Sie der Chef?«, fragte ich den Koloss.

»Ja«, sagte er mit seiner Fistelstimme.

Obwohl ich außer uns beiden in den Räumlichkeiten noch keine Menschenseele gesehen hatte, sah ich mich sicherheitshalber nach rechts, links und hinten um. Dann flüsterte ich dem Dicken verschwörerisch ins Ohr:

»Können wir eine Vereinbarung treffen?«

»Kommt auf die Vereinbarung an.«

»Sie beerdigen mich ausnahmsweise mit diesem verbotenen Plastikschlauch, ziehen ihn einfach nach zehn Tagen heraus und lassen ihn verschwinden. Nach diesem Zeitraum wäre ich ohnehin verdurstet oder verhungert. Sollte ich wider Erwarten doch nicht ganz tot gewesen und mich lautstark ins Leben zurückgemeldet haben, dann erhalten Sie zehntausend Crypteuro Prämie, wenn Sie mich herausholen! Das können wir genauso hier und jetzt in drei einfachen Sätzen schriftlich festlegen.«

»Ich weiß nicht. Jetzt bin ich seit acht Jahren Bestattungsunternehmer und habe bei Gott schon einige Sonderwünsche erfüllt. Aber das ist mit Abstand das Verrückteste, was ich je gehört habe!«

»Was haben Sie denn zu verlieren?«

Er schwieg eine Weile. Dann seufzte er und reichte mir ein Blatt Papier sowie einen Kugelschreiber. Ich setzte die Vereinbarung auf, unterschrieb sie und gab sie ihm mit einem verbindlichen Lächeln zurück:

»Vielleicht Ihr Abholschein für einen Lottogewinn. Sie sollten ihn gut in Ihrem Safe aufbewahren.«

*****

Gerhard Eisenbichler, ein muskulöser Endvierziger mit kurzem, blondem Haar und wettergegerbtem Gesicht, war der einzige Steinmetz in Grünwald und betrieb sein Geschäft direkt neben dem Waldfriedhof. Wir hatten uns nicht mehr gesehen, seit er vor zehn Jahren Julias Grabstein gefertigt hatte. Trotzdem erkannte mich der gestandene Bayer zu meiner Überraschung sofort und begrüßte mich überaus freundlich:

»Herr Fabricius, was verschafft mia die Ehre?«

»Ich möchte einen Grabstein bei Ihnen bestellen.«

»Dann erst amoi mei herzliches Beileid! Wer is denn g'schtoam?«

»Noch niemand, aber wenn meine Astrologin, die bisher fast immer recht behalten hat, auch diesmal wieder richtigliegt, bin ich selbst in einem Monat tot.«

»A so a Schmarrn! Astrologin! So wie Sie ausschaugn, wean Sie hundert!«

»Ich habe ganz genaue Vorstellungen. Ich möchte, dass Sie den Stein, der jetzt auf Julias Grab steht, durch einen größeren, schöneren aus hochglänzendem, schwarzem Granit ersetzen, sobald ich neben ihr liege. Mein Sterbedatum, 04.07.2060, können Sie jetzt schon einmeißeln. Darüber soll unser Hochzeitsfoto als Lasergravur erscheinen. Ich zahle alles im Voraus!«

»Naa! Naa! Und no amoi naa! Sowos mach i ned. Da kennan Sie zoin sovui'S woin.«

Es folgte ein längeres Wortgefecht und das Zugeständnis meinerseits, dass Herr Eisenbichler meinen Todestag doch noch nicht einmeißeln musste und den Grabstein in meinen Garten stellen durfte, sofern ich innerhalb der nächsten drei Monate nicht das Zeitliche segnete. Dann erst war es mir erlaubt, meine Cyberwallet zu öffnen, ihm den stattlichen Auftragspreis zu überweisen und ihm zu erklären, was auf dem Grabstein stehen sollte:

Liebe Freunde,
schön, dass ihr uns besucht. Ihr dürft euch gerne setzen.
Gestattet, dass wir liegen bleiben und verzeiht uns, dass
wir euch diesmal nicht – wie ihr das von uns gewohnt
seid – zu Kaffee und Kuchen in unser Heim einladen.
Unser Gastspiel auf diesem Planeten war einzigartig.
Danke, dass ihr uns ein Stück begleitet habt.

Julia Fabricius, *21.02.1995 – † 12.03.2050
Walter Fabricius, *04.07.1990 – †

* * * * *

Am nächsten Tag waren die virtuellen Friedhöfe an der Reihe, auch Netzfriedhöfe, Online-Friedhöfe, Internet-Friedhöfe oder Virtual Memorials genannt. Google spuckte mir mehrere hundert Anbieter aus, vor allem, weil ich auch international unsterblich bleiben wollte. Zunächst legte ich mir ein Pseudonym samt neuer E-Mail-Adresse zu, von der aus ich den Tod von Walter Fabricius anzeigen wollte. Dann schrieb ich einen Nachruf auf mich selbst, natürlich mit sehr viel Lob auf meine Lebensleistung – es wusste ja keiner, wer dahinterstand –, wenig Kritik, etwas zu wenig vielleicht, einer schönen Portion Selbstironie, reichlich Witz und ein bisschen Trauer. Nun wurde es schwierig. Meine Daten in alle Netzfriedhöfe dieser Welt einzupflegen hätte selbst mit Copy-and-paste und Hochladen der immer gleichen Bildauswahl mehrere Tage, wenn nicht Wochen gedauert. Das gab meine Restlaufzeit nicht mehr her. Die Auswahl an Online-Gräbern war riesig: kostenlos, billig, teuer, mit und ohne Werbung, virtuelle Kerzen, Kranz und Rosenkranz inklusive oder extra oder jährlich extra. Alle religiös angehauchten Netzfriedhöfe kamen für mich schon mal nicht infrage. Niemand sollte auf meinem Friedhof ein Vaterunser, Gegrüßet-seist-du-Maria oder einen Rosenkranz beten müssen. Ebenso sonderte ich Friedhöfe aus, deren Einträge man nur mit der Lupe lesen konnte, und solche, die blass und farblos daherkamen. Ich wollte schließlich wenigstens im Netz als kraftvoll und energiegeladen in Erinnerung bleiben. Verblassen würde ich schnell genug. Letztlich verewigte ich mich auf zehn deutschsprachigen und zehn internationalen Online-Friedhöfen.

Die größte Chance auch noch in hundert Jahren dort gefunden zu werden, sah ich beim Celeb International

Cemetery Hollywood, einem Promi-Friedhof mit höchsten Ansprüchen. Hier wurden nur bekannte Künstler aufgenommen – genau der richtige Platz für mich! Man konnte sich schon zu Lebzeiten anmelden und wurde nach Prüfung einiger Unterlagen, in meinem Fall meines Schauspieldiploms und ein paar Kritiken, eingeladen, eine Rundum-sorglos-Promi-Grabstätte inklusive Trauerpaket zu kaufen. Nachdem ich meine Unterlagen hochgeladen und Minuten später grünes Licht erhalten hatte, durfte ich 50 000 Crypteuro überweisen. Ein stolzer Preis, vergleichbar mit der Aufnahmegebühr eines besseren Golf- oder Country Clubs. Nur, dass die Kosten für die Pflege des virtuellen Rasens deutlich niedriger waren.

Im Paket enthalten waren neben der garantierten Grabpflege für mindestens 100 Jahre die Veröffentlichung der Trauerrede in den Weltsprachen Englisch, Französisch, Spanisch, Chinesisch, Russisch und Arabisch, der Upload von maximal 100 Bildern und bis zu einer Stunde Videomaterial, jährliche Suchmaschinenoptimierung sowie ein virtueller Gospelchor an jedem Todestag. Außerdem konnte ich noch eine Liste mit bis zu 100 Freunden erstellen, die an meinem Todestag per E-Mail oder über ihre Social-Media-Profile an mich erinnert werden sollten. 100 Freunde? Mir fiel kein einziger echter Freund ein, der noch lebte. Also trug ich hier nur die E-Mail-Adressen meiner beiden Kinder und der Redaktionen einiger bekannter Medien ein, darunter die *New York Times*, *Neue Zürcher Zeitung*, *Frankfurter Allgemeine*, *Süddeutsche Zeitung*, *DIE WELT* und *DIE ZEIT*. Vielleicht würde die *NZZ* anlässlich meines 50. Todestags ein paar Zeilen zu meinen Erfolgen am Schauspielhaus Zürich drucken wollen. Unwahrscheinlich, aber nicht ausgeschlossen. Jedenfalls würden sie dann nicht behaupten können, sie hätten es nicht auf dem Schirm gehabt.

Der Gospelsound gefiel auch mir als Atheisten ganz gut. Nur mit den biblischen Texten hatte ich so meine Probleme. Aber das war wohl der Preis für mein virtuelles Luxusgrab zwischen Marylin Monroe, John Wayne, Bruce Lee, Romy Schneider, Götz George und anderen Weltstars, deren Ruhm den meinigen zu Lebzeiten bei weitem überragt hatte. Hier auf dem Celeb International Cemetery Hollywood waren wir alle gleich unsterblich.

*****

Eine dreiste Lüge war leider der einzige Weg, meine Kinder pünktlich zum geplanten Suizid aus den entfernten Winkeln der Welt, in denen sie lebten, in mein Wohnzimmer zu locken. Also verfasste ich folgende E-Mail:

Liebe Carola, lieber Ben,

nun habe ich schon eine ganze Weile nichts mehr von euch gehört. Ich hoffe, es geht euch gut!

Bei mir wurde ein Glioblastom entdeckt. Ein bösartiger Hirntumor, den ich wohl schon eine Weile mit mir herumtrage. Der Tumor ist inoperabel. Die Ärzte geben mir nur noch wenige Wochen. Ich weiß, das ist eine erschreckende Nachricht, aber macht euch keine Sorgen, ich habe keine Schmerzen und es geht mir verhältnismäßig gut.

Mein größter und einziger Wunsch ist es, euch noch einmal zu sehen und zusammen mit euch meinen 70. Geburtstag zu feiern.

Wir müssen auch euer Erbe besprechen!

Ich habe mir erlaubt, euch für den 02.07. je ein vorausbezahltes First-Class-Ticket zu buchen.

Dein Flug, liebe Carola, startet am 02.07. um 20:20 Uhr am Toronto Pearson International Airport. Du fliegst mit Lufthansa LH 495 nonstop nach München und landest am 03.07. um 10:10 Uhr. Der File-Key für dein E-Ticket lautet YZVAYM.

Dein Flug, lieber Ben, startet am 02.07. um 14:10 Uhr am Auckland International Airport. Du fliegst mit Singapore Airlines SQ 286 nach Singapur, steigst dort auf Lufthansa LH 791 um und landest am 03.07. um 05:50 Uhr in München. Der File-Key für dein E-Ticket lautet AKXLWM.

Für jeden von euch ist eine Suite im Airport Hilton reserviert und vorausbezahlt, inklusive Frühstücksbüfett und Dinner-Gutschein.

Ich erwarte euch zu meiner Geburtstagsfeier im kleinen Kreis am 04.07.2060 um 15 Uhr in dem Haus, in dem ihr aufgewachsen seid.

In Liebe,
euer Papa

Dieses Angebot würden sie nicht ausschlagen. Da war ich mir ganz sicher!

* * * * *

Die Vorbereitungen für den 04.07. bescherten mir richtig viel Arbeit. Aber eine Aufgabe zu haben machte mich glücklich, am meisten das Verfassen meines eigenen Nachrufs! So glücklich, dass mir zwischendurch sogar immer mal wieder die Lust zu sterben verging. Aber das waren nur kurze Momente. Ich hatte mein Leben und meine Pläne für dessen Ende voll im Griff.

Seit einer Stunde tüftelte ich an der Abschiedsrede herum, die ich im Kreis meiner Lieben halten wollte, bevor ich die Zyankalikapsel schluckte. Da klingelte plötzlich mein Smartphone. Es klingelte nur selten, sehr selten, so selten, dass ich es oft tagelang überhaupt nicht angeschaltet hatte. Es rief ja sowieso niemand an. Seit zwei Jahren hatte ich die Melodie von *Spiel mir das Lied vom Tod* als Klingelton eingestellt. Sie spiegelte meine Stimmung in dieser Zeit am besten wider. Sollte ich rangehen oder lieber diese wunderbar melancholische Musik noch eine Weile genießen?

»Fabricius«, meldete ich mich schroff.

»Walter Fabricius, der Schauspieler?«

»Ja.«

»Schmiedhuber hier, Martin Schmiedhuber, ich bin Produzent bei der Future-Film GmbH in Grünwald, gleich bei Ihnen um die Ecke. Wir würden Sie gerne für eine Hauptrolle besetzen!«

»Danke, kein Interesse«, sagte ich in abweisendem Ton, als würde es sich um einen dieser lästigen Werbeanrufe handeln, die einem fast Siebzigjährigen noch eine Lebensversicherung verkaufen wollten.

»Wollen Sie nicht hören, worum es geht? Hören Sie mich doch wenigstens kurz an«, flehte der Mann, der einfach zur falschen Zeit die falsche Nummer gewählt hatte.

»Sie haben ja schon gesagt, worum es geht. Um eine Filmrolle.«

»Ja, aber um eine Filmrolle, die genau auf Ihr Alter, Ihr Aussehen und Ihr außergewöhnliches Können zugeschnitten ist. Der Regisseur und ich würden Sie wirklich sehr gerne für diese Rolle besetzen!«

»Wie sind Sie denn überhaupt auf mich gekommen?«, fragte ich.

»Wir haben im Internet recherchiert und Sie in internationalen Datenbanken, auf Ihrer eigenen Website und bei Wikipedia gefunden. Wir haben alle Theaterkritiken und sämtliche Artikel über Sie gelesen, da findet man ja wirklich sehr viel im Netz, und so sind wir zu dem Schluss gekommen, dass genau Sie unser Mann sind.«

»Aha. Dann ist Ihnen sicher auch aufgefallen, dass ich seit zehn Jahren nicht mehr in Erscheinung getreten bin.«

»Natürlich! Aber genau das würde bestens in unser Konzept passen. Sie könnten mit dieser Rolle ein grandioses Comeback feiern und sich selbst ein unvergessliches Denkmal setzen!«

Damit hatte der Anrufer tatsächlich einen Nerv getroffen, was mich für einen Moment innehalten ließ.

»Hallo, sind Sie noch da, Herr Fabricius?«

»Ja«, seufzte ich. Warum hatte der Mann ausgerechnet jetzt angerufen?

»Dann erzähle ich Ihnen mal ganz kurz, worum es in unserer Serie geht. Sie wird übrigens zur besten Sendezeit im Abendprogramm ausgestrahlt, das steht schon fest. Ein weltberühmter Schauspieler und Familienvater kann sich nicht so recht damit abfinden, dass er alt wird, und dann treffen ihn auch noch mehrere Schicksalsschläge. In den ersten Folgen eskalieren immer neue Konflikte, bis schließlich …«

Ich legte auf, schaltete das Smartphone aus und dachte nach.

Abschied

Dienstag, 8. Juni 2060, 8:30 Uhr
Bang Kachao, Samut Prakan, Privatvilla von Professor Tan

Als Frau Dr. Nitaya mit gesenktem Kopf und geröteten Augen meine Luxusgefängniszelle betrat, wusste ich sofort, dass etwas nicht stimmte. Die Edelstahltür hinter ihr fiel fast geräuschlos ins Schloss und verriegelte sich automatisch.

Dr. Nitaya setzte sich auf mein Bett – was sie bisher noch nie getan hatte –, stützte die Ellenbogen auf die Knie, verbarg ihr Gesicht in den Händen und schluchzte. Zuerst ganz leise, dann immer lauter, ja fast hysterisch. Das erinnerte mich an eine Komödie im Bayerischen Hof in München, in der ich in meiner besten Zeit die Hauptrolle spielen durfte. Eine junge Kollegin heulte drei Minuten so herzzerreißend und hielt das gesamte Publikum in Atem, bis der Grund ihrer Verzweiflung herauskam: Sie hatte vergessen zu Hause ihre Blumen zu gießen, bevor sie ins Büro gegangen war, und nun hatte sie Angst, diese würden verdursten, da sie es schließlich gewohnt waren, immer montags gegossen zu werden. Großes Gelächter!

Ich vermutete jedoch, Dr. Nitayas Tränen hatten tiefere Gründe.

»Was ist passiert?«, fragte ich sie.

Es dauerte eine Weile, bis die Ärztin einen Satz hervorbrachte. Immer wenn sie sich etwas gefasst zu haben schien, sackte sie wieder wie ein Häufchen Elend schluchzend in sich zusammen. Schließlich sagte sie leise:

»Mein Bruder ist letzte Nacht ums Leben gekommen. Bei einem Motorradunfall. Auf der Sukhumvit.«

»Das ist ja schrecklich«, sagte ich und fügte nach einer Pause hinzu:

»Mein Beileid!«

Das sagte man doch so, wenn jemand verstorben war und einem die Nachricht von einem Angehörigen überbracht wurde, oder? Meine Gefühlswelt war ein einziges Chaos verschiedener Kräfte, die miteinander zu kämpfen schienen. Aber war das nicht oft auch bei Menschen so, die ganz normal über den Geburtskanal einer Frau das Licht der Welt erblickt hatten und deren Gefühlsentwicklung durch Erziehung, Erfahrungen und Erbgut oder Erbschlecht geprägt wurde?

Der Professor hatte unmittelbar nach jener Konferenz, die ich in meinem Zimmer am Bildschirm mitverfolgt hatte, ein langes, sehr ernstes Gespräch mit mir geführt und mir versichert, dass er mich unter gar keinen Umständen entsorgen oder recyceln werde. Ich sei sein »Baby« und sein ganzer Stolz. Er habe bereits eine Lösung für das Problem vorbereitet, die er seinen Kollegen jedoch erst nach ihrer erfolgreichen Umsetzung präsentieren wolle. Und es werde ein Erfolg werden. Da sei er sich ganz sicher.

Professor Tan hatte das schon etwas ältere, aber millionenfach bewährte humanoide Emotions-Imitationsprogramm Kaonoyoyo aus Japan angekauft, das Robotern Gefühlsregungen verlieh und sie damit von Menschen kaum mehr unterscheidbar machte. Das Programm erfasste und analysierte in Millisekunden über eine halbe Million Situationen und gab die passenden Reaktionsbefehle an Gehirn und Körper weiter. Dabei wurde nicht nur die Grobmotorik, sondern jeder einzelne, noch so kleine für die Mimik verantwortliche Muskel angesteuert. Kaonoyoyo konnte situationsgerecht und blitzschnell ein ernstes, nachdenkliches, trauriges, lächelndes oder lachendes Gesicht zaubern. Der KI-Spezialist, mit dem der Professor zusammenarbeitete, hatte das Programm bereits für mein Brain-Computer-Interface kompatibel gemacht. Die größte Schwierigkeit hatte darin bestanden, so der Professor, die Selbstlernfähigkeit der Software, die ursprünglich für Roboter entwickelt worden war, so aufzubereiten, dass sie auch in meinem Gehirn funktionierte. Dank des Programms sollte ich in der Lage sein, Gefühlsreaktionen, die ich in meiner Umwelt beobachtete und die noch nicht in meinem Gehirn hinterlegt waren, dazuzulernen. Außerdem wurden meine Gefühle automatisch überprüft und gegebenenfalls repariert, falls meine Umwelt unerwartet auf sie reagierte. Zur Gefühlsverstärkung hatte der KI-Experte Kaonoyoyo noch mit einem in den USA entwickelten Zusatzprogramm verknüpft, das meinen visuellen Cortex passend zur jeweiligen Gefühlssituation mit Farbimpulsen versorgte und so meine Stimmung beeinflusste.

Die Programme waren nun seit einem Tag in mein Gehirn implementiert. Bisher spürte ich keine signifikante Veränderung meiner Gefühlslage. Aber wie fühlte es sich an, plötzlich etwas zu fühlen, wenn man bisher nichts gefühlt hatte?

Waren es schon Gefühle, dass ich Dr. Nitaya mein Beileid ausgesprochen hatte, dass mein Gesichtsausdruck ernst geworden war und ich ihr tröstend die Hand auf die Schulter gelegt hatte?

Nachdem Dr. Nitaya sich ein wenig beruhigt hatte, erklärte sie mir, sie solle eigentlich mit mir zum Professor ins NewLife Institute am Lumpini Park kommen, wolle sich aber in ihrem Zustand nicht hinters Steuer setzen. Sie schlug vor, ein Stück auf dem Chao Phraya mit dem Schiff zu fahren. Das sei ohnehin romantischer, und auf der anderen Flussseite könnten wir dann ein Taxi nehmen.

Romantisch? Meine Ärztin und ich auf einem Linienschiff?

Außerdem sollte ich Dr. Nitaya versprechen, nicht wegzulaufen. Sie sei für mich verantwortlich, habe aber nicht die Kraft mich aufzuhalten, wenn ich davonliefe. Ich versprach es.

Kaum hatte das Schiff abgelegt, da kramte Dr. Nitaya ein gutes Dutzend Bilder auf ihrem Mini-Tablet hervor, die ich schon gefühlte hundert Mal gesehen hatte.

»Was soll das?«, fragte ich leicht genervt.

»Bitte«, sagte Dr. Nitaya leise, »bitte schauen Sie sich die Bilder genau an und erzählen Sie mir, was Sie dabei fühlen. Aber ehrlich!«

»Und wenn nicht?«

»Bitte tun Sie es für mich!«

Bild 1: »Kater Felix! Mein Gott, ist das lange her! Ja, er war das einzige Tier, zu dem ich jemals eine innige Beziehung hatte. Er ist längst tot. Was soll ich da jetzt noch fühlen? Katzen haben zwar sieben Leben, aber für die Ewigkeit reicht das nicht.«

Bild 2: »Das war meine Abschlussvorstellung an der Schauspielschule.« – Ich musste tatsächlich ein wenig grinsen.

Bild 3: »Wieder dieser grässliche Motorradunfall mit dem zerfetzten Körper des Fahrers. Wie können Sie mir nur so ein Bild zeigen, nachdem Ihr Bruder letzte Nacht bei einem Unfall wie diesem gestorben ist?«

Dr. Nitaya wechselte wortlos zum nächsten Bild, das sie besonders lange auf dem Display hielt:

»Julia«, seufzte ich wehmütig, »mein Sonnenschein! Sie war die große Liebe meines Lebens. Wir waren ein unschlagbares Team! Und wissen Sie, was mir gerade einfällt? Ziemlich genau vor zehn Jahren und drei Monaten bin ich mit Julia auf einem dieser Schiffe auf dem Chao Phraya gefahren und anschließend mit ihr durch China Town gestreift. Hoch über den Dächern der Stadt, auf dem Maha Nakhon, haben wir einen Sundowner geschlürft. Am nächsten Tag besuchten wir die legendäre Brücke am Kwai und am übernächsten ging es weiter nach Ko Samui.«

»Und dann?«

»Und dann? Warum quälen Sie mich so, Doktor Nitaya? Sie wissen doch mehr über mich als ich selbst!«

Wir näherten uns der Anlegestelle und ich zog es vor zu schweigen. Tatsächlich bewegte mich jedoch die Erinnerung an Julias Tod zutiefst. Die Tentakel dieser Würfelqualle hatten nicht nur ihr, sondern auch mein Leben zerstört. Oder war es das Leben meiner Druckvorlage? Oder am Ende alle drei Leben?

Am Tempel Wat Worachanyawas verließen wir das Schiff und sahen uns nach einem Taxi um, aber auf der Thanon Charoen Krung herrschte absolutes Verkehrschaos.

»Da sind wir ja zu Fuß schneller. Google Maps zeigt mir zum Lumpini Park eine Entfernung von fünf Kilometern an. In einer Stunde sind wir dort«, sagte ich.

»Oder wir nehmen ein Motorradtaxi«, schlug Dr. Nitaya vor. »Immerhin wartet der Professor schon auf uns.«

»Da werden wir wohl eher zwei brauchen.«

»Dann nehmen wir eben zwei!«

Seit wir den ersten Fuß an Land gesetzt hatten, bedrängten uns zwei Motorradtaxifahrer in orangeroten Westen, die sie als lizensierte Fahrer ausweisen sollten, mit den unablässig wiederholten Worten »Taxi, Taxi«. Ihre fahrbaren Untersätze waren so unterschiedlich, wie sie unterschiedlicher kaum sein konnten. Der eine fuhr ein grünes Elektromoped, der andere eine knallrote Enduro mit Verbrennungsmotor.

Dr. Nitaya entschied sich für die ökologische Variante und ich schwang mich hinter meinen Fahrer auf die Enduro. Es sollte ja kein Wettrennen, sondern nur eine Taxifahrt werden.

Während wir die ersten zweihundert Meter noch in Sichtweite zueinander nahezu parallel zwischen den Spuren der vierrädrigen Verkehrsteilnehmer fuhren, gab mein Fahrer nach einer Weile plötzlich Gas, als müsste er einen Grand Prix gewinnen. Einerseits schrumpfte der Abstand zwischen uns und den anderen Fahrzeugen immer mehr, oft waren es nur wenige Zentimeter, andererseits hatte ich das Gefühl, der Mann wusste, was er tat und hatte seine Maschine fest im Griff. Mindesten ebenso fest war mein Griff um seine Taille und die Verschränkung meiner Finger vor seinem Bauch.

Doch dann sah ich das Unglück förmlich kommen: Es war unmöglich, quer zwischen zwei Pkws hindurchzufahren und dann wieder in die Zwischenspur einzuscheren, wenn der Verkehr in der Parallelspur plötzlich anzog und der Abstand zwischen den Spuren kein Einkurven mehr erlaubte. Da legte mein Fahrer ohne Vorwarnung einen zirkusreifen Wheelie hin – so nannte man es, wenn ein Motorradfahrer nur auf dem Hinterreifen fuhr –, riss die Maschine mit einem Ruck um 90 Grad herum und schon waren wir wieder zwischen zwei Spuren mit Vollgas unterwegs.

»Tscha tschaah!«, rief ich, was »langsamer« auf Thai bedeutete. Aber das schien meinen Fahrer nicht zu interessieren. Oder er hörte es nicht, weil die Enduro so laut röhrte. Jedenfalls drehte er jetzt erst richtig auf und ließ einen Wheelie auf den anderen folgen. Ein zutiefst ungutes Gefühl beschlich mich, als mein Fahrer, wieder auf beiden Rädern, in der Nähe der Saphan Taksin BTS-Station mit Vollgas auf eine rote Ampel und die vom Querverkehr blockierte Straße zuschoss, seine Enduro auf eine Quarterpipe, wie Skater sie benutzten, jagte, mit einem riesigen Satz über drei Reihen stehender Autos hinwegflog, um dann wieder auf beiden Rädern auf der anderen Straßenseite zu landen.

Jetzt reichte es mir endgültig! Mir wurde zwar nicht schlecht und es kribbelte mir auch nicht im Bauch, wie ich es nach meiner Erinnerung von Leuten in einer solchen Situation gehört hatte. Aber es reichte einfach, ich hatte keine Lust, wegen dieses Wahnsinnigen mein junges Leben zu verlieren.

»Yud!«, rief ich, »stopp!«

Aber der Fahrer ritt weiterhin unbeeindruckt, mal mit Vollgas, mal mit Wheelies, die ihm ganz besonderen Spaß zu machen schienen, seinem Fahrziel entgegen. Was hätte ich tun sollen? Absteigen vielleicht?

Als wir endlich und zu meiner Überraschung unbeschadet am NewLife Institute ankamen, fiel mir ein, dass ich weder Geld noch ein Smartphone mit Cyberwallet dabeihatte. Aber der Taxifahrer fragte gar nicht nach der Bezahlung.

Nachdem er mich abgesetzt hatte, zeugte nur noch der schwarze Gummiabrieb seines Hinterreifens von seiner Existenz.

* * * * *

Noch recht beeindruckt von meinem Erlebnis stand ich in der sengenden Hitze vor dem Institut. Hatte der Fahrer mir Angst einjagen wollen? Hatte ich tatsächlich Angst gespürt? Ich war mir nicht sicher. Während ich überlegte, ob ich auf Dr. Nitaya warten oder schon mal in das klimatisierte Gebäude gehen sollte, kam Atit, der Teigige, der mich so gerne mit dem Exoskelett schikaniert hatte, angerollt. Nach einer knappen Begrüßung geleitete er mich überaus höflich in Professor Tans Büro.

»Wie geht es Ihnen heute, Khun Walter?«, fragte der Professor und gebot mir, auf einem der beiden äußerst bequemen Sessel vor seinem Schreibtisch Platz zu nehmen.

»Nun ja«, meinte ich zögerlich, »es war auf jeden Fall schön, meine Luxusgefängniszelle mal verlassen zu dürfen. Aber der bisherige Tag verlief doch etwas eigenartig.«

»Gestatten Sie mir, noch einmal in Ihr Gehirn einzugreifen und das, was sich da abspielt, während Sie erzählen, aufzuzeichnen?«

Eine rein rhetorische Frage des Professors, die ich auf keinen Fall ablehnend beantworten durfte, wenn ich mein Ziel erreichen wollte. Dennoch pokerte ich ein wenig:

»Wenn Sie mich nach unserem Gespräch aus der Klinik entlassen, dürfen Sie zehn Minuten lang kostenlos in mein Gehirn eingreifen und auch alles aufzeichnen. Aber jede zusätzliche Minute kostet extra. Schließlich brauche ich nach meiner Entlassung etwas Grundkapital«, antwortete ich.

»Clever, clever«, kommentierte der Professor lachend, während er seinen Quantencomputer der neuesten

Generation mit meinem Brain-Computer-Interface verband.

»Jeder Entlassung geht allerdings eine gründliche Abschlussuntersuchung voraus. Und dazu brauche ich unbeschränkten Zugriff auf Ihr Gehirn.«

Am linken oberen Rand meines Sehfelds erschien ein blauer Punkt, der mir anzeigte, dass über eine gesicherte Verbindung auf meinen Denkapparat zugegriffen wurde.

»Wer hat eigentlich alles Zugriff auf mein Gehirn?«, wollte ich wissen.

»Neurochirurgen und Neurologen können weltweit, sofern sie unser Programm gekauft haben, Ihre Seriennummer und Fehlercodes aus Ihrem Gehirn auslesen, zum Beispiel, wenn Sie plötzlich nichts mehr hören oder sehen, einen Arm nicht mehr bewegen könnten oder einen Unfall erleiden würden. Das für Ihre Vitalfunktionen zuständige Stammhirn ist übrigens für jeglichen Zugriff gesperrt. Es ist abgeschirmt und intern doppelt redundant ausgelegt.«

»Und was macht dann ein Neurologe, der Ihr Programm hat, mit dem Fehlercode?«

»Er wird vermutlich mit einem unserer Institute, von denen weltweit drei rund um die Uhr geöffnet haben, Kontakt aufnehmen. Von dort aus kann mittels eines Reparaturprogramms fast jeder Fehler behoben werden.«

»Und wie sieht es mit Datenschutz aus? Besteht die Chance, dass ein Hacker in mein Gehirn eindringt, meine Handlungen steuert und mich gegen meinen Willen Straftaten ausführen lässt?«

»Datenschutz ist uns wichtig und Ihr Leben noch wichtiger! Ihre Druckvorlage hat dazu eine sehr umfassende Datenschutzerklärung nach Schweizer Recht unterschrieben. Mehr gibt es dazu nicht zu sagen.«

»Und ein Hacker? Könnte der mich nun steuern oder nicht?«, insistierte ich.

»Das ist extrem unwahrscheinlich und gegen Ihren Willen praktisch unmöglich. Belassen wir es bitte dabei. Erzählen Sie mir jetzt, was Sie heute erlebt haben«, sagte der Professor, während er auf seinem Bildschirm hochkonzentriert die langsam rotierende 3D-Animation meines Gehirns mit seinen 360 Arealen beobachtete. Die Areale waren in blassen Farben dargestellt, die aufleuchteten, sobald dieser Teil des Gehirns aktiv wurde.

»Doktor Nitayas Bruder ist letzte Nacht bei einem Motorradunfall gestorben. Wussten Sie das?«, fragte ich.

»Nein. Aber erzählen Sie bitte ohne Unterbrechung weiter, weiter, weiter«, drängte mich der Professor.

Eine etwas ungewöhnliche Antwort von dem Institutsleiter, der gerade erfahren hatte, dass seine Assistenzärztin ihren Bruder verloren hatte. Doch es lag nicht an mir, den Professor zu analysieren, sondern er wollte mich analysieren. Also erzählte ich weiter, von Dr. Nitayas Wunsch, mit dem Schiff auf dem Chao Phraya zu fahren, weil das romantischer sei und von den Bildern, die sie mir zum gefühlt hundertsten Mal auf ihrem Tablet gezeigt hatte.

»Stopp, stopp!«, unterbrach mich der Professor.

»Beschreiben Sie mir bitte ganz genau jedes einzelne Bild, das Ihnen Doktor Nitaya gezeigt hat.«

Es nervte und langweilte mich tödlich, immer wieder zu denselben Bildern meinen Kommentar abgeben zu müssen. Aber ich tat Professor Tan den Gefallen und übertrieb auch noch ein bisschen, was meine Empfindungen anbelangte. Vielleicht beschleunigte das ja meine Entlassung. Als ich die Geschichte von dem durchgeknallten Motorradtaxifahrer beendet hatte, fiel mir auf, dass die Ärztin noch nicht da war.

»Wo ist eigentlich Doktor Nitaya? Sie ist zeitgleich mit mir losgefahren. Ihr Taxifahrer hatte zwar nur einen Elektroroller, aber inzwischen müsste sie längst eingetroffen sein.«

Der Professor schwieg eine Weile und zupfte nervös an seinem Ziegenbart herum. Langsam wurde ich unruhig. Was war hier los? Schließlich schien Professor Tan sich einen Ruck zu geben und sagte mit leiser Stimme:

»Doktor Nitaya wird nicht kommen. Sie hatte auch nie einen Bruder. Und der Motorradtaxifahrer, mit dem Sie gefahren sind, war mehrfacher thailändischer Meister im Freestyle Motocross. Sie können froh sein, dass er, als er mit Ihnen über die Quarterpipe gerast ist, nicht noch einen Salto rückwärts eingelegt hat.«

Ich war völlig vor den Kopf gestoßen und musste mich einen Moment fassen.

»Das mit dem Motorradtaxifahrer, seinen Wheelies und dem Stuntsprung war zwar krass, aber okay. Einen gerade eben tödlich verunglückten Bruder zu erfinden, nur um mein Mitgefühl zu testen, geht aber wirklich zu weit!«, schleuderte ich dem Professor wutentbrannt entgegen.

Professor Tan warf einen kurzen Blick auf seinen Bildschirm, sprang dann von seinem Sessel auf, tanzte wie Rumpelstilzchen um mich herum, klatschte euphorisch in die Hände und rief mit der Begeisterung eines 14-Jährigen:

»Yippiiiiieeee, Wut, Wut, Wut! Nur heraus damit! Das hat uns als Letztes noch gefehlt. Jetzt haben wir sie alle!«

»Äh, geht es Ihnen gut, Herr Professor?«, stammelte ich irritiert.

»Ja, sehr gut sogar! Sie verfügen nun definitiv – ich habe es dokumentiert – über die sechs Basisemotionen Angst, Ekel, Freude, Trauer, Überraschung und Wut. Aus ihnen leiten sich alle übrigen Gefühle eines Menschen ab. Auch Ihre Mimik und Ihre Körpersprache passen jetzt. Zwar sind einige Gefühle etwas schwach ausgeprägt, aber sie sind da! Wissen Sie, was das heißt?«

»Entlassung?«

* * * * *

Der Professor wollte mich tatsächlich entlassen. Aber unter einer Bedingung: Ich müsse zum 70. Geburtstag meiner Druckvorlage, der zugleich mein 35. sein sollte, nach München reisen, den eigentlichen Walter Fabricius kennenlernen und gemeinsam mit ihm in seinem Haus unseren Geburtstag feiern.

»Und wenn nicht?«, fragte ich.

»Dann wird Ihre Druckvorlage Ihnen den Geldhahn zudrehen. Sie werden in diesem Fall ab dem vierten Juli weder Ihre Kreditkarte noch Ihre Cyberwallet nutzen können – beides bekommen Sie mit Ihrem NewLife-Startpaket zur Entlassung. Es sind nur noch wenige Wochen bis dahin. In dieser kurzen Zeit werden Sie beruflich kein Standbein auf den Boden bekommen, das Sie über Wasser hält, Khun Walter. Ich rate Ihnen: Machen Sie eine kleine Weltreise und stehen Sie kurz vor dem vierten Juli bei Ihrer Druckvorlage vor der Tür. Alles Weitere ergibt sich dann. Haben Sie sich eigentlich schon Gedanken über Ihre berufliche Zukunft gemacht? Sie sind jung, kräftig, gut aussehend, hochintelligent und strotzen vor Gesundheit.«

»Ihre Mühen in Ehren«, erwiderte ich, »aber ich bin mir noch nicht sicher, ob ich dieses Leben überhaupt führen will – ohne Vater, ohne Mutter, ohne Familie und mit stark reduzierten Gefühlen.«

»Betrachten Sie doch Ihre Druckvorlage als Vaterfigur!«

»Vater? Was hat er denn schon getan? Viel Geld bezahlt und in erster Linie an sich selbst gedacht! Ich weiß es doch. Besser als jeder andere. Ich habe ja, bis ich eingescannt wurde, genauso gedacht wie er und diese unsäglich überhebliche Idee selbst mitgetragen. Nun ist mein Geist ein gefühlsarmer Mix aus künstlicher Intelligenz und dem Erfahrungswissen eines fast 70-Jährigen und steuert den Körper eines Mannes in dessen besten Jahren. Ich weiß nicht, wer oder was ich wirklich bin.«

Am liebsten hätte ich meine eigene Druckvorlage in ihren Pool in München-Grünwald getaucht und zappeln lassen wie Mo, bis dieser Walter sich nicht mehr rührte. Oder ich hätte ihm den Hals umgedreht, um mindestens 180 Grad. Davon sagte ich dem Professor natürlich nichts, ich ließ mir aber diese Optionen innerlich offen. Das führte anscheinend dazu, dass Kaonoyoyo mir ein mörderisches Grinsen ins Gesicht zauberte. Der Professor wirkte leicht irritiert, fragte aber nicht weiter nach. Stattdessen wollte er wissen:

»Falls Sie, was ich sehr hoffe, Ihr Leben weiterführen, was würden Sie langfristig beruflich gerne machen?«

»Für Interpol arbeiten, als Super-Recognizer oder Undercover-Agent. Wer kann sich schon so viele Gesichter merken wie mein visueller Zwischenspeicher? Und wer bringt so gute Fremdsprachenkenntnisse mit, dass er die italienische Camorra, die Russen-Mafia, die chinesischen Triaden und die japanische Yakuza gleichermaßen gut versteht?«

Der Professor sah mich fast mitleidig an und sagte nach einer längeren Pause:

»Das Erfahrungswissen Ihrer Druckvorlage kann Ihnen zuweilen Vorteile gegenüber dem aufgespielten und ständig aktualisierten KI-Wissen bescheren. Manchmal ist es aber auch umgekehrt. Seit nahezu jeder Quadratmeter dieses Planeten mit Straßenkameras, Satelliten- und Drohnenaufnahmen überwacht wird und dreiundneunzig Prozent der Menschen auf dieser Erde mithilfe von Gesichtserkennungsprogrammen im Bruchteil einer Sekunde identifiziert werden können, braucht die Welt keine Super-Recognizer mehr. Und was glauben Sie, wie Ihre sprachlichen Fähigkeiten zustande kommen? Durch die zahlreichen Übersetzungsprogramme, die jeden Gedanken schon in jede Sprache der Welt übersetzen, bevor er zu Ende gedacht ist.«

Ich musste schlucken. Der Professor hatte recht. Die Welt hatte sich in den letzten Jahren gewaltig verändert, die Technik rasant zugelegt. In meiner Zurückgezogenheit seit Julias Tod hatte ich vieles nicht mitbekommen. Wahrscheinlich wäre es sogar an mir vorbeigegangen, wenn die Menschen inzwischen den Mars besiedelt hätten.

»Sind auf dem Mars schon Menschen gelandet?«, fragte ich.

»Es gab in den letzten Jahren drei erfolgreiche Missionen. Alle Marstronauten sind wohlbehalten zur Erde zurückgekehrt, starben allerdings innerhalb eines Jahres an den Folgen der hohen Strahlenbelastung. Derzeit ist ein chinesisches Team mit einem noch stärker abgeschirmten Raumschiff unterwegs. Wollen Sie etwa Marstronaut werden?«

»Eher nicht«, antwortete ich, »dann würde ich noch lieber als Bühnenschauspieler in meinem alten Beruf arbeiten wollen. Wissen Sie, ob *Othello* noch auf irgendeiner Bühne der Welt gespielt wird? Den Jago hätte ich nach wie vor voll drauf! Bitte nicht mit der gleichnamigen Verdi-Oper verwechseln.«

Der Professor schien zu googeln. Dann erklärte er:

»Es gibt zwar noch Bühnen, auf denen Ihr *Othello* gespielt wird, aber, soviel ich weiß, nur noch ohne Publikum. Die Aufführungen werden aufgezeichnet und zu den Abonnenten nach Hause gestreamt. Meine Frau hatte auch mal so ein Abo.«

»Eine Aufführung ohne Publikum? Die Zuschauer sind ja wohl das Lebenselixier des Theaterschauspielers!«, rief ich erzürnt. Und Zorn, das hatte ich heute gelernt, war etwas Gutes!

* * * * *

Professor Tan überreichte mir höchstpersönlich die Grundausstattung für mein neues Leben:

Der große, formschöne, selbstfahrende Reisekoffer aus Leichtaluminium war komplett von kratz- und stoßfest beschichteten Solarpanelen umhüllt. Sie speisten die Motoren des Koffers und dienten als Powerbank für Smartphone und andere technische Geräte. Der Inhalt des Koffers war pragmatisch ausgewählt: Socken, Unterwäsche, eine lange und zwei kurze Hosen, ein maßgeschneiderter, silbergrau schimmernder Anzug aus echter Thai-Seide, jeweils zwei T-Shirts, Badehosen und Handtücher, weiße Turnschuhe, schwarze Rindslederschuhe, braune Sandalen, ein Regenschirm, eine orangefarbene, schwimmfähige Stabtaschenlampe, ein rotes

Schweizer Multifunktionstaschenmesser von Victorinox mit dem in Weiß eingravierten Schriftzug *NewLife Consulting* sowie eine Schwimmweste.

»Eine Schwimmweste?«

Der Professor erwiderte meinen fragenden Blick:

»Sie könnte Ihr Leben retten! Auch der Koffer ist schwimmfähig!«

»Ein Außenbordmotor ist aber nicht eingebaut, oder?«

»Nein, so was gibt es bisher noch nicht. Aber die Lage ist wirklich ernst! Seit ein paar Jahren haben Taifune, Zyklone, Hurrikans, extreme Regenfälle und Tsunamis weltweit ein nie dagewesenes Ausmaß erreicht. Und sie lassen sich kaum mehr vorhersagen: Heute steht Amsterdam unter Wasser und morgen Hongkong. Jeden Tag sterben irgendwo auf der Welt hunderte, manchmal sogar tausende Menschen. Die Menschheit hat den Kampf gegen den Klimawandel verloren!«

»Ich kann mich nicht erinnern, dass meine Druckvorlage sich beziehungsweise ich selbst mir dessen bewusst war, als ich beschlossen habe, mich in diese Welt zu setzen.«

»Tja, München und Zürich gehören vielleicht zu den wenigen Orten, an denen die Welt noch einigermaßen in Ordnung aussieht, aber der Schein trügt gewaltig.«

Neben dem Koffer übergab Professor Tan mir ein Smartphone mit zahlreichen Apps, unter anderem einer Cyberwallet der Absa Bank Südafrika sowie den eingespeicherten Kontaktdaten von ihm selbst und meiner Druckvorlage. Dazu reichte er mir 50 000 Baht in bar – Thailand gehörte zu den rund zwei Dutzend Staaten dieser Erde, die noch Bargeld nutzten –, eine Debit Card der Absa Bank, eine VISA-Kreditkarte und meinen südafrikanischen Pass, auf den ich besonders gespannt war:

Walter Fabricius, geboren am 04.07.2025 in Kapstadt, Südafrika, Haarfarbe blond, Augen blau, Größe 185 cm. Meine biometrischen Daten waren auf einem Chip im Pass gespeichert. Der Pass sowie die Bankkarten trugen meine Unterschrift. Jetzt wusste ich, warum Dr. Nitaya vor vier Wochen mehrere Stunden meine Unterschrift mit mir geübt hatte. Ich blätterte ein wenig im Pass herum. Der Südafrikaner, der nun ich war, schien wenig reisefreudig gewesen zu sein. Es gab nur einen einzigen Stempel der thailändischen Behörden, der seine Einreise am 04.06.2060 anzeigte und ihm einen Aufenthalt bis maximal 03.07.2060 gestattete.

Last but not least bekam ich ein Round-the-World-Flugticket, das es mir erlaubte, mit einer Allianz aus über 20 Fluggesellschaften in beliebigen Segmenten First Class um die Welt zu jetten. Gültig bis: 04.07.2060

Inzwischen war es früher Nachmittag.

»Was wollen Sie jetzt machen?«, fragte der Professor und bot sogleich mehrere Optionen an:

»Ein paar Tage die schönen Seiten Bangkoks genießen? Sofort zum Flughafen und Ihre Weltreise starten? Oder darf ich Sie heute Abend zu einem Abschiedsessen einladen, noch eine Nacht in meiner Villa beherbergen und morgen irgendwo hinfahren? Sie sind jetzt ein freier Mann!«

»Geht das denn überhaupt? Einfach am Schalter einer Fluglinie spontan den nächsten Flug buchen?«

»Sofern Sie für das Land, in das Sie fliegen wollen, als Südafrikaner kein Visum benötigen – das können Sie übrigens schnell in Ihrem aktuellen Wissensspeicher abrufen – und auch noch ein Platz in der Maschine frei ist, geht das. Besser wäre natürlich, Sie buchen vorher.«

Ich überlegte einen Moment. Nochmal eine Nacht in der Villa des Professors? Nein! Das roch in meiner Erinnerung zu sehr nach Gefangenschaft. Das musste nicht sein. Ein paar Tage und Nächte die schillernde Metropole Bangkok unsicher machen? Alleine? Ohne Julia? Ohne meine Kinder? Ohne irgendjemanden, mit dem ich meine Erlebnisse teilen konnte? Musste auch nicht sein. Ein Abschiedsessen mit Professor Tan? Der Wissenschaftler hatte mir das Leben geschenkt und mich mehrfach gerettet. Mit der Zeit hatte ich einen Hauch von Sympathie für ihn entwickelt. Aber konnte ich ihm trauen? Was sollte ich mit ihm reden?

»Können Sie mich zum Flughafen fahren?«, fragte ich schlussendlich.

Der Professor nickte sichtlich enttäuscht, ließ von Atit sein 100 Jahre altes, grünes Mercedes 220 SE Cabriolet vorfahren und mit meinem Koffer beladen. Dann lenkte er den Oldtimer über den Sirat Expressway in Richtung des Flughafens Bangkok-Suvarnabhumi. Wir schwiegen. Bis kurz vor der Abzweigung zum Flughafen.

»Wollen Sie mir nicht verraten, wohin Ihre Reise gehen soll?«

»Nein«, antwortete ich trocken.

»Darf ich Sie noch zum Schalter begleiten und Ihnen bei der Auswahl Ihres ersten Reiseziels oder bei der Buchung behilflich sein?«, fragte der Professor mit einer Neugierde, die mein Erinnerungswissen bisher nur von Frauen kannte.

»Nein«, antworte ich erneut. Es war mir ein klein wenig unangenehm, denn eigentlich wollte ich nicht unhöflich sein, hatte aber auch keine Lust, dem Professor meine Pläne zu offerieren oder sie gar mit ihm zu diskutieren.

Nachdem wir die Kurzparkzone vor dem Abflugterminal erreicht hatten und mein Koffer ausgeladen war, umarmte mich der Professor zu meiner Überraschung wie einen Sohn, den er nie wiedersehen würde.

Ich konnte die Umarmung nicht erwidern, schaute dem grünen Cabriolet noch so lange nach, bis es vollständig aus meinem Blickfeld verschwunden war und ließ noch ein paar Minuten vergehen. Dann winkte ich mir ein Taxi heran.

Killer-Monsun

Dienstag, 8. Juni 2060, 14:30 Uhr
Flughafen Bangkok-Suvarnabhumi

»Pattaya?«, fragte ich den Taxifahrer.

»Achttausend Baht«, sagte der Mann mit den dunkelgelben Zähnen und den schwarzen Fingernägeln und lud meinen Koffer ein. Ich bat ihn, über die Landstraße am Meer entlang zu fahren und war gespannt, ob ich die denkwürdige Tankstelle wiedererkennen würde, wo mich vor zehn Wochen ein riesiges Polizeiaufgebot in Gewahrsam genommen hatte. – Ich erkannte sie wieder. Anhalten mussten wir deshalb nicht.

Kurz nachdem wir die Stadt Chon Buri hinter uns gelassen hatten, entdeckte ich ein gutes Stück landeinwärts ein riesiges weißes Kreuzfahrtschiff mit einem Auge auf der Steuerbordseite und einem lächelnden Mund am Bug. Der Ozeanriese, der zur AIDA-Flotte gehören musste, befand sich in heftiger Schräglage Richtung Backbord.

»Was ist das denn?«, fragte ich den Taxifahrer.

»AIDA-Denkmal!«

»Ein AIDA-Denkmal, mitten auf dem Land?«

»Das Kreuzfahrtschiff ist beim letzten großen Tsunami, bei dem tausende Menschen ums Leben kamen, zwölf Kilometer ins Landesinnere geschleudert worden. Wie durch ein Wunder haben alle Passagiere überlebt«, erklärte mir der Taxifahrer. Seine Aussprache war feucht und schwer verständlich, zumal zwischen den dunkelgelben Zähnen große Lücken klafften.

Ich fragte mich unweigerlich, ob die Lücken in meinem aufgespielten Erinnerungswissen so groß waren wie die zwischen den Zähnen des Taxifahrers oder ob es nur an der Lethargie lag, die mich seit Julias Tod fest im Griff gehabt hatte, dass ich derart weltbewegende Ereignisse, die sicher auch wochenlang in den globalen Nachrichten thematisiert wurden, überhaupt nicht mitbekommen hatte. Ich musste mit jemandem reden, am besten mit jemandem, der nicht an meinem Herstellungsprozess beteiligt gewesen war. Es gab nur einen einzigen Menschen, den ich seit meinem neuen Erdendasein kennengelernt hatte und der gut zu mir gewesen war: Dodo!

Die Sprachschule an der Thappraya Road war schnell gegoogelt und gefunden. Ein fünfstöckiger Betonklotz, dessen Erdgeschoss zu einer Parkgarage umfunktioniert worden war. Ich schleppte meinen selbstfahrenden, solarzellenummantelten Designerkoffer, der leider noch nicht eigenständig Treppen steigen konnte, in den ersten Stock und fragte die Dame am Empfang höflich nach Khun Dodo.

»*Ajarn* Dodo ist in einer Besprechung und wir schließen in einer Stunde. Könnten Sie morgen wiederkommen?«, fragte die Empfangsdame freundlich und erklärte dann, dass die Mitarbeiter ihren Schuldirektor mit »Meister« ansprechen.

»Nein, das geht nicht. Ich müsste ihn schon heute und möglichst bald sprechen. Darf ich warten?«, fragte ich zurück.

»Gerne«, meinte die adrette Dame mit einem Lächeln, bot mir Kaffee, kaltes Trinkwasser und einen Thai-Sprachkurs an. Ich nahm das Wasser, lehnte die übrigen Angebote ebenso freundlich in fließendem Thai ab und wartete.

Nach einer gefühlten Ewigkeit kam ein großer, massiger Zwei-Zentner-Mann, gekleidet in eine sportliche weiße Baumwollhose und ein marineblaues Poloshirt mit gelbem Schullogo auf der linken Brustseite, in den Empfangsbereich und nickte mir höflich zu:

»Was kann ich für Sie tun?«

Ich konnte ihm nicht verübeln, dass er mich nicht gleich erkannte. Ich hätte ihn ja selbst fast nicht wiedererkannt, diesen Typen, den ich zuletzt im Harley-T-Shirt, mit Topfhelm und cooler Ray-Ban-Sonnenbrille gesehen hatte.

»Ich bin es, Walter! Erinnerst du dich? Du hast mich vor ein paar Wochen mal auf deiner Harley mitgenommen und mir angeboten, eine Weile bei dir zu wohnen!«

Dodo ließ sich auf den Ledersessel mir gegenüber plumpsen, schlug sich mit der rechten Hand gegen die schweißperlenbesetzte Stirn und stöhnte ungläubig auf:

»Du bist doch nicht etwa der Kerl in dem Exoskelett, von dem tagelang alle Nachrichtensender das Video gezeigt haben, wie er einen Restaurantbesitzer fast ertränkt hatte?«

»Doch, der bin ich! Aber es war Notwehr. Darum wurde ich schnell wieder entlassen. Und das Exoskelett brauche ich auch nicht mehr.«

»Und was willst du jetzt hier?«, fragte Dodo.

»Bei dir wohnen und mit dir reden«, sagte ich.

»Hör mal, Walter, das ist jetzt gerade etwas ungünstig. Wir schließen gleich. Wenn du willst, zeige ich dir noch schnell meine Sprachschule und fahre dich danach in ein Hotel. Dann gehen wir die nächsten Tage mal zusammen abendessen und reden.«

»Ich will in kein Hotel. Da kennt mich doch niemand«, insistierte ich.

»Natürlich kennt dich niemand in einem Hotel, in dem du vorher noch nie warst. Woher sollte man dich auch kennen?«

»Eben!«, rief ich.

»Sag mal, was bist du denn für ein komischer Vogel?«, fragte Dodo.

»Erst tauchst du einen Restaurantbesitzer in sein Aquarium, bis er fast stirbt, dann rennst du in einem Roboteranzug halbnackt durch Bangkok, lässt dich von mir auf meiner Harley mitnehmen, erscheinst hier plötzlich acht oder zehn Wochen später, oder wie lange das jetzt her ist, unangemeldet auf der Bildfläche, willst bei mir wohnen und nicht ins Hotel einchecken, weil man dich dort nicht kennt? Geht's noch?«

Das also verstand Dodo unter Freundschaft, Gastfreundschaft und einem Versprechen. Ich hatte darunter etwas anderes abgespeichert. Nach einer Weile sagte ich:

»Du bist doch mein Freund, Dodo.«

»Freund? Man wird nicht mein Freund, indem man zwanzig Minuten auf meinem Sozius sitzt. Freundschaft muss wachsen. Wir kennen uns doch kaum!«

»Das kann sich ändern. Du bist jedenfalls der Einzige, der in diesem Leben gut zu mir war und dem ich vertraue. Ich möchte dir meine Geschichte erzählen und brauche deinen Rat.«

»Ich bin kein Psychiater und auch kein Pfarrer«, seufzte Dodo schließlich, »aber du hast Glück. Komische Typen wie du gefallen mir und ihre Geschichten interessieren mich. Meine Villa ist gerade voller Mädels, aber wenn du willst, kannst du im Gartenhäuschen schlafen.«

»Das wäre super!«, sagte ich und Kaonoyoyo zauberte ein Strahlen in mein Gesicht.

»Hast du Geld?«, fragte Dodo.

»Ja.«

»Dann geb ich dir das Gartenhäuschen für zwanzig Cryptasia pro Tag, okay? Das ist ein guter Preis. Ich bin Geschäftsmann und habe nichts zu verschenken, auch nicht unter Freunden.«

»Kein Problem.«

Dodo zeigte mir seine Schule, die Klassenzimmer, alle mit großen Flachbildschirmen und Videokameras ausgestattet, das Sprachlabor, sein pompös eingerichtetes Büro, das Lehrerzimmer mit Duschen und Spinden im fünften Stock.

»Hier unterrichten wir Thai, Deutsch, Englisch, Russisch und Chinesisch in allen Kombinationen«, erklärte mir Dodo stolz und stellte mir einige seiner Lehrkräfte und Verwaltungsangestellten vor.

»Wer braucht denn heute noch Sprachkurse«, wollte ich wissen, »wo doch perfekte Übersetzungsprogramme jeden Gedanken übersetzen können, noch bevor er ausgesprochen ist?«

»Von wegen«, lachte Dodo, »man kann den Menschen doch nicht einfach einen Chip einpflanzen und schon können sie fließend eine Sprache sprechen und vielleicht auch noch die Schriftzeichen dazu lesen!«

Kann man wohl, dachte ich. Aber wahrscheinlich war ich da eine Ausnahme.

»Außerdem«, fuhr Dodo fort, »erfährt man über das Erlernen einer Sprache auch viel über die Kultur und Mentalität der Menschen, bekommt schneller Zugang zu ihnen, verschafft sich Respekt. Und es hält den Geist jung und fit!«

Ich nickte zustimmend und fragte, als wir das Gebäude verließen:

»Warum stehen da im Erdgeschoss eigentlich nur die

beiden Autos? Es wäre doch viel praktischer, wenn der Empfang dort wäre und nicht im ersten Stock.«

»Wir hatten den Empfang zehn Jahre lang im Erdgeschoss. Dann wurde drei Jahre in Folge das komplette Erdgeschoss überflutet. Du kannst dir nicht vorstellen, wie es hier aussieht, wenn der große Regen kommt. Da ist von einem Tag auf den anderen Land unter! Sofern Strom da ist und das Internet geht, machen wir Online-Unterricht. Einzeln und in Gruppen. Sobald es wieder möglich ist, halbwegs sicher das Haus zu verlassen, kommen unsere Lehrer und Schüler mit Booten zum Präsenzunterricht. Dann steigen sie im ersten Stock durch das Fenster ein und aus. Einmal kam das Wasser sogar schon bis in den zweiten Stock!«

* * * * *

Dodos Villa übertraf meine Erwartungen. Sie lag nur einen Kilometer von seiner Sprachschule entfernt, etwa in halber Höhe auf dem Berg Phra Tamnak, dessen Spitze ein weithin sichtbarer goldener Buddha zierte. Gen Norden hatte man einen wunderbaren Blick auf den Strand von Pattaya, gen Süden erstreckte sich der Jomtien Beach und im Westen lagen das offene Meer und die kleine Insel Ko Lan, hinter der sich der rote Sonnenball gerade anschickte, den Tag zur Neige zu bringen. Stolz zeigte mir Dodo sein stilvoll eingerichtetes Haus mit Bar und Billardtisch im Erdgeschoss, riesigem Pool, dem Gartenhaus, in dem ich wohnen durfte, fünf Harleys, einem Fuhrpark mit fünf Autos verschiedener Klassen, fünf Motorbooten in unterschiedlichen Größen auf Anhängern, fünf Hunden und last but not least fünf Frauen, alle Mitte zwanzig, die sich gerade im Pool vergnügten und die er mir galant einzeln vorstellte. Ganz besonders Jann, seine Hauptfreundin, die er nach eigenem Bekunden von ganzem Herzen heiß und innig liebte und die, so behauptete Dodo, mit den anderen vier Frauen gut befreundet sei und überhaupt kein Problem damit habe, ihn gelegentlich teilen zu müssen. Dann gab es da noch eine sechste, etwas ältere, aber ebenfalls bildhübsche Frau: Siripat, Dodos Haushälterin und nach seinen Ausführungen zugleich auch Chauffeurin, Klempnerin, Schlosserin, Schreinerin, Elektrikerin und seine unentbehrliche Perle.

»Und weißt du, auf was ich wirklich stolz bin?«, fragte mich Dodo.

Gespannt schüttelte ich den Kopf.

»Das hier ist alles selbst erarbeitet! Das Haus, der Pool, jedes Auto, jede Harley, jedes Boot, einfach alles! Nichts ergaunert, nichts gestohlen, nichts geerbt, nichts im Lotto gewonnen. Alles selbst erarbeitet!«

Das war, man konnte über Dodo denken was man wollte, wirklich beachtlich – sofern es stimmte.

Mein vollgepackter, selbstfahrender Designerkoffer hatte etwas Fortbewegungsschwierigkeiten auf dem holprigen Rasen zwischen Parkplatz und Gartenhäuschen, sodass ich ihn kurzerhand selbst in meine mittelfristige Bleibe zog.

Schnell ging die Sonne unter und riesige Scheinwerfer fluteten Haus, Pool und Rasen in gleißend helles Tageslicht. Das ganze Haus, so erklärte mir Dodo, sei energetisch völlig autark. Die Solarzellen auf dem Dach und der Stromspeicher in der Küche erlaubten ihm, Klimaanlage, Flutlichtscheinwerfer und andere Stromfresser uneingeschränkt und unabhängig von Fremdanbietern zu nutzen und sogar das eine oder andere seiner Elektrofahrzeuge aufzuladen, auch wenn mal längere Zeit die Sonne nicht schien.

Siripat hatte ein Büfett mit Frühlingsrollen, Glücksrollen sowie Som Tam, einem leckeren thailändischen Papayasalat, angerichtet und bereitete am Holzkohlengrill Saté-Spießchen mit verschiedenen Fleischsorten zu. Dazu gab es diverse Dips, von extrem scharfer roter Currypaste bis zu milder Erdnusssoße.

Es war heiß gewesen an diesem Tag und selbst jetzt noch, nach Sonnenuntergang, blendete mir mein inneres Auge am linken oberen Rand meines Sehfelds eine Außentemperatur von 31,3 Grad Celsius ein, als ich mich fragte, wie warm es wohl war. Erst in diesem Moment fiel mir auf, dass ich noch keinen einzigen Schweißtropfen vergossen hatte und mich, im Gegensatz zu meinem früheren Leben, immer wohltemperiert fühlte. Offensichtlich hatte die thermoaktive Haut aus dem 3D-Drucker mit all ihren Sensoren meine Körpertemperatur bisher optimal geregelt.

Ich wippte schon eine ganze Weile, nur mit Badehose bekleidet, nachdenklich in dem Schaukelstuhl vor dem Gartenhäuschen hin und her und beobachtete das fröhliche Treiben im Pool. Da winkte mir Dodo zu:

»Walter, komm ins Wasser! Jetzt möchte ich deine Geschichte hören!« Und zu Siripat gewandt fügte er hinzu:

»Siri, machst du uns bitte zwei Thai Colada?«

Ich stieg vorsichtig über die breite, blau geflieste Treppe in den Pool.

»Thai Colada?«

»Lass dich überraschen! Nun leg mal los, ich bin ganz Ohr«, sagte Dodo mit einem erwartungsvoll freudigen

Gesichtsausdruck, so, als hätte man einem Kind die schönste Weihnachtsgeschichte versprochen, die es je zu hören bekommen würde. Und er war tatsächlich ›ganz Ohr‹ – eine fast ausgestorbene Eigenschaft.

Ich begann mit meinem alten Leben als Schauspieler, erzählte von Julia, meinen Kindern, meiner Idee mit dem Zyankali.

Irgendwann zwischendrin brachte Siripat die Thai Coladas. Dodo bat sie, ein paar Fotos von uns beiden zu machen, Arm in Arm und uns mit den Cocktails zuprostend. Schnell widmete er mir dann aber wieder seine volle Aufmerksamkeit und meinte:

»So alt, wie du erzählst, bist du doch noch gar nicht!«

»Abwarten, das Beste kommt noch«, sagte ich und schlürfte etwas von dem Longdrink. Schmeckte interessant, nach Thai-Basilikum, weißem Rum, frischer Ananas und Kokosmilch, aufgemixt mit Eiswürfeln.

Ich fuhr fort, ließ aber ein paar unwichtige Details aus, etwa das Erlebnis mit den zwei falschen Polizisten in Urs' Gartenlaube, den Austausch meiner infizierten Niere und die Einstellung meiner Stimmbänder.

Als ich mit meinen Ausführungen fertig war, schüttelte Dodo ungläubig den Kopf:

»Wenn ich dich nicht mit dem Exoskelett gesehen hätte, würde ich dir kein einziges Wort glauben! Aber ich habe dich so gesehen und deshalb will ich jedenfalls versuchen dir zu glauben. Lass uns doch mal auf Thai weiterreden.«

Also sprachen wir eine Weile auf Thai, bis wir uns sicher waren, dass jeder von uns diese nicht ganz einfache Sprache fließend beherrschte.

»Und du behauptest allen Ernstes, dass du nie eine Stunde Thai gelernt hast, sondern dir deine gesamten

Sprachkenntnisse einfach nur auf dein Gehirn aufgespielt wurden?«

»Ja. Und übrigens nicht nur Thai, auch Englisch, Französisch, Spanisch, Portugiesisch, Russisch, Chinesisch, Japanisch, Hindi und noch zehn weitere Sprachen. Stell mich auf die Probe!«

»Ich spreche nur Deutsch, Englisch, Französisch und Thai. Und dass du Englisch und Französisch sprichst, glaube ich dir auch so. Aber kannst du mir mal das Kennzeichen von meinem silbergrauen Toyota RAV-X dort drüben auf dem Parkplatz vorlesen?«

Der Parkplatz war hell erleuchtet, der Wagen stand etwa 60 Meter entfernt. Wahrscheinlich hätte ich das Kennzeichen auch im Dunkeln erkannt:

»Do dek – do chada – 7054«

»Sehr erstaunlich. Aber vielleicht hast du es dir ja beim Einsteigen gemerkt«, zweifelte Dodo immer noch und wollte wissen:

»Wie viel hast du eigentlich für deine Extrapotenz und Multiorgasmusfähigkeit bezahlt?«

»Hunderttausend Crypteuro.«

»Wenn das alles stimmt, was du da erzählt hast, dann bist du ein echter Cyborg – der erste, der mir je über den Weg gelaufen ist. Soll ich meine Damen mal fragen, ob sie Lust auf cyborgiastischen Sex haben? Dann könnten wir hier gleich eine richtig wilde Poolparty abgehen lassen, die noch Hugh Hefners Orgien in seiner Mansion in LA vor hundert Jahren in den Schatten stellt.«

»Du erinnerst dich noch an einen Mann, der vor hundert Jahren Partys gefeiert hat?«

»Hugh Hefner ist der Gründer des *Playboy*-Magazins, das ist nicht einfach irgendein Mann. Er ist eine Legende! Er wird für immer unvergesslich bleiben!«

»Nein, bitte lassen wir das mit der Sexparty«, bat ich Dodo.

»Ich weiß nicht, was mich bei dieser Extrabestellung geritten hat. Es war einfach der Frust darüber, dass ich nach Julias Tod nie wieder Lust auf Sex hatte, obwohl mir das jahrzehntelang so wichtig gewesen war. Wahrscheinlich habe ich dabei Sex-Unlust mit Sex-Unfähigkeit verwechselt.«

»Schade«, meinte Dodo sichtlich enttäuscht. Er hätte wohl zu gerne einem Cyborg – der Ausdruck passte übrigens recht gut auf mich, obwohl ihn weder Dr. Martini noch Professor Tan je in den Mund genommen hatte – mal beim Sex zugeschaut.

»Mein Problem liegt viel tiefer«, seufzte ich.

»Noch tiefer?«, fragte Dodo und ließ seinen Blick zu meinen Füßen hinunterwandern.

»Es sind meine Gefühle! Ich will wissen, wie viele davon echt und wie viele nur künstlich erzeugt sind und wie ich sie vielleicht verstärken und weiterentwickeln kann.«

»Schwierig, schwierig«, kommentierte Dodo und trank seine Thai Colada aus. Er reichte Siripat das leere Glas, stützte, mit dem Rücken an die Wand des Pools gelehnt, die Ellenbogen auf den Beckenrand, warf den Kopf in den Nacken, schloss die Augen und dachte sichtbar nach.

»Ich werde dir helfen«, sagte er dann.

»Und ich habe auch schon ein paar Ideen. Aber ich bin Geschäftsmann und muss auch was davon haben. Das verstehst du doch, oder?«

Ich nickte gezwungenermaßen. Was hätte es mir gebracht, wenn ich jetzt den Kopf geschüttelt hätte?

»Du kannst die nächsten Tage kostenlos bei mir wohnen und ich verschaffe dir die Möglichkeit zwei ganz starke Gefühle hautnah zu erleben.«

»Wie stellst du dir das vor?«, fragte ich.

»Liebe und Angst. Das sind die beiden Gefühle, die du nach meinem Plan sehr intensiv erfahren wirst. Ich würde dir gerne Puangpet vorstellen. Sie ist Janns Schwester und lebt im Nordosten Thailands, im Isaan. Puangpet ist die empathischste Person, die ich je kennengelernt habe. Sie ist nicht ganz so hübsch wie Jann und spricht nur Thai, was für dich ja kein Problem ist. Wenn dir jemand zeigen kann, was Liebe und Zärtlichkeit bedeuten, dann ist das Puangpet! Außerdem kannst du erfahren, wie du mit Angst umgehst. Zehn Kilometer südlich von hier gibt es einen Tiger-Park. Ich würde organisieren, dass du da mal ein paar Minuten im Gehege mit einem ausgewachsenen Tiger verbringen darfst.«

»Und was muss ich dafür tun?«, fragte ich und erinnerte mich unweigerlich an Mo, der mich zu seinem Arbeitsroboter hatte abrichten wollen.

»Ich möchte dich nur darum bitten, dass ich behaupten darf, du hättest Thai in meiner Sprachschule gelernt.«

»Das ist alles?«

»Ja. Fast jedenfalls«, druckste Dodo herum und schob dann noch nach:

»Ich würde gerne im *FARANG*, einer der größten deutschsprachigen Zeitschriften in Thailand, einen Artikel über dich schreiben – Überschrift: *Der Mann, der aus dem 3D-Drucker kam* – und deine sensationelle Geschichte erzählen. Nur das mit dem aufgespielten Sprachwissen müssen wir weglassen. Wenn bekannt wird, dass so was geht, wäre das womöglich der Ruin für zehntausende Sprachschulen rund um den Globus. Da schreiben wir besser, dass du einfach so hochintelligent bist und in kurzer Zeit schon vier Sprachen gelernt hast und jetzt in meiner Sprachschule auch noch Thai lernst. Das wird der Hammer, glaub mir! Du wirst berühmt und ich habe eine tolle PR!«

»Ich will gar nicht berühmt werden. Zumindest nicht als *Der Mann, der aus dem 3D-Drucker kam!* Ich wollte dir das eigentlich vertraulich erzählen.«

»Vertraulich, vertraulich«, schnaubte Dodo.

»Man kann mir schon was vertraulich erzählen, aber dann hättest du das vorher sagen sollen, bevor du mir etwas vertraulich erzählst!«

»Aber es ist doch noch nichts passiert. Du hast ja noch nichts geschrieben«, wandte ich ein.

»Noch nichts eingetippt. Aber in meinem Kopf ist alles fertig, der Artikel, die Sensation, die tolle PR für meine Schule. Das kannst du mir jetzt nicht einfach alles wieder nehmen! Getippt ist das in fünf Minuten und ein tolles Aufmacherfoto von uns beiden im Pool haben wir auch schon.«

* * * * *

Puangpet Gerdbaanmai hatte sich nach dem Anruf ihrer Schwester am nächsten Morgen in Khon Kaen in den Bus gesetzt und die elfeinhalbstündige Reise nach Pattaya angetreten. Siripat holte Puangpet von der Busstation ab und Jann stellte sie mir kurz darauf vor:

»Woltö, das ist Puangpet, meine Schwester. Puangpet, das ist Woltö!«

Puangpet legte ihre Handflächen aneinander und verbeugte sich graziös. Ich wusste, dass Farangs – weiße Ausländer aus dem Westen – sehr viel falsch machen konnten, wenn sie den Wai, das traditionelle thailändische Grußritual, erwiderten. Da ging es um minimale Nuancen wie die Höhe und Ausrichtung der Daumen zum Körper, die Tiefe der Verbeugung und das Hierarchie- und Altersverhältnis der beiden Grüßenden zueinander. Deshalb nickte ich sicherheitshalber einfach nur freundlich. Puangpet war, ebenso wie ihre um ein Jahr jüngere Schwester Jann, größer als die meisten Thailänderinnen. Sie war etwas fester, aber nach westlichen Normen immer noch schlank, hatte sanfte Gesichtszüge, große, dunkle Augen und ähnelte ihrer Schwester sehr. Im Gegensatz zu Jann trug Puangpet jedoch ein kleines Muttermal rechts über der Oberlippe. Und noch etwas unterschied die beiden, soweit ich der Analyse von Kaonoyoyo glauben durfte: In Puangpets Lächeln lag ein Hauch von Melancholie.

Die Frau, die offenbar einen so langen Weg auf sich genommen hatte, um mich die Liebe zu lehren, trug ein seidig schimmerndes, safrangelbes Kleid, das ihr bis kurz über die Knie reichte.

Pünktlich zum Sonnenuntergang, den wir alle gemeinsam am Pool genossen, kam Dodo aus der Sprachschule nach Hause. Puangpet schmiegte sich wortlos an mich, bis der rote Feuerball hinter dem Horizont verschwunden war.

Siripat hatte für alle, also für Dodo, seine Hauptfrau, deren Schwester, mich und natürlich auch die vier Nebenfrauen, gegrillten Tilapia-Fisch, verschiedene Salate, Soßen und Kräuter zubereitet. Es hätte mich nicht gewundert, wenn dieses Multitalent den heimischen Fisch auch noch selbst geangelt hätte.

Puangpet war sehr schüchtern und ich im Flirten völlig ungeübt. Dennoch kam bei ein paar Longdrinks etwas Small Talk in Gang und ich erfuhr, dass sie in ihrer Heimatstadt Khon Kaen als Schneiderin arbeitete, ein Handwerk, das sie von ihrer Mutter gelernt hatte. Schon bald zogen wir uns in mein Gartenhäuschen zurück. Mit einem Mal schien Puangpet ihre Schüchternheit abzulegen. Ich nahm wahr, wie sie ganz sanft meine Arme und dann meinen Oberkörper streichelte. Aber ich fühlte nichts. Gar nichts! Wahrscheinlich war es ein Fehler gewesen, dass ich Dr. Nitaya bei der Kalibrierung meiner Nozizeptoren darum gebeten hatte, erst mittelstarke Schmerzen und Berührungen zu spüren.

Am nächsten Morgen war Puangpet weg. Ich setzte mich gut gelaunt zu den anderen an den Frühstückstisch und fragte, ob jemand sie gesehen habe. Alle verneinten und wir begannen nach ihr zu suchen, im Haus, im Garten, auf dem Parkplatz, zwischen den Bootsanhängern, auf den Toiletten. Puangpet war verschwunden. Jann versuchte verzweifelt, ihre Schwester auf dem Smartphone zu erreichen. Aber Puangpet nahm nicht ab.

»Was hast du mit ihr gemacht?«, fragte mich Dodo besorgt.

»Gar nichts«, beteuerte ich.

»Hattet ihr Sex?«

»Ja, aber das durfte ich doch auch.«

»Hast du irgendetwas Perverses von ihr verlangt, was sie nicht wollte? Hattet ihr Streit?«

»Nein, überhaupt nicht. Alles war wunderbar!«

»Es geht mich eigentlich nichts an, aber bei deiner Vorgeschichte würde ich es doch gerne genauer wissen: Wie oft hattet ihr Sex? Irgendwelche außergewöhnlichen Stellungen? Wann hast du Puangpet zuletzt gesehen?«

»Ich habe aus meinem Wissensspeicher einfach nur das Kamasutra abgerufen und dann sämtliche Stellungen mit Puangpet durchgeturnt, von A wie Affenschaukel bis Z wie Zimtziegenstellung. Wir hatten eigentlich durchgehend Sex, bis etwa fünf Uhr morgens. Da habe ich sie auch zuletzt gesehen. Ich bin eingeschlafen und als ich wieder aufgewacht bin, war sie nicht mehr da.«

Endlich erreichte Jann ihre Schwester am Smartphone. Unter den neugierig gespitzten Ohren aller Anwesenden gab sie während des Gesprächs abwechselnd Laute der Verzückung und des Entsetzens von sich und berichtete, nachdem das Telefonat beendet war:

»Puangpet sitzt im Bus zurück nach Khon Kaen und bittet euch alle, auch dich, Woltö, um Entschuldigung, dass sie sich nicht verabschieden konnte.«

Den Blick in Richtung der Frauen gerichtet, erzählte sie weiter: »Puangpet hat gesagt, Woltö sei eine unglaubliche Sexmaschine. Er hatte zweiunddreißig echte Orgasmen und hat jeden laut mitgezählt. Ihre eigenen konnte sie nicht mehr zählen. Es war schön, meinte sie, so schön, wie Orgasmen eben sind, aber jetzt schmerzt ihr ganzer Körper und sie möchte so etwas nicht nochmal erleben.«

Alle schwiegen. Dann fragte Dodo ungläubig in die Stille hinein:

»Zweiunddreißig Orgasmen? Du, als Mann? Stimmt das?«

»Ja«, antwortete ich einsilbig und zuckte mit den Schultern.

»Das kannst du doch nicht bringen, Walter! So machst du jede Frau kaputt. Habt ihr euch vorher geküsst, geschmust, euch gestreichelt? Hast du Liebe gespürt? Zuneigung? Zärtlichkeit? Begehren?«

»Leider habe ich meine Nozizeptoren zu niederschwellig kalibrieren lassen. Da fühle ich keine sanften Berührungen. Liebesgefühle kamen auch keine bei mir auf.

Aber Danke für den Versuch, Dodo. War trotzdem ganz schön.«

»Nozizeptoren? Zweiunddreißig Orgasmen? Ganz schön? – Ich fasse es nicht!«

* * * * *

Der Tiger-Park von Pattaya hatte lange als Touristenattraktion gegolten und wer dafür bezahlte, hatte mit einem Wärter mal durch das Innere der Gehege spazieren dürfen. Das war jedoch seit zwei Jahren nicht mehr möglich, erzählte mir Dodo. Damals war ein Tourist von einem Tiger angefallen und in Stücke gerissen worden. Das Betreten der Gehege wurde daraufhin verboten, der Tiger eingeschläfert. Denn wenn ein Tiger einmal einen Menschen angefallen hatte, wurde er zu einem sogenannten ›Man-Eater‹ und würde es immer wieder tun.

Dodo kannte einen Tierpfleger im Park, der gegen gutes Geld auch nach dem Vorfall noch Besucher für ein paar Minuten ins Gehege ließ und der Meinung war, das sei relativ ungefährlich. Der Man-Eater sei ja getötet worden.

»Glaub mir, Walter, wenn du es fünf Minuten mit einem Tiger in dessen Gehege aushältst, dann weißt du, wie sich Angst anfühlt! Der Tiger ist die gefährlichste Raubkatze der Welt«, schwor Dodo mich ein.

Mein Wissensspeicher berichtete, dass ein Tiger einen Menschen nur dann angreifen würde, wenn er krank oder extrem ausgehungert sei oder gereizt würde.

»Ich will den Tiger mit rohem Fleisch füttern und mindestens eine halbe Stunde im Gehege bleiben«, informierte ich Dodo.

»Bist du denn wahnsinnig?! Rohes Fleisch macht Raubkatzen erst richtig wild. Dann frisst der Tiger erst das Fleisch zur Vorspeise und dann dich als Hauptgang. Das wird Saeng nicht zulassen.«

»Frag ihn doch einfach.«

Dodo zückte sein Smartphone, suchte die richtige Nummer in seinen Kontakten und stellte auf Lautsprecher.

Saeng meinte, alles sei möglich und nur eine Frage des Geldes. Die Tiere müssten ohnehin gefüttert werden und ihr Unterhalt koste mehr als der Park einbringen würde, seit die Besucher die Tiere offiziell nur hinter einem Zaun betrachten dürften. Es gebe derzeit lediglich ein großes Gehege, in dem zwei ausgewachsene Indochina-Tiger lebten. Man müsse also schon beide Tiere im Auge behalten.

Dodo schüttelte den Kopf.

»Frag, was es kostet!«, drängte ich ihn.

Saeng nannte den völlig überhöhten Preis von 20 000 Baht für zweimal zehn Kilogramm Frischfleisch, 80 000 Baht für seine Verhaltenstipps und den Einlass sowie weitere 80 000 Baht für einen befreundeten Tierarzt, der die Tiger während meines Aufenthalts immer im Visier seines Betäubungsgewehrs haben würde.

»Sag ihm zu. Ich will es wissen! Ich zahle das«, raunte ich Dodo zu.

»Nur den Tierarzt lassen wir weg«.

Am nächsten Tag erwartete Saeng uns um 8 Uhr morgens am Parkeingang. Zu dieser Zeit waren meist sehr wenige, manchmal gar keine Besucher im Tiger-Park. Das mochte auch daran gelegen haben, dass die Touristenattraktion bis vor zwei Wochen eine Stunde später geöffnet hatte und sich die neuen Öffnungszeiten noch nicht herumgesprochen hatten. Saeng führte uns zunächst in einen Stall mit einem guten Dutzend Minihängebauchschweinen. Er griff eines heraus, das wie am Spieß quiekte, tötete es, indem er ihm mit der Rückseite eines Beils einen kräftigen Hieb auf den Kopf versetzte, und teilte es anschließend mit der geschärften Seite in zwei Hälften.

»Das ist ja ekelhaft! Mir wird schlecht«, rief Dodo und lief würgend aus dem Stall hinaus.

»Ekelhaft?«, wiederholte ich und überlegte, ob ich diese Gefühlsregung in einem solchen Zusammenhang schon kannte oder ob hier vielleicht mein KI-Programm etwas dazulernen könnte.

»Wirf die Schweinehälften in verschiedene Richtungen und möglichst weit weg von dir«, instruierte mich Saeng, »und nähere dich den Tigern möglichst von der Seite, nie von vorne. Wenn sie gefressen haben, kannst du sie auch tätscheln oder dich auf sie legen. Sie werden dich einfach ignorieren. Nur sanft streicheln solltest du sie nicht. Das könnten sie als lästiges Kitzeln empfinden. Und auch nicht direkt in die Augen schauen und nicht ins Gesicht fassen. Wenn du dich daran hältst, wird dir nichts passieren!«

Ich betrat das Gehege. Die beiden Tiger trabten genauso flott auf mich zu, wie zu meiner Kindheitszeit Kater Felix, wenn es Fressi gab. Wie ein Kugelstoßer drehte ich mich einmal schnell um meine eigene Achse um den Schweinehälften Schwung zu verleihen und ließ dann der Fliehkraft freien Lauf, denn ich vermutete, dass die Fleischteile auf diese Art möglichst weit weg von mir in verschiedene Richtungen fliegen würden. Das klappte allerdings nicht so ganz, wie gedacht. Die eine Schweinehälfte knallte keine zwei Meter von mir entfernt an einen Baum, die andere platschte in ein riesiges Schwimmbecken, etwa doppelt so groß wie Dodos Pool.

Leider lief keiner der Tiger zu der Minihängebauchschweinehälfte im Wasser, sondern beide rissen erst mal die Hälfte unter dem Baum entzwei. Ich überlegte, ob Tiger überhaupt gewässertes Fleisch essen wollten und ob sie von der einen Hälfte auch satt genug würden. Langsam ging ich ein paar Schritte rückwärts, immer die Tiger bei ihrem Frühstück beobachtend, zu dem wenige Meter entfernten Pool, fischte die zweite Minihängebauchschweinehälfte, die glücklicherweise am Rand des Beckens trieb, heraus und warf sie in die Nähe der Raubkatzen, damit sie einfach damit weitermachen konnten, sofern sie noch hungrig waren.

Mein Plan funktionierte. Die beiden machten sich über die zweite Hälfte her, als von der ersten nichts mehr übrig war.

Nach der reichhaltigen Mahlzeit trabte einer der Tiger gemächlich Richtung Pool, während sich der andere gemütlich auf seine rechte Körperseite legte. Ich schien ihn tatsächlich nicht zu interessieren.

Eine Frau außerhalb des Geheges versuchte verzweifelt, mit ihrem Smartphone samt Selfiestick ein Video zu drehen, auf dem sie selbst, der Tiger und ihr Baby zu sehen waren. Dabei streckte sie beide Arme so hoch sie nur konnte, das Baby in der einen Hand noch über den hohen Bambuszaun des Geheges hinaus, den Selfiestick hielt sie in der anderen Hand.

Plötzlich ertönte ein lautes Platschen. Der Tiger, der den Weg zum Pool eingeschlagen hatte, war mit einem kräftigen Satz bäuchlings ins Wasser gesprungen. Die Frau erschrak dadurch so sehr, dass sie das Baby losließ, das in das Gehege auf den matschigen Boden nahe des Bambuszauns fiel. Außer sich vor Panik schrie die Frau um Hilfe und nun fing auch das Baby an zu schreien. Das erregte die Aufmerksamkeit des Raubtiers, das gerade noch dicht neben mir schläfrig auf der Seite gelegen hatte. Der Tiger stand gemächlich auf, schritt langsam auf den kleinen Schreihals zu und legte seine mächtige Pranke auf das Menschenbündel, bewegte es hin und her, als überlegte er, ob er lieber damit spielen oder es als Nachspeise vertilgen wollte. Leider konnte ich nicht in das Hirn des Tigers schauen, wie das Professor Tan und Dr. Nitaya immer so gerne bei mir gemacht hatten. Nichtsdestotrotz war mir klar, dass ich etwas tun musste.

Ich ging auf das schreiende Baby zu, dessen Windel schon einen sehr strengen Geruch verbreitete, und zog es unter der locker aufliegenden Pranke des Tigers heraus. Der Tiger riss das Maul auf, fauchte und knurrte, riss das Maul noch weiter auf, gähnte dabei lautstark, trabte zu seinem angestammten Platz zurück und ließ sich wieder auf die rechte Seite fallen. Ich schlich langsam, das Menschenbündel fest im Griff und beide Tiger aus den Augenwinkeln beobachtend, zum Eingang des Geheges. Dort wartete schon Saeng, der alles beobachtet hatte, und ließ mich heraus.

»Du bist ein Held, ein Lebensretter! Du hast alles richtig gemacht«, rief der Tierpfleger und klopfte mir anerkennend auf die Schulter. Er brachte mich zu der Mutter, die zwischenzeitlich einen kurzen Ohnmachtsanfall erlitten hatte und nun am ganzen Körper zitterte. Sie schloss ihr unverletztes Baby in die Arme und war unfähig etwas zu sagen, selbst »Danke« brachte sie nicht heraus. Offensichtlich hatte sie in diesem Moment sehr starke Gefühle, um die ich sie beneidete.

Dodo saß am Parkplatz bei offener Tür in seinem silbergrauen Toyota RAV-X, trank kaltes Wasser aus einer Flasche und verarbeitete immer noch die Tötung des Minihängebauchschweins. Auch er schien starke Emotionen zu empfinden, um die ich ihn beneidete. Als er meine Geschichte hörte, schlug er sich mit der flachen Hand an die Stirn:

»Und das habe ich alles versäumt! Ich wollte dich ja eigentlich filmen. Hätte ich das auf Video, hätten wir das zu einem guten Preis an Channel-3-TV verkaufen können und du wärst landesweit bekannt geworden, nur diesmal nicht als Mordverdächtiger, sondern als Held und Lebensretter!«

»Erstens hättest du das Video gar nicht verkaufen können, denn mein Aufenthalt bei den Tigern war ja illegal. Du hättest doch nicht gewollt, dass dein Freund Saeng Schwierigkeiten bekommt, oder? Und zweitens fühle ich mich nicht wie ein Lebensretter, bestenfalls wie einer, der einem satten, trägen Tiger ein für ihn zweitrangiges Spielzeug weggenommen hat.«

»Du wusstest ja vorher nicht, wie der Tiger reagiert. Gib's zu, du hattest ordentlich die Hosen voll!«

»Nein, da muss ich dich enttäuschen. Ich empfinde einfach keine Gefühle, und wenn, dann sind sie so schwach, dass ich so gut wie nichts davon merke, keine Liebe, kein Ekel, keine Angst – ehrlich!«

»Das hat diesmal vielleicht sogar ein Menschenleben gerettet.«

»Vielleicht. Vielleicht auch nicht. Ich habe zwei große Probleme: Ein Leben ohne Gefühle ist für mich nicht lebenswert. Jedes Tier, jede Pflanze, jeder Baum hat Gefühle – nur ich nicht! Und zweitens: Ich weiß manchmal nicht, wer oder was ich wirklich bin. Zum einen hasse ich meine Druckvorlage und würde sie am liebsten umbringen. Zum anderen denke ich oft schon wie sie. Ich komme mir vor, als hätte man mein Gehirn mit fast 70-jähriger Lebenserfahrung seiner Seele und seiner Gefühle beraubt, dafür eine Prise künstliche Intelligenz hinzugefügt und es dann in einen jungen Hightech-Körper gesteckt. Würdest du so leben wollen?«

»Du stellst Fragen«, seufzte Dodo. »Das kann ich dir beim besten Willen nicht beantworten. Hat alles seine Vor- und Nachteile.«

* * * * *

Zwölf Tage blieben noch bis zum 70. Geburtstag meiner Druckvorlage und dem 35. Geburtstag des Südafrikaners, dessen Identität mir zugewiesen worden war. Ich hatte vor, dem Wunsch von Professor Tan entsprechend, ein paar Tage vor diesem denkwürdigen 4. Juli in meinem Haus in München-Grünwald anzukommen und mich selbst kennenzulernen. Während ich im Schaukelstuhl vor Dodos Gartenhäuschen hin und her wippte, überlegte ich, ob ich meine Druckvorlage besser umbringen oder ihr nur einen gehörigen Denkzettel verpassen sollte. Wie auch immer ich entscheiden würde, es müsste in jedem Fall noch vor seinem akribisch geplanten Suizid passieren.

Meine Gedanken schweiften zurück zu meinem Mangel an Gefühlen. Ich musste definitiv unter Menschen! Beobachten, wie sie sich verhielten, miteinander umgingen, wann, wo und wie sie welche Gefühle zeigten. Vielleicht würden dann doch noch alte Gefühle aus dem Leben meiner Druckvorlage aktiviert werden. Oder vielleicht konnte meine angeblich selbstlernende künstliche

Intelligenz meine Beobachtungen analysieren und tatsächlich etwas dazulernen, sodass ich zumindest nach außen hin so wirken würde, als hätte ich Gefühle. Echte Gefühle wären mir natürlich lieber gewesen, aber alleine der Wunsch danach war ja schon mal ein guter Anfang.

Dodo, der selbst meist zehn Stunden am Tag in seiner Sprachschule arbeitete, erklärte mir, wie man mit den Baht-Bussen einfach und günstig Pattaya entdecken konnte und wo es sich lohnte anzuhalten. Diese umgebauten Pick-ups mit zwei Sitzreihen für je sechs Passagiere, zwei Stehplätzen am Heck und dem hohen Aufbau waren weithin sichtbar und befuhren nahezu im Minutentakt die Magistralen der Stadt. Man musste nur am Straßenrand stehen, die Hand hochhalten und schon hielt eines dieser Gefährte, die von Einheimischen wegen der zwei Sitzreihen Songthaew genannt wurden. Nach dem Aussteigen zahlte man dem Fahrer pauschal 50 Baht, egal wie lange und wie weit man mitgefahren war. Ich tingelte mit diesem äußerst günstigen und praktischen Verkehrsmittel ein paar Tage und Nächte durch die Stadt, trank am feinsandigen Jomtien Beach im Süden das Wasser frisch aufgeschlagener Kokosnüsse, speiste in den Restaurants im nördlichen Stadtteil Naklua mal deutsche Rindsrouladen, mal italienische Fettuccine con ragù al forno und trank bei Livemusik ein paar Bierchen an den Bars der Soi Buakhao. Dabei beobachtete ich die Menschen, Badegäste, Einheimische, Touristen, Barbetreiber, Bedienungen, Pärchen. Zum Beispiel fiel mir ein sehr altes Paar auf. Die sehr alte Dame, eine Thailänderin, fuhr ihren sehr alten Mann, einen Deutschen, im Rollstuhl von Bar zu Bar und spielte sogar ein paar Runden Billard – er vom Rollstuhl aus –

mit ihm. Jedes Mal, wenn der Alte, der sicher gut ein halbes Jahrhundert älter war als ich und 15 Jahre älter als meine Druckvorlage, gewonnen hatte, legte er den Queue auf den Billardtisch und warf freudestrahlend beide Arme in die Luft. Um dieses offensichtlich tief empfundene Glücksgefühl beneidete ich ihn sehr!

Nicht selten wurden steinalte Männer von jungen Frauen begleitet und versorgt. Ich konnte mir nicht vorstellen, dass es sich dabei immer um klassische Sextouristen handelte. Des Öfteren beobachtete ich, wie die Frauen ihre steinalten Männer fütterten, ihnen nach dem Essen den Mund abwischten und sie auf die Toilette führten – ganz bestimmt nicht, um sie dort mit einem Blowjob zu verwöhnen. Sie wirkten eher wie Altenpflegerinnen. Sicher hatte das Ganze seinen Preis, aber der Umgang der jungen Thailänderinnen mit den alten Männern war von Respekt und Empathie geprägt, nicht von Ekel und Geldgier. Zumindest, wenn ich der Analyse meiner künstlichen Intelligenz Glauben schenken durfte.

Eines Abends, es war so gegen 23 Uhr, bestieg fast zeitgleich mit mir eine hellhäutige Blondine das Songthaew, das die Beach Road Richtung Süden bediente, und nahm auf der Sitzbank mir gegenüber Platz. Sie trug einen kurzen, weißen Rock, eine rosa Rüschenbluse und rosa Stilettos. Ihre Beine waren makellos, ihre Figur atemberaubend und ihr Gesicht von unglaublicher Schönheit. Sie hatte strahlende, smaragdgrüne Augen – und sie ähnelte Julia sehr, einmal abgesehen von den fehlenden Sommersprossen und der Haarfarbe. Julia hatte eine feuerrote, wallende Mähne gehabt. Aber was bedeutete bei Frauen schon die Haarfarbe? Manche wechselten sie öfters als Männer ihre Unterhosen.

»Wo kommen Sie her?«, fragte ich die Frau auf Englisch und Kaonoyoyo formte jeden meiner Gesichtsmuskeln zum verführerischsten Lächeln, das das Programm im Repertoire hatte.

»Ich komme aus Russland«, sagte die Blondine und lächelte ebenfalls.

»Na, dann können wir ja auf Russisch weiterreden«, parlierte ich angeberisch und stellte meine Sprachkenntnisse gleich unter Beweis:

»Ich bin Walter, aus Deutschland.«

»Ich heiße Svetlana und spreche fließend Deutsch, Englisch, Spanisch, Französisch und zehn weitere Sprachen«, konterte sie.

Ich war baff. Mit vielem hatte ich gerechnet, nur nicht damit, dass ich heute noch eine bildhübsche, hochintelligente Frau treffen würde, die auch noch Julia wie aus dem Gesicht geschnitten ähnelte.

Da drückte Svetlana, wir waren etwa auf der Höhe der Central Festival Shoppingmall, die Klingel, die dem Fahrer signalisierte anzuhalten. Jetzt war schnelles Handeln gefordert. Ich stieg ebenfalls aus, gab dem Fahrer 100 Baht – die nach dem Ausstieg zu entrichtende Pauschale für zwei Fahrgäste – und fragte Svetlana auf Russisch:

»Darf ich Sie noch auf einen Longdrink einladen? Vielleicht ins Hilton. Dort gibt es eine wunderbare Bar mit toller Aussicht im sechzehnten Stock!«

Das Hilton lag an der Beach Road, direkt neben dem Central Festival.

»Da hätte ich einen besseren Vorschlag«, konterte Svetlana auf Deutsch. Als sich unsere Blicke trafen, spürte ich ein sexuelles Verlangen, das unweigerlich zu einer kräftigen Erektion in meiner Hose führte, gepaart mit einer Art von Zuneigung, die ich in meinem neuen Leben noch nicht kennengelernt hatte. Ob das ein Hauch von Verliebtsein war? Oder die berühmte Liebe auf den ersten Blick?

»Ich wohne gleich neben dem Hilton, im Viewtayla Pattaya Beach Condo, im siebenundzwanzigsten Stock. Da haben wir einen noch besseren Ausblick über die Stadt. Und zufällig habe ich auch eine Flasche guten, australischen Pinot Grigio im Kühlschrank.«

Ich glaubte zu spüren, dass Svetlanas Begehren mindestens so groß war wie meines.

Nachdem wir angekommen waren, öffnete sie mit ihrem Schlüsselchip den strandseitigen Zugang zu der Luxuswohnanlage, zog mich durch die Tiefgarage zum Lieferantenaufzug und sagte:

»Der Weg in den siebenundzwanzigsten Stock ist lang. Hier stört uns keiner.«

Dann küssten wir uns innig. Wie gut, dass die Nozizeptoren meiner Lippen und Schleimhäute deutlich sensibler waren als die meiner Haut. Svetlana griff mir zwischen die Beine und streichelte über der Hose meinen Penis, meine Hände berührten ihre Brüste.

Wie von Sinnen und keines klaren Gedankens mehr fähig, folgte ich Svetlana in ihr Apartment.

Zwei Fragen pochten in meinem Kopf. War diese bildhübsche Russin vielleicht die Lösung all meiner Probleme? Würde sie mir meine Gefühle zurückbringen?

Plötzlich fiel mir auf: Svetlana schwitzte nicht. Genauso wie ich. Das war ungewöhnlich in einer Stadt wie Pattaya, wo die Temperaturen selten die 30-Grad-Marke unterschritten und sich die meisten Leute fünf Mal am Tag duschten. Und sie sprach fast so viele Sprachen wie ich. Konnte es vielleicht sein, dass sie auch aus einem 3D-Drucker entstanden war?

Wenn ja, dann würden wir gleich superkalifragilistisch expiallegorischen, cyborgiastischen Supersex haben, wie kein Mensch ihn sich jemals vorstellen könnte. Und wenn ich dabei auch nur einen Funken Glück oder Liebe empfinden würde, könnte dies meinem Leben Sinn und eine entscheidende Wendung geben!

Svetlana riss mir sexhungrig die Kleider vom Leib, zog mich auf ihr ausladendes, mit silbergrauer Satinbettwäsche bezogenes Doppelbett und küsste mich am ganzen Körper, während sie ihre Kleidung anbehielt. Das gefiel mir. Es hatte schon immer meine sexuellen Fantasien angeregt, wenn sich eine Frau nicht sofort nackt machte. Irgendwann fand ich es dann aber doch an der Zeit, Svetlana von Rock und Unterhöschen zu befreien.

Da kam plötzlich zwischen ihren Beinen ein erigierter Penis zum Vorschein. Zwar nicht sonderlich groß, aber eindeutig ein Penis! Meine Erregung sank schlagartig auf null, ich sprang vom Bett und setzte mich auf die große schwarze Ledercouch daneben.

»Versteh mich nicht falsch, Svetlana«, stammelte ich.

»Ich habe nichts gegen Transsexuelle und auch nichts gegen Lesben, Schwule oder sonst wie Ausgerichtete. Nur: Ich kann das einfach nicht!«

»Was kannst du nicht?«

»Mit jemandem Sex haben, der einen Penis zwischen den Beinen hat. Das geht einfach nicht! Ich kann das nicht und ich will das auch nicht!«

»Aber ich bin durch und durch eine Frau«, insistierte Svetlana.

»NewLife Institute?«, ließ ich einfach mal so in den Raum fallen.

»Ja«, bestätigte Svetlana überrascht.

»Du etwa auch?«

Ich nickte.

»Professor Tan, Bangkok?«, fragte ich.

»Nein, Professor Sokolow, Moskau.«

Ich glaubte mich zu erinnern, dass dieser Name auch auf der Videokonferenz des Expertengremiums gefallen war, das über meine Zukunft beraten hatte. Professor Sokolow war derjenige gewesen, der meine Innereien aufkaufen wollte, falls man zu dem Schluss gekommen wäre, mich zu entsorgen.

»Und warum, um Himmels willen, hast du dir einen Penis ausdrucken lassen, wenn du eine Frau sein willst?«

»Ich hatte keine Wahl«, schluchzte Svetlana.

»Die Technik ist noch nicht so weit, dass sie die komplizierten weiblichen Geschlechtsorgane inklusive Gebärfunktion drucken kann. Nur die Brüste waren möglich und die Übertragung meiner weiblich geprägten Gefühle. Meine Druckvorlage ist eine Frau. Anstelle ihrer Vagina hat der Professor die Druckdaten eines möglichst kleinen Penis aus dem Archiv genommen.«

»Du hast Gefühle?«, fragte ich erstaunt.

»Ja, mit meiner Gefühlswelt ist alles in Ordnung. Sie haben alle Gefühle von meiner Druckvorlage auf mich übertragen. Mein Problem war, dass ich die Altersgrenze überschritten hätte, wenn ich darauf gewartet hätte, bis sie Frauen samt funktionierender Geschlechtsorgane einscannen und um ihre halbe Lebenszeit verjüngt wieder ausdrucken können. Also musste ich diese Zwischenlösung wählen. Ich werde alles nachrüsten lassen, sobald die Technik so weit ist.«

»Hat man dir in Aussicht gestellt, wann das sein wird?«

»Professor Sokolow meinte, in etwa sechs bis acht Jahren. Dann sollte ich sogar Kinder bekommen können.

Damit würde mein Lebenstraum in Erfüllung gehen. Du gefällst mir sehr. Stell dir vor, wir würden die ersten Cyborg-Nachkömmlinge auf diesem Planeten hervorbringen. Wollen wir unsere Kontaktdaten austauschen?«, fragte Svetlana mit feucht schimmernden Augen.

»Nein«, antwortete ich einsilbig und dachte bei mir, dass der gleiche Fehler nicht zweimal geschehen sollte. Und schon gar nicht ein so kapitaler Fehler. Man stelle sich nur vor, unsere Kinder kämen nach mir und hätten keine Gefühle. Sie würden mich verfluchen und verdammen, bis in alle Ewigkeit.

Ich zog mich an, verließ mit einem knappen »Ciao« die Wohnung, trat auf die Beach Road, winkte mir ein Songthaew heran und fuhr zu Dodos Haus. Ohne Gefühle und ohne Illusionen.

* * * * *

Dodos Wohnzimmer war stylish eingerichtet. In der Mitte stand ein solider Billardtisch. Rechts daneben seine schönste und neueste Harley, eine 2060er LifeWire XX in Weinrotmetallic, bei der ein kleines Gadget wahlweise das Anlassen einer Flugzeugturbine oder das röhrende Geräusch einer Oldtimer-Harley mit Verbrennungsmotor ertönen ließ. Die linke Seite des Raums belegte eine überlange, schwarze Ledercouch, auf der sieben Leute bequem nebeneinander sitzen konnten. Auf einer Breitseite des Zimmers erstreckte sich Dodos gut sortierte Bar, auf der anderen stand ein aufgeräumter Plexiglas-Schreibtisch mit PC, Dockingstation sowie einem großen, ebenfalls aus Plexiglas gefertigten Designerbildschirm und einem futuristisch anmutenden, äußerst bequemen Sessel.

Es war Samstagmorgen. Siripat hatte an der Bar ein fürstliches Frühstücksbüfett angerichtet, das keine Wünsche offenließ. Da war von Frühlingsrollen und Saté-Spießchen über Münchner Weißwürste bis zu gebeiztem Lachs wirklich alles dabei. Draußen tobte seit Stunden ein heftiger Monsunregen. Ich beschloss, nach dem Essen bei einer Tasse Kaffee an Dodos Wohnzimmer-PC, den alle nutzen durften, mal den Status meines Flugs zu überprüfen. Eine gute Idee, wie sich herausstellte:

01.07.2060 LH 773 DEPT BKK 23:00 ARR MUC 05:20 + 1

Status: CANCELLED

»Mein Flug ist gestrichen worden! Das ist jetzt richtig blöd, du weißt ja, wie wichtig der Termin ist«, rief ich zu Dodo hinüber, der gemütlich auf der Couch lümmelte und auf seinem Smartphone ein Comic-Filmchen anschaute. Wir suchten beide nach dem Grund der Stornierung, Dodo vom Sofa aus und ich am PC, und stellten gleichzeitig fest: Alle Flüge an beiden Bangkoker Flughäfen waren gestrichen worden. Ebenso sämtliche Flüge vom U-Tapao Rayong Pattaya International Airport.

»Er ist wieder da«, seufzte Dodo, nachdem er ein paar Minuten auf seinem Lieblingsspielzeug herumgetippt hatte.

»Wer?«

»Dieser gottverdammte Killer-Monsun, der seit drei Jahren regelmäßig im Juni von heute auf morgen für Wochen das ganze Land unter Wasser setzt und zahlreiche Menschenleben fordert. Ich muss sofort zur Schule, solange man noch mit dem Auto dorthin fahren kann.«

Dodo sprang auf, wies Siripat an, Somchai, den Hausmeister, und dessen Sohn ebenfalls zum Eingang der

Schule zu beordern und stürmte hinaus in den strömenden Regen.

»Ich komme mit!«, schrie ich gegen Wind und Regen, folgte Dodo und schwang mich auf den Beifahrersitz.

»Eigentlich dauert ein tropischer Monsunregen nur ein paar Stunden. Dabei fallen unvorstellbare Wassermengen vom Himmel, sodass oft tagelang die Straßen in den Städten überschwemmt sind, während sich die Bauern auf dem Land über die natürliche Bewässerung freuen. Aber seit ein paar Jahren dauert dieser Monsunregen nicht nur ein paar Stunden, sondern Tage und ist dermaßen heftig, dass ein Großteil des Landes komplett unter Wasser steht. Da freut sich dann auch kein Bauer mehr.«

»Klimawandel?«, fragte ich.

»Klimakatastrophe! Und zwar dauerhaft und unumkehrbar«, wütete Dodo, »und wir Menschen sind selbst daran schuld, die Generation unserer Großeltern, die Generation unserer Eltern und wir selbst. Niemand will und wollte auf etwas verzichten, weder der kleine Mann – ich denke da nur an die Millionen Besitzer von stinkenden Verbrenner-Mopeds und -Autos in Thailand und ganz Asien – noch die großen Wirtschaftsbosse. Stell dir bloß vor, dass es, nach all dem, was wir wissen und erleiden mussten, immer noch ein Kohlekraftwerk in Thailand gibt, das jedes Jahr über eine Million Tonnen Kohlendioxid in die Atmosphäre schleudert. In China und Russland ist es noch schlimmer, in anderen Teilen der Erde wenig besser. Ich alleine kann die Welt auch nicht retten. Die Hälfte meiner Boote, Harleys und Autos haben Elektroantrieb, die andere Hälfte sind Verbrenner, weil es oft einfach nicht genug Strom gibt!«

»Die Hälfte deiner Autos, Harleys und Boote – wie soll das denn gehen, wenn du von allen fünf hast?«, wunderte ich mich.

»Jeweils eines ist hybrid«, antwortete Dodo.

Wir waren an der Sprachschule angekommen. Beim Aussteigen aus dem hohen SUV standen wir bereits fast bis zu den Knien im Wasser, der Regen peitschte uns ins Gesicht und nach wenigen Metern waren wir beide so durchnässt, als hätten wir gerade voll bekleidet geduscht. Somchai, der Hausmeister, und sein Sohn warteten am Eingang. Dodo entschied, die Eingangstür nicht mehr zu öffnen. Das Wasser stand schon zu hoch. Wir rannten über die Feuerleiter auf der Rückseite des Gebäudes ins oberste Stockwerk. Dort hatte Dodo im Gang neben dem Lehrerzimmer und den Duschen einen Stapel Holzlatten und ein paar Schachteln mit langen Nägeln deponiert. Mit vereinten Kräften nagelten wir die Eingangstür, die schon einen halben Meter unter Wasser stand und die Fenster im Erdgeschoss mit den Holzbrettern zu.

»Wir werden nicht ganz verhindern können, dass Wasser eindringt, aber wenigstens kommt so nicht der ganze stinkende Schlick aus der überquellenden Kanalisation ins Haus. Danke euch allen!«

Es war keine Zeit für viele Worte. Niemand wollte auch nur eine Sekunde länger als nötig bei diesem Wetter im Freien verbringen. Außerdem war fraglich, wie lange die Straßen noch befahrbar sein würden. Der Hausmeister und sein Sohn hatten sich blitzschnell verflüchtigt. Wahrscheinlich wohnten sie in der Nähe. Dodo fuhr mit mir zurück zu seiner Villa am Berg.

»Wie komme ich denn jetzt nach Hause?«, fragte ich.

Dodo zuckte mit den Schultern:

»Keine Ahnung! Wann war gleich wieder dein Flug?«

»Abflug mit Lufthansa am 1.7., 23:00 Uhr, Ankunft München am 2.7. um 5:20 Uhr.«

»Das ist in sechs Tagen. Solange stehen die Flughäfen von Bangkok und Pattaya bestimmt noch unter Wasser. Da mach dir mal keine falschen Hoffnungen.«

»Aber es muss doch irgendeine Möglichkeit geben. Hubschrauber? Taxidrohne? Es ist für mich unheimlich wichtig, ja sogar lebenswichtig, vor dem vierten Juli in München zu sein, koste es, was es wolle!«

»Die Lufthoheit hat in Thailand das Militär. Hubschrauber und Drohnen werden nur für militärische, polizeiliche und rettungsdienstliche Belange eingesetzt. Und die haben, sobald sie wieder fliegen können, sicher Besseres zu tun, als Herrn Walter Fabricius von meinem Grundstück abzuholen. Und wo sollten sie dich dann überhaupt hinbringen?«

»Laos, Kambodscha, Vietnam, Malaysia, Singapur – egal, Hauptsache, ich komme pünktlich in München an.«

»Keine Chance. Wie schon gesagt: Hubschrauber für Zivilisten gibt es nicht. Außerdem dürften diese die Landesgrenzen nicht überfliegen und die Länder, die du genannt hast, sind meist genauso vom Killer-Monsun betroffen wie Thailand, oft noch schlimmer.«

»Welche Flughäfen haben denn überhaupt noch offen?«, fragte ich.

»Nur Chiang Mai und Chiang Rai, runde neunhundert Kilometer nördlich von hier. Beide Städte liegen mehr als dreihundert Meter über dem Meeresspiegel und sind vor Überschwemmungen sicher. Da ist dann meist auch mächtig was los zur Monsunzeit.«

»Los! Worauf warten wir? Bitte fahr mich dorthin. Unterwegs kann ich nach Flügen suchen. Ich zahl dir das

Zehnfache dessen, was eine Taxifahrt kosten würde«, versuchte ich Dodo, den Geschäftsmann, zu ködern.

»Und wenn du mir das Hundertfache zahlen würdest, würde ich da *jetzt* nicht hinfahren. Das Gefährlichste beim Killer-Monsun sind die ersten drei Tage. Da knicken Bäume um, stürzen Brücken ein und werden Autos weggespült als wären es Spielzeuge. In den ersten drei Tagen sterben die meisten Menschen. Deshalb wirst du verstehen, dass ich sie hier auf meiner Couch verbringen werde. Und nirgendwo sonst«, konstatierte Dodo in einem Ton, der wenig Diskussionsspielraum ließ.

Nach einer Weile fragte ich etwas kleinlaut:

»Was würdest du mir raten?«

»Schwierig! Das Problem ist dein Zeitdruck. Schau doch mal im Internet, ob du ein Taxiboot oder Charterboot mit Skipper findest, das dich in drei Tagen hier am Fuß des Berges abholt und nach Tak schippert. Bis dahin reichen meist die Überschwemmungen. Da seid ihr dann aber mindestens zwei Tage und Nächte unterwegs. In Tak musst du dir ein Taxi nehmen und nochmal gute vier oder fünf Stunden auf der Straße weiter nach Chiang Mai oder Chiang Rai fahren. Gleichzeitig schaust du nach Flügen. Chiang Mai hat den größeren Flughafen und ist nicht ganz so weit weg von hier. Nimm, was du kriegen kannst, egal, in welche Richtung. Hauptsache, du kommst zu deinem wichtigen Termin.«

Die Suche nach einem Bootstrip vom Berg Phra Tamnak bis nach Tak gestaltete sich kompliziert, die Angebote auf meine Anfragen waren rar. Niemand wollte eine solch lange Strecke fahren und das Risiko eingehen irgendwo zu kentern oder hängen zu bleiben. Niemand wollte eine Nacht auf unsicherem Terrain mit mir auf seinem Boot verbringen. Am Ende fand sich nur ein Fischer, der anbot, mich für stolze 200 000 Baht auf seinem Holzkutter mit 30-PS-Außenborder zu fahren.

»Ich will doch nicht den ganzen Fischkutter kaufen, sondern nur eine Bootstour«, sagte ich zu Dodo.

»Wie bitte, zweihunderttausend Baht will der für die Tour mit seinem Seelenverkäufer?«, rief Dodo empört. »Wenn du noch hunderttausend drauflegst, dann fahre ich dich mit meinem Marine 500S Aluboot hoch. Dann schaffen wir das an einem Tag!«

»Waas, du könntest die Strecke selbst fahren und willst dreihunderttausend Baht von mir?«

»Erst einmal: Die Fahrt ist wirklich gefährlich. Ich könnte mein sauteures Aluboot verlieren, das ich vor Jahren aus Tschechien importiert habe. Transport und Zoll haben damals mehr gekostet als das Boot selbst und es ist das einzige Aluboot in Thailand. Außerdem würde ich tatsächlich mein Leben riskieren, müsste irgendwo bei Tak vor Anker gehen, eine Nacht auf dem Boot übernachten und dann alleine zurück. Der Sprit kostet schon ein kleines Vermögen. Und zweitens hast du doch selbst gesagt: ›Koste es, was es wolle!‹«, erwiderte Dodo.

»Wie lange wären wir da unterwegs?«, fragte ich.

Dodo tippte eine Weile auf seinem Smartphone herum und erklärte dann:

»Nach Tak sind es von hier knappe sechshundert Kilometer. Das Boot macht mit uns beiden und zehn Kanistern Treibstoff beladen gut sechzig Kilometer in der Stunde. Dann bräuchten wir rein rechnerisch zehn Stunden. Tatsächlich können wir wahrscheinlich im Schnitt nicht mehr als vierzig Kilometer in der Stunde fahren. Du musst dir vorstellen, die größte Strecke führt über überschwemmtes Land. Da treiben Mopeds, Autos, halbe Holzhütten, Weidezäune und alles mögliche Zeug herum.

Wir müssten auf jeden Fall mit dem ersten Tageslicht starten und könnten es mit etwas Glück gerade bis zum Sonnenuntergang schaffen.«

»Hast du so was schon mal gemacht?«

»So eine Tour?«

Ich nickte.

»Nein, noch nie. Aber ich habe schon ein paar Überschwemmungen erlebt und bin da mit dem Schlauchboot zur Schule, durch die Stadt, ein Stück Richtung Norden raus, hab Freunden geholfen, weiß, wie es da aussieht.«

Tag zwei und drei verstrichen und es regnete ohne Unterlass so heftig, dass keiner einen Fuß vor die Tür setzen wollte. Dodo gestattete mir, auf seiner Wohnzimmercouch zu übernachten und riet allen Anwesenden das Haus nicht zu verlassen. Es war schier unfassbar, welche gewaltigen Wassermassen da unaufhörlich auf die Erde fielen. Irgendwann musste der Himmel doch leer geregnet sein?

Ich buchte für den 1. Juli zwei Erste-Klasse-Flüge ab Chiang Mai: einen über Sydney, Rio de Janeiro, Frankfurt/Main nach München und einen über Tokio, Los Angeles, New York nach München. In beiden Fällen würde ich nicht, wie geplant, am 2. Juli, sondern erst spätnachts am Samstag, dem 3. Juli beziehungsweise frühmorgens an diesem schicksalhaften Sonntag, dem 4. Juli, in München eintreffen. Falls es keine weiteren Verzögerungen gäbe, sollte das reichen, um meine Druckvorlage noch lebend anzutreffen.

Entgegen unser aller Hoffnungen ließ der Regen auch am dritten Tag kein bisschen nach, genauso, wie Dodo prophezeit hatte. Es schüttete pausenlos, vormittags, mittags, nachmittags, abends, die ganze Nacht hindurch und auch am vierten Tag bis in den späten Nachmittag hinein. Dann plötzlich brach der Himmel auf und schickte keinen einzigen Regentropfen mehr zur Erde. Der gelbe Feuerball, gerade erst hinter der Wolkendecke aufgetaucht, wechselte innerhalb einer halben Stunde sein Gewand und verschwand innerhalb einer weiteren halben Stunde blutrot hinter dem Horizont.

Siripat knipste das Flutlicht an, das das gesamte Grundstück in Tageslicht tauchte, ließ die Hunde raus und machte sich am Grill zu schaffen.

»Morgen wird ein heißer und sehr anstrengender Tag. Ich will, dass wir um fünf Uhr das Boot zu Wasser lassen und bei Morgendämmerung unterwegs sind. Komm, hilf mir meine Marine 500S startklar zu machen. Wir laden und sichern jetzt schon die Treibstoffkanister und das Trinkwasser«, sagte Dodo.

»Mein Koffer muss auch noch mit.«

»Dann wird es aber eng!«

»Wir können ihn auch hinter uns herziehen. Er ist nämlich schwimmfähig. Nur einen Außenborder hat er leider nicht«, flachste ich.

* * * * *

Dodos Boot war bestens ausgestattet, mit Navi, GPS, Echolot und mit einem 50-PS-Yamaha-Motor fast etwas überpowert. Wir schafften die Strecke bis kurz vor den Bangkok-Suvarnabhumi-Flughafen quer übers Meer schneller, als es auf dem Landweg möglich gewesen wäre, selbst als die Straßen noch befahrbar waren. Die Apokalypse begann in dem Moment, als wir am östlichen Stadtrand der Millionenmetropole entlang über überschwemmtes Land gen Norden fuhren. Es galt Treibholz, Matratzen, schwimmende Autos, Unrat, aufgeblähte Wasserbüffel und vereinzelt sogar menschliche Leichen zu umschiffen. Immer wieder begegneten wir völlig überladenen Schlauchbooten von Polizei, Militär, Feuerwehr und anderen Rettungskräften. Wo sie wohl mit den Leuten hinfuhren? Nach Bangkok, um sie dann in mehrstöckigen Krankenhäusern und Hotels im ersten oder zweiten Stockwerk durch die Fenster abzuladen?

Es war 9 Uhr morgens und die Sonne brannte gnadenlos vom stahlblauen Himmel, den kein Wölkchen trübte. Und sie würde, das war unschwer vorherzusehen, von Stunde zu Stunde noch glühender vom Himmel stechen. Dodo, der die meiste Zeit das Boot steuerte, trug ein langärmliges, weißes Hemd, weiße Shorts sowie einen breitkrempigen, weißen Hut und schwitzte trotz Fahrtwind und Überdachung wie Sau. Der Schweiß schoss ihm förmlich aus allen Poren und floss in breiten Rinnsalen über Stirn, Wangen und Nacken. Sein Hemd und seine Hose waren schweißgetränkt und patschnass, als wäre er gerade ins Wasser gefallen. Ich empfand es zumindest als sehr zweckmäßig, dass mein größtes Organ, die Haut, genmodifiziert und mit thermoaktiven Nanopartikeln versetzt war, die mir Schwitzen und Sonnenbrand ersparten und trotzdem die Temperatur in meinem Körper optimal regelten.

Links von uns ragte ein gewaltiger Steinkoloss aus dem Meer, umgeben von zehn spitzen Hütchen.

»Das ist Ayutthaya, die geschichtsträchtige frühere Hauptstadt des siamesischen Königreichs, beziehungsweise das, was noch davon übrig ist«, wusste Dodo.

Wir mussten einerseits besiedelte Gebiete großräumig umfahren, da sie unser Vorankommen massiv beeinträchtigten, durften andererseits aber aus demselben Grund keine allzu großen Umwege in Kauf nehmen. Unsere Spritvorräte neigten sich ebenso dem Ende zu wie der Tag. Es könnte eng werden, verdammt eng!

Etwa 100 Kilometer vor unserem Zielort Tak bewegte sich etwas auf einer Baumkrone, was uns veranlasste näher dorthin zu fahren. Es war eine junge Frau in violetter Jogginghose und schwarzem T-Shirt mit einem Säugling auf dem Arm. Als wir bei ihr angelangt waren, erzählte die Frau mit weinerlicher Stimme, ihr Haus und ihre Familie seien vor zwei Tagen von den Fluten weggespült worden. Sie wisse nicht, wo sie seien und ob sie noch lebten. Sie habe sich mit ihrem Säugling auf den Baum retten können und seither nichts gegessen und getrunken.

Wortlos warf Dodo drei leere Treibstoffkanister über Bord, um Platz zu schaffen. Ich half der Frau samt Säugling ins Boot und reichte ihr unsere vorletzte Wasserflasche. Dodo erklärte ihr, wir hätten einen Termin, bei dem es auch um Leben und Tod gehe und müssten noch vor Sonnenuntergang Tak erreichen. Dann gab er Vollgas.

Das Motorengeräusch und der pfeifende Wind machten jede Kommunikation unmöglich. Mein humanoides Emotions-Imitationsprogramm Kaonoyoyo, das ja eigentlich sowohl meine Mimik steuern als auch die Mimik anderer interpretieren konnte, war überfordert, als ich der jungen Frau ins Gesicht blickte, und zeigte nur ›Error‹ an. Während ich mich noch über die Fehlanzeige wunderte, blinkte in meinem Sehfeld rechts unten eine äußerst erfreuliche Nachricht auf.

Kurz nach Sonnenuntergang erreichten wir die Anlegestelle etwa 20 Kilometer südlich von Tak. Hunderte von Taxis und privaten Pkws warteten darauf, ankommende Personen in die nördlichen Großstädte Lampang, Lamphun und Chiang Mai zu transportieren, die wegen ihrer Höhenlage vom Hochwasser verschont geblieben waren. Wer etwas zahlen konnte, zahlte, wer nichts hatte, dem wurde auch so weitergeholfen.

Die Frau und das Baby wurden sofort von den helfenden Händen einer Krankenschwester entgegengenommen. Sie warf nur einen kurzen, leeren Blick zurück zu unserem Boot, bevor sie in der Menge verschwand.

Dodo war erschöpft. Er kaufte frisches Trinkwasser, trank einen halben Liter auf einen Satz, setzte sich auf den Boden und sagte niedergeschlagen:

»Sorry. Ich habe rausgeholt, was ging. Aber nun wirst du deine Flüge wahrscheinlich doch nicht mehr erreichen, weder den über Sydney noch den über Tokio.«

»Alles ist gut, mach dir keine Sorgen. Ich fliege morgen mit Lufthansa von Chiang Mai direkt nach München. Die haben den Flug um einen Tag verschoben und vom Abflughafen Bangkok-Suvarnabhumi zum Abflughafen Chiang Mai International verlegt. Ich habe die Nachricht erhalten, nachdem sich die Frau mit ihrem Baby gerade im Boot niedergelassen hatte und du wieder Vollgas gegeben hast. Jetzt komme ich zwar erst am dritten Juli in München an, fliege aber bequem nonstop und liege immer noch gut in der Zeit.«

»Das ist ja super!«, rief Dodo, strahlte bis über beide Ohren und umarmte mich. Ich umarmte ihn nicht zurück.

»Danke für alles! Du weißt, ich hab es nicht so mit Gefühlen«, sagte ich, nahm meinen Koffer, drehte mich um und bestieg eines der wartenden Taxis.

Während der langen Fahrt überlegte ich eine Weile, ob ich Dodo hätte zurückumarmen sollen, ob ich vielleicht viel weniger Gefühle hatte, als Professor Tan sich selbst und mich glauben machen wollte, und ob mein KI-Gefühlsprogramm wirklich so lernfähig war, wie es hätte sein sollen.

Nach meiner Ankunft am Chiang Mai International Airport blieben mir noch 22 Stunden bis zum Abflug am 2. Juli um 23:00 Uhr mit LH 773 – viel Zeit zum Nachdenken und Herumspazieren. Ich leistete mir im Duty-free-Shop ein Fläschchen Aventus, mein Lieblingsparfüm von Creed, dessen feiner Duft nach Birke, Moschus und Vanille seit 300 Jahren die Menschheit beglückte und dessen Erkennung Dr. Nitaya so intensiv mit mir geübt hatte. Auch in der Flughafenapotheke fand ich noch eine nützliche Kleinigkeit. Insgesamt schüttete ich etwa drei Liter Wasser und 20 Tassen Kaffee in mich hinein und trainierte drei Mal meine Geschmacksknospen, indem ich verschiedene thailändische Gerichte genoss und deren Zutaten analysierte. Wer weiß, wann ich dafür nochmals eine Gelegenheit bekommen würde.

* * * * *

Wir waren gut eine Stunde in der Luft, als die Stewardess ein paar deutschsprachige Zeitschriften vorbeibrachte. Eine davon war der *FARANG*. Auf der Titelseite prangte ein Foto von Dodo und mir im Pool. Darunter stand in fetten Lettern die Schlagzeile *Der Mann, der aus dem 3D-Drucker kam* und als Untertitel *Cyborg lernt in Pattaya Thai.*

WalterEgo

Samstag, 3. Juli 2060
Villa Fabricius, München-Grünwald

Ich, Walter Fabricius, 34 Jahre, noch relativ druckfrisch und topfit, fühlte nichts, als ich an der Tür der mir vertrauten Villa im Münchner Nobelvorort Grünwald klingelte.

Ich, Walter Fabricius, 69 Jahre, einsamer Witwer, ehemaliger Theaterschauspieler und Druckvorlage, war so aufgeregt wie zuletzt bei der Geburt meiner inzwischen 36-jährigen Tochter, die in Kanada mit einem Börsenmogul verheiratet ist und mich morgen besuchen wird.

Als ich die Tür öffnete, schlug mein Herz bis zum Hals, mir stockte der Atem und, ohne es zu wollen oder kontrollieren zu können, schossen Freudentränen aus meinen Augen und bahnten sich ihren Weg über meine vom Alter zerfurchten Wangen.

Der Mann aus dem 3D-Drucker war ein wahrer Prachtkerl, einen halben Kopf größer als ich, mit dichtem, mittellangem, blondem Haar, seitlich gescheitelt und nach hinten gekämmt, kurz getrimmtem Henriquatre-Bart, stahlblauen Augen und markanten Gesichtszügen. Er erinnerte mich sehr an meine alten Set-Fotos und Theaterplakate. Ich stürzte auf ihn zu und umarmte ihn so kräftig wie einen verlorenen Sohn, der plötzlich aus dem Nichts aufgetaucht war. Herrlich, dieser Duft nach Birke, Moschus und Vanille, der mein olfaktorisches Organ beglückte: Creed Aventus. Für einen kurzen

Moment fragte ich mich, woher er mein Lieblingsparfüm kannte, bevor mir bewusst wurde, dass er es kennen musste. Er war ja ich! Ein ziemlich gewöhnungsbedürftiger Gedanke.

»Herzlich willkommen, Walter!«, begrüßte ich mein junges Ich.

»Hallo«, sagte der druckfrische Walter mit monotoner Stimme, die mir eine Nuance tiefer erschien als meine eigene.

Erst als ich ihn ins Wohnzimmer führte, fiel mir auf, dass er meine Umarmung nicht erwidert und recht steif dagestanden hatte. Freude sah anders aus. Wie sich mein alter Geist wohl in meinem signifikant verjüngten Körper fühlte?

»Ich bin Walter«, sagte ich.

»Ich auch.«

»Es ist schon paradox, dass ich, der *alte* Walter, meinem deutlich *jüngeren* Altem Ego Walter gegenübersitze. Du erinnerst dich noch, erstes Jahr Latein – *Alter Ego*, das *Andere Ich* – laut Duden Substantiv Neutrum, hat also nichts mit Alter zu tun«, meinte ich, sichtlich um Kommunikation bemüht, und fügte hinzu:

»Weißt du, was ich mir überlegt habe?«

»Du wirst es mir gleich sagen«, antwortete der Walter aus dem 3D-Drucker.

»Ich könnte dich *WalterEgo* nennen – ein kleines Wortspiel zu unserer Unterscheidung. Und du sagst einfach nur Walter zu mir.«

»Okay, Walter.«

»Komm, setz dich auf die Couch oder auf den Sessel, wo du dich am wohlsten fühlst. Glas Wasser? Prosecco?«

WalterEgo blickte kurz zwischen Couch und Sessel hin und her, schien sich dann daran zu erinnern, dass sein früheres Ich lieber auf dem noch bequemeren Sessel saß, und nahm auf der Couch Platz.

»Ein Glas Wasser wäre gut, echtes Münchner Leitungswasser, bitte. Seit ich auf diesem Planeten bin, konnte ich noch nie Wasser aus der Leitung trinken. Soweit ich mich erinnere, schmeckt das Münchner Leitungswasser besonders gut und ist gesünder als die meisten abgefüllten Flaschenwasser.«

Ich servierte je ein Glas Wasser für WalterEgo und für mich selbst, mit einer Serviette über dem Arm und einer Verbeugung, als würde ich in einem Theaterstück einen Kellner spielen. Wahrscheinlich sah ich aus wie Freddie Frinton in *Dinner for One*. Etwas blöd kam ich mir schon dabei vor, aber in diesem Moment fiel mir nichts Besseres ein, um ein bisschen witzig zu wirken und die Stimmung aufzulockern. Die erhoffte Wirkung blieb allerdings aus, WalterEgo schaute mich nur ausdruckslos an. Ich räusperte mich verlegen und sagte dann in ernsthaftem Ton:

»Ich habe mir große Sorgen gemacht. Die restliche Million Crypteuro inklusive der hunderttausend für zehn Zentimeter mehr Körpergröße und hunderttausend für deine lebenslange Hochpotenz waren längst überwiesen, aber Doktor Martini von NewLife Consulting in Zürich hat sich wochenlang verleugnen lassen. Ich dachte schon, es sei irgendetwas mit deiner Produktion schiefgelaufen. Bis ich dann vor vierzehn Tagen erfahren habe, dass du bereits entlassen wurdest. Doktor Martini hat mir gesagt, du würdest dich bester Gesundheit erfreuen, hättest, wie bestellt, deinen südafrikanischen Pass bekommen und wolltest ein oder zwei Tage vor meinem Geburtstag bei mir eintreffen. Allerdings seist du jetzt ein eigenständiges, selbst entscheidendes Wesen und eine Garantie gäbe es nicht. Du kannst dir gar nicht vorstellen, wie ich mich freue dich jetzt leibhaftig vor mir zu sehen! Wie geht's dir? Erzähl doch mal!«

»Es passt schon. Ich weiß nur nicht so recht, was ich hier soll«, antwortete WalterEgo emotionslos.

»Was? Wie? Hier in deinem eigenen Haus, das ab morgen dir ganz alleine gehören wird?«, fragte ich überrascht.

»Nein, hier auf dieser verrückten Welt! Ihr züchtet Cyborgs und habt die alles vernichtende Klimakatastrophe einfach so geschehen lassen.«

»Wieso wir? Das klingt, als hätte ich eine andere Gesinnung als du. Du bist doch auch ich! Aber zwei Walter Fabricius auf dieser Erde ist einer zu viel. Die Zukunft gehört dir! Dann kannst du ja mit deiner frischen Kraft sehen, was noch zu retten ist. Ich bin meines Lebens im wahrsten Sinne des Wortes müde und lechze jetzt richtig nach meinem Tod – meinem *selbstbestimmten* Tod! Seit über einem Jahr arbeite ich Tag für Tag darauf hin. Alles ist akribisch vorbereitet. Du weißt es doch, du warst doch dabei!«

»Walter, du vermischst da etwas. Ich war nicht dabei! Zumindest nicht physisch. Meinen Körper gibt es ja gerade erst mal seit ein paar Monaten«, sagte WalterEgo.

»Dann warst du eben geistig dabei, dein Gehirn und deine Seele. Wir waren eins, wollten das Gleiche!«

»Da muss ich dir widersprechen, Walter. Wie kann ich etwas gewollt haben, bevor ich überhaupt existiert habe? Sie haben hundert Milliarden Neuronen mit deinem Erfahrungs- und deinem Erinnerungswissen in mein frisch gezüchtetes Gehirn übertragen. Aber keine Seele. Und auch keine Gefühle.«

»Waaas? Wieso keine Gefühle? Die wurden doch alle mit übertragen. So war das ausgemacht und dafür habe ich auch bezahlt!«, entrüstete ich mich. Das durfte doch nicht wahr sein!

»Wenn man sich auf neue Technologien einlässt, die noch nicht ausgereift sind, dann kommt es schon mal zu kleinen Fehlern«, sagte WalterEgo ausdruckslos.

»Kleiner Fehler? Hast du gar keine Gefühle oder wenigstens ein bisschen welche?«

»Ich habe sehr, sehr wenige Gefühle. So wenige, dass ich mich frage, ob ein solches Leben lebenswert ist, trotz meines guten Aussehens, meiner unbrechbaren Knochen, meines enzyklopädischen Wissens, meiner Vielsprachigkeit und meiner überbordenden Potenz.«

»Das können wir sicher reklamieren und nachbessern lassen!«

»Man hat schon alles versucht, vom totalen Reset meines Gehirns bis zum Aufspielen eines Emotions-Imitationsprogramms namens Kaonoyoyo. Deshalb wurde ich auch erst so spät entlassen. Sie sagen, dass du – meine Druckvorlage – schon beim Einscannen reduzierte Gefühle und dazu noch massive Depressionen gehabt haben müsstest. Deshalb seien die gefühlsrelevanten Signale bei der Datenübertragung zu schwach gewesen, um sich in meinem limbischen System ansiedeln und vernetzen zu können.«

Ich schwieg eine ganze Weile tief betroffen. Dann sagte ich:

»Das tut mir so leid, WalterEgo. Aber es gibt für jedes Problem eine Lösung. Du wirst sie bestimmt finden! Du bist jung, gesund, kräftig und klug und hast dein ganzes Leben noch vor dir. Morgen haben wir beide Geburtstag. Das Wetter soll wunderschön werden. Darf ich dir kurz meinen Plan schildern?«

»Ja, tu das.«

»Carola und Ben werden so gegen fünfzehn Uhr hier eintreffen. Ich bin gespannt, wie sie auf dich reagieren. Carola ist ja fast in deinem Alter. Soll ich dich als meinen unehelichen und später adoptierten, in Südafrika aufgewachsenen Sohn vorstellen oder willst du das selbst machen?«

»Mir egal«, erwiderte WalterEgo gleichgültig.

»Wenn alle da sind, lassen wir uns von meinem Tesla an den Starnberger See fahren, schippern ein wenig mit dem Linienschiff herum und genießen danach ein fürstliches Mahl. Meine Henkersmahlzeit, aber nur wir beide wissen davon. Das soll auch so bleiben! Ich habe Carola und Ben nämlich geschrieben, ich hätte ein Glioblastom, einen unheilbaren, schnell wachsenden Hirntumor, und habe ihnen Flugtickets hinterlegt. Sonst würden sie sicher nicht so zeitnah kommen. Diese und andere Lügen werde ich bei meiner Abschiedsrede nach unserer Rückkehr aufklären. Danach geht es genauso dahin, wie Urs empfohlen hat. Du erinnerst dich? Und dann übernimmst du, der gut aussehende, vor Manneskraft strotzende, kluge, weise und nahezu unsterbliche Walter Fabricius!«

WalterEgo nickte und fragte:

»Glaubst du nicht, dass sich die Nachbarn wundern, wenn hier von einem Tag auf den anderen ein viel jüngerer und auch deutlich größerer Walter Fabricius wohnt?«

»Mach dir darüber keine Sorgen. Erstens hat mich hier seit Jahren kein Nachbar gegrüßt oder erkannt. Die alten sind weggestorben. Zu den neuen hatte ich nie Kontakt. Zweitens ist mein Tod ganz legal und offiziell. Ich habe meine Beerdigung zumindest insofern schon vorbereitet, dass ich mir im Bestattungsinstitut einen Sarg ausgewählt habe, ein Liegeplatz für mich neben Julia auf dem Grünwalder Waldfriedhof reserviert ist und unser Steinmetz, Gerhard Eisenbichler, schon an meinem Grabstein arbeitet. Alles vorausbezahlt. Drittens habe ich testamentarisch verfügt, dass nach meinem Tod die Villa dir gehören wird und hunderttausend Crypteuro auf dein Konto fließen und viertens kannst du mit deinem Pass jederzeit nachweisen, wer du bist.«

* * * * *

Am Sonntag, den 4. Juli, standen Carola und Ben pünktlich um 15 Uhr vor meiner Tür. Gut sahen sie aus, die beiden, vor allem Carola – ganz ihre Mama – mit den süßen Sommersprossen, der feuerroten, wallenden Mähne und einem strahlenden Lächeln. Ben sah etwas müde und abgearbeitet aus. Der lange Flug aus Auckland über Singapur hatte ihn sicher angestrengt.

Carola drückte mich ganz fest, küsste mich auf die Wange, flüsterte ein trauriges »Oh, Papa, was machst du bloß für Sachen?« in mein Ohr und überreichte mir einen riesigen, bunten Blumenstrauß, typisch für sie. Ben umarmte mich so, wie sich Männer umarmen – dieses Mal vielleicht ein bisschen länger –, schenkte mir einen warmen Winterpulli aus Neuseelandwolle, die seiner eigenen Schafzucht entstammte, typisch für ihn. Noch nie hatte Ben mir etwas geschenkt, das ich brauchen konnte. Was sollte ein Mensch, der bald sterben würde, mitten im Hochsommer mit einem warmen Winterpulli? Wie immer, ließ ich mir natürlich nichts anmerken und bedankte mich bei Ben für den Pulli genauso herzlich wie bei Carola für die Blumen, die mein Herz aber tatsächlich deutlich mehr erfreuten.

»Wie geht's dir, Papa?«, wollte Carola wissen.

»Den Umständen entsprechend gut«, antwortete ich wahrheitsgemäß.

»Und wer ist dein Gast?«, fragte Carola und deutete auf WalterEgo.

»Ähm, ja, Kinder, das wollte ich euch bei dieser Gelegenheit eröffnen. Das ist Walter, euer Halbbruder aus einer unehelichen Kurzbeziehung. Ein kleiner Seitensprung, der nun schon ein halbes Leben zurückliegt. Eure Mutter wusste davon und hat mir vergeben. Ich habe ihn später adoptiert. Er ist in Südafrika aufgewachsen«, erklärte ich.

»Waaas?! Wir haben einen Halbbruder?«

Carola riss erstaunt Mund und Augen auf und wechselte einen Blick mit Ben, bevor sie WalterEgo um den Hals fiel und ihn fast ebenso herzlich begrüßte, wie sie mich begrüßt hatte. WalterEgo schien überfordert zu sein, seine KI zauberte ihm situationsgerecht ein verlegenes Lächeln ins Gesicht.

»Warum hast du uns nie davon erzählt?«, fragte Ben.

»Ich wollte auf den richtigen Zeitpunkt warten. Und der kam eben erst jetzt. Ich danke euch von ganzem Herzen, dass ihr den langen Weg auf euch genommen habt, um diesen ganz besonderen Tag mit mir zu begehen und bitte euch um etwas Nachsicht mit einem alten Mann, der nicht mehr lange zu leben hat. Mein Wunsch ist es, dass wir diesen wunderbaren Sonnentag gemeinsam genießen, zum Starnberger See hinausfahren, gut essen gehen und ich euch abends, bei einem Glas Whisky ein paar Überraschungen präsentieren darf!«

»Wir machen es genauso, wie du es dir wünschst, Papa. Herzlichen Glückwunsch zum Geburtstag«, sagte Carola und gab mir noch ein Küsschen auf die Wange.

Ich ließ mit einem Knopfdruck auf die Fernbedienung meinen schneeweißen Tesla XXX vorfahren und rief, als wir alle im Wagen saßen:

»König Ludwig lebe hoch!«

Das musste zumindest Carola und Ben, die auf den Rücksitzen saßen, etwas erstaunt haben. Bei WalterEgo war ich mir nicht sicher, ob dieser Code in seinem Erinnerungswissen abgespeichert war. Mein Hightech-Schlitten verstand sofort, was ich damit meinte und brachte uns nach Berg am Starnberger See, dem Ort, an dem König Ludwig II. den Tod gefunden hatte. Am Ufer, wenige Meter vor der mit einem Kreuz im See markierten Stelle seines Abtauchens, legte ich eine Gedenkminute für den umstrittenen Bayernkönig ein, der dem Freistaat so viele Märchenschlösser beschieden hatte und dessen Todesumstände immer unklar geblieben waren.

Von Berg aus fuhren wir mit dem Linienschiff quer über den See zum Schloss Possenhofen, wo Sissi den Großteil ihrer Kindheit verbracht hatte. Ben und Carola, insbesondere meine immer und auf alles neugierige Carola, waren hochinteressiert an ihrem neuen Halbbruder und bombardierten ihn mit Fragen zu seinem Lebenslauf, auf die er nur widerwillig, knapp und zögerlich antwortete. Auch fragten sie mich mehrfach nach Details zu meiner schweren Erkrankung, die man mir bei Gott nicht ansah. Ich bat mit Nachdruck darum, diese Themen auf morgen zu vertagen und heute ausschließlich meinen runden Geburtstag nach meinem Gusto zu feiern. Dann repetierte ich ein wenig Geschichtswissen über die Bayernprinzessin, die es durch ihre Heirat mit ihrem geliebten Cousin Franz Joseph I. bis zur Kaiserin von Österreich und Königin von Ungarn gebracht hatte, bevor sie mit 60 Jahren in Genf gemeuchelt wurde. Nach einem kleinen Spaziergang schipperten wir zurück nach Berg und speisten dort fürstlich im Oskar Maria Graf Stüberl, einem der besten Restaurants der Region.

Auf der Rückfahrt nach Grünwald erzählten Carola und Ben von ihrem Leben. Beide schienen sehr glücklich zu sein, Carola mit ihrem Börsenmogul und Ben mit seiner Schaffarm, auf der er vor 20 Jahren bei einem Work-&-Travel-Aufenthalt hängen geblieben war und die er inzwischen übernommen hatte.

Es war ein entspannter, harmonischer Ausflug im Kreis meiner Liebsten. Es hätte keinen besseren Tag für mein Ableben geben können. Dennoch wurde mir ein wenig mulmig zumute, als ich gegen Abend im Wohnzimmer allen ein kleines Glas 25 Jahre alten Glenfiddich Rare Oak Single Malt Scotch Whisky einschenkte, diskret ein paar Benzos aus der Hosentasche zog und diese beim ersten Anstoßen in meinen Magen spülte. Das sollte mich schnell beruhigen.

»Liebe Carola, lieber Ben«, begann ich schließlich meine Rede, »ich hatte ein wunderbares Leben und ihr beide wart maßgeblich daran beteiligt. Ich erinnere mich noch gut, wie ihr das Licht der Welt erblickt habt – schließlich war ich bei euren beiden Geburten dabei – und noch an tausend andere Mosaiksteinchen aus eurer Kindheit und Jugend, die mein Leben so sehr bereichert haben. Zum Beispiel, wie ihr Fahrradfahren gelernt habt und ich, hier vor dem Haus, die ganze Hubertusstraße neben euch hergelaufen bin, um euch aufzufangen, wenn ihr unsicher wurdet. Und auch, wie stolz ihr wart, als ihr ohne fremde Hilfe schwimmen konntet. Last but not least unsere tollen Reisen in den Theater- und Schulferien: Italien, Frankreich, USA Ostküste, USA Westküste,

Hawaii, Costa Rica, Panama, Südafrika, Thailand. Wisst ihr noch? Wo hat es euch am besten gefallen?«

»Auf den Inseln Oahu und Kauai in Hawaii war es eigentlich am geilsten. Aber wenn ich an diesen Urlaub denke, hab ich heute noch ein schlechtes Gewissen«, sagte Carola.

»Wieso denn das?«, wollte ich wissen.

»Ausgerechnet in diesem Urlaub war ich in der Blütezeit meiner Pubertät und habe dir und Mama und auch Ben eine echt schwere Zeit bereitet. Erinnerst du dich noch an meinen hysterischen Anfall, als mein Traum-T-Shirt – das letzte seiner Art – von einer anderen Tussi weggeschnappt wurde, weil du zu lange gezögert hast, es mir zu kaufen? Ich habe zwei Tage Rotz und Wasser geheult und mit keinem von euch mehr geredet. Das tut mir heute noch leid!«

»Längst vergessen«, lachte ich und schickte Carola einen Kuss durch den Raum.

»Mir hat es am besten in Costa Rica gefallen, auf der Lagune bei Boca Tapada, zwei Kanus im tiefsten Urwald, Mama und du in dem einen, Carola und ich in dem anderen. Sonst niemand weit und breit. Außer tausenden von Fledermäusen, Kapuzineraffen, Riesenschmetterlingen, Aras, ein paar Kaimanen und was sich da sonst noch so im Dschungel getummelt hat. Das werde ich nie vergessen«, sagte Ben.

»Ja, das war toll«, seufzte ich etwas wehmütig. Dann holte ich tief Luft.

»Kinder, ich muss euch etwas gestehen«, begann ich, wurde aber von Carola unterbrochen:

»Ich euch auch!«

»Dann jetzt, bevor es zu spät ist«, sagte ich in weiser Voraussicht.

»Nein, du zuerst!«, antwortete Carola mit einer Bestimmtheit, der zu widersprechen ich mich nicht in der Lage fühlte.

Langsam wurde meine Zunge schwer – die Benzos und der Alkohol zeigten Wirkung – und ich musste mich beeilen, sowohl mit dem, was ich noch zu sagen hatte, als auch mit der Zyankalikapsel. Schließlich wollte ich nicht meinen eigenen, so gründlich vorbereiteten Suizid verschlafen.

»Ich habe euch angelogen«, verkündete ich ernst, »ich bin weder krank noch habt ihr einen Halbbruder. Ich bitte euch um Verzeihung, um die Chance, es euch erklären zu dürfen und um euer Versprechen, das, was ich gleich erzähle, für euch zu behalten.«

»Wir hören«, sagte Carola mit versteinerter Miene.

»Werdet ihr es für euch behalten?«, hakte ich nach.

»Ja, Papa«, bestätigte Ben und nickte, ebenso wie Carola.

»Nach dem Tod eurer Mutter vor neun Jahren und zweihunderteinundfünfzig Tagen ging es mir drei Jahre richtig schlecht. Das wisst ihr ja. Danach hatten mich meine Freunde vergessen oder waren verstorben. Auch der Kontakt zu euch war – wenn ich das mal ohne Schuldzuweisung so sagen darf – äußerst spärlich. Keine Bühne und kein Filmproduzent wollten mich mehr engagieren. Bis plötzlich vor vierzehn Tagen ein Anruf kam. Man wolle mich für eine Hauptrolle in einer TV-Serie besetzen.«

»Aber das ist doch super, Papa«, frohlockte Carola.

»Zu spät! Das hätten sie sich ein Jahr früher überlegen müssen«, winkte ich ab, »vor vierzehn Tagen war das Drehbuch meines Todes längst geschrieben. Ich hatte ein großartiges Gastspiel auf diesem Planeten, mit viel mehr

Höhen als Tiefen. Aber ich will es *selbstbestimmt* beenden, bevor ich in ein paar Jahren, von Alzheimer gezeichnet, meine eigenen Kinder nicht mehr erkenne oder mit schwersten Schmerzen im Rollstuhl sitze und mir die Suppe von einer ungeduldigen Krankenschwester einflößen lassen muss, weil ich nicht einmal mehr den Löffel halten kann. Um einen solch unwürdigen Abgang zu vermeiden, bin ich vor einer Weile nach Zürich gefahren und habe mir eine Zyankalikapsel für einen relativ schnellen Tod besorgt. Dabei habe ich erfahren, dass es ein noch geheimes Verfahren gibt, bei dem man sich einscannen und in einem speziellen 3D-Bio-Drucker nur halb so alt wieder ausdrucken lassen kann, um zahlreiche Makel bereinigt, mit frischer Potenz ausgestattet, krankheitsresistenter und widerstandsfähiger als im alten Körper. Das habe ich dann gemacht. Das Produkt, das mein Leben übernehmen wird, sitzt hier«, sagte ich und deutete auf WalterEgo.

Nun musste alles wirklich schnell gehen, bevor meine im Augenblick ziemlich perplexen Kinder meinen Plan erahnten und mich daran hindern konnten. Außerdem hatten mich die Benzos und der Alkohol schon so sehr ermüdet, dass jedes Wort für mich eine große Anstrengung erforderte.

Ich kramte die rot-weiße Zyankalikapsel aus meiner Hosentasche hervor, steckte sie in den Mund, prostete allen mit dem Whisky zu und trank das Glas auf einen Zug leer. Dann lallte ich noch:

»Ich liebe euch! Ich liebe euch sehr!«

Das Letzte, was ich bewusst mitbekam, war, dass nur WalterEgo sein Glas hob und mit mir anstieß. Dann verabschiedete sich mein Geist von dieser Welt.

*****

Carola stürzte laut schreiend auf Walters am Boden liegenden Körper und rief:

»Papa! Papa! Was hast du gemacht? Du darfst nicht sterben! Ich liebe dich doch so sehr! Außerdem bin ich im vierten Monat schwanger und du musst unbedingt dein Enkelkind kennenlernen!«

Tränen schossen aus Carolas Augen, als sie schluchzend in den Raum brüllte:

»Ben, neuer Walter, macht doch irgendwas! Bitte, bitte! Jetzt sofort! Papa darf nicht sterben!«

Ben, der als Sanitäter gearbeitet hatte, bevor er nach Neuseeland gezogen war, öffnete Walters Mund gekonnt mit dem Esmarch-Handgriff, schob die Zunge mit dem rechten Zeigefinger zur Seite und sagte:

»Da ist nichts mehr. Er hat die Kapsel geschluckt!«

»Dann müssen wir ihn wiederbeleben! Los, du kennst dich doch aus!«, schrie Carola verzweifelt und wollte gerade zur Mund-zu-Mund-Beatmung ansetzen, während Ben den Puls an der Halsschlagader seines Vaters suchte.

»Halt!«, rief Ben.

»Erstens ist Zyankali ein hochgefährliches Kontaktgift und du kannst selbst sterben, wenn du eine Mund-zu-Mund-Beatmung durchführst und zweitens darf man nur Tote wiederbeleben, aber Papa hat noch einen schwach fühlbaren Puls.«

»Aber wir müssen doch irgendwas tun, bevor es zu spät ist!«

Ben wusste, dass es keine Rettung gab, wenn jemand Zyankali geschluckt hatte. Aber er sagte es nicht. Stattdessen sagte er:

»Lass uns den Rettungsdienst anrufen. Ich mach das schon.«

Nachdem der Notruf abgesetzt war, prüfte Ben Atmung und Puls. Beides war schwach, aber da. Walter röchelte etwas seltsam und Ben, der ein einziges Mal während seiner Arbeit im Münchner Rettungsdienst eine Zyankalivergiftung erlebt hatte, erwartete, dass sein Vater nun gleich nach Luft ringen, blau anlaufen und weißer Schaum aus seinem Mund quellen würde. Ein Anblick, den er Carola und sich selbst gerne erspart hätte.

Plötzlich kippte WalterEgo, der die ganze Zeit über auf der Couch gesessen hatte, zur Seite. Er griff sich mit beiden Händen an den Hals und rang nach Luft, seine Augen traten hervor.

»Was ist denn mit dem los? Hat der nun auch Zyankali geschluckt?«, fragte Carola alarmiert.

Ben prüfte Puls und Atmung – als beides gerade aussetzte – und sah, wie weißer Schaum aus WalterEgos Mund quoll.

»Der ist nun aber wirklich tot! Mausetot! Und wir fangen jetzt nicht mit Wiederbelebung an. Nicht bei Verdacht auf Zyankalivergiftung!«, bestimmte Ben.

Da entdeckten beide fast gleichzeitig den sorgfältig im DIN-lang-Format gefalzten Brief neben dem Toten.

Carola faltete ihn auf und hielt ihn in der rechten Hand, während sie sich eng an ihren Bruder schmiegte, der das Blatt in seiner Linken hielt. Beide lasen sie:

Grünwald, 04.07.2060

Hallo Walter,

ein Leben ohne Gefühle ist nicht lebenswert!
Ich schaffe es nicht einmal, »Lieber Walter« zu schreiben,

weil dies nicht meinen Gefühlen entspricht. Alles, was du bis zu deinem Einscannen in Zürich gedacht hast, habe auch ich gedacht. Es war in meinem Erinnerungswissen verankert. Auch das Aussehen der Zyankalikapsel und die Zahlenkombination von dem Safe, in dem du sie versteckt hast. Du hast nichts daran geändert. Ich habe in der Flughafenapotheke in Chiang Mai eine rot-weiße Gelatinekapsel gekauft, die genauso aussah wie die Zyankalikapsel, aber nur Wirkstoffe gegen Erkältung enthielt. Letzte Nacht, als du geschnarcht hast wie ein Sägewerk, habe ich die Kapsel in deinem Tresor ausgetauscht und diesen Brief verfasst. Heute, an deinem 70. Geburtstag, habe ich die Zyankalikapsel geschluckt und du nur ein harmloses Mittel gegen Erkältung. Die Benzos, die du vorab zur Beruhigung genommen hast, werden dich hoffentlich nicht umbringen.

Im Gegensatz zu mir hast du *echte Gefühle. Ich weiß das! Du hast sie nur seit Julias Tod verkümmern lassen. Achte wieder stärker auf deine Gefühle – und schätze ihren Wert! Schätze auch die Tatsache, dass du – abgesehen von ein paar kleinen Zipperlein – noch recht gesund bist! Geh unter Leute und raus in die Natur. Im Winter zum Skifahren, Rodeln und Eisstockschießen, im Sommer zum Radfahren, Wandern und Schwimmen. Schließ dich Gruppen von Gleichgesinnten an, geh abends mal zum Oldie-Tanzen oder Kartenspielen. Und reise einfach einmal um die Welt, öffne dich anderen Menschen und anderen Kulturen – du kannst das, du konntest das immer!*

Du siehst noch ganz passabel aus für dein Alter. Etwas mehr Bewegung würde dir trotzdem guttun. Wenn du mal wieder mit kleinem Handgepäck verreist, dann geh doch die drei Kilometer zum AirSharing Hotspot zu Fuß oder fahr mit dem Fahrrad. Lass deinen heiß geliebten Tesla XXX öfters mal in der Garage!

Vielleicht findest du sogar eine Lebensabschnittspartnerin, mit der du die Liebe neu entdecken darfst. Dann verwechsle bitte nicht wieder sexuelles Verlangen und Potenz. Julia hätte ganz bestimmt nichts dagegen. Sie wollte immer, dass alle glücklich sind, vor allem du, Carola und Ben. Aber sie hätte nie zugelassen, dass du dich einscannen und verjüngt wieder ausdrucken lässt.

Versuche nie wieder die Natur zu überlisten, Walter!

Ein langes und erfülltes Leben wünscht dir,
WalterEgo

»Was machen wir jetzt? Was meint er mit Benzos?«, fragte Carola.

»Benzos sind Benzodiazepine, Beruhigungsmittel wie Diazepam, die zusammen mit Alkohol durchaus gefährlich werden können. Papa muss auf jeden Fall ins Krankenhaus. Aber die Leiche muss weg, bevor die Sanitäter kommen«, erklärte Ben.

»Wohin damit? Im Teppich einrollen? In den Keller?«, fragte Carola panisch.

»Teppich ist Quatsch, Keller dauert zu lange«, antwortete Ben, blickte hinaus in den Garten und schlug vor:

»Wir setzen ihn draußen auf die Hollywoodschaukel, mit dem Rücken zum Wohnzimmerfenster. Los, hilf mir!«

Mit vereinten Kräften schafften sie es, WalterEgo, dessen Totgewicht ihre Erwartungen bei weitem überstieg, auf die Hollywoodschaukel im Garten zu hieven. Ben setzte ihm noch Walters großen Strohhut auf, der ihm in der Garderobe aufgefallen war. Da traf auch schon der Rettungsdienst ein.

Beim Entkleiden und Umbetten des nicht ansprechbaren Patienten fand die Schwester der Notaufnahme noch fünf blaue Pillen Diazepam 10 mg in Walters rechter Hosentasche.

»Zwei Gläser Whisky, sagten Sie. Und wie viele Benzodiazepine?«, fragte der Aufnahmearzt.

»Das wissen wir nicht. Keine Ahnung«, antwortete Ben.

Der Arzt verschwand hinter dem Paravent, der Walters Liege von den anderen abschirmte, bevor er nach einer gefühlten Ewigkeit wiederauftauchte und Carola und Ben aufklärte:

»Ihr Vater ist kreislaufstabil. Ich habe ihm Flumazenil, ein Antidot gegen das Benzodiazepin, gespritzt und eine Infusion angehängt. Aber er konnte oder wollte mir nicht sagen, wie viele der blauen Pillen er geschluckt hat.«

»Ist er ansprechbar?«, fragte Carola erstaunt.

»Ja. Das Flumazenil wirkt schnell, allerdings nicht lange. Kann sein, dass ich noch ein- oder zweimal nachspritzen muss. Außerdem muss er mindestens bis morgen früh hierbleiben und überwacht werden.«

»Können wir bei ihm bleiben?«, fragte Ben.

»Von mir aus. Die Schwester wird Ihren Vater gleich in einen unserer drei Überwachungsräume bringen und EKG und Pulsoximeter anschließen. Dann können Sie zu ihm. Wenn Sie etwas brauchen oder sich der Zustand des Patienten verändert, melden Sie sich bei der Nachtschwester.«

Carola warf sich auf Walters behaarte Heldenbrust und rief:

»Papa, ich bin sooo froh, dass du lebst! Wir brauchen dich doch. Ich brauche dich!«

Dicke Tränen kullerten über Carolas feines, sommerbesprosstes Gesicht und landeten neben der roten Elektrode der EKG-Brustwandableitung.

»Aber wieso bin ich nicht tot? Hat das Zyankali nicht gewirkt?«, fragte Walter sichtlich irritiert.

Carola hielt ihr Gesicht ganz dicht an das Gesicht ihres Vaters, legte den rechten Zeigefinger an ihre Lippen und flüsterte:

»Pssst! Bitte kein Wort über deine Dummheiten, bis wir hier raus sind. Sonst stecken sie dich erst mal in eine Nervenklinik und wir bekommen alle Riesenschwierigkeiten. Wenn du dein Schweigen durchhältst, fahren wir morgen früh mit dem Taxi zur Villa und besprechen dort alles! Versprochen?«

»Versprochen!«

* * * * *

Ich war zutiefst erschüttert, als ich den teuer bezahlten WalterEgo, der eigentlich unsterblich hätte sein sollen, steif und für immer der Welt entrückt auf meiner Hollywoodschaukel sitzen sah. Der Mann, der ein Teil meiner selbst war, hatte mir mit seinem Brief die Augen für das geöffnet, was wirklich zählte im Leben.

Es gab nur zwei starke Männer in der Familie, der eine war tot und musste unter die Erde, der andere, Ben, musste ihn in meinem Garten vergraben, moralisch unterstützt von Carola und mir. WalterEgo hatte – da waren wir uns einig – einfach *nie existiert*!

Carola und Ben blieben noch eine ganze Woche in meinem Haus.

Wir machten Ausflüge und lange Spaziergänge, mal in den Isarauen, mal im Englischen Garten. Einmal stiegen wir sogar auf die Kampenwand, einen Berg mit herrlichem Rundblick über den Chiemgau. Wir redeten mehr, als wir in den letzten zehn Jahren miteinander geredet hatten. Das tat richtig gut! Nicht nur mir, uns allen.

Ich versprach Ben, ihn zu besuchen, sobald das Wetter hier in Deutschland wieder kalt und schmuddelig wurde, während in Neuseeland die warme Jahreszeit begann. Und ich versprach Carola, nach Kanada zu kommen, sobald mein Enkelkind das Licht der Welt erblickt hatte.

Herr Eisenbichler durfte meinen Grabstein ohne Todesdatum mit einem triumphierenden »I hob's Eana do glei gsagt, dass des a Schmarrn is« unter eine Hecke in meinen Garten stellen, auf der anderen Seite des Pools, fernab von WalterEgos Ruhestätte. Mein wunderschöner, vorausbezahlter Eichensarg in Körperform mit doppelter Matratze und zwei seidenbezogenen Kopfkissen fand einen Platz in meinem Keller, gleich neben der Werkbank. Ich hatte nicht vor, ihn in absehbarer Zeit seinem Verwendungszweck zuzuführen.

Zugegeben, es war ein Fehler gewesen, die Hauptrolle in der TV-Serie abzulehnen. Aber ich wollte ab jetzt nur noch nach vorne blicken. Schließlich wartete da auch noch ein Drehbuch in meinem Safe, das realisiert werden wollte: *Der perfekte Bankraub.*

Epilog

Meine Romane *Drei Monate im August* und *Der Rausholer* waren stark autobiografisch geprägt und basierten auf wahren Begebenheiten. *Der Mann, der aus dem 3D-Drucker kam* ist rein fiktiver Natur, obgleich einige persönliche Erlebnisse in München, Zürich, Bangkok und Pattaya für die eine oder andere Szene Pate gestanden haben.

Viele der im Roman beschriebenen Technologien sind heute schon sehr weit entwickelt, viele Thesen bereits Realität:

- Autonom fahrende Autos gibt es bereits. Ihre Präzision und Reichweite sowie die Hinderniserkennung werden sich weiter verbessern.
- Auch fliegende Lufttaxis sind keine Utopie mehr. Ihre Nutzlast und Reichweite werden sich in den nächsten Jahren enorm vergrößern.
- An Brain-Computer-Interfaces, also Schnittstellen zwischen dem menschlichen Gehirn und Computern, arbeiten sämtliche Geheimdienste der Welt sowie staatliche und private Firmen. Zu den prominentesten Vorreitern gehört Elon Musk mit seiner 2016 gegründeten Firma Neuralink.
- 3D-Drucker sind heute schon in der Lage, Zähne, Knie- und Hüftgelenke in höherer Qualität herzustellen, als die Natur sie dem Menschen gegeben hat.
- Gewebe und Organteile können aus körpereigenen Zellen angezüchtet werden.

- Die Genschere, eine molekularbiologische Methode, um DNA zu schneiden und zu verändern, gibt es bereits. Damit können einzelne DNA-Bausteine herausgeschnitten, modifiziert und wieder eingefügt werden.
- Die im Kapitel *Killer-Monsun* vertretene These, der Klimawandel mit all seinen Folgen werde bis zum Handlungsjahr 2060 irreversibel sein, halten namhafte Forscher für sehr wahrscheinlich.
- Das Wissen der Menschheit verdoppelt sich jedes Jahr, im Medizinsektor geht es sogar noch schneller voran.

Werden wir bald ewig leben? Ist das wirklich so erstrebenswert, wie es auf den ersten Blick scheint? Wie wird unsere Welt in 20, 50 oder gar 100 Jahren aussehen?

Unser Gastspiel auf diesem Planeten ist absolut einmalig. Deshalb haben wir die moralische Pflicht, das Beste daraus zu machen, jeden Tag, jede Stunde, jede Minute!

Max Claro